侵权法人文译丛

丛书主编 李 昊

侵权责任法的基本问题
（第一卷）
德语国家的视角

〔奥地利〕海尔姆特·库齐奥（Helmut Koziol）著　朱岩 译

北京大学出版社
PEKING UNIVERSITY PRESS

著作权合同登记号　图字:01-2017-1835
图书在版编目(CIP)数据

侵权责任法的基本问题. 第一卷,德语国家的视角/(奥)海尔姆特·库齐奥著;朱岩译. —北京:北京大学出版社,2017.5
(侵权法人文译丛)
ISBN 978-7-301-27894-9

Ⅰ.①侵⋯　Ⅱ.①海⋯②朱⋯　Ⅲ.①侵权法—研究　Ⅳ.①D913.704

中国版本图书馆 CIP 数据核字(2017)第 003846 号

Helmut Koziol, Grundfragen des Schadenersatzrechts
© 2010, Jan Sramek Verlag KG
This Chinese translation is published by arrangement with the original publisher, Jan Sramek Verlag KG.

书　　　名	侵权责任法的基本问题(第一卷):德语国家的视角 QINQUAN ZERENFA DE JIBEN WENTI (DI-YI JUAN): DEYU GUOJIA DE SHIJIAO
著作责任者	〔奥地利〕海尔姆特·库齐奥　著　朱　岩　译
策划编辑	周　菲
责任编辑	罗　玲
标准书号	ISBN 978-7-301-27894-9
出版发行	北京大学出版社
地　　　址	北京市海淀区成府路 205 号　100871
网　　　址	http://www.pup.cn
新浪微博	@北京大学出版社　@北大出版社法律图书
电子邮箱	编辑部 law@pup.cn　总编室 zpup@pup.cn
电　　　话	邮购部 010-62752015　发行部 010-62750672　编辑部 010-62752027
印刷者	北京虎彩文化传播有限公司
经销者	新华书店
	965 毫米×1300 毫米　16 开本　27.25 印张　433 千字 2017 年 5 月第 1 版　2024 年 11 月第 3 次印刷
定　　　价	55.00 元

未经许可,不得以任何方式复制或抄袭本书之部分或全部内容。
版权所有,侵权必究
举报电话: 010-62752024　电子邮箱: fd@pup.cn
图书如有印装质量问题,请与出版部联系,电话: 010-62756370

前言

为了便于读者更好地理解本书,有必要就本书的写作背景做简要介绍。在负责起草《奥地利损害赔偿法草案》伊始,笔者就面临一些困难:一方面,许多基础问题有待详细分析,其论证深度远超教材的容量,因此,如果采取教材的体例,将无法展开充分的论证分析,其中一些问题甚至还有待于更深入的研究;另一方面,就一些基本思想与考量展开逐一且详尽的论证分析,也显然超出了一本教材的篇幅,当然更无法展开比较法上的分析。由此笔者产生了如下写作计划,即通过一本专论弥补教材的先天不足。本书除了探讨分析奥地利法之外,还将德国法、瑞士法等欧洲国家的侵权责任法乃至一些最新的侵权责任法草案都纳入研究的视野。本人之前在各种纪念文集以及杂志上发表的一些论文,也被汇总到本专论中,以飨读者。

本书以"侵权责任法的基本问题"为题,首先初步简要介绍侵权责任法,就此提出一些基本问题和基本思路,并就一些定论提出质疑,促使我们重新思考那些已成定论的论证考量,进而有意识地作出关联性分析。由此我重新呼吁,虽然目前侵权责任法在理论上脱离了传统侵权法上的原则——"受害人自吞苦果"(*casum sentit dominus*),但此种做法显然不当,对此应重新加以审视。本书探讨了"保险替代侵权"模式所带来的各种争议问题,并且比较了"严格界定、僵化规范"与"动态过渡、弹性规则"两种模式的利弊。当然,我们必须先分析侵权责任法在整个法律救济体系中的定位,精准提炼出各种具体救济方式的任务,并划定不同法律部门之间的过渡地带,以推动此种动态弹性体系的发展。例如,本书详尽分析了损害赔偿请求权与排除妨碍以及不当得利请求权之间的关系、处在刑法与私法过渡地带的"惩罚性赔偿"、侵权责任法与社会保险法的分工等问题,就此得出一些有益的结论。这对于此后分析侵权责任法的各项功能大有裨益。本书认为，侵权责任法具有损害填补、预防损害发生以及惩罚性的功能。此外，受到法律经济分析的影响，其也逐步承担了一定的经济功能。

但是，本书并非仅局限于上述一些原则性的思考，而是通过讨论各种原则性以及具体问题，尝试使既有的理论认识获得全新的生命力。当然，就侵权责任法展开大而全的论证分析并非是本书的任务，相反，本书集中探讨那些具有争议和新出现的问题。例如，违反债的关系与侵权的关系，损害赔偿请求权的基本构成要件，如损害与因果关系等，这些都是本书的重点内容。本书在具体章节中还依次探讨了各种归责事由，包括违法性、过错，此外还探讨了行为人个人领域的瑕疵、经济上的承受能力、可保险性、风险共同体思想以及各个要件之间的相互作用协调之于责任成立的意义。针对受害人方面的归责问题——受害人共同过错，本书出于基础性考量也展开了全新的分析。在第七章之下，本书分析了归责限制、损害赔偿以及减轻赔偿义务等问题。最后本书详细分析了损害赔偿请求权的时效问题。

本书多处参考了《欧洲侵权法原则》（*Principles of European Tort Law*）以及提交奥地利司法部的《奥地利侵权责任法草案》，二者条文已经列在本书的附件中，这样便于读者查阅相关规定的内容以及彼此之间的关联影响。

多年以来，多位学生追随并支持我的研究，在此就不再一一列举他们的名字。谨以此书，略表我个人对他们的不胜感谢之情。

Mag Marlene Steininger 女士为本书杀青作出了无私的奉献，提供了大量的帮助，就此表示真诚的谢意。

Mag Jan Sramek 出版社对本书的出版提供了特殊的照顾，服务专业且不辞辛劳，这是众多作者难以亲身感受到的。

海尔姆特·库齐奥（Helmut Koziol）
2009 年 11 月于维也纳/格拉兹

德文简写对照索引（Abkürzungsverzeichnis）

aA	anderer Ansicht
ABGB	Allgemeines bürgerliches Gesetzbuch JGS 1811/946
Abs	Absatz
AcP	Archiv für die civilistische Praxis
AfP	(deutsche) Zeitschrift für Medien-und Kommunikationsrecht
AktG	Aktiengesetz BGBl 1965/98
AtomHG	(deutsches) Atomhaftungsgesetz
AJP	Zeitschrift für die Aktuelle Juristische Praxis
Anh	Anhang
Anm	Anmerkung
Ariz L Rev	Arizona Law Review
Art	Artikel
BAG	(deutsches) Bundesarbeitsgericht
BAGE	Entscheidungen des (deutschen) Bundesarbeitsgericht
BergG	Berggesetz BGBl 1975/259
BGB	(deutsches) Bürgerliches Gesetzbuch
BGBl	Bundesgesetzblatt für die Republik Österreich
BGE	Entscheidungen des Schweizerischen Bundesgerichts
BGH	(deutscher) Bundesgerichtshof
BGHSt	Entscheidungen des Bundesgerichtshofs in Strafsachen
BGHZ	Entscheidungen des Bundesgerichtshofs in Zivilsachen
BVG	(deutsches) Bundesversorgungsgesetz
BW	Burgerlijk Wetboek
BWG	Bankwesengesetz BGBl 1993/532
Cal L Rev	California Law Review
Cass	Corte di Cassazione
Cass ass plen	Cour de Cassation，Assemblée Plénière

Cass civ 2ᵉ	Cour de Cassation, Deuxième chambre civile
Cass com	Cour de Cassation, Chambre commerciale, financière et économique
Cir	Circuit Court of Appeal
CMR	Übereinkommen über den Beförderungsvertrag im internationalen Straßengüterverkehr
D	Recueil Dalloz
d	deutsch (vor einer anderen Abkürzung)
DCFR	Draft Common Frame of Reference
dh	das heißt
DHG	Dienstnehmerhaftpflichtgesetz BGBl 1965/80
DJT	Deutscher Juristentag
DRdA	Das Recht der Arbeit
E	Entscheidung(en)
ecolex	Fachzeitschrift für Wirtschaftsrecht
ECR	European Court Reports
ECU	European Currency Unit
EDV	Elektronische Datenverarbeitung
EGBGB	Einführungsgesetz zum (deutschen) Bürgerlichen Gesetzbuch
EGMR	Europäischer Gerichtshof für Menschenrechte
EGTL	European Group on Tort Law
EKHG	Eisenbahn- und Kraftfahrzeughaftpflichtgesetz BGBl 1959/48
EO	Exekutionsordnung RGBl 1896/79
ERPL	European Review of Private Law
et al	et alii
EuGRZ	Europäische Grundrechte-Zeitschrift
EvBl	Evidenzblatt (seit 1946 mit der ÖJZ vereinigt)
F	Federal Reporter
f, ff	folgend, fortfolgend
FBG	Firmenbuchgesetz BGBl 1991/10
FN	Fußnote
ForstG	Forstgesetz BGBl 1975/440
FS	Festschrift

G	Gesetz
Ga L Rev	Georgia Law Review
GedS	Gedenkschrift
GI	Giurisprudenza italiana
GlU	Sammlung von zivilrechtlichen Entscheidungen des k. k. Obersten Gerichtshofes, herausgegeben von *Glaser* und *Unger*, fortgeführt von *Walther* (1853—1897)
GlUNF	Sammlung von zivilrechtlichen Entscheidungen des k. k. Obersten Gerichtshofes, neue Folge; begonnen von *Glaser* und *Unger*, fortgeführt von *Pfaff*, *Schey*, *Krupsky*, *Schrutka von Rechtenstamm* und *Stephan* (1989 bis 1915)
GmbH	Gesellschaft mit beschränkter Haftung
GmbHG	Gesetz über Gesellschaften mit beschränkter Haftung RGBl 1906/58
GMG	Gebrauchsmustergesetz BGBl 1994/211
GOG	Gerichtsorganisationsgesetz RGBl 1896/217
GRUR	Gewerblicher Rechtsschutz und Urheberrecht
GRUR Int	Gewerblicher Rechtsschutz und Urheberrecht, Internationaler Teil
GUG	Grundbuchumstellungsgesetz BGBl 1947/22
GWB	(deutsches) Gesetz gegen Wettbewerbsbeschränkungen
hA	herrschende Ansicht
HpflG	(deutsches) Haftpflichtgesetz
HAVE	Haftung und Versicherung
Harv L Rev	Harvard Law Review
HGB	(deutsches) Handelsgesetzbuch
Hrsg	Herausgeber
HWS	Halswirbelsäule
Immolex	Neues Miet-und Wohnrecht
InsO	(deutsche) Insolvenzordnung
Int Insur Law Rev	International Insurance Law Review
Int'l Rev L & Econ	International Review of Law and Economics
IPR	Internationales Privatrecht

JAP	Juristische Ausbildung und Praxisvorbereitung
Jb	Jahrbuch
JBl	Juristische Blätter
JGS	Justizgesetzsammlung, Gesetze und Verordnungen im Justizfach (1780—1848)
JherJB	Jehrings Jahrbücher für Dogmatik des bürgerlichen Rechts
J Legal Stud	Journal of Legal Studies
JuS	Juristische Schulung
JZ	(deutsche) Juristenzeitung
KartellG	Kartellgesetz BGBl 1972/460
KG	Kommanditgesellschaft
KO	Konkursordnung RGBl 1914/337
KOM	Dokumente der Kommission der Europäischen Union
KSchG	Konsumentenschutzgesetz BGBl 1979/140
lit	litera
LKW	Lastkraftwagen
LuftVG	Luftverkehrsgesetz RGBl 1936 I 653
MarkSchG	Markenschutzgesetz BGBl 1970/260
MDR	Monatsschrift für Deutsches Recht
MedG	Mediengesetz BGBl 1981/314
mE	meines Erachtens
MJ	Maastricht Journal of European and Comparative Law
MR	Medien und Recht
MuSchG	Musterschutzgesetz BGBl 1990/497
mwN	mit weiteren Nachweisen
NF	Neue Folge
NJW	(deutsche) Neue Juristische Wochenschrift
NJW-RR	NJW-Rechtsprechungs-Report, Zivilrecht
no	number
nr	Nummer
NZ	Österreichische Notariats-Zeitung
ö	österreichisch (vor einer anderen Abkürzung)

ÖBA	Österreichisches Bank-Archiv, Zeitschrift für das gesamte Bank-und Börsewesen.
ÖBl	Österreichische Blätter für gewerblichen Rechtsschutz und Urheberrecht
öE	Entwurf eines neuen österreichischen Schadenersatzrechts
OEG	(deutsches) Opferentschädigungsgesetz
ögE	Gegenentwurf für ein neues österreichisches Schadenersatzrecht
OGH	(österreichischer) Oberster Gerichtshof
OHG	offene Handelsgesellschaft
OJLS	Oxford Journal of Legal Studies
ÖJT	Österreichischer Juristentag
ÖJZ	Österreichische Juristenzeitung
OLG	Oberlandesgericht
OR	(schweizerisches) Obligationenrecht
ÖRZ	Österreichische Richterzeitung
ÖZW	Österreichische Zeitschrift für Wirtschaftrecht
PatG	Patentgesetz BGBl 1970/259
PEL Liab Dam	Draft Common Frame of Reference Book VI: Non contractual liability arising out of damage caused to another
PETL	Principles of European Tort Law
PHG	Produkthaftungsgesetz BGBl 1988/99
PKW	Personenkraftwagen
ProdHaftG	(deutsches) Produkthaftungsgesetz
RabelsZ	Rabels Zeitschrift für ausländisches und internationales Privatrecht
R C Ass	Responsabilité civile et assurances
RdA	(deutsches) Recht der Arbeit
RdM	Recht der Medizin
RdU	Recht der Umwelt
RdW	Österreichisches Recht der Wirtschaft
RG	Reichsgericht
RGBl	Reichsgesetzblatt
RGZ	Entscheidungen des (deutschen) Reichsgerichts in Zivilsachen
RHPflG	Reichshaftpflichtgesetz RGBl 1871/207

RL	Richtlinie der EU	
Rsp	Rechtsprechung	
RTD civ	Revue trimestrielle de droit civil	
RZ	Österreichische Richterzeitung	
Rz	Randziffer	
San Diego L Rev	San Diego Law Review	
SJZ	Schweizerische Juristen—Zeitung	
StGB	Strafgesetzbuch BGBl 1974/60	
StPO	Strafprozessordnung BGBl 1975/631	
STS	Sentencia del Tribunal Supremo	
StVG	(deutsches) Straßenverkehrsgesetz	
SVZ	Schweizerische Versicherungs-Zeitschrift	
SZ	Entscheidungen des österreichischen Obersten Gerichtshofes in Zivil-und Justizverwaltungssachen	
U Pa L Rev	University of Pennsylvania Law Review	
UCLA L Rev	UCLA Law Review	
UGB	Unternehmensgesetzbuch RGBl 1897/219	
UNIDROIT	Institut international pour l'unification du droit	
UN-Kaufrecht	Übereinkommen der Vereinten Nationen über Vertrage über den Internationalen Warenkauf BGBl 1916/69	
UrhG	Urheberrechtsgesetz BGBl 1936/111	
UWG	Bundesgesetz gegen den unlauteren Wettbewerb BGBl 1984/448	
Vand L Rev	Vanderbilt Law Review	
VersR	(deutsches) Versicherungsrecht. Juristische Rundschau für die Individualversicherung	
VersVG	Versicherungsvertragsgesetz BGBl 1959/2	
VOG	Verbrechensopfergesetz BGBl 1975/288	
VR	Versicherungsrundschau. Fachzeitschrift für Sozial-und Vertragsversicherung	
VVG	(deutsches) Versicherungsvertragsgesetz	
vgl	vergleiche	
Vor	Vorbemerkungen	
WBl	Wirtschaftsrechtliche Blätter, Beilage zu den JBl	

WiStG	(deutsches) Wirtschaftsstrafgesetz
WLR	Weekly Law Report
WoBl	Wohnrechtliche Blätter
WRG	Wasserrechtsgesetz BGBl 1959/215
zB	zum Beispiel
ZBJV	Zeitschrift des Bernischen Juristenvereins
ZBl	Zentralblatt für die Juristische Praxis
ZEuP	Zeitschrift für Europäisches Privatrecht
ZfRV	Zeitschrift für Rechtsvergleichung, Internationales Privatrecht und Europarecht
ZGB	(schweizerisches) Zivilgesetzbuch
ZHR	Zeitschrift für das gesamte Handelsrecht und Wirtschaftrecht
ZPO	Zivilprozessordnung RGBl 1895/113
ZR	Blätter für Zürcherische Rechtsprechung
ZSR	Zeitschrift für Schweizerisches Recht
ZStW	Zeitschrift für die gesamte Strafrechtswissenschaft
ZStW	(deutsche) Zeitschrift für die gesamte Strafrechtswissenschaft
ZUM	Zeitschrift für Urheber-und Medienrecht
ZVersWiss	(deutsche) Zeitschrift für die gesamte Versicherungswissenschaft
ZVR	Zeitschrift für Verkehrsrecht

目录

第一章 导论 …………………………………………………………（1）
  第一节 行为人自担风险与损害转移 ……………………………（1）
  第二节 保险模式替代侵权责任法？ ……………………………（5）
  第三节 采取严格界定、僵化规范还是动态过渡、弹性规则？ ……（9）

第二章 法益保护体系中的侵权责任法 …………………………（18）
  第一节 概论 ………………………………………………………（18）
  第二节 返还原物请求权（Herausgabeansprüche）………………（20）
  第三节 停止侵害请求权（Unterlassungsansprüche）……………（21）
  第四节 正当防卫权利（Notwehrrechte）…………………………（25）
  第五节 排除妨碍请求权（Beseitigungsansprüche）……………（26）
  第六节 侵权不当得利 ……………………………………………（33）
  第七节 债权人撤销权 ……………………………………………（46）
  第八节 损害赔偿请求权 …………………………………………（47）
  第九节 "惩罚性赔偿"？ …………………………………………（51）
  第十节 保险合同法 ………………………………………………（57）
  第十一节 社会保险法 ……………………………………………（60）
  第十二节 刑事被害人与灾难受害人的损害救济 ……………（62）
  第十三节 没收请求权 ……………………………………………（65）
  第十四节 刑法 ……………………………………………………（66）
  第十五节 结论 ……………………………………………………（68）

第三章 侵权责任法的任务 ………………………………………（75）
  第一节 损害填补功能 ……………………………………………（75）
  第二节 预防功能与权利继续功能 ………………………………（78）

第三节　惩罚性功能 …………………………………………（82）
　　第四节　经济上最优？ ………………………………………（84）

第四章　侵权与违反债之关系之间的领域 ……………………（93）
　　第一节　侵权、违约及其交叉领域 …………………………（93）
　　第二节　交叉领域中的具体类型 ……………………………（97）
　　第三节　请求权竞合问题（Anspruchskonkurrenz）………（101）

第五章　损害赔偿请求权的基本前提 …………………………（108）
　　第一节　损害 …………………………………………………（108）
　　第二节　因果关系 ……………………………………………（132）
　　第三节　结论 …………………………………………………（168）

第六章　归责要件 ………………………………………………（171）
　　第一节　违法性 ………………………………………………（171）
　　第二节　过错 …………………………………………………（201）
　　第三节　自身活动领域中的其他瑕疵 ………………………（213）
　　第四节　危险责任 ……………………………………………（234）
　　第五节　容忍侵害 ……………………………………………（241）
　　第六节　经济承受能力 ………………………………………（243）
　　第七节　获取利益作为归责因素 ……………………………（244）
　　第八节　可保险性与承保 ……………………………………（247）
　　第九节　风险共同体的思想 …………………………………（250）
　　第十节　协调各种归责事由 …………………………………（251）
　　第十一节　受害人共同过错 …………………………………（261）

第七章　归责限制 ………………………………………………（275）
　　第一节　过度宽泛归责的基本问题 …………………………（275）
　　第二节　因果关系中断 ………………………………………（277）
　　第三节　相当性 ………………………………………………（278）
　　第四节　规范的保护目的 ……………………………………（283）
　　第五节　他人意思活动的介入 ………………………………（294）

第六节 责任最高限额 …………………………………………（297）

第八章 损害赔偿 …………………………………………………（300）
　第一节 赔偿的范围 …………………………………………（300）
　第二节 赔偿的方式 …………………………………………（304）
　第三节 分期支付或者一次性赔偿 …………………………（307）
　第四节 损害赔偿义务的减轻 ………………………………（310）

第九章 损害赔偿请求权的时效制度 ……………………………（314）
　第一节 时效法的基本思想 …………………………………（314）
　第二节 当前法律状态与两个问题所在 ……………………（320）
　第三节 建构体系与价值裁量保持一致的时效法 …………（325）

附件一 《奥地利侵权责任法草案》……………………………（330）

附件二 《欧洲侵权法原则》……………………………………（346）

附件三 参考文献及其简要索引 ………………………………（355）

附件四 欧洲侵权责任法的改革 ………………………………（361）

第一章
导论

□ 第一节　行为人自担风险与损害转移

某人遭受损害时,原则上应当由其本人承担此种损害(Erleidet jemand einen Schaden, so hat er ihn grundsätzlich selbst zu tragen),即每个行为人应当就其自身法益承担各种风险。就如同每个人都有权从其法益的处分和使用中获益一样,行为人同时也必须承担各种不利的后果。《奥地利民法典》第1311条第1款明确规定了该原则,2007年的《奥地利侵权责任法草案》[1]以此为基础再次强调了该原则。不仅如此,那些并未明确规定上述原则的国家也广泛承认该原则。[2] 诚如德国学者Canaris[3]所言,该原则并非权宜之计,相反,其反映了一个基本的正义内容,申言之,每个人都必须承担"一般的生活风险",不能毫无例外地将此种风险转由第三人承担。当然,就该基本规则还存在两点值得考量之处:一方面,尚无法确定,在例外情况下究竟由哪些第三人承担此种损害;另一方面,社会大众不能毫无例外地承担此种本应由单个具体行为人承担的风险。

1/1

---

[1] 该规定是:"任何享有财产或者人身法益的所有权人应当承受纯粹的意外事件。"(Der bloße Zufall trifft denjenigen, in dessen Vermögen oder Person er sich ereignet.)

[2] 参见 *Weyers*, Unfallschäden. Praxis und Ziele von Haftpflicht-und Vorsorgesystemen (1971) 486 ff.; Deutsch, Haftungsrecht Rz 1; *Brüggemeier*, Gesellschaftliche Schadensverteilung und Deliktsrecht, AcP 182 (1982) 392 f mwN.

[3] *Larenz/Canaris*, Schuldrecht II/2¹³ §75 I 2a. 反对意见参见 *Looschelders*, Bewältigung des Zufalls durch Versicherung? VersR 1996, 529, 538.

1/2　　目前政治学理论研究中出现了有关理想国的错误分析,受其不当影响,侵权责任法理论中也明确出现了如下思想,即主张减少每个人自身承担风险的机会,转而要求第三人就行为人本人所遭受的损害承担责任,进而填补受害人所遭受的各种不利益。[1] 显然,上述思想忽视了一个无法否认的事实,即向受害人作出损害赔偿并不能导致在这个世界中完全消除该损害;与之相反,其只能产生损害转移的后果,并且第三人在承担此种损害责任之后,其同样将遭受不利益。[2] 如果就此认真思考,将会认识到,在发生损害事件时,遭受损害的法益所有人原则上最接近损害,并且也最易采取各种措施防止损害的发生。如果原则上由第三人而非所有人本人承担损害,这显然令人费解。不仅如此,既然所有人可以显而易见地完全享有其法益给其带来的好处,为什么还要由第三人就其遭受的损害承担赔偿责任呢?

1/3　　因此,只有在具有正当的特殊事由时,受害人方可要求第三人承担此种损害责任。就此首先值得思考的是,对一个人的空间,尤其是主观权利的保护,导致所有其他第三人都必须尊重此种受法律保护的法益,进而负担注意义务,由此一来,其他所有第三人的活动自由将遭受限制,在第三人引发损害时,其必须负担损害赔偿义务。[3] 因此,在认定是否存在归责事由时,必须全面衡量各个法律主体之间相互对立的利益;除此之外,还需要考虑公共利益。[4]

简而言之,在第三人较之于受害人更加"接近"损害时,侵权责任法事实上赋予受害人针对第三人享有损害赔偿请求权,并且此时只引发损害转移的后果。如果采取此种模式,则损害转移须满足如下几个要件:首先,赔偿义务人本人或者至少其所控制的领域引发了此种损害,并且在赔偿义务人或者其所控制的领域与损害之间具有因果联系。但仅仅具有以上前提尚不足以成立责任,更重要的是必须存在特殊的归责事由

---

[1] 就此趋势参见 *Holzer/Posch/Schilcher*, Was kommt nach dem Sozialschaden? DRdA 1978,210;Grossfeld, Haftungsverschärfung, Haftungsbeschränkung, Versicherung, Umverteilung, Coing-FS II (1982) 115. 就原则性的不同意见参见 *Zöllner*, Zivilrechtswis-senschaft und Zivilrecht im ausgehenden 20. Jahrhundert, AcP 188 (1988) 95f mwN.

[2] 参见 auch *Grossfeld*, Coing-FS II 112 f.

[3] *Vgl Picker*, Vertragliche und deliktische Schadenshaftung, JZ 1987,1052; *Wilhelmi*, Risikoschutz 12 ff.

[4] 参见 *Wilhelmi*, Risikoschutz 19 ff. mwN.

(Zurechnungsgründe)。归责事由具有不同种类,其中一些归责事由的正当性体现为补偿正义(*iustitia commutativa*/ausgleichende Gerechtigkeit),另外一些体现为分配正义(*iustitia distributiva*/austeilende Gerechtigkeit)。补偿正义的思想主要适用于具有可责难性的不法行为(过错),而保有特殊危险源所引发的危险责任主要建立在分配正义的基础上。[1] 上述两种正义思想并非处在彼此不可协调的矛盾中,相反,二者可以相互作用并彼此叠合。[2]

调整第三人赔偿受害人所遭受的损害的法律规范的总和被称为侵权责任法,或者称为责任义务法。值得注意的是,奥地利统一调整各种损害赔偿,包括基于合同关系或者其他法定特殊关系所发生的损害赔偿,以及合同外(侵权)损害赔偿。而《德国民法典》仅统一调整损害赔偿的类型、内容以及范围(《德国民法典》第 249 条以下);其他国家的法律虽然也对各种损害赔偿类型作了不同程度的区分,但忽视了损害赔偿的共性以及各种类型之间的相互关联(具体参见下文第四节第一部分的论述)。

除了侵权责任法,其他事由也可引发损害转移的后果。例如,社会保障法建立在团体思想的基础上,在保障基本生存要求的范围内,日益[3]由社会保险机构承担受害人的人身损害,从而产生了最终由所有被保险人分担此种损害的结果。由于公共财政对社会保险提供资助,此种损害最终转由一般大众承担。不仅如此,还存在很多由国家机关或者公共财政出资设立的基金,其也承担了填补灾害事故引发的损害或者补偿刑事受害人的任务。此外,通过订立保险合同,受害人也可以将整个损害转移至保险公司,从而使得最终由所有被保险人一并间接承担此种损害的后果。[4]

就上述有关损害转移各种方式的简要分析,有必要作如下两点说明:首先,依据侵权责任法的不同正义思想基础,损害赔偿赋予受害人就其所

---

[1] Siehe dazu *Canaris*, Die Gefährdungshaftung im Lichte der neueren Rechtsentwicklung, JBl 1995, 15 ff; *Englard*, The Philosophy of Tort Law (1993) 11 ff; *Esser*, Grundlagenund Entwicklungder Gefähr-dungshaftung (1941) 69 ff; *Henkel*, Einführung in die Rechtsphilosophie² (1977) 410 f; *Looschelders*, Die Mitverantwortlichkeit des Geschädigtenim Privatrecht (1999) 122 f.

[2] 参见 *Canaris*, JBl 1995, 16; *Englard*, Philosophy of Tort Law 16, 54 f, 85 ff, 228.

[3] Vgl *Zimmermann*, Obligations 904; *Brüggemeier*, Haftungsrecht 9 und 11.

[4] *Oetker* in MünchKomm, BGB II § 249 Rz 10.

遭受的损害要求加害人作出全部赔偿的权利,但应防止受害人获得超出其实际损害范围之外的不当利益。[1] 就此需要协调、衔接不同的体系,以防止出现受害人不当得利的后果。[2] 此外仍须注意的是,在侵权责任法之外,还有其他一些法律手段,虽然其目的并非旨在损害赔偿,但在结果上也产生类似的作用。例如,因受害人权利遭受侵害,其同时可享有不当得利请求权以及损害赔偿请求权,从而产生请求权竞合。此时,有关请求权竞合(Anspruchskonkurrenz)的规则可防止出现受害人获得双重赔偿的不当后果。

其次,目前存在支持扩大损害赔偿救济体系的趋势,与此同时应意识到,虽然受害人自身希望尽可能获得损害赔偿,但不得不承认的是,在非财产损害范围内,即使得到完全赔偿,也不会产生如同损害"未发生"的结果。例如在人格遭受侵害的领域,受害人所遭受的损害根本就不可能真正得到完全填补。以身体遭受侵害为例,在受害人残疾的情况下,其行为自由被长期持续剥夺并遭受疼痛以及痛苦等非物质损害,这些都根本不可能被完全"抹平",并且也无法阻止此种人格损害在未来对受害人产生进一步影响。受害人仅仅获得以金钱为媒介的赔偿显然是不够的。早在一百多年前,奥地利学者玛塔亚(Mataja)[3]就已经强调:"世界上没有一个立法可以消除已经发生的损害,面对这种既成事实,法律有些无助。因此,立法针对损害风险只能追求如下两个目的:一是尽可能地防止损害的发生;二是依据正义以及宏观经济利益的要求,令最易于承担损害赔偿的人负担已经发生的损害。"

目前,很多学者呼吁扩大损害赔偿的范围以及扩充损害赔偿体系,其中不应被忽视的一种观点是,法律的首要目的[4]应当首先是预防损害的发生(Schadensverhütung)。当然,侵权责任法所提供的各种救济也有助于实现预防功能,原因在于:损害赔偿产生了一种预防损害发生以及承担损害赔偿的激励机制(详细论述参见下文第三章第四节)。但单凭侵权责

---

[1] 参见 Jansen in HKK zum BGB II §§ 249—253, 255 Rz 18.

[2] Siehe dazu etwa Schaer, Grundzügedes Zusammenwirken von Schadensausgleichssystemen(1984).

[3] Mataja, Das Rechtdes Schadensersatzes (1888)19. Zur Pionier-Leistung Matajas siehe Englard, Victor Mataja's Liability for Damages from an Economic Viewpoint: A Centennial to an Ignored Eco-nomic Analysis of Tort, 10 Int'l Rev L & Econ (1990) 173 ff.

[4] Brüggemeier 也同样强调此种观点, Haftungsrecht 9.

任法并不足以产生预防损害的效果；此外，不应仅仅在已经发生现实损害之后，方提倡预防功能。所以，针对预防目标可以采取更多措施，而不应仅限于讨论针对已经发生的损害如何增加损害赔偿救济路径的问题。除了私法中的预防性救济制度，如停止侵害请求权、排除妨碍请求权等，还可以考虑强化公法上的相关保护规定与保护措施，如行之有效的道路交通监控或者预防犯罪等措施。此外还需要考虑到，虽然个人数据保护已经具有其自身目的，但不能妨碍行之有效的预防措施的本质目标。

在本书展开有关侵权损害赔偿的真正问题的论证分析之前，第二章将首先分析侵权责任法在整个法律体系中的位置，这不仅关系到如何界定侵权责任法在整个法律体系中的任务，而且对于详细论证归责事由、归责的限定、受害人所享有的请求权范围及其内容等，都具有重大意义。在此之前，请容下文先就侵权责任法的"生存价值"（*Existenzberechtigung*）这一基本问题展开分析，即保险模式是否可以更好地替代侵权责任法的问题。

第二节　保险模式替代侵权责任法？

越来越多的人建议，以保险模式（意外事故保险）完全或者至少部分替代侵权责任法，这集中体现在交通事故[1]或者医疗[2]案件中。在一些特定领域，如工伤事故中，此种思想在德国和奥地利得到了广泛的实施。[3] 就医疗过程中出现的错误，斯堪的纳维亚国家引入了保险体系，

---

[1] *Von Hippel*, Schadensausgleich bei Verkehrsunfällen, Haftungsersetzung durch Versicherungsschutz(1968).

[2] *Barta*, Medizinhaftung（1995）; *Dute*, A Comparison of No-Fault Compensation Schemes, in: Dute/Faure/Koziol（Hrsg）, No-Fault Compensation in the Health Care Sector (2004) 444 ff; *Radau*, Ersetzung der Arzthaftung durch Versicherungsschutz (1993).

[3] *Brüggemeier*, Haftungsrecht 635; *Gitter*, Schadensausgleich im Arbeitsunfallrecht (1969)36 ff, 238 ff; *Koziol*, Haftpflichtrecht I³ Rz1/20.

但医疗保险并未完全排斥侵权责任法的适用。[1] 新西兰的举措更加激进,在人身损害赔偿的所有领域均采用无过错损害赔偿原则。[2]

针对此种以保险模式替代侵权责任法的方案,下文将尝试就支持以及反对意见展开实质性论证分析。

一、根本性的优点与缺点

1/10　　保险赔偿救济体系建立在与侵权责任法完全对立的出发点上。目前侵权责任法采取的基本原则是,任何行为人应承担自身所遭受的损害,除非在具有特殊归责事由的情况下,才能将此种损害转由第三人承担。而保险方案的出发点是,任何受害人都可从保险公司处获得救济,而无须考虑损害发生的原因。此种保险方案对于受害人的**优点**是显而易见的,即无须检讨侵权责任法上关于责任成立的各项要件,受害人即可获得损害赔偿的救济。

1/11　　但是,此种保险救济体系的**缺点**也越发明显[3]:由于发生损害的事由并不是决定是否获得损害赔偿的关键,导致在因意外事故,甚至受害人自身疏忽引发损害的情况下,受害人同样可以获得赔付。显然,这就抑制了每个人在其个人领域尽可能避免损害发生的激励机制,并且导致行为人就其个人事务缺乏谨慎注意。[4] 由此将造成更为频繁的损害事件以及保险公司支出不断增加等后果,而且此种增加的费用最终会体现在保费计算中。由于每个被保险人向保险公司缴纳保费或者通过公共财政方式缴纳保费,最终将导致每个尽到谨慎注意义务的人也必须分摊这些

---

[1] *Hellner*, Entwicklungslinien im schwedischen Haftpflichtrecht, Sieg-FS (1976) 155; Mikkonen, Compensation in the Finnish Health Care Sector, in: Dute/Faure/Koziol, No-Fault Compensa-tion 186 ff; *J. W. Pichler*, Rechtsentwicklungen zu einer verschuldensunabhängigen Entschädigungim Medizinbereich I (1994) 91 ff; *Wendel*, Compensation in the Swedish Health Care Sector, in: Dute/Faure/Koziol, No-Fault Compensation 367 ff.

[2] 参见 *Skegg*, Compensation in the New Zealand Health Care Sector, in: Dute/Faure/Koziol, No-Fault Compensation 298 ff; *Todd*(Hrsg), The Law of Torts in New Zealand² (1997).

[3] *Koziol*, Ersatz der Haftpflicht bei Verkehrsunfällen durch Unfallversicherung? ZfRV 1970, 16; *B. A. Koch/Koziol*, Comparative Report and Conclusions, in: Dute/Faure/Koziol, No-Fault Compen-sation 436 ff.

[4] *F. Bydlinski* 也持同样的观点,就此参见 System und Prinzipien 111; *J. Hager* in Staudinger, BGB¹⁹⁹⁹ Vor §§ 823 ff Rz 9; *G. Wagner*, Comparative Report and Final Conclu-sions, in: *G. Wagner*, Tort Law 312, 338 ff, 348 ff.

损害。

需要注意的是,采取保险赔偿体系还将导致另外一个更为重要的后果,即如同针对受害人本人逐步丧失预防损害的激励机制一样,如果不考虑刑法上的法律后果,保险方案也将同样导致针对第三人丧失了防止其加损害于他人的激励机制[1]。这就导致侵权责任法将逐步丧失预防损害发生的功能。将侵权责任法的目的设定为消除已经发生的损害,这种思想值得质疑[2]:如上所述,损害赔偿仅仅导致已经发生的损害被转移到他处,而无法达到损害从未发生的效果,并且也无法消除损害所导致的不愉悦以及——如在人身损害赔偿中——所出现的痛苦(参见上文边注1/7的论述)。

最后,基于保险方案所获得的经验也表明,根本不可能针对各种损害提供全额赔付[3],因为保险中采取自己负担份额以及最高赔偿数额等措施,导致保险并非全额赔付,这显然不同于完全赔偿原则[4]。而且上述保险业务所采取的限制赔偿措施具有一定的随意性[5],对于那些依据现行侵权责任法可以获得全额赔偿的人而言,影响尤其巨大。最难令人满意的就是那些遭受极其严重损害的受害人无法获得充分而全面的补偿。

1/12

当然,通过采取一些措施,可以避免保险方案中可能存在的各种缺点。例如,在确定损害赔偿范围时,须考虑受害人自身是否从事不法行为,或者更为普遍,须检讨是否因受害人自身领域引发了损害;此外,在第三人加害的情况下,保险人针对不法行为人或者其他须承担责任的加害

1/13

---

[1] 同样观点参见 G. Wagner, Tort Law and Liability Insurance, in: Faure, Tort Law 384ff in die Waagschale; vgl auch Fiore, No-fault compensation Systems, in: Faure, Tort Law 407, 411 f.

[2] 参见 Adams, Ökonomische Analyse der Gefährdungs-und Verschuldenshaftung (1985) 85, 285 f.

[3] 新西兰也反映了这一点,就此参见 Skegg in: Dute/Faure/Koziol, No-Fault Compensation 298. 同样的观点参见 Stapleton, Disease and the Compensation Debate (1986) 142 ff. Nicht ausreichend berücksichtigt wird dies von Boccara, Medical Malpractice, in: Faure, Tort Law 362 ff undvon Fiore, in: Faure, Tort Law 408.

[4] 有关瑞典法的规定参见 Dufwa, The Swedish Model of Personal Injury Compensation Law Reconsidered, Liber amicorum for Helmut Koziol (2000) 114 ff.

[5] F. Bydlinski, System und Prinzipien 108 f, 111.

人应享有代位追偿权[1]。但由此一来,保险方案也丧失了其本质优势,因为在保险理赔之前,必须先检讨是否存在受害人共同过错或者受害人自身风险领域共同引发了损害,这就造成针对受害人所遭受的损害无法迅速作出理赔的后果。这些问题在医疗侵权赔偿中表现得尤为典型:医疗保险赔付必须建立在错误诊疗侵害身体健康的前提下,而保险范围并不包括一般的生活风险[2]。此外,如果保险人主张代位求偿权,则其必须承担各项诉讼费用。由于本质上只能够依据侵权责任法,方可处理受害人的与有过失以及代位求偿权等问题,最终导致保险方案与侵权责任法的方案之间仅存如下差异,即保险人扮演了一种中间过渡角色,一方面,其必须向受害人提供损害补偿,而另一方面,代位权又引发了额外的费用[3]。

社会(意外事故)保险体系[soziales (Unfall-) Versicherungssystem]也不应当排斥侵权责任法,而应当补充其不足,在涉及生存保障(Existenzsicherung)的情况下——就像目前本质上所表现的那样——社会保险仅仅规定向受害人履行补偿。因此,应当将社会保险的功能限定在"社会兜底网络"(Soziales Auffangnetz)。《瑞士责任义务法》的整体修订草案以及《欧洲侵权法案原则》都采取了此种方案。"欧洲民法典的研究小组"(Study Group on a European Civil Code)在其起草的"致他人损害的合同外责任"[Non-Contractual Liability Arising out of Damage Caused to Another (PEL Liab Dam)]一编中,也遵循此种模式。最后,由奥地利联邦司法部长标幕多夫(*Böhmdorfer*)领衔的工作小组起草的《奥地利民法典侵权责任法草案》亦采取此种方案[4]。

---

[1] 参见 *Krejci*, Grundsatzfragendes Haftpflicht-und Regreßsystems im Recht der sozialen Sicherheit, in: Reformendes Rechts, FS der Rechtswissenschaftlichen Fakultät der Universität Graz (1979) 435.

[2] 参见 *Dufwa*, Liber amicorum for Helmut Koziol 109ff. Siehe auch *Weyers*, Empfiehlt es sich, im Interesse der Patienten und Ärzte ergänzende Regelungen für das ärztliche Vertrags-(Standes-) und Haftungsrecht einzuführen? Gutachten für den 52. Deutschen Juristentag I/A (1978) 98 ff. *Boccara* in: Faure, Tort Law 362, berücksichtigt diese Frage wohl nicht zureichend; ebenso auch nicht *Fiore* in: Faure, Tort Law 407 ff, die stets von einer »automatischen« Ersatzleistung durch die Versicherung ausgeht.

[3] 参见 *Calabresi*, The Costs of Accidents (1970) 28 f; *Wantzen*, Unternehmenshaftung und Enterprise Liability (2003) 124; *Brüggemeier*, Haftungsrecht 639.

[4] 参见 *Koziol*, Grundgedanken, Grundnorm, Schaden und geschützte Interessen, in: Griss/Kathrein/Koziol, Entwurf 24 ff.

二、经济方面的考量

在《瑞士责任义务法》修订过程中,围绕在责任义务法之外增加受害人保险的利弊展开了详细的讨论。讨论的结果是,保险方案并不能够带来经济上的好处[1]。依据瑞士的经验,也没有必要脱离当前的侵权责任法体系。

1/15

第三节　采取严格界定、僵化规范还是动态过渡、弹性规则?

一、不同请求权基础之间的严格界分

严格划分不同制度之间的界限,并从中提炼出相互对立的内容,是直至今天仍然普遍的做法。例如,严格区分以排除妨碍来源为目的的排除妨碍请求权与损害赔偿请求权,严格区分合同责任与侵权责任,或者严格区分过错责任与危险责任。

1/16

针对各种制度提炼出各种对立与差异,的确具有很高的价值,这也完全必要,这样可以在彼此对立的领域明确发现各自显著的特征、实质性的价值评价,以及通过相应的前提要件设定公平的法律后果。下文将要讨论侵权责任法在整个法律体系中的地位,从中可清晰发现,虽然可以就核心领域作出严格界分,但这些领域的边界却较为模糊,实质上各个制度之间往往有相互重合之处。

例如,针对排除妨碍请求权与损害赔偿请求权,就难以作出明确区分,这是因为排除妨碍请求权的适用范围不断扩大,其与采取恢复原状方式的损害赔偿请求权之间几无任何差别(参见下文第二章边注 19 的论述)。在不当得利法中,在得利已经灭失的情况下,或者虽有不当得利问

---

[1] Bericht der Studienkommission für die Gesamtrevision des Haftpflichtrechts (1991) 6 ff.

题,但仍须考虑已经出现的损害时,很有可能通过损害填补来确定此种不利益(参见下文第二章边注 28 以下的论述)。在过错责任领域,在确定过失时,危险性因素甚至也扮演了关键的角色;而在危险责任中,加害人尽到了应尽的注意义务同样可以减轻乃至免除危险责任(参见下文第六章边注 154 与边注 189 的论述)。

1/17　　如上所述,在排除妨碍请求权与损害赔偿请求权之间几乎不可能作出明确的区分;反之,如果采取严格界分,并或多或少随意将内容上一致的请求权系于不同的前提要件,则此种做法显然不当。因此,承认此种划分存在困难,以一种弹性的过渡方案或者承认过渡领域,从而弱化不同领域之间的严格区分,毫无疑问将是更为正确的做法。例如,随着排除妨碍请求权适用范围不断扩张,可以将其设计为类似于侵权损害赔偿请求权的类型,从而主要采用侵权责任法上的前提要件。

1/18　　在区分不当得利请求权与损害赔偿请求权时,我们可以发现,在上述两个请求权之间并不存在明确的界限,相反却存在一个缓慢的过渡地带。当然,上述两种请求权具有完全不同的内容,前者要求得利人返还不当获得的利益,而后者旨在赔偿请求权人所遭受的损害。但不当得利法也应当体现损害填补的思想;同样,侵权责任法也应当考虑加害人因其行为获利的问题。长期以来,不当得利法已经承认上述思想,并且在恶意不当得利中,要求得利人负担赔偿损害的责任。由此一来,不当得利法也承认了归责标准,即过错,以至于此种情况下的不当得利制度更接近于侵权责任法的规则,此种做法应当是正确的(参见下文第二章边注 30 以下的论述)。

1/19　　不仅如此,违约责任与侵权责任(Vertragliche und deliktische Haftung)之间也不存在泾渭分明的区分,相反,二者关系更多体现为从一个制度的核心领域逐步过渡到另一个制度的核心领域(参见下文第四章边注 1 的论述)。

1/20　　下文(参见下文第六章边注 188 以下的论述)还将详细讨论,所谓的侵权责任法的双轨制(Zweispurigkeit)体系[1]是建立在两个严格区分、具有完全不同归责事由的领域基础上的,即过错责任与危险责任(Verschuldens-und Gefährdungshaftung)。但不可忽视的是,在过错责任与危

---

[1] 同样的观点参见 Esser, Die Zweispurigkeit unseres Haftpflichtrechts, JZ 1953, 129.

险责任的纯粹结构中,上述两种责任形态更多体现为各种混合形态之间无法中断、相互联系的锁链的两个终端。例如,一方面,危险性对于判断是否存在注意义务以及是否存在过错扮演着重要的角色;另一方面,虽然危险责任并非取决于行为,而取决于危险来源,但抽象意义上的注意义务仍然具有重要意义。将侵权责任法归为二元制,还存在另外一个弊端,即该二元制并非仅仅建立在过错与危险性的归责事由基础上,相反——如同下文第六章所论述的那样——还有其他更多的归责因素一并发挥作用。须指出的是,这些因素在认定责任成立时,并非同等重要;相反,每个归责要素须与其他要素相互结合,共同起到认定责任成立的效果。奥地利学者 W. Wilburg[1] 将此种归责体系称之为多元体系。

德国学者 Jansen 对此种双轨制和多元归责体系提出质疑[2],其尝试重新回归到一个所谓统一的责任方案中,即将各种责任形态建立在结果有责性(Erfolgsverantwortlichkeit)基础上[3]。但 Jansen 在其所谓的统一方案中,仍然兼顾了各种不同的归责要素,导致其所提出的方案仅仅在表面上具有统一性。其尝试追求的目的,即阐明当今不同的具体责任领域之间存在过渡地带,却值得赞同,其本质上与本书此处所主张的观点基本一致。

需要着重强调的是,本书主张消解不同法律领域之间本质上相互交叉的界限区分,并非是要忽视其彼此之间的差异。事实上,各种论证已经分析了此种差异,在体系方面,各个法律制度也预先设定彼此之间的差异。例如,侵权责任法的主要功能在于损害填补,申言之,在于转移损害;而在所谓的"惩罚性赔偿"(punitive damages/Strafschäden)中,侵权责任法的功能与刑法的功能发生混淆,后者的主要功能体现为预防,采纳惩罚性赔偿将导致忽视刑法与侵权责任法在功能上的差异(就此请参见下文第二章边注 55 以下的论述)。

最令人质疑的是,惩罚性赔偿的表述虽然旨在赔偿,而这恰是侵权责任法的根本任务,但其在结果上却并非如此,虽然表面上依据侵权责任法确定惩罚性赔偿的前提,但其法律后果却根植于刑法。在惩罚性赔偿中,

---

[1] Elemente 1 ff.
[2] Jansen, Die Struktur des Haftungsrechts (2003) insbesondere 14 ff, 551 ff.
[3] Jaun 就此也持同样观点,参见 Haftung für Sorgfaltspflichtverletzung (2007) 320 ff.

加害人所支付的赔偿并非是给国家,而是支付给受害人,这一点却又偏离了刑法。禁止采取此种惩罚性赔偿制度的理由是显而易见的,因为在长期发展中所形成的核心领域已经形成了基本原则,即针对特定的法律后果设定公平的前提。因此,应当禁止将一个领域的法律后果系于另外一个领域的适用要件,具体而言,应禁止将实施惩罚系于侵权责任法所规定的前提。所以,只有在特殊、本质上较为严格的前提下,才准许采取惩罚性赔偿。就"罪刑法定"(nulla poena sine lege)原则而言,较之于侵权责任法规范,刑法规范必须在更高程度上满足确定性要求。不仅如此,在刑法中还形成了保护犯罪人的特殊的程序规则与证据规则,并且就归责标准,如过错,具有更多的区分类型。就私法而言,必须坚持双方主体正当性原则(完全赔偿与禁止不当得利——参见下文第二章边注 59 以下的论述),在缺乏事实上的正当性,或者当无论证基础导致损害赔偿只是偶然幸运之事时,私法无法赋予每个人都享有要求赔偿的请求权[1]。

当然,就是否应规定惩罚性赔偿,我们应当小心求证。从预防功能角度出发,如果确实存在保护方面的漏洞,就需要由惩罚性赔偿加以填补,但不应简单以一种程式化和概念法学的方式,将惩罚性赔偿宣告为损害赔偿——这违背了事实,更不能就此采取侵权责任法上的各种前提条件。更重要的是,应依据我们的法律检讨哪些是实施惩罚所不可缺少的前提条件,并且须进一步检讨,在私法中是否能够满足这些前提。此外,必须思考私法,尤其是侵权责任法原则在多大范围内可以允许将惩罚规定为法律后果。如果发现,将"惩罚"的法律后果系于私法上的各种前提,会导致其与刑法、私法的基本原则产生矛盾,则必须考虑创造一个介于刑法与私法之间的新型保护体系,该体系能够兼顾不可回避的刑法上的各种前提要件和私法上的各种结构原则,这样就可以统一两个法律部门所规定的不同前提要件以及法律后果。

二、受绝对保护的权利与不予保护的利益

就法益或者利益而言,法律通常区分完全受法律保护的法益

---

[1] 就完全赔偿原则以及禁止不当得利的历史起源请参见 *Jansen in HKK zum BGB II* §§ 249—253, 255 Rz 17 f, 21, 61.

（Rechtsgüter）与不予保护的利益（Interessen）。但此种对立性的区分，并非是一种正确的法律状态。法律更多地基于各种不同标准，赋予各种法益不同的保护。例如，各种基本人格权享有广泛的救济，各种物权亦是如此；而享有纯粹经济利益（reine Vermögensinteressen）的人只能在有限的范围内要求第三人尊重此种特殊利益，而纯粹的精神上的利益只能享有最小范围的保护（参见下文第五章边注8以下以及第六章边注47以下的论述）。

可以确定的是，即使是受完全保护的法益也并非享有绝对无限制的保护；如果我们更为仔细地观察各种绝对权的典型例子，如所有权和人格权的保护，将会清晰地发现这一点。例如，不动产的所有人应当在一定范围内容忍相邻人所发出的各种不可量物的侵入。甚至最高位阶的法益，如身体作为不受侵害的法益，在面临任何微小的健康侵害时，也并非都毫无例外地享有保护。例如，针对地铁上打喷嚏所引发的传染并不能主张消除危险请求权（Abwehranspruch），或者针对难以忍受的机动车尾气，权利人也同样不能主张消除危险请求权。就那些尚未清晰界定其范围的人格权而言，其权利人需要容忍更多的各种侵害，例如媒体自由属于基本权利，但同时每个人的人格权都有可能遭受重大侵害。而另一方面，尽管纯粹经济利益仅仅享有有限的保护，但也绝不能漠视此种保护（参见下文第六章边注52以下的详细论述）。

三、全有全无原则（Alles-oder-Nichts-Prinzip）？

在认定是否可归责以及法律后果时，很多人都具有非此即彼的观点，即要么认定存在全部的损害赔偿义务，要么完全否定此种损害赔偿义务。此种观点被冠以"全有全无"原则。实际上，长期以来在很多重要的领域，侵权责任法已经摒弃了此种原则，如果仍然固守此种原则，则会贻笑大方。在欧洲大陆，几个世纪以来，受害人共同过错并不能简单导致免除加害人的损害赔偿义务，相反，只能导致减轻加害人责任的后果（《奥地利民法典》第1304条、《德国民法典》第254条）。不仅如此，《奥地利民法典》还考虑到关键归责事由——过错的程度，如在加害人仅具有轻微过失的情况下，其只负担部分赔偿义务，即仅赔偿积极损害，而不赔偿可得利益的丧失（《奥地利民法典》第1323条、第1324条）。

1/25　　　避免采取此种非此即彼的处理方案往往是正确的。避免适用"要么全有、要么全无"的赔偿原则,通常情况下也更为公平。采纳"全有全无"原则,可能只因细微的区别,就可能出现全部赔偿或完全不赔偿的后果,由此引发了公平正义的问题。不仅如此,由于事先规定"要么全有、要么全无"的赔偿原则,导致法庭在避免出现过度显失公平的结果时,往往倾向于——有意识或者无意识——控制责任成立的前提要件。从法律安全以及裁判的可预见性的角度出发,在没有公开证明此种裁判背后所隐藏的考量情况下即控制责任认定,较之于公开法庭采取此种裁判时公开论证的折中方案,应当具有更大的危害。

1/26　　　通过分析引起责任的事件与事故之间的替代因果关系,可以很好地证明上述观点(参见下文第五章边注 86 以下的详细论述)。依据主流观点,当损害结果既可能由事件引起,也可能由受害人应当承担的事故原因引起时,法官在此情况下必须判定,二者中哪个事件构成原因。依据"全有全无"原则,法官要么认定存在全部赔偿义务,要么认定不存在任何赔偿义务。Stark[1]因此提出了一个非常正确的问题:"在一个处在 25% 和 75%之间的盖然性情况下,如果简单绝对地认定,加害人不承担任何赔偿义务或者承担全部赔偿义务,难道不存在问题吗?如果人们作出其明知无法知晓但却似乎知晓的决定,对当事人的任何一方不都是带来了不公平吗?"同时还要指出的是,《奥地利民法典》并没有严格地信守条件因果关系理论,例如在具有高度盖然性的情况下,恰恰在事件潜在地具有高度危险性时,则认定存在侵权责任。我们可以将此种思想推演到受害人共同过错的情况,即在因果关系不甚清晰的情况下,虽然存在归责事由,但其并不足以构成侵权责任,考虑受害人具有共同过错,依据损害分配的基本思想,适用按份责任,这应当更加公平。

四、弹性规则

1/27　　　在实践中,各种法律制度之间并不存在严格界限与尖锐对立,抛弃

---

[1] Stark, Die »perte d'une chance« im schweizerischen Recht, in: Guillod (Hrsg) Neuere Entwicklungen im Haftpflichtrecht (1991) 101; Oftinger/Stark, Schweizerisches Haftpflichtrecht I^5 (1995) 124 f.

"全有全无"原则,符合动态系统论的基本思想,该思想构成了动态系统论的基础。奥地利学者 Wilburg[1] 基于比较法的研究,提出了令人信服的动态系统论思想,Bernd Schlichter[2] 与 Franz Bydlinski[3] 二位学者进一步发展了此种理论,本文也将采取此种动态系统论。

动态系统论的特点体现在:各种法律规范中含有各种不同的价值裁量,在法律适用中,应考虑不同的价值判断标准以及法律后果的差异性。依据 Wilburg 的观点,必须首先考察所有关键性的要素,然后在利益裁量时,将其置于一个动态的系统中综合考量。因此,尽可能地裁量各种相关的利益,并提炼出所有相关事实构成要件,就成为法律适用者的任务。单纯依据上述事实构成要件尚不足以得出法律结论,而应当结合其他特征。总之,应当采取分层式的标准,申言之,标准越清晰,就越容易认定相关法律后果。我们可以得出如下结论:在认定责任时,如果诸多标准中的某个要件不明显或者不甚明显,但可明确认定满足其他要件,此时仍然可以认定存在相应的法律后果;因为法律规范通常建立在对所有标准的整体评价基础之上,所以,应从所有这些标准的平均强度出发,作出相应的规定[4]。在判断是否发生责任时,虽然要求针对所有要件的强度都作出评价,但并非要求所有要件都必须达到同样的强度;相反,即使某些要件未达到或者根本不符合特定的要求,但只要其他要件明确符合特定要求,此时仍然可以认定存在此种法律后果。此种所谓的"配合解释"方法考虑到法律适用者需要多次整合评价处在协作关系中的多种在量上可以分层次的论证基础。依据此种动态系统理论,在缺乏众多重要要件中的某个要件时,或者只能在细小范围认定该要件时,如果其他要件的重要性远远超过了正常情况下对其的要求,可以认定存在责任。Wilburg 强调[5],"如

---

[1] Die Elemente des Schadensrechts (1941); *derselbe*, Die Entwicklung eines beweglichen Systems im bürgerlichen Recht (1950); *derselbe*, Zusammenspiel der Kräfte im Aufbau des Schuldrechts, AcP 163 (1964) 346 ff. 有关动态系统论的介绍可参见 B. A. Koch, Wilburg's Flexible System in a Nutshell, in: Koziol/B. C. Steininger, European Tort Law 2001 (2002) 545 ff.

[2] *Schilcher*, Theorie der sozialen Schadensverteilung (1977); *derselbe*, Neuordnung des österreichischen Schadenersatzrechts, in Magnus/Spier (Hrsg), European Tort Law: Liber amicorum for Helmut Koziol (2000) 293 ff.

[3] F. Bydlinski, Juristische Methodenlehre und Rechtsbegriff^2 (1991) 529 ff.

[4] 就立法者的"基础判断"可参见 *Schilcher*, Schadensverteilung 204.

[5] Bewegliches System 13 f.

果一个因素以一种特殊强烈的方式出现,就可充分满足认定存在责任的要求"。他进一步论述了此种路径的优点,"此种系统可以依据彼此的本质考虑到所有的情况。较之于现存的基本原则,该系统更加富有弹性,不会像玻璃制品那样易碎,因为就各种因素的强度进行价值判断时,如考量企业活动的危险性时,这些因素随着时间流转变化而发生变化。在此也可能增加其他新的考量因素"。

1/28　　我们完全可以认为,动态系统论本身并不含有完全新颖的价值,也不应将其视为一个独立的理论。该理论实际上仅反映了一个不证自明的道理,即所有侵权责任法上的行为规则以及既定行为的法律后果都要求立法者考量各种相关的并行利益。申言之,行为人应当尽可能地享有行为自由和人格自由展开的空间,以及不受限制地利用自己物品的自由;与此同时,每个人的空间也应当受到保护。由于立法者不可能制定出完全清晰表述的固定规则,所以,其必须赋予法律适用者自由裁量的空间,每一个法官以及其他法学家都应进行利益裁量以填补该空间。法律适用时,每个人都在或多或少有意识地从事此种利益裁量工作。在利益裁量时,通常应当考虑多个因素,并且每个因素的强度和量值都扮演了不同的角色。如果立法者明确规定此种动态系统,并且列举各种相关要素作为"适用指南"(Kundendienst),此种规定不过体现了法律适用者为了获得公正和经得起推敲的结果所不可避免的工作而已。

1/29　　那些针对动态系统论所提出的各种批评,多数建立在错误想象(Fehlvorstellung)的基础上,他们误以为动态系统论的追随者只是尽可能地提出动态、不确定、模糊、随意以及晦涩的事实构成。针对上述错误的批评意见,动态系统论的代表人物 Bydlinski 就动态系统论提出的基本要求[1],可作为对此种不当批评的回应。他指出,"如果涉及典型的、基于法律规定的各种后果的清晰的事实构成,法的安全性、目的性,即可预见性的、简洁的法律适用,以及公平等价值都要求遵守确定的事实构成的法律技术体系。尤其在法律安全性构成法律规定的特殊目的之一的领域,不存在(或者几乎不存在)动态系统论的适用空间。例如,不存在一个动态的票据法、不动产登记法、程序法以及刑法。"

但是,由于问题具有多层次性,需要解决的事实构成具有多重复杂

---

[1] Methodenlehre,534

性，导致并非总是可以制定出确定的私法规范。在僵硬的构成要件理论与宽泛模糊的一般条款之间，此处所主张的动态系统论找到了一条中间道路，即通过规定一些重要的参考要素，要求法官在裁量时必须参考这些要素，这样就可以形成一个具体化的过程，同时起到限制法官自由裁量的目的，使其判决具有可预见性；另一方面，此种弹性规则也可以充分考虑现实生活的多样性。动态系统论的关键体现在，不同的参考要素具有不同的强度，它们之间相互配合。

当然，针对动态系统论所提出的如下批评意见也不无道理，即动态系统论通常导致弹性的解决路径，其通常脱离"全有全无"的原则，如该理论针对替代因果即采取弹性的解决方案（参见第五章边注 86）。但上述这种批评并非什么新鲜观点，因为早在受害人与有过失时，法律就采取比例原则，脱离了"全有全无"的做法（如《德国民法典》第 254 条、《奥地利民法典》第 1304 条）。对于该原则，即使不去考虑仅仅因为细微的区别就摇摆于全部赔偿与完全不赔偿之间而引发公平正义的问题，仍然需要质疑的是，由于事先规定"要么全有、要么全无"赔偿原则，导致法庭在避免出现过度显失公平的结果时，往往倾向于——有意识或者无意识——控制责任成立的前提要件。如上文所述，显然，从法律安全以及裁判的可预见性角度出发，在没有公开证明此种裁判背后所隐藏的考量情况下即控制责任认定，较之于公开法庭采取此种裁判时公开论证的折中方案，应当更加有害。

第二章
法益保护体系中的侵权责任法

□ 第一节 概 论

2/1 　　就像其名称所反映的那样,侵权责任法调整法益所有人遭受他人侵害时所发生的损害赔偿问题。毫无疑问,损害赔偿的主要目的体现在保护法律赋予受害人的各种法益。此外,承认此种损害赔偿请求权也带来一种一般意义上的预防效果,此种效果有助于防止受法律保护的法益在将来再次遭受侵害。尤其受到经济学理论的影响,越来越多学者认为,侵权责任法的首要任务应当是预防,而不是损害填补(参见下文第三章边注5)。此外,还存在如下观点,即侵权责任法还承担了剥夺加害人因侵权所获得的利益的任务[1]。最后,越来越多人尝试通过"惩罚性赔偿"赋予侵权责任法纯粹意义上的惩罚功能[2]。

2/2 　　实际上,当受保护的法益遭受侵害或者遭受现实威胁时,法律并非仅赋予受害人损害赔偿请求权,其还提供了其他一系列完全不同的救济方式,包括消除危险、填补损害、不当得利返还、为了公共财政没收所得,或者就企图侵害或者实施侵害实施刑罚等,这些救济方式以不同的形式发挥着保护法益的功能[3]。为了更形象地说明这一点,我们可以列举如下几个民法领域的例子:返还原物请求权,停止侵害或排除妨害请求权,正当防卫权利,返还不当得利请求权,债权人撤销权,以及本书重点讨论的

---

[1] Caroline-Entscheidungen des BGH in BGHZ 128, 1 = NJW 1995, 861; NJW 1996, 984f.

[2] 就此参见 von *Bar*, Deliktsrecht I Rz 608 ff; *Koziol/Schulze*, Conclusio, in: Koziol/Schulze, EC Tort Law 596 f; Koziol/Wilcox, Punitive Damages. Vgl auch unten Rz 2/55 ff.

[3] 就此相关问题详见 *Koziol*, Gedanken zum privatrechtlichen System des Rechtsgüterschutzes, Canaris-FS I (2007) 631.

损害赔偿请求权。除了此种私法上的保护,受害人针对国家或者公共财政所设立的基金也可享有损害赔偿请求权,此种赔偿方式为灾难事故或者犯罪行为中的受害者提供救济。此外,国家享有刑法或者公法规定的征收权利,尤其是刑罚措施,其在私法保护之外也同样发挥作用。上述最后谈到的公法和刑法上的惩罚,由于其具有一般意义上的预防功能,导致其间接产生保护个人法益的效果。

不同的法律措施导致不同的法律后果,而这恰恰需要完全不同的前提要件。不同法律措施的本质决定了不同的基本前提,如法益受到威胁、侵占他人之物、获得利益以及出现损害等。由于各种请求权及其功能之间具有诸多差异,使得各种救济具有不同的引发原因。但上文所谈的各种法律救济必须具有一个核心前提,即存在一个对受害人利益施加侵害的行为,其不法威胁或者侵害受保护的利益。 2/3

此种侵害或者威胁何时在法律上可以被视为具有违法性,下文还将作详细探讨。本书在此先明确指出,违法性具有不同的层次[1]:在极其抽象的意义上,侵害他人受法律保护的法益,即侵害了受法律保护的他人的领域,即具有违法性(第一层次——译者注),此种侵害将导致法律所不愿意出现的后果,行为人应当尽力防止这种结果的发生。当侵害他人利益违反了法律所规定的法益归属时,则存在一个事实构成,此种事实构成将引发保护机制。显然,此种违法性的程度要弱于行为的违法性(第二层次——译者注),也弱于在具体层面上侵害人违反了任何人在此种情况下都应当负担的客观行为义务(第三层次——译者注)。过错是最为重要的归责事由,因为此时的责难更为具体,就此需要考虑个人的具体状态,尤其需要考虑行为人是否具有侵权责任能力。当然,就此种非难性的程度,除了侵权责任能力之外,还需要考虑行为人主观上的能力以及认知,因为只有这样才能够从真正意义上针对行为人作出相应的责难。就像很多国家一样,德国法原则上采取了一个客观性的判断标准,与之相反,奥地利则采用主观标准[2]。 2/4

---

[1] 参见 näher Larenz/Canaris, Schuldrecht II/2¹³ § 75 II 2;相近观点参见 Koziol, Rechtswidrigkeit, bewegliches System und Rechtsangleichung, JBl 1998, 621 ff; G. Wagner, Grundstrukturen des Europäischen Deliktsrechts, in: Zimmermann, Grundstrukturen: Deliktsrecht 217ff; ebenso G. Wagner in MünchKomm, BGB V⁵ § 823 Rz10.

[2] Vgl dazu Koziol, Objektivierung des Fahrlässigkeitsmaßstabes im Schadenersatzrecht? AcP 196 (1996), 593; derselbe, Liability based on Fault: Subjective or Objective Yardstick? MJ 1998, 111.

此种仅仅从结果上判断得出的违法性,即侵害受保护的法益,在下文被称为构成要件该当性[1];在较为具体、也就是客观意义上对作为或者不作为的评价可以称为义务违反;第三个层次,也就是或多或少对行为主观意义上的评价被称为过错。此种顺序体现了归责事由的程度不断趋于加重,法律针对纯粹的事实构成该当性规定了最轻微的法律后果,而针对过错则规定了最重的法律后果。例如,事实构成该当性原则上只能够引发停止侵害请求权、所有物返还请求权、费用请求权以及正当防卫的权利;而加害人违反义务具有过错时[2],受害人将合法享有救济范围更广的损害赔偿请求权。

下文将讨论法定的保护体系,此外还要分析基于法律行为所订立的保险合同所产生的损害转移问题。简而言之,就此首先面临如下难题,即此种体系在整体上究竟是一个偶然并列发展的具有不同适用前提和法律后果的法律体系,还是一个相对封闭的体系?事实上该体系具有不同任务,当然也具有一些漏洞和模糊地带。下文探讨的主要目的就在于区分此种不同的保护体系,并从与其他各种法律措施相互关联的角度出发,确定侵权责任法的地位。就此需要指出的是,在各个保护体系之间难以作出严格的区分,相反,二者之间更多地存在弹性的过渡地带与混合形态。还需要讨论的是,哪些任务可以交由侵权责任法承担,而其他任务可以完全充分,并且更好地在其他保护体系中得到实现?例如,究竟应采取德国法院目前所采取的做法,由侵权责任法来解决剥夺所得利益的问题[3],还是应采取惩罚性赔偿所实施的惩罚来完成侵权责任法本质上所应当完成的任务?

□ 第二节 返还原物请求权(Herausgabeansprüche)

各种旨在返还原物的请求权,尤其是返还原物请求权(Vindikation-

---

[1] Vgl *Koziol*, Haftpflichtrecht I³ Rz 4/11; ferner *Esser/Schmidt*, Schuldrecht I/2⁸ § 25 IV.

[2] 就引发损害赔偿责任后果的其他归责事由,尤其是特殊危险责任,本书在此将不作深入讨论。

[3] 德国联邦法院有关"Caroline"的相关判决请参见 BGHZ 128, 1 = NJW 1995, 861; NJW 1996, 984 f.

sanspruch)(《奥地利民法典》第 366 条、《德国民法典》第 985 条)的适用条件,都仅以原告对该物享有权利和被告不法占有该物为前提,因此这些请求权的目的仅在于要求返还原物,而不能填补其他各种损害。

由于损害赔偿请求权可以采取恢复原状的救济方式(《奥地利民法典》第 1323 条、《德国民法典》第 249 条第 1 款),使得其也能够产生返还原物的效果。但是,损害赔偿请求权以满足归责要件为前提,尤其是被告应当具有过错;与此同时,如果能够满足其他更为严格的前提条件,还将引发其他法律后果,如行为人剥夺他人对物的占有或者不当享有该物,则侵权人就其行为所造成的各种后果负担损害赔偿责任。

第三节 停止侵害请求权(Unterlassungsansprüche)

诚如上述,依据通说,成立停止侵害请求权并不要求行为人具有过错,权利人法益遭受威胁即可满足成立要件。申言之,就此根本不需要认定行为人具有违反义务的行为,相反,只要行为人威胁到他人受法律所保护的领域即满足事实构成该当性。[1]此种观点值得赞同。[2]从整个保护

---

[1] Siehe dazu OGH 6 Ob 244/68 in JBl 1970, 35; 8 Ob 549/91 in ÖBA 1992, 386 = SZ 67/10; 1 Ob 61/08i in JBl 2009, 261; *Jabornegg/Strasser*, Nachbarrechtliche Ansprüche als Instrument des Umweltschutzes (1978) 68; *Karollus*, Zum Beseitigungsanspruch gegen pfandverschlechternde Einwirkungen, insbesondere durch Vermietung der Pfandliegenschaft, ÖBA 1991, 166; *Koziol*, Gedanken zum privatrechtlichen System des Rechtsgüterschutzes, Canaris-FS (2007) 635 f; *Reischauer* in Rummel, ABGB II/1³ § 1294 Rz 29; *Rummel* in Rummel, ABGB I³ § 859 Rz 5; *E. Wagner*, Gesetzliche Unterlassungsansprüche im Zivilrecht (2006) 220 ff; abweichend offenbar *Wenzel*, Zivilrechtliche Unterlassungs-und Beseitigungsansprüche zur Abwehr von Umwelteinwirkungen im Rechtsvergleich zwischen Österreich und Deutschland (2005) 118, der für Österreich auf einen Sorgfaltspflichtverstoß abstellt. Zum deutschen Recht vgl *Henckel*, Vorbeugender Rechtsschutz im Zivilrecht, AcP 174 (1974) 113; *Fritzsche* in Bamberger/Roth, BGB II² § 1004 Rz 6; *G. Wagner*, Die Voraussetzungen negatorischen Rechtsschutzes, Medicus-FS (2009) 605 f. Wenn *Wilhelmi*, Risikoschutz 118 ff, für das deutsche Recht ein pflichtwidriges Verhalten für das Entstehen eines Unterlassungsanspruchs voraussetzt, so spricht er damit lediglich das drohende, in der Zukunft liegende (129 f), nicht jedoch das die Störung auslösende Verhalten (128 f) an.

[2] 令人惊讶的是,《共同参考框架(欧洲民法典草案)》(DCFR)竟然没有看到这一点,参见 PEL Liab Dam Art 1:102 und 6:301 und dazu *Koziol*, Außervertragliche Schuldverhältnisse im CFR, in: Schmidt-Kessel (Hrsg), Der gemeinsame Referenzrahmen (2009) 98 f.

权益的法律救济体系来看,作为预防性请求权的停止侵害请求权的首要意义体现在防止将来再次发生侵害,即面向将来的潜在损害,而不是填补已经发生的损害;因此,停止侵害请求权的目的在于体现对非特定利益的预防功能[1]。此外,在适用停止侵害请求权的情况下,由于此种请求权的目的只是令行为人不再从事威胁他人的特定行为,因此,消除此种潜在的法律后果对行为人往往仅构成相对较小的负担。[2] 与损害赔偿请求权不同,停止侵害请求权不要求义务人负担超出上述消极不作为之外的费用,即无须以自己财产填补他人的损害。所有这些都表明,行为人的行为只是在最为抽象的层面上具有可责难性,但其程度非常轻微,换言之,事实构成该当性就足以引发停止侵害请求权。

2/8　　由于停止侵害请求权并不以过错为前提,所以我个人认为,在实体法上,成立停止侵害请求权,并不要求其行为威胁他人完全受保护的法益的行为人具有侵权责任能力[3]。虽然预防性惩罚要求行为人具有过错能力,导致针对无侵权责任能力的行为人无法主张停止侵害请求权,但就此应当区分请求权的成立与该请求权的可执行性,因为尽管没有过错能力,行为人也可以自愿履行停止侵害义务。

2/9　　通常情况下,成立停止侵害请求权仅仅需要满足事实构成该当性,但很多情况下往往会突破上述规则。例如,不仅仅享有绝对保护的权利人享有停止侵害请求权的保护,而且当受到保护性法律或者善良风俗原则(Schutzgesetz oder die guten Sitten)保护的特定利益遭受某种特定行为威胁时,该利益享有人也同样享有停止侵害请求权的保护。[4] 应当承认,不仅享有完全保护地位的权利人享有停止侵害请求权,而且仅仅遭受

---

[1] Dies betont *Wilhelmi* 强调了这一点,参见其著, Risikoschutz 56 ff, 71 ff, 352.

[2] 就如何考量此种花费以及潜在责任人负担的利益裁量参见 *Wilhelmi*, Risikoschutz 165.

[3] *Fritzsche*, Unterlassungsanspruch und Unterlassungsklage (2000) 148; *Baldus* in MünchKomm, BGB VI⁵ § 1004 Rz 89; *Spielbüchler* in Rummel, ABGB I³ § 354 Rz 5, zustimmend *Koziol*, Canaris-FS 639. Anderer Auffassung OGH 7 Ob 150/97b, Leitsatz veröffentlicht in ecolex 1998, 124 (*Rubin*); OLG Düsseldorf in MDR 1996, 477; *Böhm*, Unterlassungsanspruch und Unterlassungsklage (1979) 48 f; *Hirsch*, Ist der Unterlassungsanspruch wirklich verschuldensunabhängig? Anmerkungen zu OGH 7 Ob 150/97b in JBl 1998, 541 ff.

[4] 德国法中相关通说参见 *Fritzsche*, Unterlassungsanspruch 139 ff; *Baldus* in MünchKomm, BGB VI⁵ § 1004 Rz 9; *G. Wagner* in MünchKomm, BGB V⁵ § 823 Rz 15; für Österreich ebenso *Rummel* in Rummel, ABGB I³ § 859 Rz 5; *E. Wagner*, Gesetzliche Unterlassungsansprüche im Zivilrecht (2006) 47 ff, 325 ff.

特定威胁的其他人也享有此种保护。就违反保护性法律而言,应当在违反法律明确规定的命令以及禁令与因违反客观注意义务所导致的义务违反之间作出明确区分。[1] 但是,如果行为人从事了违反义务的行为,例如,行为违反善良风俗、社会交往义务,或者违反特定义务,权利人仅仅享有特殊的保护,此时将很难再作出上述两种区分。[2] 理由在于:此种情况涉及缺乏公示性的利益,无法如针对绝对权那样明确界定其保护范围。[3] 因此,针对此种保护范围较小的情况,在适用停止侵害请求权时应当施加更为严苛的要求。[4]

此外,如果受绝对保护的法益受到间接威胁,由于此种威胁缺乏明确的公示性,此时也应当同样要求行为人必须达到违反义务的要求。奥地利目前针对该问题所展开的讨论,体现了上述这一点。具体而言,当第三人租赁了一处不动产,导致针对该不动产享有抵押权的债权人的价值变现权利受到了影响,此时债权人是否可以主张停止侵害请求权?虽然很多人以各种方式主张只要第三人的行为客观上符合行使停止侵害请求权的构成要件该当性即可[5],但反对理由认为,必须存在违反客观义务,即义务违反的事实[6],而奥地利的最高法院[7]以及一些学者[8]甚至要求行为人具有过错。这就导致,针对停止侵害请求权的要求非常接近损害

---

[1] 就此主要参见 *Karollus*, Schutzgesetzverletzung 142 ff.

[2] 亦可参见 *Reischauer* in Rummel, ABGB II/1³ § 1294 Rz 27; *Fritzsche*, Unterlassungsanspruch 139ff; *G. Wagner* in MünchKomm, BGB V⁵ § 823 Rz 15.

[3] 有关保护对象的公示性(Offenkundigkeit)以及其外延的界定参见 *Fabricius*, Zur Dogmatik des »sonstigen Rechts« gemäß § 823 Abs. I BGB, AcP 160 (1961), 271; *Larenz/Canaris*, Schuldrecht II/2¹³ § 76 I 1; *Koziol*, Conclusions, in: Koziol, Unification: Wrongfulness 132.

[4] Vgl *Hinteregger*, Rechte des Pfandgläubigers bei Entwertung der Pfandliegenschaft durch Vermietung, ÖBA 2001, 451 FN 24.

[5] OGH 3 Ob 505/90 in ÖBA 1991, 213 mit Besprechungsaufsatz von *Karollus*, ÖBA 1991, 164,他从承租人善意取得的可能性出发,尝试在与体系保持一致的前提下,考虑其是否应当受到保护的问题。Vgl auch *Reidinger*, Inbestandgabe zur Erschwerung von Liegenschaftsexekutionen-aktuelle Rechtsprechung, WoBl 1994, 110; *E. Wagner*, Unterlassungsansprüche 261 f; OGH 8 Ob 254/99g in ÖBA 2001, 483.

[6] OGH 3 Ob 134/88 in JBl 1989, 590; *Petrasch* in Rummel, ABGB I² § 458 Rz 6.

[7] OGH 7 Ob 818/82 in EvBl 1984/119; 3 Ob 610/86 in SZ 59/206 = ÖBA 1987, 415 (*Rummel*); 6 Ob 107/98y in ÖBA 2001, 479; 6 Ob 136/98p in ÖBA 2001, 480.

[8] *Hofmann* in Rummel, ABGB I³ § 458 Rz 6.

赔偿请求权的适用前提。奥地利学者 Hinterregger[1] 甚至认为,由于享有抵押权的债权人缺乏必要的公示,所以该债权人不应当享有物权保护性质的停止侵害请求权[2],而只能享有损害赔偿请求权,但这导致此种损害赔偿请求权具有无过错的性质,非常特殊。在通常情况下,损害赔偿请求权以实际发生的损害为前提,如果此时采取损害赔偿请求权的路径,结果将导致实际上承认了停止侵害请求权。[3] 不容忽视的是,为什么法律此时通常拒绝提供预防性救济,只是就已经发生的损害提供损害赔偿救济?[4] 在上述案例中,就承租人不知晓债权人具有担保物权无法作出责难,此时采取无过错责任有些过分,正确的做法应当是,只有在承租人客观违反义务的情况下,方可赋予债权人停止侵害请求权。[5]

在专利所有人享有停止侵害请求权的案件中,我们也能发现类似的情况。例如,第三人通常无法知晓专利及其边界。对于那些并未直接使用专利而仅仅因为与其他人的行为发生关联而导致间接侵害专利的情况,如出卖侵害专利的商品的典型情况,都属于此种类型。此外,尽管提供服务者为直接侵权人提供实施直接侵权的可能,如利用商标侵害他人人格权或者违反公平竞争规则,但只有当具有违反义务的客观事实时,方可针对提供服务者主张"干扰者责任"(Störerhaftung)。[6]

需要强调的是,在单个主体受到威胁时,除了预防性请求权,团体诉讼(Verbandsklagen)也提供补充性的救济。[7] 例如,公共利益遭受侵害时,单个主体很难发动预防性救济,相反,一般性预防思想却具有重要意

---

[1] Hinteregger, ÖBA 2001, 450 f.

[2] 虽然她只提及排除妨碍请求权,但实际上预先总是将停止侵害请求权和排除妨碍请求权联系在一起。

[3] 本书观点与如下文献观点较为一致,就此参见 von Karollus, Zum Beseitigungsanspruch gegen pfandverschlechternde Einwirkungen, insbesondere durch Vermietung der Pfandliegenschaft, ÖBA 1991, 177 f, Karollus 认为,仅应当赋予排除妨碍请求权,因为只有在强制执行过程中,方可知晓抵押权是否遭受侵害。

[4] 存在如下情况:在订立租赁合同过程时,基于质押债务人无法支付的原因,质押债权人必须评价此种担保的价值。通过停止侵害请求权可以避免各种侵害,其中包括不再订立质押合同,从而侵害债权人的权利实现的情况。

[5] 就此不应要求过错要件,因为此处仅涉及客观保护领域,并不成立损害赔偿请求权。

[6] 参见 BGH in ZUM 2004, 831; ZUM 2007, 846, 852; OGH 4 Ob 166/00s in MR 2000, 328 (Pilz).

[7] 参见 das deutsche Gesetz über Unterlassungsklagen bei Verbraucherrechts-und anderen Verstößen, sowie in Österreich §§ 28 und 28a KschG.

义，此时保护公共利益的团体，无须证明具体单个主体遭受威胁即可行使停止侵害请求权。[1] 当然，此种公益诉讼也间接起到了保护个人利益的效果。

第四节 正当防卫权利(Notwehrrechte)

正当防卫的目的在于抵御现实威胁或者正在发生的违法加害行为[2]。如同停止侵害请求权一样，其目的在于预防损害发生[3]，或者在遭受现实侵害时，如同排除妨碍一样，通过自力救济的方式，排除已经现实发生的加害行为。与停止侵害、排除妨碍请求权一样，行使正当防卫权利也无须行为人具有过错并违反义务，正当防卫权利完全是一种取决于客观结果的救济方式[4]，即只需客观上满足事实构成该当性。[5]

2/12

虽然针对不当威胁，权利人可以行使正当防卫，但在行使该项权利时，权利人也受到一定的限制。例如，当权利人所遭受的利益侵害与其针对侵害人采取正当防卫可能使侵害人自身所遭受的危险之间严重不成比例时，可发生权利人不当行使正当防卫权利的后果。上述观点为奥地利通说[6]。《奥地利刑法》第 3 条第 1 款第 2 句就此规定："如果受侵害人显然仅仅面临微小的不利益，而权利人行使正当防卫权利将会给侵害人带来严重的损害，则正当防卫严重不当，此时无权主张正当防卫。"

2/13

乍看起来，似乎德国法采取了相反的观点，因为其强调"就此不应在因实施正当防卫而遭受侵害以及采取正当防卫所保护的法益之间，就相

---

[1] 参见 *Feitzinger*, Die » Verbandsklage «, ÖJZ 1977, 477; *Schoibl*, Die Verbandsklage als Instrument zur Wahrung » öffentlicher « oder » über individueller « Interessen im österreichischen Zivilverfahrensrecht, ZfRV 1990, 3.
[2] 参见 § 3 öStGB.
[3] 参见 *Fuchs*, Grundfragen der Notwehr (1986) 49 ff.
[4] *Larenz/Wolf*, Allgemeiner Teil⁹ § 19 Rz 9.
[5] *Koziol*, Haftpflichtrecht I³ Rz 4/67 f.
[6] *Wilburg*, Elemente 255; *Koziol*, Haftpflichtrecht I³ Rz 4/71; *Posch* in Schwimann, ABGB I³ § 19 Rz 9; *Apathy/Riedler*, Bürgerliches Recht III³ Rz 13/20; *B. A. Koch* in KBB, ABGB² § 19 Rz 5. Abweichend aber etwa *Reischauer* in Rummel, ABGB I³ § 19 Rz 9 und 13.

互对立的法益的位阶进行比例性的利益裁量"[1]。但主张上述观点的学者,却不无矛盾地强调,如果防卫实施人保护的权益与被防卫人所遭受的损害之间严重不成比例,应当认定防卫人不具有正当防卫的权利。[2] 实际上,有些学者已经明确指出,诸如生命等具有特殊意义的高位阶的权利,不能仅仅因为保护物质性的法益而遭受侵害。[3]

2/14 与停止侵害请求权不同,主张正当防卫权利必须就对立的法益进行具体的利益裁量,其原因在于,正当防卫不仅仅要求加害人停止具有现实危险的侵害行为,而且此时往往还通过正当防卫的方式对加害人的法益,尤其是具有很高位阶的身体完整性的法益造成现实的侵害。显然,行使正当防卫权利的后果远远比行使停止侵害请求权的后果严重。

□ 第五节　排除妨碍请求权(Beseitigungsansprüche)

2/15 如停止侵害请求权一样,排除妨碍请求权也适用于可能在将来发生损害的情况,其主要目的也在于预防损害的发生。[4] 但排除妨碍请求权的特殊性体现在,权利人不仅遭受威胁,而且其本应受到法律保护的状态[5]已经受到他人的侵害,即其法益遭受他人不当干涉。[6]

2/16 学界就排除妨碍请求权的实体要件存在不同的看法[7],尤其是针对妨碍何时可以归责于行为人的问题,存在较大争议。[8] 目前保持通说地

---

[1] So *Demhardt* in Bamberger/Roth, BGB I² § 227 Rz 17. Ebenso *Grothe* in MünchKomm, BGB I/1⁵ § 227 Rz 1 und 17.

[2] *Demhardt* in Bamberger/Roth, BGB I² § 227 Rz 22; vgl auch *Grothe* in MünchKomm, BGB I/1⁵ § 227 Rz 17.

[3] *Larenz/Wolf*, Allgemeiner Teil⁹ § 19 Rz 19.

[4] *Wilhelmi* 也强调这一点, Risikoschutz 56 ff.

[5] 此处并不必然涉及受绝对保护的法益,从特定的行为要求命令中也可产生保护救济的需要,参见 *Henckel*, Vorbeugender Rechtsschutz im Zivilrecht, AcP 174 (1974) 104, 110, 120.

[6] 参见 *Jabornegg/Strasser*, Nachbarrechtliche Ansprüche als Instrumentdes Umweltschutzes (1978) 132 ff.

[7] 参见 den Überblick bei *Baldus* in MünchKomm, BGB VI § 1004 Rz 16 und 61 ff.

[8] 参见 *Koziol*, Gedanken zum privatrechtlichen System des Rechtsgüterschutzes, Canaris-FS (2007) 645 ff.

位的观点[1]认为,针对排除妨碍请求权应当采取无过错的因果判断方式。[2] 有些学者强调,排除妨碍系于妨碍人的行为,此种行为必须具有违法性。[3] 但大多数学者[4]坚持认为,排除妨碍请求权的适用前提应当与停止侵害请求权的前提保持一致,即采取无过错原则[5],无须以义务违反为前提;申言之,只要出现不当妨碍他人法益的结果即可,准确地说,侵害了他人受法律保护的地位,即符合事实构成该当性。[6]

主张针对排除妨碍请求权采取类似于停止侵害请求权构成要件理论的理由体现在,上述两种请求权具有同样的目的,即保护权利人所享有的绝对地位或者特定地位不受侵害。[7] 通过比较,二者之间实际上还存在一些区别,就排除妨碍请求权而言,其要求存在持续性的妨碍状态,排除妨碍来源同时也起到针对将来可能再次发生的妨碍产生停止侵害的效果。[8] 排除妨碍原则上以妨碍人从事了积极加害行为为前提,但针对作为和不作为有时难以作出明确的区分。在发生持续性妨碍时,往往难以区分排除妨碍与停止侵害的救济方式,因为针对将来可能发生的侵害要求停止侵害,要求行为人从事一个积极的作为,即排除危险来源。[9] 由

---

[1] Dafür etwa *Herrmann*, Der Störer nach § 1004 BGB (1987) 419 ff.

[2] Vgl *Larenz/Canaris*, Schuldrecht II/2¹³ § 86 V 1; *Ahrens*, Störerhaftung als Beteiligungsform im Deliktsrecht, Canaris-FS (2007) 3, 16ff; *Wilhelmi*, Risikoschutz 53.

[3] *Baldus* in MünchKomm, BGB VI⁵ § 1004 Rz 92.

[4] 停止侵害请求权以法益遭受威胁为前提,而排除妨碍请求权以持续存在的妨碍为前提,二者差别参见: § 1004 BGB und dazu *Fritzsche* in Bamberger/Roth, BGB II² § 1004 Rz 6.

[5] *Larenz/Canaris*, Schuldrecht II/2¹³ § 86 I 1 a; *Baldus* in MünchKomm, BGB VI⁵ § 1004 Rz 89; *Mayrhofer*, Schuldrecht I³ 19; *Karollus*, Zum Beseitigungsanspruch gegen pfandverschlechternde Einwirkungen, insbesondere durch Vermietung der Pfandliegenschaft, ÖBA 1991, 166; *Fritzsche* in Bamberger/Roth, BGB II² § 1004 Rz 6.

[6] *Larenz / Canaris*, Schuldrecht II / 213 § 86 IV 1; *Jabornegg / Strasser*, Nachbarrechtliche Ansprüche 68 f, 131 ff; *Karollus*, ÖBA 1991, 166; *Apathy / Riedler* in Schwimann, ABGB IV3 § 859 Rz 25, jeweils mwN.

[7] 参见 *Fritzsche*, Unterlassungsanspruch und Unterlassungsklage (2000) 41 f; *Karollus*, ÖBA 1991, 166 ff mwN.

[8] 参见 dazu auch *E. Wagner*, Gesetzliche Unterlassungsansprüche im Zivilrecht (2006) 469 ff, *Lepeska*, Der verschuldensunabhängige Beseitigungsanspruch nach dem ABGB als Instrument des Umweltschutzes, RdU 2000, 97 ff, *derselbe*, Der negatorische Beseitigungsanspruch im System des privatrechtlichen Eigentumsschutzes (2000) 36 ff, will deshalb auch von einem einheitlichen »negatorischen Untersagungsanspruch« ausgehen.

[9] 参见 dazu *Fritzsche*, Unterlassungsanspruch 202 ff; *E. Wagner*, Unterlassungsansprüche 233ff. Grundsätzlich für die Unterscheidbarkeit von Beseitigungs-und Unterlassungsklage *Henckel*, AcP 174 99 ff.

于目前针对上述两种请求权的要件趋于一致,使得二者在实体法层面可以并行,其与本书此处所讨论的损害赔偿请求权的关系也不大。

2/18 但是,如果就排除妨碍请求权与停止侵害请求权主张不同的构成要件,要求排除妨碍请求权的适用条件逐步与损害赔偿请求权保持一致,则上述区分问题就显得较为重要。例如,排除妨碍请求权要求妨碍人从事积极作为以排除妨碍,其法律后果显然重于停止侵害的法律后果。较之于消极不作为的义务,法律之所以仅在较少的情况下要求行为人负担积极作为义务,其原因在于,现实中更易于期待行为人通过特定消极不作为的方式停止侵害,而不是通过积极作为的方式排除妨碍。行为人负担不从事特定行为的禁令义务时,行为人仍然享有多种行为选择余地,而在负担积极作为义务的情况下,情况显然就大为不同了。[1] 在排除妨碍的情况下,妨碍人必须通过实施特定的积极作为才能起到排除特定妨碍来源的效果,较之于消极的停止侵害请求权,针对排除妨碍请求权施加更为严格的要件具有合理性,因为停止侵害请求权仅仅要求行为人不从事某种特定的行为,而行为人仍然享有从事其他行为的自由。

2/19 不仅如此,在主张排除妨碍请求权时,很难将其与侵权责任法上的恢复原状(schadenersatzrechtliche Naturalherstellung)的法律后果作出区分,这与本书此处所讨论的问题不无关联。*Wilburg*[2] 就此指出了二者之间的区别:"损害赔偿请求权的目的在于填补受害人所遭受的损害,而排除妨碍请求权指向妨碍人自身领域存在的加害状态。前者中的诉讼标的是损害,而后者是损害来源。"

但此种论述并不能回答如下问题,即从邻人地下渗出的油污染了相邻不动产所有权人的土地,此时究竟应主张排除妨碍请求权还是损害赔偿请求权?此时究竟仅仅涉及排除损害来源还是消除损害?依据 *Jabornegge* 与 *Strasse*[3] 的观点,只有在法律上或者实践中,仍然可以通过

---

[1] 参见 *Deutsch*, Haftungsrecht² Rz 108.

[2] Elemente, 263. Vgl auch *Baur*, Der Beseitigungsanspruch nach § 1004 BGB, AcP 160 (1961) 489; *Baldus* in MünchKomm, BGB VI⁵ § 1004 Rz 103; *Wilhelmi*, Risikoschutz 56ff, 73 f.

[3] *Jabornegg/Strasser*, Nachbarrechtliche Ansprüche 150 ff. Ebenso *Gursky* in Staudinger, BGB²⁰⁰⁶ § 1004 Rz 101; *Picker*, Der negatorische Beseitigungsanspruch (1972) 32, 88; *derselbe*, Der privatrechtliche Rechtsschutz gegen baurechtswidrige Bauten als Beispiel für die Realisierung von »Schutzgesetzen«, AcP 176 (1976) 50.

辨别妨碍者自身所有的物品所造成的妨碍，方可准许排除妨碍请求权。[1] 如果已经无法辨认究竟是谁的行为造成了妨碍，相反只存在给其他所有权人造成不利的妨碍状态，则不能将此种状态视为所有权遭受妨碍，而应当视为侵害的后果，即损害，须依据侵权责任法的原则进行赔偿。依据上述两位学者的观点，上述油污渗透案件应当采取损害赔偿救济方式；当然也有其他学者[2]坚持认为应当使用排除妨碍请求权救济模式，但后者却无法明确指出其与损害赔偿请求权的区别所在。实际上，排除妨碍请求权的目的在于防止将来发生进一步的侵害，而损害赔偿请求权旨在对已经发生的损害作出填补[3]，除此之外究竟适用何种救济方式，还可以考虑如下因素，即是否还有必要担心进一步出现其他损害，针对此种潜在的侵害是否应当作出预防[4]，或者仅仅涉及已经发生的损害并应当就此作出全额赔偿。

排除妨碍请求权的适用前提是妨碍，而侵权责任法适用的前提是损害，就二者之间如何作出明确令人信服的区分[5]，Picker[6] 提出了另外一种思路，尝试避免此种区分上的困难。依据其个人观点[7]，预防性诉讼(negatorische Klagen)的目的在于维护所有权或者其他受法律保护的法益的自由。因此，采取预防性诉讼的前提是第三人侵害了权利人在法律上的固有利益，构成事实上的"权利剥夺"(Rechtsususpation)。因此，只要当所有权人在行使其权利时在法律上遭遇障碍，并且第三人在实际效果上干涉了权利人的法益，权利人即可主张预防性救济。可见，妨碍与损害是两个具有本质差异的侵害类型：妨碍体现为对被妨碍人在法律上可享有的法益构成限制(das rechtliche Können)，而损害体现为对受害人事实上享有的法益构成限制(das tatsächliche Können)。因此，排除妨碍始终要求行为人对他人的权利构成不当干预(Eingriff)。

---

[1] E. Wagner, Unterlassungsansprüche 306ff，其认为，可以具体区分识别只能作为一个初步的判断标准。

[2] Baur, AcP 160, 479; Mühl in Soergel, BGB X¹² § 1004 Rz 4.

[3] Wilhelmi, Risikoschutz 56 ff, 71 ff.

[4] 参见 Wilhelmi, Risikoschutz 73 f.

[5] 参见 Picker, Beseitigungsanspruch; derselbe, Zur Beseitigungshaftung nach § 1004 BGB-eine Apologie-zugleich ein Beitrag zur bürgerlich-rechtlichen Haftungsdogmatik, Gernhuber-FS (1993) 315.

[6] Picker, Beseitigungsanspruch 20 ff, 85 ff.

[7] Picker, Beseitigungsanspruch 49 ff; derselbe, Gernhuber-FS 331 ff.

Picker 就此得出如下结论:只要侵害人对他人所享有的权利施加不当影响,即可认定存在妨碍。反之,只有当妨碍人停止排放污染物、引发妨碍的物成为他人所有权的重要组成部分或者妨碍人放弃引发妨碍的物的权利时,妨碍状态方可结束。[1] 基于排除妨碍请求权的功能体现为根本性和不可或缺的保护,Picker[2] 进一步认为,预防性救济无须特殊前提,申言之,无须过错以及其他主观性的归责事由,也不需要一定是行为人的行为引发了妨碍;因此,即使因第三人或者自然灾难事故引发行为人自己的所有物进入他人的领域,甚至他人希望保留此种完全"无过错"的法律后果,所有权人仍然负担排除妨碍的义务。依据 Picker 的观点,根据法律规定,应当由"妨碍人"负担排除妨碍的费用,此种规定完全出于目的性的考量,就此不可不察。

2/21 但 Picker 的观点具有难以克服的"软肋"[3],就此本书无须再作深入探讨[4],仅须指出其中与损害赔偿关系具有重要意义的一点,即当其强调行使排除妨碍请求权无须其他特殊的前提要件的原因是因为并不涉及损害后果的转移时,实际上只适用于排除妨碍人无须支付任何费用的情况;相反,如果排除妨碍人必须负担巨额的费用,则显然涉及损害转移的问题。[5] 依据 Picker 的论证,其观点只适用于如下情况,即被妨碍人享有能够干预到妨碍人的权利,从而结束自己权利遭受妨碍的状态,而妨碍人此时仅负担容忍的义务(Duldungspflicht)。[6] 上述观点应当隐藏在 Picker 如下观点中,即只要妨碍人放弃引发妨碍的所有物,即可排除妨碍状态。

但是,排除妨碍还涉及积极作为与承担相关费用的情况,就此始终存在如何分担损害的问题。虽然 Picker 认为,损害与妨碍在理论上不应发生重叠与过渡,但实际情况并非如此;相反,二者都涉及损害分担。在此

---

[1] 权利人放弃此种权利地位的,仍然可能引发损害赔偿责任。
[2] Picker, Beseitigungsanspruch 104 ff; derselbe, Gernhuber-FS 340 f.
[3] 参见 die Buchbesprechung von Baur, AcP 175 (1975) 177 ff und die Kritik von Jabornegg/Strasser, Nachbarrechtliche Ansprüche 97 ff, sowie Baldus in MünchKomm, BGB VI § 1004 Rz 33 ff und Wilhelmi, Risikoschutz 48 ff.
[4] 笔者就此的详细分析请参见 Canaris-FS (2007) 645 ff.
[5] 我们可以举出如下事例:某人盗窃他人卡车,但不慎将卡车开到他人的施工沟槽里,构成对该施工人的妨碍。
[6] 就缺乏或仅是轻微存在必要的归责事由参见 Wilburg, Elemente 261; Baur, Der Beseitigungsanspruch nach § 1004 BGB, AcP 160 (1961) 475, 477, 479.

须强调的是,并不能简单地通过目的性理由说明由谁承担费用的问题,相反,只能通过侵权责任法上归责的判断方法方可解释费用承担问题。最后,Picker也注意到返还原物请求权(Vindikation)规则对于排除妨碍的重要借鉴意义。但不可忽视的是,物权法上返还原物请求权无须特殊前提,其仅要求义务人负担将物置于权利人可以随时取回的状态即可[1],而无须负担物的所有权人重新获得完整享有权利的费用。

上述讨论表明,只有在妨碍人无须承担费用的情况下,Picker所坚持的"无前提要求的"排除妨碍请求权才具有合理性,也才可以融入到法律救济的整个体系中。从结果来看,此种"无前提要求"的排除妨害请求权最终体现为妨碍人负担容忍权利人排除妨碍来源的义务[2],换言之,妨碍人仅须针对权利人排除妨碍的行为放弃各种防御行为[3],这导致排除妨碍请求权最终成为停止侵害请求权的一个子类型而已。这与如下观点[4]基本一致,即在具有轻微归责事由时,妨碍人仅仅负担容忍权利人排除妨碍来源的义务。但是,权利人所享有的此种权利也并非"没有任何前提",如同适用其他停止侵害请求权的情况一样,此时要求存在发生妨碍的前提,即对他人所享有的法益产生干涉[5],侵害了法律上的法益划分秩序(die rechtliche Güterzuordnung)[6]。就此须满足构成要件该当性,从而与停止侵害请求权保持一致。[7] 此外,还要求引发妨碍的原因来自妨碍人控制的领域,包括其保有的物品或者设备等。

---

〔1〕 参见 BGH in BGHZ 104, 304; *Fritzsche* in Bamberger/Roth, BGB II² § 985 Rz 26.

〔2〕 妨害人也可以采取如下措施,如放弃妨碍物,那么,在被妨碍人排除妨碍时,将不会发生与其所有权对立的矛盾。就单纯的容忍排除妨碍而言,只是从妨碍人放弃该妨碍物的所有权开始,其方可免除各种预防性救济的责任。(vgl *Picker*, Zur Beseitigungshaftung nach § 1004 BGB-eine Apologie-zugleich ein Beitrag zur bürgerlich-rechtlichen Haftungsdogmatik, Gernhuber-FS [1993] 337 mwN; *Katzenstein*, AcP 211, 79 f und 93 ff.)对此种解决路径持类似观点,参见 *Larenz/Canaris*, Schuldrecht II/2¹³ § 86 III 3 d und jener von *Jabornegg/Strasser*, Nachbarrechtliche Ansprüche 145, entsprechen.

〔3〕 参见 *E.Wagner*, Gesetzliche Unterlassungsansprüche im Zivilrecht (2006) 13 f mwN.

〔4〕 同样观点参见 *Wilburg*, Elemente 261; *Baur*, AcP 160 475, 477, 479.

〔5〕 例如 *Picker*, Gernhuber-FS 334 所强调,此处涉及有关不当得利法的观点。利用他人之物作为损害赔偿责任的一个构成要素的分析,请参见 *Wilburg*, Elemente 29 ff.

〔6〕 如果法律没有提供全面保护,则救济范围取决于义务违反。参见 *Baur*, AcP 160 483f.

〔7〕 但与侵权责任法上的过错责任存在如下一个区别,即并不采取以行为作为判断基准的义务违反。*Baur*, AcP 160 471, 482 确认为,§ 1004 BGB und in § 823 BGB 采取同样的违法性要件。

反之,如果妨碍人负担通过各种精力、时间或者金钱以及其他具有财产性的支出等形式,以积极作为的方式排除妨碍的义务,则涉及负担费用的问题,而且费用数额往往较高。就如同侵权责任法所规定的那样,令某人承担他人所遭受的损害必须具有特定的归责事由。若所有权人行使其所有权时遭受侵害,则其所享有的权利范围内遭受了损害,如果令他人承担恢复权利的费用,则必须具有相应的归责基础。此时同样涉及究竟谁更应当负担此种损害的问题。[1] 毫无疑问,该问题涉及损害承担,应首先由侵权责任法加以回答,那些主张针对排除妨碍请求权采取另外规则的观点[2],显然无法令人信服。相反,Canaris[3] 强调排除妨碍请求权与损害赔偿请求权之间具有内在关联,此种观点应当与现行法律的基本价值保持一致。

需要注意的是,排除妨碍请求权的主要目的在于预防,而不是赔偿;法律在此防止损害发生的特殊旨趣显然要求降低该请求权的适用前提。[4] 不仅如此,排除妨害请求权在法律效果上弱于损害赔偿请求权,因为妨碍人仅仅负担排除妨碍所发生的费用,而无须承担较大的结果损害(Folgeschäden),也不负担恢复到原有状态的义务。但较之于停止侵害请求权,排除妨碍请求权给义务人带来了更多的负担,因为义务人必须从事积极作为。所以,应当将行使排除妨碍请求权的前提要件限定在消除危险请求权与损害赔偿请求权要件之间的地带。Baur[5] 正确地指出,针对物的所有权人不应当施加一个一般性的危险责任,即不能针对任何非源于其自身行为的妨碍都要求其负担排除妨碍的义务。另外一方面,不同于侵权责任法,其并不需要妨碍人具有过错。仅仅行为人的行为满足事实构成该当性,即对他人受法律保护的状态产生妨碍,并不能一概成立行为责任。[6] 依据通说[7],必要且充分的要件应当是客观上违反

---

[1] 参见 *Larenz/Canaris*, Schuldrecht II/2¹³ § 86 II 2 b.

[2] 参见 *Picker*, Gernhuber-FS 332 ff; vgl auch *Jabornegg/Strasser*, Nachbarrechtliche Ansprüche 134 f, 144 f; *Katzenstein*, AcP 211, 74 ff.

[3] *Larenz/Canaris*, Schuldrecht II/2¹³ § 86 I.

[4] Das betont *Wilhelmi*, Risikoschutz 60 f, 352.

[5] *Baur*, Der Beseitigungsanspruch nach § 1004 BGB, AcP 160 (1960) 478.

[6] 参见 etwa *Larenz/Canaris*, Schuldrecht II/2¹³ § 86 I 1 a und V 3 b; *Baldus* in MünchKomm, BGB VI⁵ § 1004 Rz 89.

[7] *Larenz/Canaris*, Schuldrecht II/2¹³ § 86 I 1 b und IV mwN.

了注意义务[1]，就此当然不需要行为人具有侵权责任能力[2]。

总体而言，我个人认为，应当就排除妨碍请求权作出如下两种类型的划分，即妨碍人负担容忍义务与妨碍人应通过积极作为排除妨碍[3]，二者具有不同的归责事由。当然，上述类型划分也无法完全克服区分排除妨害请求权与损害赔偿请求权所带来的困境。但就此仍然可以作出努力，尤其是通过上文介绍的 Jabornegg 与 Strasser 的观点，通过界定妨碍是否源于特定人的物的方法，可以起到划分二者的目的。[4] 此外，也应当淡化二者之间的界限。例如，如果存在较为严重的归责事由，如存在较为严重的义务违反[5]，则可以从广义理解排除妨碍请求权，在一定程度上，其接近于损害赔偿请求权；而在归责事由较轻的情况下，应当较为容易划分二者之间的界限。

第六节　侵权不当得利

一、侵权不当得利返还请求权与损害赔偿请求权的关系

侵权不当得利请求权（《德国民法典》第812条与第816条）在奥地利法中被称为利用返还请求权，其反映了如下思想：任何人不得以牺牲他人法益而不当获取利益[6]。不当得利返还请求权建立在如下论证基础上，即某人从他人处获得利益缺乏正当基础，则必须将所获利益返还给"受损

---

〔1〕 在奥地利，针对承租人毁损租赁物，如果质权人主张排除妨碍，是否需要其具有过错，参见 *Hofmann* in Rummel, ABGB I³ §458 Rz 6; OGH 8 Ob 254/99g in JBl 2000, 508; dagegen *Rummel* in Rummel, ABGB I³ §859 Rz 5; eine aktuelle Übersicht über den Meinungsstand bietet *Hinteregger* in Schwimann, ABGB II³ §458 Rz 6. 本书认为，由于质权缺乏公示性，因此在此只要求承租人客观上违反注意义务，但并不要求主观过错，则排除妨碍请求权与其他一般前提要求就保持一致了。

〔2〕 同样观点参见 *Baldus* in MünchKomm, BGB VI⁵ §1004 Rz 89.

〔3〕 *Jabornegg/Strasser*, Nachbarrechtliche Ansprüche 67 f, 但作者显然认为，现行法中的排除妨碍请求权只能建立在积极作为基础上。

〔4〕 *Jabornegg/Strasser*, Nachbarrechtliche Ansprüche 131 ff, 150 ff.

〔5〕 就此种分层参见 *Wilburg*, Elemente 48; *Reischauer* in Rummel, ABGB II/1³ §1304 Rz 5; *Karollus*, Schutzgesetzverletzung 212 ff.

〔6〕 *F. Bydlinski*, System und Prinzipien 235.

失之人"[1]。在法益遭受侵害时,法益归属的效力继续体现在权利人有权要求他人向其归还违反归属所获利益的请求权中(权利持续效力,Rechtsfortwirkung)。

2/26　　侵权不当得利返还请求权与损害赔偿请求权同时[2]以侵害他人受法律保护的法益为前提[3]。但上述两种请求权[4]仍然具有如下本质差异,即损害赔偿的目的体现在赔偿受害人所遭受的损害(Schaden),而不当得利返还旨在返还得利人所获[5]不当得利(ungerechtfertige Bereichtung)[6]。依据上述区分,当前理论普遍承认,不当得利请求权并不以"丧失利益人"遭受损害为前提[7]。因此,在缺乏损害时,可能无法适用侵权责任法,但此时可以考虑适用不当得利法上的救济。

2/27　　学理上一致认为,侵权不当得利返还请求权与损害赔偿请求权在构成要件方面存在如下差异[8]:不当得利返还请求权不以得利人具有过错或者违反义务为前提,而损害赔偿请求权却要求赔偿义务人具有过错或者具有其他归责事由,如加害人所引起的特殊危险。因此,较之于返还不当得利,损害赔偿要求加害人以自己财产赔偿他人所遭受的损害,对义务人而言,这是一种负担较重的法律后果。因而针对上述两种请求权采取不同构成要件也具有正当性。较之于不当得利返还请求权,损害赔偿请

---

〔1〕 *Wilburg*, Ungerechtfertigte Bereicherung 27ff; *Larenz/Canaris*, Schuldrecht II/2¹³ § 69 I 1c; *F. Bydlinski*, System und Prinzipien 242f.

〔2〕 此种一并对待处理模式同样适用于非金钱化的物品,参见 *Koziol*, Bereicherungsansprüche bei Eingriffen in nicht entgeltsfähige Güter? Wiegand-FS (2005) 449.

〔3〕 参见 *Larenz/Canaris*, Schuldrecht II/2¹³ § 69 I 1d; *Koziol*, Rechtswidrigkeit, bewegliches System und Rechtsangleichung, JBl 1998, 624.

〔4〕 *F. Bydlinski*, System und Prinzipien 185ff, 233ff; *Böger*, System der vorteilsorientierten Haftung im Vertrag (2009) 50 ff.

〔5〕 虽得利落空,但不能将其作为免责事由,学理上就此存在不同观点,请容后再作详细分析。

〔6〕 *Wilburg*, Ungerechtfertigte Bereicherung 5 f, 97ff; *Larenz/Canaris*, Schuldrecht II/2¹³ § 67 I 1; *F. Bydlinski*, System und Prinzipien 233; *Koziol* in KBB, ABGB² § 1041 Rz 4.

〔7〕 *Wilburg*, Ungerechtfertigte Bereicherung 97 ff; *Larenz/Canaris*, Schuldrecht II/2¹³ § 67 I 1 b; *F. Bydlinski* in Klang, ABGB IV/2², 529 f; *Reuter/Martinek*, Ungerechtfertigte Bereicherung (1983) § 14 I 1; *Apathy*, Der Verwendungsanspruch (1988) 46; *Rummel* in Rummel, ABGB I³ § 1041 Rz 5.

〔8〕 参见 *Larenz/Canaris*, Schuldrecht II/2¹³ § 69 I 1 b und c; *F. Bydlinski* in Klang, ABGB IV/2², 530; *Apathy* in Schwimann, ABGB IV³ § 1041 Rz 2; vgl auch *Reuter/Martinek*, Ungerechtfertigte Bereicherung § 7 I 1.

求权所要求的构成要件显然更为严格[1]。

二、不当得利返还请求权与损害赔偿请求权的模糊地带

如上述所简要分析的那样,不当得利返还请求权与损害赔偿请求权在请求权构成要件以及法律后果上都存在差异;然而二者之间却很难划分出清楚的界限。 2/28

当我们就不当得利采纳令人信服的归属理论(Zuweisungstheorie),而不采纳违法性理论(Rechtswiderigkeitstheorie)[2]时,其显然与侵权责任法上的过错责任具有明显的区别。申言之,该请求权仅仅取决于法律对法益的归属划分以及构成要件该当性,而不取决于得利人是否存在违反义务的情况。但上述区分仅仅适用于所谓的绝对法益领域。当侵害受法律保护的利益领域时,针对有限的法益归属领域也可能引起不当得利返还请求权,但是只有在以特定的违法行为方式侵害此种利益,尤其是以违反社会交往义务或有悖善良风俗的方式侵害此种法益时,才能引起损害赔偿请求权,则此种情况下的损害赔偿请求权取决于义务违反(Pflichtwiderigkeit)[3]。 2/29

德国著名学者 Canaris[4]强调,在不当得利与损害赔偿责任之间存在一个过渡地带,例如在交易基础行为存在瑕疵时,所有权人知晓其负有返还义务,即知晓转让人对其享有不当得利返还请求权,如果此时所有人未尽注意义务、毁损买卖标的物,则将出现同时适用不当得利请求权和侵权损害赔偿请求权的情况。 2/30

当然不能忽视的是,如果得利人未尽注意义务,将导致不当得利责任

---

[1] *Koziol* in KBB, ABGB² § 1041 Rz 4; *derselbe*, Die Bereicherung des Schädigers als schadenersatz-rechtliches Zurechnungselement? F. Bydlinski-FS (2002) 175 ff.

[2] 参见 *Wilburg*, Ungerechtfertigte Bereicherung 27 ff; *Larenz/Canaris*, Schuldrecht II/2¹³ § 69 I 1 b; *F. Bydlinski*, System und Prinzipien 240 ff; *Reuter/Martinek*, Ungerechtfertigte Bereicherung § 7 I.

[3] *Wilburg*, Ungerechtfertigte Bereicherung 44 ff; *Larenz/Canaris*, Schuldrecht II/2¹³ § 69 I 1c; *F. Bydlinski*, System und Prinzipien 243; *Koziol*, Der Verwendungsanspruch bei Ausnützung fremder Kenntnisse und schöpferischer Leistungen, JBl 1978, 239. Dagegen etwa *Reuter/Martinek*, Ungerechtfertigte Bereicherung § 7 III d.

[4] *Larenz/Canaris*, Schuldrecht II/2¹³ § 67 I 1 c.

的严格化[1]，这建立在相应的归责构成要件上，而该构成要件实际上已经属于侵权责任法的调整内容。因为在未尽注意义务时，不当得利返还请求权的成立不再仅仅取决于得利是否仍然具体并且现存，即不再考虑得利是否已经灭失，在此情况下仅仅依据返还所得利益已经不能够正确处理上述情况，相反更多地涉及一个例外的风险承担问题[2]。在上述请求权要件严格化的情况下，行为成为归责的一个标准，因此 *Canaris*[3]针对不当得利返还责任作出如下两种区分：一种是独立于归责、系于财产归属的不当得利请求权；另外一种是取决于行为、依赖于归责的不当得利返还请求权。后者导致侵权得利人不仅仅应当返还现存所得利益，在得利已经丧失时，其仍然需要承担责任，即其以自己所有财产承担返还得利风险，其正当性体现在该请求权满足归责的要求[4]。侵权不当得利人的行为除了满足义务违反构成要件之外，还需具有过错[5]，此时完全满足有关损害赔偿请求权的构成要件。

2/31　　即使在不考虑违反义务以及返还不当得利的情况下，如果某人有意地利用他人财产，则其就该财产客观价值的丧失也应承担责任[6]。在利用他人之物时有意处分该物，虽然不能引起损害赔偿的义务，但应当承担他人可能丧失该物的风险。

2/32　　不当得利法与侵权责任法之间的过渡地带还清晰地体现在，不当得利对损害赔偿的归责也产生影响。就此我们在下文再作探讨（第二章边注54、第六章边注171）。

---

[1] 德国法与奥地法中的相关论证请参见 *F. Bydlinski*, System und Prinzipien 279 ff.

[2] Siehe dazu *F. Bydlinski*, System und Prinzipien 282 ff.

[3] *Larenz/Canaris*, Schuldrecht II/2¹³ § 71 III und § 73.

[4] 参见 *Larenz/Canaris*, Schuldrecht II/2¹³ § 71 III 1 a und § 73 II 2 a.

[5] 德国法中普遍采纳客观过错，即在违反客观注意义务以及具有客观侵权责任能力时，同样可以认定行为人具有过错。但奥地利通说认为，必须采纳主观的知晓和识别标准。就过错的不同理论请参见 *Koziol*, Objektivierung des Fahrlässigkeitsmaßstabes im Schadenersatzrecht? AcP 196 (1996) 593.

[6] *Wilburg*, Zusammenspiel der Kräfte im Aufbau des Schuldrechts, AcP 163 (1964) 356ff; *F. Bydlinski*, System und Prinzipien 285ff; *Koziol* in KBB, ABGB² § 1041 Rz 16.

三、不当得利返还与损害赔偿的中间领域[1]

1. 所谓的问题领域

此处所要探讨的是如下情况,即得利人通过毁损他人之物而获得利益。例如,经营者 B 严重侵害其竞争对手 V,导致后者遭受严重损害,进而丧失劳动能力,并且无力经营其企业。加害人从而具有市场中的垄断地位,可以进一步提升其产品及服务价格,因此得以扩大其销售额。此外,还有一些类似的情况,如破坏或者毁损竞争对手的机器设备。甚至在其他完全不同的领域也可以发现此种案例,例如,一媒体传播公司 B 在没有谨慎审查的情况下就发表了一位记者杜撰的访问 V 的报道,而 V 是公众人物,该报道在一段期间内大大提高了该杂志的销售量。

2. 不当得利法的适用困境

如上所述,当前不当得利法领域中的主流观点采纳了"归属理论"(Zuweisungstheorie)。[2] 依据该理论,利用返还请求权(不当得利返还请求权)是一种权利继续效力请求权(Rechtsfortwirkungsanspruch),即权利人所丧失的利益继续存在于其针对加害人的请求权中。依据该归属理论,就不当得利请求权的行使而言,不仅必要的归属内容具有重要的意义,而且该归属内容的范围也直接影响到不当得利请求权。依据 Canaris 的观点[3],应当合并使用归属理论以及违法性理论的核心构成来回答上述问题,如此一来将采纳以侵权的保护方法确定归属内容的解决路径。此种观点原则上值得赞同[4];但需要进一步明确的是,在确定法律归属

---

[1] 详细参见 *Koziol*, Gewinnherausgabe bei sorgfaltswidriger Verletzung geschützter Güter, Medicus-FS (2009) 237 ff.

[2] 相关基础性分析论证参见 *Wilburg*, Ungerechtfertigte Bereicherung 27 ff; 以此为基础, *von Caemmerer* 进一步发展和完善了该理论,参见其著作: Bereicherung und unerlaubte Handlung, Rabel-FS (1954) 352 ff; siehe ferner aus jüngerer Zeit etwa *F. Bydlinski*, System und Prinzipien 242f; *Larenz/Canaris*, Schuldrecht II/2¹³ § 69 I 1c; *Reuter/Martinek*, Ungerechtfertigte Bereicherung (1983) § 7 I 1.

[3] *Larenz/Canaris*, Schuldrecht II/2¹³ § 69 I 1c.

[4] 同样的观点参见 *Jansen*, Die Struktur des Haftungsrechts (2003) 479, 496, 521 f.

内容时,单纯依据侵权法并不能给出上述问题的答案,相反必须从整个法律体系中找到该问题的答案[1]。此外还需要注意的是,虽然不同法律救济手段具有不同本质及任务,但从中无法得出保护范围的差异。就侵权责任法与不当得利法的关系而言,恰恰就是这种情况。

除此之外,学界还进一步一致认为,只有在违反归属划分而发生得利时,方可提供不当得利法的救济[2]。得利范围包括任何方式的利用,如消费、使用、加工或者处分该法益[3]。*Rummel*[4]非常明确地强调:"仅仅破坏物品,甚至是在自己利用的情况下(例如为了破门所用)也不能将其视为得利,只有这样才能够区别于损害赔偿。"由此可以看出,在毁损物品时,侵权责任法可以提供救济,但此时并不一定有不当得利法的适用余地[5]。

在上述所列举的各种情况下,不认为存在得利,因此 V 并不享有不当得利返还请求权。从归属理论的角度出发,物的所有权人总是享有该物的利用归属(参见《奥地利民法典》第 354 条),并且利用的可能性也决定了该物的价值(参见《奥地利民法典》第 305 条);依据权利继续效力理论,当无权利人从归属于所有权人的权利中获得利益时,所有权人享有不当得利返还请求权[6]。无权利人从毁损归属于受害人的物中所间接获

---

[1] 同样的观点参见 *Jansen*, Struktur des Haftungsrechts 495 ff.

[2] 有关得利作为请求权的前提要件的分析参见 *Apathy*, Der Verwendungsanspruch (1988) 46ff; *Rummel* in Rummel, ABGB I³ § 1041 Rz 3.

[3] 通常仅仅论及不同的使用可能,但从不涉及毁损情况。参见 *Wendehorst* in Bamberger/Roth, BGB II² § 812 Rz 127; *von Caemmerer*, Rabel-FS 353; siehe ferner aus jüngerer Zeit etwa *F. Bydlinski*, System und Prinzipien 242 f; *Ellger*, Bereicherung durch Eingriff (2002) 228 f; *Reuter/Martinek*, Ungerechtfertigte Bereicherung § 7 IV 1; 比较法上的进一步分析请参见 *Schlechtriem*, Restitution und Bereicherungsausgleich in Europa II (2001) 111 ff.

[4] *Rummel* in Rummel, ABGB I³ § 1041 Rz 3; ihm folgend *Koziol* in KBB, ABGB² § 1041 Rz 9.

[5] 参见 *Ellger*, Bereicherung durch Eingriff 125 f; *Reuter/Martinek*, Ungerechtfertigte Bereich-erung § 7 II 2.

[6] 基本问题参见 *Wilburg*, Ungerechtfertigte Bereicherung 27 ff; 参见 ferner *F. Bydlinski*, System und Prinzipien 242 f; *Ellger*, Bereicherung durch Eingriff 148 ff; *Larenz/Canaris*, Schuld-recht II/2¹³ § 69 I 1c; *Reuter/Martinek*, Ungerechtfertigte Bereicherung § 7 I 1; vgl auch OGH 3 Ob 544/95 in JBl 1996, 48.

得的利益，不能归属于所有权人，从而导致此处无法适用权利继续效力[1]。在上述案例中，一个经营者毁损其竞争对手所有的机器，目的在于将该同业竞争者排除在市场之外，此时该加害人在竞争方面所获得的利益并不属于被毁损机器原所有权人对机器的利用。此时并不涉及使用机器而获得利益，相反却涉及加害人基于毁损物品从而将竞争者排除市场之外所获得的利益，而该机器的所有权人本人却绝对不可能从利用该机器中获得此种竞争利益，因此，该竞争法上的利益也不可能归属于该机器所有人。*Bollenberger* 就此强调[2]，某人从毁损他人之物中附带所获得的利益，并不是源于归属他人领域的得利。但不可否认，由于加害人的侵害而排除了受害人潜在利用其物品的可能，加害人从中也获得相应的利益。

3. 侵权责任法的不足

在上述所举情况下，依据通说，受害人无法主张不当得利返还请求权。但我个人[3]认为，在满足特定前提的条件下，那些破坏他人之物的人应当向享有该物的权利人返还由此所获得的利益。简单看来，就此似乎不存在适用不当得利请求权的需要，因为当行为人过错从事加害行为时，受害人通常已经享有损害赔偿请求权。但上述观点值得商榷，理由在于：虽然损害赔偿请求权与不当得利返还请求权都同时以权利人受法律保护的利益遭受侵害为前提，但损害赔偿请求权的目的在于赔偿受害人所遭受的不利益（Nachteil），而不当得利法的目的在于剥夺侵害人所获利益（Vorteil）[4]。

2/36

就本书此处所讨论的情况而言，受害人毫无疑问享有要求他人赔偿其所受损害的请求权。依据侵权责任法的本质，损害赔偿的目的在于填补损害，这就导致侵权责任法在上述情况下显得捉襟见肘[5]，越发凸显

2/37

---

[1] 在违反诚信义务不当获得利益的情况下，也可出现类似的问题。就此参见 *Rusch*, Gewinnhaftung bei Verletzung von Treuepflichten (2003) 251 f; *Böger*, Vorteilsorientierte Haftung 103 ff.

[2] Das stellvertretende Commodum (1999) 218.

[3] 就此参见 *Koziol*, Die Bereicherung des Schädigers als schadenersatzrechtliches Zu-rechnungselement? F. Bydlinski-FS (2002) 175 ff.

[4] 参见 *Wilburg*, Ungerechtfertigte Bereicherung 97 ff; *Böger*, Vorteilsorientierte Haftung 50 ff.

[5] *Helms*, Gewinnherausgabe als haftungsrechtliches Problem (2007) 1,将利润返还问题局限于如下情况，即受害人所得与受害人所失并无法一一对应。

要求采纳不当得利法解决路径的需要。从"卡罗琳娜公主案件"中尤其可以看到这一点[1],加害人在履行了全部损害赔偿之后仍然获得巨大的利益,这样就导致侵权责任法的预防功能落空。德国联邦法院(BGH)就此采取了提高精神损害赔偿金的做法,但这显然是错误的,因为该法院漠视了侵权责任法的基本原则,即损害赔偿请求权只能够要求损害赔偿[2]。不仅如此,在毁损他人之物时,并不涉及侵害人格,而只有在侵害人格的情况下才会引起精神损害赔偿请求权,即使在侵害身体的情况下,因侵害他人获得利益而提高精神赔偿金的数额的做法也较为少见,通常达不到"卡罗琳娜公主案件"中所采纳的那么高的赔偿数额。显然,上述解决路径很难行得通。

利润返还请求权(Gewinnherausgabeanspruch)[3]给受害人提供了如下便利,即此种请求权的计算建立在侵害人事实上所获得利益的基础上,而不取决于受害人的损失范围或所丧失的利润[4],受害人就此往往也难以证明具体范围。此外,受害人也无须为了证明其遭受的损害而详细说明其自身经营的情况。[5]

4. 知识产权中的解决方案

知识产权法可以为我们解决上述问题提供一定的启示。依据《奥地利专利法》第150条第1款,加害人不法使用他人专利时,受害人有权要求加害人支付相应的价金。此处所采用的是《奥地利民法典》第1041条

---

[1] BGH in BGHZ 128, 1 = NJW 1995, 861; NJW 1996, 984; NJW 1996, 985.

[2] 参见 *Canaris*, Gewinnabschöpfung bei Verletzung des allgemeinen Persönlichkeitsrechts, Deutsch-FS (1999) 102ff; *Löwe*, Der Gedanke der Prävention im deutschen Schadensersatzrecht (2000) 188ff; *Böger*, Vorteilsorientierte Haftung 882 ff. Abweichend jedoch *Helms*, Gewinnherausgabe 300ff; *von Bar*, Deliktsrecht I Rz 609.

[3] 就其与无因管理的关系,重点参见 *Canaris*, Deutsch-FS 87ff; ferner *Hoppe*, Gewinnorientierte Persönlichkeitsverletzung in der europäischen Regenbogenpresse, ZEuP 2000, 29; *Löwe*, Prävention 185ff; *G. Wagner*, Geldersatz für Persönlichkeitsverletzungen, ZEuP 2000, 200; *Wernecke*, Schadensersatz und Gewinnherausgabe als Strafelemente des bürgerlichen Rechts? (2005). 瑞士法的相关规定参见 *Inderkum*, Schadenersatz, Genugtuung und Gewinnherausgabe aus Persönlichkeitsverletzung (2008) 171 ff.

[4] Vgl *Stoll* Haftungsfolgen im bürgerlichen Recht (1993) 43; *Helms*, Gewinnherausgabe 4f.

[5] 参见 *Kraßer*, Schadensersatz für Verletzungen von gewerblichen Schutzrechten und Urheber-rechten nach deutschem Recht, GRUR Int 1980, 264.

所规定的不当得利返还请求权,适用该请求权不以行为人具有过错为前提,在计算相应价金时,采取正常获得专利使用许可时应当支付的价金计算侵害人的得利范围。奥地利最高法院(OGH)[1]正确地强调,原则上依据正常使用该专利的费用计算该价金数额,这样就使得返还范围等同于侵害人正常获得专利使用许可所应当支付的专利使用费用。

《德国专利法》中并无相应的规定。在过去的数十年里,德国学者虽然就此展开了激烈的批评,但由于《德国专利法》缺乏明确的规定,导致德国法在理论层面仍然明确拒绝采纳民法典中有关不当得利返还请求权的一般规定。目前,德国联邦法院已经认可,在无过错侵害的情况下可以适用侵权不当得利返还请求权,即依据适当的专利特许使用费用来计算该不当得利返还的范围[2]。

《奥地利专利法》第 150 条第 1 款规定了不当得利请求权,就此并无争议,但该条第 2 款却规定了一个特殊的请求权,即在加害人过错侵害专利的情况下,受害人既可以选择包括其因遭受侵权而丧失的利润范围在内的损害赔偿,又可以选择要求加害人返还因侵害专利所获得的利益。依据此种法律后果,该请求权应当是不当得利返还请求权,但该请求权具有如下特殊性,即一方面,其以得利人具有过错为前提,另一方面,依据该款的表述,该条不仅仅适用于使用他人专利的情况,而且适用于过错"侵害专利"获得利益的情况。

《德国专利法》并不承认上述此种规定,但长期以来,知识产权法的判例却早已承认此种做法[3],即依据加害人事实上所获得的利润计算——取决于过错的——损害赔偿请求权[4]的范围。

《德国著作权法》(UrhG)第 97 条第 1 款规定了利润返还请求权,即受害人可以主张返还利润,而不主张损害赔偿,此种利润即体现为加害人过失侵害著作权所获得的利润。《奥地利著作权法》第 87 条第 4 款就此也作了相应的规定,即受害人有权要求加害人向其返还过错侵害其著作

---

[1] OGH in 4 Ob 246/97y in ÖBl 1998, 307; 4 Ob 36/05f in ecolex 2005, 928 (*G. Schönherr*).

[2] BGH in BGHZ 68, 90 = JZ 1977, 515 (*Bälz*).

[3] BGH in GRUR 1962, 401; BGHZ 145, 366. Vgl dazu - auch rechtsvergleichend - *König*, Gewinnhaftung, von Caemmerer-FS (1978) 188 ff.

[4] 德国联邦法院在其 BGHZ 68, 90 判决中,将此种依赖于过错的请求权称为"剩余损害赔偿请求权"(Rest-Schadenersatzanspruch)。

权所获得的利润。

不同于一般的不当得利返还，在上述情况下，不当得利返还请求权并不取决于使用（Verwendung）他人的知识产权，而是——更为宽泛的前提——取决于侵害（Verletzung）他人知识产权。立法者针对此种构成要件的扩张做了相应的弥补措施，此处要求加害人存在过错行为（ein schuldhaftes Verhalten），这类似于侵权责任法所规定的要件，而显然不同于一般的不当得利法规则。

2/41　上述此种规则的正当性体现在（参见第二章边注36），较之于加害人以自己本可以自由处分的财产去填补他人所遭受的损害所需要的构成要件，全部返还不当利益所要求的构成要件显然更为宽松。上述理由也表明，在毁损他人物品时，即使得利人没有过错，其仍然应负返还义务。但另一方面，此种特殊的返还义务却不能采纳一般不当得利返还请求权的构成要件，因为一般不当得利返还请求权人只能够要求返还所毁损的物，却不享有要求加害人返还因毁损该物所取得的利益的权利。如果受害人并不享有此种法益，则从得利人自身行为、丧失利益人的行为或者甚至是意外事件的角度，都不能简单依据《德国民法典》第812条、《奥地利民法典》第1041条，成立此种请求权。相反，如果该法益构成丧失利益人主观绝对权的对象，并且此种绝对权足以充分确保与该法益相关联的利用可能，则事实上，应当赋予其享有不当得利法上的救济，进而起到损害填补的效果。

2/42　归属理论可以同时兼顾侵权不当得利的双重正当性，从而满足司法裁判的结构性原则，*F. Bydlinski*[1]已经令人信服地指出了这一点。如果将此种理论运用于上述问题，则意味着，不仅存在剥夺得利人所获利益的正当性基础，而且由于丧失利益人原本享有该所失利益，从而其也享有要求损害填补的权利，而这恰恰可以通过侵权不当得利予以解决。反之，如果仅仅存在不应当由得利人享有此种利益的理由，而不存在支持丧失利益人要求返还的基础，则无法依据不当得利法调整上述问题，而应当只能

---

[1] System und Prinzipien 92 ff；*derselbe*，Die Maxime beidseitiger Rechtfertigung im Privatrecht，Koziol-FS（2010）1355 ff. 采纳此种观点的还有 *Bollenberger*，Gewinnabschöpfung bei Vertragsbruch，ZEuP 2000，905. 虽然没有明确表示采纳 *F. Bydlinski* 的观点，但仍保持一致的参见 *Ellger*，Bereicherung durch Eingriff（2002）409. 不同观点参见 *G. Wagner*，Präventivschadensersatz im Kontinental-Europäischen Privatrecht，Koziol-FS（2010）932 f. 详细论述可参见如下第二章边注87。

采取国家没收此种不当得利的方法(参见下文第二章边注 77 以下的论述)。

就此我们可以认为,在狭义上虽然此种利益的归属不能赋予丧失利益人,但应当可以认定存在一个效力减弱的归属(eine abgewächte Zuweisung),即加害人侵害了法律原本赋予受害人的获利可能[1],并且加害人自己享有了该潜在获利。我个人认为,在自身法益遭受侵害的情况下,受害人较之于加害人应当获得更好的救济,这也足以满足要求返还所得利润请求权的双重要求[2]。换言之,享有该法益的人在受到侵害而遭受损害时,较之于那些破坏他人法益的人,更应当获得法律的保护。将加害人从被毁物品中所获利益返还给受害人的做法应更为合理[3]。

《奥地利民法典》以及《德国民法典》都规定,当一方当事人具有较优的正当性时,就应赋予其享有请求权。例如,在涉及侵害占有之诉中,无论原告是否是该物的最终权利人,都不影响原告主张返还占有之物。这一点在公益诉讼中表现得尤为典型,此种诉讼仅仅取决于相对更优的权利基础(参见《奥地利民法典》第 372 条、《德国民法典》第 1007 条)[4]。

但是,由于受害人一方主张不当得利请求权的正当性有所减弱,导致针对加害人的请求权应采取更为严格的构成要件,以此作出相应的弥补,从而能够满足法律明确规定的请求权所需要的相应构成要件。反之,如果没有此种相应的弥补措施,则在价值评判上,此种请求权将无法与法律的整个体系保持和谐相容。所以,除了一般不当得利请求权所要求的归属判断标准之外,此处还要求得利人具有违反注意义务侵害他人法益的前提。虽然知识产权法中的相关规定要求行为人存在一个过错的加害行为,但我个人认为,对行为人主观上具有可责难性的要求过于严苛,因为其并没有充分考虑到,此处并非适用侵权责任法,而是适用不当得利返还法,即采取一种法律后果相对较弱的救济方式,此种减弱的法律后果当然也要求相应减弱的构成要件,即较之于适用损害赔偿请求权所要求的那些构成要件,此种请求权的构成要件应更为宽松。通过上述此种微调,即

---

[1] 类似观点可参见 *Helms*, Gewinnherausgabe als haftungsrechtliches Problem (2007) 157.

[2] *von Caemmerer*, Bereicherung und unerlaubte Handlung, Rabel-FS (1954) 360, 其论证理由体现在,受害人所受损害与加害人所得利益应当可以对应,但此种观点值得商榷。

[3] 相关论述参见 *Koziol*, Bereicherungsansprüche bei Eingriffen in nicht entgeltsfähige Güter? Wiegand-FS (2005) 454 ff.

[4] 瑞士法也取得了类似的结果,参见 Art 934 ff ZGB.

将过错理解为违反客观上的注意义务，可以将知识产权法中的规则顺利地融入到前后贯通的整个体系中。通过较之于不当得利法更为严格的构成要件，利益裁量在整体上倾向于保护丧失利益人。不仅如此，预防性救济目的[1]也要求适用此种侵权不当得利返还请求权。显然，此种做法也是妥当的。

2/44　　　　基于上述分析论证，我们可以采取如下做法：当一方当事人享有该法益，另外一方当事人违反了注意义务毁损该法益时，即使因加害行为而获得的具体利益并不能被视为该所有权人的归属利益，但该所有权人仍然有权要求侵害人向其返还因侵害所得的利益。针对法益所有人提供全面的保护，并且该法益原则上归属于所有人，较之于保护事实上通过侵害他人法益获得利益的加害人，此种做法应当更具合理性。

5. 利润返还请求权在学理上的定位

2/45　　　　就利润返还请求权在知识产权中的定位，目前学理上仍有不明之处[2]。原因并不奇怪，因为此种特殊的不当得利返还请求权采纳了侵权责任法所规定的一些构成要件，但其法律后果却采纳了不当得利法所规定的内容[3]。由于其采纳了侵权责任法所规定的构成要件，使得该请求权被称为侵权责任法上的请求权[4]。《德国著作权法》第97条第1款虽然在"停止侵害与损害赔偿请求权"的标题下规定该利润返还请求权，却

---

[1] 经济学理论首先强调此种预防性救济，参见 *Köndgen*, Gewinnabschöpfung als Sanktion unerlaubten Tuns. Eine juristisch-ökonomische Skizze, RabelsZ 64 (2000) 679 ff.

[2] *Seiler* in MünchKomm, BGB IV⁵ § 687 Rz 27; *Helms*, Gewinnherausgabe 263 ff; *Alexander*, Schadensersatz und Abschöpfung im Lauterkeits-und Kartellrecht (2010) 255 ff.

[3] 同样观点参见 *Däubler*, Anspruch auf Lizenzgebühr und Herausgabe des Verletzergewinns-atypische Formen des Schadensersatzes, JuS 1969, 53.

[4] 这被称为三层损害计算方法（eine dreifache *Schadens*berechnungsmethode）；同样观点参见 *Canaris*, Gewinnabschöpfung bei Verletzung des allgemeinen Persönlichkeitsrechts, Deutsch-FS (1999) 92; *Helms*, Gewinnherausgabe als haftungsrechtliches Problem (2007) 275ff。亦可参见拙文, Die Bereicherung des Schädigers als schadenersatzrechtliches Zurechnungselement? in der F. Bydlinski-FS (2002) 188 f-in Anlehnung an die deutsche Terminologie bei Patentverletzungen, siehe BGH in BGHZ 68, 90 - den Anspruch wegen der dem Schadenersatzrecht entnommenen Voraussetzungen als Schadensersatzanspruch bezeichnet. 针对上述归类提出的批评意见参见 *Jakobs*, Eingriffserwerb und Vermögensverschiebung in der Lehre von der ungerechtfertigten Bereicherung (1964) 81 ff; *von der Osten*, Zum Anspruch auf Herausgabe des Verletzergewinnes im Patentrecht, GRUR 1998, 284 unter Hinweis auf *Isay*, Kommentar zum Patentgesetz⁴ (1926) § 35 Anm 16.

规定加害人可以要求返还利润,"以代替损害赔偿"。而《奥地利著作权法》在第 87 条的标题中就已经区分了损害赔偿请求权与利润返还请求权。

在著作权法中承认一个独立的请求权类型,即"利润返还请求权",较之于将其强制纳入到一个现有的请求权类型中,显然是更加令人满意的模式,因为其处在侵权责任法与不当得利法的中间领域(Zweischenbereich von Schadenersatz-und Bereicherungsrecht),是一种特殊请求权[1],理由在于:虽然不当得利法归责的关键性标准——归属要求——在此种请求权中有些减弱,但针对侵害人施加更为严格的前提要件,即在侵害人实施违反注意义务的行为时才可以成立此种特殊的请求权,这样就可以弥补上述对归属要件要求减弱的不足。

6. 结论

通过比较侵权责任法与不当得利法所规定的请求权构成要件及其法律后果,我们可以找到基本思路,并采取如下解决方案,即当加害人侵害他人受法律保护的法益而获有利益时,虽然该利益并不属于真正意义上的得利,并且所得利益也不能依据归属内容赋予受害人,但只要获有该利益的加害人实施了一个客观上违反注意义务的行为,则受害人有权要求加害人向其返还该利益。

显然,上述规则既不属于侵权责任法,也不属于不当得利法中的一般规则。基于众所周知的一般性原则,应承认其为一种新型的请求权类型,该请求权融合了侵权责任法的前提要件(违反注意义务)与不当得利法的法律后果(返还不当得利),其处在上述两个法律领域都未调整的中间过渡地带。此种做法应当算是迈出了勇敢的一步。此外,立法者以及经典判例应提供了更多的参考,实际上,他们在知识产权法中已经承认了此种混合类型,横跨停止侵害请求权和损害赔偿请求权,即包括二者之间过渡

---

[1] G. Wagner, Neue Perspektiven im Schadensersatzrecht-Kommerzialisierung, Strafschadensersatz, Kollektivschaden, Gutachten A zum 66. Deutschen Juristentag (2006) 96 f,并未充分考虑这一点,他主张将其纳入侵权责任法中,但他同时又认为,"可以主张返还得利以替代损害赔偿",这表明,其同样承认二者之间具有不同的特点。L. Alexy, Gewinnabschöpfung bei Verletzung des allgemeinen Persönlichkeitsrechts durch die Medien (2009) 205 ff,其只是将剥夺利润请求权视为损害赔偿请求权,实际上忽视了二者之间的本质区别。

领域的整个体系。司法的立场以及经典判例允许我们通过超越法律体系之上的基本思想,赋予知识产权领域中的规范一般性的效力,进而适用于侵权责任法领域。

第七节　债权人撤销权

2/47　依据权威观点,我个人认为也是中肯的观点,债权人撤销权的主要目的体现在被撤销的法律行为在责任法上具有无效法律后果(haftungrechtliche Unwirksamkeit)[1],其次要目的在于要求义务人向债权人返还利益,此种制度具有不当得利法的性质[2]。撤销权并不旨在填补所遭受的损害,因此一般也无须存在侵权责任法上的归责事由。这一点最为清晰地体现在撤销无偿赠与上,甚至在撤销故意处分时,也并不要求实施被撤销行为的当事人具有侵权法上可责难的行为。[3] 目前,学者普遍认为,不能将"侵权理论"应用于撤销权的适用条件[4]。

2/48　较之于侵权责任法,债权人行使撤销权的前提要件更为宽松。但最令人费解的是,至少在奥地利法以及现在的德国法[5]中,因债务人的法律行为对债权人产生间接不利的情况下,目前债权人普遍主张行使撤销

---

[1] 参见 *Henckel*, Anfechtung im Insolvenzrecht (2008) §143 Rz 23 ff; *Koziol*, Grundlagen und Streitfragen der Gläubigeranfechtung (1991) 45 ff mwN; *Bork*, Grundgedanken, Geschichte, Bedeutung, in: Bork (Hrsg), Handbuch des Insolvenzanfechtungsrechts (2006) Rz 1/4.

[2] *Gerhardt*, Die systematische Einordnung der Gläubigeranfechtung (1969) 236 ff; *Koziol*, Gläubigeranfechtung 61 ff.

[3] *Jaeger*, Die Gläubigeranfechtung außerhalb des Konkursverfahrens² (1938) 45,举出一例:债务人当着债权人的面将一张票据投入火中,其明确旨在加损害于债权人。虽然针对债务人不能作出责难,但债权人此时有权主张撤销权。

[4] 详细分析参见 *Jaeger*, Gläubigeranfechtung² 45 ff; *Baur/Stürner*, Zwangsvollstreckungs-, Konkurs- und Vergleichsrecht II¹² Insolvenzrecht (1990) Rz 16, 18. *Fridgen*, Die Rechtsfolgen der Insolvenzanfechtung. Vorsatzanfechtung unter dem Gesichtspunkt des Schadensersatzes (2009) insbesondere 140 ff,将故意行使撤销权视为损害赔偿请求权,显然其混淆了二者在请求权成立要件以及法律后果方面的区别。

[5] *Hirte* in Uhlenbruck (Hrsg), Insolvenzordnung¹² (2003) §129 Rz 127 f, §133 Rz 14; *Schoppmeyer*, unmittelbar nachteilige Rechtshandlungen, in: Bork, Insolvenzanfechtungsrecht Rz 9; *Kreft* in Eickmann et al (Hrsg), Heidelberger Kommentar zur Insolvenzordnung⁴ (2006) §129 Rz 45, §132 Rz 9.

权,在债务人上述行为导致债权人遭受相应损害的情况下,债权人都有权要求赔偿[1],但此时却并不满足侵权责任法上所规定的归责要件的要求[2]。在因债务人的法律行为给债权人带来间接损害导致债权人享有撤销权的情况下,较之于恶意破产下主张损害赔偿的要件,撤销权的前提要件应更为宽松。不仅如此,撤销权人还享有举证责任分配规则方面的便利[3]。因此,在涉及损害赔偿时,应当不适用债权人的撤销权,而应适用侵权责任法,或者应当针对撤销权的构成要件作出更为严格的规定。但目前有关撤销权的规定却缺乏相应的内容。

第八节 损害赔偿请求权

下文将重点探讨最为重要的基本问题、责任成立构成要件与责任后果,这些对于理解侵权责任法与其他相关的法律救济手段的关系具有重要意义。

侵权责任法所调整的对象是受害人何时能够将其所遭受的损害转而要求他人承担。如同本书前言中所论及的那样,任何人就其所享有的法益应当承担相应的风险,只有存在特殊事由,方有权将损害转移至他人之处(Schadensverlagerung)。将受害人的损害归责于加害人,原则上首先应当满足加害人本人或者其所控制的领域引致(Verursachen)此种损害,不仅如此,还必须存在进一步的归责事由(Zurechnungsgründe)。在合同外责任法中,我们的法律体系首先承认如下归责事由,即行为人自身的不法行为(过错责任,Deliktshaftung)、辅助人的不法行为(雇佣人责任,Gehilfenshaftung)、加害人控制领域的特殊危险(危险责任,

---

[1] 参考奥地利最高法院最新的判决:OGH 6 Ob 72/06s in ÖBA 2007, 654 (*Fruhstorfer*)。

[2] 相关批评意见参见 *Koziol*, Gläubigeranfechtung 94; *Bollenberger*, Anfechtung von Finanzierungsgeschäften gemäß § 31 Abs 1 Z2 Fall 2 KO, ÖBA 1999, 422 f; *Rebernig*, Konkursanfechtung des Kontokorrentkredites (1998) Rz 162; *Fruhstorfer*, Anmerkungen zu OGH 6 Ob 72/06s in ÖBA 2007, 662 ff.

[3] 就此种请求权参见 OGH 1 Ob 571/86 in SZ 59/132 = ÖBA 1986, 570; 6 Ob 508/86 in ÖBA 1988, 828 (*Apathy*); *Koziol*, Die Haftung wegen Konkursverzögerung durch Kreditgewährung, RdW 1983, 34 und 66; *Karollus*, Banken-, Gesellschafter- und Konzernleitungshaftung nach den »Eumig«-Erkenntnissen, ÖBA 1990, 337 und 438.

Gefährdungshaftung）以及合法利用他人法益（补偿责任，Eingriffshaftung）。因此我们将上述称为多元责任体系（ein mehrspruriges Haftungssystem）[1]。

需要指出的是，在当事人具有特殊关系的领域，责任也绝非仅是一元体系。除了过错责任之外，还存在经法律或当事人自由约定所确立的无过错的担保责任[2]。此种担保责任在普通法中甚至是一般规则[3]。最后还存在同样是无过错的委托人或者承揽人的风险责任，就像《奥地利民法典》第1014条所规定的那样。

2/50 大陆法系普遍承认，侵权责任法的首要目的体现在填补（Ausgleich）受害人所遭受的损害（就此详细参见下文第三章边注1以下的论述）；损害填补作为首要功能同样适用于精神损害赔偿。

2/51 目前学理上普遍认为，侵权责任法除了具有损害填补功能之外，还具有预防性功能（Präventivfunktion），并且此种功能同样适用于危险责任领域（就此参见下文第三章边注4以下更为详细的论述）。依据奥地利的权威观点，权利继续效力理论（Rechtsfortsetzung）也建立在此种预防性功能基础之上（参见下文第三章边注8以下的论述）。

依据该权利继续效力理论，受害人被侵害的权利或者法益继续存在于其享有的损害赔偿请求权中，即针对加害人，受害人享有该法益"一般价值的"（in Hohe des » gemeinen wertes «）损害赔偿请求权，以取代被毁损的法益。该一般价值是指市场中交易的价值。权利继续效力理论能够获得承认的原因体现在：在毁损客观价值的情况下产生一个损害赔偿的义务，即加害人无论如何都必须赔偿被侵害法益的市场价值，不论受害人针对该被侵害的法益主观上所遭受的损害实际上是否低于该法益客观的市场价值，这样可以达到预防损害再次发生的目的。当然不可否认的是，损害赔偿的首要目的还是集中体现在赔偿业已发生的损害上。还需要指出的是，独立于损害填补思想，预防性功能首先是刑法所要承担的任务，

---

[1] 参见 *Canaris*, Grundstrukturen des deutschen Deliktsrechts, VersR 2005, 577 ff mwN.

[2] 参见 *Schermaier* in HKK zum BGB II § 275 Rz 56 ff.

[3] *Treitel* in Burrows (Hrsg), English Private Law[2] (2007) 771 f; vgl auch *R. Halson* in Frumston (Hrsg), The Law of contract[3] (2007) 1573 ff; *Beale* in Beale (Hrsg), Chitty on Contracts I[30] (2008) 1598 ff.

因此，不应当孤立地看待私法中的各种救济手段。

但存在争议的是，除了损害赔偿以及预防性功能之外，惩罚性功能是 **2/52** 否也是侵权责任法需要承担的任务？（就此请参见下文第三章边注 11 以下的详细讨论）首先可以确信的是，惩罚性功能仅应当适用于过错责任领域，因为只有针对一个可责难的行为才能够相应引发惩罚性的后果。但不可否认，即使针对过错责任，也存在是否可以适用惩罚性赔偿的争议。在奥地利法中，《奥地利民法典》第 1324 条规定依据过错程度确定不同程度的损害赔偿范围。就此有理论认为，该规定已经考虑了惩罚性要素。但上述奥地利法的规定仍然限于损害填补范围，即在过错的程度与损害赔偿之间找到一个平衡点。对过错程度的考虑绝不应当导致要求加害人承担超出填补受害人所遭受损害之外的责任的后果；反之，在轻微过错之下，加害人不应当赔偿受害人的全部损害。

不同的法律救济体系恰恰在中间过渡领域发生不同程度趋同的现 **2/53** 象，具体而言，上文所论述的排除妨害请求权转而适用侵权责任法上的恢复原状请求权，不当得利法也进而向侵权责任法靠拢。当返还得利请求权与损害赔偿义务的救济范围一致时，则更易于期待侵害人负担损害赔偿的义务。在上文讨论不当得利法时，论述到其制度边界逐步与侵权责任法发生混同，则在损害归责时应当考虑到，侵权人不当获得他人利益的，也产生此种混同[1]。

Wendehorst[2] 提出如下建议，即针对损害可以采用推导的方式。但在无法证明也无法计算该损害时，如竞争法或者知识产权法领域中所发生的那样，此时应赋予受害人要求加害人返还基于其违法且过错行为所获得的利益[3]。虽然在一些情况下受害人可能获得过多的利益，但此时必须容忍在结果上优先考虑受害人的得利，而不是优先考虑加害人实施不法过错行为所获得的利益。考虑到防止侵害他人特定权利状态再次发生的预防性功能不断提升，一般应直接赋予受害人要求返还得利的请求

---

[1] 详细分析参见 *Koziol*, Die Bereicherung des Schädigers als schadenersatzrechtliches Zurechnungselement? Zur Auflockerung der Grenze zwischen Schadenersatz-und Bereicherungsrecht, F. Bydlinski-FS (2002) 175 ff.

[2] *Wendehorst*, Anspruch und Ausgleich (1999) 171 ff.

[3] 此种观点只能适用于例外情况，即缺乏成立返还不当得利请求权的前提。参见 *Koziol*, F. Bydlinski-FS 188 f.

权,但在例外情况下,可以合理地采取举证责任倒置的方式,即要求加害人证明受害人所遭受的损害小于该利益。

此外,在计算损害时,如果存在计算的弹性空间,则可以采取有利于受害人的计算方法,以使其与得利范围保持一致。此种方式尤其适用于精神损害赔偿,因为针对精神损害赔偿的计算始终存在一个巨大的自由裁量空间[1]。但需要郑重强调的是,不能采纳德国联邦法院在"卡罗琳娜公主案件"[2]中所采的错误方式,即不能将其转化为损害赔偿,因为无论如何也无法通过某种计算方式将受害人所遭受的损害等同于加害人所获得的利益。相反,应当通过不当得利法,或者可以基于无因管理法,允许受害人要求加害人返还因侵害他人权利所获的利润[3]。

我个人认为,在侵权人获得利润的情况下,原则上可以采取弹性的处理方法。[4] 此种方法易于导致扩大相当性(Adäquität)以及保护目的(Schutzzweck)的界限的后果,因为在此情况下,往往推定加害人负担损害赔偿的义务——因为只要从事不法过错的行为人从其可归责的行为中获得利益,其就应当承担赔偿责任。此种做法完全正确,但损害赔偿的范围只能在符合损害填补思想范围的空间内波动。

如果加害人所获得的利益同时也构成损害归责的一个关键要件,则在确定加害人和受害人应当承担的损害比例时,应考虑上述因素。在不超过所获利益的范围内,除了可以要求加害人承担与其过错相适应的损害赔偿的义务,还可进一步要求加害人承担该扩大的损害部分的赔偿责任。

---

[1] 参见 F. Bydlinski, Die » Umrechnung « immaterieller Schäden in Geld, Liber amicorum for Pierre Widmer (2003) 27 ff.

[2] BGH in BGHZ 128, 1 = NJW 1995, 861; NJW 1996, 984 f. 参见 vor allem die überzeugende Kritik von *Canaris*, Gewinnschöpfung bei Verletzung des allgemeinen Persönlichkeitsrechts, Deutsch-FS (1999) 99 ff.

[3] 就此尤其可参见 *Canaris*, Deutsch-FS 87 ff; vgl ferner *von Bar*, Deliktsrecht I Rz 515 f; *Hoppe*, Gewinnorientierte Persönlichkeitsverletzung in der europäischen Regenbogenpresse, ZEuP 2000, 29; *Löwe*, Der Gedanke der Prävention im deutschen Schadensersatzrecht (2000) 185 ff; *G. Wagner*, Geldersatz für Persönlichkeitsverletzungen, ZEuP 2000, 200; *Wernecke*, Schadensersatz und Gewinnherausgabe als Strafelemente des bürgerlichen Rechts? (2005).

[4] 参见 *Wilburg*, Elemente 242ff; *F. Bydlinski*, Zum gegenwärtigen Stand der Kausalitätstheorie im Schadensrecht, JBl 1958, 5 ff; *Koziol*, Haftpflichtrecht I³ Rz 8/16 und 21.

□ 第九节 "惩罚性赔偿"？

需要讨论的一个问题是，出于惩罚性目的或者预防目的，是否可以要求加害人承担超出受害人实际损害之外的赔偿义务，从而可能并且应当使侵权责任法就此趋向于刑法？此种超出损害赔偿之外的给付一般被称为"惩罚性赔偿"（punitive damage），在德文中被称为"Strafschadenersatz"。该概念间接表明，其目的并不是损害赔偿，而是惩罚性给付。

欧洲大陆法系并不承认此种特殊赔偿[1]，但英美法[2]却广为接受。在讨论是否应当承认该种请求权时，学者普遍采用如下的支持论据，即即使与其他请求权，如不当得利请求权合并使用，侵权责任法本身也无法充分向法律所承认的各种权利提供必要的救济。

此种建议在知识产权法领域[3]体现得尤为明显，目前该领域已经承认双倍于特许费用的损害赔偿[4]，此种赔偿应当属于惩罚性赔偿。知识产权具有无体性、"全时性"，使得多人可以在多个地点同时使用，由此导致知识产权具有较高的易受侵害性，在计算损害时也尤为困难，因为他人非法侵害并不导致知识产权人本人无法利用其权利，并且权利人也很难证明其对权利的处分自由遭受限制。不当得利法只能达到要求不当得利人返还基于侵害所获得的利润的效果，产生较小的预防效力，因为此种救济主要体现为返还所得利益，而就此并不能给侵害人带来任何不利。换言之，仅仅导致侵害人无法获得其所追求的利益而已。不仅如此，加害人被剥夺所得利益的风险也没有想象中那么高。

上述有关知识产权易受侵害性以及受害人所享有的各种请求权在预防功能方面的不足的论述，完全令人信服。还需要指出的是，上述情况在侵害有体物时亦同样存在，非法搭乘大众交通工具即为典型案件。在此

---

[1] 详细参见相关国别报告以及结论：Koziol/Wilcox, Punitive Damages.
[2] 参见 die Berichte in：Koziol/Wilcox, Punitive Damages, zum englischen (*Wilcox*, 7 ff), US-amerikanischen (*Sebok*, 155 ff) und südafrikanischem Recht (*Neethling* 123)；*Prosser/Keeton*, Handbook of the Law of Torts5 (1984) 9 ff；*Dobbs*, The Law of Torts (2000) 1062 ff；*Stoll*, Punitive Damages im Englischen Recht, Henrich-FS (2000) 593.
[3] 详细参见 *Dreier*, Kompensation 60 ff, mwN.
[4] 参见 *Dreier*, Kompensation 293 ff, mwN.

种情况下,由于多人同时乘坐公共交通,在某人非法使用该公共交通工具时,所有权人也同样难以证明其遭受损害。即使是基于不当得利法而要求非法乘客支付相应的价金[1],也同样难以实现预防效力,因为"蹭票人"在被发现时也仅仅支付了合法乘车时本来应当必须支付的价金,何况此时他还具有很大的逃脱查票机会。

因此,不应当将正常合法情况下支付的双倍价金制度局限于知识产权法领域,相反应当扩张到如下情况,即非法利用他人之物,而该物存在较高的易受侵害性,即使支付正常价金也无法实现必要的预防效力。

2/57 不可忽视的是,就支付双倍正常价金也存在一些反对的理由,就此下文将进行详细探讨。但笔者认为,可以将上述不法使用他人之物的案件中所论述的赔偿双倍价金与损害填补思想协调起来,从而可以避免针对惩罚性赔偿所提的反对意见。一方面,支付双倍正常价金的做法涉及对损害赔偿的有限提高,从而无须担心惩罚的不确定性及其泛滥[2];而另一方面可以作出如下解释,即双倍支付价金并非独立于实际损害的惩罚,反之可将其理解为因缺乏其他相应的支持,只是对损害采取概括性赔偿。查找以及追究不法行为人、执行该请求权都显然要求支付很高的费用,而在正常订立使用合同时可以避免上述费用,如需证明此种费用的支出,面临很多困难。同样,要证明因侵害知识产权所引起的商标损害,也具有几乎无法克服的困难。在缺乏其他具体证明的情况下,将损害的具体数额概括性地等同于使用价金数额并要求支付该数额,则支付双倍使用价金的做法与侵权责任法中的损害填补思想保持一致。

2/58 针对采纳真正意义上的惩罚性赔偿还存在如下反对理由,即惩罚性或者预防思想原则上无法适用于上述此种私法上的请求权(参加下文第二章边注 60 的论述)[3]。私法整体上已经摆脱了惩罚性思想,侵权责任法当然亦是如此[4]。在过错责任中,侵权责任法曾经属于民刑不分的领

---

[1] 有关民法上的请求权参见 Stefula, Zivilrechtliche Fragen des Schwarzfahrens, ÖJZ 2002, 825 ff, mwN.

[2] 同样的观点参见 von Dreier, Kompensation 547.

[3] 详细论述参见 Koziol, Punitive Damages: Admission into the Seventh Legal Heaven or Eternal Damnation? Comparative Report and Conclusion, in: Koziol/Wilcox, Punitive Damages Rz 43 ff.

[4] Oetker in MünchKomm, BGB II⁵ § 249 Rz 8 mwN für das deutsche Recht.

域[1],显然,不仅从前,而且直至今天,惩罚性思想在刑法中仍然占据主导地位[2]。虽然损害赔偿的法律后果系于一个违法并且过错的行为,从而其与刑法保持一致,但是出于一些令人信服的原则性考量,欧洲大陆民法却拒绝承认"惩罚性赔偿"[3]。德国联邦法院[4]甚至认为,在物质性赔偿与非物质性赔偿之外概括性地采纳惩罚性赔偿的做法违反了公序良俗原则,因此,德国国内原则上不执行美国有关惩罚性赔偿的判决[5]。在严重违反损害填补原则的情况下,依据《德国民法典实施法》(EGBGB)第40条第3款,亦同样不得执行惩罚性赔偿[6]。意大利最高法院[7]现在也采取了与上述相同的立场。甚至在惩罚性赔偿的"核心国"——美国,"惩罚性赔偿"也并非毫无争议[8]。

---

[1] 参见 G. Wagner in MünchKomm, BGB V⁵ Vor § 823 Rz 2 f.

[2] 相关历史梳理参见 Jansen in HKK zum BGB II §§ 249-253, 255 Rz 10 und 15.

[3] 参见 F. Bydlinski, Die Suche nach der Mitte als Daueraufgabe der Privatrechtswissenschaft, AcP 204 (2004) 343 ff; derselbe, Die Maxime beidseitiger Rechtfertigung im Privatrecht, Koziol-FS (2010) 1362 ff; Coderch, Punitive Damages and Continental Law, ZEuP 2001, 604; Koziol in: Koziol/Wilcox, Punitive Damages Rz 21 ff; Mörsdorf-Schulte, Funktion und Dogmatik US-amerikanischer punitive damages (1999). 参见 § 1292 Abs 1 des öE und dazu Koziol, Grundgedanken, Grundnorm, Schaden und geschützte Interessen, in: Griss/Kathrein/Koziol, Entwurf 32. 关于惩罚性赔偿的相关论述可参见 Ebert, Pönale Elemente im deutschen Privatrecht (2004); Kocholl, Punitive Damages in Österreich (2001); 就上支持反对意见的观点参见 B. C. Steininger, Austria, in: Koziol/B. C. Steininger, Yearbook 2001 82 f; Müller, Punitive Damages und deutsches Schadensersatzrecht (2000) 360 ff; Schlobach, Das Präventionsprinzip im Recht des Schadensersatzes (2004); Sonntag, Entwicklungstendenzen der Privatstrafe (2005); 精神法益保护参见 Fort, Strafelemente im deutschen, amerikanischen und österreichischen Schadensersatzrecht unter besonderer Berücksichtigung des gewerblichen Rechtsschutzes und Urheberrechts (2001).

[4] BGHZ 118, 312. 相同观点参见 Mörsdorf-Schulte, Funktion und Dogmatik 298. 其他观点参见 Müller, Punitive Damages 360 ff. 参见 Magnus, Comparative Report on the Law of Damages, in: Magnus, Unification: Damages 187.

[5] 但西班牙最高法院就此却采取了不同观点,参见如下案件判决:Miller Import Corp. v. Alabastres Alfredo, S. L., STS, 13.11.2001 (Exequátur No. 2039/1999).

[6] 参见 Junker in MünchKomm, BGB X⁴ Art 40 EGBGB Rz 214; Schäfer, Strafe und Prävention im Bürgerlichen Recht; AcP 202 (2002), 429f.

[7] Cass. 17 1. 2007, no. 1183, in GI, 2007, 12, 2724; Cass. 11. 11. 2008 no. 26972. 参见 Scarso, Punitive Damages in Italy, in: Koziol/Wilcox, Punitive Damages 374 ff und ebenso Navarretta/Bargelli, Italy, in: Koziol/B. C. Steininger, Yearbook 2007 Rz 6 ff; Navarretta/Bargelli, Italy, in: Koziol/B. C. Steininger, Yearbook 2008 338.

[8] Prosser/Keeton, Handbook of the Law of Torts⁵ (1984) 9 ff; Dobbs, Law of Remedies² (1993) 355 ff. 参见 den Bericht von Sebok, Punitive Damages in the United States, in: Koziol/Wilcox, Punitive Damages Rz 86 ff.

2/59　　F. Bydlinski 针对在民法中拒绝采纳惩罚性赔偿提出了一个更深入的论证理由[1]。他指出,虽然惩罚性赔偿对某种行为公开作出否定,但却赋予那些既没有丧失相应的利益也没有遭受此种损害的人获得此种赔偿的权利。F. Bydlinski 认为,惩罚性赔偿违反了对整个私法起关键性作用的结构原则,即法律后果的双向主体正当性(beidseitige Rechtfertigung)。他强调,民事法律规范总是调整两个或多个主体之间的法律关系,因此规范的效力直接作用于构成要件中明确调整的主体;将权利、利益或者机会分配给特定主体的同时,也意味着针对特定的其他主体直接产生义务、负担或者风险。依据其观点,"不仅应当论证为什么赋予一方当事人有利的法律后果,而另外一方当事人却承担不利的法律后果,而且还应当论证为什么恰恰是在上述双方当事人彼此之间产生此种法律后果。换言之,为什么一个特定的主体恰恰针对另外一个特定的主体享有权利、负担义务,享有机会或承担风险?"就此应适用双向主体正当性原则。绝对的、单方的、仅仅涉及一个主体的论证,即使其在既定的关系中如此强大,也不能单纯提供私法上规范调整的正当性。将上述论证理由应用于我们此处所讨论的问题,可以发现,虽然针对行为人采取惩罚性措施存在如此强大的论证理由,但其却缺乏合理性。在私法上赋予一个主体享有此种特殊利益,实际上缺乏填补损害或不当得利返还的基础。[2] 虽然有学者主张基于预防性目的而要求采纳惩罚性赔偿,但鉴于上述论证,此种观点难以成立。[3]

就惩罚性赔偿而言,虽然存在惩罚一方当事人的论据,但从该论据却无法得出另外一方当事人享有获得惩罚性赔偿的请求权的理由。虽然刑法具有惩罚性的功能,但私法却不应当如此[4]。的确,刑法就此所提供

---

[1] *F. Bydlinski*, System und Prinzipien 92 ff; *derselbe*, AcP 204, 341 ff; *derselbe*, Die Maxime beidseitiger Rechtfertigung im Privatrecht, Koziol-FS (2010) 1355 ff. 支持此种"双向主体正当性"原则的观点参见 *Bollenberger*, Gewinnabschöpfung bei Vertragsbruch, ZEuP 2000, 905; *Canaris*, Grundstrukturen des deutschen Deliktsrechts, VersR 2005, 579; *Koziol* in: Griss/Kathrein/Koziol, Entwurf 32; *H. P. Walter*, Recht und Rechtfertigung- Zur Problematik einseitigen Privatrechts, Gauch-FS (2004) 302 ff. Ablehnend hingegen *G. Wagner*, Präventivschadensersatz im Kontinental-Europäischen Privatrecht, Koziol-FS (2010) 932 f.

[2] 参见 auch *Gounalakis*, Persönlichkeitsschutz und Geldersatz, AfP 1998, 17.

[3] 虽然极其谨慎,但原则上表示赞同的观点可参见 *Dreier*, Kompensation 500 ff, ein.

[4] Ebenso *H. P. Walter*, Gauch-FS 305. 需要指出的是,奥地利存在多种行政处罚,国家检察官以及刑事法庭对此并不负责,siehe etwa §32 KSchG und §98 BWG.

的保护可能存在不足[1],尤其在知识产权法领域尤为典型,但也不能转而以违反私法和侵权责任法基本原则的方式重新改造赔偿法,相反应当设计出一个独立的法律领域或者尝试相应地改造刑法,实际上这种变化正在刑法中发生。例如,企业刑法(Unternehmensstrafrecht)应当完全可以填补上述遭受诟病的保护漏洞中的一部分[2]。

惩罚性赔偿不仅与私法的基本原则处于矛盾之中,其还存在如下众多的瑕疵:首先需要指出的是,虽然惩罚性赔偿的最主要目的是提供预防功能,但恰恰无法完全实现此种功能,因为只有在已经发生侵害并且造成现实损害的情况下,而并非在仅仅做出违法行为时,被侵害人方可提起请求支付赔偿,即所谓的"惩罚性赔偿"的诉讼。一方面,惩罚性赔偿系于惩罚受责难的行为,而另一方面,是否应当惩罚却又取决于是否出现损害,这显然是极其矛盾的,因为惩罚的数额并不等同于实际发生的损害。从实现预防性功能的角度出发,不考虑是否出现损害、将惩罚系于不法行为,这样才能达到预防的目的。依据此种观点,针对惩罚性赔偿,应当采取如同停止侵害与排除妨害之诉一样的构成要件,无须过错。但实际上,与私法中的预防性法律救济不同,惩罚性赔偿要求行为人具有过错。

2/60

德国法针对惩罚性赔偿还普遍存在如下问题,即在侵权责任法中,过错标准已经客观化,从而导致不再考虑行为人主观上是否具有可责难性,而主观上的可责难性却恰恰被认为是惩罚性的前提[3]。民法中的惩罚性赔偿不应当采取侵权责任法上客观过错的概念,相反应采取刑法上主观过错的概念。由于奥地利法始终坚守主观的过错标准,使得奥地利并不具有德国法中的上述问题,当然有关专家责任的规定除外(《奥地利民法典》第1299条)。

2/61

在存在或应当存在多个受害人的情况下,将会出现另外一些难以令人信服的后果[4]。例如,因机动车具有制造瑕疵而导致消费者遭受损害的情况下,如果赋予第一个提起损害赔偿的原告享有获得惩罚性赔偿的权利,则上述结果显然具有随意性,因为其他受害人将会一无所获。如果

---

[1] 就此参见 *Dreier*, Kompensation 523 ff.
[2] *Dreier* 即主张此种观点,参见氏著 Kompensation 527 ff.
[3] *Welzel*, Das deutsche Strafrecht[11] (1969) 3ff; *Freund* in MünchKomm, StGB I Vor § 13 Rz 12; *Roxin*, Strafrecht, Allgemeiner Teil I[4] (2006) § 8 B Rz 19.
[4] *Dreier*, Kompensation 549 ff,强调了可能造成竞争方面的混乱。

想要避免上述不利后果,要求每个原告仅享有一部分的惩罚性赔偿,则又可能出现如下困难,即无法确定到底有多少原告,并且针对这些原告如何确定具体的数额也是一个棘手问题。

2/62　　侵权责任法赋予受害人针对加害人享有损害赔偿请求权,但其并不是规定"惩罚性赔偿"的适宜之处。就此可以考虑以其他法律救济体系来充分实现此种预防性效力,以填补刑法的不足,而此种做法也不违反私法的基本原则。以上法律救济体系应坚持如下一个前提,即单个原告无论如何也不能侥幸获得无正当基础的惩罚性赔偿。类似于停止侵害与损害赔偿诉讼[1],应赋予相关团体提起惩罚性赔偿之诉的权利[2],并且应由公共机关或者至少由公益机构享有此种惩罚性赔偿[3]。采纳上述此种做法将不再违背侵权责任法中所强调的禁止不当得利原则[4],同时也不再违反上述所论及的私法中的双向主体正当性原则。与此同时,在不增加刑事法庭负担的前提下,亦可实现当前被视为非常重要的预防性效果。

不仅如此,针对惩罚性赔偿还需要作出如下一系列检讨,即民事诉讼具有的不同的举证责任分配、证明程度、表面证据、至少德国法所采纳的客观化过错以及诉讼费用赔偿规则等,是否适合实现此种法律后果;此外还需要检讨是否应将惩罚性赔偿限于刑法[5]。但首先要注意的是,罪刑法定原则(*nulla poena sine lege*)(参见《德国基本法》第103条第2款、《奥地利刑法典》第1条)要求刑法必须明确规定刑事责任构成要件、刑事责任范围[6],以及与此相关联的禁止类推原则,而民法中并不存在与此相应的制度[7]。如果民法中采纳惩罚性赔偿,就可能为随意确定惩罚性

---

[1] 欧洲有些国家规定了团体诉讼,据此也可以要求损害赔偿。法国法参见 Kühnberg, Die konsumentenschützende Verbandsklage. Eine Gegenüberstellung der österreichischen und französischen Rechtslage, ZfRV 2005, 106; 希腊法参见 Mikroulea, Verbandsklage auf Schadenersatz im griechischen Verbraucherschutzgesetz, Georgiades-FS (2006) 281 ff. 其他相关建议可以参见 van Boom, Efficacious Enforcement in Contract And Tort (2006) 29, 33.

[2] 为了激励主动提起此种诉讼,可以考虑针对此前的准备工作给予一定的补偿。

[3] 参见 Ben-Shahar, Causation and Forseeability, in: Faure, Tort Law 99 f, 针对超出实际损害部分的赔偿,作者主张应一概适用此种做法。

[4] 相关历史发展参见 Jansen in HKK zum BGB II §§ 249-253, 255 Rz 17 f, 21, 61.

[5] G. Wagner, Tort Law and Liability Insurance, in: Faure, Tort Law 385, 作者明确指出了此种区别,显然不能将此种刑事处罚融入到私法中,以达到规避此种区别的目的。

[6] 参见 die Begrenzungsvorschläge von van Boom, Efficacious Enforcement 35 f.

[7] 参见 dazu auch Oppermann, Gedanken zur Strafe im Privatrecht, Rüping-FS (2009) 160 ff.

赔偿数额打开一扇大门，美国法中的案例恰恰反映了上述问题。综合考虑上述各种观点，针对刑法中的自诉作出一定程度的改造[1]，并且进一步设计出独立的刑事责任构成要件，应当是一条优先选择的道路。

第十节　保险合同法

一、概述

并非只有法定之债的规定方可产生将损害从受害人处转移至第三人处的法律后果，通过订立法律行为意义上的契约亦可产生上述效果。在上述所谓的法律行为领域，实践中最具有决定意义的不是单个主体之间的法律关系，如亲属之间或者对他人行为提供担保（参见奥地利民法典第880a条），而是保险合同。

2/63

保险合同法的调整对象体现在，将被保险人所面临的风险纳入到一个同样面临此种风险的社会共同体中，在某人遭受上述风险时，被保险人对保险人将享有赔付请求权[2]。针对所有类型的保险，依据权威的"计划保障理论"（Planungssicherungstheorie），可以将保险的目的总结为[3]：因丧失收入或者发生各种费用引发意外事件，导致经济计划受损的，投保人都可从相应的保险理赔中获得补偿。

基于法律行为所成立的保险关系以不同的方式对侵权责任法产生影响。例如，保险合同旨在向被保险人法益可能遭受的风险提供保险，就此

2/64

---

[1] *Dreier*, Kompensation 525，也采取了此种方式，认为只有这样才可以减轻刑事司法部门的压力。

[2] 参见 *Deutsch*, Das neue Versicherungsvertragsrecht⁶ (2008) 4；参见 ferner *F. Bydlinski*, System und Prinzipien 631；*Dörner* in Honsell (Hrsg), Berliner Kommentar zum Versicherungsvertragsgesetz (1999) Einleitung Rz 36 ff；*Schug*, Der Versicherungsgedanke und seine historischen Grundlagen (2011) 31 ff..

[3] *Schmidt-Rimpler*, Zum Begriff der Versicherung, VersR 1963, 493 ff，他主张财产配置理论（Vermögensgestaltungstheorie）；*Braeß*, Elemente einer dynamischen Versicherungskonzeption aus wirtschaftswissenschaftlicher Sicht, ZVersWiss 1970, 9. Zustimmend etwa *F. Bydlinski*, System und Prinzipien 635f；*Deutsch*, Versicherungsvertragsrecht⁶ 12；*Jabornegg*, Wesen und Begriff der Versicherung im Privatversicherungsrecht, Frotz-FS (1993) 560 ff；*Schauer*, Das österreichische Versicherungsvertragsrecht³ (1995) 30 ff.

将可能出现保险理赔请求权与损害赔偿请求权的竞合。在此情况下,被保险人是否应当如同在多重保险中所发生的那样,同时享有上述两种请求权,并从而可以获得超出其所遭受的实际损害的救济?还是被保险人只能像财产保险中所规定的那样(《奥地利保险合同法》第 55 条、《德国保险合同法》第 55 条),在整体上仅应当获得不超过其实际损害的赔偿[1]?在上述所讨论的第二种情况下,其所涉及的问题体现在如何在技术上实现受害人只能获得与其损害相一致的救济。目前主要采取将受害人的损害赔偿请求权在保险理赔范围内转让给保险人来实现上述目的(《奥地利保险合同法》第 67 条、《德国保险合同法》第 67 条)。一般而言,保险人针对受害人作出的理赔并不能减轻加害人的赔偿义务,因为受害人订立保险合同的目的显然并非是为了减轻加害人的赔偿义务。

二、责任保险与损害赔偿

与本书此处所讨论的问题关系更为密切的是另外一种保险关系,即所谓的责任保险(Haftpflichtversicherungen),其目的在于向被保险人本人针对第三人承担责任的风险提供保险。责任保险既可以基于当事人之间的自由约定,也可以基于法律的直接规定而产生,后者集中体现在机动车事故责任法领域。

从侵权责任法的角度来看,强制性与任意性的责任保险都具有如下双重效果[2]:一方面,责任保险毫无疑问会导致一些并不受欢迎的后果,即它至少大大降低,甚至可能完全抑制了侵权责任法的预防功能[3];因为责任保险越是给加害人提供减少自己承担损害赔偿的机会,则其对防止损害发生的激励机制的破坏就越大。如果某人享有责任保险,则其在经济效果上几乎不再负担损害赔偿的义务。

---

[1] Siehe *Schauer*, Versicherungsvertragsrecht³ 37 ff.

[2] *Cousy*, Tort Liability and Liability Insurance: A Difficult Relationship, in: Koziol/B. C. Steininger, Yearbook 2001 18 ff., 该论述给人很深的印象。此外,还可参见 *Hinteregger*, Die Pflichthaftpflichtversicherung im Schadensrecht - eine funktionelle Analyse, Reischauer-FS (2010) 513 f; *G. Wagner*, Comparative Report and Final Conclusions, in: G. Wagner, Tort Law 338 ff.

[3] 参见 *von Bar*, Das »Trennungsprinzip« und die Geschichte des Wandels der Haftpflichtversicherung, AcP 181 (1981) 311 ff; *Brüggemeier*, Haftungsrecht 4 f, 638.

另一方面，上述理由并非主张尽可能地废除责任保险。不应当忽视的是，即使在没有责任保险的情况下，也可能无法实现预防效力。比如就责任人的财产状态而言，当行为人享有巨额财产，以至于可能承担的损害赔偿风险无论如何也不可能对其构成经济上的负担时，情况即是如此；反之，如果加害人一贫如洗则根本无力承担损害赔偿义务。但更应注意的是，不应当忽视责任保险针对受害人产生的积极意义[1]，即责任保险的目的旨在保护受害人的利益，因为其确保了损害赔偿，从而责任保险也服务于侵权责任法的损害填补功能[2]。因此责任保险完全具有积极的价值，所以有时将其规定为强制性保险[3]。如上文所述，机动车事故强制责任保险即为典型代表。

2/66

此外还需提请注意的是，就企业经营过程中提前可以预见的各种责任风险而言，责任保险是必不可少的。

我们认为，责任保险一方面增加了侵权责任法中的损害填补功能，而同时又消减了预防目的。考虑到可以通过一些方式在很大程度上降低上述责任保险的消极方面，所以应当尽可能地在不损害侵权责任法的预防功能的前提下，积极发展责任保险。例如通过被保险人自己承担部分损害份额与保费奖惩激励机制（Bonus-Malus-System），就可以达到不侵蚀侵权责任法的预防功能的效果[4]。

2/67

最后还需要指出的是，责任保险的推定性对于立法者规定一种责任可能产生关键性影响。但在具体案件中，并不能仅仅凭借事实上存在一种责任保险，即对责任认定产生直接的影响（参见第六章边注 174 以下的

2/68

---

[1] 参见 *Baker*, The View of an American Insurance Law Scholar: Six Ways that Liability Insurance Shapes Tort Law, in: G. Wagner, Tort Law 297 f; *Hinteregger*, Reischauer-FS 511 ff; *Lewis*, The Relationship Between Tort Law and Insurance in England and Wales, in: G. Wagner, Tort Law 48 f, 51 f; *Wantzen*, Unternehmenshaftung und Enterprise Liability (2003) 83.

[2] 参见 *F. Bydlinski*, System und Prinzipien 113; *Looschelders*, Bewältigung des Zufalls durch Versicherung? VersR 1996, 529, 535 ff.

[3] 详细论述参见 *Faure*, The View from Law and Economics, in: G. Wagner, Tort Law 240 ff; *derselbe*, Economic Criteria for Compulsory Insurance, The Geneva Papers 31 (2006) 149 ff; *Hinteregger*, Reischauer-FS 507 ff.

[4] *Rodopoulos*, Kritische Studie der Reflexwirkungen der Haftpflichtversicherung auf die Haftung (1981) 45; *Faure* in: G. Wagner, Tort Law 265 ff; *Hinteregger*, Reischauer-FS 517 f; *G. Wagner* in: G. Wagner, Tort Law 339 f; *G. Wagner*, Tort Law and Liability Insurance, in: Faure, Tort Law 391.

内容)。

□ 第十一节 社会保险法

2/69   较之于基于法律行为所成立的私人保险关系,社会保险关系属于公法的范围,遵循社会连带与社会补偿原则。该原则首先体现在,并非依据风险差异,而是通过每个人的收入确定社会保险人的保费。[1]

传统上,社会保险法仅在人身损害赔偿领域发挥作用[2]。其目的在于向受害人所遭受的损害提供保障,而不考虑究竟是基于自身过错、他人过错还是意外事件造成此种损害。因此,社会保险法仅针对特定风险提供保障,例如从事职务活动中所产生的各种风险。当然,只有当被保险人的活动与所发生的损害之间具有因果关系时,才能引起社会保险赔付[3]。

由于社会保险的首要目的体现为生存保障(Existenzsicherung),所以医疗费用以及收入丧失都可以获得赔偿,但在大部分情况下,社会保险却不支付或者不全部支付精神损害赔偿金。不仅如此,受害人依据社会保险法所获得的赔偿可能少于其依据侵权责任法可得的赔偿范围[4]。

2/70   总体来说,社会保险法原则上并不排斥侵权责任法;反之,这两种体系相互并存(nebeneinander);上述此种相互关系对于理解侵权责任法具有极其重要的意义[5]。但是,在受害人有权要求第三人承担责任的情况下,受害人不能就此获得双倍的赔偿。社会保险人履行了理赔义务之后,其针对应承担责任的加害人享有代位求偿请求权[6]。上述代位求偿权

---

[1] 参见 *Dörner* in Honsell, Berliner Kommentar, Einleitung Rz 17; *Brüggemeier*, Haftungsrecht 634.

[2] 比较法上的分析参见 *Magnus*, Impact of Social Security Law on Tort Law Concerning Compensation of Personal Injuries-Comparative Report, in: Magnus (Hrsg), The Impact of Social Security on Tort Law (2003) 266 f und die Länderberichte, auf die verwiesen wird.

[3] *Barta*, Kausalität im Sozialrecht (1983); *Magnus* in: Magnus, Social Security Law 284 ff.

[4] 比较法上的分析参见 *Magnus* in Magnus, Social Security Law 287 f.

[5] 参见 *Krejci*, FS der Rechtswissenschaftlichen Fakultät der Universität Graz 435; *Magnus* in: Magnus, Social Security Law 288 ff mit Verweisen auf die Länderberichte.

[6] 相关比较法上的分析参见 *Magnus* in: Magnus, Social Security Law 280 ff.

基于法律行为基础上的债权转让或者受害人损害赔偿请求权的法定转让可产生。

但在一些国家的法律制度中，社会保险法至少在某些领域能对侵权责任法构成抑制，这首先体现在雇主侵害雇员的情况[1]。在此种情形中，雇主针对受害人免于承担损害赔偿义务，而且同时免于负担社会保险人对其应享有的代位求偿权。依据通说，这种规定的正当性体现在，雇主全部或者至少部分承担了保费，从而通过订立社会保险替代其应承担的责任。还需要进一步指出的是，应当避免因损害赔偿的程序给雇主与雇员之间以及雇员与雇员彼此之间的关系蒙上阴影[2]。就此还有更深层次的原因，即意外事故保险不仅对于雇主，而且对雇员，在功能上都具有责任保险的特征[3]。

还需要强调的是，社会保险救济在法律政策方面体现出如下特点，即只要社会保险能够对人身损害提供补偿，则将大大降低受害人获得其他救济的需求[4]。是否以及在多大范围内存在损害赔偿请求权的问题，仅仅对于社会保险人针对加害人所享有的代位求偿请求权具有意义[5]。在人身损害赔偿情况下，关键要点是如何保障受害人，这一点尤其值得关注。如果依据优先保护受害人的观点，主张强化侵权责任法，则只要社会保险法能够提供救济，就将在事实层面导致有利于社会保险人的效果，因为这扩大了其所享有的代位追偿权。不仅如此，预防性功能也能够得到实现。只有在那些没有社会保险的法律体系中，上述所谈到的人身损害中保护受害人的需求才具有重要意义；因为社会保障网络覆盖越广，保护受害人的论据可信度就越低。在很多欧洲国家中，在发生人身损害时，由于社会保险法向受害人提供充分的救济，导致针对加害人的损害赔偿请

---

[1] 比较法上的分析参见 *Magnus* in: Magnus, Social Security Law 280 ff.

[2] 针对此种论证所提出的批评意见参见 *Deinert*, Privatrechtsgestaltung durch Sozialrecht (2007) 265 ff.

[3] 参见 *Deinert*, Privatrechtsgestaltung 267 ff.

[4] 就美国法中的情况请参见 *Wantzen*, Unternehmenshaftung und Enterprise Liability (2003) 101 f.

[5] *Weyers*, Unfallschäden Praxis und Ziele von Haftpflicht- und Vorsorgesystemen (1971) 401; *Kötz*, Sozialer Wandel im Unfallrecht (1975) 8 ff, 25; *G. Wagner*, Grundstrukturen des Europäischen Deliktsrechts, in: Zimmermann, Grundstrukturen; Deliktsrecht 309; *Wantzen*, Unternehmenshaftung 103; *Brüggemeier*, Haftungsrecht 639.

求权最终仅仅停留在精神损害赔偿的层面[1],相反却不涉及赔偿危及受害人生存的物质性损害。

第十二节　刑事被害人与灾难受害人的损害救济

一、刑事被害人

2/72　1972年通过、2005年重新修订的《奥地利刑事被害人救助法》(Verbrechensopfergesetz/VOG),以国家财政的方式向刑事被害人提供生存保障[2]。依据该法第1条,当能够高度盖然性地认定奥地利公民遭受至少应判处六个月以上有期徒刑的故意犯罪行为的侵害,或者遭受与此种刑事犯罪行为相关联的其他犯罪行为的侵害时,若受害人遭受身体伤害需支付医疗费用或者遭受健康损害之后导致劳动能力下降,作为受害人的奥地利公民享有向国家寻求救助的请求权[3]。如果受害人可以主张国家损害赔偿请求权,则其不能再享有上述刑事受害人救助法所赋予的请求权。此外,受害人在所得收入丧失方面应获得的赔偿也应受到限制;如果受害人仍然可以获得相应的收入,则其不能主张这种收入丧失赔偿请求权(《奥地利刑事被害人救助法》第3条)[4]。

依据该《刑事被害人救助法》第1条,如果受害人可以从国家获得救济,其同时也可以依据其他法律规定寻求相应的救济,在其已经获得联邦政府的救助之后,应将其依据其他法律所享有的请求权转移给联邦政府(《奥地利刑事被害人救助法》第12条)。

2/73　从结果来看,通过此种国家救助,联邦政府满足了受害人的损害赔偿请求权,从而承担了受害人在大部分情况下无法主张或者无法执行损害赔偿请求权的风险,这给受害人提供了一个非常重要的便利条件。当然,

---

[1] *G. Wagner* in MünchKomm, BGB V⁵ Vor § 823 Rz 29 也强调这一点。
[2] 参见 *Eder-Rieder*, Opferrecht (2005) 89 ff.
[3] 参见特殊救济只能适用于如下特殊情况,即受害人至少六个月内无法正常从事各种经营活动,并且犯罪行为造成其遭受重大人身伤害。
[4] 收入范围包括事实上已经或者可以获得的金钱收入,以及可以其他物质方式加以计算的收入,包括财产收益,此外还包括到期应支付的抚养费用。

此种救助并不仅限于此。依据《奥地利刑事被害人救助法》第1条第2款的规定,当犯罪人已经死亡、诉讼时效届满或者基于其他原因无法针对行为人实施刑事处罚,或者在无法找到具体加害人或行为人逃逸致使无法实施刑事处罚的情况下,受害人都可以寻求国家的救助。甚至在因加害人缺乏刑事责任能力,或者因行为人是在可以免责的紧急避险情况下从事加害行为,受害人依据刑法无法获得救济时,其仍可依据该法请求国家予以救助。在上述情况下,受害人要么无损害赔偿请求权,要么在紧急避险的情况下,仅享有有限的损害赔偿请求权,该法就此规定,即使受害人本来不应享有损害赔偿请求权,但受害人仍享有基于该法获得救济的权利,这大大超出了受害人享有的损害赔偿请求权的救助范围。

经由公共财政承担此种损害的理由体现在共同体思想（Gemeinschaftsgedanken）之中。在社会共同生活中发生风险时,可以由全体社会共同承担此种风险。不仅如此,由于共同体承担着防止犯罪行为发生的任务,在该任务"失灵"时,共同体应当承担犯罪行为发生的后果。但上述论证中却存在一点不甚清晰的地方,即为什么只有遭受应被判决六个月以上有期徒刑的违法故意行为造成的身体或者健康损害的受害人才能获得此种救济？当加害人被处以较轻刑罚时,受害人同样可以遭受此种损害,而且在这种轻微犯罪行为下国家亦同样"失灵"。

《德国刑事被害人救助法》（dOEG）采取了同样的思想,即当受害人因他人故意违法犯罪行为的侵害或者在实施合法的正当防卫时遭受了健康损害以及经济上的不利后果时,受害人都有权依据《德国联邦救助保障法》（dBVG）提出救助[1]申请,从而获得损害赔偿的救助。在极其例外的情况下,经德国联邦劳动与社会保障部的同意,可以适当降低救助的金额（《德国联邦救助保障法》第89条）。如果加害来源同时构成法定意外事故保险所调整的意外事故,则只能依据《德国联邦救助保障法》主张损害赔偿请求权(参见《德国联邦救助保障法》第54条)。已经接受德国联邦政府救助的受害人,在德国联邦政府已经提供救助的范围内,其应该将针对第三人的损害赔偿请求权转让给联邦政府(《德国联邦救助保障法》第81a条)。在此我们也可以认为,上述情况中本应当由受害人承担的因加害人破产而无力支付赔偿的风险,转由国家承担。

---

[1] 有关救助的范围可参见§9 dBVG.

二、灾难受害人

2/75　　1996 年的《奥地利灾难救助基金法》(Katastrophenfondsgesetz)规定了向灾难受害人提供财政救助的规定[1]。在针对灾难救助损害赔偿时,显然不涉及与损害赔偿请求权相竞合的赔偿方式。相反,其目的在于使得受害人摆脱基于侵权责任法主张损害赔偿本应承担的风险。

但就此却存在一个悬而未决的问题,即在未出现大量受害人、尚未发生灾难时,既然单个受害人应获得救助的需求并不取决于是否存在其他大量受害人,则为什么在此情况下不能对单个受害人进行救助?因此,从平等原则的角度出发,《灾难事故救助法》的规定看起来的确存在问题。此外还值得质疑的是,此处没有考虑到受害人自身通过保险的方式获得救助的可能。同样没有被纳入考量范围的还有,受害人是否有意为了获得自身利益而主动承担此种风险。例如,受害人明知其所购买的不动产位于洪水易泛滥地区,但因该不动产较之于灾难事故发生地以外的不动产价格便宜很多,其遂购买。在上述情况下,仍然要求国家公共财政至少必须部分承担受害人主动承担的风险,这显然难以令人信服。

2/76　　目前德国还不存在与上述《奥地利灾难救助基金法》相类似的一般性法律救助框架,其更多采取了事后立法模式,即针对特定的已经发生的灾害设立救助基金,如针对 2002 年德国易北河所发生的百年一遇的洪涝灾害设立了《洪水灾难受害人救助团结法》(Flutopferhilfesolidaritätsgesetz)[2]。从平等原则的角度出发,此种救助方式依然存在很多问题。虽然从一般法的规定中不能推导出不当差异对待受害人的结论,但只有在灾害事故超出一定程度的情况下才可以设立国家救助基金的做法,事实上违反了平等原则[3]。此外,单个人应获得救助的需要并非取决于受害人的整体数量,也不取决于灾害在经济上所造成的损害范围[4]。德国法中的相关规定令人

---

〔1〕 就此参见 *Hinghofer-Szalkay/B. A. Koch*, Country Report Austria, in: Faure/Hartlief (Hrsg), Financial Compensation for Victims of Catastrophes (2006) 12 ff. 本书详细分析了欧洲国家与美国向重大灾害受害人提供各种救济的报道。

〔2〕 *Magnus*, Country Report Germany, in: Faure/Hartlief, Catastrophes 8.

〔3〕 *Magnus* in: Faure/Hartlief, Catastrophes 30.

〔4〕 就如何公平分配有限的财政救助资金可参见 *C. G. Paulus*, Das Insolvenzmodell, in: H. Koch/Willingmann (Hrsg), Modernes Schadensmanagement bei Großschäden (2002) 117 ff.

质疑。

第十三节 没收请求权

上文所谈到的法律后果的双向主体正当性(die beidseitigen Rechtfertigung von Rechtsfolgen)(参加上文第二章边注59)的结构原则,不仅可以适用于侵权责任法,其作为反对在私法中采纳惩罚性赔偿的论证基础,同样可用于界定不当得利法的适用范围。例如,虽然就得利人不得享有利益存在令人信服的理由,但将此种利益赋予其他个人则缺乏相关的论证,此时应当基于国家利益由国家没收该得利,或者至少可以考虑将该得利交给公共利益机关。

上述此种没收请求权的正当性体现在:当某种法益并不归属于单个主体时,就像在环境保护中所体现的那样,如果针对受保护的法益存在要求侵害人停止侵害的义务,此时就应当没收侵害人所得利益,而不是返还给特定的主体。基于明确的价值裁量,我们应当更多地侧重于主张停止侵害,即不能由受害人保留加害人从违法行为中所获得的利益,相反应当没收此种得利,在此也可以考虑增设团体诉讼(Verbandsklage)[1]。

与此相适应,如果法律想阻止受害人享有利益,也可以采取上述做法[2]。在这些情况下,否认受害人享有不当得利请求权,取而代之的是赋予公共机关享有没收请求权。此种做法将避免本来无权享有该利益的受害人反而享有该利益的不当后果。

有关上述没收请求权在私法中的例子可以参见《奥地利民法典》第1013条[3]以及《奥地利卡特尔法》(KartellG)。依据该法,如果某企业通过违法的卡特尔形式获得不当利益,则卡特尔法庭有权要求该企业向联邦政府支付与其得利范围相一致的金额(《奥地利卡特尔法》第21条第1款)。《德国反不正当竞争法》(UWG)第10条也规定了此种没收利润的

2/77

2/78

---

[1] 就此参见 *Micklitz/Stadler*, Unrechtsgewinnabschöpfung (2003) 82 ff.

[2] *Koziol*, Bereicherungsansprüche bei Eingriffen in nicht entgeltsfähige Güter? Wiegand-FS (2005) 467 f.

[3] 受托人从第二人处获得的赠与,应当"计算到贫民账户中"。

内容[1]。此外,《德国刑法典》第 73 条以及《德国经济刑法典》(WiStG)第 8 条也规定,没收犯罪人经犯罪行为所获得的利益[2];《奥地利刑法典》第 20 条也同样作出此种规定。在构建此种国家没收请求权的内容时,当然应当考虑到被侵害人依据民法所享有的损害赔偿请求权[3](参见《奥地利刑法典》第 20a 条)。申言之,此时不应侵害受害人的利益,但与此同时也不应使其获得双倍的不当利益。

▫ 第十四节 刑法

就本书此处所讨论的各种目标,无法在具有完全不同定义的刑法意义上展开更为详细的探讨[4],但需要指明如下一点,即与侵权责任法不同,刑法,包括行政刑法,其目的并非是赔偿刑事被害人所遭受的损害,因此刑法并不以是否具有损害为前提要件。刑法针对严重侵害受法律保护的法益的犯罪行为施加各种惩罚(刑罚[5]、预防性措施[6]),其追求的目

---

[1] 批评意见参见 *Micklitz*, Unterlassungsklagen - Gewinnabschöpfung - Gruppenklagen im Lauterkeitsrecht in: Krejci/Kessler/Augenhofer (Hrsg), Lauterkeitsrecht im Umbruch (2005) 135 ff; er bietet auch einen Überblick über Unrechtsgewinnabschöpfung in weiteren EG-Staaten. Zum deutschen Recht *Alexander*, Schadensersatz und Abschöpfung, insbesondere 437 ff; *Leicht*, Gewinnabschöpfung bei Verstoß gegen die lauterkeitsrechtliche Generalklausel (2009) 213 ff; *Oppermann*, Gedanken zur Strafe im Privatrecht, Rüping-FS (2009) 168 ff; *Sieme*, Der Gewinnabschöpfungsanspruch nach § 10 UWG und die Vorteilsabschöpfung gem. §§ 34, 34a GWB (2009).

[2] 参见 *Leicht*, Gewinnabschöpfung 195 ff; *Reichhart*, Die Vermögensabschöpfung im Strafverfahren (2007) 4 ff; *Savini*, Handbuch zur Vermögensabschöpfung im Ermittlungsverfahren (2005).

[3] *Oppermann*, Rüping-FS 170 也指出这一点。

[4] 参见 hiezu *Fuchs*, Österreichisches Strafrecht: Allgemeiner Teil I[7] (2008) Z3 Rz 12; *Gropp*, Strafrecht Allgemeiner Teil (1997) 12 ff; *Kindhäuser*, Strafrecht Allgemeiner Teil (2004) 29; *Roxin*, Strafrecht Allgemeiner Teil I[4] (2006) § 1 I Rz 1 ff; *Triffterer*, Österreichisches Strafrecht: Allgemeiner Teil[2] (1994) 4 ff.

[5] *Kienapfel/Höpfel*, Grundriss des Strafrechts: Allgemeiner Teil[13] (2009) 1/7 ff; *Triffterer*, Strafrecht AT[2] 470 ff.

[6] *Kienapfel/Höpfel*, Strafrecht AT[13] 1/6 und 1/25; *Triffterer*, Strafrecht AT[2] 486 ff.

第二章 法益保护体系中的侵权责任法

的体现在法益保护[1]与实现预防性功能[2]。刑法的关键问题，不是赔偿因危害社会行为所导致的消极后果，如已经发生的现实损害，而是预防作为引发损害后果原因的单个的反社会的行为再次发生[3]。因此，即使在没有发生实际损害后果的未遂情况下，行为人同样可能遭受刑事处罚。

针对反社会的行为人施加刑事处罚而产生的效果体现在避免再次发生此种犯罪行为（特别预防）[4]。刑罚另外一个本质目的以及上述特殊预防措施的另一种效力体现在，通过刑罚的警戒及其实施督促一般大众信守法律（一般预防）[5]。此外它还可以保障并加强法律作为不可或缺的社会基本制度的地位[6]。虽然刑事犯罪行为是一种邪恶并且具有可责难性的行为[7]，但依据当下的权威理论，即使在现代刑法理论尚未完全摒弃报应主义[8]的情况下，刑罚本质上也不应具有此种报应功能[9]。

侵权责任法与刑法具有不同的功能，因此，应当从本质上区别对待民事责任与刑事责任。但在既定情况下，二者也存在一定的相互依托。一方面，刑事法律规范可以被理解为侵权责任法中保护他人法益的法律，从而对于成立损害赔偿责任也具有意义（《德国民法典》第823条第2款、《奥地利民法典》第1311条）；另一方面，若加害人所引发的损害在执法部门采取行动之前已经获得填补或者至少已经成立了一个相关的赔偿义

---

[1] *Fuchs*, Strafrecht AT[7] Z4 Rz 1；*Kindhäuser*, Strafrecht AT 37f；*Roxin*, Strafrecht AT[4] §2 A Rz 1；*Wessels/Beulke*, Strafrecht Allgemeiner Teil[39] (2009) Rz 6.

[2] *Fuchs*, Strafrecht AT[7] Z2 Rz 7；*Kienapfel/Höpfel*, Strafrecht AT[13] 2/10；*Roxin*, Strafrecht AT[4] §3 A Rz 37 ff；*Triffterer*, Strafrecht AT[2] 5, 14.

[3] *Von Bar*, Deliktsrecht I Rz 600.

[4] *Fuchs*, Strafrecht AT[7] Z2 Rz 7；*Gropp*, Strafrecht AT 35 f；*Kienapfel/Höpfel*, Strafrecht AT[13] 2/11 ff；*Roxin*, Strafrecht AT4 §3 A Rz 11 ff；*Triffterer*, Strafrecht AT2 12 ff；*Wessels/Beulke*, Strafrecht AT[39] Rz 12a.

[5] *Fuchs*, Strafrecht AT[7] Z2 Rz 6；*Gropp*, Strafrecht AT 34 f；*Kienapfel/Höpfel*, Strafrecht AT[13] 2/14 ff；*Kindhäuser*, Strafrecht AT 39 f；*Roxin*, Strafrecht AT[4] §3 A Rz 21 ff；*Triffterer*, Strafrecht AT[2] 12；*Wessels/Beulke*, Strafrecht AT[39] Rz 12a.

[6] *Kienapfel/Höpfel*, Strafrecht AT[13] 2/18 ff；*Roxin*, Strafrecht AT[4] §3 A Rz 1；*Triffterer*, Strafrecht AT[2] 14；*Wessels/Beulke*, Strafrecht AT[39] Rz 6 und 12a；differenzierend *Gropp*, Strafrecht AT 25.

[7] *Fuchs*, Strafrecht AT[7] Z2 Rz 9；*Kienapfel/Höpfel*, Strafrecht AT[13] 1/7 ff.

[8] *Gropp*, Strafrecht AT 37；*Kindhäuser*, Strafrecht AT 40；*Wessels/Beulke*, Strafrecht AT[39] Rz 12a.

[9] *Fuchs*, Strafrecht AT[7] Z2 Rz 9；*Kienapfel/Höpfel*, Strafrecht AT[13] 2/17；*Roxin*, Strafrecht AT[4] §3 A Rz 8；*Triffterer*, Strafrecht AT[2] 13 f；*Roxin*, Strafrecht AT[4] §3 A Rz 2 ff. 对过去的各种观点作了综合性的分析。

务,则此时可使得该行为免予刑事处罚(参见《奥地利刑法典》第 167 条、《刑事诉讼法典》第 204 条)。在非常例外的案件中,如果加害人自愿承担损害赔偿责任,则可以使其免予相应的刑事处罚。

虽然侵权责任法与刑法在某些功能上存在一致性,但仍需再次强调,刑法所关注的不仅仅是单个主体的法益保护,更重要的是,其针对破坏社会秩序和危害社会的行为向整个社会提供保护。

第十五节 结论

一、违背制度功能错误适用各种法律救济机制

2/81 就本书所讨论的法律领域中的核心范围,我们可以认为,不同的法律后果系于完全不同的构成要件。但必须意识到,目前并没有严格贯彻不同构成要件引发不同法律后果的做法[1]。例如,理论上认为,通过损害赔偿请求权以达到没收不当所获利润的做法是可行的[2],或者支持承认"惩罚性赔偿"(参见第二章边注 55 以及下文第三章边注 11 的讨论)。此外,不同法律救济所要求的构成要件在不同程度上趋向一致,但同时又保留了其在法律后果上的差异性;反之,虽然构成要件相互存在差异性,法律后果却趋向一致。下文将举出一些事例,以清晰论证其共同反映出的问题。

2/82 停止侵害请求权原则上要求,只要法律所保护的领域遭受威胁,即只要满足事实构成该当性,即可成立该请求权(详细参见上文第二章边注 7)。因此并不需要一个业已发生的具体的损害结果或者得利,而仅需要

---

[1] 就此可以指出,目前在奥地利,因债务人不当行为而引发债权人行使破产撤销权(§31 Abs 1 KO)方面,采取了侵权责任法的实际效果,但却缺乏相应的前提要件。参见 P. Doralt, Anmerkungen zu OGH 1 Ob 686/88 in ÖBA 1989, 1016f; Koziol, Grundlagen und Streitfragen der Gläubigeranfechtung (1991) 94; Bollenberger, Der erforderliche Zusammenhang zwischen Haftungsgrund und Haftungsumfang beim revolvierenden Kredit als nachteiliges Rechtsgeschäft (§31 Abs 1 Z2 zweiter Fall KO), zugleich eine Besprechung der Entscheidung OGH 17.11.2004, 9 Ob 24/04a, ÖBA 2005, 683 ff.

[2] 参见 Micklitz/Stadler, Unrechtsgewinnabschöpfung (2003) 79. 但在其他文献中,两位作者却认为,利润仅能够作为计算受害人遭受损害的一个依据(第 58 页),此外,他们还认为(第 125 页),剥夺利润请求权以违法、过错行为为前提,此种请求权具有特殊性(sui generis)。

存在行为人侵害归属于他人之法益的不法状态。申言之，一个非常抽象、客观上对他人构成不利的威胁或者存在不当得利之虞，即可满足停止侵害请求权的前提要件。

在抵押人出租被抵押的不动产，导致该不动产面临毁损的危险时，抵押权人享有停止侵害请求权。一些奥地利学者就此要求行为人存在客观上违反注意义务的情形，并且甚至要求具有过错。但这将导致停止侵害请求权与损害赔偿请求权的构成要件发生趋同。*Hinteregger*[1]甚至主张，抵押权人不享有物权性的消除危险请求权（Abwehranspruch），而仅享有损害赔偿请求权。

除此之外，奥地利和德国法院针对无侵权责任能力人是否可主张停止侵害请求权，作出了否定性的判决（参见上文第二章边注 8、脚注 13）。由于此种判决建立在要求行为人具有主观可责难性的基础上，就此我们可以认为，法院采纳了停止侵害请求权趋向于损害赔偿请求权的观点。

就排除妨害请求权的实质要件而言，原则上也存在争议。依据通说，其构成要件逐步与停止侵害请求权的构成要件趋于一致，即排除妨害请求权并不以违反义务为前提，关键取决于是否存在侵害了受法律保护的状态的后果，从而只要符合事实构成该当性即可满足该请求权的构成要件（参见上文第二章边注 16）。除此之外，在法律后果上如何区分排除妨害请求权与侵权责任法中的恢复原状请求权，也存在较大的困难。

诚如上文所述，只要排除妨害请求权的目的集中体现在要求妨害人承担容忍被妨害人采取措施排除妨害来源的义务，即实际上要求妨害人不得采取防卫措施，则此时其与停止侵害请求权并无二致。与停止侵害请求权一样，满足事实构成该当性即可成立排除妨害请求权。反之，在妨害人以自己负担费用的方式承担积极排除妨害的义务时，则毫无疑问，此处涉及一个如何承担不利后果的问题。在确定承担不利后果以及成立排除妨害请求权的适当前提时，一方面需要考虑，较之于停止侵害，排除妨害要求妨害人负担一个支付费用的积极作为，法律负担更重；而另一方面，较之于损害赔偿请求权，妨害人仅仅需要负担排除妨害来源的相关花费，而无须赔偿其他的损害，排除妨害请求权的法律后果原则上却又较

---

[1] *Hinteregger*, Rechte des Pfandgläubigers bei Entwertung der Pfandliegenschaft durch Vermietung, ÖBA 2001, 450 f.

轻。因此，将排除妨害请求权的适用前提置于停止侵害请求权与损害赔偿请求权的构成要件之间，此种做法应当是正确的。依据此种思路，如果妨害人的行为仅满足事实构成该当性，并不足以满足该请求权成立的要求；另一方面，此时并不要求行为人具有过错，但妨害人的行为在客观上违反注意义务，应当是一个必要要件。除此之外，与侵权责任法相一致，排除妨害也可适用于针对第三人行为的替代责任以及危险责任。从行为具有较轻的法律后果的角度出发，针对妨害人的行为采取较为宽松的构成要件，在具有危险时，较轻程度的危险就应当足以成立排除妨害请求权。因此在较为宽松的要求下，针对那些具有频繁发生概率或者后果具有严重性的抽象意义上的危险即可成立排除妨害请求权，而且针对因存在瑕疵而发生的具体的危险同样可以成立排除妨害请求权[1]。

区分排除妨害请求权与损害赔偿请求权存在一些困难，就此 *Jabornegg* 和 *Strasser* 所提的解决方案可令人信服，该方案将区分的标准建立在能否个别认定的基础上（Individualisierbarkeit）。通过此种方案，二者之间的区分界限变得模糊，从而也不再那么僵化。例如，当存在较为严重的归责事由时，如存在较为严重违反义务的行为，则可以进一步升格排除妨害请求权的效力，从而使之接近于损害赔偿请求权；反之，存在较为轻微的归责事由时，则应较为严格地区分二者之间的界限。

"卡罗琳娜公主案"是混淆损害赔偿请求权与不当得利请求权的界限的典型案件，引发了很多争议。在该案件中，出于预防性功能的考虑，德国联邦法院[2]在没有考虑受害人遭受不利情况下，即依据加害人所获得的不当利益来计算损害的范围。如此一来承认了一个本质内容为不当得利请求权的请求权，如果不考虑损害的因果关系，该请求权本应满足损害赔偿请求权的构成要件。

二、建立一个前后一致的整体体系的必要性

之所以就上述各种法律后果作出概括性分析，目的即在于努力尝试

---

[1] 参见 *Koziol*, Gedanken zum privatrechtlichen System des Rechtsgüterschutzes, Canaris-FS (2007) 649 f.

[2] BGHZ 128, 1 = NJW 1995, 861; NJW 1996, 984 f.

将侵权责任法纳入到一个具有不同价值判断的各种法律救济组成的整体体系中,从而赋予侵权责任法应有的位置。侵权责任法的此种定位应成为解释当今德国与奥地利有关侵权责任法的参照,以及在将来如何并在多大范围内建构侵权责任法的方向标。当前侵权责任法承担的一些任务应当交由其他现存或将来的法律部门承担。

上述针对现存或者理论上探讨的不同保护机制的总体性分析,其目的即在于尝试更好地了解每个具体制度所应具有的不同功能。在整体宏观考察下,可以较为清晰地反映出,依据不同的本质,每个制度的调整范围应具有哪些功能,一些保护需求上的趋同是否存在不足,以及针对一些领域是否应当赋予其另外的任务或者发展出新的保护体系来。

2/86

三、尊重私法与公法中的各个结构性原则

上述相关论证分析已经表明,一方面可以由私法,另一方面也可以经由公法建构对法益进行保护的法律体系。虽然公法和私法不断融合,但二者具有不同的功能,并且二者受制于不同的基本原则。所以在确定具体保护机制的功能时,应当考虑如何将这些功能纳入到上述两大法律框架中。在确定保护法益的现有私法制度的功能时,尤其是确定侵权责任法的功能时,应考虑未来发展的情况,始终坚持私法的各项原则,并防止各种违反私法本质的公法性任务被强加到私法中。所以,在损害赔偿框架内,尤其要尊重私法所固有的双向主体正当性的结构原则。依据该原则,不能仅仅从加害人的角度即赋予另外一方享有请求权,而忽视该权利人是否享有该请求权的正当事由[1]。F. Bydlinski 强调,民事法律规范总是调整两个或者多个民事法律主体之间的法律关系,因此,任何规范调整的效力都直接在事实构成中详细确定的主体之间产生效力。申言之,

2/87

---

[1] F. Bydlinski, System und Prinzipien 92 ff; derselbe, Die Suche nach der Mitte als Daueraufgabe der Privatrechtswissenschaft, AcP 204 (2004) 341 ff; derselbe, Die Maxime beidseitiger Rechtfertigung im Privatrecht, Koziol-FS (2010) 1355 ff. F. Bydlinski 所建立的"双向主体正当性原则"也为德国学者 Canaris 所推崇,参见 Canaris, Grundstrukturen des deutschen Deliktsrechts, VersR 2005, 579; Koziol, Grundgedanken, Grundnorm, Schaden und geschützte Interessen, in: Griss/Kathrein/Koziol, Entwurf 32; H. P. Walter, Recht und Rechtfertigung-Zur Problematik einseitigen Privatrechts, Gauch-FS (2004) 302 ff. 反对观点可参见 G. Wagner, Präventivschadensersatz im Kontinental-Europäischen Privatrecht, Koziol-FS (2010) 932 f.

一方主体享有权利、利益或者机会，都直接意味着使另一方主体负担义务、不利或者风险。依据其观点，"因此不仅需要论证为什么规范所调整的一方当事人享有一个有利的法律后果，而另外一方却负担不利的法律后果，而且还需要论证为什么这些法律后果恰恰存在于上述当事人之间的关系中，换言之，为什么一个主体恰恰是针对另外一个主体应享有权利或者负担义务、赋予机会或者承担风险"。因此，应采用具有相对性的双向主体正当性原则。绝对的、单方面的、仅仅针对一方主体所作出的论证应无法满足私法上调整的正当性要求，即使该论证在既定的关系中可能存在一定的便利。

2/88　　这在"惩罚性赔偿"中体现得尤为典型。惩罚性赔偿的目的并不在于损害填补或返还不当得利(参见上文第二章边注 55 以下的讨论)。从名称来看，惩罚性赔偿并无弊端，但该惩罚性赔偿并不以相应的损害为前提，并且具有纯粹的惩罚性特征。就惩罚性功能而言，其原则上属于公法，尤其是包括行政刑法在内的刑法的任务。

　　由于侵权责任法不承担或者至少主要目的不在于承担公法中的惩罚性功能，导致侵权责任法可以采取有别于传统上针对惩罚所要求的关键性要件——主观上可责难的过错标准，并且将其他归责事由置于与过错同等的地位，如保有危险来源；或者至少在满足既定要件的前提下，以一种客观化的过错进行严格归责，违反合同履行义务或者在专家责任中采取一种担保责任即为典型代表(参见下文第六章边注 87)。

2/89　　此外，公法旨在追求共同体中的社会连带思想，为每一个成员的生存提供保障，集中体现在本书所讨论的社会保险法中有关救济灾害与刑事受害人的内容。因此没有必要给侵权责任法施加那些本质上无法承担的任务，否则将会导致侵权责任法的异化。不考虑代位求偿的问题，社会保险法可能降低了受害人寻求侵权责任法救济的需求。

四、考虑前提要件与法律后果的关系

2/90　　在私法提供的法律救济范围内，从整体考察的角度，可以较为清晰地看清每个具体保护机制的功能。这清晰地体现在，由于排除妨害请求权所要求的构成要件相对较为宽松，所以不宜扩大其适用范围，即不能将其救济范围扩大至损害填补。后者应当受制于本质上更为严格的侵权责任法的要求。如果排除妨害请求权在法律效果上趋向于损害填补，则其适用前提上也应当趋向于采纳损害赔偿所要求的构成要件。严格区分两者的适用条件并不会产生不良后果，虽然侵权责任法规定了较为严格的构成要件，但在承认恢复原状请求权的情况下，其实际效果与排除妨害请求权并无差别，《奥地利民法典》第 1330 条第 2 款所规定的撤销毁损他人信誉的言论的内容即体现了这一点。虽然上述做法看起来并无太大意义，但对于那些采取较宽松前提要件的排除妨害请求权的规范，却不会产生不当影响。所以不能因为损害赔偿请求权的前提要件较为严格，就拒绝采取较为宽松的前提要件的排除妨害请求权。

但始终需要强调的是，必须将请求权的构成要件与其救济范围相协调，这尤其体现在：法律后果越严重，则该请求权的前提要件也须相应更为严格。

五、考虑与其本质相适应的各项任务、不同保护机制之间的相互协调以及建构的交叉领域

通过上述简要分析，我们可以清晰地看到，虽然众多不同的法律制度都具有损害赔偿和损害转移的功能，但依据各个制度的本质，应当划清其彼此之间的界限。虽然目前各种制度之间边界日趋模糊，并导致损害赔偿的制度与旨在剥夺不当得利的规则也发生混同，但这更凸显了鉴定不同制度的必要性。上述有关滥用侵权责任法的讨论已经反映出，在返还获利的情况下可借用不当得利法，或者当不当得利法以当前的形式难以胜任特定任务时，开始考虑对其进行进一步发展。但应当检讨的是，是否应当发展出一个填补保护漏洞的混合领域？上文已经指出，在因可归责的行为获有利益的情况下，有助于认定损害赔偿责任，当然这只能适用于一个狭窄的范围。[1]

保险合同法对侵权责任法也可能产生两方面的影响，这两种影响相互对立。一方面，针对自身法益遭受损害的风险，提供较好的保险成为降低受害人保护需求的一个论据；另一方面，由于加害人可以较为容易地订

---

[1] 参见 *Koziol*, Die Bereicherung des Schädigers als schadenersatzrechtliches Zurechnungselement? F. Bydlinski-FS (2002) 175 ff.

立责任保险,导致就其所引发的损害采取一个更为严格的归责。

2/93　　还需要进一步指出的是,在维持目前各个保护机制以及侵权责任法的功能范围内,应当作出一定的调整。其原因在于,虽然各个法律保护机制的核心领域在构成要件、法律后果等方面存在相当清晰的区分,但各个保护机制整体之间却无法作出严格的界限区分。所以,我们应当承认在各个保护机制之间存在过渡地带。上述此种认识具有重要意义,因为不同保护机制之间似乎存在各种矛盾,但实际上却并不存在所谓的保护漏洞或者至少完全可以避免此种漏洞,因为针对动态的过渡领域进行符合价值的构建可以使其成为一个完整的保护系统。

2/94　　通过建构本质上正确、符合体系的构成要件,进一步规定其相应的法律后果,可以纵览整个体系,防止出现为了达到一个所期待的目标而不断滥用其他法律制度的后果。本书的目的,即在于避免概念法学断章取义将各种请求权纳入到所谓的各个"抽屉"中,相反,应通过交叉领域以及新型制度的建构为上述问题提供帮助。

　　诚如上述,首先需要原则性的考虑,以使构成要件与法律后果保持一致,即法律后果越严重,其构成要件亦应当更为严格。其次,更为重要的是,前提要件以及法律后果必须与各个具体的法律保护制度的基本结构以及其功能保持相互协调。因此,不能为了返还不当得利或者纯粹的惩罚性目的,转而采用侵权损害赔偿制度。相反,应当更多地采取与体系相吻合的方式,弥补这些显而易见的保护上的漏洞。目前所建构的保护体系中,应当承认各个相关制度之间存在过渡地带,在该地带中,各种请求权的构成要件与法律后果趋于一致。例如,在考虑侵权责任法中归责事由的前提下,可以如下方式改造不当得利请求权:一方面,无论得利是否已经毁损,都不影响该请求权的成立;另一方面,在损害填补目的的范围内,考虑到加害人所获得的利益,可以扩张损害赔偿请求权的适用范围。这表明,绝不应借鉴违反体系的其他因素,而应当采取与体系相一致的发展模式,去建构现有的各项法律救济手段。由此可以在一个自身符合价值评价的整体体系中填补该法律保护的漏洞,从而在真正意义上构建以公平正义为目标的法律制度。

第三章
侵权责任法的任务

□ 第一节 损害填补功能

在欧洲大陆法系[1]，几个世纪以来[2]几乎毫无争议的是，就像其名   3/1
称所反映的那样，侵权责任法的首要任务体现为受害人就其已经遭受的
损害有权获得赔偿。遵循此种原则，无论是《奥地利民法典》第1295条还
是《德国民法典》第823条都规定了"损害赔偿"，由欧洲侵权法小组所起
草的《欧洲侵权法原则》第10：101条[3]也强调侵权责任法的损害填补功
能。此种规定模式无疑是正确的，至少在欧洲大陆法系中，只有经由侵权
责任法的规范才能实现每个法律制度就损害填补规则所提出的要求。目
前损害填补功能不断遭到批评，许多人主张提升预防功能，但该趋势不仅
违反了实定法的规定，而且易导致没有一种法律制度能承担起损害填补
功能的后果，从而引发法律漏洞。

无论侵权责任法建立在何种归责事由上，损害填补的基本功能，不仅
首先适用于过错责任领域，而且也适用于危险责任领域。Baelz[4]提出

---

[1] *F. Bydlinski*, System und Prinzipien 187 ff；*J. Hager* in Staudinger, BGB[1999] Vor §§823 ff Rz 9；*Magnus*, Comperative Report on the Law of Damages, in：Magnus, Unification：Damages 185；*Meder*, Kann Schadensersatz Strafe sein? Rüping-FS (2009) 125 ff；*Schiemann* in Staudinger, BGB[2005] Vor §§249 ff Rz 3；*Wilhelmi*, Risikoschutz 62 f. 欧洲法同样建立在补偿思想基础上；siehe *Kelliher*, Aims and Scope, in：Koziol/Schulze, EC Tort Law 10 ff；*Oliphant*, The Nature and Assessment of Damages, in：Koziol/Schulze, EC Tort Law 241；*Oskierski*, Schadensersatz im Europäischen Recht (2010) 85 f.

[2] 参见 *Jansen* in HKK zum BGB II §§249—253, 255 Rz 17 ff.

[3] 参见 *Magnus*, Nature and Purpose of Damages, in：EGTL, Principles 149 ff.

[4] Ersatz oder Ausgleich? JZ 1992，57.

如下观点:危险责任的目的不在于赔偿已遭受的损害,而在于消减所获得的利益。其观点与整个实体法的规定相矛盾,并且在理论上也无法成立,因为危险责任的法律后果清晰地体现在填补受害人已遭受的损害。在危险责任中涉及一个已经发生的损害的归责事由,在本质上,其与过错具有完全相同的地位。

3/2　　　*Kötz*[1]教授针对侵权责任法的填补功能所提出的质疑,与他对该思想提出的一些批评一脉相承,但他的这些思想不能、也无法支持其批评意见。其提出的批评体现在:侵权责任法并不能简单地只是规定损害填补,并且针对如下问题,即立法者在选择不同的损害填补归责事由时,究竟是为了哪些目的,损害填补也不能给出令人满意的答案。然而,损害填补思想的形成不是为了用于确定其目的、归责事由,相反是为了明确,当发生归责事由时,损害赔偿请求权应享有哪些功能[2]。损害填补思想反映了侵权责任法的目的[3],为损害赔偿请求权的范围提供了指引,其要求在侵权责任法范围内排除惩罚性赔偿的适用(第一章边注 22 以及第二章边注 55 以下),同样在侵权责任法的范围内不剥夺得利。尊重上述此种结论,有助于避免误入歧途,并且也为我们强调该损害填补思想的意义增添了论据。

3/3　　　依据权威观点[4],损害填补目的对于非物质损害赔偿领域也具有同

---

[1] Ziele des Haftungsrechts, Steindorff-FS (1990) 644 f. Vgl auch *Möller*, Das Präventionsprinzip des Schadensrechts (2006) 247 ff; *Schiemann*, Argumente und Prinzipien bei der Fortbildung des Schadensrechts (1981) 185 ff; *Visscher*, Economic Analysis of Punitive Damages, in: Koziol/Wilcox, Punitive Damages 6 and 57; *G. Wagner* in MünchKomm, BGB V⁵ Vor § 823 Rz 38 f; *G. Wagner*, Prävention und Verhaltenssteuerung durch Privatrecht-Anmaßung oder legitime Aufgabe? AcP 206 (2006) 453 ff.

[2] 同样可参见 *F. Bydlinski*, System und Prinzipien 187 f; *F. Bydlinski*, Causation As A Legal Phenomenon, in: Tichý, Causation 12 f; *J. Hager* in Staudinger, BGB¹⁹⁹⁹ Vor §§ 823 ff Rz 9; vgl auch *Wilhelmi*, Risikoschutz 63, 65 f.

[3] *F. Bydlinski*, System und Prinzipien 187 f.

[4] *F. Bydlinski*, Der Ersatz ideellen Schadens als sachliches und methodisches Problem, JBl 1965, 253 f; *Karner*, Der Ersatz ideeller Schäden 88f, 132 ff; *Köndgen*, Haftpflichtfunktionen und Immaterialschaden (1976) 84 ff; *E. Lorenz*, Immaterieller Schaden und » billige Entschädigung in Geld «, (1981) 95 ff. Siehe aber *Deutsch*, Haftungsrecht² Rz 904 ff; *Oetker* in MünchKomm, BGB II⁵ § 253 Rz 413; *Strasser*, Der immaterieller Schaden im österreichischen Recht (1964) 16 ff. Rechtsvergleichend zu diesem Problemkreis *Brüggemeier*, Prinzipien des Haftungsrechts (1999) 189 ff; *B. A. Koch/Koziol*, Comparative Analysis, in: B. A. Koch/Koziol, Personal Injury 420, 424 f; *W. V. H. Rogers*, Comparative Report of a Project Carried Out By the European Centre of Tort and Insurance Law, in: W. V. H. Rogers, Non-Pecuniary Loss 251 ff.

样重要意义[1],正是从此种意义出发,《欧洲侵权法原则》第 10:301 条非常明确地规定了"非物质损害赔偿"(compensation of non-pecuniary damage)。但德国法的权威理论却认为,非物质损害赔偿的目的仅具有或者至少具有抚慰功能(Genugtungsfunktion)。例如,依据德国联邦法院的经典判决[2],原《德国民法典》第 847 条所享有的精神抚慰金请求权并不是一般意义上的损害赔偿请求权,而是一种具有特殊性质的双重功能请求权。此种请求权一方面能够为受害人提供非财产性质的损害赔偿,同时该赔偿具有抚慰受害人的功能。

然而在学理上,就此种抚慰功能却不无争议,并且越来越多的学者持反对意见[3]。抚慰的首要目的在于针对受害人的自我价值感受进行恢复原状,但强调此种功能易导致将精神抚慰金置于类似于传统民法中罚金制度的地位。在此尤其需要探讨的是,抚慰功能到底是否应当具有独立的意义,从而使其具有存在的必要[4]。上述质疑具有其合理性,因为可以将抚慰功能轻松纳入到损害填补制度中。例如,在重大过错情况下,出于抚慰功能的考量,可以赋予受害人较高的精神抚慰金。但基于损害填补功能,一定程度上同样可以达到上述目的,因为在加害人从事了严重不法行为时,受害人心理上自然遭受更严重的痛苦(所以应增加损害赔偿的范围——译者注)[5]。G. Wagner[6] 非常正确地指出,被理解为具有报复性质的精神抚慰金的抚慰功能,在危险责任中自始就被禁止。不仅如此,甚至在适用于过错责任的领域时,抚慰功能也站不住脚,因为无法证明,为什么仅仅在造成非物质损害时方可要求抚慰,而在经常发生的物

---

[1] 德国联邦法院(BGH)在其 BGHZ 118, 312, 339 判决中确认,抚慰功能并不能直接产生惩罚性效果;相反,精神抚慰金内含补偿功能。

[2] BGH in BGHZ 18, 149.

[3] 参见 *Rixecker* in MünchKomm, BGB I/1⁵ Anh zu §12 Rz 223 ff.

[4] 参见 *Canaris*, Gewinnabschöpfung bei Verletzung des allgemeinen Persönlichkeitsrechts, Deutsch-FS (1999) 102 ff; *Funkel*, Schutz der Persönlichkeit durch Ersatz immaterieller Schäden in Geld (2001) 154 ff; *Köndgen*, Haftpflichtfunktionen 117ff; *E. Lorenz*, Immaterieller Schaden 102 ff; *derselbe*, Schmerzensgeld für die durch eine unerlaubte Handlung wahrnehmungs-und empfindungsunfähig gewordenen Verletzten? Wiese-FS (1998) 261 ff; *Nehlsen-v. Stryk*, Schmerzensgeld ohne Genugtuung, JZ 1987, 119 ff, 126 f. 不同观点参见 *C. Schäfer*, Strafe und Prävention im Bürgerlichen Recht, AcP 202 (2002) 419 ff,在"补偿性赔偿"之外,主张"抚慰金"。

[5] 参见 *Karner/Koziol*, Ersatz ideellen Schadens 26 mwN.

[6] In MunchKomm, BGB V⁶ Vor §823 Rz 44.

质损害的情况下却不需要此种抚慰。

第二节 预防功能与权利继续功能

一、预防功能概述

3/4　　在今天,越来越多的人主张,侵权责任法亦具有预防性功能[1]。在引发损害的情况下,由于加害人面临承担赔偿义务的危险,毫无疑问,原则上将产生一种避免加害他人的激励机制。而就具体行为人而言,其已经给他人造成损害,从而承担损害赔偿义务,此种赔偿义务要求其在将来尽最大可能不再给他人造成损害。目前,知识产权法领域日益强调预防功能[2],其原因在于,知识产权具有很高的易受侵害性,并且在确定损害或者得利返还方面面临极大的困难。

3/5　　最近一段时间以来,法律经济分析的学者[3]尤其强调侵权责任法的预防功能,他们尝试从经济学的论证中得出一个广泛的预防功能观点[4]。例如,*Landes*、*Posner* 和 *Calabresi*[5]都将侵权损害赔偿责任解释为创造行为的社会效率的激励机制。但是,如果经如此众多的法律经济分析的追随者一再主张,预防功能演化为侵权责任法唯一或者至少是

---

[1] *F. Bydlinski*, System und Prinzipien 190 ff; *J. Hager* in Staudinger, BGB1999 Vor §§ 823 ff Rz 10; *Koziol*, Haftpflichtrecht I³ Rz 1/15; *Magnus*, Comparative Report on the Law of Damages, in: Magnus, Unification: Damages 185 f; *Möller*, Das Präventionsprinzip des Schadensrechts (2006); *Spickhoff* in Soergel, BGB XII¹³ Vor §823 Rz 31; *L. Tichý*, Prävention im Haftungsrecht: Ansatz zu einer Revision, Koziol-FS (2010) 908 f; *G. Wagner*, Präventivschadensersatz im Kontinental-Europäischen Privatrecht, Koziol-FS (2010) 931 f. 有关德国法和欧洲法中该制度的系统分析可参见 *K. Sailer*, Prävention im Haftungsrecht (2005) 21 ff; *Meder*, Kann Schadensersatz Strafe sein? Rüping-FS (2009) 125 ff; *Oskierski*, Schadensersatz im Europäischen Recht (2010) 86 ff.

[2] 详细分析可参见 *Dreier*, Kompensation 57 ff, 128 ff, 413 ff.

[3] 就此种观点,下文边注 3/17 还要再作详细分析。

[4] *Kötz/Schäfer*, Schadensverhütung durch ökonomische Anreize, AcP 189 (1989) 502 ff mwN; *Gimpel-Hinteregger*, Grundfragen der Umwelthaftung (1994) 43 ff; *Faure*, Comparative Analysis, in: Faure/Koziol, Medical Malpractice 294 ff, 320.

[5] 参见 *Schäfer/Müller-Langer*, Strict liability versus negligence, in: Faure, Tort Law 4 f.

最重要的功能[1]，则该观点将是错误的。诚如上述，在欧洲大陆法系法律制度中，依据其成文法的构造，侵权责任法的目的就在于损害填补[2]，从详尽描述的法律后果中可以清晰地推导出该损害填补功能，而预防功能仅仅具有第二顺位的价值。在侵权责任法领域内进行解释并不能说明，为什么要求加害人负担赔偿义务的目的不在于损害填补。无论从私法所固有的请求权双向主体正当性（参见上文第二章边注 87）的要求中，还是从侵权责任法根本就不能简单实现预防功能的分析中，都可以得出上述结论。否则对不法行为的惩戒将不仅仅只是针对已经发生的现实的损害，而应当提前至处在准备过程中的行为或者仅仅是企图。损害赔偿义务建立在现实损害的基础上，所以侵权责任法不能简单依据行为人从事了可责难的行为，即采取相应的惩罚[3]。还有一些学者对损害填补原则提出如下批评，即该原则内容空洞并且从中无法推导出何时应当进行损害填补。就此笔者提请大家注意，恰恰是这些学者所强调的预防性功能，其自身内容可能完全是空洞的[4]。

需要强调的是，不仅过错责任，而且危险责任也同样具有预防功能[5]：由于存在潜在的赔偿义务，导致行为人必须针对其所控制的危险来源尽可能采取措施以避免发生损害。就像法律经济分析理论在一定程度上较为精准论证的那样，此种预防性的激励机制至少适用于如下情况，即预防损害的成本不能超过可能需要负担的赔偿范围。

---

[1] 参见 Adams, Ökonomische Analyse der Gefährdungs-und Verschuldenshaftung (1985); Schäfer/Ott, Lehrbuch der ökonomischen Analyse des Zivilrechts⁴ (2005), beide mit weiteren Nachweisen; siehe ferner insbesondere G. Wagner, Prävention und Verhaltenssteuerung durch Privatrecht-Anmaßung oder legitime Aufgabe? AcP 206 (2006) 451 ff; derselbe, Präventivschadensersatz im Kontinental-Europäischen Privatrecht, Koziol-FS (2010) 931 ff, jeweils mwN. 可参见下文边注 3/21 的分析。

[2] 参见 Taupitz, Ökonomische Analyse und Haftungsrecht-Eine Zwischenbilanz, AcP 196 (1996) 126; Koziol, Punitive Damages: Admission into the Seventh Legal Heaven or Eternal Damnation? Comparative Report and Conclusion, in: Koziol/Wilcox, Punitive Damages Rz 65; Wilhelmi, Risikoschutz 64 f. Einschränkend Möller, Präventionsprinzip 270 ff.

[3] Spickhoff in Soergel, BGB XII¹³ Vor § 823 Rz 31 und oben Rz 2/60.

[4] Wilhelmi, Risikoschutz 65 f. 也正确指出了这一点。

[5] Adams, Ökonomische Analyse 47 ff; Faure, Economic Analysis, in: B. A. Koch/Koziol, Unification: Strict Liability 364 ff; Schäfer/Ott, Ökonomische Analyse⁴ 203 ff; Stoll, Das Handeln auf eigene Gefahr (1961) 347 ff; G. Wagner in MünchKomm, BGB V⁵ Vor § 823 Rz 17, 49, 52.

3/7　诚如上文所述(第二章边注 65),不断扩张的责任保险(Haftpflichtversicherungen)排除或者至少强烈地降低了侵权责任法的预防功能。然而需要指出的是,责任保险由于确保了损害赔偿,反而有利于保护受害人的利益,这是最受欢迎的;而从加害人的角度来看,尤其针对企业经营者,为了能够精确计算出承担责任的风险,此种责任保险也是必要的。当然,在责任保险中也应当尽可能地增加一些新的措施,如自我分担损害以及依据奖惩系统制定的动态保费制度,以防止侵权责任法的预防功能遭到侵蚀。

二、权利继续思想(Der Rechtsfortsetzungsgedanke)

3/8　权利追偿、权利继续效力或者权利继续性功能都建立在预防性功能基础之上[1],依据通说,权利继续思想针对损害采取了客观抽象计算标准(eine objektiv-abstrakten Schadensberechnung)。依据该理论,遭受侵害的被害人的权利或者法益继续存在于其此后所享有的损害赔偿请求权中,即此种请求权取代了被毁损的法益。法律保护权利及其他法益,在法律共同体中,这些权利与法益具有一般性的价值评价,依据权利继续思想,针对被侵害的法益应当依据"一般的价值"(der gemeine Wert),即交易价值(Verkehrswert)来计算损害赔偿请求权的范围,而不考虑被侵害法益的所有人自身实际上享有何种利益范围。

当其他归责要件得到满足时,权利继续思想要求加害人履行其负担的损害赔偿义务,并进而服务于预防功能[2],因为被毁损或者被毁坏的法益自身享有一个特定的价值,权利人即应享有要求加害人赔偿以客观抽象方式计算的该法益所遭受的损害的权利。即使权利人就该法益所遭受的主观损害低于该客观价值或者损害可以转移至他处,加害人仍然必须依据客观抽象的方式履行赔偿义务。此种确定的赔偿义务强化了避免加害行为发生的激励机制。

---

[1] 参见 *Neuner*, Interesse und Vermögensschaden, AcP 133 (1931) 277; *Wilburg*, Zur Lehre von der Vorteilsausgleichung, JherJB 82 (1932) 51; *F. Bydlinski*, Schadensverursachung 29 f; *derselbe*, System und Prinzipien 191 f; *Schiemann*, Argumente und Prinzipien bei der Fortbildung des Schadensrechts (1981) 205 ff; *Koziol*, Haftpflichtrecht I³ Rz 1/18; *J. Hager* in Staudinger, BGB1999 Vor §§ 823 ff Rz 9. *Gebauer*, Hypothetische Kausalität und Haftungsgrund (2007) 12, 101 ff, 221 ff, 256 ff 最近尤其强调了权利继续思想。

[2] *F. Bydlinski*, System und Prinzipien 191 f.

如很多学者所主张的那样[1],上述此种客观抽象的计算方法并不违反禁止不当得利原则(Bereicherungsverbot),因为受害人事实上的确遭受了一个——完全依据客观方式计算的——财产损失,从而也丧失了依据该价值进行自由处分的权利。即使不考虑这些,权利继续思想也可以为上述客观计算方法提供正当性基础。虽然一些学者[2]就奥地利法是否承认此种客观抽象的损害计算方法进行了激烈的争论,但目前《奥地利民法典》第1332条在成文法上已经承认了此种计算方法,并且《奥地利侵权责任法修订草案》第1315条第5款以及《欧洲侵权法原则》第10:201条都承认了此种规则。

3/9

值得注意的是,德国法原则上采纳了主观具体的损害计算方法[3],导致德国学者强烈拒绝采纳客观抽象的计算方法[4]。但法院在具有争议的案件中,却针对难以确定的损害实际上采取了客观计算方法,当然德国法就此没有公开承认或者至少没有那么公开宣称其采取了客观计算方法。

下面有关"交易最低价值"(der mercantile Minderwert)的赔偿为我们提供了一个鲜活的例子:一辆被完全修复的事故车辆,其在交易中的价格显然低于非事故车。此时降低的并非是使用价值,而是交易价值。如果采取主观计算方法,该事故车仅剩残值(Schrottwert),或者在该车辆的交易最低价值被降低至零之前,只有当转让该事故车,而不是使用该车辆时,才能够确认损害。德国联邦法院[5]认为,无论该最低价值是否在出

3/10

---

[1] Lange/Schiemann, Schadensersatz³ 251.

[2] 参见 Reischauer in Rummel, ABGB II/1³ § 1332 Rz 17.

[3] 参见 etwa Oetker in MünchKomm, BGB II⁵ § 249 Rz 16 ff mwN.

[4] 就此参见 Lange/Schiemann, Schadensersatz³ 248:"在损害赔偿请求权中,关键并不取决于被侵害的法益的'客观价值',相反,取决于引发损害赔偿的权利人的财产状况所产生的作用。» Innerhalb des Kompensationsanspruchs kommt es nicht auf einen 'objektiven' Wert des angegriffenen Rechtsguts an, sondern darauf, wie sich der zum Ersatz verpflichtende Umstand im Vermögen gerade des Ersatzberechtigten ausgewirkt hat. « 此外,250 f:"通说认为,即使在判决时,具体损害范围并非对应于相应的财产状态变化差额,受害人无论如何都可以主张某种特定的一般价值作为最低损害而要求赔偿;此种做法应当不符合侵权责任法中'禁止不当得利'原则。» Der allgemeine Schluß, dass der Geschädigte unter allen Umständen einen irgendwie bestimmten gemeinen Wert als Mindestschaden verlangen kann, auch dann, wenn der konkrete Schadensverlauf im entscheidenden Zeitpunkt eine entsprechende Vermögensdifferenz nicht ausweist, würde hingegen dem schadensrechtlichen Bereicherungsverbot widersprechen. «

[5] 德国法中的相关判决最早可参见 BGHZ 35, 396 = JZ 1967, 360 (Steindorff). 具体可参见: Oetker in MünchKomm, BGB II⁵ § 249 Rz 52 ff.

售车辆中体现出来,都可成立损害赔偿,这显然完全采纳了市场价值客观降低的计算标准。本质而言,其与客观抽象的计算方法并无二致,因为此种计算同样建立在交易价值之上,而不是依据受害人个人主观具体计算的利益[1]。有人就此作出如下学理上的论述[2],"受害人接受被修复的物品之后,必须依据市场标准确定该价值,显然损害已经降低了该物品的价值"。通过借鉴交易价值,上述此种论述本质上明确承认了客观抽象的计算方法。此外,应当尽早放弃那些已经降低了该物品的价值,贴上各种标签的混乱理论。

第三节 惩罚性功能

3/11　　一个颇具争议的问题是,惩罚性功能在今天是否应当[3]是侵权责任法承担的功能。果真如此,惩罚性功能也应仅仅体现在过错责任领域,因为只有针对一个不法行为才能够在真正意义上施加惩罚性措施。

　　在德国,即使在过错责任领域,就惩罚性思想的意义也存在争议[4]。J. *Hager*[5]不无道理地指出,虽然德国侵权责任法的某些规定具有惩罚性的特征,但其仍不具有惩罚性功能。

3/12　　而奥地利法就此却采取了不同的立场。依据《奥地利民法典》第1323条和第1324条,在加害人具有重大过错的情况下,其应当负担赔偿整个损害的义务,尤其包括受害人所失利润;而在轻微过失情况下仅仅赔偿直接损害。此种方式显然具有程式化的特征,其通过一个"细分的损害

---

[1]　参见 Recht *Steindorff*, JZ 1967, 360.
[2]　*Lange/Schiemann*, Schadensersatz³ 266.
[3]　相关历史方面的研究参见 *Jansen* in HKK zum BGB II §§ 249—253, 255 Rz 15 ff; *Meder*, Kann Schadensersatz Strafe sein? Zum Wandel des Verhältnisses von Schadensersatz und Strafe unter Berücksichtigung von Gefährdungshaftung, Versicherung und Familienrecht, Rüping-FS (2009) 125 ff.
[4]　就此参见 *Deutsch*, Fahrlässigkeit 20 ff; *Schiemann*, Argumente und Prinzipien bei der Fortbildung des Schadensrechts (1981) 193 ff.
[5]　*J. Hager* in Staudinger, BGB 1999 Vor §§ 823ff Rz 11; ebenso *Spickhoff* in Soergel, BGB XII¹³ Vor § 823 Rz 35; *G. Wagner*, Prävention und Verhaltenssteuerung durch Privatrecht—Anmaßung oder legitime Aufgabe? AcP 206 (2006) 451 ff; *derselbe*, Präventivschadensersatz im Kontinental-Europäischen Privatrecht, Koziol-FS (2010) 929 f.

概念",依据过错的程度[1]区分损害赔偿的不同范围(Abstufung des Umfanges des Ersatzes)。所以有人认为,此种损害赔偿的方式具有一定的惩罚性色彩[2]。其他一些国家的法律制度在一定程度上也承认惩罚性赔偿思想[3]。

而我个人认为,《奥地利民法典》第1324条所规定的损害赔偿计算方式绝对没有排斥损害填补思想,更没有将刑法中的惩罚性因素纳入到侵权责任法中,自然也没有规定狭义的刑法上的惩罚;反之,其以一种完全正确的方法,在计算损害时考察归责事由的严重程度(Schwere der Zurechnungsgründe)[4]。申言之,归责事由越严重,则其将引发越严重的损害赔偿义务。因此不能从刑法意义上理解此种惩罚,而应当从广义上将其理解为,法律以一个不断加重的法律后果的方式规定不同程度的责任后果。不能通过刑法中的惩罚性思想来解释此种归责与依据过错确定赔偿范围的递进计算方法的原因就在于,归责事由确定赔偿范围的方法在危险责任中同样具有适用余地[5]。尤其需要指出的是,就此不会出现超出损害填补之外的法律后果[6],即使在重大过错的情况下也不会令加害人承担超出全额赔偿之外的赔偿义务。而在仅仅具有轻微归责事由时,受害人的责任范围将受到限制。显然,加害人始终仅负担赔偿其所造成的损害的义务[7]。因此,无论如何,法律后果的正当性始终体现为损害填补思想,也体现在私法所固有的法律后果双向主体正当性结构原则(参见上文第二章边注59)中。由于超出损害之外的惩罚性赔偿并不具

---

[1] *Wilburg*, Elemente 249f; *Koziol*, Haftpflichtrecht I³ Rz 1/16; *Karner* in KBB, ABGB2 § 1293 Rz 3.

[2] *Koziol*, Haftpflichtrecht I³ Rz 1/16.

[3] *Magnus*, Comparative Report on the Law of Damages, in: Magnus, Unification: Damages 186 f.

[4] 参见 *von Jhering*, Das Schuldmoment im römischen Privatrecht (1867), in erweiterter Form wieder abgedruckt in: *von Jhering*, Vermischte Schriften juristischen Inhalts (1879) 155 ff; *Pfaff* in: Pfaff/Randa/Strohal, Drei Gutachten über die beantragte Revision des 30. Hauptstücks, im II. Theile des a. b. Gesetzbuches (1880) 89 ff; *Wilburg*, Elemente 249 f.

[5] 参见 *Koziol*, Haftpflichtrecht I³ Rz 10/10.

[6] *Schiemann* in Staudinger, BGB²⁰⁰⁵ Vor §§ 249 ff Rz 3.

[7] *G. Wagner*, Neue Perspektiven im Schadensersatzrecht - Kommerzialisierung, Strafschadensersatz, Kollektivschaden, Gutachten A zum 66. Deutschen Juristentag (2006) 6, 作者指出,《奥地利民法典》依据过错的程度确定损害赔偿的范围,其将此种规定模式视为一种惩罚性赔偿,但他显然没有充分关注到这一点。

有真正的赔偿目的,所以不应采取此种惩罚性措施。

3/13　　如果认为狭义上的惩罚性思想具有意义,则需要进一步考虑到,惩罚性思想显然不能成为侵权责任的首要功能。欧洲大陆法系国家的侵权责任法并没有规定,针对被责难行为可施加惩罚[1]。相反,只有发生现实的损害方可成立赔偿义务[2],侵权责任法无法调整实施侵害的企图。上述这些已经明确表明,惩罚性思想不是侵权责任法的首要功能。

如同上文第二章边注 58 以下所强调的那样,在侵权责任法中不应当承认作为法律后果的惩罚性赔偿(punitive damages)。

第四节　经济上最优?

3/14　　法律经济分析学派[3]属于经济学的范畴。但其并非像经常强调的那样,属于什么新鲜事物,其基本思想也并非来自美国。实际上,早在 19 世纪,奥地利经济学派中的 V. Mataja[4] 就已经提出法律经济分析方法,而美国学者只是对此作出了现代化的发展,此后其被重新引入欧洲[5]。

需要强调的是,法学家长期以来在整个私法[6]以及侵权责任法中,

---

[1] *Deutsch*, Fahrlässigkeit² 83; *Mertens*, Der Begriff des Vermögensschadens im bürgerlichen Recht (1967) 93 ff.

[2] *Magnus* in: Magnus, Unification: Damages 187.

[3] 德语相关文献参见 *Adams*, Ökonomische Analyse der Gefährdungs-und Verschuldenshaftung (1985); *Eidenmüller*, Effizienz als Rechtsprinzip (1995); *Schäfer/Ott*, Lehrbuch der ökonomischen Analyse des Zivilrechts⁴ (2005) 121 ff, 上述观点深受如下文献影响 *Calabresi*, The Costs of Accidents (1970); *Coase*, The Problem of Social Cost, (1960) Journal of Law and Economics 1, 3 und *Posner*, Economic Analysis of Law⁷ (2007), aufbauen. 有关该学说的最新发展可参见 *Faure*, Tort Law. Kritisch zur ökonomischen Analyse etwa *F. Bydlinski*, Fundamentale Rechtsgrundsätze (1988) 283 ff; *Taupitz*, Ökonomische Analyse und Haftungsrecht - Eine Zwischenbilanz, AcP 196 (1996) 114.

[4] Das Recht des Schadenersatzes vom Standpunkt der Nationalökonomie (1888).

[5] 就此参见 *Englard*, Victor Mataja's Liability for Damages from an Economic Viewpoint: A Centennial to a Ignored Economic Analysis of Tort, 10 Int'l Rev L & Econ (1990) 173 ff; *Taupitz*, AcP 196, 154; *Schilcher*, Zukunftsperspektiven des österreichischen Schadenersatzrechts, in: Aktuelle Entwicklungen im Schadenersatzrecht, Richterwoche 2002 (2003) 16, und *Hinteregger*, Stellungnahme zum Gutachten von *Karner/Koziol*, »Der Ersatz ideellen Schadens im österr. Recht und seine Reform«, in: Verhandlungen des Fünfzehnten Österreichischen Juristentages 2003 II/2 (2004) 11 ff, darauf aufmerksam.

[6] 例如,在情势变更以及不可期待履行等制度中,即考虑了经济状况的变化。

甚至在损害归责以及赔偿义务范围的确定上,都习惯性地考量了经济层面的问题[1]。例如在确定注意义务时(下文第六章边注41),经济上的可期待性即是考量的一个重要参考要素,甚至在认定赔偿义务(《奥地利民法典》第1310条和《德国民法典》第829条)或者在降低损害赔偿义务时,经济上的考量都可能具有关键性的意义。不仅如此,当就同样问题存在多种同等价值的解决路径时,立法者也在积极考量经济上的不同影响。例如在有关惊吓损害(Terrorschäden)中,在考虑是否通过保险或者基金的方式全部或者部分取代侵权责任法时,经济层面的考量就发挥一定的作用。

因此无论在过去还是现在,法学家都采取了经济方面的考量。但是,这并不妨碍我们承认,当代法律经济分析方法的确在提高目的性考量的意识(Bewußtsein für Zweckmäßigkeitserwägungen)方面,提供了很多值得参考的价值[2]。

然而在法律经济分析日益兴盛之时,其却遭到了激烈的反对。此种反对意见首先指向了那些认为只有经济学的观点才具有意义的少数经济学家[3]。虽然上述此种观点早已经被抛弃[4],但 Posner[5] 本人却坚持这一点。经济分析最多只是众多观点中的一种[6];而我们应当更多地关注基础性的法律原则[7],如矫正正义与法律安全,以及宪法所保护的基本权利和自由[8]。

反对单纯采纳经济观点的原因还在于,针对开放性的价值概念(of-

---

[1] 就《德国民法典》立法者有关经济方面的考虑,参见 *Taupitz*, AcP 196 149 ff.

[2] *F. Bydlinski*, Fundamentale Rechtsgrundsätze 283 ff. 也强调这一点。

[3] 参见 *Eidenmüller*, Effizienz als Rechtsprinzip (1995) 12, 317 ff, 455 f, 作者明确指出,将经济上的效率作为唯一目标的尝试已经失败。就此也可参见 *Towfigh/Petersen*, Ökonomische Methoden im Recht (2010) 4.

[4] 参见 *Taupitz*, Ökonomische Analyse und Haftungsrecht - Eine Zwischenbilanz, AcP 196 (1996) 126f.

[5] *Posner*, Economic Analysis of Law[7] (2007) 27.

[6] *F. Bydlinski*, Fundamentale Rechtsgrundsätze 289f; *Taupitz*, AcP 196 135 f; 参见 *J. Hager* in Staudinger, BGB[1999] Vor §§ 823ff Rz 15; *Spickhoff* in Soergel, BGB XII[13] Vor § 823 Rz 33; *G. Wagner* in MünchKomm, BGB V[5] Vor § 823 Rz 58.

[7] 参见 *F. Bydlinski*, Fundamentale Rechtsgrundsätze 291 ff.

[8] 参见 *Bost*, Effiziente Verhaltenssteuerung durch den Ersatz von Nichtvermögensschäden (2009) 369ff mwN.

fene Wertbegriffe),如义务违反,法官不可能完全采取经济分析的解释方法[1],因为历史上的立法者不可能仅仅以追求效率为目的,今天的法律制度也同样不可能只追求该效率目的,我们所承认的历史解释、体系解释和目的性解释也不会单纯采纳效率性思想。就像 Eidenmüller[2] 所强调的那样,在欧洲大陆法系,法律经济分析始终只是一个立法层面的理论(Gesetzgebungstheorie),而这与采纳判例法的普通法系显然迥异。而且法官通常也无法展开全面的经济分析[3]。不仅如此,效率概念仅仅具有一个有限的、启发性的利用可能性(heuristische Nützlichkeit),但却不能带来真正有效的理性认知(Rationalitätsgewinn)[4]。

法律经济分析在当下所采取的研究模式脱离了现实生活,导致其研究方法同样遭受质疑[5]。例如在强调侵权责任法的调控功能时,法律经济分析方法需要搜集与其行为相关的社会成本和社会收益相关的所有信息,这显然不符合实际[6]。例如 Calabresi[7] 指出,在某人违反注意义务时,如果令其承担责任,则其应当可以最小的成本避免此种损害情况的发生("cheapest cost avoider")。但就此显然存在反对意见,因为在行为人从事该行为之时,几乎没有人能够事无巨细地计算出其行为对整个社会所可能产生的全部成本与全部收益,而只能从事后的角度努力尝试判断是否存在违反义务的行为。这显然不符合经济分析的目标,因为经济分析应当为特定行为事先设定一个激励机制[8]。就著名的汉德公式(Learned-Hand-Formula)[9]同样存在上述质疑,因为该公式建立在损害发生的盖然性、比较损害的成本与避免损害发生的成本基础之上。

---

[1] 相关详细分析参见 Eidenmüller, Effizienz 397 ff, 417 ff.

[2] Effizienz 414 ff. Siehe auch Bost, Effiziente Verhaltenssteuerung 262 ff, 361 ff.

[3] Schäfer/Ott, Ökonomische Analyse4 178, 183 f; Eidenmüller, Effizienz 398 f, 426 ff.

[4] Eidenmüller, Effizienz 167.

[5] 最新的分析可参见 Faure, The Impact of Behavioural Law and Economics on Accident Law (2009) 13 ff mwN. Ferner räumen Schäfer/Müller-Langer, Strict liability versus negligence, in: Faure, Tort Law 13, durchaus ein, dass » in the real world « so manche Unsicherheit bestehen kann. Vgl auch Wilhelmi, Risikoschutz 23 ff.

[6] 参见 Schäfer/Müller-Langer in: Faure, Tort Law 11 f; Boccara, Medical Malpractice, in: Faure, Tort Law 341.

[7] 参见 Schäfer/Müller-Langer in: Faure, Tort Law 16 f,作者分析了此种困难。

[8] J. Hager in Staudinger, BGB1999 Vor §§ 823 ff Rz 16.

[9] Judge Learned Hand in United States v. Carroll Towing Co, 159 F. 2d 169 (2d Cir. 1947).

法律经济分析的出发点完全建立在社会成员趋向于从经济观点考虑问题的基础上，这显然脱离了现实生活。我们无法苟同如下观点：在无过错责任中，每个人都将遵守社会最优的注意标准[1]，因为依据经验，社会成员首先想到的是其自身的利益。同样可以确定的是，人们往往高估了其自身能力以及防范风险的可能，却低估了危险实现的盖然性[2]。 3/18

　　另外一个问题还体现在，从法律经济分析的立场出发，该理论只能就经济方面的关联性作出确定论证[3]。这显然存在问题，因为我们的法律制度显然并非纯粹以经济为导向，也并非只是旨在获得最高限度的经济利益。相反，法律同样、甚至首先旨在提高和保护非物质利益，而此种非物质利益恰恰与金钱价值无关[4]。所以生命以及其他重要的人格权，处在权利的最高位阶，远远优先于财产法益。无论是国际人权公约、国家基本法，甚至是刑法都反映了这一点。虽然法律经济分析没有忽视此种非物质利益，但其无法在经济法益与人身法益之间设定清晰的价值关系（Wertrelationen zwischen ökonomischen und personalen Gütern），因为就像非物质法益定义所反映的那样，此处无法通过金钱计算非物质法益[5]。 3/19

　　不可否认的是，几个世纪以来法学家就如何针对非物质损害进行金钱赔偿仍显得力不从心。一方面，在计算具体数额时存在重大困难，导致法律在赋予非物质赔偿时显得格外谨慎；另一方面，就非物质损害赔偿而言，其并不涉及是否应当提供保护的基本问题，相反，法学家进一步通过与体系相融合的方式最终解决了该问题。具体而言，非物质损害赔偿并非是赔偿精神法益的价值，一言以蔽之，而是赋予受害人一笔金钱，作为其遭受不愉悦感受的补偿，从而使其可以享受适当的"愉悦感受"[6]。 3/20

　　不仅如此，法律经济分析还尝试通过对法益的评价去解决如下基本

---

　　[1]　此种观点参见 *Schäfer/Müller-Langer* in: Faure, Tort Law 10. 经常被提及的相反观点可参见 *Faure*, Impact of Behavioural Law and Economics 15 ff, 22 ff.

　　[2]　G. *Wagner* in MünchKomm, BGB V⁵ Vor § 823 Rz 60，指出了这一点，但他同时认为，经济学上的理论可以吸纳此种行为规范理论，通过复杂的模型可以有效地使用该理论。

　　[3]　就此参见 *F. Bydlinski*, Fundamentale Rechtsgrundsätze (1988) 285.

　　[4]　同样观点参见 *Wilhelmi*, Risikoschutz 26 mwN; vgl auch *Spickhoff* in Soergel BGB XII¹³ Vor § 823 Rz 33.

　　[5]　*F. Bydlinski*, Fundamentale Rechtsgrundsätze 285.

　　[6]　详细分析参见边注 Rz 5/10 ff.

问题,即在何时可以针对侵害非物质法益提供救济。在此种意义上,依据 Koetz[1] 教授的观点,经济理论研究证明,只有在防止事故发生的成本小于该事故自身成本时,防范事故才具有意义,也才能够为行为人采取防止事故发生的措施提供激励机制。依据其观点,此种收益成本的裁量不仅对违法性的判断,而且对是否能够成立损害赔偿请求权,都具有至关重要的意义。但当我们正视经济分析的结果时,将会发现此种裁量明显存在问题,例如,Ott 与 Schaefer[2] 二位学者尝试从事实上可以列举的各种风险支付成本中推导出生命的价值。通过考察人们就提高安全措施所乐于支付的成本,两位学者就生命的价值得出如下评价,即生命的价值波动于人均社会生产力的 11 倍与 809 倍之间。具有如此大的裁量空间的评价,显然不符合目的要求,甚至就是完全随意[3]。

3/21　　上述所提到的论点,即只有当防范事故的成本小于事故成本时,才能产生预防事故发生的激励机制,显然存在错误[4]。例如,就民法对退休人员的保护而言,显然不能因为退休人员的死亡,较之于损害预防措施在经济上更为实惠,从而就限制对退休人员的救济。虽然有人认为,计算生命的价值取决于每个人的生命价值究竟有多少,即依据自然人就生命存续愿意支付的全额,而不采取每个人在宏观经济可利用层面上的价值,如退休人员对宏观经济的价值常常几乎是零,但上述观点仍然不能推翻本书所提出的质疑[5]。

每个人愿意为其生命存续所支付的价金,在很大程度上取决于其经济能力,因此生命的保护似乎应当取决于受害人的支付能力。反之,如果采取广义上生命的主观计算标准,则较为年老的退休人员因"余生"较短,其生命价值显然较低。就面临死亡或者生活压抑的人以及已经丧失生活

---

[1] Ziele des Haftungsrechts, Steindorff-FS (1990) 647. 参见 Schäfer/Müller-Langer, Strict liability versus negligence, in: Faure, Tort Law 22 f; G. Wagner in MünchKomm, BGB V⁵ Vor § 823 Rz 61.

[2] Schmerzensgeld bei Körperverletzung, JZ 1990, 563. 参见 die Berechnungsansätze von Visscher, Tort Damages, in: Faure, Tort Law 160 ff; ferner Bost, Effiziente Verhaltenssteuerung 231 ff.

[3] 正确的批评意见可参见 F. Bydlinski, Die »Umrechnung« immaterieller Schäden in Geld, Liber Amicorum for Pierre Widmer (2003) 43 ff.

[4] Koziol, Haftpflichtrecht I³ Rz 1/10.

[5] 通常存在如下问题,即如何确定作为受害人的死者的具体价值。值得反思的是,为什么不可以对财产价值随意作出估算,而对人的价值却可以?

乐趣的人而言，其生命价值趋向于零。不仅如此，例如，应当赋予一个处在职业生涯过程中的人较高的生命价值，因为可能存在如下情况，即其他人将因其死亡获得更高的经济利益，如企业经营者从其竞争对手的死亡中可获得更高的利润，那难道其真的针对该竞争对手成立注意义务了吗？该问题一经提出即被否定[1]。对于法学家而言，这是不言自明的，因为一些法益，尤其是生命与健康，不可处分，甚至其本人也不可处分（nicht zur Disposition）这些法益。虽然目前经济分析也承认这一点[2]，但经济分析却无法轻易从体系上论证此种观点的正当性[3]，因为如果采取此种作法将导致放弃经济学上的基本原则，并且以牺牲被侵害威胁的人的自由为前提[4]。

类似的问题不仅存在于人的基本法益中，而且同样存在于财产法益（Vermögensgüter），只是其表现形式较弱而已。就像 Calabresi[5] 所强调的那样，损害赔偿的归责不应当简单禁止可引发损害的行为，而应当赋予行为人享有替代行为的决定空间，即其是否愿意从事此种活动。如果行为人从其行为中所期待获得的利益大于其可能遭受的损害，则其将可从事此种行为。这一点清晰地表现在，行为人的自我判断应当"基于如下方式而做出，即同一个人承担此种得失，并且应当由其本人作出决定，这样就可达到配置由此所关联的各种资源的目标"[6]。

从增进宏观社会福祉的角度出发，上述观点完全建立在收益成本关系基础上，但其忽视了法律对法益归属的划分，必然进一步导致漠视法律制度所规定的法益归属秩序的后果[7]。在避免损害发生的成本或者侵害他人权利给社会带来的益处高于所有权人本人所遭受的损害时，依据

---

[1] 基础性的分析可参见 *Fezer*, Nochmals: Kritik an der ökonomischen Analyse des Rechts, JZ 1988, 223 ff.

[2] 参见 *Eidenmüller*, Effizienz als Rechtsprinzip (1995) 363 ff.

[3] 参见 dazu *Eidenmüller*, Effizienz 207 ff, 480 ff.

[4] *Eidenmüller*, Effizienz 350 ff; *Mathis*, Effizienz statt Gerechtigkeit (2004) 126 ff, unter Verweis auf *Rawl* und *Mill*.

[5] *Calabresi*, The Decision for Accidents, 78 Harv L Rev (1975), 715 ff. 参见 *Taupitz*, Ökonomische Analyse und Haftungsrecht—Eine Zwischenbilanz, AcP 196 (1996) 146 f.

[6] *Schäfer/Ott*, Lehrbuch der Ökonomische Analyse des Zivilrechts² (1995) 32 f. Vgl auch *Adams*, Ökonomische Analyse 165.

[7] 参见 *Wilhelmi*, Risikoschutz 26.

经济分析的观点,似乎应当允许侵害他人所有权[1],即根本不受征收所有权制度中所规定的程序和实体法上的限制。然而,只是由于具有较高的获益,即允许侵害他人所有权,将导致对所有权的否定,甚至导致对所有主观权利的否定,因为在此情况下,所有权人被剥夺了防御权以及自我决定如何使用的权利[2]。

3/23　　此外,依据经济分析的基本原则,应尊重他人的法益,但在确定具体情况下的行为义务时,仍旧存在巨大的不确定性。德国学者 *Taupitz*[3] 以德国野生动物保护栅栏案件(Wildschutzzaunfall)[4]为例,非常生动地指出了这一点,其透过经济分析希望获得令法学家信服的精准论述[5],以及提高判决所期待的可预见性与可研究性,但似乎都未获成功。

3/24　　最后,经济分析还显然给人以如下印象,即其始终处在一个矛盾之中:一方面,其原则上采取事前角度;但另一方面,其所面对的却是事后考察的侵权责任法[6]。例如 *Boccara*[7] 就指出,"一方面,经济学家对待侵权问题采取了一个事前角度,而另一方面,法学家针对侵权问题却采取了事后角度。从事前角度看待侵权问题意味着,为了预防损害针对医生设立激励机制;而从事后角度观察侵权问题,却意味着受害人在多大程度上可获得赔偿。事前与事后角度的二重划分导致民事责任存在如下两种基本功能:遏阻功能与赔偿功能。"(On the one hand, economists look at the tort problem from an ex ante perspective whereas, on the other hand, lawyers look at the tort problem from an ex post perspective. Looking at the tort problem in an ex ante perspective means to establish incentives to doctors in order to prevent damage while looking at the tort problem in an ex post perspective means determining to what extent a victim can be indemnified. The dichotomy ex ante-ex post leads to the

---

〔1〕 参见 *Schäfer/Ott*, Lehrbuch der Ökonomische Analyse des Zivilrechts⁴ (2005) 160; *Schäfer/Müller-Langer*, in: Faure, Tort Law 8; vgl auch *de Mot*, Pure Economic Loss, in: Faure, Tort Law 204.

〔2〕 同样的观点参见 *Schäfer/Müller-Langer* in: Faure, Tort Law 7.

〔3〕 AcP 196, 156–163.

〔4〕 BGH in BGHZ 108, 273. 参见 auch *Schäfer/Ott*, Ökonomische Analyse⁴ 187 ff.

〔5〕 *Bost*, Effiziente Verhaltenssteuerung 258 f,最近仍然极力主张经济分析的"严谨性和精准性",以及该方法的"数学准确分析"。

〔6〕 参见 *Eidenmüller*, Effizienz 400 ff.

〔7〕 同样的观点参见 *Boccara*, Medical Malpractice, in: Faure, Tort Law 344 f.

two main functions of the civil liability: the deterrent function and the compensatory function.)

经济学家将采取事后角度的侵权责任法(das ex-post-orientierte Schadenersatzrecht)设定为其目标,并且将是否采取预防性措施系于损害的发生,显然这至少不是一个经济学上的理想方案。因为针对一个高度易于引发损害的行为,只要在具体情况下其并没有将易于侵害他人的风险转化为真正的损失,就不能惩罚该行为,对其行为也无法提供一个停止侵害的激励机制。只有行为是可调控的,才应当将激励机制系于该行为,而不是系于偶然才发生的损害,否则,将降低对该行为规制的预防效力。事前角度思想以及尽可能实现预防目标的追求,都要求将惩罚系于每一个危险的行为,即惩罚取决于该行为是否遭受法律否定,而不取决于现实中是否发生损害,因为此种危险行为易于降低社会的福利状态,依据经济学分析的考量,该行为也应当受到惩罚。

将激励机制系于损害的现实发生,并没有完整地转化经济分析的基本思想,还将导致如下问题,即虽然该方法将引发损害的因果关系视为采取惩罚措施的本质前提条件,但此种惩罚并不取决于损害。例如,若损害填补所产生的预防效果太低,如并非所有受害人都提起诉讼,或者针对一些加害人无法获得胜诉,甚至加害人实际所获得的利益高于受害人期待获得的赔偿等,则应当要求损害赔偿高于实际发生的损害[1]。基于此种理由,有人在一些案件中建议采取"惩罚性赔偿"[2]。如果损害赔偿的计算不取决于损害的范围,而建立在加害人所获利益基础上,这同样脱离了损害赔偿的基准[3]。另外,主张经济分析的学者还认为,赔偿并不必然包括整个损害,只要能够产生防止过失侵害的充分激励机制即足已[4]。但问题是,如果不以损害为判断基准,则究竟基于何种理由,可以使得已经发生的损害对于采取旨在预防功能的惩罚性措施具有重要意义呢?

出于预防目的的考虑而采取过度赔偿,诚如上述,违反了私法的一个

---

[1] *Visscher*, Tort Damages, in: Faure, Tort Law 167.
[2] *Polinsky/Shavell*, Punitive Damages, in: Faure, Tort Law 228 ff; *Schäfer/Müller-Langer*, Strict liability versus negligence, in: Faure, Tort Law 12 f; *Visscher* in: Faure, Tort Law 166 ff.
[3] *Visscher* in: *Faure*, Tort Law 170 f.
[4] *Schäfer/Müller-Langer* in: Faure, Tort Law 11; *Visscher* in: *Faure*, Tort Law 155 f.

基本原则——双向主体正当性原则(Prinzip der beidseitigen Rechtfertigung)(上文第二章边注 59);如果受害人获得了超出其实际遭受损害范围之外的赔偿,则一方面,必须存在加害人承担此种惩罚性赔偿义务的正当性基础;另一方面,还要找到受害人享有此种超出实际损害范围的赔偿的理由。反之,如果能够证明,加害人无须赔偿全部损害即可达到预防目的,则受害人就得不到全额赔偿,这显然违背了几千年来所承认的补偿正义思想。不仅如此,在具体受害人不能避免损害发生,并且不能将损害归责于其时,只是因为针对潜在加害人缺乏要求其在将来从事合法行为的激励机制,就要求受害人本人承担部分损害,这显然缺乏充分的论证。加害人与受害人之间的关系对私法具有重要意义,就该关系而言,存在各种要求加害人承担损害的理由,而不能基于一般的社会原因,期待每个人承担损害。显然,要求每个社会成员承担此种负担也违反了平等对待原则(Gleichbehandlungsgrundsatz)。

3/27 经济学家往往习惯于针对上述所有的质疑提出如下反驳意见,即侵权责任法的主要目的应是预防而不是填补。这样一来,经济学的观点更应当受到批评,因为在所有国家的法律制度中,依据侵权责任法当下的具体构造,其首要目的都在于损害填补,这就使得经济分析陷入与实定法(positives Recht)以及与立法者所追求的目的的矛盾中。经济分析将侵权责任法的功能加以改造,使其变为一个以预防功能为主要目的的制度,这将产生一个调整上的漏洞,就像法律发展所反映的那样,导致在法律中缺乏一个始终以损害填补为目的的法律制度。显然,没有必要改造当前以损害填补为目的的侵权责任法,也无须使其脱离目前的任务,从而形成一个新的侵权责任法。实际上,这种新法在本质上与当今的侵权责任法也并无差别。

3/28 针对经济分析方法,上文提出了很多质疑,未来法律的经济分析有可能力排这些质疑。但不可否认,经济分析思想做出了重要的贡献,即其着重于目的性原则(Zweckmäßigkeitsprinzip)。当然该原则并非唯一,在其他有关根本性的、优先的正义原则之外(neben anderen, fundamentalen und vorangigen Grechtigkeitskriterien),该分析方法可以扮演一定的角色[1]。

───────────

[1] F. Bydlinski, Fundamentale Rechtsgrundsätze (1988) 289 f.

第四章
侵权与违反债之关系之间的领域

▢ 第一节 侵权、违约及其交叉领域

长期以来,侵权与违约更多地被视为对立(Gegensätze)关系[1],因为侵权行为体现为违反了针对不特定第三人的绝对义务的行为;而违约是指违反当事人之间特殊法律关系中的约定的行为。当我们仅从与侵权相对比的角度分析违约时,上述表述显得太狭窄了,因为除了针对合同当事人的合同义务之外,还更为普遍地存在基于特殊关系所产生的针对特定当事人的义务,尤其体现在基于法定债之关系所产生的义务。 4/1

尝试将侵权与侵害特殊关系视为两个严格区分的领域的做法,显然过度强调了此种对立;而越来越多的学者认识到[2],此种对立并不影响在两大部门之间存在一个过渡地带。主张过渡地带的理论可以避免僵化地将某些问题简单纳入到违约或侵权中,这样亦可防止出现非此即彼的处理方式。目前,一些制度实际上已经考虑到了此种过渡地带的问题,例如前合同债之关系、附保护第三人的效力以及社会交往安全保障义务等制度都获得承认,其要么归属于合同法、要么归属于侵权法的调整范围。然而需要指出的是,一方面上述制度仅仅涵盖了一些典型的过渡地带问 4/2

---

[1] 相关详细论证参见 *Krebs*, Sonderverbindung und außerdeliktische Schutzpflichten (2000) 47 ff; *Immenhauser*, Das Dogma von Vertrag und Delikt (2006).

[2] 重点参见 *Canaris*, Schutzgesetz-Verkehrspflichten-Schutzpflichten, Larenz-FS (1983) 27 ff; *Medicus*, Die culpa in contrahendo zwischen Vertrag und Delikt, Keller-FS (1989) 205; *Koziol*, Delikt, Verletzung von Schuldverhältnissen und Zwischenbereich, JBl 1994, 209; *Krebs*, Sonderverbindung 555 ff.

题;而另一方面,这些边界问题又再次被压缩到僵化的程式中。为了使其勉强纳入到违约或侵权的领域,有时随意裁剪这些制度,导致要么以违约、要么以侵权方式来处理这些边界问题。

4/3 很多国家的法律制度都严格区分侵权与违约,就此分别规定了不同的内容,导致分别在侵权或违约的范围内调整不同的问题。例如,在德国法中,有关赔偿方式、赔偿内容以及赔偿范围的规定(参见《德国民法典》第 249 条以下)同时适用于上述两个领域,但《德国民法典》第 276 条以下的规定却仅仅调整违反债之关系中的履行义务的内容;而《德国民法典》第 823 条以下只规定了针对任何第三人都禁止的不法行为,即侵权行为。瑞士法同样也区分了合同责任(《瑞士债法典》第 97 条以下)与侵权责任(《瑞士债法典》第 47 条以下)。

而就奥地利法而言,有关违约或者侵权责任的归属问题却没有太大的意义,因为《奥地利民法典》在其第 1295 条第 1 款中规定,任何人都有权要求加害人赔偿因其过错所导致的损害,并且强调:"损害既可以因违反合同义务而产生,亦可在无合同关系下产生。"此种规定模式与德国以及瑞士并没有本质上的差异,原因在于:《奥地利民法典》也分别规定了侵权与违约的具体问题。例如,《奥地利民法典》第 1298 条针对法律上的特殊关系规定了一个不利于加害人的举证责任倒置规则,即债务人就其不履行义务的行为不存在过错负担举证责任。此外,雇主就其雇员违反注意义务的履行行为负担一个广泛的担保义务,因为该注意义务源于雇主履行债务的义务(《奥地利民法典》第 1313a 条);而侵权法中的雇佣人侵权责任的范围就相对狭窄(《奥地利民法典》第 1315 条)。

4/4 就违法性问题而言,承认在侵权与违约关系之间存在一个动态的过渡地带,存在如下两点理由:第一,侵权法仅在非常狭窄的范围内,设定了保护第三人纯粹经济利益的行为义务[1];而与之相反,合同关系的当事人却负担保护他人纯粹经济利益的广泛义务。第二,合同关系的当事人负担较为广泛亦较为严格的注意义务,尤其为了避免相对人遭受损害,一方当事人必须通过诸如告知以及警示等方式积极履行此种注意义务。

采取不同保护方式具有多种理由。就纯经济利益的保护而言,首先

---

[1] 详细分析参见 *Koziol*, Schadenersatz für reine Vermögensschäden, JBl 2004, 274 ff, und unten Rz 6/48.

需要考量的是，如果侵权法就纯粹经济利益提供全面的救济，则每个人的行为自由都将遭受不当的限制，只要发生纯粹经济损失即要求赔偿，将会产生难以估量的众多赔偿权利人，这将会对每个行为人的行为产生不可估量的风险[1]。如果针对任何第三人都必须负担积极防止损害发生的义务，则人的行为自由将会遭受严格的限制。其次，还需要注意的是，合同关系当事人之间影响彼此法益的可能性已经有所增加，因此可以对于对方的纯粹经济利益施加较强的影响[2]。既然影响他人法益的可能性提高了，换言之，存在较高的侵害他人法益的危险，则合同关系当事人亦应当承担较强的注意义务。最后，在基于法律行为所成立的债之关系中，双方当事人基于合同追求各自的交易利益，也具有意义[3]。因为在追求自身交易利益时，如果在较强程度上威胁到他人人身或其法益，则可以期待行为人采取较高的注意义务标准，而且出于双方当事人的利益，也应当尽最大可能降低损害[4]。

然而区别对待侵权与违约的基本思想却仅仅适用于二者的核心领域，而在二者较为广泛的交叉领域，并非全部侵权责任构成要件都可以获得满足。除此之外，就这些要件而言，其既可能完全符合原有的强度，也可能以减弱的方式存在。这显然表明，不应当就上述两个领域作出泾渭分明的划分，亦不可将其理解为不可调和的对立，而应当将其理解为法律所调整的两个核心领域之间的动态过渡地带[5]。正是在此种意义上，德国学者 Canaris[6] 在侵权与合同责任之间发掘出一条"第三条道

---

[1] 相同观点可参见 Krebs, Sonderverbindung 78 ff, 213 f; ferner Picker, Positive Forderungsverletzung und culpa in contrahendo-Zur Problematik der Haftung » zwischen « Vertrag und Delikt, AcP 183 (1983) 476 ff; derselbe, Vertragliche und deliktische Schadenshaftung, JZ 1987, 1052 ff, 但是，他忽视了同一个责任的众多发生基础，因此过度强调了限制责任的思想。

[2] Krebs, Sonderverbindung 212 f, 263.

[3] 参见 Welser, Vertretung ohne Vollmacht (1970) 76 f; F. Bydlinski, Zur Haftung der Dienstleistungsberufe in Österreich und nach dem EG-Richtlinienvorschlag, JBl 1992, 345.

[4] 参见 Canaris, Schutzgesetz-Verkehrspflichten-Schutzpflichten, Larenz-FS (1983) 88.

[5] 奥地利最高法院在如下判决中明确承认了这一点:3 Ob 509/95 in JBl 1995, 522 = ÖBA 1995, 986.

[6] Larenz-FS 84 ff; derselbe, Täterschaft und Teilnahme bei culpa in contrahendo, Giger-FS (1989) 96, 99 f. Vgl auch Medicus, Die culpa in contrahendo zwischen Vertrag und Delikt, Max Keller-FS (1989) 205; G. Wagner, Grundstrukturen des Europäischen Deliktsrechts, in: Zimmermann, Grundstrukturen: Deliktsrecht 233 ff.

路"——违反保护义务的责任,其正当性体现在信赖责任的基本思想中,这给人以深刻的印象。同样,*Loser*[1]在广泛深入研究信赖责任之后,亦得出如下结论:此种责任类似于合同责任,但应当更为严格地将其构造为侵权责任,从而也创造出"第三条路径"(dritte Spur)。

然而,信赖责任的思想却被限定在法律行为领域[2]。此种做法显然不甚妥当,因为较为严格的合同责任的基本思想也要求在如下一些领域强化责任,如纯粹的社会联系(bloss gesellschaftliche Kontaktaufnahmen)[3]、一同爬山旅游[4]或者开启社会交往等[5]。在上述这些领域中,不仅涉及对纯粹财产利益的保护问题,而且还涉及在侵权责任法上如何保护绝对性的法益,如生命、健康或者所有权等,所以针对特殊关系领域应强化救济。[6]虽然侵权责任法领域仅在有限的范围内规定积极作为(aktives Tun)的义务,然而在共同行为,如爬山旅游中,积极作为义务对于完成共同行为却具有关键性意义。从特殊联系的意义和目的出发,也可推导出此种积极作为的义务。在此需要指出的是,此处并非仅涉及那些须避免发生的微小损害。最后,有学者提出相反论证,认为共同活动参加人并没有违法性的目的[7],但此种观点并不正确,因为法律经常规定一些当事人并没有想到,并且也根本不希望负担的保护义务以及注意义务,而这些义务却符合利益裁量的要求,法律就此作出了补充性的规定。

---

[1] *Loser*, Die Vertrauenshaftung im schweizerischen Schuldrecht (2006) insbesondere 693 ff.

[2] *Canaris*, Die Vertrauenshaftung im deutschen Privatrecht (1971) 439 ff, 538; *derselbe*, Larenz-FS 107. Auch *Krebs*, Sonderverbindung und außerdeliktische Schutzpflichten (2000) 236 ff, 635, und *Loser*, Vertrauenshaftung 163 ff, 只考虑到此种领域。*Picker*, JZ 1987, 1055 f, 强调以存在事实上的履行关系为前提。

[3] *Hoffmann*, Der Einfluß des Gefälligkeitsmoments auf das Haftungsmaß, AcP 167 (1967) 400 f. Problematisch ist daher der Standpunkt des OGH 2 Ob 557/93 in SZ 67/17 = JAP 1994/95 (kritisch *Lanczmann*), dass bei Aufnahme geschlechtlicher Beziehungen nicht einmal wissentlich unrichtige Auskünfte über die Empfängnismöglichkeit zur Haftung für die entstehenden Unterhaltspflichten führen.

[4] 参见 *Koziol*, Haftpflichtrecht II² 60 f; ferner *Michalek*, Die Haftung des Bergsteigers bei alpinen Unfällen (1990) 48 ff. 不同观点参见 *Galli*, Haftungsprolme bei alpinen Tourengemeinschaften (1995) 67 ff, 他主张在参与人之间发生合同关系,此种观点显然难以令人信服。

[5] 参见 *Koziol*, Haftpflichtrecht II² 57 ff.

[6] 此种观点参见 *Krebs*, Sonderverbindung 237 f.

[7] 参见 *Krebs*, Sonderverbindung 238 f.

如果就上述侵权与违约的交叉领域所出现的利益状态，一方面采纳侵权领域所适用的价值，而另一方面却适用合同领域的一些关键性基本思想，即将一些侵权法的价值与合同法的价值混杂在一起，则显然不符合法律的本意。针对该交叉领域，与法律的价值判断相吻合的解决路径应当是，依据所采纳的关键性的基础思想，要么全面适用侵权法的规则，要么全面适用合同法的规则，要么将二者合并适用。下文将尝试建构一些相关类型化的例子。但就此必须强调，所有这些并非是僵化、封闭的类型。

4/7

第二节　交叉领域中的具体类型[1]

首先需要强调的是，提炼出那些核心领域中的关键性基本思想之后，可能会导致更加严格区分不同核心领域的后果，或者也可能修改这些制度之间的界限。这首先体现在赠与合同（Schenkungsvertrag）的违约责任中。此时虽然涉及违反合同义务，但其并非违约责任的核心领域。由于赠与者并非追求自身的经济利益，即非自我利用目的（Uneigennützigkeit），依据《德国民法典》第821条的规定，只有当赠与人具有重大过失时才承担违约责任。虽然《奥地利民法典》就此并未作出明确的规定，但学理上普遍认为奥地利法也采取此种规则[2]。此种规定降低了客观注意义务的程度[3]，但这仅仅应当适用于赠与合同的履行，而不能适用于受赠人应受法律绝对保护的法益遭受损害的情况[4]。此外，由于赠与具有无偿性的特征，导致其既不能采纳《奥地利民法典》第1298条所规定的举证责任分配规则，也无法适用《奥地利民法典》第1313a条所规定的严格的雇佣人侵权责任[5]。

4/8

---

〔1〕 同样可参见 Krebs, Sonderverbindung 275 ff.
〔2〕 参见 Stanzl in Klang IV/1², 618; Schubert in Rummel, ABGB I³ § 945 Rz 1.
〔3〕 参见 schon Koziol, Delikt, Verletzung von Schuldverhältnissen und Zwischenbereich, JBl 1994, 216; zustimmend Bollenberger in KBB, ABGB² § 945 Rz 1.
〔4〕 同样的观点参见 Bollenberger in KBB, ABGB² § 945 Rz 1; Schubert in Rummel, ABGB I³ § 945 Rz 1; OGH 4 Ob 140/77 in SZ 50/137.
〔5〕 参见 dazu Wilburg, Elemente 147 f, 171, 223; Spiro, Erfüllungsgehilfen 104 ff; Koziol, JBl 1994, 216.

4/9　　　积极侵害债权(positive Forderungsverletzung)最接近于违反合同履行义务;在此情况下涉及固有利益的保护,即一方合同当事人对另外一方合同当事人的固有利益负担注意义务。一方面,即使在合同无效的情况下[1],在特定当事人之间仍可存在特殊关系,因此无须担心过度保护纯粹经济利益的问题。另一方面,一个重要理由体现在,此时一方当事人可能增加了对另外一方当事人的法益领域的影响,并且其始终追求自身的经济利益。所以,应当采取合同法的做法,建构此种保护纯粹经济利益的义务以及防止危险发生的积极作为义务。依据《奥地利民法典》第1298条,举证责任倒置制度会对义务人产生一些不利影响。但就此应当看到,并非仅在有偿关系中存在保护义务与注意义务,因此所谓的义务人作出效力减弱的保护表示的观点,显然不当。可见,应当采取债务人的领域是否具有客观瑕疵的判断标准,此种区分解决路径更为适宜[2]。基于同样的考虑,不能完全简单适用雇佣人侵权责任(《奥地利民法典》第1313a条)。在违反履行义务时,雇主应当就雇员的故意行为承担责任,而在违反保护与注意义务时,雇主并不必然承担侵权责任。[3]

4/10　　　针对缔约过失(culpa in contrahendo)情况,亦可同样适用有关积极侵害债权的思考[4]。缔约过失情况下的利益状态,与合同被撤销或者合同无效的利益状态完全一致。针对旨在维护双方当事人利益的"友好施惠关系"[5],也应当采取同样的处理办法。

4/11　　　就说明书责任(Prospekthaftung)而言,首先涉及如下情况:由于在说明书责任人与潜在意向人之间并没有建立旨在订立合同的联系,因此无法适用缔约过失责任[6]。但此时却可成立说明书责任人侵害潜在意向人的经济利益的责任,因为自称为专家的说明书责任人在说明书中作了各种表述,其目的在于向投资者提供信息,导致后者对其产生了特殊的

---

[1] 参见 Canaris, Ansprüche wegen » positiver Vertragsverletzung « und » Schutzwirkung für Dritte « bei nichtigen Verträgen, JZ 1965, 475.

[2] 参见 F. Bydlinski, Zur Haftung der Dienstleistungsberufe in Österreich und nach dem EG-Richtlinienvorschlag, JBl 1992, 347 ff; Koziol, Haftpflichtrecht I³ Rz 16/30 ff.

[3] 参见本书第六章边注 122 以下,以及 Koziol, Haftpflichtrecht II² 343 ff mwN.

[4] 参见 Welser, Vertretung ohne Vollmacht (1970) 73 ff.

[5] 参见 Kramer in MünchKomm, BGB II⁵, Einleitung Rz 31 ff.

[6] 仅仅通过发展缔约过失责任来建构说明书责任,应当是远远不够的。就此种尝试可参见 Welser, Prospektkontrolle und Prospekthaftung nach dem KMG, ecolex 1992, 301.

信赖,从而威胁到潜在意向人的财产。这些说明书中的表述,目的在于影响潜在意向人在法律行为上的决定,而且说明书的提供者是出于自身经济利益作出这些表述[1]。因此,针对说明书责任应采取与雇佣人侵权责任以及合同责任中同样的举证负担分配规则。[2]

此外,通过委托也可以在当事人之间成立一种特殊关系,就像通过法律关系所建立的联系一样,通过此种特殊联系,一方当事人对另外一方当事人领域可施加各种影响(erhöhte Einflussmöglichkeiten)。然而,只有在有偿性的前提下方可采取与合同责任相同的处理办法。例如,《奥地利破产法》第 81 条第 3 款以及与此相一致的《德国破产法》第 60 条第 1 款就规定了如下内容:破产财产管理人履行其职责时,违反义务,应就所有参与财产分割的人由此所遭受的损害承担赔偿责任。这样一来其针对债权人的纯粹经济利益就负担了保护义务[3]。有关履行辅助人的责任适用有关合同法的规则,即适用《奥地利民法典》第 1313a 条和《德国民法典》第 278 条[4]。

4/12

在法庭指定的专家(gerichtlich bestellte Sachverständige)与诉讼当事人之间也可成立与此相类似的特殊关系[5]。

针对违反附保护第三人效力的合同责任(Vertrag mit Schutzwirkungen zugunsten Dritter)的效力范围,应作出一定的限制。不可忽视的是,任何一个第三人都是一个独立的财产所有人,如果将其全部纯粹的财产完全纳入到其他人的保护领域,则存在过度扩大责任的危险。奥地利通说认为,只有当第三人负担主要履行义务的情况下,才能将第三人的纯粹

4/13

---

〔1〕 参见 *Canaris*, Schutzgesetz-Verkehrspflichten-Schutzpflichten, Larenz-FS (1983) 92 f, 94; *Brawenz*, Die Prospekthaftung nach allgemeinem Zivilrecht² (1992) 82 ff, 160 ff; *Koziol*, Das Emissionsgeschäft, in: Apathy/Iro/Koziol, Österreichisches Bankvertragsrecht VI² (2007) Rz 1/95 ff.

〔2〕 *Koziol* in Apathy/Iro/Koziol, Bankvertragsrecht VI² Rz 1/99.

〔3〕 参见 *F. Bydlinski*, Schadenersatz wegen materiell rechtswidriger Verfahrenshandlungen, JBl 1986, 638 f; *Shamiyeh*, Die zivilrechtliche Haftung des Masseverwalters (1995) 57 ff; *Welser*, Sachverständigenhaftung und Insolvenzverfahren, NZ 1984, 95 ff.

〔4〕 *Chalupsky/Duursma-Kepplinger* in Bartsch/Pollak/Buchegger (Hrsg), Österreichisches Insolvenzrecht Kommentar III⁴ (2002) § 81 KO Rz 95; *Hierzenberger/Riel* in Konecny/Schubert (Hrsg), Kommentar zu den Insolvenzgesetzen (1997) §§ 81, 81a KO Rz 12; *Eickmann* in Eickmann/Flessner/Irschlinger/Kirchhof/Kreft/ Landfermann/Marotzke (Hrsg), Heidelberger Kommentar zur Insolvenzordnung⁴ (2005) § 60 Rz 15.

〔5〕 参见 *Welser*, NZ 1984, 95.

经济利益纳入到合同责任的保护范围[1]，这应当是正确的。较之于违约责任，加害人并非针对第三人追求其自身的利益，因此此处采取了较弱的认定标准。当然，就第三人所享有的权利，尤其是保障身体完整性的权利以及各种物权，其应当享有与违约责任相一致的救济。这尤其意味着，债务人同样负担防止损害发生的积极作为义务。在违反保护第三人的义务的情况下，学者们还进一步主张适用履行辅助人责任规则[2]；就过错的证明负担而言，应采纳积极侵害债权情况下的违反保护和注意义务的规则（《奥地利民法典》第1298条）[3]。

4/14 针对合同磋商之前仅仅开始进行交易关系接洽（Anbahnung）的阶段，法律应当提供与附保护第三人的合同一样的救济[4]；在此阶段，只有人身以及享有绝对保护的财产法益受到较高程度的威胁时，方可获得救济，而纯粹经济利益并不属于该救济范围。

如果当事人之间建立关系并非出于经济利益（nicht aus wirtschaftlichen Interessen），但在彼此之间产生了影响对方法益的各种可能[5]，由于此时缺乏经济利益方面的因素，所以无法认定存在保护他人纯粹经济利益的严格义务。然而，针对他人受绝对保护的法益，应认定行为人负担防止此种侵害发生的积极作为义务[6]。此种情况涉及雇佣人的，应当

---

[1] 包括利于第三人合同、间接代理以及事实上作出履行等情况。就此参见 *Apathy/Riedler* in Schwimann, ABGB IV³ § 882 Rz 10; *Koziol*, Haftpflichtrecht II² 87 f; ferner OGH 2 Ob 613/89 in ÖBA 1990, 726; 1 Ob 672/ 90 in SZ 63/187 = ÖBA 1991, 525 (*Canaris*); 1 Ob 503/92 in SZ 65/20 = JBl 1992, 713 (*Iro*) = ÖBA 1992, 841; 1 Ob 631/92 in WBl 1993, 264; 8 Ob 287/01s in JBl 2003, 379. *Harrer* in Schwimann, ABGB VI³ § 1295 Rz 121 f,其令人信服地主张不应将纯粹经济利益纳入到保护范围。dass reine Vermögensinteressen grundsätzlich nicht in den Schutzbereich einbezogen sind. 但 *Welser* 却持反对意见,参见氏著, Die vorvertraglichen Pflichten in der Rechtsprechung des OGH, Wagner-FS (1987) 378. 德国法在检讨是否包括纯粹经济损失时，设定了极为严格的标准；针对反射损害，通说认为无法成立责任。siehe *Gottwald* in MünchKomm, BGB II⁵ § 328 Rz 128a; *Liebmann*, Der Vertrag mit Schutzwirkungen zugunsten Dritter (2006) 279 f. Für die Schweiz schlägt *Loser*, Die Vertrauenshaftung im schweizerischen Schuldrecht (2006) 624, 772 ff, keine Einschränkung des Ersatzes reiner Vermögensschäden vor.

[2] *Karner* in KBB, ABGB² § 1295 Rz 19 mwN; *Grundmann* in MünchKomm, BGB II⁵ § 278 Rz 17.

[3] *Karner* in KBB, ABGB² § 1295 Rz 19 mwN.

[4] 参见 *Koziol*, Haftpflichtrecht II² 60 f, 72 f mwN.

[5] 同样的观点参见 *Hoffmann*, Der Einfluß des Gefälligkeitsmoments auf das Haftungsmaß, AcP 167 (1967) 400.

[6] 参见 *Michalek*, Die Haftung des Bergsteigers bei alpinen Unfällen (1990) 97 ff.

根据侵权法上的基本原则来确定具体责任后果[1]。

在涉及自然环境的社会交往(Eröffnung des Verkehrs mit der Umwelt)中,也适用与之相适应的责任标准[2]。雇佣人侵权责任仅适用于非独立的雇佣人(参见《奥地利民法典》第1319a条),其举证责任规则适用侵权法上的相关规定。针对共有人之间的关系以及相邻关系(Miteigentums-und Nachbarschaftsverhältnisse)[3],也可能适用相类似的规则。就社会交往涉及所有社会参与人的普遍利益(Verkehrseröffnung im allgemeinen Interesse)的情况而言,只有在行为人能够轻松获得其应当从事积极行为的警示前提下,方可采取侵权责任严格化的措施。有关雇佣人侵权责任适用《奥地利民法典》第1315条。

4/15

上述类型链条中的最后一环就是普通的侵权责任(deliktische Haftung),即在加害人与受害人之间无密切关系时,适用此种一般的侵权责任。

4/16

第三节　请求权竞合问题(Anspruchskonkurrenz)

一、请求权规范竞合或者统一的请求权基础

因违反合同义务损害他人所享有的绝对权或者其他法益时,此种加害行为常常被认定为侵权[4]。例如,承租人毁损所租赁的汽车,既违反了合同义务,同时也构成侵害汽车所有权。又如出租车乘客遭受损害,一方面符合侵权法上侵害身体完整性的事实构成要件,但同时也构成违反承揽合同中的附随义务的事实构成要件。目前德国法和奥地利法都认为,合同请求权与侵权请求权彼此独立(请求权竞合/Anspruchskonkur-

4/17

---

[1] 参见 *Michalek*, Haftung des Bergsteigers 106 f; *Koziol*, Delikt, Verletzung von Schuldverhältnissen und Zwischenbereich, JBl 1994, 220.

[2] 参见 *Koziol*, Haftpflichtrecht I³ Rz 4/60 und II² 57 ff.

[3] 参见 *Spiro*, Erfüllungsgehilfen 395 ff, 400 ff; *Kerschner*, Zur Haftung nach §26 WRG und zum Deliktsstatut des IPR, JBl 1983, 343 f.

[4] 参见 *Larenz/Canaris*, Schuldrecht II/2¹³ §83 VI 1. 相关案例请参见奥地利最高法院判决 2 Ob 58/67 in JBl 1968, 88.

renz)[1],亦有观点认为,此时只有一个请求权,但该请求权可以基于不同的规范基础而成立(请求权规范竞合/Anpruchsnormenkonkurrez)[2]。而法国目前仍然采纳"禁止竞合原则"(non-cumul)[3]。

4/18　　比较正确的观点应当是,此时存在一个统一的请求权基础[4],而不存在不同的请求权基础的竞合。如上所述,在违约责任与侵权责任共同调整的领域,涉及一个调整锁链的临界点,其以受害人与加害人之间具有密切关系为前提。就任何一个交叉领域而言,要么将其归入违约或者侵权责任中,要么结合侵权责任与违约责任的基本原则,通过一个价值裁量的方式,以一种正确的一体性规则去考察责任构成前提要件以及责任后果。因此,针对此种损害应当适用一个单独的、统一的请求权基础。

4/19　　受害人与加害人之间存在合同关系时,一方当事人侵害了另外一方受绝对保护的法益,导致符合侵权的事实构成要件,至少初步看来,此种加害行为既可以归属于违约责任的核心领域,也可以归属于侵权责任的核心领域。需要注意的是,并非合同当事人的任何侵害都可以被轻易纳入合同责任的核心领域,相反,在此同样可能产生交叉领域的问题。例如,在所谓的积极侵害债权人的情况下,涉及违约与侵权之间的交叉领域,就此应当通过合并使侵权责任与违约责任的基本原则去找寻一个统一的解决规则。

4/20　　只有违反经法律行为而成立、处在交换关系中的履行义务才属于违约责任的核心领域;此处适用纯粹的违约责任。即使违约行为同时符合侵权责任事实构成,此时也并非一定涉及侵权与违约的交叉领域。例如,保管人从事积极行为毁损他人委托保管之物,此种加害行为分属于侵权与违约的核心领域。如果两个领域的相关规则不能统一,则就像在交叉领域的责任认定中那样,此时存在价值裁量的问题,不能孤立地适用侵权

---

[1] 德国法可参见 *Dietz*, Die Anspruchkonkurrenz bei Vertragsverletzung und Delikt (1934); *Arens*, Zur Anspruchkonkurrenz bei mehreren Haftungsgründen, AcP 170 (1970) 392; *Schlechtriem*, Vertragsordnung und außervertragliche Haftung (1972) 57 ff; *G. Wagner* in MünchKomm, BGB V⁵ Vor § 823 Rz 68. Für Österreich vgl *Reischauer* in Rummel, ABGB II/1³ § 1295 Rz 25.

[2] *Georgiades*, Die Anspruchkonkurrenz im Zivilrecht und Zivilprozeßrecht (1968); *Larenz/Wolf*, Allgemeiner Teil9 § 18 Rz 38 ff.

[3] *Ferid/Sonnenberger*, Das französische Zivilrecht II (1986) Rz 2 O 41 ff; *Stoffel-Munck* in Tourneau, Droit de la Responsabilité et des Contrats⁷ (2008) Rz 1017 ff.

[4] 参见 *Koziol*, JBl 1994, 221 ff.

法上或者合同法上的责任规则,而应当采取一个结合上述两个规范领域的解决办法。我个人认为,在检讨此处是否存在一个针对特定损害所产生的赔偿义务时,不能非此即彼地适用合同法或者侵权法,此处不存在两个竞合的请求权规范;相反,如同在交叉领域一样,针对该损害只存在一个可以适用的规范[1]。

既然此处并不存在不同规范的竞合问题,那么关键就在于,需要通过结合不同领域的规范寻找一个唯一确定、与该关系的强度相一致的规则。就此存在如下问题,即源于较弱关系中的责任并非总是弱于源于较强关系中的责任;反之,源于较为密切关系中的责任也并非总是严于源于较弱关系中的责任。因此可以依据成文法上的构造更多地采取侵权责任,而不采取合同责任(参见下文第四章边注 25 以下)。 4/21

就此始终存在的一个问题就是,究竟是否应当将侵权法领域所提供的损害赔偿救济理解为一种最低程度的救济,即在该救济范围内合同的损害赔偿请求权原则上不受影响,从而侵权规范只是发挥补充性的作用,还是应当将特殊关系所产生的责任作为特别法(lex specialis),发挥限制侵权责任救济的功能。当事人在特殊关系中存在的利益状态,不仅影响其他特殊关系,而且也可能限制侵权责任的救济。例如,《德国商法典》(DHG)有关减轻承揽人责任的规定就是这方面的例子。依据立法者的价值判断,受害人主张独立的损害赔偿请求权时,不得规避上述减轻承揽人责任的规定。

上述分析并不意味着,较之于那些适用于较弱关系的规则,尤其是较之于侵权规则,适用于加害人与受害人之间存在特殊关系的责任规则只是一种完全、封闭的特别法。更重要的是,必须检讨此种特殊性到底有多大,并且此种一般性的规范不能扩张适用到特殊关系领域之外。例如有关赠与人责任减轻的规则仅能够适用于合同保护领域,但却不能适用于受侵权法所保护的法益[2](参见第四章边注 8)。 4/22

本书此处所主张的观点,在大多数情况下与适用请求权竞合理论或者请求权规范竞合理论所得出的结论并无差异[3]。但较之于只承认存

---

[1] 这在结果上与法国法中的"禁止竞合原则"(principe du non-cumul)相一致,比较法上的相关分析参见 Immenhauser, Das Dogma von Vertrag und Delikt (2006) 32 ff.

[2] 同样的观点参见 G. Wagner in MünchKomm, BGB V^5 Vor §823 Rz 71 f.

[3] 由于此处并不存在两个不同的请求权,所以这在国际私法上具有重要的意义。

在一个请求权，即依据一个统一的、仅适用于该特殊关系的责任规则来判断是否存在该请求权的观点，本书所主张的观点更加简明易懂。

二、具体问题

4/23　　由于在奥地法中，每个人必须就其过错承担责任，并且就损害赔偿义务的范围以及请求权的时效采用同样的规则，导致请求权规范的问题在奥地利法中并无太大的意义。而在德国法中，由于其较为严格地区分违约责任与侵权责任，尤其是只有在侵权时才能够主张精神抚慰金的赔偿，导致德国法中有关选择具体适用规范的讨论更为激烈[1]。但依据新修订的《德国民法典》第253条第2款，无论是针对侵权请求权还是违约请求权都可以主张精神损害赔偿，这样就导致两种请求权逐步趋同。

4/24　　但不可否认，违约责任与侵权责任之间仍然存在一些差异之处。例如，依据《德国民法典》第708条的规定，合伙人（Gesellschafter）在履行自己所负担的义务时，仅仅就未尽到自身事务中应尽的注意义务而承担责任。较之于《德国民法典》第276条所规定的针对注意义务采取的一般客观标准，此处针对合伙人显然采取了责任减轻的规定内容。依据当前德国权威理论[2]，如果合伙人的加害行为同时也构成侵权，则就此同样可采取上述责任减轻的规则。其正当性体现在，合伙人存在于一个紧密的共同体中，旨在追求合伙目的，并且共同经营合伙财产。当然，不能将此种责任减轻规则扩张适用于合伙人实施的其他侵权行为[3]。此外，较之于一般的侵权法规则，针对合伙人还存在一些其他可供适用的责任减轻规则[4]。

奥地利侵权法针对过错采取了一个主观标准，但在违约时却采取了

---

[1] 德国法中有关责任竞合的难题可参见 *Dietz*, Das Problem der Konkurrenz von Schadensersatzansprüchen bei Vertragsverletzung und Delikt, Deutsche Landesreferate zum VI. Internationalen Kongreß für Rechtsvergleichung in Hamburg 1962 (1962) 192 ff; *Eichler*, Die Konkurrenz der vertraglichen und deliktischen Haftung im deutschen Recht, AcP 162 (1962) 401 ff; *Schlechtriem*, Vertragsordnung und außervertragliche Haftung (1972) 289 ff; *Grunewald*, Eigentumsverletzung im Zusammenhang mit fehlerhaften Werkleistungen, JZ 1987, 1098.

[2] *Larenz/Canaris*, Schuldrecht II/2¹³ § 83 VI 2 a; weitere Angaben bei *Dietz*, Landesreferate 197.

[3] *Schlechtriem*, Vertragsordnung 418 ff, 442.

[4] G. *Wagner* in MünchKomm, BGB V⁵ Vor § 823 Rz 69 ff.

一个客观的过错标准。在合同领域采取客观过错标准的原因可归结于合同当事人之间存在一个一定程度上的担保,虽然此种担保效力较弱(参见下文第六章边注 88),但只要合同当事人作出给付的允诺,实际上就履行作出了担保,导致在违约与侵权责任竞合情况下采取一个较为严格的客观标准。除此之外,如果适用侵权责任,则必须采纳侵权法规则。

依据《奥地利民法典》第 1419 条,在债权人受领迟延时,债务人仅对重大过错承担责任,此时减轻了债务人的违约责任。[1] 如果我们采取此种观点,则此种规则显然只能适用于违约而不能适用于侵权责任。显然,不能仅仅因为债权人存在受领迟延,就降低债务人可能针对任何第三人需要负担的侵权责任。依据上述观点,侵权请求权并非总是与其他请求权发生竞合,在大多数情况下也仅仅和违约发生竞合,但上述此种责任限定的观点在此已有充分的适用余地。[2] 事实上,针对债权人受领迟延,虽然将债务人的责任限于重大过错,但就此不应违反基本原则。在债权人受领迟延时,应当降低债务人的注意义务[3],只有当债务人违反此种减弱的注意义务、具有过错时,方承担相应的责任。债务人在合同法领域承担减弱的注意义务,但不能同样降低其在侵权法领域针对其他第三人的注意义务,所以并不能得出侵权责任较之于合同责任更为严格的结论。依据合同与侵权的规则,任何人必须就其过错行为承担责任,合同中注意义务不仅不弱于、甚至可能强于侵权中的注意义务。

4/25

依据上述分析,赠与人仅仅就其重大过错承担责任(参见第四章边注 8)。此处本质上涉及如何划定赠与人注意义务,而排除轻微过失责任的问题。由于赠与具有无偿性,所以存在责任减轻的规定,但此种有利于赠与人的规则只能够适用于赠与人违反合同约定的特殊义务的情况。因此,如果针对侵权责任也采取减轻规则,则此种做法应当是错误的[4],理由在于,无偿加利显然不是免除、甚至不是减轻侵权责任的事由。所以,

4/26

---

[1] 参见 *Gschnitzer* in Klang VI² 392; *Mayrhofer*, Schuldrecht I³ 462; *Schey*, Begriff und Wesen der mora creditoris (1884) 120 ff; OGH 7 Ob 639/80 in SZ 54/90.

[2] *Dietz*, Landesreferate 198 f 就此作出了重要的分析。

[3] *Koziol* in KBB, ABGB² § 1419 Rz 5.

[4] 参见 *Schlechtriem*, Vertragsordnung 332 ff; *derselbe*, Gutachten und Vorschläge zur Überarbeitung des Schuldrechts, herausgegeben vom Bundesminister der Justiz II (1981) 1618 ff.

在发生积极侵害债权的情况下,针对赠与人不能采取减轻责任的规则[1]。就缔约过失责任亦应采取同样的规则,因为此处涉及行为义务的违反,该义务成立于交易接触的建立阶段,与合同是否订立以及是否生效都无必然关系。即使当事人之间所欲建立的关系是无偿的,对缔约过失情况下的行为义务也没有什么本质的影响。

4/27 如果责任限制并非基于法律直接规定,而是基于当事人之间的合同约定,则将产生如何解释的问题。具体而言,究竟是采取不影响侵权责任的违约责任,还是应当对侵权责任作出一般性的限制?在通常情况下[2],应当尝试依据责任的构成要件或者责任后果,针对特殊关系中存在的侵权责任法的救济作出限定,同时也应当限制侵权责任的适用。当然就此也存在例外[3]。

4/28 我们经常会发现,违约责任请求权与侵权责任请求权的时效存在差异,并且违约请求权也受制于较短的特定类型期间(Fallfristen)。例如依据《奥地利民法典》第967条,委托人与保管人之间的请求权的诉讼时效期间只有30日;依据《奥地利民法典》第982条,针对借用关系亦采取同样的规则;依据《奥地利民法典》第1111条,承租人只能在一年之内主张损害赔偿;此外,依据《奥地利企业法》(UGB)第414条,针对运输承揽人只能在一年内提出各种请求权。依据通说,此处起决定意义的仅是那些适用于违约的期间;但该期间亦同样可适用于侵权请求权。其理由就在于,如果针对侵权请求权不适用此种短期时效期间,则将导致合同法中相关规定所追求的特殊目的落空[4]。

Dietz[5] 不无道理地指出,上述同时适用短期诉讼时效期间的担心并非必要,因为并非在任何违反合同义务的情况下都同时存在侵权行为,所以特殊的合同法规则应享有充分的适用余地。侵害纯粹经济利益,并不涉及侵害绝对权,并且此种侵害并未违反保护他人法律的规定,发生此

---

[1] 同样的观点参见 *Bollenberger* in KBB, ABGB² § 945 Rz 1; *Schubert* in Rummel, ABGB I³ § 945 Rz 1; OGH 4 Ob 140/77 in SZ 50/137.

[2] *Dietz*, Landesreferate 200 f; *Larenz/Canaris*, Schuldrecht II/2¹³ § 83 VI 2 a; *Schlechtriem*, Deliktsansprüche und die Sonderordnung der Haftung, ZHR 133 (1970) 141 ff.

[3] *Schlechtriem*, ZHR 133, 141 ff, 他正确地强调, 此处涉及免责条款的适用范围问题。

[4] 参见 zB *Helm*, Haftung für Schäden an Frachtgütern (1966) 309; *Schlechtriem*, ZHR 133, 108.

[5] Landesreferate 202, 198 f.

种情况以及几乎所有不作为侵害时,都应当令行为人承担违约责任。《奥地利民法典》第1298条针对违约责任规定了举证责任倒置规则,第1313a条规定了广泛的雇佣人侵权责任,这些都只能在违约责任中对受害人提供一定的便利[1]。但有一点不明白的是,为什么只是因为加害人与受害人同处在合同关系中,就采取存在加害人的规则。

如果从规范的意义与目的中无法推导出其他内容,则合同法中所规定的短期时效期间,应仅适用于那些依据合同基本原则而成立的损害赔偿请求权。在该时效期间届满之后,权利人仍然可以主张基于侵权规则而成立的损害赔偿请求权。由于在违约责任时采取了举证责任倒置的规则(《奥地利民法典》第1298条),短期时效期间就此也具有积极意义,因为受害人只能在该短期时效期间内享有该责任减轻的规则;在此之后,如果其主张侵权损害赔偿请求权,则受害人必须负担加害人具有过错的举证义务(《奥地利民法典》第1296条)[2]。

4/29

基于同样的理由,就资合公司针对其公司机关所主张的损害赔偿请求权亦适用同样的规则,依据《奥地利有限责任公司法》第25条第6款[3]、《奥地利股份公司法》第84条第6款[4],以及依据《德国有限责任公司法》第43条第4款[5]、《德国股份公司法》第93条第6款[6],这些损害赔偿请求权的时效期间都为五年。

---

[1] 参见 OGH 6 Ob 698/89 in EvBl 1990/62 = RdW 1990,112. 原则上同样的观点参见 2 Ob 606/84 in JBl 1986,248 = ZVR 1985/86 = RdW 1985,244 und 5 Ob 568/85 in SZ 59/147 = JBl 1986,793 (*Ch. Huber*) = RdW 1986,367,但奥地利最高法院在该案例判决中忽视了不同的雇佣人侵权责任,参见 *Ch. Huber*, Zur Verjährung des Schadenersatzanspruchs gegen den Frachtführer, JBl 1986,227.

[2] Ebenso OGH 5 Ob 568/85 in SZ 59/147.

[3] *Feil* in Gellis (Hrsg), GmbH-Gesetz. Kommentar[7] (2009) § 25 Rz 30; *Koppensteiner/Rüffler* (Hrsg), GmbH-Gesetz. Kommentar[3] (2007) § 25 Rz 23.

[4] *Nowotny* in Doralt/Nowotny/Kalss (Hrsg), Kommentar zum Aktiengesetz (2003) § 84 Rz 38; *Strasser* in Jabornegg/Strasser (Hrsg), Kommentar zum Aktiengesetz[4] (2001) § 84 Rz 110.

[5] *Altmeppen* in Roth/Altmeppen (Hrsg), GmbH-Gesetz. Kommentar[6] (2009) § 43 Rz 137 f; *Wicke* (Hrsg), GmbH-Gesetz. Kommentar (2008) § 43 Rz 20; *Zöllner/Noack* in Baumbach/Hueck (Hrsg), GmbH-Gesetz. Kommentar[18] (2006) § 43 Rz 57.

[6] *Hüffer* (Hrsg), Aktiengesetz[8] (2008) § 93 Rz 36 mwN.

第五章
损害赔偿请求权的基本前提

□ 第一节　损害

一、导论

5/1　　既然将侵权责任法的首要功能认定为损害填补功能（Ausgleichsfunktion），那么损害赔偿请求权的成立始终以一个业已发生的损害（Schaden）为前提，并且该损害赔偿请求权的范围也取决于该损害的大小。就像上文第一章边注 22 以及第二章边注 55 以下所论述的那样，在侵权责任法中应当拒绝采用惩罚性赔偿，因为此种赔偿的目的并非是为了填补受害人的损害，而是以超出此赔偿范围的方式惩罚行为人。

　　基于损害填补的目的，侵权责任法得以区别于不当得利法（Bereicherungsrecht）。在涉及侵权不当得利（Eingriffskondiktion oder Verwendungsansprüche）时，同样发生侵害他人法益的后果，但不当得利返还请求权的基本思想并非旨在赔偿利益丧失人所遭受的损害，而是剥夺得利人不当获得的利益（Vorteil）（参见上文第二章边注 26）。

5/2　　就损害的概念而言，目前只有少数几个国家的法律对此直接作出明确规定[1]。《奥地利民法典》第 1293 条即给出了有关损害的定义："损害是指任何人就其财产、权利或者其人身所遭受的不利益。与此相区别的是可得利益的丧失，即某人丧失了在正常发展情况下可期待获得的利

---

[1] 参见 Magnus, Comparative Report on the Law of Damages, in: Magnus, Unification: Damages 190。

益。"(Schade heißt jeder nachteil, welcher jemandem an Vermögen, Rechten oder seiner Person zugefügt worden ist. Davon unterscheidet sich der Entgang des Gewinnes, den jemand nach dem gewöhnlichen Laufe der Dinge zu erwarten hat.)2007年的《奥地利侵权责任法草案》第1293条继承了此种奥地利法上的传统,明确规定:"损害是指任何人就其人身、财产或者其他受法律保护的法益所遭受的不利益。具有金钱价值的不利益为财产损害,其他的则为非物质损害。"受到《奥地利民法典》相关规定的启发,《欧洲侵权法原则》也针对损害作出了一个定义,即在第二章"可赔偿的损害"(Recoverable Damage)第2:101条中规定:"损害体现为受法律保护的利益遭受物质或者非物质的加害。"(Damage requires material or immaterial harm to a legally protected interest.)

二、可赔偿的损害

从该标题中可以看出,《欧洲侵权法原则》就赔偿问题明确规定,并非任何不利益都可以被视为损害。就侵权责任法而言,只有那些被法律认定为可赔偿的损害,方具有侵权责任法上的意义。从上述相关的立法表述中,可以清晰地找到判断可赔偿性的相关标准,即只有被法律所承认且是受法律保护的法益遭受侵害,方可进入侵权责任法的保护范围。虽然《奥地利民法典》没有明确表述被保护的法益,但其同样坚持上述标准。一方面,它规定了侵害权利才构成损害;而另一方面,人身享有法律充分的救济。而就财产而言,只有那些法律赋予个人并且通过法律确认的各种可能使用或者变价的财产,才能够被视为侵权法所保护的财产。与此相适应,*Karl Wolff* 将损害描述为"在法律上能够被理解为不利益的状态,即法律上的利益较之于此前发生减损"(jeden Schaden, der rechtliche als Nachtiel aufzufassen ist, an dem also ein gringeres rechtliches Interesse besteht als an dem bisherigen)[1]。

5/3

我们法律体系建立在如下基本思想基础上,即法律在各个自然人或者法人之间就各种法益作出定分止争,赋予每个主体以主观权利,就像《奥地利民法典》第354条浅显易懂地表述的那样,"自由处分物或者使用

5/4

---

[1] *K. Wolff* in Klang, ABGB VI² 1.

物的权能,并排除他人的干涉"(das Befugnis, mit der Substanz und den Nutzungen einer Sache nach Willkür zu schalten, und jeden anderen davon auszuschließen)。因此,只有侵害了此种受法律保护的法益,方可发生损害。与其他众多的法律规则一起,侵权责任法旨在保护法益的归属(Schutz der Güterzuordnung),从而亦保护法益的权利人。如果法律对法益作出归属划分,则表明,依据价值判断所享有的利益具有正当性,法律应当保护此种利益。很显然,侵权责任法并不保护非法利益。

这体现在一些不证自明的简单事例中。例如,小偷费力窃取所得之物被第三人毁损,其无法利用该物,从事实角度出发,这显然对小偷构成一种不利益。就犯罪团伙而言,依据地下黑社会的相关标准,另外一个团体与其从事不正当的竞争,这就可能导致严重的"营业损害"(Umsatzeinbußen)。毫无疑问,此时存在受害人希望免于遭受此种不利益的诉求,但法律显然不承认这些利益,所谓的"权利人"当然也无法通过停止侵害请求权、排除妨害请求权、不当得利返还请求权或者损害赔偿请求权获得救济。此外,下文(第六章边注18以下)还要讨论,究竟在多大范围内,微小(Geringfügigkeit)侵害不再具有违法性,或者至少就此种微小损害不提供救济。

此外还存在一个具有特殊问题的特殊领域,即法律虽然承认该种利益,但其却并不归属于任何单个的人,因为此种利益属于公共利益(Allgemeininteresse)。在实践中,享有宜人环境的公共利益即为最典型的例子。只要此种利益与所有权不发生任何关联,则其并不归属于任何单个的人,就此无法适用私法上的保护机制。只有当权利人的法益遭受侵害,并且此种侵害可以归责于加害人时,方可启动私法上的保护机制。从上文所强调的私法中的双向主体正当性原则可得出此种前提,即仅仅存在一方当事人负担义务的论证理由时,尚不存在成立赔偿义务的充分理由;除此之外,另外一方当事人还必须享有与该义务相对立的权利,方可真正成立赔偿义务。

在侵害公共利益的情况下,为了克服适用双向主体正当性论证的困难,一个显而易见的路径体现在,可以将此种环境利益归属于公共机构,由那些承担实现并保障公共利益任务的组织享有损害赔偿的权利,这样就可以满足主张损害赔偿请求权的本质前提。但就此还存在另外一些与现实损害前提要件相关联的问题。由于侵害环境本身造成了一个无法以金钱计算的损害,所以还要回答,这些作为法人的公共机关是否遭受了精神损害? 如果是,其是否有权要求精神损害赔偿(下文第五章边注 21)? 当然,在此适用恢复原状损害赔偿请求权(Naturalersatz)或者要求赔偿因恢复原状所支付的费用,应当不存在特别的困难。上述此种思想显然影响到了欧盟的相关指令[1]及欧盟成员国内部对该指令的转换,从而在公共利益的保护方面形成了一个非常强大的公法上的构造(öffentliche Ausgestaltung)体系。

三、自然的、法律的抑或经济上的损害概念

从上述相关论述中已经可以认识到,侵权责任法中所涉及的损害并非是一般意义上的损害概念[2]。实际上,并非所有被理解为不利益的一般意义上的损害,都能够达到侵权责任法中损害的要求。判断是否达到侵权责任法中损害的标准,关键在于,遭受侵害的法益是否受法律保护。由此我们可以清晰地看到,损害概念具有鲜明的法律特征,下文即将详细讨论侵权责任法中损害的各种类型划分,从中可以清晰地看出这一点。此种法律上的损害类型包括物质性损害与非物质性损害、事实上的损害与计算上的损害、客观抽象的损害与主观具体的损害、信赖利益损害与履行利益损害。可见"损害"并非是先于法律而存在的某种自然的概念,相反,就像在所有规范中所使用的概念那样,其是一个法律概念[3],其内容取决于规范的意义及其性质。

基于同样的理由,"损害"也并非是经济上的概念。依据其基本价值,欧洲法律制度的首要目的并不是追求经济目标,相反,处在首要位置的是人及其精神利益,同时还要考虑各种社会目标以及非经济的一般公众利益,这些显然不能简单等同于经济秩序。所以我们认为,"损害"并不仅仅取决于经济学上的思考。

---

[1] 2004/35/CE. 参见 *Duikers*, Die Umwelthaftungsrichtlinie der EG (2006) 53 ff; *Hille*, Die EU-Richtlinie über Umwelthaftung zur Vermeidung und Sanierung von Umweltschäden (2007) 99 ff; *Köhler*, Öffentlich-rechtliche Umwelthaftung (2008) 35 ff.

[2] 参见如下文献中的相关分析:*Lange/Schiemann*, Schadensersatz³ 26 ff; ferner *Magnus*, Schaden und Ersatz (1987) 11 ff; *Koziol*, Haftpflichtrecht I³ Rz 2/6 ff.

[3] *Lange/Schiemann*, Schadensersatz³ 38 ff. 也持同样观点。

四、物质性损害与非物质性损害[1]

1. 概论

5/8　法律不仅承认物质性利益,还承认非物质性利益,后者较之于前者甚至具有更高的位阶。例如,基本人格法益在整个法益位阶中享有最高的位置;在《德国基本法》《欧洲人权公约》以及《联合国人权宣言》中,人格法益享有特殊的保护。

何时构成非物质性(精神性)损害以及物质性(财产性)损害,取决于遭受侵害的利益类型。《欧洲侵权法原则》第2:101条与《奥地利侵权责任法草案》第1293条第1款都明确规定了这一点。

5/9　从被侵害利益的类型划分可以得知,精神损害属于那种并未导致财产减损的损害[2];其主要涉及精神感受上的不利益,无法以金钱计算此种损害,也无法基于真实的市场交易将其物化为具体财产类型[3]。而就像 Schobel[4] 通过严谨梳理各种理论所得出的那样,财产损害的关键则取决于,依据公众的价值评价而非仅仅依据具体权利享有人的个人感受,来确定其在市场中的价值是否被降低了,且此种价值可以通过货币的形式发生转让。

2. 精神损害的特殊性

5/10　精神损害之所以能够获得赔偿救济,是因为其令自然人遭受了一种严重的损害,属于损害中的一种核心类型。不仅如此,如果仅仅因为精神性损害没有给受害人带来财产价值上的损害后果,即针对此种非物质损害不给予救济,则在严重侵害人格的情况下,将导致私法对此种侵害不作

---

[1] 有关后者可详细参见 F. Bydlinski, Der Ersatz ideellen Schadens als sachliches und methodisches Problem, JBl 1965, 173 und 237; Karner/Koziol, Ersatz ideellen Schadens 11 ff; Schobel, Frustrierte Aufwendungen.

[2] 参见 Koziol, Haftpflichtrecht I³ Rz 2/102 ff mwN.

[3] F. Bydlinski, System und Prinzipien 221; Koziol, Haftpflichtrecht I³ Rz 2/11; Magnus, Schaden 311.

[4] Schobel, Frustrierte Aufwendungen 47 ff.

出任何惩罚[1]。显然，无论是侵权责任法的填补功能，还是其预防功能，都无法容忍此种结果[2]。

即使这样，很多国家针对精神损害赔偿救济，仍采取了较为谨慎的态度[3]。与财产损害赔偿相比，针对精神赔偿采取谨慎救济的原因，并非是因为精神利益的位阶弱于财产利益[4]；相反，此种保守的做法更多归结于在以金钱计算精神损害以及确定是否存在精神损害方面都面临不同程度的困难。 5/11

就精神损害赔偿的计算而言，首先需要注意的是，无法以金钱直接计算精神损害，相反只能以金钱的方式估量此种损害。在此应考虑相应程度的抚慰目的[5]。以金钱进行精神损害赔偿必然会导致一定的自由裁量空间[6]。虽然在"初次评价"精神损害时，只有依据个案进行自由裁量方可确定具体损害范围，但就此必须尝试在精神损害的不同赔偿数额之间建立一个公平合理的关系。当后续案件需要确定具体的精神损害赔偿数额时，由于已经存在数额方面的积累，这就有别于第一次的自由裁量。后续案件中判决精神损害赔偿数额时，参考此前案件判决的做法是合理的。与此相适应，奥地利联邦最高法院[7]认为，能否将下级法院所承认的精神损害赔偿数额纳入到最高法院判决的框架中，是一个关键性的法律问题。精神损害赔偿的金钱数额的正当性取决于相同案件相同判决，不同案件应认定不同数额，并且至少原则上存在一个与被侵害法益的位阶相一致的赔偿比例关系。 5/12

反对就精神损害给予充分救济的另一个理由是，精神法益的商品化（Kommerzialisierung）具有危险。虽然在一些具体案件中的确存在此种 5/13

---

[1] *Canaris*, Grundprobleme des privatrechtlichen Persönlichkeitsschutzes, JBl 1991, 220; *F. Bydlinski*, Der immaterieller Schaden in der österreichischen Rechtsentwicklung, von Caemmerer-FS (1978) 785.

[2] *F. Bydlinski*, System und Prinzipien 223.

[3] 参见 *W. V. H. Rogers*, Comparative Report of a Project Carried Out by the European Centre for Tort and Insurance Law, in: W. V. H. Rogers, Non-Pecuniary Loss Rz 5 ff.

[4] *F. Bydlinski*, System und Prinzipien 222. 也强调这一点。

[5] 重点参见 *F. Bydlinski*, Die »Umrechnung« immaterieller Schäden in Geld, Liber amicorum for Pierre Widmer (2003) 27 ff; *Schobel*, Frustrierte Aufwendungen 187 f.

[6] 参见 *F. Bydlinski*, System und Prinzipien 222 f, 224 FN 230.

[7] 参见最新判决 2 Ob 135/07b in JBl 2008, 182 = ZVR 2008/59 (*Ch. Huber*).

危险，就像在德国发生的"卡罗琳娜公主案件"那样[1]，但不能过度夸大此种危险，因为一个与体系保持一致、考虑基本价值评价的判决，应当能够完全有效地防范此种风险[2]。

5/14　　较之于精神损害缺乏客观计算性，另一个更广泛、更重要的问题体现在，通常难以确定一个人是否以及在多大程度上遭受了精神损害[3]。因此，针对精神损害的金钱赔偿采取客观判断标准就具有重要意义，即应当从一个客观标准去考察，是否以及在多大程度上使得受害人遭受了精神损害[4]。精神损害的客观性具有不同程度的差别，这取决于被侵害法益的类型。因此，这意味着在考虑这些法益的可赔偿性时，必须考察该被侵害法益的类型。

5/15　　在身体遭受侵害时，可以较为容易地确定权利人遭受精神损害，所以，《奥地利民法典》和《德国民法典》都就侵害身体规定了具有特殊地位的精神损害赔偿请求权。从历史发展来看，侵害身体造成他人痛苦所引发的精神损害赔偿，属于精神损害赔偿的最早形态，在比较法上也恰恰是每一个发达的侵权责任法的基本构成。在德国 2002 年第二次修订侵权责任法之前，原《德国民法典》第 847 条仅针对侵害身体、健康和自由规定了精神抚慰金请求权。侵害身体所引起的精神抚慰金的特殊地位在奥地利法中体现在《奥地利民法典》第 1325 条，依据该规定，即使仅存在轻微过失，仍应就侵害身体完整性负担支付精神损害赔偿金的义务。不仅如此，在所有无过错的危险责任中，受害人身体遭受侵害的，都享有精神抚慰金请求权；而针对其他的精神损害，只有当加害人从事了重大过错行为

---

[1] 花边小报捏造事实，法院判决其向卡罗琳娜公主赔偿 180000 马克，作为精神抚慰金。(Caroline von Monaco I: BGH in BGHZ 128, 1; OLG Hamburg in NJW 1996, 2870) 参见 *Karner/Koziol*, Ersatz ideellen Schadens 27 ff; *G. Wagner*, The Protection of Personality Rights against Invasions by Mass Media in Germany, in: Koziol/Warzilek, Persönlichkeitsschutz 175，该文分析了公众人物人权遭受侵害时的财产价值问题。

[2] 有关人格权商品化的批评意见参见 *Schobel*, Frustrierte Aufwendungen 191 f.

[3] 参见 *F. Bydlinski*, Der Ersatz ideellen Schadens als sachliches und methodisches Problem, JBl 1965, 242 f; *Schobel*, Frustrierte Aufwendungen 188 ff; *Stoll*, Empfiehlt sich eine Neuregelung der Verpflichtung zum Geldersatz für immateriellen Schaden? Gutachten für den 45. DJT I/1, 143 f.

[4] 参见 *F. Bydlinski*, System und Prinzipien 222 ff; *Karner*, Ersatz ideeller Schäden 81 ff, 84 ff; *Koziol*, Haftpflichtrecht I³ Rz 11/7 ff. OGH 4 Ob 281/98x in MR 1998, 345 (*M. Walter*). Vgl auch *Funkel*, Schutz der Persönlichkeit durch Ersatz immaterieller Schäden in Geld (2001) 196 f, 247.

时,受害人才享有精神抚慰金请求权(《奥地利民法典》第 1324 条)。侵害身体所引发的精神损害赔偿之所以具有特殊地位,不仅是因为被侵害的法益具有特殊的位阶,还在于基于加害方式以及侵害后果的严重程度,无论是所遭受的痛苦还是其持续时间,都相对容易认定受害人遭受了精神损害,从而在很大程度上存在认定精神损害金钱赔偿的客观性[1]。这同样适用于心理上的损害,例如,如果受害人事实上被迫放弃可能的生活方式,或者产生了因选择某种生活方式而面临困难的事实,这将构成判断精神损害的客观基础[2]。

  另一方面,此种客观性的标准还导致,针对纯粹的名誉侵害不赋予金钱赔偿。此种规定可见于新修订的《德国民法典》第 253 条和《奥地利民法典》第 1330 条,原因在于,此种精神损害具有极弱的客观确定性[3]。当然《奥地利民法典》第 1330 条排除精神损害赔偿的规定内容有些过于宽泛。F. Bydlinski 不无道理地指出,虽然上述有关拒绝精神损害赔偿的规定适用于日常侵害名誉的情况,但如果存在一个客观上可认定的严重毁损他人名誉的侵害行为,并且该行为导致他人所享有的社会地位遭受严重损害,此时应当赋予受害人享有精神损害赔偿请求权。依据《奥地利民法典》第 1330 条,受害人只能在极小的范围内主张精神损害赔偿,此种做法过于严格,应依据现行法作出相应的扩张性解释,即不得主张精神损害赔偿的情况仅限于纯粹的名誉毁损,而在侵害他人尊严的情况下应当赋予精神抚慰金[4]。这样一来,《奥地利民法典》第 1330 条的规定将不再那么狭窄,但这并不意味着奥地利在此方面的体系就毫无矛盾了[5]。《奥地利侵权责任法草案》第 1316 条作出一般性规定,摆脱了现

---

[1] 参见 F. Bydlinski, JBl 1965, 243; Karner, Ersatz ideeller Schäden 81 ff.
[2] Karner, Ersatz ideeller Schäden 85 ff, 93 f mwN.
[3] Koziol, Haftpflichtrecht I³ Rz 11/8.
[4] Der Ersatz ideellen Schadens als sachliches und methodisches Problem, JBl 1965, 252 ff; derselbe, Der immaterieller Schaden in der österreichischen Rechtsentwicklung, von Caemmerer-FS (1978) 798. 不同意见参见 Hineregger, Der Schutz der Privatsphäre durch das österreichische Schadenersatzrecht de lege lata et de lege ferenda, Liber amicorum for Pierre Widmer (2003) 159 ff.
[5] F. Bydlinski, von Caemmerer-FS 798; derselbe, JBl 1965, 253 f. Ihm folgend Canaris, Grundprobleme des privatrechtlichen Persönlichkeitsschutzes, JBl 1991, 220; Aicher in Rummel, ABGB I³ § 16 Rz 34.

行法的矛盾[1]。在德国法中,德国联邦法院通过援引基本法的规定,打破了《德国民法典》有关精神损害赔偿的狭隘做法,在重大过错或严重侵害一般人格权的情况下,赋予受害人享有精神抚慰金请求权[2]。在意大利,我们同样可以看到与此相适应的发展趋势[3]。

5/17　　最后还需要强调的是,出于与客观性相一致的理由,只有在侵害权利边界相对清晰的人格权时,才赋予受害人享有精神损害赔偿请求权。纯粹自我感觉遭受损害,如无精打采或者情绪低落[4],无法归结为侵害人格权的后果,因此,此种损害原则上不具有可赔偿性[5]。在德国法中,依据《德国民法典》第253条第2款的表述,只有在侵害身体、健康、自由、性自主决定权以及侵害一般人格权时,在较小的救济范围内,才可以成立精神损害赔偿。就名誉保护领域而言,透过调整大众媒体侵害名誉情况的媒体法,可以发现有关名誉保护的价值演变。《奥地利侵权责任法草案》在第1316条针对严重并可客观确定的侵害人格权的行为,规定了一个一般的精神抚慰金请求权。

5/18　　针对精神损害反对提供金钱赔偿还存在另外一个理由,即精神价值与金钱挂钩有违社会伦理[6]。尤其在涉及侵害性自主决定权与侵害名誉权所导致的精神损害赔偿案件中,上述理由显得越发重要;其直接导致拒绝适用《奥地利民法典》第1328条和第1330条。当然,在上述案件中,我们也可以发现相关社会观念正在发生变化,直接导致重新理解上述第1328条。该条规定,"针对侵害可以要求相应的赔偿",就此可以将相应的精神损害赔偿金纳入其中[7]。在现有媒体法中,尤其在大众媒体侵害名誉权的案件中,也可以清晰地反映出上述社会观念方面的变化。《奥地

---

[1] 参见 *Karner/Koziol*, Ersatz ideellen Schadens 98 f.

[2] 参见 *Larenz/Canaris*, Schuldrecht II/2¹³ § 80 I; *Kötz/G. Wagner*, Deliktsrecht¹⁰ Rz 363 ff.

[3] 参见 *Christandl*, Eine kurze Darstellung der neuesten Entwicklungen im italienischen Nichtvermögensschadensrecht unter besonderer Berücksichtigung des danno esistenziale, in: Patti/Stein/Bariatti/Becker/Slazar/Nehm (Hrsg), Jahrbuch für Italienisches Recht 18 (2005) 277 mwN.

[4] 参见 *Kegel*, Haftung für seelische Schmerzen (1983) 16 ff.

[5] 参见 *F. Bydlinski* JBl 1965, 243 f; *derselbe*, System und Prinzipien 223; *Karner*, Ersatz ideeller Schäden 79 f; *Koziol*, Haftpflichtrecht I³ Rz 11/10.

[6] 参见 *Schobel*, Frustrierte Aufwendungen 190 f.

[7] *Karner* in KBB, ABGB² § 1328 Rz 8.

利侵权责任法草案》在第 1316 条中针对严重并且明确侵害人格权的情况，规定了精神损害赔偿金制度。

Schobel[1]令人印象深刻地指出，从法律中推导出的价值判断应建立在由不同要素所组成的内部统一的价值体系之上，在该体系中，除了上述反对精神损害赔偿的相关理由之外，还需要首先考虑支持精神损害赔偿的价值判断、被侵害法益的救济需要以及归责事由的严重程度。 5/19

如果精神损害赔偿体现为恢复原状(Naturalherstellung)(《奥地利民法典》第 1323 条)，则上述针对精神损害采取金钱赔偿所存在的限制性理由将不复存在，因为只要恢复原状是可能并且是可行的，采取恢复原状的损害赔偿方式将使得精神损害与财产损害具有同样的可赔偿性(参见下文第八章边注 14)。 5/20

3. 法人的精神损害

精神损害赔偿中还有一个特殊的问题，即法人本质上不可能具有消极的感受，那么此需要回答的问题就是，法人究竟是否可能遭受精神损害？依据《奥地利反不正当竞争法》第 16 条第 2 款[2]，奥地利联邦最高法院就法人精神损害赔偿问题作出了支持判决[3]。而在德国，《德国民法典》第 253 条第 2 款的规定，排除了法人享有精神损害赔偿的可能，因为该规范中所列举的法益仅能由自然人享有。虽然《德国基本法》保护法人的各项人格权，但法人无法享有精神损害赔偿[4]。然而欧洲人权法院却认为，法人原则上享有精神损害赔偿请求权[5]。 5/21

Fellener[6]令人信服地指出，法人在遭受非物质损害时，亦存在享 5/22

---

[1] Schobel, Frustrierte Aufwendungen 171 ff.

[2] §16 Abs2 UWG 规定:"如果能够在特殊情况下认定受害人遭受疾病或者其他人身损害，法庭可以赋予其要求相应的金钱赔偿的权利。» Außerdem kann das Gericht einen angemessenen Geldbetrages als Vergütung für erlittene Kränkungen oder andere persönliche Nachteile zusprechen, wenn dies in den besonderen Umständen des Falles begründet ist. «

[3] 4 Ob 49/95 in SZ 68/17 = ÖBl 1996, 134; hier wurde eine Geldbuße von €4.360,37 festgesetzt. Schon zuvor hatte der OGH den Ersatzanspruch juristischer Personen nach §16 Abs2 UWG bejaht (in JBl 1927, 362; 4 Ob 126/89 in MR 1990, 69 = SZ 62/192; 4 Ob 135/90 in ÖBl 1991, 58). 可进一步参见 Koziol/Warzilek, Der Schutz der Persönlichkeitsrechte gegenüber Massenmedien in Österreich, in: Koziol/Warzilek, Persönlichkeitsschutz 12 f, 14.

[4] 批评意见参见 Rixecker in MünchKomm I^5/15 §12 Anh Rz 21 f und 233.

[5] EGMR 6.4.2000, Beschwerdenr. 35382/97; 16.4.2002, Beschwerdenr. 37971/97.

[6] Persönlichkeitsschutz juristischer Personen (2007) insbesondere 200 ff.

有损害赔偿救济的重要理由。她首先指出,人格权指向社会中共同生活的人,而法人也是社会成员并且是法律活动的参与者。在法人利益受到侵害时,必须赋予其与自然人一样的救济。《奥地利民法典》第26条的规定也支持上述观点。依据该条,自然人与法人原则上具有平等的地位。虽然 Fellener 亦承认,法人不可能受到病痛的困扰,但其却强调,法人本身也不可能签订合同或者从事不法行为,但自然人的行为,即法人机关的行为同样可以归责于法人。不应当仅仅从不利于法人的角度适用权利能力中所固有的归责原则,而同样应当在规范的目的所要求的范围内,从有利于法人的角度适用该规定。就此,她认为在侵害法人精神利益的情况下,尤其是法人机关遭受不愉悦的感受时,应当赋予法人损害赔偿请求权。如果针对侵害法人精神权利的行为不存在任何惩罚的话,法律将不存在任何预防性效力,而这就是支持法人享有精神损害赔偿请求权的重要理由。

4. 物质性损害与非物质性损害

5/23　　由于恢复原状的赔偿方式在非物质性损害赔偿中具有一定的限制,并且针对精神抚慰金采取保守的救济方式,以及上文所谈到的法人是否享有精神损害赔偿等问题,都使得区分精神损害与物质损害具有极其重要的意义。在如下情形,包括丧失物的使用、丧失自由,休假与度假目的落空或者遭受侵害,以及花费落空等中,都涉及界定精神损害与物质性损害的问题。

5/24　　当一个标的物遭受毁损时,所有权人有权租赁替代物,以避免因原标的物遭受此种使用丧失而扩大损害。加害人应当赔偿受害人就此所支出的各种费用,此种费用显然是物质性损害。即使所有权人实际上并没有租赁替代物,并且也未因使用丧失而遭受扩大的财产损害,所有权人仍然有权要求加害人赔偿此种使用丧失,有时此种赔偿被称为"拟制的租赁汽车费用"(fictiver Mietwagenkosten)[1],这实际上导致救济范围的扩张。但我认为上述做法难以令人信服,因为在仅仅可能被支出,但实践中并未支出费用的情况下,其并未导致受害人财产的减损。

---

[1] *Flessner*, Geldersatz für Gebrauchsentgang, JZ 1987, 271.

依据"商品化观点"（Kommerzialisierungsthese）[1]，在必须支付金钱才能使用机动车的情况下，若此种获益遭受侵害，也属于物质性损害，这种观点论证了可赔偿的物质性损害的条件。上述观点将物质性损害建立在休闲与娱乐的丧失基础上，Larenz[2] 的观点可以作为反对理由，他认为，诸如娱乐或休闲等法益根本不是财产性法益。另外一个理论认为，使用丧失应属于财产损害，因为应当从客观的角度评价机动车使用的价值[3]。但是，所有权人的使用权仅仅是所有权的一个方面，并且在有关所有权的价值评定中已经包含了此种使用权；在计算由侵害所导致的价值减损中，实际已经包含了因使用丧失所导致的财产损害，就此受害人不应当再次单独要求损害赔偿[4]。

当然，也有人认为，因使用丧失而造成的娱乐休闲的丧失并非是独立可赔偿的财产损害，而是精神损害，但此种论证无法回避各种理论上的困境。不能仅仅通过变换概念法学上的各种表述以及归类来决定是否赔偿此种损害，因为这恰恰会掩盖真正的价值判断问题。这更多地提出了一些悬而未决的关键性价值判断问题，如是否存在此种特殊类型的精神损害，针对此种类型是否应当放弃法律对于精神损害赔偿所采取的保守立场，以及此种损害赔偿能否与成文法的规定相吻合。

如上所述，针对精神损害赔偿采取限制性规则的理由体现在，难以客观量化精神损害，而且计算此种损害也面临较大的困难。反之，如果在上述情况下不存在这两方面困难或者困难较小，则这将是支持赋予该类型下受害人享有与财产损害同样程度的精神损害赔偿的理由。论证的出发点建立在，在娱乐休闲中，在受害人丧失娱乐与自由而导致精神损害时，就像商品化观点所强调的那样，此种精神损害易于客观量化，只有在市场交易中支付相应的金钱，才能满足此种精神性利益，如通过购买或者租赁同等性质的使用标的物方可满足此种精神性利益。市场中通常就此所花

---

[1] BGH in BGHZ 98, 212. 有关学理和判决的分析参见 Ströfer, Schadensersatz und Kommerzialisierung (1982) 61 ff. 针对商品化观点的批评意见参见 von Schobel, Frustrierte Aufwendungen 61 ff.

[2] Der Vermögensbegriff im Schadensersatzrecht, Nipperdey-FS I (1965) 496.

[3] 参见 Wiese, Der Ersatz des immateriellen Schadens (1964) 19 mwN.

[4] 参见 Larenz, Nipperday-FS I 497; F. Bydlinski, Der unbekannte objektive Schaden, JBl 1966, 440; Mayer-Maly, Schadensersatz für Gebrauchsentbehrung? ZVR 1967, 286 f; Koziol, Haftpflichtrecht I³ Rz 2/110 ff.

费的支出构成计算此种精神损害范围的客观基础,这也有助于解决价值评判的问题。

5/26 在奥地利法中,此种损害赔偿建立在《奥地利民法典》第1324条所规定的一般条款基础上[1]。依据该条,只有在重大过错时才能够要求赔偿"遭受侮辱"所带来的损害,即存在精神损害[2]。与我本人此前的观点相异[3],该条所规定的损害赔偿与《奥地利民法典》第1331条的规定并不矛盾,后者针对物的损害仅仅规定赔偿符合个人偏好的价值,并且就此要求存在一个符合规定的过错要件。依据该第1331条,此时采取较为严格的前提要件,即系于需要特殊认定的过错要件,方可确定个人偏好的价值;而就其他因物的毁损所引起的可客观量化的精神损害仍然应适用《奥地利民法典》第1324条所规定的一般规则。如果针对此种个人偏好价值禁止主张精神损害赔偿,则违反了价值判断,从上述规定中也无法推导出此种禁止精神损害赔偿的规则。

5/27 在德国法中,在受害人仅仅丧失了使用物品所带来的愉悦以及休闲而遭受损害的情况下,受《德国民法典》第253条针对精神损害赔偿所作出的严格规定的限制,受害人无法获得精神损害赔偿。反之,如果在此种情况下赋予精神损害赔偿,则将构成规避法律(Umgehung des Gesetzes)。但德国目前的判例以及学说都支持受害人在上述情况下享有此种请求权,并未遇到困难。

在著名的"海上旅游案件"(Seereisefall)中[4],德国联邦最高法院将侵害度假旅游享受认定为财产损害,即旅游度假具有"商品化"的价值,从而赋予受害人损害赔偿请求权。然而,侵害休闲娱乐本身显然构成精神损害赔偿[5]。"乱贴标签"显然不能为此种损害赔偿提供令人信服的学理论证,就像丧失物品使用目的的情况,此时关键在于,在此情况下扩张性

---

[1] 需要注意的是,精神损害赔偿金一般不超过购置替代物品必要支出的费用。但如果精神损害的确超出了租赁费用,则受害人负担降低损害的义务,应在相应价格内购置替代物。

[2] 参见 *Karner/Koziol*, Ersatz ideellen Schadens 18 mwN. Grundlegend *F. Bydlinski*, Der Ersatz ideellen Schadens als sachliches und methodisches Problem, JBl 1965, 179 f, 182, 240, 247. Ihm folgend *Karner*, Ersatz ideeller Schäden 76 ff; *Koziol*, Haftpflichtrecht I³ Rz 11/6; Mayrhofer, Schuldrecht I³ 323; *Schobel*, Frustrierte Aufwendungen 23.

[3] Haftpflichtrecht I³ Rz 2/115.

[4] BGH in NJW 1956, 1234.

[5] 参见 OGH 3 Ob 544/88 in SZ 62/77 = JBl 1989, 792 (*Siegl*); *Koziol*, Haftpflichtrecht I³ Rz 2/116.

地承认精神损害赔偿是否具有事实论证的理由。如果在很大程度上存在可客观量化性以及可计算性,就可以为精神损害赔偿提供一个充分的论证。

在违约责任中,尤其在旅游合同中,如果合同的目的恰恰就是获得精神性利益,则依据奥地利法,在重大过失致人损害(《奥地利民法典》第1324条)的情况下,应赋予受害人享有精神损害赔偿请求权[1]。而根据原《德国民法典》第253条的僵硬规定,在违约责任中完全排除了精神损害赔偿,受害人显然不能就此主张精神损害赔偿。现实中,德国法有意识地通过不同程度的概念法学中的拟制方法,将这些精神利益纳入到财产损害中,实际上规避了《德国民法典》中法定的价值判断[2]。

德国民法的此种规避法律的做法,在学理上本身属于一种难以成功的规避法律的尝试。实际上,《德国民法典》第651条目前针对旅游合同中侵害度假娱乐规定了一个相应的损害赔偿,其本质就是精神损害赔偿[3]。然而,由于这一新的规定,导致在德国法中,旅游合同与其他合同之间存在一个难以消解的矛盾。而在奥地利法中,《消费者保护法》第31e条第3款就旅游合同明确规定了精神损害赔偿的内容[4]。上述此种规则取决于侵害的严重程度,从而与损害赔偿的整体方案并行不悖。此种侵害度假休闲娱乐所导致的金钱损害赔偿,以严重违反旅游合同为前提,并且即使在轻微过失导致此种重大违约的情况下,受害人亦可以要求此种损害赔偿,这有别于《奥地利民法典》第1324条的规定。这与精神损害赔偿的一般规则并不矛盾,相反,其贯彻了一般原则,申言之,只有在遭受严重侵害的情况下[5],受害人方可要求精神损害赔偿,这要么取决于过错的严重程度,要么取决于损害的严重性。

在一些情况下,可以将支出落空(Frustrierte Aufwendungen)明确归入财产损害的范围,尤其是那些因信赖合同应当会生效而履行或接受对待履行所产生,但因合同无效或者履行不能导致不能实现其目的的费用。此种丧失目的的财产性支出系由合同当事人所引发,因此在合同当事人

---

[1] *Karner/Koziol*, Ersatz ideellen Schadens 109 f mwN.
[2] 参见 *Stoll*, JZ 1975, 255.
[3] *Geib* in Bamberger/Roth, BGB II² § 651f Rz 17 mit weiteren Angaben.
[4] 参见 *Karner/Koziol*, Ersatz ideellen Schadens 114 f.
[5] 参见 *F. Bydlinski*, System und Prinzipien 224.

具有过错的情况下,其应当赔偿受害人此种财产性损失[1]。《德国民法典》第284条明确规定了这一点。

而在其他情况下,在支出落空与财产损害之间往往缺乏因果联系。例如,加害人毁损他人机动车,导致该机动车须接受两周的修理,机动车的所有权人须继续支付车库租赁费、强制责任保险费以及机动车税收等。然而,上述各种费用并非由加害人造成,即使在未遭受损害的情况下,所有权人仍须支付上述费用。加害人所导致的损害应当限于所有权人丧失其物的使用目的——如所有权人无法继续使用其机动车[2]——但其仍须支出的费用的范围。

5/30 依据目前通说,上述所分析的各种费用落空,同样属于财产损害。实际上,此时在侵害行为与损害财产之间并无因果联系,导致缺乏损害赔偿责任的前提要件[3]。上述处理方法并不能令人信服,并且掩盖了此种情况下的真正问题,即加害人所引发的损害并非财产性的费用支出,而体现为丧失了对机动车的使用。只要对他人的使用构成妨害,例如,导致无法行驶,则构成财产方面的不利,这显然构成财产损害;反之,如果受害人因使用丧失而遭受娱乐休闲损害,则涉及精神损害。因此,费用落空所引起的精神损害赔偿,应受制于侵权法针对精神损害赔偿所规定的一般限制。由于此处拟制认定存在财产损害,从而规避了真正的关键性价值判断问题,即是否应放弃目前针对精神损害赔偿所采取的保守立场,以及是否应如同针对广义财产那样,针对费用落空同样赋予受害人损害赔偿的权利。

5/31 针对上述问题,Schobel[4] 提出了区别对待的方案,令人信服。他基于法律的价值判断,发展出了一个比较动态的整体方案(参见上文第五章边注19),据此判断各种类型的费用落空所引发的损害赔偿问题。就当前经常讨论并且具有实践意义的机动车一般费用落空的案件,Schobel[5] 认为,应考虑此种损害是否更接近于财产损害,针对费用落空是否可相应地计算精神损害赔偿,是否存在高度盖然性以及强烈的违法性,如果能够满足上述

---

[1] Koziol, Haftpflichtrecht I³ Rz 2/87 ff, 99 ff und 119 mwN.
[2] 对该问题的详细分析可参见 Schobel, Frustrierte Aufwendungen 1 ff.
[3] 具体参见 Koziol, Haftpflichtrecht I³ Rz 2/120 f; Schobel, Frustrierte Aufwendungen 61.
[4] Schobel, Frustrierte Aufwendungen 171 ff.
[5] Schobel, Frustrierte Aufwendungen 307 ff.

要求,则即使加害人仅具有轻微过失,受害人仍然有权要求精神损害赔偿。

五、事实上的损害与计算上的损害

当事人所享有的法益在事实层面发生消极改变,即为事实损害。例如,汽车转弯时发生碰撞、火灾焚毁书籍、匕首所引起的伤口、涉及他人名誉的评论导致他人声望降低等。《奥地利民法典》第1293条,针对损害给出了广义定义,其中包含此种事实上的损害。 5/32

此种事实损害的概念之于法律后果具有重要意义,因为旨在恢复此前状态(《奥地利民法典》第1323条)或者应有状态(《德国民法典》第249条第1款)的恢复原状赔偿方式,建立在对现实损害的赔偿基础上。但事实损害并不取决于是否可以金钱计算财产或者精神法益是否发生减损。就精神损害赔偿而言,上述观点尤其具有重要意义,因为恢复原状的赔偿方式本质上并非以可以金钱计算精神损害为前提(上文第五章边注20以及下文第八章边注14)。 5/33

与之相反,在可以金钱计算财产损害时,通常采取差额计算方法(Differenzrechnung),但经此方法所得出的结果可能千差万别。德国学者 *Mommsen*[1] 最早提出了此种理论。依据该理论,在分析受害人整体财产中已经出现的不利益与将来还将继续出现的不利益的基础上,将假设不发生加害事由的理论上的财产状态与因发生加害事由而存在的事实状态加以比较,进而可以得出损害的范围。由于此种侵害他人利益所引发的损害范围,包括受害人财产整体所遭受的影响,因此,此种损害被认为是主观具体的损害(subjektiv-konkreter Schaden)。在计算损害时,虽然受害人的财产所遭受的消极影响有可能尚未完全出现,但依据法律,受害人仍然享有针对最终所有损害的赔偿请求权,即针对将要出现的损害,存在充分的理由将其计算入整体损害的范围(《奥地利民法典》第1293条、《德国民法典》第252条,详细参见下文第八章边注17以下内容)。 5/34

反之,依据权利继续思想,应当基于市场交易中的一般价值(Verkehrswert/gemeiner Wert,参见《奥地利民法典》第305条、第1332条)来确定一个特定财产法益(而不是整个受害人的财产——译者)所遭受的不利 5/35

---

[1] *Mommsen*, Zur Lehre von dem Interesse (1855) 11.

益变化,此种意义上的损害为客观抽象的损害。上述此种损害计算方法不考虑此种损害与受害人其他法益的关联,也不考虑其对现有整体财产的影响。换言之,不考虑假设没有加害事由,受害人的整体财产将如何发展,是否可获得利润。虽然此种方法也必须采取差额计算方法,但不同于上述所谓的差额理论,客观抽象计算方法并不建立在具体受害人的整体财产基础上,而差额理论的目的在于确定受害人整体上所遭受的法益损害。因此,依据客观计算方法计算损害范围时,并不考虑受害人主观上的使用可能以及其他获得利益的可能,相反,其采纳被侵害的法益在市场交易中的客观价值来确定其是否获得损害赔偿。就像《奥地利民法典》第305条所规定的那样,此种客观计算的损害取决于该物的使用价值,即"考虑到时间和地点,该物通常和一般所能提供的使用"。因为此处恰恰是从受害人的主观情势出发,较之于依据"物的正常流转"所计算的可得利益丧失,此种客观计算具有更高的客观性。

就像在计算可得利益丧失中所体现的那样,客观抽象的损害与主观具体的损害在时间方面也存在差异。前者并不考虑受害人的财产在将来可发生的变化。如同《奥地利民法典》第1332条所规定的那样,"依据物在被侵害之时所享有的一般价值来赔偿"此种损害。依据权利继续思想,只有侵害当时的一般价值对损害的计算起关键意义,该价值决定了替代被毁损法益的损害赔偿请求权的大小。

5/36　　可计算的损害只能适用于财产损害,因为无法以金钱计算精神损害的范围。但如果没有其他可能,只能够以金钱方式赔偿精神损害,即赋予受害人享有一定数额的精神抚慰金,可使受害人在相应的程度内就其所遭受的不愉悦尽可能获得快乐补偿[1]。

六、积极损害与可得利益丧失

5/37　　依据《德国民法典》第252条的规定,损害可以分为积极损害与可得利益丧失,但此种区分已无太大意义,因为德国法目前已经明确规定,所应赔偿的损害范围包括可得利益。

---

[1] 就该问题的分析参见 F. Bydlinski, Die » Umrechnung « immaterieller Schäden in Geld, Liber amicorum for Pierre Widmer (2003) 27, und unten Rz 8/15 f.

《奥地利民法典》也区分积极损害与可得利益丧失。依据《奥地利民法典》第 1323 条和第 1324 条,此种区分在奥地利法中仍具有重要的意义,因为在加害人仅具有轻微过失的情况下,受害人只能要求赔偿积极损害;只有在重大过错的情况下,加害人方须赔偿可得利益丧失。此种规定的背后隐藏着如下思想,即较之于可得利益,现存法益的丧失对受害人产生更为严重的影响,但此种思想显然值得商榷。将损害赔偿的范围严格系于过错程度的做法遭到了学者们的批评,这种批评显然是正确的[1]。甚至判决也公开认为此种严格区分并无意义,因为实践中已经扩大了积极损害的概念,从而导致可得利益丧失的赔偿仅具有很小的意义。对于侵害那些依据交易观念具有稳定盖然性的可实现的获利机会,可以将其视为积极损害[2]。《奥地利侵权责任法草案》放弃了将积极损害的赔偿系于轻微过失的严格做法,转而原则上规定,无论加害人存在何种程度的过错,都必须负担所有损害的赔偿责任。

七、错误出生时的损害?

1. 不同的解决方案[3]

在有关错误出生的讨论中,学者们往往采取一种论战和情绪化的方式,进而错误地认为,可以将错误出生的儿童视为一种损害。显然,这并非讨论的关键,因为所有谨慎负责的观点[4]都认为,儿童并非损害。奥

---

[1] 参见 F. Bydlinski, System und Prinzipien 225 ff.

[2] OGH 1 Ob 315/97y in SZ 71/56; weitere Angaben bei Karner in KBB, ABGB² § 1293 Rz 5.

[3] 比较法上的分析参见 Brüggemeier, Haftungsrecht 225 ff; van Dam, Tort Law 156 ff; Koziol/B. C. Steininger, Schadenersatz bei ungeplanter Geburt eines Kindes, RZ 2008, 140 ff.

[4] 奥地利最高法院(OGH)在其判决[5 Ob 148/07m in JBl 2008, 490 (Pletzer) = RZ 2008, 161 unter Punkt 4.2.2.]中指出:"当然不能将婴儿的出生与生存视为损害。"Geburt und Existenz eines Kindes können selbstverständlich auch nicht als Schaden betrachtet werden. 《德国联邦最高法院(BGHZ 124, 128)也持同样观点。Picker, Schadensersatz für das unerwünschte Kind (»Wrongful birth«), AcP 195 (1995) 501 ff, 他指出了一个毫无争议的规则,即人本身不能被视为"损害"或者"不利益",但针对区分婴儿与抚养需要,他并未提出令人信服的反对理由,其反对赔偿抚养支出的意见也同样无法令人信服。相关批评意见参见 Koziol, Haftpflichtrecht I³ Rz 2/25.

地利联邦最高法院[1]正确地指出,应当将因错误出生所引发的各种额外花费或者负担理解为损害,并强调,"在《奥地利民法典》第 1293 条所规定的意义上,因儿童错误出生给当事人带来的额外支出的抚养费用构成损害,就此不仅不应怀疑,相反,此种损害确定无疑地存在"。关键性的问题体现在,能否就此种抚养费用要求损害赔偿。Franz Bydlinski[2]针对上述问题,清晰地提出了关键性的基本立场以及基本价值判断,他认为,就此涉及要么自始至终贯彻家庭法上的方案,要么贯彻侵权责任法的方案。

5/40　　依据家庭法的解决方案,儿童出生所引起的人身以及财产方面的法律后果应当完全由家庭法来调整。据此,儿童或者至少儿童出生所造成的经济上的支出,无法引起侵权责任法上的后果。而依据侵权责任法的解决方案,应当考察侵权责任法上的归责标准,检讨儿童出生所带来的财产方面的影响是否具有可赔偿性。依据差额理论,采纳侵权责任法的解决路径可认定错误出生给其父母带来损害,因为父母负担抚养义务显然给其财产造成减损的后果;如果此种损害是由违法、过错的加害人所引发,则加害人显然应赔偿此种损害。

5/41　　在德国法中[3],通说认为,就儿童错误出生所引起的抚养费用支出,受害人原则上可以要求赔偿。而奥地利联邦最高法院[4]继续采取了一个折中、妥协的解决方案[5],《奥地利侵权责任法草案》2007 年 6 月稿(第 1321 条第 1 款)也采取了此种观点。依据这一观点,一方面,遵循家庭法的解决方案,认定因抚养请求权所引起的损害并不具有赔偿性,其理由在于,加害人不仅引发了父母额外支出抚养费用的义务,而且还造成了一个广泛的家庭法上的关系,该关系包括物质上以及非物质上的权利和义务;由于此种物质上与非物质上的关系相互交叉在一起,就此无法作出明确

---

[1] 具体判决参见 5 Ob 148/07m unter Punkt 4.2.1.

[2] *F. Bydlinski*, Das Kind als Schadensursache im Österreichischen Recht, Liber amicorum for Helmut Koziol (2000) 34 ff. 参见 die ausführliche Untersuchung von *Ch. Hirsch*, Arzthaftung bei fehlgeschlagener Familienplanung (2002) 23ff; ferner *Koziol/B. C. Steininger*, RZ 2008, 138.

[3] BGH in BGHZ 76, 249; BGHZ 124, 128; *Oetker* in MünchKomm, BGB II⁵ § 249 Rz 33 ff; *G. Wagner* in MünchKomm, BGB V⁵ § 823 Rz 86 ff.

[4] *Koziol/B. C. Steininger*, RZ 2008, 138 ff;参见其中比较法上的分析。

[5] *Koziol*, Haftpflichtrecht I³ Rz 2/28 f; 赞同此种方案的详细论证参见 *Ch. Hirsch*, Familienplanung 50 ff.

区分，因此不能孤立地认定此处仅存在一个义务，相反，应当从整体关系出发，原则上不能将此种复杂的关系认定为损害。但另一方面，依据此种折中解决方案，当父母所负担的抚养义务对其构成完全特殊的负担，导致家庭法上的整个关系并不能对父母作出相应的补偿，此时应认定受害人享有损害赔偿请求权。

针对错误出生是否给父母造成损害，不应当以父母针对不同程度的残疾子女所应负担的抚养[1]作为判断标准，相反，应取决于父母的经济状态，即父母是否因承担抚养义务而遭受特别的负担。针对一个健康的儿童所应负担的一般抚养义务，也可能给其父母造成负担。当然，针对残疾儿童须承担高额的负担，但如果父母具有相应的经济能力，此时也可能并不存在高额负担。

上述折中观点难以界定一般负担与特别负担[2]，而且其正当性也面临一个原则性的理论问题。就此下文将作详细探讨。

2. 方法论上的正当性

就像 F. Bydlinski[3] 所强调的那样，上述两种基本价值判断相互对立，从而造成两种截然相反的结果。换言之，人的尊严与家庭成员相互照顾的基本原则要求将损害的概念纳入到有关人的解释中，而损害赔偿责任的各种功能以及归责事由却要求针对损害孤立地采取财产法的角度。因此，针对上述问题必须遵循法的基本原则，涉及就两个相互矛盾的原则如何进行裁量的疑难问题。由于上述两个原则所发生的冲突并非完全对立，因此可以就其作出进一步的优化，即通过价值裁量得出哪个具有优先适用的地位。需要确定的是，在上述两个原则相互冲突的领域，究竟在多大范围内以及在哪些事实构成情况下，可优先采取哪个原则。如果限制一个原则的适用，能够同时提高与其相对立的另一个原则的适用，则可以就该原则采取限制措施["利益裁量法则"（Abwägungsgesetz）]。此外，

---

[1] Ch. Hirsch, Familienplanung 51. 其观点可资赞同；奥地利最高法院在一系列判决中倾向于采纳此种观点。相关案例分析参见 Koziol/B. C. Steininger, RZ 2008, 138 ff, und von B. C. Steininger, Wrongful birth revisited: Judikatur zum Ersatz des Unterhaltsaufwands nach wie vor uneinheitlich, ÖJZ 2008, 436.

[2] 详细分析参见 Ch. Hirsch, Familienplanung 82 ff.

[3] F. Bydlinski, Liber amicorum for Helmut Koziol 39 ff.

在裁量时不能完全漠视一个原则的适用，因为这些原则在法律中享有平等的效力。

5/43 F. Bydlinski 指出，无论是家庭法的解决路径还是侵权责任法的解决模式都具有瑕疵。其中第一种模式拒绝承认任何损害赔偿，导致其完全忽视了侵权责任法的基本功能以及归责原则。而纯粹的损害赔偿模式仅仅孤立地考虑财产法上的后果，导致其完全忽视了"损害来源"的人的自身价值。因此在上述两种模式中，这些相互对立的原则存在交叉，须结合具体问题确定优先适用的原则，但并不能仅凭价值裁量简单认为某种原则具有完全确定的"优先关系"。

5/44 上述建议折中使用不同原则的方法论，其合法性基础体现在各种原则的价值裁量（Prinzipienabwägung）中[1]；例如，侵权责任法的目的并不是转移家庭法上所调整的各种损害，此种损害体现为侵害了错误出生儿童的生存以及人的自我价值。诚如 F. Bydlinski 所强调的那样，在价值裁量时，人的尊严与家庭成员相互照顾的基本原则优先于损害赔偿功能及其归责事由。在作相反的利益裁量时，如果抚养儿童对其父母构成一个极其特殊的负担，则有关人的尊严以及家庭照顾的基本原则必须受到限制，转而适用侵权责任法的原则。

5/45 我个人认为，不仅从较高层次的一般的法的原则中可以找到上述折中方案在学理上的正当性，而且于较低的方法论层面，即侵权责任法层面，也可发现其正当性。

依据上述折中方案，由于在错误出生时形成了一个全面的家庭法上的关系，就此需要考察各种不同的物质上与精神上的内容，而不能孤立地看待此种抚养义务给父母带来的负担。综上所述，在一般情况下，错误出生时，父母原则上不享有损害赔偿请求权[2]。显然，无法将婴儿出生所引发的父母子女全方位的各种关系，在整体上视为财产损害。此种物质上与精神上的权利义务关系相互纠缠不可区分，从而形成一个整体，显然不能孤立地构建一个义务，并将其认定为损害。

5/46 从结果来看，在财产损害赔偿领域，至少应当承认所谓的损益相抵（Vorteilsanrechnung）。通过借鉴所谓的差额理论计算损害的方法，可以

---

[1] F. Bydlinski, Liber amicorum for Helmut Koziol 45 f, 65.

[2] 参见 Koziol, Haftpflichtrecht I³ Rz 2/28 mwN; Ch. Hirsch, Familienplanung 53 f.

部分得出上述此种损益相抵的具体范围。申言之，通过比较假设未发生此种加害事由时受害人的财产状态与因加害事由给受害人的财产造成的事实上的变化，即可得出此种损害的范围[1]。由于在计算中考虑到了受害人的整体财产状态，所以应考虑受害人从错误出生中所获的得利，二者可以抵销。当然不能机械地计算此种损益相抵，而应当采取一种价值评判的方式[2]。

当然，只能在财产法领域承认此种得利折算，因此，在计算精神抚慰金时不能扣除物质性方面的得利；同样，在计算财产性损失时不能就精神方面的得利进行折算[3]。上述两方面的建议完全必要，因为如果将受害人精神方面的得利折抵为财产损害，则受害人仅能获得一部分的赔偿，导致受害人就其所遭受的直接财产损害无法获得全部赔偿。考虑到侵权责任法针对财产损害采取全额赔偿，上述方案显得有些不足。

然而此种论证并非是强制性的，相反，如果能够证明受害人遭受了其他损害，则可以推翻上述做法。就损害赔偿的功能而言，应当孤立地考察财产领域，还是仅仅考察精神领域[4]？我认为，从补偿功能出发，可以从整体上看待损害，通过比较受害人同时在物质与精神方面的得利与受损，依据所得出的数额（die Summe der materiellen und immateriellen Nachteile und Vorteile）进行赔偿。当然就此也可以采取另外一种论证方式，即从另外一个角度出发，认为受害人因错误出生而在精神方面获得利益，导致其整体上的状态优于未发生错误出生时的状态，而在损害计算时并未考虑受害人由此所享有的利益。虽然法律明确规定了精神利益的计算，并采取金钱赔偿方式——当然此种计算面临很大困难，但就此并不能简单地认为在整体计算时就无须考虑受害人在精神方面所获得的利益。

显然，上述观点在有些方面的确难以令人信服。但需要指出的是，就总体计算而言，由于法律并非始终认为任何精神利益均具有可赔偿性，并且其赔偿的前提与财产损害赔偿也完全迥异。所以，针对精神损害赔偿

---

[1] 参见 *Karner* in KBB, ABGB² § 1293 Rz 9 mwN.
[2] *Karner* in KBB, ABGB² § 1295 Rz 16 mwN.
[3] 就此参见 *Pletzer*, Vorteilsausgleich beim Schmerzengeld? JBl 2007, 428 ff.
[4] *Engel*, Haftung Dritter für die unerwünschte Geburt eines Kindes, ÖJZ 1999, 627, 作者认为，应当采取同种利益同等对待的方式计算，不能以财产利益填补精神利益。当然必须从同种利益出发计算损害，但这并不反对我们通过金钱计算精神损害。此时可以再考虑纳入其他损害。

的折算至少也应当采取相应的谨慎态度。就此应当采取一个较为严格的差额计算。在将精神方面的得利与物质方面的损害进行折算时,需考虑此处是否具有特殊性,从而允许采取本书所主张的物质损害与精神损害损益相抵的计算路径。[1]

我个人认为,本书此处所讨论的情况完全具有其特殊性,因为加害人不仅引发受害人负担抚养义务,而且还创造了一个全面的家庭法上的关系,各种物质与非物质的内容纠缠于其中。加害人所引发的家庭法上的此种关系不能够简单地归入物质领域或非物质领域。如果只是采取以偏概全、忽视其他方面的做法,这显然具有随意性,并且也违反了全面认定损害的基本原则。

Engel[2] 就此提出不同意见,他认为,抚养义务在财产上具有独立性,并且通过列举一些抚养关系中的特殊例子,来证明其观点的正确性。不可否认,依据《奥地利民法典》第 1327 条以及《德国民法典》第 844 条,因死亡而丧失抚养来源的人可以单独主张抚养请求权。但必须指出的是,在上述情况下恰恰不存在本书此处所讨论的特殊性,因为死亡并没有同时给被抚养人带来愉悦等精神方面的利益。在因子女受到侵害导致父母承担更高的抚养义务,进而单独主张增加抚养费用的情况下,亦是如此。在上述情况下,子女受到侵害显然不能给父母带来精神方面的好处。还需注意的是,加害人的行为仅仅引发了父母在财产方面的支出,而丝毫没有影响到父母与其子女之间的其他关系。从因果关系的角度出发,侵害子女的行为显然并未影响父母与儿童之间的其他关系。这些都表明,在此情况下不会引发家庭法上整体关系的变化。

3. 因家庭计划落空(Vereitelung der Familienplanung)而引发精神损害赔偿?

就像 F. Bydlinski[3] 所强调的那样,针对过错"破坏计划生育"的情况,奥地利现行法并不承认受害人享有精神损害赔偿请求权。F. Byd-

---

[1] Engel, ÖJZ 1999, 627, 以及 Pletzer, JBl 2007, 430, 恰恰将此处颇有意思的案例作为其拒绝采纳损益相抵观点的事例。

[2] ÖJZ 1999, 627.

[3] Das Kind als Schadensursache im Österreichischen Recht, Liber amicorum for Helmut Koziol (2000) 63.

linski 指出，如果承认此种请求权，对医疗合同的过错违约行为将产生侵权责任法上的惩罚，则可产生相应的预防效果。但他指出，上述路径存在一定问题，"因为此处将婴儿出生认定为父母在精神方面所遭受的损害，但显然，此种做法与婴儿所具有的自身的人格价值无法吻合"。

Ch. Hirsch[1]也同样认为，承认保护计划生育的自由意志权利（das Recht auf freie Willensbildung），也只能够在很小范围内向受害人提供侵权法的救济；在医生具有过失错误行为时，受害人不应享有损害赔偿请求权。依据其观点，如果破坏计划生育所产生的精神损害属于合同法的保护范围，并且医生存在重大过错（《奥地利民法典》第 1323 条、第 1324 条），则在违约责任领域可以承认此种精神损害赔偿请求权。就何时何处存在此种精神性损害的问题，Ch. Hirsch 也面临论证的困难。针对破坏家庭计划而产生的各种后果损害，如必须照顾儿童，破坏了生活计划、职业与休闲利益等，他认为就此不应赋予父母损害赔偿请求权，主要原因在于，父母因子女出生所获得的利益可以填补其在精神方面所遭受的不利，从而就父母而言，其仅剩下因违反其意志而生育子女所获得的不愉悦感受。除了难以客观计算此种感受的因素外，"错误出生"虽然破坏了父母的家庭计划，但子女出生给父母也带来了精神方面的利益，因此，父母就此是否真正遭受相关损害，是极其令人怀疑的。

上述论证没有充分考虑到，错误出生所带来的问题并非体现在因儿童出生给父母造成的精神方面的获益与损害，而在于涉及父母处分自由落空的问题。如果就因婴儿出生所产生的获益与损害已经进行折抵的话，则在考虑赔偿父母丧失处分自由时，不应再次考虑就此所获得的利益。依据目前奥地利法的规定，在医师具有重大过错的情况下，父母因决定自由落空应享有损害赔偿请求权（《奥地利民法典》第 1323 条、第 1324 条）。

《奥地利侵权责任法草案》在其 2007 年 6 月稿中明确规定了此种精神损害赔偿请求权[2]。

---

[1] Arzthaftung bei fehlgeschlagener Familienplanung (2002) 210 ff.
[2] 《奥地利侵权责任法草案》第 1321 条第 1 款："因违反合同约定，使得父母合法决定不生育子女的决定落空的人，应适当赔偿侵害父母决定自由而造成的精神损害。"

□ 第二节 因果关系

一、侵权责任法上因果关系概念的规范性特征

5/53 　　如果将受害人遭受的损害转移至他人处,即赋予受害人享有损害赔偿请求权,则依据私法上的双向主体正当性基本原则(Strukturprinzip der beidseitigen Rechtfertigung)(参加上文第二章边注 87 的论述),不仅要求债权人享有受法律保护的利益,而且还必须存在债务人针对受害人负担损害赔偿义务的事实。除了各种归责事由,还需要一个基本前提要件,即一个与损害"具有某种关系"的人针对受害人负担赔偿义务,换言之,在赔偿义务人或者其控制的范围与所发生的损害之间存在因果联系。几乎所有国家以及地区的法律[1]都不同程度地将责任人与所发生的损害之间存在因果联系规定为损害赔偿义务的前提条件,即责任人本人或者其领域必须引发了此种损害。就像 F. Bydlinski[2]明确指出的那样,各国法律就因果关系存在众多一致的规定,即在人与涉及人的外在的状态或事件之间具有一个相关的、可认知的因果关系。如果缺乏外在事实或者精神方面的因果关系,将无法理解人与人在社会交往中的责任问题。只有借助于此种标准才能够将一个消极的或积极的行为归责于一个特定的人。

5/54 　　诚如上文所言,亦如 F. Bydlinski 所强调的那样,侵权责任法中的因果关系并非一个自然的、日常理论中的或者自然科学上的概念,相反,其具有规范上的内容,是一个法律概念[3],因为此种法律上的因果联系的目的在于认定法律上的归责。因果关系概念的法律属性在很多方面都有明确体现[4]。

---

[1] *Zimmermann*, Conditio sine qua non in General-Comparative Report, in: Winiger/Koziol/B. A. Koch/Zimmermann, Digest I 1/29 Rz 1 ff;

[2] *F. Bydlinski*, Causation as a Legal Phenomenon, in: Tichý, Causation 8 f. Vgl schon *denselben*, System und Prinzipien 185 ff.

[3] 同样的观点参见 *von Bar*, Deliktsrecht II Rz 438; *van Dam*, Tort Law 270; *Hart/Honoré*, Causation in the Law² (1985) 101 ff.

[4] 下文详细分析参见 *Koziol*, Natural and Legal Causation, in: Tichý, Causation 51 ff.

当然，针对事实上的损害，可以在自然或者甚至自然科学意义上使用"因果联系"的概念，此种因果关系仅限于恢复原状的责任方式。但在实践中，金钱赔偿具有更为重要的意义，此时须通过计算来确定相关的损害及其具体数额。因此，侵权责任法中起决定意义的损害就体现为真实的与假设的经济状态之间的差额。当法学家论及损害的因果关系时，首先立足于一个真实的状态，然后将此种状态作为计算损害的基础。依据各种不同的法律规定，针对损害计算可以采取主观具体的方式或者客观抽象的方式[1]。

不作为引发损害的因果关系（下文第五章边注 64 以下），以及所谓的聚合因果关系、超越因果关系或者替代因果关系（第五章边注 75 以下以及边注 108 以下），都体现了侵权责任法上因果关系概念的规范性特征。 5/55

"法律上因果关系"（legal causation）的概念具有不同于其规范性的特征，即以归责为前提，建立在价值判断基础上，如相当性或者规范的保护目的（Adäquaz oder der Schutzzweck der Norm）。基于此种价值判断的归责前提，即使采取条件说（conditio sine qua non）能够认定因果关系，但基于完全不同的观点，在此情况下仍然可以认定不存在损害归责[2]。 5/56

二、原因作为必要的条件

依据目前的奥地利法[3]与德国法[4]，原因被视为必要条件，基于条件理论可以检讨是否存在此种原因性[5]。具体而言，当假设不存在一种状态时，即不会发生此种后果，则可认定此种状态即为该后果的原因。《奥地利侵权责任法草案》同样采取了此种条件理论（第 1294 条）。几乎所有其他国家的法律，都采取此种条件说或者与其并无本质差别的若无 5/57

---

[1] 参见 F. Bydlinski, Schadensverursachung 21; Koziol, Haftpflichtrecht I³ Rz 3/2; Schulin, Der natürliche-vorrechtliche-Kausalitätsbegriff im zivilen Schadensersatzrecht (1976) 164 ff.

[2] 参见 Koziol in: Tichý, Causation 59 ff.

[3] Koziol, Haftpflichtrecht I³ Rz 3/5 ff mwN.

[4] Lange/Schiemann, Schadensersatz³ 79 ff mwN.

[5] 有关符合规律的条件理论存在的问题请参见 F. Bydlinski, Causation as a Legal Phenomenon, in: Tichý, Causation 15; Koziol, Haftpflichtrecht I³ Rz 3/7. Gebauer, Hypothetische Kausalität und Haftungsgrund (2007) 8, 他认为，某个行为无法满足"若无法则"，但若其结果符合自然规律，则同样可以成立因果关系。

法则(but-for-test)[1]来认定此种原因性。欧洲法院[2]也同样采取了此种判断标准。此外,欧洲侵权法研究小组所起草的《欧洲侵权法原则》亦不例外(第3:101条)。

5/58　　此外,理论上还广泛承认,因果关系还必须满足如下前提,即因果关系作为归责要件之一,必须确保只有那些至少在抽象意义上可避免的损害才具有可归责性[3]。依据条件理论,某人行为引发了损害,如果其从事其他行为仍然无法避免此种损害的发生,则此种损害无法归责于该行为人。假设某人根本无法防止损害的发生,则无论如何都无法就此责难该行为人;就其行为而言,即使在最为抽象的层面上,也无法认定该行为具有违法性,所以不能就此种行为归责。正是在此种意义上,*Schulin*[4]认为,"如果赔偿义务人根本不可能避免损害的发生,则意味着,其不应当承担此种损害赔偿责任"。

5/59　　针对条件说存在如下批评意见,即条件说可以将一个过度宽泛,甚至是毫无边界的事件视为原因。例如,依据该理论,任何损害都建立在难以计算的各种条件基础上,如果受害人自身构成损害赔偿的必要前提,则应当令其自己承担损害的不利后果,而这显然错误。但需要指出的是,仅仅存在因果关系并不足以达到损害归责。就此需要与其他责任构成要件相互作用,其中首先要与过错或者保有其他特殊危险的归责事由相结合,来认定是否成立责任。然而,因果关系总是扮演着第一层次的过滤角色,即界定归责最可能的外围领域[5]。换言之,如果在最抽象的意义上也不可能引发损害,则针对此种损害,无论如何也不可能发生侵权责任问题。

5/60　　不仅如此,必要条件理论还面临如下批评,即条件理论仅仅指出了一

---

[1] 参见 *von Bar*, Deliktsrecht II Rz 411 and 413; *Brüggemeier*, Haftungsrecht 27 ff; *van Dam*, Tort Law 268 f; *Deakin/Johnston/Markesinis*, Markesinis &. Deakin's Tort Law[6] (2007) 244; *Zimmermann*, Conditio sine qua non in General-Comparative Report, in: Winiger/Koziol/B. A. Koch/Zimmermann, Digest I 1/29 Rz 1 und 4. Es finden sich allerdings auch kritische Stimmen, siehe etwa *Wright*, Causation in Tort Law, 73 Cal L Rev 1985, 1775 ff.

[2] 参见 C-358/90 *Compagnia Italiana Alcool Sas di Mario Mariano & Co.* [1992] ECR, I-2457; *Wurmnest*, Grundzüge eines europäischen Haftungsrechts (2003) 177 f; *Durant*, Causation, in: Koziol/Schulze, EC Tort Law Rz 3/29 ff.

[3] 参见 *F. Bydlinski* in: Tichý, Causation 14 f; *Röckrath*, Kausalität, Wahrscheinlichkeit und Haftung (2004) 8, 12 ff.

[4] Kausalitätsbegriff 27.

[5] 同样可参见 *Spickhoff*, Folgenzurechnung im Schadensersatzrecht: Gründe und Grenzen, in: E. Lorenz (Hrsg), Karlsruher Forum 2007 (2008) 15 ff.

个前提,但却无法回答条件关联性的问题[1]。此种批评虽然不无道理,但其忽视了条件理论的真正任务。我们不能忽视条件理论的价值[2],具体而言,即假设不发生一个事件时[3],进而探求,后果是否仍然会出现。当然,此时尚没有回答关键性的问题,即假设的事件是否导致发生同样后果。此后还存在一个真正的任务,即借助所有经验法则与科学认知,去检讨事实上发生的以及理论假设的事件可能产生的后果。条件理论仅仅表明如何开展此种检讨,但不能替代此种检讨,就像指示牌仅仅告诉登山者路线而不能将其带到终点那样,条件理论并非毫无意义。

除此之外,条件说本质上还具有一种警示功能(Warnfunktion);具体而言,它提醒人们哪些问题值得探讨,在解决这些问题时要求作出原则性的思考。在所谓的替代因果、聚合因果以及超越因果中,条件理论同样具有重要意义。

三、因控制范围产生的因果关系

雇主责任以及就特殊风险来源承担责任的危险责任都表明,侵权责任并不必然以责任人从事了引发损害的加害行为为前提。*Wilburg*[4]正确地强调,责任人通常至少间接地参与到损害发生的原因锁链中;例如,责任人雇佣了此后侵害他人的雇员、保有引发损害的物品或者从事危险活动。但 *Wilburg*[5] 与 *F. Bydlinski*[6] 也同样提请注意,在一些情况下,即使责任人或者其代理人在损害发生之前应当解雇直接引发损害的雇佣人或者抛弃相关物品,也不能就此认定,责任人间接引发了此种损害。但上述观点值得商榷,例如,当一个未成年人继承了一个铁路公司,

---

[1] 参见 *Burgstaller*, Das Fahrlässigkeitsdelikt im Strafrecht (1974) 34; *Gottwald*, Kausalität und Zurechnung, Karlsruher Forum 1986, 6; *Schulin*, Der natürliche-vorrechtliche-Kausalitätsbegriff im zivilen Schadensersatzrecht (1976) 105 ff.

[2] 有关条件理论存在的缺点请参见 *Koziol*, Haftpflichtrecht I³ Rz 3/5 ff.

[3] 有关检讨因果关系时的添加法和剔除法请参见 *Riss*, Hypothetische Kausalität, objektive Berechnung bloßer Vermögensschäden und Ersatz verlorener Prozesschancen, JBl 2004, 423, insbesondere 427 ff; *Koziol*, Wegdenken und Hinzudenken bei der Kausalitätsprüfung, RdW 2007, 12.

[4] Elemente 6 f, 40 ff.

[5] Elemente 6.

[6] *F. Bydlinski*, Causation as a Legal Phenomenon, in: *Tichý*, Causation 9.

但其无法定代理人,自然无法就雇佣或者所保有的风险施加影响,此时并不能因为这些原因,就认为该未成年人不承担责任。

5/63　　就像 F. Bydlinski 正确强调的那样,在某些情况下,只要雇佣人领域或者物的保有领域(Gehilfen-und Sachsphäre)与损害之间存在因果联系,显然无须考虑责任人本人或者其法定代理人是否采取了相应的行为,即可足以成立因果关系。依据其观点,目的性原则(Zweckmäßigkeitsaspekt)也同样支持此种解决方案,否则,那些通常无法解决的问题,即责任人本人或者其代理人就加害行为是否真正存在施加影响的真实可能(事实上,根本无法界定此种可能),将可能变得至关重要。补偿正义原则也要求,由那些获得利益的人承担此种损害[1]。

因此,在因自身行为而产生的因果关系之外,行为人自身控制的领域在很大程度上也可构成原因。

四、不作为作为原因

5/64　　与其他国家的法律制度一样,目前奥地利法普遍承认,不作为同样可以作为引发损害的判断标准[2]。行为人不仅可以因自己的积极作为,而且也可以因其不作为而承担责任。在此需强调,一个未发生的事件在自然意义上并不能构成原因,相反,只能够在法律意义上构成原因[3]。

5/65　　值得注意的是,在适用上述条件理论时,依据是不作为还是积极作为,应采取不同的方式[4]。在考察积极作为是否构成原因时,必须假设

---

[1] 参见 F. Bydlinski in: Tichý, Causation 9; Wilburg, Elemente 5 f, 40 f.

[2] von Bar, Deliktsrecht II Rz 94; Brüggemeier, Haftungsrecht 25; Zimmermann, Damage Caused by Omission - Comparative Report, in: Winiger/Koziol/B. A. Koch/Zimmermann, Digest I 2/29 Rz 1.

[3] 参见 diesem Problembereich Larenz, Die Ursächlichkeit der Unterlassung, NJW 1953, 686; Traeger, Der Kausalbegriff im Straf-und Zivilrecht (1904, Nachruck 1929) 61 ff; E. A. Wolff, Kausalität von Tun und Unterlassen (1965) 33 ff; 参见 Hart/ Honoré, Causation in the Law² (1985) 447 ff; Wright, Acts and Omissions as Positive and Negative Causes, in: Neyers/ Chamberlain/Pitel (Hrsg), Emerging Issues in Tort Law (2007) 287 ff.

[4] Zimmermann in: Winiger/Koziol/B. A. Koch/Zimmermann, Digest I 2/29 Rz 3; Durant, Damage Caused by Omission-Belgium, in: Winiger/Koziol/ B. A. Koch/Zimmermann, Digest I 2/7 Rz 5. Ebenso von Bar, Deliktsrecht II Rz 413; Koziol, Haftpflichtrecht I³ Rz 3/14; Magnus, Causation by Omission, in: Tichý, Causation 97; Markesinis/Unberath, The German Law of Torts⁴ (2002) 104.

不发生积极作为,而不考虑行为人是否采取其他行为;反之,在检讨不作为是否构成原因时,必须设想从事积极作为时所发生的后果[1]。就如同 Zimmermann[2] 所强调的那样,在判断不作为侵权时,条件理论采取了一个观念上的替代(替代法——译者),而不是观念上的排除(剔除法——译者)。

针对不作为侵权时的原因判断问题,在国际范围内,学者们不断认识到[3]其具有特殊性,就此德国联邦法院[4]非常清晰地指出,"依据确定的判决,只有当负担义务积极作为确实能够防止损害后果发生时,不作为才能构成损害后果的原因"。可见,德国联邦法院在判断不作为是否可以构成原因时,以是否存在作为义务为前提,即是否违反了一个注意义务。Zimmermann 亦同样强调,只有当能够确定存在积极作为义务时,不作为方可构成原因[5]。

如果不作为违反积极作为义务,则具有违法性,其构成因果关系的前提。这样一来,因果关系的概念很大程度上成为一种规范性的构造。而笔者[6]不同意上述观点,相反,笔者认为,实际上没有必要将不作为的因果关系与义务违反或违法性要件结合在一起。当然在过错责任中,只有当行为人的行为违反了积极作为义务从而具有违法性时,其才应当承担责任。因此,只有当行为人违反了行为义务之后,法院判决才能将不作为纳入到考察范围。就此可以借鉴德国著名学者 Engisch[7] 所描绘的那

5/66

5/67

---

[1] 参见 Riss, Hypothetische Kausalität, objektive Berechnung bloßer Vermögensschäden und Ersatz verlorener Prozesschancen, JBl 2004, 428f; Koziol, Wegdenken und Hinzudenken bei der Kausalitätsprüfung, RdW 2007, 12.

[2] Zimmermann in: Winiger/Koziol/B. A. Koch/Zimmermann, Digest I 2/29 Rz 3.

[3] Zimmermann, Damage Caused by Omission - Germany, in: Winiger/Koziol/B. A. Koch/Zimmermann, Digest I 2/2 Rz 3; Durant in: Winiger/Koziol/B. A. Koch/Zimmermann, Digest I 2/7 Rz 5; van Boom/ Giesen, Damage Caused by Omission - The Netherlands, in: Winiger/Koziol/B. A. Koch/Zimmermann, Digest I 2/8 Rz 4. 参见 von Bar, Deliktsrecht II Rz 413; Brüggemeier, Haftungsrecht 25; Oftinger/ Stark, Haftpflichtrecht I^5 126.

[4] BGH in BGHZ 34, 206, 参见 Zimmermann in: Winiger/Koziol/B. A. Koch/Zimmermann, Digest I 2/2 Rz 2; Lange /Schiemann, Schadensersatz^3 155.

[5] Zimmermann 就德国联邦法院判决在其主编的评注中也作出详细分析,参见 Winiger/Koziol/B. A. Koch/Zimmermann, Digest I 2/2 Rz 3.

[6] Koziol, Haftpflichtrecht I^3 Rz 3/15. Zustimmend Magnus in: Tichý, Causation 101 f.

[7] Logische Studien zur Gesetzesanwendung^9 (1963) 15.

样,法官的目光将流转于因果关系与违反行为义务之间,就积极作为亦是如此。检讨不作为是否构成侵权责任时,应当区分因果关系与注意义务的违反。

针对不作为的因果关系,实际上可以采取同样的判断方式。依据条件理论,如果行为人积极作为即可避免损害发生,则该不作为构成损害的发生原因。至于是否存在一个积极作为的义务,则属于另外一个问题。严格区分因果关系与义务违反的责任构成要件的论据还体现在,不作为侵权不仅仅发生在行为具有违法性的情况下,在根本没有违反行为义务的情况下,同样也可发生不作为侵权。容忍侵权责任(Eingriffshaftung)即为典型代表。例如,某人从事获得批准的经营活动,依据《奥地利民法典》第364a条、《奥地利不可量物保护法》第14条,无论不可量物的侵入是基于积极作为还是不作为,只要其引发了损害,经营者都必须承担责任。

五、存在无须以因果关系为前提的例外吗?

5/68　　上文一再强调,因果关系原则上构成责任成立的前提要件。然而在梳理有关加害事件发生前的费用问题的法院判决与学理观点时[1],笔者发现了这样的争论:一家公共交通运输公司提前准备了备用车辆,该公司之外的一个机动车驾驶人损害了该运输公司的车辆,在该被毁损车辆维修期间,运输公司将预备车辆投入使用。那么,加害人应当负担受害人此前购置该预备车辆的部分费用成本吗?

5/69　　德国以及其他国家,普遍赋予受害人在此情况下享有损害赔偿请求权[2],然而这显然违背了条件理论。毫无疑问,此时在行为人的行为与损害后果之间根本不存在因果关系,因为在损害发生之前受害人就已经

---

[1] 该案件体现在下文问卷中的第三类问题:Winiger/Koziol/B. A. Koch/Zimmermann, Digest I 2 angeführt; vgl auch Fall 6 des Questionnairs in Spier, Unification: Causation⁴; ferner von Bar, Deliktsrecht II Rz 423 ff.

[2] 参见 Zimmermann, Preventive Expenses Incurred before the Damaging Event-Comparative Report, in: Winiger/Koziol/B. A. Koch/Zimmermann, Digest I 3/29 Rz 1.

支出了购置备用车辆的费用[1]。因此，加害人的违法行为对此前已经发生的购置以及由此所发生的费用显然未产生任何影响。换言之，即使不发生加害人应承担责任的事故，受害人同样会购置备用车辆。

正是出于上述事由，奥地利联邦最高法院[2]并没有基于侵权责任法，而是基于无因管理（Geschäftsführung ohne Auftrag）（《奥利利民法典》第 1036 条、第 1037 条）赋予受害人赔偿请求权。该法院认为，企业针对可能出现的经营障碍采取预防性的措施，这有利于行为人的利益，只要行为人承担的费用不超过租赁一辆备用车辆的费用的范围。就像本书第一章导论中所强调的那样，就此应当关注如何选择正确的救济方式的问题，同时不应当漠视侵权责任法的基本原则。

5/70

此外，针对赔偿费用落空的问题——上文第五章边注 29 以下已有讨论——很多人都忽视了因果关系的前提要件。如下即为此种费用落空（frustrierter Aufwendungen）的典型例子：行为人过错损害了他人机动车，从而导致机动车所有权人在修理该事故车期间无法使用该机动车，但所有权人仍然必须继续支付车库费用和保险费用。然而，上述费用并非是行为人额外引发的，即使没有此种加害事由亦同样会发生此种费用，由于缺乏因果关系，依据侵权责任法的原则，加害人不应负担此种费用的赔偿义务。在此情况下，加害人并没有给受害人造成财产损害，而仅仅导致权利人丧失支出这些费用所应获得的愉悦。因此需要检讨，是否存在某种特殊的事由，可要求加害人赔偿此种精神损害。就像上文所强调的那样（参见上文第五章边注 30），如果行为人的确导致受害人遭受精神方面的损害，则将存在真正意义上的赔偿问题。

5/71

当然，事实上，目前我们的法律规定没有完全废除因果关系的要件，但的确存在要求减弱因果关系前提要件的呼声。一方面，危险责任采取了因果关系推定原则；而另一方面，在存在多个加害人的情况下（如替代因果或竞合因果），只要存在潜在的因果关系就足以满足因果关系的要

5/72

---

[1] *Niederländer*, Schadensersatz bei Aufwendungen des Geschädigten vor dem Schadensereignis, JZ 1960, 617; ebenso *B. A. Koch*, Preventive Expenses Incurred before the Damaging Event-Austria, in: Winiger/Koziol/B. A. Koch/Zimmermann, Digest I 3/3 Rz 6. *Ch. Huber*, Fragen der Schadensberechnung² (1995) 392 ff. 作者采取抽象计算损害的方式去论证损害赔偿请求权，作出了有意思的尝试。

[2] 8 Ob 5/86 in SZ 59/95.

求,就此下文还将再作详细探讨。

六、因果关系要件的弱化

1. 数人侵权责任

5/73　　依据《奥地利民法典》第1301条、第1302条,以及《德国民法典》第830条第1款第1句、第840条,在故意通谋从事共同加害行为时,不考虑单个行为人所引发的具体后果以及单个行为人所具体引发的损害份额,所有行为人都必须承担连带责任[1]。此时责任基础主要体现在事前共同意思联络(Gemeinschaftlichkeit des Willens),其构成真正的加害原因[2]。F. Bydlinski[3]却指出,在上述情况下,原则上难以准确证明事前通谋是否真正构成引发损害的条件,或者也同样无法证明,行为人在没有通谋情况下是否仍然会从事此种行为。由于往往在事后无法明确查知此种精神上的影响,就此通常只存在一个可能的因果关系(Kausalitätsverdacht)。虽然因果关系要件被弱化为不确定因果关系,但此时仍然要求行为人具有一个严重程度的过错,即故意,此时过错要件的特殊要求弥补了弱化的因果关系要件[4]。在例外情况下,如果某个共同侵权人能够经证明而排除此种因果关系的怀疑,则可认定不存在任何可能的因果关系,其当然不承担责任[5]。

5/74　　需要指出的是,随着条件理论逐步放弃机械化色彩,归责成为一个价值判断的问题[6],在认定归责时,需要考察众多因素。支持弱化因果关系前提要件的正当性体现在,数个行为人中的任何一人都以一种可归责的方式对加害后果施加了影响,在该情况中,受害人恰恰无法具体查明该

---

[1] 更多比较法上的分析请参见 *Winiger*, Multiple Tortfeasor, in: Tichý, Causation 79 ff.

[2] 参见 *K. Wolff* in Klang, ABGB VI² 54, und die Nachweise bei *Weckerle*, Die deliktische Verantwortlichkeit mehrerer (1974) 86 f.

[3] *F. Bydlinski*, Haftung bei alternativer Kausalität, JBl 1959, 10 f; *derselbe*, Mittäterschaft im Schadensrecht, AcP 158 (1959/60) 411 f.

[4] Nach *F. Bydlinski*, AcP 158, 429 f, reicht auch grobe Fahrlässigkeit aus.

[5] *F. Bydlinski*, AcP 158, 417 ff. Dagegen etwa *Weckerle*, Verantwortlichkeit 85.

[6] *Gebauer*, Hypothetische Kausalität und Haftungsgrund (2007) 9 f, 针对各种假设因果关系,侧重于从此种角度作出分析。

因果关系。除此之外，单个行为人的行为在很大程度上易于引发此种损害，即存在具体的危险性。每个行为人就此种无法具体查明的后果都有过错，再结合故意行为人高度易于引发此种损害，即足以充分推定存在因果关系，进而可认定，每个行为人都应承担责任。

2. 替代因果

（1）问题的提出

在替代因果中涉及如下问题，即可能是因事件一，也可能是因事件二给受害人造成损害，但无法查明究竟是哪个事件构成该损害的真正原因。

首先举出如下例子，其在实践中意义并不大，但非常有助于对该问题的研究：原告 K 为一位登山者，一块坠落的石头击中了他，导致其遭受人身损害，与此同时还有另外一块石头从其头边滑落。既可能是因登山者 B1 亦可能是因登山者 B2 的疏忽，导致石头击伤 K，但此时却无法查明，究竟哪个登山者导致哪块石头滑落以及哪块石头击中了 K。

下面为奥地利联邦最高法院[1]曾经判决的著名案件，并且在其他国家也可以发现类似的案件[2]：猎人 B1 和猎人 B2 并排站立，都想捕获一只鹧鸪，二人同时开枪，但二人都忽视了在射程中间还有一条通行的道路，射击的霰弹击中了一位行人，现无法查明，该霰弹是 B1 还是 B2 发出。

在实践中更有意义的是一个有关医疗的案件：受害人在一家医院长期服用一种药物以接受治疗，在长期服用之后显现出有害的副作用。在医院采取此种诊疗时，其可能使用了生产者 B1 亦可能使用了生产者 B2 生产的药物。上述两个厂家生产的药物都含有致使该患者遭受损害的成分，但事故之后无法查明，究竟是哪个厂商的药物在该案件中引发了损害。

针对上述因果关系的问题，存在不同的解决方案。在当前不同国家的相关制度中，解决方案甚至完全迥异[3]。

---

[1] GlUNF 4329.

[2] 有关美国加利福尼亚州的案件参见 Summers v. Tice siehe *Geistfeld*, The Doctrinal Unity of Alternative Liability and Market-Share Liability, U Pa L Rev 155 (2006) 453 f.

[3] 参见 *Kruse*, Alternative Kausalität im Deliktsrecht-Eine historische und vergleichende Untersuchung (2005).

(2) 奥地利法与德国法中的连带责任方案

5/76　依据奥地利法[1]以及德国法(《德国民法典》第830条第1款第2句)的规定,被告B1和B2就此必须承担连带责任。然而需要强调的是,只有当能够满足因果关系证明之外的所有其他要件,即B1和B2的行为还需满足其他责任构成要件时,才能够认定责任成立并要求其承担责任。此后,如果能够证明二者中只有一人引发了该损害,则必须由加害人单独承担责任。

5/77　*F. Bydlinski*[2]认为,此时已经存在受害人享有损害赔偿权利的正当性,只是无法查明究竟是谁的行为导致其享有该损害赔偿请求权。一个违法、有责的行为,事实上具有危险性并构成损害的潜在原因,即足以构成认定责任的充分理由。*Canaris*[3]在论证从事违法及有责行为的人承担侵权责任时同样强调,"即使相关当事人的行为可能是引发损害的原因,并且事实上可能真正引发损害,如仅仅因为他人也可能引发损害就免除其责任,则对该方当事人而言,显然构成不正当(不应该得)的好运"。此外,两个当事人的违法、可归责行为共同促成了一个无法阐明具体因果关系的情况,这也构成要求二人共同承担侵权责任的另一个理由[4]。

5/78　针对替代因果关系,存在如下不同看法[5]:替代因果关系仅仅涉及一个举证负担问题(Beweislastproblem),即由于行为人从事了违法、过错的加害行为,其必须负担证明其行为并未引发现实损害的义务。但我们并不赞同上述观点,理由在于:在替代因果关系案件中,如果针对各个具体原因采取孤立的分析,则每个行为都具有引发全部损害的现实高度危险性,其应当满足了因果关系的要求。因此,受害人应当已经尽到证明义务,无须再采取因果关系推定。显然,如果不采取上述孤立单独分析的方

---

[1] 参见 *F. Bydlinski*, Haftung bei alternativer Kausalität, JBl 1959, 1; *Koziol*, Haftpflichtrecht I³ Rz 3/26 ff.

[2] *F. Bydlinski*, Aktuelle Streitfragen um die alternative Kausalität, Beitzke-FS (1979) 3.

[3] *Larenz/Canaris*, Lehrbuch des Schuldrechts II/2¹³: Besonderer Teil (1994) § 82 II 3b.

[4] *Larenz/Canaris*, Schuldrecht II/2¹³ § 82 II 1b; *Wilhelmi*, Risikoschutz 306, 309 mwN.

[5] *Reischauer*, Der Entlastungsbeweis des Schuldners (1975) 113. In jüngster Zeit nimmt *Kletečka*, Alternative Verursachungskonkurrenz mit dem Zufall—Die Wahrscheinlichkeit als Haftungsgrund? JBl 2009, 140, diesen Gedanken wieder auf.

法,将无法认定在各个加害来源与损害后果之间具有因果关系。如同 F. Bydlinsik[1]所指出的那样,上述举证责任倒置的方法可能会有意义,但却并非捷径,因为举证责任倒置采取的推定方法导致两个潜在加害原因都引发了损害,而事实上却只有一个原因引发了损害。[2] 因而,就此不应采取举证责任倒置与因果关系推定;相反,应当从实体法的角度出发,认定纯粹的潜在因果关系(bloss potentielle Kausalität)足以满足替代因果关系案件中的因果关系要件。

当然,如果认定纯粹的潜在因果关系即可满足因果关系要件的要求,则有悖于如下基本原则,即作为受害人的被告通常必须能够举证证明加害人的行为引发了损害,方可享有损害赔偿请求权。Wilburg 的动态系统论[3]可以为此种价值批判提供正当性。他指出,论证责任是否成立,不仅仅取决于责任成立的各种因素,而且取决于各种因素在责任成立中的强度以及责任成立所必需的因素的整体权重。在责任成立上,虽然某些因素可能并不具备或者其仅以一种微弱的方式存在,但如果整体要素的权重超出了一般情况下的要求,则同样可以成立责任。换言之,这取决于法律的"基本价值判断"。[4] 我们可以认为,只有责任成立的各种事由均达到了法律基本价值所要求的强度时,责任方可成立。在通常情况下,针对责任成立,法律仅要求在各自最小的程度上具备各种事由,如因果关系、轻微过失以及达到较小程度的相当性。

在替代因果关系中,因果关系并非以完全强度(in voller Stärke)的方式出现,相反仅具有轻微的程度,即以潜在因果关系的方式出现[5]。因此,在论证责任是否成立时,必须证明其他责任成立事由达到较为重要的程度,并且整个权重已达到法律所规定的基本价值评判的标准。在此意义上,F. Bydlinski 强调,只有每个潜在侵权行为人的行为在既定情况下

---

[1] Beitzke-FS 8.

[2] Kletečka, JBl 2009, 140 FN 26, 作者认为,上述观点并不适用于偶然事故与归责事件竞合的情况。但显然,此处涉及替代事由导致责任成立的情况,有关因果关系推定的论证并不适用。此外,还有其他理由,足以说明其观点难以令人信服,就此详细参见下文边注 5/90 的详细分析。

[3] 以上参见 Wilburg, Die Elemente des Schadensrechts (1941); idem, Die Entwicklung eines beweglichen Systems im bürgerlichen Recht (1950).

[4] Schilcher, Theorie der sozialen Schadensverteilung (1977) 204.

[5] 此点为 F. Bydlinski 所强调,参见 F. Bydlinski in: Tichy, Causation 19.

导致了紧迫并且具体的危险时,其才承担责任。换言之,相当性不仅可以通常的、微弱的方式存在,同样也可能以具有最大可能性的方式存在。

5/80 所以,在替代因果关系案件中,必须检讨,如果假设其他潜在的原因行为不发生而单独考察单个事件,在时间与空间关系上,以及在其所引发的具体危险性的基础上,是否仍然存在因果关系,以及是否可以达到能够证明的程度。要求具有紧迫、具体的危险(hohe konkrete Gefährlichkeit)意味着,如果某个事件仅仅具有引发损害的较小程度的可能性,则不考虑该事件。但有人提出质疑,即采用上述规则可能导致没有一个受害人能够获得全额赔偿,因为此种案件中始终存在相隔较远(entfernt)的替代原因,但此种观点完全不成立。

在第一个行为人引发了紧迫、具体的危险之后,第二个行为人亦从事同样危险的行为,此时不能因第二个行为人的行为而免除第一个行为人本身须承担的责任。在此情况下,是潜在行为人而非在具体案件中享有损害赔偿请求权的受害人导致了因果关系的不确定性。其原因在于,首先,两个行为人都从事了违法、有过错的行为;其次,正是此种特殊危险的行为造成了因果关系的不确定性。替代因果下的责任认定类似于共同侵权(参见上文第三章边注 73 以下),但二者具有如下区别,即前种情况下每个加害人都可能引发了全部损害,而后一种情况下只有数人中一人引发了损害。

5/81 *Geistfeld*[1] 针对替代因果关系责任采用了如下的论证方式,即受害人仍然负担证明由各个被告组成的群体导致其遭受损害的义务,如此即可满足因果关系的要求。但是,此种论证思路值得质疑,因为侵权损害赔偿请求权总是指向特定的人,即损害只能归责于特定的人。如果损害赔偿请求权指向特定的人群,则问题在于如何确认该群体,针对某人不具有充分的归责事由时是否应将其排除在该群体之外,以及此时是否规避了侵权法所规定的归责事由。例如,如果某行人在维也纳被机动车撞倒在地,目睹该事故的人都承认,该机动车挂着一个匈牙利的车牌,显然不能主张所有挂匈牙利车牌的机动车车主都对该事故承担责任。当然,上述观点也不是 *Geistfeld* 所主张的,相反,他将群体限定为在具体情况下可能导致危险发生的行为人。可见,他在最终效果上同样主张潜在的因

---

[1] University of Pennsylvania Law Review 155 (2006) 460 ff.

果关系,并且要求针对损害归责存在一个紧迫的、现实的危险。他所主张的观点的价值体现在,不能简单地放弃因果关系的要求,相反,从群体中的成员共同引发具体的危险活动角度来看,也符合条件理论下的因果关系的要求。

当然还必须指出的是,承担了全部损害赔偿义务的行为人,针对其他连带责任人享有追偿权。假设两个连带责任人都具有赔偿能力,则每个责任人最终各自承担一半的赔偿义务。但如果一个责任人无赔偿能力,由于二人对受害人承担连带责任,则具有清偿能力的责任人承担另一责任人无赔偿能力的风险,而受害人则免于承担此种风险。

5/82

(3) 瑞士法中免于承担责任的规定模式

在瑞士法中,主流观点针对替代因果关系拒绝承认数个行为人承担连带责任。只有在数个行为人共同侵权的情况下,才例外承认其对外共同承担连带责任。[1] 研究瑞士法上的规定模式,可以为我们带来有益的启示,因为瑞士法清晰展现了相关的核心问题以及各种误解。

5/83

为反对就替代因果关系适用连带责任,瑞士法上经常举出如下案例[2],其目的在于证明此时就替代因果关系适用连带责任可能会引发非常不利的后果:V 邀请了一大批人到家中做客。宴会过程中,V 住处某个房间的门开着,屋内的东西被盗。事后经查明,只有 A、B 以及 C 三个人进过该房间。一位瑞士法学家认为,如果在替代因果的情况下适用连带责任,则三人必须负担损害赔偿义务,但此种结果令人难以接受。此种观点忽视了如下事实,即主张替代因果关系下的行为人承担责任,并非当然赋予本案中的受害人损害赔偿请求权。为了论证责任成立,要求每个潜在行为人都必须从事了可归责的行为,即从事了违法、过错行为,每个行为人的行为均导致了具体的危险(konkret gefährlich),换言之,即就损害

---

[1] 参见 *von Tuhr*, Allgemeiner Teil des Schweizerischen Obligationenrechts I³ (1979) 94; *Quendoz*, Modell einer Haftung bei alternativer Kausalität (1991) 9 ff, 39; *Wyss*, Kausalitätsfragen unter besonderer Berücksichtigung der hypothetischen Kausalität, Schweizerische Juristen-Zeitung (SJZ) 93 (1997) 315, 317; *Brehm* in Berner Kommentar VI/1/3³ (2006) OR Art 41 No. 8 and 145. 其他观点参见 *Loser*, Schadenersatz für wahrscheinliche Kausalität, Aktuelle Juristische Praxis (AJP) 1994, 964; *Oftinger/Stark*, Schweizerisches Haftpflichtrecht I⁵ (1995) 151.

[2] *von Tuhr*, Allgemeiner Teil I³ 94.

的发生具有高度的相当性。[1] 如果该原则适用于上述瑞士法上的案例,将意味着,三位客人 A、B 及 C 进入到房间,该房间内的物品被盗,但无法查明究竟是三个客人中的哪一个盗取了该物品,由于三个行为人中的任何一人的行为都无法被证明为违法、可归责的行为,则三人均不应当承担责任。同样,三个人中任何一人的行为都没有造成紧迫的、现实的危险。例如,在该房间中的物品被盗之后,三人中的一人进入该房间,则其行为无论如何都不能被认定为引发了有关盗窃的危险。

(4)《欧洲侵权法原则》中的按份责任模式

5/84　　针对替代因果关系,上述观点分别主张连带责任或者不承担责任,而《欧洲侵权法原则》就替代因果关系却采取了按份责任的规定。各个行为人承担连带责任还是按份责任,通常并不具有很大的差别,因为承担了全部赔偿义务的行为人针对其他连带责任人享有内部追偿权,在最终效果上仅承担部分责任。因此,仅存的问题体现在,究竟由谁来承担行为人无赔付能力的风险(Insovenzrisiko),是受害人还是潜在的加害人?该问题并非不重要。

5/85　　欧洲侵权法研究小组在其制定的《欧洲侵权法原则》第 3:103 条第 1 款中规定,各个行为人依据其行为引发损害的可能性承担按份责任,从而在具有履行能力的侵权人与受害人之间分配此种无法履行赔偿的风险。瑞士著名学者 *Emil W. Stark*[2] 就此也主张按份责任。他强调,在替代因果关系的案件中,人们谈论的是无法证明因果关系的责任,因此责任减轻的后果就是按份责任。支持按份责任的另外一个重要论证就是,在损害最终是由无赔偿能力的加害人造成的情况下,受害人应当承担该侵权人无赔偿能力的风险。例如,A1 与 A2 都是潜在侵权人,而 A1 无赔偿能力,如果 A1 最终被确定为真正加害人,则受害人无法实现其享有的损害赔偿请求权。在无法确定究竟是 A1 还是 A2 导致损害的情况下,潜在因果关系令行为人承担责任时,受害人不应当完全被免除无法获得赔偿的潜在风险。

《奥地利侵权责任法草案》也采取了此种按份责任的规定模式,即"存在多个可能造成损害发生的原因,依据归责事由的程度、因果关系的盖然性,由可能引发该损害的数个潜在侵权人按比例承担损害赔偿责任"(参

---

[1] 参见 *Koziol*, Haftpflichtrecht I³ No. 3/31.
[2] *Oftinger/Stark*, Schweizerisches Haftpflichtrecht I⁵ 148.

见《奥地利侵权责任法草案》第 1294 条）。

(5) 可能引发责任的事件与"事故"竞合时产生的特殊问题

就上述登山者案件略作改动，用以说明一个特殊问题：登山者 V 被一个落下的石头击中，同时另外一个落石飞过他的头顶。假设，登山者 A 疏忽导致落石飞下，而另外一个落石是由小羚羊蹬落的；但最终无法查明，究竟是登山者 A 还是小羚羊蹬落了的落石击中了 V。

另外一个涉及医疗事故的案件可能更加具有现实意义：V 出院之后，患上了疾病，现证明，其所患的疾病既可能是医疗事故造成的，也可能是其自身易患病体质所致，但无法查明究竟是哪个具体原因造成的。英国法上 Hotson v. East Berkshire Area Health Authority[1] 案件，也能够很好地说明该问题：Hotson 是一位 13 岁的未成年人，他从树上摔下来，遭受了严重的人身伤害。即使其接受了及时、正确的治疗，其完全康复的概率也只有 25%。而现实中，医院怠于向 Hotson 提供及时正确的诊治，导致该男孩终身残疾。Hotson 无法完全证明，如果其接受及时、完全正确的治疗，其将完全康复。瑞士苏黎世的一个判决[2] 同样具有很大争议，该案件涉及迟延诊治一个癌症患者的责任问题，即无法确定该患者的死亡究竟是否可归结于该迟延诊治，但可以确定是，如果毫不迟延进行诊治，患者康复的概率将大为提高。

F. Bydlinski[3] 将解决替代因果关系的一般方法建立在《奥地利民法典》第 1304 条（《德国民法典》第 254 条、《瑞士债法典》第 44 条第 1 款）背后的基本观念基础之上，他认为，依据上述规定，如果案件中的受害人须承担共同责任，则加害人应当依据一定的份额承担损害赔偿责任。受害人自身必须承担偶然事件所引发的损害。基于此种判断，*F. Bydlinski* 认为，在一个案件中，如果引发责任的事件与一个纯粹的偶然事故共同

---

[1] In 3 Weekly Law Reports (WLR) 1987, 232.

[2] I. Civil Chamber of the Zurich Supreme Court, Blätter für Zürcherische Rechtsprechung (ZR) 1989, No. 66; Zurich Court of Cassation, ZR 1989, No. 67.

[3] *F. Bydlinski*, Aktuelle Streitfragen um die alternative Kausalität, Beitzke-Festschrift 30 ff; *idem*, Haftungsgrund und Zufall als alternativ mögliche Schadensursachen, Frotz-Festschrift (1993) 3; following this line *Koziol*, Haftpflichtrecht I^3 No. 3/36 ff; *Karner* in Koziol/Bydlinski/Bollenberger, Kurzkommentar zum ABGB^2 (2007) § 1302 No. 5 with further references. *Taupitz*, Proportionalhaftung zur Lösung von Kausalitätsproblemen—insbesondere in der Arzthaftung, Canaris-Festschrift I (2007) 1233 ff, 1238 ff, agrees with the solution in terms of determining the scope of liability but not for establishing liability.

构成竞合的原因,则受害人只能够获得一部分的损害赔偿。

F. Bydlinski 一并处理上述两种不同案件的做法显得不妥,因为在上述第一种案件中涉及两个潜在的侵权行为人,而在另外一个案件中涉及一个侵权行为人与一个偶然事故。实际上,只有在第一个案件中,如果能够认定存在因果关系,则受害人应享有可执行的损害赔偿请求权,而非由其自身承担该损害[1];而在第二个案件中,如果能够证明损害是由意外偶然事故引发的,则受害人不应享有损害赔偿请求权。因此,有人主张,受害人在第二种案件情况下不应当享有部分损害赔偿请求权。一些国家逐步接受了上述思想[2]。可见,判断受害人是否享有损害赔偿请求权的关键之处在于,是否能够证明医生的不当行为导致患者遭受健康损害并进而死亡。如果原告能够证明此种因果关系的存在,则其将获得全额赔偿请求权,否则其将不能获得任何赔偿。

这就意味着,如果原告因各种困难而无法举证证明因果联系的存在,则尽管医生存在明显的专业过失,其仍可免责。当然,如果针对因果关系采取举证责任倒置,就像德国法中针对医生具有重大过错采取举证责任倒置那样[3],则原告可得以避免上述此种困境。但上述解决方案仍然无法解决主要问题,即 Stoll[4] 所提出的,在因果关系盖然性方面仅仅具有轻微的细小差别,但此种轻微差别却决定了举证责任,依据全有全无原则,可能导致完全相反的结果。举证责任倒置仅仅意味着,在发生疑问时,侵权行为人应承担责任;但其并不能够改变要么不承担任何责任、要

---

[1] 相似的反对观点请参见 Röckrath, Kausalität, Wahrscheinlichkeit und Haftung (2004) 179 ff, 185 ff.

[2] 就此参见 Faure in: Faure/Koziol (Ed), Cases on Medical Malpractice in a Comparative Perspective (2001) 276 ff.

[3] 参见 Stoll, Haftungsverlagerung durch beweisrechtliche Mittel, AcP 176 (1976) 147 f. 对此批评,参见 G. Wagner, Neue Perspektiven im Schadensersatzrecht-Kommerzialisierung, Strafschadensersatz, Kollektivschaden, Gutachten A zum 66. Deutschen Juristentag 2006 (2006) 60. Schiemann, Kausalitätsprobleme bei der Arzthaftung, Canaris-Festschrift I (2007) 1161; idem, Problems of Causation in the Liability for Medical Malpractice in German Law, in: Tichý (ed), Causation in Law (2007) 187, 其认为,无论损害程度如何,损害分担的理念都要求采取举证责任倒置。

[4] Stoll, Schadensersatz für verlorene Heilungschancen vor englischen Gerichten in rechtsvergleichender Sicht, Steffen-Festschrift (1995) 466. Against the all-or-nothing principle more recently also, for example, Faure/Bruggeman, Causal Uncertainty and Proportional Liability, in: Tichý (ed), Causation in Law (2007) 105 ff; Stremitzer, Haftung bei Unsicherheit des hypothetischen Kausalitätsverlaufs, AcP 208 (2008) 676 ff.

么承担全部责任的对立状态。

上述全无全有原则导致了无法令人满意的结果[1],更为重要的是,依据相关重要的理论基础,要求就此采取 F. Bydlinski 所主张的部分责任观点。他认为,奥地利法中广泛承认的潜在数人侵权情况下,数人对外承担连带责任,仅仅建立在责任人的潜在因果关系基础上。如果在这些案件中,潜在因果关系可以构成责任成立的充分理由,则在只有一个行为人可能引起损害的情况下,必须通过价值裁量,由受害人分担其他潜在原因引起的损害风险。如果潜在行为人与受害人必须共同承担损害的后果,则意味着——就如同与有过失(《奥地利民法典》第 1304 条、《德国民法典》第 254 条、《瑞士债务法》第 44 条第 1 款)——潜在行为人只应承担部分责任。如果受害人本人具有过失,则此时受害人所承担的责任份额应高于意外事件构成替代因果关系案件中的情况。[2]

但有学者针对责任分担的做法提出了如下不同意见[3],认为此种做法改变了侵权责任法的基本结构,仅仅凭借《奥地利民法典》第 1304 条和《德国民法典》第 254 条并不能论证其正当性。F. Bydlinski 的观点可能会导致如下结果,即每个从事不法行为的加害人,只是可能引发了损害,却必须对全部损害承担责任,因为在因果关系不详时,各个替代原因都等同于意外事件,而所有并不引起责任的事件都可以称之为偶然事件。在所有无法百分之百认定因果关系的案件中,实际上都是通过盖然性的方式认定损害究竟由何种原因引发,因此,责任分担的做法实际上是依据盖然性的比例确定责任的归属。

但上述批评意见严重忽视了如下关键内容[4],即并非在任何替代因果案件中都采用责任分担的做法,相反,只有当每个行为都具有高度确定的危险并实际上构成潜在的原因时,方可采用责任分担的做法。如果在

---

[1] 最近就此问题的相关论述参见 Canaris-Festschrift I 1231 ff.

[2] 参见 Schobel, Hypothetische Verursachung, Aliud-Verbesserung und Schadensteilung, JBl 2002, 777 f.

[3] Welser, Zur solidarischen Schadenshaftung bei ungeklärter Verursachung im deutschen Recht, ZfRV 1968, 42 ff. Seiner Argumentation schließt sich jüngst wieder Kletečka, Alternative Verursachungskonkurrenz mit dem Zufall - Die Wahrscheinlichkeit als Haftungsgrund? JBl 2009, 141 f, an. Gegen Welsers Argumentation schon Quendoz, Modell einer Haftung bei alternativer Kausalität (1991) 65.

[4] Kletečka, JBl 2009, 141, geht kaum auf die schon gegen Welser vorgebrachten Gegenargumente von Koziol, Haftpflichtrecht I³ Rz 3/37 und 38, ein.

证明行为人的不法行为究竟是否构成引发损害的原因时只具有一般的困难,则无法达到上述采取单独分析的方法所需满足的具有确定时空关联的要求,所以,此时无法达到潜在的因果关系的要求,自然也无法满足因行为具有高度危险性而针对证明困难所给出的补救措施,即承认此种特殊情况下的高度盖然性满足因果关系的要求。在存在多个行为时,既可能特定行为人的行为满足条件理论的要求,也可能和其他行为人一并引发损害的发生,甚至可能是陌生的第三人乃至受害人自身完全或者至少部分引发了损害的发生。所以,仅仅具有因果关系证明的困难,尚不足以满足采取责任分担的充分前提。

5/91　　此外,还有如下一个值得探讨的原则性问题。有人认为,仅仅针对因果关系方面出现的特殊情况即采取比例责任(Proportionalhaftung),缺乏充分论证的理由。如果在一定程度上可以证明某人的行为可能引发损害后果,但此种证明程度低于证明要求,此时为什么不能就此采取与该证明程度相一致的比例责任分担方式?[1] 就该问题,我们首先认为,在此情况下,仍需平等区分所有责任成立要件,其需要满足基本证明义务的要求,不能毫无前提。成文法中就因果关系作出了明确规定,例如,《德国民法典》第830条与《奥地利民法典》第1302条都针对共同危险行为规定了连带责任。如果某个足以致害的危险行为可以归责于受害人本身,则依据"自吞苦果"(casum sentit dominus)的原则,可以借助《奥地利民法典》第1304条和《德国民法典》第254条,针对加害人和受害人采取比例责任的分担方式。虽然我们法律针对过错推定,即潜在的主观过错或者客观过失规定了侵权责任(如《奥地利民法典》第1319条、《德国民法典》第236条),但此时针对归责事由方面出现的不足,仍必然通过危险性升高的事实来填补此种不足(下文边注6/90)。如果多人侵权时面临此种问题,如同一建筑物的共同占有人致人损害,则所有潜在的行为人都应承担侵权责任。如果受害人方面也存在此种情况,则同样可以依据《奥地利民法典》第1304条和《德国民法典》第254条,采取比例分担责任,当然现实中几乎不可能发生此种情况。这些规则都再次表明,法律并非针对所有涉及证明困难的情况,如上述所涉及的过失问题,都采取比例责任;相反,基于各种价值裁量,针对无法满足要求的某个归责要件,可以通过具有更大强度

---

[1] *Kletečka*, JBl 2009, 142.

的其他要件或者达到更高程度的归责事由来作出此种弥补。仅仅因为某个归责要件不符合法定的要求,即可要求相应地降低损害赔偿责任范围,即采取比例责任分担的做法,在我们的法律中找不到相应的支持,也没有学者真正主张此种与基本价值判断相违背的观点。Kletečka 提出的质疑显然建立在对动态系统论的误解基础上,也忽视了其基本的价值裁量,他对《奥地利民法典》第 1304 条和《德国民法典》第 254 条也缺乏充分的正确理解。

　　奥地利最高法院采取了 F. Bydlinski 的观点,其在 1995 年的一个案例中详细分析了此种观点。[1] 该案件涉及如下情况:原告受到人身伤害,原因可能是出生时的医疗事故,也可能是因为其母亲所患的疾病;但无法具体查明上述两个原因中哪个真正造成了损害。奥地利最高法院认为,只有 F. Bydlinski 的观点才能为该问题提供解决思路,并且该思路与正义原则相吻合,否则在一个可归责行为与完全意外事件构成的潜在替代因果关系的案件中,将会产生令人费解且不公平的极端后果:"人们要么被迫接受因无法证明哪个原因导致了损害,而使得受害人完全丧失损害赔偿请求权的结果,要么接受,尽管无法完全确定行为人的行为引发了该损害,但行为人仍然必须承担全部责任的结果。上述任何一个解决方案都有违于奥地利侵权法的基本原则。"

　　按份责任的做法获得了越来越多的国际共鸣。例如,在德国,Canaris[2]、Seyfert[3]、G. Wagner[4] 以及 Wilhelmi[5] 同样主张此种观点;来自荷兰的 Akkermans[6] 也得出同样结论,并且 Stark[7] 以及 Los-

---

[1] OGH in JBl 1996, 181.

[2] Larenz/Canaris, Schuldrecht II/2^{13}, § 82 II 3c.

[3] Seyfert, Mass Toxic Torts: Zum Problem der kausalen Unaufklärbarkeit toxischer Massenschäden (2004) 105 ff.

[4] G. Wagner, Proportionalhaftung für ärztliche Behandlungsfehler de lege lata, Hirsch-FS (2008) 453.

[5] Wilhelmi, Risikoschutz 305 ff.

[6] Proportionel aansprakelijkheid bij onzeker causal verband (1997) 70 ff; derselbe, Theorie en praktijk van proportionele aansprakelijkheid, in: Akkermans/Faure/Hartlief (Hrsg), Proportionele aansprakelijkheid^2 (2000) 85 ff.

[7] Oftinger/Stark, Haftpflichtrecht I^5 152.

er-Krogh[1]在瑞士也积极主张此种观点;意大利学者 *Kadner Graziano*[2]从比较法的角度也支持上述观点。欧洲侵权法研究小组采纳了此种观点,并且将其规定在《欧洲侵权法》原则之中(第 3:106 条)。《奥地利民法典侵权责任法草案》针对潜在行为人构成替代因果的情况,规定了按份责任;而意外事件的风险由受害人承担,即其最终承担了损害赔偿的按份责任(第 1294 条)。相关的法律经济分析也同样支持此种观点[3]。当然,也有很多国家反对就替代因果关系案件适用按份责任。[4]

(6) 机会丧失理论是解决问题的更好办法吗?

生活中存在如下案件,即无法确定采取的治疗方法是否可以预防病人的疾病或防止其死亡,事后看来,确实存在避免发生这样损害的机会。于是,越来越多的人提出,如果医生确实导致病人丧失了治疗机会,则其无论如何应承担相应的责任,即使无法证明医疗行为究竟是否为疾病或死亡的真正原因。因此,此处主张损害赔偿的基础并非人身损害,而是机会的丧失或减少。

相似情况出现在律师责任案件中。律师错过了上诉期限,使得可上诉判决成为终审判决。但在该类案件中,即使律师按时上诉也无法确定其是否可以胜诉。然而,此处确实存在一个在上诉时胜诉的机会(chance of success at appeal)。最后,盈利机会(chance of profit)的丧失在讨论中也扮演了重要的角色。奥地利最高法院[5]不得不判决这样一个案件,即原告因奥地利中央银行错误地拒绝授予其经营外币的资格而主张损害赔偿。法院在对原告未来盈利数额的估算上遭遇了很大的困难,并且也无法以一个合理的估算方式,针对损害行为发生时盈利机会的价值进行估算。

---

[1] Kritische Überlegungen zur Reform des privaten Haftpflichtrechts-Haftung aus Treu und Glauben, Verursachung und Verjährung, Schweizerischer Juristentag 2003, Heft 2, 169.

[2] The »Loss of a Chance« in European Private Law.»All or nothing« or partial compensation in cases of uncertainty of causation, in: Tichý, Causation 143 ff.

[3] *Faure/Bruggeman* in: Tichý (ed.), Causation in Law 108 ff.

[4] 参见 *Koziol*, Comparative Report, in: Winiger/Koziol/Koch/Zimmermann (eds), Digest I 6b/29 No. 3. 也有奥地利学者反对采取按份责任的解决路径,参见 *Welser*, ZfRV 1968, 42 ff; *idem*, Bürgerliches Recht[13] II (2007) 334 f; *Lukas*, JBl 1997, 395 f.

[5] OGH in Österreichisches Bank Archiv (ÖBA) 1996, 213; 亦可参见 *Rebhahn*, Schadenersatz wegen nicht erteilter Devisenhandelsermächtigung? ÖBA 1996, 185.

机会丧失理论(perte dune chance)作为一种基本责任方式起源于法国,现已为很多国家[1]所借鉴,并为《国际商事合同通则》[2]所采纳,其第 7.4.3 条第 2 款规定:"赔偿可基于机会的丧失,且应与其发生几率相称。"   5/94

必须指出的是,同样可以从替代因果关系的角度讨论上文所提及的机会丧失的案例。更确切地说,过错行为与偶然事件(hazard)是作为替代原因(competing causes)而存在。然而,这两种理论的出发点完全不同。与替代因果关系理论相反,机会丧失理论重新定义了损害[3],从而可完全适用条件理论[4]。例如,在人身损害案件中,需要考虑的已不再是对受害人健康的损害,而是因不当治疗所造成的治愈机会的丧失。因此,这已不再是替代因果关系的问题,而是损害的问题了。   5/95

为支持机会丧失理论,学者们经常会指出,如采取其他方法处理该类案件,则事实上的细微差别将会导致完全不同的结果。具体而言,如果原告能够证明因果关系的存在,则其将获得全额赔偿;如果其无法证明因果关系的存在,则其将无法获得任何赔偿。因果关系可能性上的细微差别将导致完全不同的结果。奥地利最高法院[5]也表现出了类似的担心,但其是通过替代因果关系规则寻求解决问题的办法。   5/96

---

〔1〕 完整论述请参见 *Müller-Stoy*, Schadenersatz für verlorene Chancen (1973); *Kasche*, Verlust von Heilungschancen (1999); *Koziol*, Schadenersatz für verlorene Chancen? Zeitschrift des Bernischen Juristenvereins (ZBJV) 2001, 889; *Großerichter*, Hypothetischer Geschehensverlauf und Schadensfeststellung - Eine rechtsvergleichende Untersuchung vor dem Hintergrund der perte d'une chance (2001); *Mäsch*, Chance und Schaden (2004) 156 ff; *Kadner Graziano* in: Tichý (ed), Causation in Law 133 ff; *idem*, Ersatz für Entgangene Chancen im europäischen und im schweizerischen Recht, Haftung und Versicherung (HAVE) 2008, 63 f;同样,各国报告与比较法上的结论参见第十部分: Winiger/Koziol/Koch/Zimmermann (eds), Digest I: Causation 545 ff.

〔2〕 就此请参见 *Koziol*, Europäische Vertragsrechtsvereinheitlichung und deutsches Schadensrecht, in: Basedow (ed), Europäische Vertragsrechtsvereinheitlichung und deutsches Recht (2000) 199 f; *Mäsch*, Chance und Schaden 224 f.

〔3〕 参见 Winiger/Koziol/Koch/Zimmermann (eds), Digest I the country reports: Austria (10/3 no. 6); Belgium (10/7 no. 5); Ireland (10/14 no. 5); Scotland (10/13 no. 4); Slovenia (10/26 no. 3); Italy (10/9 no. 4).

〔4〕 一些国家采用机会丧失理论以克服确定因果关系的困难,参见 England (10/12 no. 2) and Ireland (10/14 no. 5) 参见 Winiger/Koziol/Koch/Zimmermann (eds), Digest I.

〔5〕 OGH in JBl 1996, 181.

毫无疑问,从目前结果上看,机会丧失理论[1]是令人满意的。机会丧失的赔偿对应于其发生的概率,从而避免了因概率确定上的细微差别而导致完全相异的极端处理结果。但仍存疑问的是,该理论是否能够提供规则适当、符合体系的解决途径。[2] 痊愈机会的丧失(loss of a chance of recovery)所体现的部分问题,的确可以反映此种质疑有其合理性。

首先必须指出的是,在一些特殊的案件中,被告违法行为并未造成原告任何机会的毁损;相反,就原告的疾病而言,只是无法确定其本来就有还是由被告不当行为所致。例如,奥地利最高法院[3]在一起案件中需要判定,孩子的畸形是因其出生时医生的医疗过失所致,还是在其出生以前因其母亲的疾病所致。如果孩子在出生之前已经在其母体内形成畸形,则医疗行为并未造成任何机会(痊愈机会)的损害,显然不存在机会赔偿问题;相反,如果孩子直到出生时仍处于健康状态,则医疗过失不仅造成了所谓"机会"的损害,事实上,也造成了孩子健康的损害。

此种案件类型并非机会丧失类型,其困难体现在事实上无法确定造成畸形的因果关系,机会丧失理论当然无法提供与其基础思想一致的任何帮助。因此,机会丧失理论应接受其所受到的批评,即其无法用同样的方式解决具有该相似特点的案件。对于上文中的出生损害案件和其他适用机会丧失理论的案件而言,共同的核心问题在于:无法确定是否因医生的不当治疗行为导致健康受到伤害。目前,人们尚无法找到有说服力的价值评判标准用以说明为何受害人损害赔偿的主张应取决于受害人在接受不当治疗时是否存在痊愈机会。在上述情况中,真正的问题仅在于无法查明实际上究竟是如何发生了损害。

---

[1] 参见 *Viney/Jourdain*, Traité de Droit Civil. Les obligations: Les conditions de la Responsabilité² (1996) 278 ff, 370 ff; *Galand-Carval*, France, in: Faure/Koziol (eds), Medical Malpractice 114 ff; of German literature in particular *Kasche*, Heilungschancen 3 ff, 119 ff; *Mäsch*, Chance und Schaden 143 ff.

[2] 参见 2007 年瑞士联邦法院的判决:BGE 133

[3] *OGH in JBl 1996*, 181. Ⅲ 462. 具体判决内容参见 *ERPL2008*, 1043 页以下, *B. A. Koch*, Der Verlust einer Heilungschance in Österreich, 1045 ff, Loss of Chance in English Law, 1062 ff.

Hans Stoll[1]提出了一个更为深入和具有关键性的问题：痊愈机会并非是一个独立的受法律保护的利益，与其说其受到损害时可引发赔偿责任，毋宁说只是对身体的完整性提供了更为广泛的保护。Stoll[2] 和 Kasche[3]进而认为，仅在德国法上会遭遇痊愈机会不受法律保护的困难，而在法国法中的侵权责任一般条款之下并不存在这样的问题。至少就奥地利法[4]而言，《奥地利民法典》第1295条作为一般条款，与《法国民法典》第1382、1383条极为相似；在瑞士法[5]中，《瑞士债务法》第41条中也规定了一般条款，这种考虑并不存在多大的意义。根据《奥地利民法典》第1294、1295条明确规定，侵权人仅在其行为违法并具有可归责性（过错）时方承担赔偿责任。在回答何种侵权行为具有违法性的问题上，所谓绝对受保护的法益在《奥地利民法典》中扮演了关键角色，其他许多国家的法律制度中亦体现了这一点。[6]可见，表面上看起来德国法透过过错构成要件向特定法益提供保护，而奥地利法采纳一般条款，但二者之间的差别并非那样大。

痊愈机会迄今原则上尚未被作为独立的利益而受到保护。目前，仅是身体的完整、健康和生命作为受法律保护的利益，在受到伤害时必须给予赔偿，但恢复健康的机会不受保护，或至少不受同样程度的保护，只是将其视为纯粹财产损失（pure pecuniary damage）。[7] 因此，在侵权行为领域中，只有当加害人的行为对受害人的身体完整性构成危害时，其方具有违法性，即该行为对健康造成不利，其所造成的机会丧失在赔偿责任的成立上具有关键性作用。Mäsch[8]在考虑该问题时，从合同义务中的机

---

[1] *Stoll*, Steffen-Festschrift 475 f. 同时参见 *Kadner Graziano* in: Tichý (ed), Causation in Law 143 ff; *Kasche*, Heilungschancen 250 ff; *Müller-Stoy*, Verlorene Chancen 233 f; *Röckrath*, Kausalität, Wahrscheinlichkeit und Haftung (2004) 180 f; *Taupitz*, Canaris-Festschrift I 1234.

[2] Steffen-Festschrift 475.

[3] Heilungschancen 224 ff.

[4] 更多细节参见 *Koziol*, Generalnorm und Einzeltatbestände als Systeme der Verschuldenshaftung: Unterschiede und Angleichungsmöglichkeiten, Zeitschrift für Europäisches Privatrecht (ZEuP) 1995, 359.

[5] 参见 *Honsell*, Schweizerisches Haftpflichtrecht³ (2000) § 4 II; *Widmer*, Switzerland, in: Koziol (ed), Unification of Tort Law: Wrongfulness (1998) 117 f.

[6] 关于各国报告及总结请参见 Koziol (ed), Unification: Wrongfulness.

[7] 参见 *Mäsch*, Chance und Schaden 295 ff.

[8] *Mäsch*, Chance und Schaden 237 ff, 294 ff.

会保护出发,仅承认在违约责任领域中所造成的机会丧失可引发赔偿责任。

5/99 然而,以机会为基础主张赔偿的同时,也引出了一些其他的实质性问题[1]。例如,如果要克服机会丧失理论领域中的困难,则要求适用由权利持续效力理论所支撑的客观抽象(objective-abstract)损害估算方法。机会丧失理论被认为恰好不考虑此种(无法证明的)未来发展,并将过错行为发生时的机会作为其唯一基础。这种计算并非是根据假定在没有发生该损害事件基础上的财产利益的增加,适用这种计算方法将面临难以克服的困难,因此,机会丧失理论仅以过错行为发生当时为计算损害的时间点且不考虑未来发展,才能实现其目标。因此,Mäsch[2]十分正确地将此称为"快照"。以损害发生当时为时间点来计算损害的大小且不考虑未来的发展,此种做法实际上为奥地利法(《奥地利民法典》第1332条)[3]所熟知,但德国法[4]不采此种方法,其无法为机会丧失案件提供精确的支持。

5/100 机会丧失理论采纳损害发生的时间点来估算客观非实际损害,但由于存在某些深层次问题,使得人们难以轻信机会丧失理论确实可以实现其目标。客观非实际损害的估算以法益的持续效力为基础,且要求此种客观独立的法益具有市场价值。因此,如果该机会无法构成可转换为市值的财产利益,则无法以受损的机会为基础来有效解决问题。如果该机会没有足够的清晰性和稳定性,其将无法构成具有独立市值的有价值的利益,无法满足具有独立市场价值的利益的前提要求。

此外,如下案例也可反映这一解决方法的局限性[5]:一个农民订购

---

[1] 接下来的论述请参见 Koziol, Schadenersatz für den Verlust einer Chance? Stoll-Festschrift (2001) 902 ff.

[2] Mäsch, Chance und Schaden 293. 但他认为这种"快照"不是主张损害赔偿的一个合适的出发点。然而,因其持有该种观点,他堵死了自己解决因果关系不明情况下所引发的问题的路径——此处将作更为详细的解释。

[3] Neuner, Interesse und Vermögensschaden, AcP 133, 277 ff; further illustration in Koziol, Haftpflichtrecht I No. 2/56 ff.

[4] Esser/Schmidt, Schuldrecht⁸ I/2 (2000) § 32 III; Lange/Schiemann, Schadensersatz³ 30 f, 248 ff. 参见 F. Bydlinski, Probleme der Schadensverursachung nach deutschem und österreichischem Recht (1964) 24 ff, 和 Larenz, Lehrbuch des Schuldrechts¹⁴ I (1987) § 29 I b.

[5] 参见 Koziol in: Basedow (ed), Vertragsrechtsvereinheitlichung 200.

了一种杀虫剂,如按时使用该农药则可能会挽救其布满害虫的庄稼。但因供应商迟延给付,致使庄稼中的害虫无法控制。现无法确定庄稼是否会因按时供应杀虫剂而获救。该案件并不涉及构成独立财产利益的机会丧失,相反涉及对财产的消极影响。这也是为什么损害赔偿主张的基础不是挽救庄稼概率的机会价值,而是财产损失的原因。在讨论此案中的损害赔偿时,会出现无法确定因果关系的困难。

正如 *Stoll*[1] 所指出的那样,将痊愈机会作为一种可获赔偿的利益,并在此基础上进而主张赔偿,同样会引发另外一个问题,即赔偿主张并非基于人身伤害,而是基于违法行为发生时所导致的机会的损害;这意味着病人可享有获得赔偿痊愈机会的权利,但实际上,其健康可能并未遭受任何损害。[2] 这显然难以令人接受。

Jansen[3]和 *Mäsch*[4] 试图通过指出机会的瞬间性来回避这一诘难。机会有所减损但仍具有可实现性时是一个"快照",但不宜单独以此作为主张损害赔偿的出发点。因此,两位学者区分了机会丧失和机会减损。但这种方式仅在一定程度上可避免武断的解决办法,即仅在机会完全丧失时——而不仅仅是减损——具有主张赔偿的基础,如此则会导致如何重新界定可赔偿性的问题。上述区分很难具有说服力,因为从另一个角度看,无论利益遭受全部侵害还是部分侵害,均可被认为是受到损害。此外,厘清机会减损情况具有决定性意义,因为通常情况下,机会并非完全丧失而仅仅是减损。在具有很强现实意义的医疗救护迟延案件中,恰恰会出现此种情况。如果不将机会减损的情况考虑在内,则几乎不存在适用机会丧失理论的余地。此外,机会丧失理论一直试图化解无法确定因果关系的问题,实际上也无法确定,究竟是因侵害行为导致机会完

---

[1] Steffen-Festschrift 475 f.

[2] 另一反对该结果的观点参见 *Riss*, Hypothetische Kausalität, objektive Berechnung bloßer Vermögensschäden und Ersatz verlorener Prozesschancen, JBl 2004, 440,他的观点类似于全部赔偿原则和禁止不当得利。经济分析学者同样反对在没有损害发生时对机会的丧失给予赔偿,参见 *Visscher*, Tort Damages, in: Faure (Hrsg), Tort Law and Economics (2009, in print).

[3] *Jansen*, The idea of a Lost Chance, Oxford Journal of Legal Studies (OJLS) 19 (1999) 282. 从该观点出发,其很自然地希望区分危险增加和机会丧失,其认为,仅在后一种情况下存在赔偿问题。此外,需要指出,危险增加内在地减少了机会,因此,此种区分仍然不具有令人信服的依据。*Jansen*, OJLS 1999, 295 f.

[4] *Mäsch*, Chance und Schaden 289 ff.

全丧失抑或仅仅是机会有所减损。很多尝试廓清机会丧失理论的努力，最终结果往往是导致该理论完全失效。

5/102　　与此相对应的问题，即受害人在寻求机会丧失赔偿的同时，是否还可以请求赔偿其健康损害，同样没有得到解决。如果承认这是两个独立受法律保护的利益，则不可避免会导致受害人同时享有上述两个赔偿请求权。

5/103　　在我看来，通过区分如下两种类型，即机会丧失但最终并未导致损害发生以及机会丧失且最终发生损害，可以清晰地揭示出机会丧失理论的内在缺陷，即一种财产法益的价值及可转让性取决于其可利用程度。例如，权利的价值取决于其可实现的概率；财产法益的价值取决于其预期使用寿命。如果权利可实现的概率或物品长期使用的概率减少，则其市场价值就会减损。这种减损或者减少体现为其客观可计算的金钱价值的减少，因此，不应将使用机会视为金钱物品之外可独立估价的财产。

　　从这个意义上讲，在发生机会丧失时，减损后的法益价值已经包含了作为独立的价值损失的机会丧失。这就意味着，同样的利益被计算了两次，因此会不可避免地导致双倍赔偿的风险。

　　我个人认为，机会丧失理论的根本性错误体现在：在损害并未真正发生的案件中，法律即要求加害人赔偿此种损害以及之后真正出现的损害。对于一个现实的财产，其可转让性以及价值大小取决于其可被使用的盖然性。例如，债权的价值取决于该请求权可以实现的概率；物的价值取决于可预见的使用期间。如果债权的实现概率减少、物的使用期间缩短，则该权利的价值自然减少。机会的减少或者丧失已经体现在该财产价值的客观计算中。所以，没有必要在该财产之外，单独将机会作为一个独立的特殊法益[1]，在机会丧失时，没有必要将其作为独立的价值减损进行计算。否则，这将显然导致重复计算损害的范围，并导致引发双倍赔偿的危险[2]。

　　我认为，以上所述已清楚地表明，不应采取机会丧失理论处理相关案件。有关替代因果以及加害人行为与受害人原因共同引发损害的情况下

---

[1] 相同观点参见 *Taupitz*, Proportionalhaftung zur Lösung von Kausalitätsproblemen-insbesondere in der Arzthaftung, Canaris-FS I (2007) 1234, an.

[2] Es wird daher hier derselbe Fehler gemacht, wie bei der Verselbständigung der Gebrauchsmöglichkeit, siehe oben Rz 5/24 f.

的处理模式,与现有的体系保持一致,在教义学上更加令人信服[1]。因此,《欧洲侵权法原则》和《奥地利侵权责任法草案》具有足够的理由不采用机会丧失理论,采纳潜在因果关系的一般责任规则即可解决相关问题。

还有一个附带的问题值得说明:为了鼓吹一个实际上并不能发挥多大作用并脱离我们现有法律体系的理论,进而容忍其在理论上带来的困境、思维上的困惑以及不当的后果,在现有制度完全可以处理这些问题的情况下,此种做法越发显得令人诧异。 5/104

(7) 替代加害人与替代受害者[2]

首先,将上述高山落石案例稍作变动:如起初的案件一样,登山者 B1 和 B2 均过错地导致石头滚落;现在假定其中一个石头砸伤了 K1,另一个石头砸伤了 K2,但无法确定具体是哪个石头砸伤了哪个受害人。 5/105

现实生活中有很多与此相类似的案件。比如,在已被普遍探讨的已烯雌酚案件(简称 DES 案件)中[3],一些制药企业生产极为类似的药品,其中均含有 DES。在经过数年的潜伏期后,药物引发了一种疾病。经过一段很长的时间后,原告无已法确认其服用了哪家药厂生产的药物。

乍看之下,这里似乎提出了与第一组案例同样的问题:B1 和 B2 是 K1 遭受损害的替代原因,同时也是 K2 遭受损害的替代原因。因此,在奥地利法和德国法上,两被告要对 K1 和 K2 承担连带责任。[4] 而根据《欧洲侵权法原则》与《奥地利侵权责任法草案》,两个加害人对两个受害者仅承担按份责任。 5/106

---

[1] 参见 Kadner Graziano, The » Loss of a Chance « in European Private Law. » All or nothing « or partial compensation in cases of uncertainty of causation, in: Tichý, Causation 143 ff; B. A. Koch, Der Verlust einer Heilungschance in Österreich, ERPL 16 (2008) 1059.

[2] 对此请特别参见 Bodewig, Probleme alternativer Kausalität bei Masseschäden, AcP 185 (1985) 505; J. Koch, Haftungsprobleme bei Produktspätschäden (1987) 97 ff; T. Müller, Wahrscheinlichkeitshaftung von Alternativtätern (2001); Otte, Marktanteilshaftung (1990);各国报告及比较结论,参见 Winiger/Koziol/Koch/Zimmermann (eds), Digest I 448 ff.

[3] 参见 Green/Hanner: Aggregation and Divisibility of Damage in the United States: Tort Law and Insurance, in: Oliphant, Aggregation Rz 45 ff.

[4] 这一解决办法也由荷兰的 Hoge Raad 在其 1991 年 9 月 10 日的判决中提出,参见 Nederlands Jurisprudentie 1994, 535. 就此参见 Spier/Wansink, Joint and Several Liability of DES-Manufacturers: A Dutch Tort Crisis, International Insurance Law Review 1993, 176; van Boom/Giesen, Netherlands, in: Winiger/Koziol/Koch/Zimmermann (eds), Digest I 6a/8 No. 1 ff.

此处必须要考虑案件中存在的一些重要的细节[1],即两个加害人在本案中毫无疑问地导致了损害的发生,即或者对 K1 或者对 K2 造成了损害。为简明起见,让我们假设两个受害人遭受了同样程度的损害,并且我们知道 B1 和 B2 都导致了损害的发生且损害的大小是明确的。因此,本案中并不存在简单的替代因果关系案件中 B1 或 B2 单独造成损害的不确定性问题。相反,本案出发点是两个加害人都导致了在程度上可确定的损害,换言之,二者均不会被要求承担不应由其承担的责任。仅存的疑问是,哪个侵权人造成了具体何种损害,换句话说,谁必须对谁给予赔偿。这也是为什么对于潜在的替代加害人在此类案件中并不需要额外的责任构成要件的原因。同样,当单独审视加害人与受害人之间的关系时,也并不需要假定特定加害人和特定受害人之间的因果关系。[2] 由加害人负责证明损害的因果关系,也缓解了在替代因果关系案件中存在的问题。

5/107　　另一方面,也必须考虑到每个被告仅造成了一个原告的损害,因此,不能要求其对两个受害人都承担责任。如果两个加害人对两个受害人的损害承担连带责任,则加害人承担了非由其所导致的损害的赔偿责任,依据我们所接受的规则,不应采取此种责任承担方式。[3] 然而,也必须考虑到两个侵权人不能只针对某一特定受害人承担损害赔偿责任。在替代侵害的案件中,不应由某个受害人单独承担特定侵权人是否能够赔付的风险。因此,应该考虑让两个侵害人对两个受害人承担按份责任。[4]

5/108　　在存在大量当事人的情况下,如在所谓大规模侵权案件中,这种解决办法无疑具有重要的实践意义。在为人所熟知的前文所提到的 DES 案件中,当不同企业生产相似的致害药物时,受害人通常无法证明其所服用的药品究竟是哪个企业所生产,这意味着这些企业对每个受害人均有可能造成损害。因此,事实上很难证明某个特定的企业所生产的药品究竟

---

[1] 就此参见 J. *Hager*, Die Kausalität bei Massenschäden, Canaris-Festschrift I (2007) 411 ff; *Koziol*, Haftpflichtrecht I No. 3/39 ff; *Nieuwenhuis*, Eurocausality, Dufwa-Festschrift (2006) 860 ff; *Röckrath*, Kausalität, Wahrscheinlichkeit und Haftung (2004) 111, 135.

[2] 同样的观点参见 *Röckrath*, Kausalität, Wahrscheinlichkeit und Haftung 171.

[3] 此点也同样为学者所强调,参见 T. *Müller*, Wahrscheinlichkeitshaftung von Alternativtätern 80 f.

[4] 如果 K1 与 K2 所遭受的损害大小是不同的,则侵权人将不会承担任何超过较少受害者所遭受的损害的责任,除非依据替代因果关系原则,即仅在能证明侵权人对受害人造成了更多的损害的情况下,侵权人应承担更多责任。

造成了哪个特定受害人的损害,导致该案件甚至无法满足构成替代因果关系责任的要件。然而,此类案件也同样具有其特殊性,即由于无法确定证明哪个侵权人造成了哪个受害人的损害,导致每个制药厂都有可能造成该损害[1],即在具有平等危险产品的案件中,可以认为它们都在相应的程度上导致了损害。具体损害的份额,应取决于各自药品的市场份额[2]。不确定性仍存在于哪个制造者造成了哪个受害人的损害,如果具体考虑此种不确定性,实际上任何分担机制基本上都存在一定的问题。

从企业的责任份额与其市场份额相对应的观点出发,可以认为,每个生产者均导致了损害的发生。任何超过其份额的责任都是不可接受的,因为任何人都无须承担并非由其导致的损害的赔偿责任,也无须承担在盖然性上并非由其导致的赔偿责任。这也同样排除了由所有企业对所有受害者承担连带责任的赔偿模式——如果这样,则会导致每个企业都可能承担远远超过其致害范围的责任。因此,根据奥地利现行法,企业对受害者承担按份责任应是解决之道[3]。《奥地利侵权责任法草案》和《欧洲侵权法原则》(第3∶103条第2款)也作出了同样的规定。

采用此种处理办法,受害人在主张权利时显然会遇到一定的困难。例如,他必须起诉所有与损害份额相关的企业。如此不仅耗费劳力,而且耗费金钱。然而,现存法律并未给出其他选择。如果采取每个受害者到指定侵权人那里主张全额赔偿的模式,则意味着将会给受害人带来极不平等的受偿风险,因为一些受害人将可能面对不具偿付能力的加害人,而其他受害人则可能幸免。在实践中,受害人可自行组织起来,将损害赔偿的主张委托给某受托人,由该受托人代表所有受害人对各侵权人进行集体诉讼。

此外,在企业份额的确定上同样存在困难。如果某个受害人能够证明其损害是由某特定药物导致,则该受害人可以从该特定企业处获得相

---

[1] 参见 *Koziol*, Comparative Report, in: Winiger/Koziol/Koch/Zimmermann (eds), Digest I 6d/29 No. 3. 这一方面经常不被考虑,参见 *Geistfeld*, The Doctrinal Unity of Alternative Liability and Market-Share Liability, University of Pennsylvania Law Review 155 (2006) 477 ff.

[2] Als Markt ist nur jenes Gebiet zu verstehen, in dem die gleichen Anbieter ihre Produkte vertrieben haben und ihnen die gleichen Marktanteile zukamen. 参见 gleich näher.

[3] 参见 *Karner/Riss*, Aggregation and Divisibility of Damage in Austria: Tort Law, in: Oliphant, Aggregation Rz 68 f.

应的全额赔偿。在界定该企业对其他受害人的损害赔偿份额时,也必须考虑到这一点。此外,如果某些地区只销售某些特定企业的产品,则需要考虑其他企业在这些地区是否存在致害的可能性。因此,损害份额的计算是十分困难和复杂的任务。最后,必须要考虑的是,随着时间的变化,份额的计算也会发生变化,例如,如果能够证明损害少于市场份额,则应相应减少赔偿责任。

在对待此类案件上,只要法律尚未规定与此相关的条款,则较之于剥夺受害人获得全部赔偿的模式,采用上述解决办法,虽面临一些困难,但仍然具有较大优点。此外,所有受害人通过委托将损害赔偿权转交由某个权利人行使,这在某种程度上将可以减轻受害人主张权利的困难。[1]

3. 累积因果关系

5/111   所谓累积因果关系,亦称为竞合因果关系,是指两个事件同时导致一个后果发生,其中任何一个事件在理论上都足以单独引发整个后果。换言之,任何一个事件都可以引发整个损害。例如,A 和 B 同时射击导致他人死亡,每个人的射击都足以导致受害人死亡。现实中,两个企业同时向河流排放有毒污水,任何一个企业排放的有毒污水量都足以导致整个损害(属于典型的累积因果案件——译者注)。

虽然在上述案件中,任何一个事件都不符合条件说[2],因为没有其中一方的行为,另一方仍然可以导致全部损害的发生,第一个行为似乎可以免责[3];但在数个事件引发损害后果的情况下,其中任何一方的行为足以引起全部损害,另一方即可拒绝承担赔偿责任,这显然是不公平的。目前在奥地利以及其他很多国家普遍具有争议的是,是否在累积因果关系案件中,应要求所有行为人一并对外承担连带责任。《奥地利侵权责任法草案》遵循了目前的做法,即要求数个侵权人承担连带责任。

5/112   之所以针对累积因果关系中的数个侵权人采取连带责任,而不采替

---

[1] 就此更多的论述,参见 J. Hager, Canaris-Festschrift I 413 ff.
[2] 同样观点参见 Apathy/Riedler, Bügerliches Recht III³ Rz 13/61; Koziol, Haftpflichtrecht I³ Rz 3/52 ff mwN; ferner Neethling, Element of Causation in South African Law of Delict, in: Spier, Unification: Causation 102; Koziol, Causation under Austrian Law, ebendort 20.
[3] Daher ist es nicht glücklich, wenn etwa davon gesprochen wird, jeder der Handelnden sei »voll kausal geworden«; so Deutsch/Ahrens, Deliktsrecht⁵ Rz 60.

代因果关系中的按份责任(上文边注 5/84),是因为在累积因果关系中,每个行为人都确定无疑地可以引发整个损害,即使不考虑其他行为人的加害行为,也足以成立特定行为人的侵权责任,就此显然不存在免责的事由。而在替代因果关系中,并非每个行为人都引发了全部损害后果,相反,只是其中之一导致损害发生,只是无法查明具体真正加害人。

如同 F. Bydlinski[1] 所正确强调的那样,针对累积因果关系采取连带责任,并非完全放弃因果关系要件的要求;相反,只是对其作出调整,即以充分条件取代一般情况下的必要条件。在累积的因果关系中,两个事件中的任何一个都构成损害发生的充分条件。

4. 超越因果关系

不同于累积因果关系,在超越因果关系中,两个事件并非同时引发同一损害后果,相反表现为,一个事件首先引发损害后果,即使假设该第一个事件没有引发全部损害后果,此后第二个事件同样可引发此种损害后果。我们可以设想如下案件:B1 侵害 K,导致 K 丧失了劳动能力;此后 K 再次遭到 B2 的侵害,该侵害同样可以导致 K 丧失劳动能力。实践中通常出现的情况是:B1 剐蹭了 K 的汽车,不久之后 B2 导致该部汽车整体报废。上述案件的共同问题表现为:依据条件理论,即使没有第一个行为人的加害行为,仍然发生损害。在汽车剐蹭案件中,虽然第一个行为人导致汽车出现剐蹭,但第二个行为人导致整个汽车报废;在导致丧失劳动能力的案件中,因后来的加害行为导致受害人丧失工作岗位,并失去了应得收入;在供货违约情况下,第二个供货人的迟延履行同样可以导致整个生产停滞。

上述最后两个案例中所反映的问题体现在:即使没有第一加害人的行为,第二加害人仍然会造成全部损害,依据必要条件理论,第一加害人并未导致此种全部损害的发生。在上述汽车剐蹭案件中,第二个加害人的行为导致全部损害发生,完全涵盖了第一个加害人因剐蹭导致的汽车价值减少的部分损害;在第二个案例中,第二个加害行为足以导致权利人丧失整个收入;同样,在第三个案例中,第二个供货人的违约行为足以导致全部生产停工。在所有案件中,第一加害人的行为都不满足因果关系

---

[1] *F. Bydlinski*, Causation as a Legal Phenomenon, in: Tichý, Causation 21 f.

中的条件理论；在第二和第三案例中，第一加害人的行为仅与之前因其加害行为所导致的损害之间存在因果关系。

5/114　　与累积因果关系不同，学界就超越因果关系存在很大争议[1]。目前的主流观点认为，在超越因果关系中，B1 不法引发损害，即使 B2 同样引发了损害，B1 仍不能免除责任。但此种观点并未充分考虑到，金钱赔偿的范围并不是填补受害人所遭受的全部利益变化，而应当依据差额理论计算赔偿概括财产的减损。[2] 在涉及持续性损害的案件中，尤其涉及丧失工作能力时，将会重点考虑，由于之前已经产生了损害，如造成权利人患有疾病，则经过一定时间之后，必然会出现丧失工作能力的损害。这样一来，存在侵害具有特定时间限制的法益的情况。此外，多数学者认为，应依据正常的发展情况计算可得利益的范围（《奥地利民法典》第 1293 条、《德国民法典》第 252 条），因此，如果某人侵害他人造成后者可得利益的丧失，则赔偿的范围仅持续到某个特定的时间点为止，即在该时间点上，其他偶然事件可以同样使得权利人丧失此种可得利益。

5/115　　如 F. Bydlinsik[3]——至少令我信服——指出，超越因果关系实际上就是一个在时间上延长了的累积因果关系，因为发生第二个加害行为之后，即存在累积因果关系；在此之前，第一个加害行为构成一般的必要条件。例如，在前述加害人导致权利人丧失劳动收入的案件中，在发生第二加害行为之前，第一加害人必须就已经发生的损害负担侵权责任；此后，两个加害人就扩大的损害负担连带责任。

依据目前通行的模式，只有真正加害人承担侵权责任；与之相反，《奥地利侵权责任法草案》在第 1294 条采纳了 F. Bydlinsik 提出的观点，认为在超越因果关系情况下，只要多个事件与损害后果之间具有潜在的因果关系，则数个行为人都必须承担连带责任。

5/116　　需要强调的是，只有在满足其他责任前提（sonstige Haftungsvoraus-

---

[1] B.A. Koch, Damage Caused by Several Successive, but Independent Events Outside the Victim's Sphere-Comparative Report, in Winiger/Koziol/Koch/Zimmermann (Hrsg), Digest of European Tort Law I 8a/29 Rz 1 ff.

[2] Daher kann auch vom Ersttäter nicht behauptet werden, er habe den Schaden verursacht, der Zweittäter sei hingegen nicht mehr gefährlich geworden; in diesem Sinn auch in jüngerer Zeit wieder Röckrath, Kausalitä, Wahrscheinlichkeit und Haftung (2004) 26 f.

[3] F. Bydlinski in: Tichý, Causation 18 ff; derselbe, Schadensverursachung 68 f. Ihm weitgehend fol-gend Koziol, Haftpflichtrecht I3 Rz 3/67 ff.

setzungen)的情况下,假设意义上的第二个加害人才承担侵权责任。相反,如果第一个侵权行为已经导致被侵害的法益完全灭失,则第二个行为人针对已经灭失的法益无法再负担注意义务,此时其行为不具有违法性[1],其也就不应当再承担侵权责任。例如,B1已经造成权利人K死亡,虽然B2对着K的尸体射击,但不存在违法侵害K生命的加害行为。因此,第二个加害人B2无须承担侵权责任,由于第一个行为人B1造成全部损害,当然应当由其承担全部赔偿责任。因此,只有当被第一个加害人侵害的法益仍然具有现存利益时,第二个加害人的行为方可满足责任成立的要件,如违反注意义务以及具有致害的高度危险性等。虽然有学者就上述观点提出质疑,认为这容易导致将所有可能引发损害的潜在原因都纳入到考量范围,但笔者坚持认为,此种忧虑有些杞人忧天。

同样,如果权利人的法益在遭受第一次侵害之后发生减损,但仍然具有价值,此时也可采用上述理论。例如:K享有的机动车价值2万欧元,B1侵害该机动车,导致其价值减损3000欧元;在修理之前,B2的行为导致该机动车全部毁损。问题体现在:是B1与B2就3000欧元的损害承担连带责任,B2就剩余的17000元承担额外的赔偿责任,即B2实际上就全部20000欧元承担赔偿责任;还是B1单独赔偿3000欧元、B2单独赔偿17000欧元,二人承担按份责任?我个人认为,上述情况与B1造成全部毁损的情况是一致的,依据相应的价值裁量,应采取后一方案。第二个加害人的过错行为只能就已经被第一个加害人侵害之后剩余的法益作出责难,而就已经被第一个加害人毁损的法益,其行为当然不存在违反注意义务以及对法益具有威胁等问题。

如果第二个事件是因偶然事故或由受害人本人所引发,则原则上应由受害人本人承担此种结果;如果出现了与可归责事件的竞合情况,依据F. Bydlinski的观点,适用受害人共同过错(《奥地利民法典》第1304条、《德国民法典》第254条)的规则,在当事人之间进行损害分担[2]。《奥地利侵权责任法草案》也采取了此种模式。但需要注意的是,只有当第二个事件具有确定的危险性时,方可认定该第二个事件构成引发损害的潜在

---

[1] 参见 F. Bydlinski, Schadensverursachung 75；*Koziol*, Haftpflichtrecht I³ Rz 3/76 und *derselbe*, Schaden, Verursachung und Verschulden im Schadensersatzentwurf, JBl 2006, 772 f.

[2] Schadensverursachung 78 ff, 95 ff.

原因。同样,如果引发损害的其他原因为偶然事件,则只有在该事件侵害了仍然存在的法益时,方可讨论复杂因果关系的问题。

5/119　　F. Bydlinski[1]认为,在超越因果关系情况下,由于在第一次侵害之时即可确定损害,并且不考虑后来发生的加害事件,所以可相对较为容易客观地计算损害的范围。但是,在涉及利益赔偿时,他并不满意上述结论,并对通说提出了挑战。他认为,如果先后发生的两个加害事由在时间上相差无几,则在认定为累积因果关系时,行为人承担连带责任;而在认定为超越因果关系时,只有第一个加害人承担全部责任,第二个加害人完全无责任。虽然F. Bydlinski认为,此种结果不可避免,通过客观计算损害,也使得此种解决方案具有正当性,但其与累积因果的一般解决方案存在矛盾,从而招致很多批评。[2] 我个人认为,批评意见指出了上述方案的不足,即在重要领域导致结果趋同[3]。例如,在发生现实侵害时,如果物品已经现实地遭受第二个事件的威胁,则此时并非体现为是否考虑将来的事件的问题,相反,已经涉及该物品价值的现实减损,因为受到现实威胁的物品的价值显然低于未受到任何威胁的物品的价值。针对评估之时存在的减损,两个行为人都构成潜在原因,所以,其应当共同承担连带责任。

5/120　　《欧洲侵权法原则》在第3∶104条规定:第一个侵权人承担全部责任,但第二个侵权人并不承担全部责任。此种规定乍看起来采纳了目前通说,但该规定具有一个重要的限定,即只有当第一个侵权人所造成的损害真正发生之后,第二个侵权人只是理论上可能同样造成损害的情况下,才适用上述规则[4]。换言之,第一个侵权人承担全部责任的情况仅限于第二个行为人并未从事违法行为的情况,因为在第一个行为人已经完全毁

---

[1] Schadensverursachung 26 ff. Die auf dem Rechtsfortsetzungsgedanken beruhende objektive. Schadensberechnung wird jüngst wieder von *Gebauer*, Hypothetische Kausalität und Haftungsgrund (2007) 221 ff, zur Lösung der Probleme hypothetischer Verursachung herangezogen.

[2] *Raber*, Fragmente zum allgemeinen Teil des Haftpflichtrechts, JBl 1977, 27 f; *Kramer*, Multikausale Schäden, in: Fenyves/Weyers (Hrsg), Multikausale Schäden in modernen Haftungsrechten (1988) 94 f; *Kleewein*, Hypothetische Kausalität und Schadensberechnung (1993) 87 ff, 120 f, 197 f.

[3] *Koziol*, Haftpflichtrecht I³ Rz 3/71.

[4] 参见 *Spier/Haazen*, Comparative Conclusions on Causation, in Spier (Hrsg), Unification of Tort Law: Causation (2000) 141 f.

损法律所保护的法益的情况下,已不存在任何应受保护的法益了。反之,如果在发生最终的损害后果之前,第二个侵权人即实施了加害行为,针对该情况,第3:104条并未作出明确规定;就此必须类推适用第3:102条,即所有侵权行为人承担连带责任。如果事后的第二个加害行为造成了额外的损害,或者造成了持续性损害,则依据第3:104条,在责任认定时,必须考虑该第二个加害行为。

5/121 受法律保护的法益被完全毁损之后,第二个侵权人不可能就此从事不法行为,所以其无须承担侵权责任。从这一点来看,各种解决方案都可能面临困境。因为,第一个侵权人有可能不是引发损害的必要条件,如果令第一个加害人承担全部责任,则此种责任仅仅建立在潜在的因果关系基础上。一方面,第一个加害人从事了违法行为,导致其与第二个加害人承担连带责任,并且针对第二个加害人在内部享有求偿权,第一个加害人须最终承担整个损害的一半赔偿责任,这看起来似乎是正确的。但另一方面,不考虑因果关系问题以及缺乏违法性要件的问题,第二个加害事件可能被视为受害人应当承受的风险范围内的意外事件。在没有第一个事件的情况下,赋予受害人针对第二个加害人享有损害赔偿请求权,这令人有些迷惑。因此,不考虑其他事件,如同在累积因果关系中一样,虽然受害人应享有损害赔偿请求权,但其自身也必须承担一半的损害。

5/122 从一个正确的解决路径角度出发,如果第一个加害人的行为引发了损害,导致受害人针对第二个加害人无损害赔偿请求权,此种方案值得关注。[1] 但此种做法却具有很大的问题[2],首先将会导致第一个加害人承担了免除第二个加害人损害赔偿责任的后果,当然,即使在二人承担连带责任的情况下,如果第二个加害人无赔偿能力,实际效果亦是如此。其次,除此之外,最令人疑惑的是,如果某个规范不认为第一个加害人完全毁坏了物品,则该规范的目的是否包括免除一个假设的加害人的赔偿责任。再次,采取上述方法似乎只能提供一个表面上的解决方案,因为基于同样的理由,我们甚至可以主张,正是因为第二个加害人的行为,才导致第一个加害人完全无须承担损害赔偿义务。这样一来,就引发了如下悬

---

[1] 就此参见 *Kramer*, Das Problem der überholenden Kausalität im österreichischen Schadenersatzrecht, DRdA 1969, 144 ab.

[2] 参见 *Koziol*, Haftpflichtrecht I³ Rz 3/64.

而未决的问题,即为什么是第一个加害人而不是第二个加害人应当承担侵权责任。最后,如果同时存在两个假设意义上的侵害人,该理论将完全失灵。[1]

5/123　如下的解决方案应当更易于得出一个正确的结果:就第一个加害人而言,首先必须确定,在发生加害时,存在所有责任成立的前提,尤其是必须满足因果关系要件,此后,因为第二个加害人的原因导致该第一个加害行为成为潜在加害行为,因果关系要件有所减弱。此后发生的第二个加害行为原则上并不影响第一个加害人承担全部损害赔偿的义务,但第二个加害人必须与第一个加害人就此负担连带责任。如果无法认定第二个加害人的行为满足责任成立的要件,则第一个加害人继续负担全部赔偿责任,结果上只是导致不再存在第二个侵权人,自然也将导致第一个侵权人无法在内部寻求责任分担。显然,各种风险,包括是否可以认定存在其他责任人、第一加害人是否享有追偿权以及是否可以执行该追偿权等,都应当由第一个加害人承担,而不能就此免除其本来就应当承担的责任。至于是否存在第二个加害人,对于认定第一加害人有无责任并无本质影响,仅仅对内部是否可能发生责任分担产生或然性的影响。因此,我们可以认为,是否可以认定存在第二个加害人,属于第一个加害人的风险范围,而不属于被害人的风险范围。

□ 第三节　结　论

5/124　如同 F. Bydlinski 所强调的那样[2],虽然在替代因果、累积因果以及超越因果的情况下,因果关系的认定并不能满足条件理论的要求,但此时所认定的行为人仍然应当承担侵权责任。然而,此时不应当完全忽视对因果关系的要求[3];换言之,各个加害原因必须具有引发损害的高度

---

[1]　参见 F. Bydlinski, Schadensverursachung 78.
[2]　F. Bydlinski, Causation as a Legal Phenomenon, in: Tichý, Causation 17 ff.
[3]　Es wird auch versucht, diese Schwierigkeiten durch eine andere Art der Prüfung zu überwinden, siehe etwa Wright, Causation in Tort Law, 73 Cal L R 1985, 1788ff, der den » Necessary Element of a Sufficient Set « Test vorschlägt. Zu diesem siehe etwa Röckrath, Kausalität, Wahrscheinlichkeit und Haftung (2004) 20 f, 32 ff.

盖然性,就此可采取一种较弱的方式,以认定这些加害原因构成引发损害的潜在原因。潜在原因之所以可以引发责任,是因为各个行为具有高度具体的危险性,具有很强的相当性。当然,只有在能够满足其他所有责任成立要件的前提下,该潜在加害人方承担责任。就此首先需要注意,如果第一个加害人的行为导致法益完全灭失,则第二个加害人不可能负担注意义务,当然也就不存在第二个加害人从事了不法行为之说。

最后,还需要指出的是,超越因果关系与合法性替代行为的抗辩事由 (rechtsmässiges Alternativverhalten)(参见下文边注 7/22 以下)非常相近。后者体现为,一个违法行为引发了某种损害,而其他不可归责的事件在理论上也可以引发此种损害。二者之间的区别体现在:在超越因果关系中,第二个事件在现实中已经发生了;而在合法性抗辩事由中,第二个事件仅仅是理论上的假设。依据通说,后者并非因果关系的问题,相反,其涉及一种特殊的归责问题,即依据规范的保护目的,假设行为人从事了合法行为,该损害后果仍然发生,此时能否令其承担责任?上述分析仅仅限于积极作为侵权的情况。如果行为人仅是消极不作为,即使假设行为人积极作为仍不可避免此种损害的发生,仍然无法满足因果关系的要求,因为只有当从事特定的积极作为可以防止损害后果的发生,并且此种行为是可能时,方可认定存在因果关系,所以此时无法成立责任。

5/125

但在积极作为与消极不作为之间很难作出严格的区分,而二者对于采取规范保护目的还是因果关系认定,具有重要意义,这些都反映了二者具有很大的相似性。[1] 无论在合法性替代行为还是超越因果关系中,积极作为侵权都涉及同样的价值判断问题,即能否因为一个理论上假设的行为,使得现实中引发损害的行为免于承担责任。对于如下问题,即依据规范的保护目的,在不法加害人引发或者可能引发损害时,即使此种损害在理论上亦可由其他假设原因造成,能否令行为人承担侵权责任,实际上二者之间区别不大,应当同等对待。

5/126

在关键性的价值判断上,采取并行的判断规则[2]完全具有正当性。

---

〔1〕 *Koziol*, Rechtmäßiges Alternativverhalten - Auflösung starrer Lösungsansätze, Deutsch-FS (1999) 179 ff.

〔2〕 参见 *Riss*, Hypothetische Kausalität, objektive Berechnung bloßer Vermögensschäden und Ersatz verlorener Prozesschancen, JBl 2004, 430 f; *Gebauer*, Hypothetische Kausalität und Haftungsgrund (2007) 221 ff; *Oetker* in MünchKomm, BGB II^5 § 249 Rz 212.

因此,将超越因果关系的问题置于规范保护目的,而不在因果关系理论中探讨,并且一并处理超越因果与合法性假设抗辩,也是完全可行的[1],因为二者都涉及价值判断问题,即行为人因从事不法行为导致损害发生。但此种损害后果在假设层面,同样可以由不可归责于行为人的事件所引发,此时,应依据规范的目的去判断究竟行为人是否应当承担侵权责任。显然,此种价值判断应摆脱此种问题在理论上的定位,须采取同样的标准,在客观计算损害范围时,都应采取权利继续理论。

---

[1] 参见 schon *Koziol*, Deutsch-FS 183.

第六章
归责要件

第一节 违法性

一、导论

Canaris[1]强调,行为人应就其实施的具有过错的不法行为——可 6/1
归责的错误行为——承担责任,"这在法律伦理层面是不证自明的道理,
因为法律针对此种行为作出了消极性的价值判断"。Zimmermann 在其
经典之作——《罗马法的基础》[2]一书中也通过论证民法的罗马法基础
进一步强调,对于侵权法而言,违法性与过错都具有根本性的意义。如果
我们环顾其他法域,在所有的法律体系中,虽然对违法性的理解可能存在
差别,但"过错行为"与"违法性"在成立侵权责任时都起到了关键性作
用。[3] 在过错责任中,只有当行为人的行为具有不法瑕疵时,其方就过
错所造成的损害承担责任。

无论是从法律伦理的角度,还是从法史或者比较法的角度,学者们都
一致认为,在损害归责以及责任成立中,违法性都具有重要的意义。但在
此前提下,就如何理解违法性以及违法性的理论基础,却存在千差万别的
观点。

---

[1] Die Gefährdungshaftung im Lichte der neueren Rechtsentwicklung, JBl 1995, 16. Vgl auch F. Bydlinski, System und Prinzipien 189 ff; von Caemmerer, Das Verschuldensprinzip in rechtsvergleichender Sicht, RabelsZ 42 (1978) 5 ff.

[2] Obligations 902, 907.

[3] 就此参见 Koziol, Conclusions, in: Koziol, Unification: Wrongfulness 129 ff.

二、关于违法性的不同概念

6/2 只要简单查阅,我们就可以轻而易举地发现,就如何理解"违法性"这一归责事由,不同国家的法律对此存在完全不同的观点[1]。有些国家的侵权法根本不区分违法性和过错,此种模式以法国为代表[2]。但更多国家却赋予违法性概念不同的意义。例如,在大部分国家的侵权责任法中,违法性仅对过错责任有意义。但以瑞士[3]以及德国[4]的一些学者为代表,其坚持认为,违法性对于危险责任同样具有意义。在《瑞士侵权法总则草案》中,违法性就被规定为所有责任形态的前提要件[5]。

6/3 即使在过错责任中,就违法性要件也存在不同的观点。甚至在两个非常类似的法律体系中,如奥地利法和德国法,有关违法性的理解也迥然不同。在奥地利,关于违法性的权威观点是"行为不法理论"(Verhaltensunrechtslehre)[6]。依据此种观点,违反法律规定的禁令或者命令即产生违法性。因此,有关违法性的判断总是指向人的行为而不是损害后果,原因在于,违法性恰恰体现在行为违反了规范中的要求。所以,行为主体只能是规范所调整的那些义务人。因此,单纯一个损害后果或者状态,不能被视为具备违法性;一个后果只能被评价为非期待的,而非法律所命令或强制[7]。例如,在滑雪中失去控制的高速滑雪者从身后撞到了另一位谨慎滑雪的人,导致两位滑雪者都遭受人身伤害,此种结果显然是非期待的。但从违法性的角度看,只有那位冒失飞速滑行的人从事了违法性的行为。在该引发损害的事件中,那位谨慎滑雪的人也参与到滑雪活动中,

---

[1] 概览性的分析参见 *Koziol* in: Koziol, Unification: Wrongfulness 129 f. Siehe ferner G. *Wagner*, Grundstrukturen des Europäischen Deliktsrechts, in: Zimmermann, Grundstrukturen: Deliktsrecht 213 ff.

[2] *Galand-Carval*, Fault under French Law, in: Widmer, Unification: Fault 92 f.

[3] 参见 *Oftinger/Stark*, Haftpflichtrecht I^5 172; *Widmer*, Switzerland, in: Koziol, Unification: Wrongfulness 115 f.

[4] BGH in BGHZ 117, 110; *von Bar*, Verkehrspflichten. Richterliche Gefahrsteuerungsgebote im deutschen Deliktsrecht (1980) 131 ff.

[5] 在最新的第41条中,强调只有因违法行为所导致的损害方具有可赔偿性。其中,第46条规定违法性是所有责任类型的责任成立前提。具体参见 *Widmer*, Reform und Vereinheitlichung, in: Zimmermann, Grundstrukturen: Deliktsrecht 158 f.

[6] 参见 *Koziol*, Haftpflichtrecht I^5 Rz 4/2 mwN.

[7] *Münzberg*, Verhalten und Erfolg 3, 53, 61 ff,作者针对德国法也作出此种强调。

因此,他也是构成该事故的一个原因,但绝不能认为他从事了违法性行为,因为他根本就没有违反任何注意义务。

与奥地利法不同,德国学者普遍采取"结果不法理论"(Erfolgsunrechtslehre)。[1] 在传统理论构造中,通常是从损害结果来认定是否存在违法性构成要件。事实上,此种理论在瑞士法中一直具有权威地位。但在今天,人们逐渐认识到,法律规定只能够针对人的行为[2]作出违法性判断,而不能单纯将损害后果作为认定违法性的对象。理由在于,后果不是违法性判断的对象,而仅仅是违法性判断的基础。[3] 实际上,结果不法的方法是透过损害后果,以一种消极的方式倒推行为是否具有违法性。例如,侵害他人受法律保护的法益或者权利,如身体完整权或者所有权,其行为即具有违法性,但行为人具有特殊抗辩事由的除外。在当今理论中,结果违法理论主要适用于所谓的直接侵害绝对权和绝对法益的情况;其原因体现在此种加害行为始终具有违法性。[4] 但依据目前此种理论构造,上述滑雪案例可能会造成如下结果:不仅从身后撞人的滑雪者的行为具有违法性,甚至那位谨慎滑行的滑雪者也存在违法性,因为二人相撞直接侵害了那位快速滑雪者的健康。尽管上述适用结果违法理论会造成可笑的结果,但主张行为违法理论的学者在德国仍然属于少数[5]。

6/4

在欧洲各国侵权法中,另外一个富有争议的问题是如何区分违法性与过错(Grenzlinie zwischen Rechtswidrigkeit und Verschulden)。例如,就像上文所提及的那样,法国侵权法理论根本不区分违法性与过错要件。而其他国家对此却作出明确界分。当然有些国家就此采取模糊的态度。例如,在德国法中[6],由于普遍采取客观过错标准,导致在间接侵权中,几乎无法区分客观违法与主观过失,因为二者都涉及侵权人的行为。而

6/5

---

[1] 目前侵权责任法理论尤其强调结果不法理论适用于故意侵权。参见 *Brüggemeier*, Haftungsrecht 37 f.

[2] *Jansen*, Das Problem der Rechtswidrigkeit bei §823 Abs 1 BGB, AcP 202 (2002) 544 ff,对此种观点提出不同意见;但他的观点自身相互矛盾,因为其强调行为结果的同时,反对将违法性定位于单纯的结果。vgl ferner *Jaun*, Haftung für Sorgfaltspflichtverletzung (2007) 391 ff.

[3] 参见 *Larenz/Canaris*, Schuldrecht II/2^{13} §75 II 3 b.

[4] 参见 all dem G. *Wagner* in MünchKomm, BGB V^5 §823 Rz 5 ff mwN.

[5] Neben *Münzberg*, Verhalten und Erfolg, ist in jüngster Zeit *Wilhelmi*, Risikoschutz 112 ff, 141 ff, zu erwähnen.

[6] 参见 insbesondere *Deutsch*, Fahrlässigkeit^2 229 f, 282.

奥地利[1]和荷兰[2]却采取不同理论,其原则上只针对过错中的故意采主观标准;实际上,瑞士的少数派观点以及瑞士侵权责任法也采取了主观过错的标准[3]。

三、寻找一个包容的解决方案

6/6 表面上看起来,上述各种有关违法性的不同观点相互对立,无法调和;但仔细分析,却发现在这些欧洲不同国家的法律中,有关违法性的代表性观点都具有完整的理由,不能简单认为某种观点优于另外一种。需要进一步指出的是,上述有关违法性的不同观点实际上各自赋予了违法性要件以不同任务,因此其彼此之间并非是排斥关系,而是相互补充关系。[4]

在正确把握违法性要件承担不同任务的整体方案中,动态系统理论(das bewegliche System)(参见上文边注1/27以下)可以提供有益的帮助。[5]依据此种理论,各种责任构成要件,即加害人方面的各种侵权要件具有不同程度的强度;其所产生的法律后果取决于各个要件的强度以及其他要件之间的相互作用关系。依据上述此种思想,可以建构一个违法行为要件相互和谐的整体方案;申言之,通过融合上述各种有关违法性的对立观点,建立一个整体方案。在本质上,笔者把此种方案划分为如下三个层次[6]:

6/7 第一层次:结果不法理论强调,法律保护一些明确规定的法益,如生命、健康、自由以及所有权,并且尽可能地防止此种损害后果的发生[法律

---

[1] *Koziol*, Haftpflichtrecht I³ Rz 5/35 ff.

[2] 参见 *Spier*, The Netherlands. Wrongfulness in the Dutch Context, in: Koziol, Unification: Wrongfulness 88 f.

[3] *Widmer*, Die Vereinheitlichung des Schweizerischen Haftpflichtrechts-Brennpunkte eines Projekts, ZBJV 1994, 410 mwN.

[4] 详细分析参见 *Koziol*, Rechtswidrigkeit, bewegliches System und Rechtsangleichung, JBl 1998, 619 ff.

[5] *Jansen*, Die Struktur des Haftungsrechts (2003) 593 ff,其持反对意见的重要原因是,其并未充分考虑到 *F. Bydlinski* 对 *Wilburgs* 所创立的动态系统论的精细化工作和进一步推动。他本人的观点实际上与 *F. Bydlinskis* 并无二致。

[6] 同样可参见 *G. Wagner*, Grundstrukturen des Europäischen Deliktsrechts, in: Zimmermann, Grundstrukturen: Deliktsrecht 217 ff,针对违法性的功能,该作者作出如下区分:一方面,界定受侵权法保护的法益范围;另一方面,作为判断行为具有违法性的前提条件。

所保护的利益（geschützte Interessen）[1]。因此，我们可以在极其抽象的层面认为，侵害上述此种法益即违反了法律规定。为了防止错误理解，我们在此应当将上述此种违法行为称为构成要件该当性（Tatbestandsmäßigkeit），而不是违法性[2]。德国学者 Jansen[3] 基于损害后果要求行为人承担责任（Erfolgsverantwortlichkeit），从而建构了一个侵权责任法的统一模式，他所主张的模式事实上也应当建立在此种事实构成该当性的基础上，即取决于是否出现法律所不期待的损害后果。

但在损害赔偿法上，上述结果不法性却并不适宜作为一种关键的侵权责任法上的判断标准[4]：从法律伦理的角度来看，过错责任的基础建立在对行为人的行为非难上；这表明，在判断是否存在违法性时，首先取决于加害人是否从事了不法行为，而不是取决于是否出现了加害后果。如上文所述，因为规范本身指向的是人，所以只有人的行为才能够违反法律，如果仅从事后的加害后果倒推此前已经从事的行为是否具有违法性，以此来考量人的行为性质，此种事后判断方法是错误的，因为应当自始就积极引导行为人作出正确的行为，而非仅仅对一个已经实施的行为进行事后的定性。但最近一些理论进一步扩展了此种事后考量的方法，他们将法益受到威胁也视为一种加害后果[5]。

不仅如此，结果违法理论还无法解释，当行为人完全谨慎行为，就像其他人所期待的那样，对这样的加害人能做出什么样的非难呢？从法律伦理的角度看，行为无非难性将导致任何一种过错责任都缺乏必要的成立基础。

最后需要思考的是，针对生命、健康、自由或者所有权等，并非只要其遭受侵害，就一概提供法律救济。例如，针对健康产生的微小侵害，如果此时具备更高位阶的法益，则受害人必须容忍此种加害后果[6]。因机动

---

[1] Grubb (Hrsg), The Law of Tort (2002) 9. 比较法上的详细分析请参见 van Dam, Tort Law 141 ff.

[2] 参见 Larenz/Canaris, Schuldrecht II/2¹³ §75 II 2.

[3] Jansen, Struktur des Haftungsrechts insbesondere 561 ff.

[4] Jansen, Das Problem der Rechtswidrigkeit bei §823 Abs. 1 BGB, AcP 202 (2002) 544 ff, 虽然其观点给如下印象，即其观点与众不同，但其观点亦不过是将归责的考量要素纳入到免责事由中而已。参见 Jansen, Struktur des Haftungsrechts 581 ff.

[5] Deutsch, Haftungsrecht2 Rz 237; Larenz/Canaris, Schuldrecht II/2¹³ §75 II 3 b.

[6] 参见下文边注 6/18 以下以及边注 27 的详细分析。

车排放尾气对他人的健康产生的消极影响就是典型的事例。除了上述传统的绝对权外,诸如利润丧失以及纯粹经济损失都无法构成判断违法性的标准。

6/9 虽然结果违法自身不适宜作为判断责任承担的基础,但在侵权责任法之外它却具有如下重要的功能,即如果行为人的行为具有构成要件该当性,其威胁到乃至侵害了他人受法律保护的法益或者利益,并且法律原则上极力保护这些法益免于遭受侵害,则在极其抽象的意义上,法律期待尽可能地防止此种加害行为的发生。此种在极其抽象的层面所具有的事实构成该当性并不适宜作为判断行为人具有可责难性的基础,其也不能够作为责任承担的正当性事由,但该行为的事实构成该当性却可以引发一个较弱的法律后果,即相对人享有防御的权利,包括正当防卫与停止侵害请求权。当受法律保护的利益受到威胁,并且事实构成的各个要件能够获得满足,则受威胁人享有防御此种侵害的权利。此外,此种抽象意义上的状态能够引发排除妨害请求权,乃至返还侵权不当得利请求权(费用请求权)。最后,如果行为人侵害此种受法律保护的法益,进而满足事实构成该当性,即侵害所谓的绝对权,则此时可以推定其行为具有过错。

6/10 第二层次:应当进一步检讨,加害人所从事的行为在特定的情况下,依据一个客观标准,是否违反了注意义务[1]。此时虽然是从一个客观层面来检讨某种行为是否具有瑕疵,但本质上已经进入到一个具体的层面。该步骤实际上对应于英国法中的"违反注意义务"(Breach of Duty)理论[2],该理论类似于一些欧洲大陆国家法律中的行为不法理论。

但行为不法理论一直遭受如下诟病,即此种理论容易导致无法区分违法性要件与过错要件。但此种批评显然难以令人信服[3],因为针对违法性采取客观判断标准,而从过错要件本质出发,其应当采取主观标准。实际上只有在那些采取客观过错标准的法系中,过错要件与违法性要件才会发生混同,其至针对未成年人和精神病患者也采取违反注意义务的

---

[1] Jansen, AcP 202, 544 FN 139, 该作者认为,违法行为是任何责任形态的前提。其观点应当较为偏颇,众所周知,违法性要件只适用于过错行为责任,而危险责任的成立无须违法性要件。

[2] van Dam, Tort Law 189 f; Koziol, Introduction, in: EGTL, Principles 25; W. V. H. Rogers, Winfield & Jolowicz on Tort[17] (2006) 337 ff.

[3] 参见 Koziol, Haftpflichtrecht I³ Rz 5/42 und 44.

客观判断标准,但上述主体显然缺乏必要的主观判断能力,其本质上不可能存在主观上的过错。

在客观违反注意义务的层面,行为人的不法行为产生如下作用:行为人的不法行为与其他要件相互结合后,即使其他要件的强度较弱,也足以导致行为人就其所引发的损害承担侵权责任。例如,具有客观过错的行为与具有较高危险性的要件结合就足以产生侵权责任,例如瑕疵建筑物占有人责任以及动物饲养人责任(《奥地利民法典》第 1319 条、第 1320 条)。此外,在未成年人或者精神病患者从事一个具有客观过错的行为的情况下,通过进一步考量其他要素,尤其是双方当事人之间的经济关系,也可以要求其承担全部或者部分责任(《奥地利民法典》第 1310 条、《德国民法典》第 829 条)。 6/11

最后,须从违法性的第三个层面出发,基于行为人的主观能力以及具体情况,探求行为人所从事的客观不法行为是否具有可非难性。此处所说的实际上就是过错要件。过错构成另外一个重要的归责要件,其本身足以成立侵权损害赔偿责任。 6/12

综上所述,我们认为行为违法性要件的三个层面具有不同强度的功能。申言之,强度越低其后果也越抽象;反之,强度越强,责难性也越具体。例如,如果行为人在具体情况下,基于其主观能力能够识别其行为威胁到他人的法益,行为人应当能够避免损害后果的发生,但其仍然追求该结果,则就其个人,尤其是其意志方面的瑕疵,可作出严重的非难性的判断。 6/13

就此我们可以针对法律后果作出如下不同层次的划分:在最抽象的层面上,如果能够认定行为人的行为具有事实构成该当性,并且其行为具有一般意义上的非期待性,则此种行为瑕疵只能够引发相对人的防御权,即正当防卫权与停止侵害请求权,以及排除妨害请求权与不当得利请求权。在第二个层面,涉及违反客观注意义务,此时此种行为的瑕疵具有如下功能:其与其他强度较弱的责任构成要件相结合即足以引发侵权赔偿责任。主观过错构成更为重要的归责要件,其本身即足以使引发损害后果的加害行为具有可归责性。

四、受法律保护的法益的界定

6/14　　在界定法律所承认的法益保护范围时,不应当忽略不同法益之间可能存在的相互对立或矛盾[1]。当法律向一个人的权利和利益提供保护时,该主体享有要求其他人尊重该受法律保护的领域的权利。受法律保护的所有人、权利人无须容忍他人的侵害;在此情况下,他可以主张停止侵害请求权并行使正当防卫,因此从结果来看,承认一个人受法律保护的领域,同时构成对所有其他人自由的限制[2]。所以,在确定受法律保护的范围时,需要从价值上考量相互冲突或对立的利益:一方面,应考虑是否存在需要尽可能充分保护的利益,而另一方面,要尽可能赋予其他人最大的行为自由[3]。

6/15　　法律可以通过如下两种方式确定其所保护的领域,即要么从行为的角度、要么从结果的角度。法律一方面可以禁止行为人实施某种特定的行为,从中可以看出,法律希望保护哪些利益以免受威胁;另一方面,法律也可以确定其所保护的权利或利益的类型,并以一种一般性的方式要求他人尊重这种法益,只要这些是可期待的并且也是正当的。上述两种方式往往被混合采用。例如,《德国民法典》第 823 条和第 826 条,《奥地利民法典》第 1295 条第 1 款和第 2 款以及第 1311 条第 2 句中的第二种情况。

6/16　　在多大范围内构成充分保障一个人的利益或者哪些行为期待得到他人的尊重,这些问题只有在已经明确行为规范的前提下,才会获得较为容易的回答。这些行为规范的目的即在于通过确定一个行为标准,而禁止危害他人的权利和利益[保护性法律(Schutzgesetz),如《德国民法典》第 223 条第 2 款,《奥地利民法典》第 1311 条第 2 句第二种情况]。如果法律禁止违反善良风俗的行为(参见《德国民法典》第 826 条、《奥地利民法典》

---

[1] 参见 Alexy, Begriff und Geltung des Rechts (1992) 120.

[2] Peukert, Güterzuordnung als Rechtsprinzip (2008) 895 ff,在探讨所有权时,该作者最近再次强调此种观点。亦可进一步参见 Wilhelmi, Risikoschutz 12 ff, 230 ff.

[3] Larenz/Canaris, Schuldrecht II/2[13] § 75 I 1; van Dam, Tort Law 715 f; Schilcher, Der Regelfall als Verbindung von Tatbestandsmodell und Beweglichem System, Koziol-FS (2010) 869 ff.

第 1295 条第 2 款),则对上述问题尤其难以作出回答。如果法律仅仅规定应获尊重的权利和利益,即上述法益的保护是可期待的和正当的(《奥地利民法典》第 1295 条第 1 款,《德国民法典》第 823 条第 1 款)[1],那么就更加需要百倍努力去探求法律所保护的范围。显然,列举各项受法律保护的法益的基本规范越狭窄,通过行为标准来界定保护的范围就越具有意义[2]。例如,在奥地利法中,违反保护性法律与违反善良风俗行为的意义远远小于在德国法中的意义,因为德国法尝试通过保护性法律与违反善良风俗原则克服《德国民法典》第 823 条第 1 款的狭窄性和僵硬性。

欧洲侵权法研究小组通过比较法的分析,尝试提炼出确定侵权法保护范围的各项关键性要素(《欧洲侵权法原则》第 2:102 条)。依据该条,确定侵权法的保护范围时应注意如下要素:受法律保护的利益的价值;是否能够清晰界定某种利益及其公示性;行为人所承担的责任形态,尤其是行为人具有过失还是故意;行为人的利益,尤其是其行为自由、其行使权利的利益以及公共利益。《奥地利侵权责任法草案》也借鉴了上述研究成果(第 1293 条第 2 款与第 3 款),学者们也沿着这一方向作出了更多的努力[3]。

需要强调的是,保护范围取决于存在一个还是几个要素,以及各个要素具有何种重要性;此外,更为重要的是,还需要考量不同要素之间的相互作用,这具有非常重要的意义。由于保护范围取决于各种要素的综合考量,所以完全可能发生如下情况,即对立的利益如果更为重要,则可能使得最高位阶的利益也无法得到保护。例如,如果行为人完全尊重他人的健康,其本人可能遭受重大财产损害,而此时相对人的健康仅可能遭受微小侵害(如感冒),则健康利益也可能不受保护。

---

[1] 参见 auch *Koziol*, Conclusions, in: Koziol, Unification: Wrongfulness 132.
[2] 参见 *Spickhoff*, Gesetzesverstoß und Haftung (1998) 16 ff, 24 ff, 49 ff.
[3] 最新相关文献可以参见 *Wilhelmi*, Risikoschutz 230 ff.

五、是否保护轻微损害?[1]

1. 目前对轻微损害的认定

6/18　　越来越多人主张,无须就轻微损害提供赔偿救济,从保险的角度来看,尤其如此。在德国与奥地利侵权责任法改革中,就此问题展开了激烈的讨论。最近,轻微损害不受保护的古老思想获得成功,并被规定在《欧洲民法典草案》(DCFR)中。欧洲民法典研究小组在其起草的"合同外责任"一编第 6:102 条"轻微规则"的标题下作出如下规定:"微小损害不予救济"(Trivial damage is to be disregarded)。

　　乍看起来该基本原则似乎令人信服,尤其是现行法对上述理论提供了一些支持。但认真考察之后却不无疑问,此种具体规定是否放之四海而皆准呢?

6/19　　在相邻关系法中,《德国民法典》第 906 条第 1 款规定,在相邻人使用邻人所有的不动产未造成损害或未造成重大损害的前提下,不动产的所有人不得排除来自相邻不动产的妨害。《奥地利民法典》第 364 条第 2 款也作出相同规定,即只有当相邻人严重侵害不动产所有权人对不动产的正常使用时,该不动产所有权人才有权要求其邻人停止此种不可量物的侵害;针对此种轻微侵害,不动产所有人不得主张侵权责任法上的救济。而瑞士法也规定,只有在"过度侵扰"(übermäßiger Einwirkungen)(《瑞士民法典》第 684 条第 1 款)的情况下,才可以要求邻人禁止作出此种行为;反之,相邻人必须负担适当容忍不可量物侵扰的义务。[2]

6/20　　此外,欧洲经济共同体在其《产品责任指令》第 9 条 b 款中规定,因产品瑕疵给消费者造成财产损失的,消费者自身须负担 500 欧元的损害比例责任。欧洲一些国家的无过错产品责任法中也采纳了此种规定(《奥地利产品责任法》第 2 条、《德国产品责任法》第 11 条以及《瑞士产品责任法》第 6 条)。依据上述规定,低于消费者需自身负担的额度的,该产品所引发的损害无法得到赔偿。上述规定与真正轻微损害标准间的重要区别

---

[1] 详细分析参见 Koziol, Geringfügigkeitsschwellen im Schadenersatzrecht? Bucher-FS (2009) 419 ff.

[2] Rey in BSK, ZGB II³ Art 684 Rz 1.

体现在,不仅仅针对轻微损害要考虑消费者自身承担比例,在重大损害情况下,受害人也无法获得全额赔偿。

除此之外,针对人格遭受侵害所造成的精神损害赔偿,也普遍存在"严重性"的要求[1]。例如《瑞士债法典》第 49 条规定,在侵害他人人格时,只有"严重侵害方可要求精神损害抚慰金"(die Schwere der Verletzung es rechtfertigt)[2]。

但德国在重新修订《德国民法典》第 253 条第 2 款时,并没有采取轻微损害不予救济的建议[3];立法者认为,德国法院可以借助于损害赔偿的"公平原则"来考量轻微损害的门槛[4]。以此为基础,在侵害《德国民法典》第 253 条并未明确规定的一般人格权时,必须以严重侵害为前提[5]。

在奥地利,很多具体规定将精神损害赔偿明确限定于严重侵害的情况(《奥地利专利法》第 150 条第 3 款、《奥地利实用新型法》第 53 条第 4 款[6])。与此相适应,在司法判决中,当出现违反著作权法的情况时,只有当权利人出现明显的疾病,才可以依据《奥地利著作权法》第 87 条第 2 款作出精神损害赔偿判决[7]。

最后需要指出的是,依据《奥地利侵权责任法草案》第 1316 条第 2 款,"非严重损害"不予赔偿。如何判断损害是否轻微?首先应依据该条

---

[1] 参见 *Karner/Koziol*, Ersatz ideellen Schadens 36 ff mwN.

[2] 该条规定:"受害人人格遭受违法侵害的,只要其损害程度要求作出金钱赔偿,并且其他方式无法作出补偿,则其有权要求加害人作出金钱赔偿以用于精神抚慰。"

[3] 参见 *G. Wagner*, Das Zweite Schadensersatzrechtsänderungsgesetz, NJW 2002, 2056.

[4] 参见 *Oetker* in MünchKomm, BGB II^5 § 253 Rz 29.

[5] Ständige Rechtsprechung des BGH, siehe insbesondere BGHZ 26, 349 (Herrenreiterfall); BGHZ 35, 363 (Ginsengwurzel); BGHZ 39, 124 (Fernsehansagerin); BGHZ 128, 1 (Caroline von Monaco I); 参见 *Rixecker* in MünchKomm, BGB I/1^5 § 12 Anh Rz 226. Kritisch *Funkel*, Schutz der Persönlichkeit durch Ersatz immaterieller Schäden in Geld (2001) 192 f mwN; *Witzleb*, Geldansprüche bei Persönlichkeitsverletzungen durch Medien (2002) 105 ff.

[6] 参见 OGH 4 Ob 126/89 in SZ 62/192; 4 Ob 135/90 in ÖBl 1991, 58; 4 Ob 49/95 in MR 1996, 74 = ÖBl 1996, 134.

[7] OGH 4 Ob 101/93 in SZ 66/122 = MR 1994, 239 (*W. Michael*) = ÖBl 1993, 279; 4 Ob 281/98x in MR 1998, 345 (*W. Michael*); 4 Ob 175/08a in MR 2009, 81.

第 1 款所列举的各项标准[1]：是否作出金钱赔偿取决于受侵害法益的重要性、客观可识别性、侵害的范围及其持续时间、归责事由的强度。在被视为非严重损害的情况下，只有当其他要件的严重性程度远远超过损害的轻微性要件，此时方可发生损害赔偿责任。在该条第 3 款中，明确列举了基于上述考量所得出的一个结果，即基于被侵害法益的位阶及其客观可识别性，侵害身体时加害人必须负担精神损害赔偿。

2. 设立微小损害不予救济制度的理由

6/22　　在不动产相邻法中，相邻人负担容忍轻微损害的理由体现为社会妥当性(Sozialadäquanz)思想。依据该思想，只有通过相邻人相互负担容忍的义务，才能在兼顾不同利益的前提下，最大限度地维护相邻不动产人在经济上各自利用其不动产的利益。[2]

需要进一步强调的是，之所以所有权人须针对轻微损害负担容忍义务，理由还在于，不动产所有权人都享有排他性与任意性的各种权能，彼此构成相互限制。[3]

6/23　　就产品责任而言，欧盟指令在立法理由中指出，考虑到生产者的利益，引入消费者损害自担制度，其目的在于避免出现大量的争诉案件。[4]在各种评注中，虽然 500 欧元的数额已经远远不再是微小损害了，但学者们普遍主张微小损害下不予赔偿[5]。就此提出了一个迫切的问题，为什么只有在因瑕疵产品致损害的情况下，方可期待消费者接受其请求权受到限制？为什么其他类型的加害人无法享受此种规范带来的好处？目前对上述这些问题尚缺乏认真深入的研究。

---

[1] *Christandl/Hinghofer-Szalkay*, Sinn und Funktion einer gesetzlichen Erheblichkeitsschwelle im Nichtvermögensschadensrecht, JBl 2009, 284 ff, 该作者批评《奥地利侵权责任法草案》错误地将非严重损害等同于微小损害，认为草案忽视了确定精神损害是否严重并非是一个僵化、绝对的标准，相反，应当在综合考量各种要素的前提下方可做出决定。实际上，该草案第1316条第3款即考虑到这一点，例如，在侵害身体健康时，即使受害人仅遭受轻微损害，其仍然有权要求获得精神损害赔偿，上述批评意见显然不成立。*Christandl/Hinghofer-Szalkay* (294) 在草案说明中，针对精神损害赔偿的严重性，完全支持采纳一个动态的标准，考虑到各种具体要素的强度，显然不存在僵化判断精神损害严重性的问题。

[2] *Säcker* in MünchKomm, BGB VI⁵ § 906 Rz 30.

[3] 参见 *Säcker* in MünchKomm, BGB VI⁵ § 906 Rz 2.

[4] *Taschner*, Produkthaftung (1986) Art 9 Rz 17.

[5] *Schmidt-Salzer/Hollmann*, Kommentar EG-Richtlinie Produkthaftung I (1986) Art 9 Rz 58.

如同不动产相邻关系法所规定的那样,社会妥当性原理也要求在精神损害赔偿中采取"严重性"标准。行为人仅仅遭受轻微的不愉悦,并未超出既定的预见范围,则属于一般生活风险[1],就此并不能够引发侵权责任法上的赔偿后果。Stoll[2]指出,参与社会共同生活的每一个人都必须在一定程度上容忍精神上的不利。从另一个角度看,如果不采取此种必要的社会交往容忍义务,将会引发侵权责任泛滥的后果,导致行为人的一般行为自由遭受无法预见的限制,法庭也会因面临诉讼爆炸而无法运转。

6/24

对精神损害赔偿采取限制规定的重要原因还体现在,行为人是否以及在多大程度上遭受了精神损害是一个很复杂的问题。基于上述考量,精神损害是否获得赔偿取决于精神损害客观化(Objektivierbarkeit)的最低标准,但就此种客观标准却无法给出一个明确的答案[3]。F. Bydlinski[4]对此也指出,由于纯粹的精神损害完全取决于受害人主观上的感受,如果在任何侵害情况下都赋予其主张损害赔偿的权利,将导致每个人自身遭受不利以及生活困难。打破生活安宁的单纯的不愉悦,从而导致不幸福乃至产生愤怒,这些都是日常生活不可避免的组成部分,这些原则上都无法产生侵权责任法上的后果[5]。

6/25

就此我们可以确定如下一个基本原则,只有在严重侵害人格权的情况下,才有可能考虑精神损害赔偿[6]。但需要注意的是,如果加害人主观上具有严重归责事由,则可以降低精神损害后果的严重性要求。对于那些目的性很强的加害行为,即使加害人并未对一个边界非常明确的人格权造成严重的侵害,受害人也无须负担容忍风险。与此相适应,如果加害人故意造成他人的精神损害或者以一种违反善良风俗的方式加以侵

---

[1] 参见 Mädrich, Das allgemeine Lebensrisiko (1980); Deutsch, Das » allgemeine Lebensrisiko « als negativer Zurechnungsgrund, VersR 1993, 1041 ff.

[2] Empfiehlt sich eine Neuregelung der Verpflichtung zum Geldersatz für immateriellen Schaden? Gutachten, 45. Deutscher Juristentag I/1 (1964), 143.

[3] F. Bydlinski, Der Ersatz ideellen Schadens als sachliches und methodisches Problem, JBl 1965, 243f; derselbe, System und Prinzipien 223; Koziol, Haftpflichtrecht I³ Rz 11/10; Karner, Ersatz ideeller Schäden 79f; siehe schon Stoll, Gutachten 45. DJT I/1, 143 f.

[4] JBl 1965, 243; vgl auch Stoll, Gutachten 45. DJT I/1, 143.

[5] Reischauer in Rummel, ABGB II/1³ § 1325 Rz 1.

[6] 参见 F. Bydlinski, System und Prinzipien 224, zu Recht mit der Erweiterung » und jedenfalls bei Körperverletzung «. Ebenso Stoll, Gutachten 45. DJT I/1, 144.

害,则受害人即使仅遭受纯粹主观感受上的损害,其仍然可以要求精神损害赔偿[1]。

3. 针对精神损害应当设立一般性的严重性标准?

6/26　　通说认为,只有在严重侵害人格权(erhebliche Persönlichkeitsrechtsverletzungen)的情况下才产生精神损害赔偿,须深入探讨的是,是否应当针对人格权的价值作出位阶划分。实际上,不同的人格权具有不同的位阶,例如身体完整性、性自主以及自由,居于人格权保护的中心位置,其地位远超肖像权以及姓名权。正是因为精神损害具有不同程度的客观化标准,所以针对物质性的人格权应当采取不同于非物质性人格权的严重性标准。

6/27　　上述问题在侵害身体的情况下表现得最为典型:身体权体现为一种高级位阶的人格权;并且借助于加害手段的严重性以及治疗的持续时间,可以客观量化身体遭受侵害后所带来的精神损害。上述两个理由都要求针对身体侵害提供广泛的保护,正是基于此种考量,在奥地利,即使是非常轻微地侵害他人的身体,行为人也要负担精神损害赔偿义务,但在实践中奥地利法院的判决仍然要求精神损害达到一定程度[2]。精神损害须达到一定的严重性,该标准的目的在于排除对微小损害所要求的赔偿[3],但奥地利法院在侵害身体的案件中却没有采纳一个程式化、僵硬的严重性标准[4]。

与之相反的是,《瑞士债法典》第47条规定,侵害身体必须达到一定严重程度方可要求精神损害赔偿,这实际上是将身体遭受侵害视为同一法典第49条所规定的人格遭受侵害的一种具体情况[5]。依据《瑞士债

---

[1] *Koziol*, Haftpflichtrecht I³ Rz 11/10; *Karner*, Ersatz ideeller Schäden 79 f.

[2] 参见 *Karner/Koziol*, Ersatz ideellen Schadens 40 f.

[3] 参见 *Karner*, Ersatz ideeller Schäden 70.

[4] *Danzl*, Schmerzengeldansprüche nach HWS-Verletzungen im Strassenverkehr, Dittrich-FS (2000) 723.

[5] *Brehm* in Berner Kommentar, OR VI/1/3/1³ Art 47 Rz 5, 27, 29, 161ff; *Hütte*, Art 47 OR-Genugtuung? Versuch einer Anleitung zur Harmonisierung der Genugtuungsentschädigungen, SJZ 1974, 275; *Schnyder* in BSK, OR I⁴ Art 47 Rz 13; *Tercier*, L'évolution récente de la réparation du tort moral dans la responsabilité civile et l'assurance-accidents, SJZ 1984, 56. BGE 110 II 163, 166.

法典》第 49 条,针对轻微精神损害无权要求精神损害赔偿[1]。

通过上述简要分析,我们可以发现,法理在精神损害赔偿中普遍要求一个严重性程度的标准,但在侵害身体的情况下却存在不同的立法规定。例如,瑞士法采取严重性标准,而德国法和奥地利法却就此采取相对保守的态度。

6/28

在德国债法改革中,德国曾经考虑引入一个一般性的精神损害严重性标准,但笔者认为,针对精神损害不宜规定一个一般性的、僵硬的、符合一定标准的严重性标准。社会交往中的每个人被期待容忍一定程度上的精神不愉悦,此种论证的确令人信服,因为如果承认任何一种精神上的不愉悦都须赔偿,则会导致任何轻微的不愉悦都能引发金钱赔偿,但不可忽视的是,精神利益具有不同的位阶,这表明,当高位阶权利遭受侵害时,须相应降低精神损害所要达到的程度。例如,因侵害身体所产生的对基本人格权造成的精神损害,其严重性要求应当非常低。此外,预防性思想也要求,归责事由越严重,精神损害所要达到的程度也越低。例如,在故意侵权的情况下,即使仅造成轻微损害后果,加害人也应当负担赔偿义务。因此,只有采取一种动态的严重性标准(eine elastische Erheblichkeitsschwelle),才是正确的道路。

4. 针对财产性损害是否也存在一个一般性的严重性标准?

上文有关精神损害赔偿领域的分析已经表明,在不动产相邻关系法以及产品责任法中,都存在一个损害严重性的标准。

6/29

就不动产相邻关系法而言,之所以规定只有在遭受严重损害的情况下才可以要求损害赔偿,是因为相邻人之间极易在日常普遍的交往中给对方造成各种侵扰,如果日常生活中都必须避免此种相邻人之间的轻微侵害,则每个不动产人的行为自由都将遭受不可期待的限制。毫无疑问,要求每个相邻人都负担一定程度的容忍义务,使得持续较长时间的相邻关系不会因持续的争议而遭受破坏,规定一个严重性的标准对于维护相邻人和平共同生活是必要的。在判断相邻人之间的侵害是否达到严重程度时,如下事由具有重要参考意义:

在一个共同体共同生活存续的期限内,和平共处的重要意义;负担过

---

[1] *Hutte*, Genugtuungsrecht im Wandel, SJZ 1988, 176.

重的相互照顾义务是否会影响在经济上有效利用彼此的不动产;在以满足人格展开与精神放松为目的的私人生活领域,过度的注意义务是否会不当限制行为自由;日常生活中相邻人之间相互侵害以及彼此面临对方防御权与损害赔偿请求权的风险;实践中双方相互容忍侵害的"对等性"等。

6/30　　在上述有关不动产相邻法中,各项重要的参考标准并不足以充分证明在相邻法之外也必须引入一个一般性的损害严重标准。但就此可以考虑,在诸如家庭等共同体关系以及基于紧密人身关系而存在的合伙中,是否也应采纳损害严重性标准的模式。

　　实际上,《德国民法典》即采取了此种思想,如第1359条就配偶之间的注意义务标准(Sorgfaltsmaßstab)、第1664条就父母与子女之间的注意义务标准,都降低了要求,即上述各种人仅负担如同对己事务的注意义务程度(而不是对他人的注意义务)。虽然奥地利法就此并无明确的法律规定,但在家庭内部发生侵权时,同样采取降低的注意义务标准[1]。而《瑞士民法典》第332条第3款规定,针对其他家庭成员所有的物,家长以如同自己的物一样负担注意义务,妥善保管并防范损害发生,但学者们并未普遍将其解释为注意义务降低至对己事务的程度(diligentia quam in suis rebus adhibere solet)[2]。

6/31　　《德国民法典》第708条针对合伙人也采取了降低注意义务标准的做法,目的在于限制合伙人的侵权责任[3]。《瑞士债法典》第538条第1款针对一般合伙也规定,合伙人在合伙事务中应尽到如同对待自身事务的勤勉与注意义务(den Fleiß und die Sorgfalt)。而《奥地利民法典》针对合伙人的责任却未采取降低注意义务标准的立法模式(第1191条)。

6/32　　可以确定的是,在共同体关系中的确存在一些降低责任标准的事由,但在该领域之外不应当存在或者至少不能在同样程度上采取降低注意义务的做法。欧洲民法典研究小组在其草案中建议[4],针对财产损害赔偿

---

[1] 参见 Selb, Schädigung des Menschen vor der Geburt-ein Problem der Rechtsfähigkeit? AcP 166 (1966) 76 ff; S. Hirsch, Children as Victims under Austrian Law, in: Martin-Casals, Children II 9.

[2] Tuor/Schnyder/Schmid/Rumo-Jungo, Das Schweizerische Zivilgesetzbuch12 (2002, Nachdruck 2006) 469.

[3] Diese Regel gilt gemäß §§ 105 und 161 HGB auch für die OHG und die KG.

[4] 参见 Schmidt-Kessel, Reform des Schadenersatzrechts I (2006) 172.

同样采取一定严重程度的损害标准。但笔者认为,就如同精神损害一样,针对财产性损害不应设立一个一般性的严重性标准,理由在于:针对精神损害赔偿要求达到严重的程度,目的是为了防止精神损害赔偿泛滥,同时要求受害人"自吞苦果";而财产损害始终是可查的,显然不同于精神损害赔偿。换言之,财产损害涉及加害人和受害人如何分担经济上的不利。只要满足归责要件,则加害人必须负担赔偿义务,即使在轻微财产损害的情况下,也不应存在加害人免于承担损害赔偿责任的例外[1]。甚至我们可以反过来论证,恰恰在微小损害数额的情况下,加害人更没有免除损害赔偿的理由。

此外,由于主观精神损害具有无法量化的特点,所以针对精神损害要求采取一个客观的量化标准。应当从一个可以比较的精神状态出发,针对所有受害人采取一个统一的严重性标准,当然此种严重性标准必须是弹性的。与此不同,财产性损害可以被量化,但受害人的经济状况差异极大,导致轻微损害不予赔偿的原则实际上会对不同受害人产生不同的影响。针对经济上存在困境的受害人或经济上处于有利状态的受害人,不应毫无区别地采取同一损害赔偿规则。[2] 另一方面,依据经济状态的不同所作的区分,将会导致较为富有的受害人始终或多或少地承担较大的自我负担份额。这并不意味着基于上述理由,可以针对特定的受害人群轻易采取有悖于损害填补原则的例外做法。实际上,只能在极其例外的情况下,在考虑了不同归责事由的严重程度、当事人的经济承受能力等因素后,才可以作出微小损害不予赔偿的决定(《欧洲侵权法原则》第10:401条)。

6/33

就产品责任而言,上述分析已经指出,不存在不适用损害填补原则的合理理由。虽然欧盟指令规定消费者自己负担部分损害的义务,但在指令未调整的过错责任领域,不应当采用限制受害人请求权的规定。

6/34

为了防止过度主张损害赔偿,目前所采取的门槛应当是行之有效的,

---

[1] 但为了防止法庭累讼的过重负担,似乎应当就轻微损害设定成立责任的门槛。但不可忽视的是,由于当事人自身会考虑诉讼的付出和金钱花销,通常只有在损害赔偿可能超出此种支出的情况下,才会提起诉讼,这也同样可以发挥防止累讼的激励机制。

[2] Christandl/Hinghofer-Szalkay, Sinn und Funktion einer gesetzlichen Erheblichkeitsschwelle im Nichtvermögensschadensrecht, JBl 2009, 290 und 296. 该作者忽视了物质性损害与精神性损害之间的本质区别。

即首先禁止受害人恶意主张（Schikaneverbot）；其次，各种诉讼风险（Prozeßrisiko）也可起到控制主张微小损害的作用。在此之外，几乎不可能为法院提供一个清晰并易于操作的损害程度界定标准，如果有，必然会给受害人带来不公平。

6/35　　还需指出的是，通过注意义务违反要件，也可以达到设置一个一般性的、弹性的损害程度标准的目的，即在一般情况下，行为人并不负担防止给他人造成微小侵害的义务。划分此种界限的标准取决于违反注意义务的重要考量因素，尤其是被侵害法益的位阶、可能遭受损害的范围以及加害人对对方行为的期待（参见下文边注 6/40 中的分析）。

5. 损害严重程度标准的理论定位

6/36　　当我们综合考察相邻关系与家庭、合伙关系中的侵权责任规则时，可以发现，二者采取了两种不同的限制方法：相邻关系法针对损害后果采取是否构成严重性的标准；而家庭法以及合伙法却透过注意义务这一归责事由来判断，当然奥地利家庭法除外。

在相邻关系法中，每个不动产所有权人均负担容忍微小不当侵扰的义务，在此情况下所有权人不得主张防御请求权。由于停止侵害请求权并不以义务违反为前提，相反，只要满足事实构成该当性即可（上述边注 2/7），但由于微小损害并不满足事实构成该当性，所以相邻关系法实质上限制了所有权的保护范围。精神损害赔偿实际上也采取了同样的严重性标准。

而在产品责任法中，如果消费者遭受轻微损害，则完全符合事实构成，而且存在归责前提要件，侵权责任得以成立，只是通过消费者的自己负担比例份额降低了其损害赔偿的范围。

6/37　　在家庭内部以及合伙关系中，由于降低了注意义务的标准，所以仍存在事实构成该当性，从而受威胁人依然享有停止侵害请求权，只是不存在侵权责任法上的归责要件。这同样适用于轻微损害情况，此时，基于其他要素的考量，可以认为并不满足违反注意义务的要件。

6/38　　立法者究竟应当选择何种严重损害程度的标准，主要取决于其欲达到的目的。

如果针对法益的保护范围作出一般性的限制，即不仅排除损害赔偿请求权，而且排除停止侵害请求权，则应当规定对特定加害的容忍义务，即采取提高损害后果标准的做法;反之,若仅仅想限制损害赔偿义务,而不是保护范围,则应当采取控制注意义务标准的模式[1]。

六、客观行为要求

1. 注意义务标准的确定

毫无疑问,侵权责任法中涉及如下两种利益:一方行为人获得最大可能的保护,另一方行为人享有最大范围的活动自由与人格展开自由(行为自由)[2]。侵权法必须尽可能公平协调上述相互对立的利益。欧洲侵权法研究小组[3]不仅尽力提炼出侵权法中法益抽象保护范围的诸多决定性参考要素,而且采纳了在英国法中[4]通行的做法以及 Wilburg 的动态系统理论,尝试提供确定保护范围的方向标,并同时提炼出在具体情况下确定是否构成违反注意义务的关键要素。《奥地利侵权责任法草案》实际上也采纳了《欧洲侵权法原则》的立法模式。[5]

6/39

《欧洲侵权法原则》第 4:102 条第 1 款将"理性人"(reasonable person)作为判断是否违反注意义务的标准,当然,该标准也有模糊之处。但"理性人"的标准已经表明,作为判断标准的人既不是行为人本身,也不是一个平均的人,更不是以统计数据所获得的"大多数人的原型"。将一个理性人规定为行为判断标准还具有如下意义,即理性人不仅仅只是追求自身的利益,而且必须兼顾其他人的利益。值得强调的是,必须以具体情况下的理性行为作为标准,因此,具体案件情况具有重要的意义。[6]

6/40

以此为基础,我们可以列举一些其他重要的参考要素。例如,行为越

---

[1] 在合伙人之间降低注意义务标准的问题上,主要考虑到合伙人处于封闭的交往空间,彼此熟悉。vgl zu diesem Normzweck *Ulmer/Schäfer* in MünchKomm, BGB V⁵ § 708 Rz 1.

[2] *Wilhelmi*, Risikoschutz 67 ff.

[3] *Widmer*, Required Standard of Conduct, in: EGTL, Principles 76 ff.

[4] *W. V. H. Rogers*, Winfield & Jolowicz on Tort¹⁷ (2006) 253 ff; *van Dam*, Tort Law 194 ff.

[5] 参见 *Koziol*, Schaden, Verursachung und Verschulden im Entwurf eines neuen österreichischen Schadenersatzrechts, JBl 2006, 775 f.

[6] *F. Bydlinski*, System und Prinzipien 198. 该作者对普遍存在的错误作出了矫正。

具有危险性,则行为人的注意义务就越须达到更高的标准。[1] 判断行为的危险性,一方面取决于被威胁法益的位阶。例如,针对传统的人格权法益,如生命、健康和自由,显然应当设定一个较之于物或者其他纯粹经济利益更高的行为标准。而另一方面,侵害法益可能造成的损害后果的严重性以及侵害状况的危险性,即可能发生侵害的概率,同样具有重要的意义。

6/41　　与之相对立,加害行为所追求的利益构成上述判断标准的制约因素。行为人自身所追求的利益位阶越高,则限制行为自由的严格注意义务就越难以令人信服。值得注意的是,不同的注意义务标准对他人行为自由也构成不同的限制。例如,消极不作为义务仅仅指向特定的潜在加害行为,因此对行为自由构成较小的限制;相反,在要求必须做出特定积极行为的情况下,行为人没有其他可替代的行为选择,因此对行为自由构成更大的限制。此外,权利人所享有的法益越具有公示性、其边界越明确,则相对人的注意义务也应当越高,也越为对方所期待。例如,尊重他人生命、健康或者所有权的注意义务的程度,较之于对他人债权、所获利润或者其他纯粹经济利益乃至纯粹精神利益的注意义务,显然要高出很多。

　　在确定行为人注意义务的标准时,还必须兼顾当事人之间的亲疏关系。此外,防范发生侵害的成本和主观谨慎程度,也是判断是否可期待行为人作出特定行为的一个重要参考要素。[2]

2. 违反注意义务之于不法行为侵权责任的一般意义

6/42　　在侵害绝对权的情况下,需要在事实构成该当性之外,检讨行为人是否存在违反客观注意义务的行为。在特定的保护性法律作出对某种行为的禁令或者命令时,也应作出此种检讨,以达到防范某种抽象危险的目的。违反保护性法律所规定的抽象行为义务,虽然可以构成事实构成该

---

[1] 详细分析参见 *Münzberg*, Verhalten und Erfolg 141 ff; *Widmer*, Gefahren des Gefahrensatzes—Zur Problematik einer allgemeinen Gefährdungshaftung im italienischen und schweizerischen Recht, ZBJV 1970, 302 ff; zum englischen Recht: *W. V. H. Rogers*, Winfield & Jolowicz on Tort 17 253 ff; rechtsvergleichend *van Dam*, Tort Law 806 ff.

[2] 参见 *van Dam*, Tort Law 200 ff.

当性,但行为人并非必然在客观上违反了注意义务。[1] 例如,一辆货车遮挡了禁止停车的道路交通标志,导致其他机动车驾驶人没有看到该标志而引发事故,虽然此时具有事实构成该当性,但通常无法对其行为作出违反注意义务的责难。

6/43 就此或许可以主张如下观点:在认定存在损害赔偿义务时,必须检讨行为人是否具有过错,如果根本不存在违反客观注意义务的情况,则不存在过错。但是,违反客观注意义务并不等同于过错[2],因为针对客观注意义务应采取客观性标准,而在判断过错时应采取主观性标准。例如,在判断无侵权责任能力人是否应承担侵权责任时,依据《奥地利民法典》第1310条,应当权衡当事人之间的财产状况,仅依据是否构成事实构成该当性,即是否违反保护性法律所设定的抽象行为标准尚不足以认定存在侵权责任;而另一方面,也无须主观责难性的要件,相反,应更多取决于是否违反客观注意义务。[3]

违约责任也同样采取了上述判断标准[4]。不履行的违约行为构成违约的事实构成;但只有在债务人违反注意义务的情况下,其方承担违约责任。如果因意外事件导致债务人无法做出履行,则因缺乏违法性,债务人不负担损害赔偿义务。

6/44 抽象的行为义务标准的目的在于以一种一般性的方式确定对他人法益的保护范围,区分违反此种抽象义务与违反客观注意义务在很大程度上与外在义务和内在义务(äußere und innere Sorgfalt)的划分重叠。外在义务与内在义务的划分,首先由德国刑法学者 *Engisch*[5] 在其刑法理论中提出,并且被德国侵权法学者 *Deutsch* 引入到侵权责任法中。[6] 比

---

[1] *Esser/Weyers*, Schuldrecht II/2⁸ § 56 I; *Karollus*, Schutzgesetzverletzung 159ff; *Reischauer* in Rummel, ABGB II/1³ § 1311 Rz 6. Differenzierend *Spickhoff*, Gesetzesverstoß und Haftung (1998) 202 ff.

[2] 参见 *Oswald*, Analyse der Sorgfaltspflichtverletzung (1988) 91 ff, 100 ff.

[3] 参见 OGH 6 Ob 553/81 in JBl 1982, 375; 7 Ob 533/84 in ZVR 1985/127; ferner OGH 2 Ob 36/95 in JBl 1996, 388; 391 (*Harrer*); 4 Ob 65/99h in JBl 1999, 604.

[4] 参见 *Oswald*, Sorgfaltspflichtverletzung 104 ff; *Neumann*, Leistungsbezogene Verhaltenspflichten (1989) 113 ff. Vgl auch *Schermaier* in HKK zum BGB II §§ 280-285 Rz 1 ff.

[5] Untersuchungen über Vorsatz und Fahrlässigkeit im Strafrecht (1930).

[6] Unerlaubte Handlungen, Schadensersatz und Schmerzensgeld³ (1995) Rz 30, 121, 226; *derselbe*, Haftungsrecht2 Rz 385 ff; *derselbe*, Die Fahrlässigkeit als Außerachtlassung der äußeren und der inneren Sorgfalt, JZ 1988, 993.

较内在、外在注意义务与本书所提出的区分保护性法律的客观义务与客观注意义务时,必须考虑到前者存在不同的理解方式。[1] 但原则上,此种内在义务与外在义务的区分涉及如下两种:违反纯粹外在的规范,即符合事实构成该当性的行为;违反注意义务的行为。

七、不作为侵权中违法性要件的特殊性

6/45　　就不作为侵权而言,只有当一个行为人负担积极作为、防止他人遭受损害的义务却不作为时,该不作为方具有违法性。众所周知,并不存在以积极作为的方式防止他人遭受损害的一般性义务。之所以在设定各种积极作为义务时采取谨慎的态度,理由在于:对行为人而言,更易于期待其负担防止损害发生的特定不作为行为,而不是要求其负担某种特定的行为。在禁止作出某种特定的加害行为规定下,行为人仍然享有其他众多的行为方式选择自由;而在负担积极特定作为的义务时,则完全排除了行为人的行为自由[2]。当今欧洲各国法律,都不承认一个要求行为人负担积极作为与预防损害发生的一般性义务[3]。在此基本原则下,存在一些例外,但此种例外规定千差万别;其中,英国法的规定最为严格[4]。

6/46　　《欧洲侵权法原则》(第3:103条[5])就此采纳了比各个成员国更为宽松的立法体例:其一方面规定,风险来源的引致者或者保有人,依据风险引致原则负担积极防止损害发生的特别义务;另一方面,就此需要考量行为人之间的密切关系、可能发生损害的严重性程度以及积极作为的可期待性,从而可能产生进一步的积极作为义务。

---

〔1〕 详细分析参见 *Fabarius*, Äußere und innere Sorgfalt (1991) 61 ff.

〔2〕 参见 *van Dam*, Tort Law 206; *Deutsch*, Haftungsrecht² Rz 108; *Koziol*, Haftpflichtrecht I³ Rz 4/60.

〔3〕 针对第10个案例的国别报告参见 *Koziol*, Unification: Wrongfulness; ferner *van Dam*, Tort Law 205 ff.; *Magnus*, Causation by Omission, in: Tichý, Causation 102 ff.

〔4〕 参见 *W. V. H. Rogers*, Wrongfulness under English Tort Law, in: Koziol, Unification: Wrongfulness 52 ff.

〔5〕 参见 dazu den Kommentar von *Widmer*, Duty to Protect Others from Damage, in: EGTL, Principles 86 ff.

《奥利地侵权责任法草案》第1297条扩张了积极防范危险的义务[1]。对该草案的评价褒[2]贬[3]不一。依据该条，判断是否存在积极作为的义务时，需要考察如下因素：当事人之间的密切关系、社会交往的许可、引致或者保有危险来源、在可能的损害后果与防范成本之间是否严重不成比例等。就当事人之间的密切关系而言，并不需要行为之间具有合同或者其他法律上的特殊关系，纯粹社会交往中的亲密关系足以。例如，朋友一起外出登山，彼此之间并无法律行为意义上的关系，但彼此共同活动、相互依赖以及对彼此提供必要救助的信赖都会强化朋友之间以积极作为的方式防止损害发生的义务[4]。在允许社会交往以及创造或者保有一个危险来源的情况下，就是否存在积极作为的义务，可采取上述分析。但是，有关行为人之间存在不成比例的利益关系时，则显得有些特殊。就此我们可以参考如下著名的案件：行为人B注意到，盲人K正笔直地走向一个未设置安全防护栏的深坑，B明确意识到，K即将坠入该深坑并将遭受严重人身损害乃至死亡。鉴于以上情况，一方面，盲人自身无法防范此种潜在人身伤害的危险，而另一方面，只要B大吼一声——仅以一种极微小的成本——即可挽救盲人的健康乃至生命，在此应当毫无疑问地认定行人负担积极救助的义务[5]。*Widmer*[6]也正是基于此而主张对于"《奥地利侵权责任法草案》第1297条所规定的防止损害发生的积极救助义务，应获得赞同，此种义务也可以被称为'撒玛利亚好人原则'（Samariter-Prinzip）。此种过错责任源于不作为的路人违反了相互帮助的基本要求，从中可以看出，不仅存在为人的权利（人权），而且存在为人

---

[1] 参见 dieser Bestimmung *Fenyves*, Haftung für schuldhaftes oder sonst fehlerhaftes Verhalten, in: Griss/Kathrein/Koziol, Entwurf 50 f; *Koziol*, Schaden, Verursachung und Verschulden im Entwurf eines neuen österreichischen Schadenersatzrechts, JBl 2006, 776.

[2] *Spielbüchler*, Dankt der Gesetzgeber ab? JBl 2006, 348 ff; zur Gegenkritik siehe *Koziol*, JBl 2006, 784 ff.

[3] *Widmer*, Der österreichische Entwurf aus der Sicht des Auslandes, in: Griss/Kathrein/Koziol, Entwurf

[4] 就此参见 Recht A. *Michalek*, Die Haftung des Bergsteigers bei alpinen Unfällen (1990) 48 ff.

[5] K. *Wolff* in Klang, ABGB VI² 18. 很早以前就提出了此种建议。但各国就此却存在完全不同的观点, 参见国别报告: *Koziol*, Unification: Wrongfulness.

[6] *Widmer* in: Griss/Kathrein/Koziol, Entwurf 132.

的义务。[1] 如果的确存在此种一般性的'为人'的义务,则其显然可以服务于侵权责任法"。

八、纯粹经济利益的保护[2]

1. 导入

6/47　　所谓纯粹经济损失,是指行为人未侵害受法律绝对保护的法益,但造成他人财产方面的不利益。[3] 所谓受法律绝对保护的法益,包括人格权、物权以及知识产权等。几乎在所有国家的法律规定中[4],纯粹经济利益都只能获得相对有限的保护,因为其并不涉及法律所承认的具体类型化法益,并且第三人很难识别此种利益。若就此提供广泛的保护,将会产生漫无边界的损害赔偿义务。

6/48　　如果加害人就纯粹经济损失须承担侵权责任,将存在严重的不确定性。虽然《奥地利民法典》第 1295 条第 1 款针对纯粹经济损失责任作了较为宽泛的规定,但奥地利最高法院却采取了较为极端的保守做法,即只有当保护性法律明确规定或者以违反善良风俗的方式造成纯粹经济损失时,方可在债之关系之外提供相应的救济[5]。实际上,上述观点显然不当,因为《奥地利民法典》本身明确规定,故意提供错误咨询或者提供虚假信息(第 1300 条)或者故意使他人陷入错误(第 874 条),都可在侵权法保护的领域引发纯粹经济损失责任。不仅如此,判例和学说还进一步承认

---

[1] *Saladin*, Menschenrechte und Menschenpflichten, in: Böckenförde/Spaemann (Hrsg), Menschenrechte und Menschenwürde (1987) 267 ff.

[2] 下文部分参见已经发表的文献:*Koziol*, Compensation for Pure Economic Loss from a Continental Lawyer's Perspective, in: van Boom/Koziol/Witting, Pure Economic Loss 141; *Koziol/van Boom/Witting*, Outlook, in: van Boom/Koziol/Witting, Pure Economic Loss 191; *Koziol*, Schadenersatz für reine Vermögensschäden, JBl 2004, 273; *derselbe*, Recovery for Economic Loss in the European Union, Ariz L Rev 48 (2006) 871.

[3] 参见 *Koziol*, JBl 2004, 273 mwN.

[4] 比较法上的分析参见 *Banakas* (Hrsg), Civil Liability for Pure Economic Loss (1996); *Bussani/Palmer* (Hrsg), Pure Economic Loss in Europe (2003); *van Boom/Koziol/Witting*, Pure Economic Loss.

[5] 参见 OGH 2 Ob 193/78 in SZ 52/93; 8 Ob 78/83 in SZ 56/199; 7 Ob 598/86 in JBl 1986, 650; 2 Ob 151/88 in SZ 61/279; 2 Ob 557/93 in SZ 67/17 = JBl 1994, 687; 1 Ob 251/05a in SZ 2006/53.

其他侵害纯粹经济利益所导致的侵权损害赔偿类型。除了缔约过失（culpa in contrahendo）引发的损害赔偿之外，负保护第三人效力的合同也会产生纯粹经济利益的赔偿问题。当然，纯粹经济损失责任在后一情形中出现的概率远远低于前者[1]。但不可否认的是，上述两种类型更接近于债之关系。其他情况，如说明书责任以及奥地利最高法院最近承认的审计师针对第三人的责任[2]，则显然脱离了债之关系，因为在责任人与受害人之间并不存在当事人间的债之关系。

2. 限制保护纯粹经济利益的理由

反对就纯粹经济利益提供广泛保护的一个重要理由体现在，此种责任容易引发大量潜在的受害人[3]。所谓纯粹经济损害的范围过大，并非是指某个具体受害人所遭受的损害重大，而是指某个行为人的行为可能威胁到大量相对人的纯粹经济利益，导致行为人将面临难以估量的众多侵权损害赔偿请求[4]。这显然会对行为人个人的行为自由构成无法期待的限制。 6/49

无论是奥地利法还是其他欧洲各国法律，在决定是否针对特定纯粹经济利益给予保护时，该利益的性质都起到至关重要的作用，尤其是该法益的公示性以及是否具有清晰的边界[5]。如果针对一个边界模糊又缺乏公示性的纯粹经济利益提供侵权法上的保护，这显然将会给社会交往造成过重的负担，并给行为自由带来明显的限制。 6/50

如果我们仔细考察受法律绝对保护的法益，尤其是生命、健康、自由以及所有权，可以明确发现，法益的位阶对于确定法律所提供的保护范围 6/51

---

[1] 参见 *Karner* in KBB, ABGB² §1295 Rz 19.

[2] OGH 5 Ob 262/01t in SZ 74/188 = ÖBA 2002, 824 (*W. Doralt*); 7 Ob 269/07w in ÖBA 2008, 584 f.

[3] 参见 *Koziol*, Generalnorm und Einzeltatbestaende als Systeme der Verschuldenshaftung: Unterschiede und Angleichungsmoeglichkeiten, ZEuP 1995, 363 mwN.

[4] 参见 das Opersänger-Beispiel von *Reinhardt*, Der Ersatz des Drittschadens (1933) 96ff.

[5] 就此参见 *Fabricius*, Zur Dogmatik des »sonstigen Rechts« gemäß §823 Abs. I BGB, AcP 160 (1961) 273; *Karollus*, Schutzgesetzverletzung 48 f; *Picker*, Positive Forderungsverletzung und culpa in contrahendo-Zur Problematik der Haftung »zwischen« Vertrag und Delikt, AcP 183 (1983) 480 ff; OGH 1 Ob 516/88 in SZ 61/64. 比较法上的分析参见 *Koziol*, Conclusions, in: Koziol, Unification: Wrongfulness 132.

起到关键作用[1]。最重要的人格权享有最为广泛的保护；其位阶来源于人权公约和基本权利。位居其下的是各项物权和知识产权。而纯粹经济利益，如获取利润或者取得某物，则处在权利位阶的最底端，不应当享有广泛的保护。需要注意的是，一方的纯粹经济利益不仅仅与另外一方享有的行为自由对立，而且还通常与他方的纯粹经济利益对立。就此种纯粹经济利益，双方主体应当享有平等的地位。

3. 有关保护纯粹经济利益的注意义务的事例

6/52　　上述各种论证理由并非要求针对纯粹经济利益不提供任何法律上的救济；相反，其目的仅在于反对就此建立一种如同针对绝对权所享有的广泛救济。何时以及在多大程度上对纯粹经济利益提供救济，需要从成文法中的立足点找到各项关键性的价值判断标准[2]。

6/53　　首先，最为重要的是，各国针对合同关系中的当事人普遍提供纯粹经济利益的救济。明确区分违约责任与侵权责任，主要考虑到如下各种理由[3]：第一，在违约中，合同当事人的经济利益居于核心地位，并且不存在大量无法预见的损害赔偿请求。第二，合同仅仅针对一方当事人施加特定的行为义务，因此，仅在极小的范围内对特定人的行为自由作出限定，这显然不同于针对不特定第三人的义务要求。第三，合同当事人之间的纯粹经济利益为彼此所了解，或者较之于与第三人之间的关系，其纯粹经济利益更具有公示性，并具有明确的边界。第四，合同当事人之间存在保护彼此纯粹经济利益的特殊需求，因为彼此向对方开放各自的利益领域，从而增加了彼此影响对方利益的机会。第五，不可忽视的是，合同关系中，双方当事人原则上只是追求交易利益。因此，如果一方当事人在追求自身利益的同时，还在较高程度上威胁到对方的利益，则强化注意义务显然是正确的。

6/54　　不仅如此，在某些特殊法律关系中，纯粹经济利益也应当享有较高的

---

[1] 比较法上的论证分析参见 Koziol in: Koziol, Unification: Wrongfulness 132; siehe ferner Koziol, Haftpflichtrecht I³ Rz 4/29.

[2] Für rechtsvergleichende Hinweise siehe die oben Rz 6/47 FN 99 angeführten Werke.

[3] Koziol, Delikt, Verletzung von Schuldverhältnissen und Zwischenbereich, JBl 1994, 209ff; derselbe, ZEuP 1995, 359 ff. 此外可参见 Picker, AcP 183, 476 ff; derselbe, Vertragliche und deliktische Schadenshaftung, JZ 1987, 1052 ff.

保护。例如,在采取以法律关系的方式进行接触的当事人彼此之间,应当负担保护纯粹经济利益的特殊注意义务。又如,一方当事人通过引诱导致另一方当事人在缔约过失中遭受纯粹经济利益损失,其也应当承担侵权责任[1]。由于缔约过失责任本质上并非合同责任,其处在违约责任与侵权责任的过渡领域,因此,缔约过失中的纯粹经济利益保护具有特殊的意义。即使是在合同订立之后,无论此后合同是否有效,此种保护纯粹经济利益的注意义务仍继续存续[2],这涉及所谓的"积极侵害债权"。

纯粹经济损失责任还扩展到其他领域,尤其是针对当事人之间具有密切关系(*Nahebeziehung*)或者其他特殊关系的情况。例如,虽无合同基础但一方当事人在事实上提供信息[3]。此种情况适用于提供信息人的责任,尤其是专家责任,因为此时信息提供人意识到,第三人信赖其信息并且该第三人的各种决定受该信息的影响,何况,此种情况下第三人的目的即在于获得他人的相关信息[4]。发布招股说明书[5]即为最典型的事例。

6/55

值得注意的是,奥地利法院接受了上述学理分析,认为附保护第三人效力的合同通常并不包括第三人的纯粹经济利益[6]。只有在向第三人作出主履行义务的情况下,如果第三人遭受纯粹经济损失,方可例外提供救济。显然只有这样,才不会出现损害赔偿义务的泛滥。

6/56

上述分析表明,区分侵权责任与违约责任的意义,主要限于核心领域;而在二者过渡地带,区分的理由难以令人信服(参见上述边注 4/8 以下的分析)。实际上,在违约与侵权的核心领域,非但不存在一个清晰的区分界限,反而存在许多不同层次的过渡地带,就此需要分别检讨究竟在多大范围内能够适用各个领域的基本原则。

---

[1] 参见 *van Boom*, Pure Economic Loss: A Comparative Perspective, in: van Boom/Koziol/Witting, Pure Economic Loss 22 f.

[2] 重要观点参见 *Canaris*, Ansprüche wegen »positiver Vertragsverletzung« und »Schutzwirkungen für Dritte« bei nichtigen Verträgen, JZ 1965, 475 ff.

[3] 参见 Bankauskunft *Koziol*, Bankauskunft, Raterteilung und Aufklärung, in: Apathy/Iro/Koziol, Österreichisches Bankvertragsrecht I² (2007) Rz 3/10.

[4] 参见 *Canaris*, Schutzgesetz-Verkehrspflichten-Schutzpflichten, Larenz-FS (1983) 91 ff.

[5] 详细请参见 *Koziol*, Das Emissionsgeschäft, in: Apathy/Iro/Koziol, Österreichisches Bankvertragsrecht VI² (2007) Rz 1/91 ff mwN.

[6] 参见 *Karner* in KBB, ABGB² § 1295 Rz 19.

6/57　此外,理论上一致认为,如果涉及因侵害受法律绝对保护的权利而产生的间接损害(Folgoschäden),则加害人必须负担纯粹经济损失责任[1]。

6/58　在故意引发纯粹经济损失的情况下,较之于过失侵权,通常可以施加一个较为广泛的赔偿义务(《奥地利民法典》第874条、第1300条),但就此存在例外。例如,参与市场竞争的主体当然具有扩张自己的业务范围并抢夺竞争者市场份额的主观意图,实际上就是要加害于他人;但只有在不公平竞争的前提下方产生侵权责任(《奥地利反不正当竞争法》第1条)。而在其他故意侵害纯粹经济利益的侵权责任中,以受害人所受不利益与加害人所得利益之间具有严重不成比例关系为前提[2];这在以违反善良风俗的方式侵害纯粹经济利益的情况下也具有重要意义[3]。

6/59　虽然债权并不属于受法律绝对保护的权利类型,但普遍认为,如果第三人故意诱使债务人违约[4],则债权人应享有救济,并且越来越多的学者认为,在故意利用合同违约的案件中也应当承认纯粹经济损失责任[5]。就此并不需要行为人采取不正当手段或者当事人之间具有不成比例的利益关系。当然在此也可以讨论,在侵害他人债权的情况下,究竟是否涉及纯粹经济利益损失的问题,因为债权也是一个在既定范围内受法律保护的权利。上述问题更多具有概念色彩,解决该问题的意义应更多体现在针对债权的保护应显然强于对其他纯粹经济利益的保护,因为债权中的纯粹经济利益已经具体化为一种权利,这具有关键性的意义。

6/60　在出现损害转移的案件中,受害人所遭受的纯粹经济损失通常也会获得保护。例如,由于在直接受害者与第三方之间存在特殊的转移损害的关系,通常受害者遭受的损害实际上最终由第三方承担。依据当前通行的理论,此时加害人应当负担赔偿第三人所遭受的纯粹经济损失[6]。典型的案例就是:雇佣人遭受侵害致使其无法进一步提供劳务服务,而其

---

[1] *Koziol*, Haftpflichtrecht I³ Rz 8/35

[2] *Koziol*, Haftpflichtrecht II² 20 f.

[3] 参见 OGH 2 Ob 569/95 in SZ 70/137; siehe ferner die Angaben bei *Bollenberger* in KBB, ABGB² § 879 Rz 5.

[4] *Koziol*, Die Beeinträchtigung fremder Forderungsrechte (1967) 159 ff; ständige Rechtsprechung, siehe etwa OGH 4 Ob 562/82 in SZ 55/170.

[5] 参见 OGH 3 Ob 87/93 in SZ 66/141; 6 Ob 174/00g in ÖBA 2001, 910 (*Karollus*) = JBl 2002, 182 (*Dullinger/Riedler*); *Harrer* in Schwimann, ABGB VI³ § 1295 Rz 156 mwN.

[6] 详细参见 *Koziol*, Haftpflichtrecht I³ Rz 13/3 ff.

雇主却必须继续支付工资报酬,后者即遭受了纯粹经济损失,此时,雇主可以要求加害人赔偿其所遭受的纯粹经济损失。当然就此存在不同的救济路径。

与大部分国家的法律规定相一致,《奥地利民法典》第1327条和《德国民法典》第844条第2款都规定,在致使抚养人死亡而导致被抚养人丧失抚养来源的情况下,该被抚养人针对加害人直接享有损害赔偿请求权。此时,该被抚养人实际上遭受了纯粹经济损失,因为其所享有的各项绝对权并未遭受侵害。此种情况与毁损已经出卖但尚未交付的标的物的情况截然不同;依据通说,出卖人在后一情况下针对加害人并不享有纯粹经济损失赔偿请求权。 6/61

4. 纯粹经济损失责任的十条基本规则

通过以上的简单介绍,我们可以总结出认定纯粹经济损失责任最有意义[1]的十条规则,上述诸规则在《奥地利侵权责任法草案》中也得到了体现。 6/62

水闸理论和合同法上毫无争议的纯粹经济损失责任以及纯粹经济损失责任在缔约过失中的适用,均指向**第一条规则:可能出现的潜在原告的数量越少,则越容易认定纯粹经济损失责任。** 6/63

在侵权法上,如果是因侵害受保护的绝对权而产生纯粹经济损失,则行为人应对此负赔偿责任。此外,在纯粹的损害转移情况下,也应当承认纯粹经济损失责任。从中可以推导出**第二条规则:因保护财产利益而导致额外增加的注意义务越少,对行为自由的限制越小,则纯粹经济损失责任的承担就越合理。** 6/64

正如合同责任和缔约过失责任所证明的那样,近因性或特殊关系因素在纯粹经济损失责任的成立上具有很重要的作用。原因在于,如果当事人双方接触密切,则彼此给对方造成损失的几率就会加大,因此,其彼此需就对方的利益给予必要的注意。此外,如果存在近因性,则行为人对他人的利益更需承担适当的注意义务。因此,**可以将第三条规则总结为,当事人之间的近因性越强,则纯粹经济损失责任越容易被接受。** 6/65

---

[1] 详细参见 *Koziol*, Compensation for Pure Economic Loss from a Continental Lawyer's Perspective, in: van Boom/Koziol/Witting, Pure Economic Loss 149 f.

6/66　　另外一个被普遍接受的规则是,行为的危险性越大,则行为人在行为时应越谨慎。典型情况体现为:如果某陈述是由专家作出,则会令其就不实陈述(misrepresentation)承担责任。在此种情况下,由于某陈述由专家作出,则每个人都更容易受到该陈述的引导,因为大家认为专家的意见是正确可信的。因此,当专家做出一个陈述后,会增加他人因信赖该陈述而引发的风险。当然,如果该陈述并非由专家作出,但行为人对某一事实具有特殊知识,结果也应是一样的。因此,**第四条规则可以表述为,他人受某陈述引导的可能性越大,则陈述人承担该错误陈述所造成的纯粹经济损失责任就越具有正当性。**

6/67　　在纯粹经济损失责任的成立上,同样需要考虑对某陈述的信赖程度。这与危险性因素有些相似,如果某陈述的受众依据该陈述制定相应的计划,则其会在很大程度上依据该陈述行事,因此,该陈述误导具有相当高的危险性。此外,如果接受某陈述的人没有其他途径获得其计划所需信息,则对此人似乎应给予特殊保护。这一思想在审计师年度财务报表和招股说明书的案件中会有所体现。因此,**第五条规则可以表述为,对某陈述的信任程度越高,则由陈述人承担该错误陈述引发的纯粹经济损失责任就越合理。**

6/68　　国际上一个普遍通行的观点体现在:如果想要对某利益给予全面的保护,则受保护的利益应当具有公示性。纯粹经济利益难以察知;但是,如果此种利益已经为他人所知晓,则可以认定到达公示性的要求。原因在于,对于既难以察知又不为他人所知的利益给予保护,将会极大地限制他人的行为自由。因此,根据通行的观点,对债权的保护(防止第三方侵害合同)与第三方是否知晓合同的存在有着紧密的关系。因此,**第六条规则可以表述为,如果被告明确知晓他人具有特定的财产利益,则更易于令其承担纯粹经济损失责任。**

6/69　　权利越是具有明确的边界,则其越应当享有更为广泛的保护,因为第三人就此能更好地尊重权利。因此,**我们可以将第七条规则总结为,纯粹经济利益的边界越明确,则行为人承担该利益的损害赔偿责任就越合理。**

6/70　　《奥地利民法典》第874条、第1300条以及比较法上的研究[1]都表

---

[1]　van Boom, Pure Economic Loss: A Comparative Perspective, in: van Boom/Koziol/Witting, Pure Economic Loss 15 ff.

明，在侵权法关于纯粹经济损失责任成立的核心领域内，故意仍然是一个关键因素，其背后的思想体现为：严重的归责事由可以消解针对是否成立责任的其他疑惑。因此，**第八条规则可以表述为，如果侵权者的行为是故意的，则更易于要求其承担纯粹经济损失责任。**

在致使抚养人死亡且导致被抚养人丧失抚养来源的案件中，有两个理由支持被抚养人享有损害赔偿请求权：第一，加害人侵害了价值位阶上最高的权利，即生命健康权。此外，也没有额外的注意义务加诸于行为人，因此并未限制其行为自由。第二，对于受害人的亲属而言，财产利益对于他们具有重要意义。因为受害人身前提供他们日常的生活费用。因此，该财产利益在价值序列上要高于获得利润的利益。据此，**第九条规则可表述为，财产利益越是对于原告具有重要意义，则越易于认定被告承担纯粹经济损失责任。**

6/71

若被告的行为旨在追求其自身的商业利益，这就构成成立纯粹经济损失责任的一个很重要的因素。这也是合同责任对纯粹经济损失给予全面保护的一个重要原因。此外，在专家因错误陈述而导致第三人遭受损害的认定上，也是一样的道理，因为专家的行为是为了追求其经济利益，即有偿提供信息；如果其行为并非为了经济利益的目的，则仅在其明确知道陈述为错误的情况下方可令其承担责任。因此，**第十条规则可以表述为，被告追求其自身经济利益的目的越明显，则令其承担纯粹经济损失责任也就越合理。**

6/72

第二节　过错

一、概念、前提与意义

1. 概念

所谓行为人的过错是指其瑕疵行为具有可责难性。下文将就此种受责难行为的具体前提要件作深入探讨。如前文所述，理论上就如何判断过错存在各种各样的不同观点，但在法律伦理层面，令加害人就其可归责的瑕疵行为承担侵权责任，是不证自明的道理。(参见上文边注 6/1)。

6/73

2. 前提

6/74 只有在行为人本人能够控制其意志的前提下[1],其行为才具有主观可责难性。《奥地利民法典》第 1294 条明确规定,过错系于"有意识地加害"。无意识的活动、无法控制的反射行为以及被暴力强迫的行为,都无法构成法律意义上的行为。

6/75 但即使是有意识的行为,只要其符合法律的规定,也可能无法引起法律上的非难。因此,过错以违法性为前提[2]。仅仅符合事实构成该当性并不能够达到过错的认定要求。但德国法即采取此种规定模式,即在直接侵害受法律保护的绝对权的情况下,采取结果不法理论(参见边注 6/4),在此情况下,加害人仍然有权主张抗辩事由[3]。反之,如果采取行为不法理论,则判断标准为义务的违反。

6/76 最后需要指出的是,只有针对那些具有必要的识别能力(Einsichtsfähigkeit)的人,才能对其作出过错的责难。所谓识别能力是指行为人知晓其行为违法并能够采取符合法律规定的行为的能力。但在不同的法律规定中,就是否考虑行为人的主观能力存在不同程度的差异,就此容后文详细分析(参见边注 6/83 以下)。但各国理论普遍承认,识别能力取决于行为人的年龄及其精神状态。

6/77 《奥地利民法典》第 153 条规定,年满 14 周岁的行为人具有过错行为能力。但该年龄下限并非一成不变。例如,在例外情况下,行为人也可能具备必要的主观识别能力,从而具有过错(《奥地利民法典》第 1310 条)。因此,成年的年龄标准仅具有推定的功能,即行为人未满 14 周岁的,推定其无过错责任能力;年满 14 周岁的,则推定其具有过错责任能力。在年满 14 周岁的行为人精神状态具有障碍的情况下,推定其无过错责任能力,但在具体情况下仍然要继续分析该行为人是否具有必要的识别能力。

依据《德国民法典》第 828 条第 1 款的规定,未满 7 周岁的人完全不具有过错行为能力。年满 7 周岁未满 10 周岁的未成年人原则上不具有侵权行为能力,但在机动车、有轨电车以及悬浮电车引发的交通事故中涉

---

[1] *Deutsch*, Haftungsrecht² Rz 84 ff; *Larenz*, Rechtswidrigkeit und Handlungsbegriff im Zivilrecht, Dölle-FS I (1963) 169; *Larenz/Canaris*, Schuldrecht II/2¹³ § 75 II 1.

[2] *Koziol*, Haftpflichtrecht I³ Rz 5/2 mwN.

[3] 参见 *Larenz/Canaris*, Schuldrecht II/2¹³ § 75 II 2 c.

及上述未成年人的情况除外。未满 18 周岁的行为人在缺乏必要识别能力的情况下,也不具有归责能力。该法典第 827 条第 1 句规定,行为人具有精神障碍的,不具有归责能力。

依据奥地利与德国法的规定,在因年龄和精神状态原因导致行为人无侵权责任能力的情况下,行为人仍有可能承担公平责任(Billigkeitshaftung),从而缓和了因行为人无侵权责任能力所产生的消极后果(《奥地利民法典》第 1310 条、《德国民法典》第 829 条、参见边注 6/86)。

3. 过错的辐射范围(Bezugspunkt)

依据通说,过错的辐射范围不仅仅包括"第一次损害",而且包括所有"结果损害"[1]。换言之,即使加害人无法预见或者无法避免此种结果损害,但只要结果损害源自过错造成的直接损害,则加害人仍然必须负担过错赔偿责任。当然,损害归责仍然受到一些客观标准的限制,特别是责任成立规范中的相当性(Adäquanz)和保护目的(Schutzzweck)。

保护性法律的目的在于禁止行为人从事一个抽象意义上的行为。较之于一般情况,其规定了一个更为宽泛的辐射范围[2],因为在违反保护性法律的案件中,判断过错主要依据是否违反了保护性法律规范,而不取决于具体行为人能否预见到此种损害的发生。

4. 过错的意义

直至今日,过错仍被视为侵权责任法中最重要的归责事由。[3] 包括《奥地利民法典》《德国民法典》在内的大部分民法典,都仅仅规定了过错责任,而其他责任形态则散见于特别法。需要指出的是,如果在今天仍然认为过错责任是一般侵权责任,其他责任形态,尤其是危险责任仅仅是过错责任的例外或特殊侵权责任,这显然是错误的。在过去几十年中,危险

---

[1] 参见 Karollus, Schutzgesetzverletzung 278 ff.

[2] Von Bar, Verkehrspflichten. Richterliche Gefahrsteuerungsgebote im deutschen Deliktsrecht (1980) 160 ff, 169 ff; Karollus, Schutzgesetzverletzung 269 ff; Schmiedel, Deliktsobligationen nach deutschem Kartellrecht I (1974) 73 ff; Spickhoff, Gesetzesverstoß und Haftung (1998) 221ff, jeweils mwN; OGH 4 Ob 216/99i in EvBl 2000/41.

[3] 法庭实际审判工作仍然体现了这一点。参见 Kolb, Auf der Suche nach dem Verschuldensgrundsatz. Untersuchungen zur Faktizität der Culpa-Doktrin im deutschen außervertraglichen Haftungsrecht (2008) 22 ff.

责任的意义越发重要,并且被认为是与过错责任并重的责任形态。因此有学者主张,当前侵权责任法内部具有二元归责的体系(Zweispurigkeit der Haftung)(参见上文边注1/20)。[1]

6/80　　过错的程度以及归责事由的严重性对于确定责任的范围具有关键意义。奥地利侵权法[2]即体现了这一点。其规定,加害人仅仅具有轻微过失的,仅负担积极损害的赔偿义务(Ersatz des positiven Schadens)(参见《奥地利民法典》第1323条、第1324条)。过错的程度对是否赔偿结果损害具有重要意义,因为在判断相当性标准时,严重的过错行为必然导致扩大相当性标准的认定,而在故意侵权情况下,就不再考虑相当性要件(即行为人对所有损害都必须赔偿——译者注)(边注7/11以下论述)。过错程度对于确定规范的保护目的也起到类似的作用。[3]

二、判断过错采主观标准还是客观标准?[4]

1. 主观判断标准作为基本原则

6/81　　依据《奥地利民法典》第1294条,行为人未尽到其应尽的注意义务或者勤勉义务的,具有过失。

认定行为人具有过失,其起初意义体现为对意志瑕疵(Willensmangel)的非难[5]。但是,若要对行为人作出此种非难,则前提是行为人在尽到意志努力时,应认识到其行为具有危险性并进而具有违法性,其本人可作出符合法律要求的替代行为。因此,过错实际上是对行为人意志瑕疵的主观(subjektiv)非难,从而就判断过错要件必须采取一个主观标准。

---

[1] *Esser*, Die Zweispurigkeit unseres Haftpflichtrechts, JZ 1953, 129. Für eine Mehrspurigkeit *Wilburg*, Elemente 1 ff.

[2] 《奥地利侵权责任法草案》不采用此种僵化的区分模式。

[3] 参见 *Wilburg*, Elemente 242 f; *Koziol*, Haftpflichtrecht I³ Rz 8/15 ff und 21 mwN.

[4] 详细参见 *Koziol*, Objektivierung des Fahrlässigkeitsmaßstabes im Schadenersatzrecht? AcP 196 (1996) 593 ff; *derselbe*, Liability based on Fault: Subjective or Objective Yardstick? MJ 1998, 111 ff.

[5] *Wilburg*, Elemente 43 ff. Zu den Wandlungen des Verschuldensbegriffs eindrucksvoll *Meder*, Schuld, Zufall, Risiko (1993); vgl ferner *van Dam*, Tort Law 219; *Jaun*, Haftung für Sorgfaltspflichtverletzung (2007) 7 ff; *Schermaier* in HKK zum BGB II Vor § 276 Rz 5 ff, §§ 276—278 Rz 7 ff.

在此需要检讨,特定行为人基于其主观能力是否能认识到将会发生损害以及是否能判断其行为具有违法性,从而应作出相应的合法行为。[1] 换言之,只有当行为人的个人主观能力足以达到防止损害发生的程度,才能就其行为作出意志瑕疵方面的非难(ein persönlicher Vorwurf),只有在此意义上方可真正讨论过错的问题。[2]

就注意或者勤勉的程度(Grad der Aufmerksamkeit und des Fleißes)而言,依据法律规定,过错日益采取判断客观化标准[3]:《奥地利民法典》第1294条规定,行为人必须尽到相应的勤勉和注意义务。同样,该法第1297条也规定,任何人在行为时,未尽到其正常能力下应尽的勤勉和注意程度的,其行为具有过错。《奥地利侵权责任法草案》也采取了此种立法模式。 6/82

目前客观过错理论得到广泛采纳[4],其在当代德国侵权法理论中被视为通说[5],且在瑞士法中也成为主流观点[6]。与上述主观判断标准不同,客观过错理论针对行为人采取一个客观或者规范意义上的过失判断标准,而并不考虑行为人自身所具有的主观能力。依据客观过错理论, 6/83

---

[1] 参见 § 6 StGB.

[2] 奥地利权威观点参见 F. Bydlinski in Klang, ABGB IV/2² 173; Ehrenzweig, Die Schuldhaftung im Schadenersatzrecht (1936) 226; Reischauer, Der Entlastungsbeweis des Schuldner (1975) 201 f; Wilburg, Elemente 17, 53; OGH 5 Ob 536/76 in SZ 49/47. Auch von Zeiller, Commentar III/2, 711 ff, und Dniestrzanski, Die natürlichen Rechtsgrundsätze, FS zur Jahrhundertfeier des ABGB II (1911) 27, 论述了勤勉与注意程度的客观标准。其他观点可参见 Kramer, Das Prinzip der objektiven Zurechnung im Delikts-und Vertragsrecht, AcP 171 (1971) 422, 该作者赞同权威德国法的观点。

[3] Mayrhofer, Schuldrecht I³ 295 f; OGH 8 Ob 227/76 in ZVR 1978/167. Vgl auch von Zeiller, Commentar III/2, 711. Zur entsprechenden Objektivierung im Strafrecht vgl Burgstaller, Das Fahrlässigkeitsdelikt im Strafrecht (1974) 189 f.

[4] 比较法上的分析参见 van Dam, Tort Law 219 ff; Koziol, MJ 1998, 112 f.

[5] 详细分析参见 Deutsch, Fahrlässigkeit² insbesondere 137 ff, 299 ff. Siehe ferner von Bar, Verkehrspflichten. Richterliche Gefahrsteuerungsgebote im deutschen Deliktsrecht (1980) 137 f, 177 ff. Jansen, Die Struktur des Haftungsrechts (2003) 445 ff; Larenz, Über Fahrlässigkeitsmaßstäbe im Zivilrecht, Wilburg-FS (1965) 119; Wieacker, Rechtswidrigkeit und Fahrlässigkeit im Bürgerlichen Recht, JZ 1957, 535; Wiethölter, Der Rechtfertigungsgrund des verkehrsrichtigen Verhaltens (1960) 45 ff.

[6] Guhl/Koller/Druey, Das Schweizerische Obligationenrecht⁹ (2000) 181; Jaun, Sorgfaltspflichtverletzung 135 ff, insbesondere 258 ff; Keller, Haftpflicht im Privatrecht I⁶ (2002) 119 f; ebenso aus Praktikabilitätsgründen Oftinger/Stark, Haftpflichtrecht I⁵ 205 ff. Dagegen Fellmann, Der Verschuldensbegriff im Deliktsrecht, ZSR 106 (1987), 339; 批评意见参见 R. H. Weber, Sorgfaltswidrigkeit-quo vadis? ZSR 107 (1988) 39.

判断行为人是否具有过错,并不取决于行为人的个人主观能力,相反取决于该案件情况下特定人群所应具有的典型的平均能力。客观过错的判断标准显然脱离了对行为人意志瑕疵的个人主观意义上的非难基础[1];相反,其从客观角度对个人能力加以判断,进而认定是否具有过错。具体而言:

如果行为人的个人能力低于普通人应当具有的一般能力,则过错的客观判断标准本质上是一种基于客观瑕疵行为标准而认定的危险责任[2],因为该行为人无法达到此种一般普通人的能力,从而导致其行为具有危险性。[3]

此种客观过错标准对行为人的生存产生了极大的不利责任后果,这体现在:即使个人主观能力低于一般人群的普通要求,但其仍应享有参与社会必要共同交往的权利,但行为人却要为此种必要交往负担无法克服的责任。正是出于此种原因,德国法在采取客观过错问题上遭受了严厉的批评。[4]

采取客观过失标准的做法,实际上与故意的判断标准相互对立,因为在判断行为人是否具有故意时,需要从行为人的主观状态判断其是否认识到自身行为具有违法性以及可能出现的相关损害后果;如果缺乏必要的主观违法性认识以及对损害后果的判断,则无法认定行为人具有故意。针对过失采取客观判断标准的学者也同样认为,在行为人缺乏普通人群

---

[1] 参见 *Larenz*, Lehrbuch des Schuldrechts I¹⁴(1987) § 20 III; *Köndgen*, Haftpflichtfunktionen und Immaterialschaden am Beispiel von Schmerzensgeld und Gefährdungshaftung (1976) 43; *Oftinger/Stark*, Haftpflichtrecht I⁵ 205 ff.

[2] *Reimer Schmidt* in Soergel, BGB II/1b¹⁰ § 276 Rz 17. *Jansen*, Struktur des Haftungsrechts 445 ff, 该作者认为, 由于任何人都必须就社会交往中应尽的注意义务负担担保义务, 所以其将此种责任称为担保责任。

[3] 参见 *von Bar*, Verkehrspflichten 138.

[4] *Brodmann*, Über die Haftung für Fahrlässigkeit, AcP 99 (1906) 346 ff; *Leonhard*, Fahrlässigkeit und Unfähigkeit, Enneccerus-FS (1913) 19 ff; *Siber* in Planck, BGB II/1⁴ 221; *von Tuhr*, Der Allgemeine Teil des Deutschen Bürgerlichen Rechts II/2 (1918) 489; *Dölle*, Empfiehlt es sich, im Zusammenhang mit der kommenden Srrafrechtsreform die Vorschriften des bürgerlichen Rechts über Schuldfähigkeit, Schuld und Ausschluß der Rechtswidrigkeit zu ändern? Gutachten zum 34. Deutschen Juristentag I (1926) 113 ff; *Enneccerus/Nipperdey*, Allgemeiner Teil des Bürgerlichen Rechts15 II (1960) 1322; *Nipperdey*, Rechtswidrigkeit, Sozialadäquanz, Fahrlässigkeit, Schuld im Zivilrecht, NJW 1957, 1780 ff; *Wilhelmi*, Risikoschutz 317 ff.

应有的必要主观能力时,如果该行为人无法认识到其行为的违法性以及损害后果,则行为人同样不具有故意。

针对过失采取客观标准的论证理由体现为信赖保护思想(Vertrauensgedanken)。[1] 但需要指出的是,主张客观判断标准的理论忽视了侵权法领域[2]无须考虑信赖保护的问题[3],理由在于,没有人提前信赖加害人的个人能力以及其损害赔偿义务。在侵权责任法中,信赖保护思想并不足以支持过错客观化标准的原因还进一步体现在,依据奥地利法的规定,精神病患者原则上不承担侵权责任;即使第三人信赖精神病患者可以尽到注意义务,其仍然不能要求精神病患者承担侵权责任。此外,客观过错理论针对如下情况无法作出令人信服的解释,即在加害人为无侵权责任能力人的情况下,为什么不从信赖保护的角度出发要求无侵权责任能力人承担侵权责任。显然,此处存在一个明显的矛盾,缺乏任何令人信服的说明。

6/85

当然,针对主观过错的立法模式所产生的后果,《奥地利侵权责任法草案》第 1301 条作出了弱化处理,即未满十四周岁的行为人,推定其不具有必要的识别能力,或者行为人客观违反注意义务、但缺乏保持理性的能力,仍然可以全部或者至少部分要求其承担侵权责任。在判断时,尤其需要考虑上述人员从事侵权行为所获得的利益,以及加害人与受害人之间的财产状态。上述规定本质上采取了现行法的规定模式(参见《奥地利民法典》第 1310 条、《德国民法典》第 829 条)。实际上,上述思想可以适用于更广泛的领域,因此,《奥地利侵权责任法草案》第 1301 条第 2 句明确规定,行为人虽然客观上违反了注意义务,且具有过错责任能力,但如果在具体个案中缺乏必要的主观能力,仍然可以认定其行为不具有过错。[4]

6/86

---

[1] 参见 *von Bar*, Verkehrspflichten 137 f; *Esser/Schmidt*, Schuldrecht I/2⁸, 26 II 1 b; *Larenz*, Schuldrecht I¹⁴ § 20 III; so wohl auch *Kramer*, AcP 171, 428.

[2] 参见 *Fellmann*, ZSR 106, 358; *U. Huber*, Zivilrechtliche Fahrlässigkeit, E. R. Huber-FS (1973) 274; *Reischauer*, Entlastungsbeweis 202.

[3] Die Ablehnung dieser Argumentation durch *Wilhelmi*, Risikoschutz 69,该作者反对此种论证,其论据主要建立在对我笼统分析的误解基础上。我个人并非一概认为侵权责任法不应保护信赖利益,而是认为,信赖之于过错标准的客观化并没有决定性意义。

[4] 参见 *Wilhelmi*, Risikoschutz 343 f.

2. 违约责任中的客观过错

6/87　　与侵权责任不同,违约责任有足够充分的理由采取客观化的过错判断标准[1]。主张主观过错理论的学者就此也普遍表示赞同[2]。在合同关系中,当事人之间自愿负担合同义务,任何一方合同当事人通过订立合同,都向对方敞开了遭受损害的可能性。实际上,信赖在合同关系中扮演了一个非常典型的重要角色,基于此种信赖,合同双方当事人期待对方能够以符合合同约定的方式作出合同履行。就此还存在更多的论证理由,如除非合同另有约定,任何一方合同当事人都可以合理信赖对方享有应有的履行能力[3]。一方面,就债权人而言,其债权的价值取决于对方违约时其享有的第二顺位损害赔偿请求权,如果仅仅因为债务人缺乏应有的主观能力,就对不履行或者瑕疵履行不承担责任,则债务人所负担的履行义务最终取决于其是否具有相应的能力,而实际上,债权人通常无从了解债务人的此种主观能力,这显然对债权人不公。

6/88　　另一方面,在基于法律行为所产生的义务中,担保思想(Garantiegedanke)[4]起到一定意义,虽然此种论证因素的重要性不断减弱。债务人允诺作出特定的履行,除非当事人之间就此作出另外的约定,则对方可以理解为债务人将会尽到社会交往中应尽的义务且其具有相应的履行能力

---

[1] *von Caemmerer*, Die absoluten Rechte in § 823 Abs 1 BGB, Karlsruher Forum 1961, 25ff = Gesammelte Schriften I (1968) 572 ff; *derselbe*, Das Verschuldensprinzip in rechtsvergleichender Sicht, RabelsZ 42, 16; *U. Huber*, E. R. Huber-FS 260 f, 281 ff; *Fellmann*, ZSR 106, 339; kritisch auch *R. H. Weber*, Sorgfaltswidrigkeit-quo vadis? ZSR 107 (1988), 358 f; *derselbe*, Selbstverantwortung und Verantwortlichkeit im Schadenersatzrecht, SJZ 91 (1995) 46 f.

[2] 参见 *Enneccerus/Nipperdey*, Allgemeiner Teil 1322 mwN. Vgl ferner noch *Brodmann*, AcP 99, 373.

[3] *U. Huber*, E. R. Huber-FS 286.

[4] 参见 *von Caemmerer*, Karlsruher Forum 1961, 26; *Larenz*, Schuldrecht I[14] § 20 I; *Koziol*, Delikt, Verletzung von Schuldverhältnissen und Zwischenbereich, JBl 1994, 214; *Grundmann* in MünchKomm, BGB II[5] § 276 Rz 26 ff; *U. Huber*, Leistungsstörungen II (1999) 524ff; *Schermaier* in HKK zum BGB II § 275 Rz 56, §§ 276—278 Rz 2. *Dölle/Stoll*, Kommentar zum Einheitlichen Kaufrecht (1976) Art 74 Rz 39,该作者强调,过失标准的客观化接近于英国法中债务人就履行所负担的担保义务。

的担保。《联合国国际货物销售合同公约》第 79 条明确规定了这一点。[1]

但在精神病患者以及未成年人严重违反允诺时,恰恰无法适用此种担保思想,这看起来与交易中应尽的履行能力的担保思想有些矛盾。在此需更多地考虑如何保护精神上具有障碍的弱者。不仅如此,在上述情况下,通常未成年人或者精神病患者的法定代理人,负担防止其签订合同的义务。如果法定代理人未尽到此种义务,则依据《奥地利民法典》第 1313a 条、《德国民法典》第 278 条,未成年人或者精神病患者的法定代理人必须承担违反此种注意义务的过失责任。因此,受害人无论如何都可以获得充分的保护。对于仅仅轻微缺乏必要理解能力的合同当事人而言,不能仅仅因为其没有接受防止其订立合同的监督,就认为其无须负担违约责任。对于仅仅轻微缺乏通常必要的理解能力的合同当事人而言,如果不对其采取严格的客观过失标准,将导致受害人无法获得救济。这表明,在违约责任中针对过错采取客观标准并不会引发价值冲突。

3. 专家过错的客观化标准

过错责任客观化的第二个领域应当是"专家责任"(*Sachverständigenhaftung*);依据《奥地利民法典》第 1299 条,在判断专家是否具有过错时,采取客观标准[2];即专家必须就其应具有的勤勉以及必要的知识承担责任,即使此种知识超出了普通的范围。任何从事特殊活动的人,应必须具有相关必要的能力,进而承担责任。

6/89

在专家责任认定中,不考虑专家个人的能力,其正当性理由体现在:对于那些缺乏必要活动能力的专家,由于其职业活动本身要求特殊的知识和理解能力,如果其个人欠缺此种能力,则不仅针对合同当事人,而且

---

[1] 参见 *Karollus*, UN-Kaufrecht (1991) 206; *Rummel*, Schadenersatz, Höhere Gewalt und Fortfall der Geschäftsgrundlage, in: Hoyer/Posch (Hrsg), Das Einheitliche Wiener Kaufrecht (1992) 178; *Schlechtriem/Stoll*, Kommentar zum Einheitlichen UN-Kaufrecht² (1995) Art 79 Rz 6.

[2] 参见 *Karner* in KBB, ABGB² § 1299 Rz 1 f; *Reischauer* in Rummel, ABGB II/1³ § 1299 Rz 2 und 5; OGH 6 Ob 521/81 in JBl 1982, 534; 1 Ob 605/84 in SZ 57/140 = JBl 1985, 625; 10 Ob 501/89 in JBl 1990, 49; 9 Ob 23/07h in ÖBA 2008, 658 (*Madl*).

对所有不特定的第三人,将构成一种特定的危险来源[1]。为了防止此种特定的危险,缺乏必要能力的"专家"应当停止具有较高要求的活动。此外,专家从其活动中还获得了利益。由于其引致了一种特殊的危险,并对此种危险可以施加控制且享有经济上的利益,这些因素都充分明确地支持针对专家采取严格的责任。此外,针对此种特殊活动采取严格责任,对于那些缺乏必要特殊能力的人而言,会产生如下激励机制,即向他们发出停止此种活动或者不要从事此种活动的警告,从而达到严格责任的预防目的。

4. 使用危险物情况下的过错客观化

6/90   除了上述类型,还存在第三个适用客观过失责任的领域,此时瑕疵行为本身仅具有较低的可责难性,即对客观上具有瑕疵的行为的非难程度非常低,在责任构成要件体系中,其并不具有重要的决定性意义[2],仅凭此种要件尚无法令加害人承担侵权责任,但结合其他构成要件,尤其是具有较高危险的要素(Element einer erhöhten Gefahr),可成立责任。《奥地利民法典》虽然并未将瑕疵建筑物的保有人责任(第1319条)以及动物饲养人的责任(第1320条)规定为危险责任,但基于上述两种行为所含的危险性,在行为人存在客观过失时即可认定侵权责任。[3] 与此相适应,人们普遍认为,在因使用特殊危险物而致人损害时,行为人的客观过失即足以成立侵权责任。[4]

5. 结论

6/91   总而言之,可以确定的是,在合同关系领域、以特殊能力为前提的专业活动以及涉及特殊危险物的活动中,采纳客观过失标准完全是正确的。

但在侵权法的其他领域,因过错侵害他人而负担损害赔偿义务时,应

---

[1] 测算桥梁的力学家导致桥梁具有坍塌的危险;制瓦厂商出产的瓦具有坠落街道的危险;养老院雇佣的医生导致患者面临长期疾病。这些专家所引致的危险恰恰指向非合同当事人。

[2] *Wilburg*, Elemente 56, 284.

[3] 参见 *Koziol*, Bewegliches System und Gefährdungshaftung, in: F. Bydlinski/Krejci/Schilcher/ V. Steininger (Hrsg), Das Bewegliche System im geltenden und künftigen Recht (1986) 54 f.

[4] *von Caemmerer*, Die absoluten Rechte in § 823 Abs 1 BGB, Karlsruher Forum 1961, 27, 其观点倾向于认为, 在与危险责任发生竞合时, 应采取客观过失。

当以主观过错为前提。需要强调的是,在行为人缺乏一般人平均所具有的能力时,否认其具有主观过错并不会出现免除行为人承担侵权责任的法律后果;因为即使针对无侵权责任能力人,也可以基于其他考量因素,如根据《德国民法典》第 829 条、《奥地利民法典》第 1310 条,令其承担公平责任。[1] 依据上述分析,应采取如下做法,即仅凭行为人具有重大识别瑕疵并不能认定其无侵权责任能力;相反,只有在具体个案中,当行为人的能力低于普通人时,方可否定其具有过错。[2]

6. 违法性与过失

既然在侵权法领域针对过失采取主观判断标准,则在过失与违法性之间即可画出一道明确的分界线。申言之,判断是否存在违法性,完全取决于客观标准;就此应采取一个一般性的标准,即哪些行为是可以期待规范所调整的行为人应做出的。[3] 而在判断行为人是否具有过错时,则严格采取主观标准,即依据个人的主观能力来判断其"是否具有过错"。因此,并非所有具有违法性的行为都具有过错。[4] 二者之间的区分体现为,当个人能力低于社会平均要求时——最典型的情况就是精神病患者,其造成他人损害的行为虽然具有违法性,但原则上(《奥地利民法典》第 1310 条)却不具有过错。需要注意的是,在判断行为人是否具有过错时,推定其具有相应的主观能力(如《奥地利民法典》第 1297 条),如果其违反客观注意义务,则可认定行为人具有过错;此时行为人负担举证义务,以证明其行为不具有可非难性,从而推翻其行为具有过错的推定。上述规则也符合《德国民法典》第 827 条针对排除或者至少降低侵权责任能力的情况下有关举证责任分配的一般做法。因此,即使在采取客观过失理论的德国侵权法中,针对主观非难性也同样采取推定的做法。[5] 一些中欧

---

[1] 参见 Koziol, Haftpflichtrecht I³ Rz 7/5.

[2] 参见 U. Huber, Zivilrechtliche Fahrlässigkeit, E. R. Huber-FS (1973) 273 unter Hinweis auf BGHZ 39, 281.

[3] 参见 ausführlich Münzberg, Verhalten und Erfolg 191 ff.

[4] 参见 OGH 8 Ob 165/76 in ZVR 1989/64. Hannak, Die Kanalisierung der Haftung, JBl 1961, 540,该作者的错误观点体现在,违反任何保护性法律的行为都具有过错。

[5] Wilhelmi, Risikoschutz 346 f.

以及东欧国家法律都明确规定了此种推定规则。[1]

6/93　　由于针对过错采取主观判断标准,导致在判断行为人是否具有过错时,也要考量其个人是否具备了超出一般人所享有的特殊能力。在此情况下,针对一般人不会认定具有过错,但由于具体行为人具有特殊能力,仍可认定其具有过错。[2] 如果针对注意义务采取客观判断方式,即采取与违法性同样的客观标准,则容易导致如下问题,即只有依据行为人的特殊能力,方可要求其尽到较高注意义务或者认识到加害他人的危险性,而在采取客观注意义务时,由于其行为并不具有违法性,反而导致其不承担损害赔偿责任。[3] 因此,判断违法性有无主要取决于针对一般行为人究竟设置了何种行为规范的要求。保护性法律可以直接作出特殊行为规范的要求,或者针对一些具有特定资质能力的行为人,设定特殊的要求,此时须考虑其是否具有超出一般人的能力(《奥地利民法典》第1299条、第1300条)。[4] 通过法律行为的方式,可以约定采纳特殊的能力,在违反义务时,当然应当将此种基于约定而要求的特殊能力纳入考量的范围。[5] 不仅如此,还需要考虑到行为人可能在事实上享有超出一般普通人的智识,如果其未尽到与此种智识相适应的注意义务,则其行为具有违法性,从而可以认定其具有过错。[6]

6/94　　如果针对过失采取客观判断标准,就如同在违约责任和专家责任中那样,那么在认定行为具有违法性时,实际上也同时可以认定存在过错。

---

[1] 参见 Will/Vodinelic, Generelle Verschuldensvermutung - das unbekannte Wesen. Osteuropäische Angebote zum Gemeineuropäischen Deliktsrecht? Liber amicorum for Helmut Koziol (2000) 307; Koziol, Die schadenersatzrechtlichen Bestimmungen des Entwurfs eines Tschechischen Zivilgesetzbuchs in rechtsvergleichender Sicht (in tschechischer Sprache), in: Švestka/Dvořák/Tichý (Hrsg), Sborník statí z diskusních fór o rekodifikaci obanského práva (2008) 22.

[2] 德国法虽然采取客观过失理论,但针对特殊行为人具有超常能力的情况,仍然给予额外考虑,这显然与客观过失理论存在冲突。参见 Deutsch, Der Begriff der Fahrlässigkeit im Obligationenrecht, Keller-FS (1989) 111 f; Grundmann in MünchKomm, BGB II⁵ § 276 Rz 56 mwN.

[3] 参见 K. Wolff in Klang, ABGB VI² 46; OGH 1 Ob 50/70 in EvBl 1970/294; 8 Ob 165/76 in ZVR 1975/269. Anderer Ansicht Zeuner, Gedanken über Stellung und Bedeutung des Verschuldens im Zivilrecht, JZ 1966, 8 f.

[4] 参见 in Koziol, Haftpflichtrecht II² 182 ff.

[5] 参见 Zeuner, JZ 1966, 8 f.

[6] Reischauer in Rummel, ABGB II/1³ § 1297 Rz 3; P. Bydlinski, Gedanken zur Haftung der Abschlußprüfer, Ostheim-FS (1990) 356 f; OGH 10 Ob 501/89 in JBl 1990, 48.

但实际情况并非总是如此。例如,如果加害人无侵权责任能力,虽然就其行为可以认定存在违法性,但却无法认定其行为具有过错。[1] 通过此种区分路径,在行为人具有违法性的情况下,免责事由(Schuldausschließungsgründe)即可排除其行为在主观上的可归责性,但就其他领域仍应当区分违法性和过错。

第三节 自身活动领域中的其他瑕疵

一、其他人的瑕疵行为

1. 导论

《奥地利民法典》第1313条首先规定了一个不证自明的规则:"未参与他人所从事的违法行为的行为人,原则上无须为他人承担责任。"但紧接着规定了例外情况,即在自身领域存在瑕疵的情况下可以就他人不法行为归责[2]。就像《奥地利民法典》第1313条所规定的那样,该法在此处整个一节中详细规定了"他人从事不法行为"给本人带来的侵权责任问题。从国际上看,各国法律普遍规定,为他人承担责任的前提是该辅助人从事了客观上具有瑕疵、违反义务的行为。[3] 此外,本人必须在其自身领域具有严重的瑕疵,这构成认定他人承担责任的必备归责要件。[4] 此种做法符合如下基本思想:

从一个统一的归责体系来看,只有当为他人的行为承担责任的归责事由与自身过错责任以及危险物品责任保持一致时,此种特殊责任形态方可令人信服。就此必须考虑各种归责事由组成的整体构成,而不能将此种归责事由建立在一个与其他归责事由类型完全迥异的基础上。

---

[1] 参见 *Stathopoulos*, Bemerkungen zum Verhältnis zwischen Fahrlässigkeit und Rechtswidrigkeit im Zivilrecht, Larenz-FS (1983) 645 f.

[2] *Wilburg*, Elemente 43 und 225; *F. Bydlinski*, System und Prinzipien 214 ff.

[3] 所有各国的法律都采纳此种前提。参见 *Galand-Carval*, Comparative Report on Liability for Damage Caused by Others, in: Spier, Unification: Liability for Others 300; *Giliker*, Vicarious Liability in Tort (2010) 27 ff.

[4] *Wilburg*, Elemente 43 und 225; *F. Bydlinski*, System und Prinzipien 214 ff.

6/96　　　上述此种思想对详细构建雇佣人侵权责任具有重要意义。如上所述,雇主替代雇员承担侵权责任的关键,首先体现为雇员从事了一个客观上的瑕疵行为。与此相关联的思想体现在,如果雇员所从事的行为并无违法性,完全符合法律的要求,则无法引发雇主责任,因为受害人在此情况下即使针对雇员也无法享有法律上的救济;即使雇主自身从事了此种行为,其也不应承担责任。不能简单将为了他人的利益而行为视为独立的归责事由。同样,如果雇员是在心脏病爆发或者突然丧失意识等无法控制意识的情况下从事了加害行为,也不发生侵权责任。单纯凭借雇主领域客观上的瑕疵尚无法充分认定雇主责任。如果雇主在选任、监督雇员方面没有过错,并且雇员也没有从事违反注意义务的行为,此处仅仅是一个不幸事故(Unglücksfall)。假设此种不幸事故并不涉及雇员的行为,雇主显然不应当承担侵权责任。

6/97　　　在认定雇主为雇员承担替代责任时,主要论证理由是:一方面,雇主为了自身的事务、寻求自身利益而使用雇员;另一方面,雇主在自身活动领域使用该雇员。[1] 在认定雇主责任时,究竟雇员的哪些活动可以归入雇主活动范围,认定雇主责任还需要其他哪些前提要件,奥地利法和德国法以及其他各国法律就此并不统一,各自具有不同的做法。在此关键取决于如下三种情况:履行辅助人(Erfüllungsgehilfen)、被雇佣人(Besorgungsgehilfen/Verrichtungsgehilfen)、法人机关(法人活动中的主要辅助人,leitende Hilfspersonen)。

6/98　　　除了上述所列举的替代他人承担责任的类型,还存在其他情况。例如,有些国家法律规定父母应当就其子女的行为承担替代责任。[2] 就父母针对未成年子女的行为承担侵权责任,包括奥地利(《奥地利民法典》第1309条)[3]以及德国(《德国民法典第832条》)[4]在内的主流做法[5],

---

[1] *F. Bydlinski*, System und Prinzipien 206 f.

[2] 以法国为代表,参见 *Franco-Terminal/Lafay/Moréteau/Pellerin-Rugliano*, Children as Tortfeasors under French Law, in: Martin-Casals, Children I 193 ff; 参见 ferner ebendort *Martin-Casals*, Comparative Report 441 f.

[3] 参见 *Martin-Casals* in: Martin-Casals, Children I 441 f; *Giliker*, Vicarious Liability 196 ff.

[4] 参见 *S. Hirsch*, Children as Victims under Austrian Law, in: Martin-Casals, Children I 39 ff.

[5] 参见 *G. Wagner*, Children as Tortfeasors under German Law, in: Martin-Casals, Children I 235 f.

仅要求父母或者其他监护人承担因未尽监督义务而发生的过错责任。因此，较之于雇主责任，即只要雇员自身存在不法行为，即使雇主没有过错，仍可要求雇主承担侵权责任，父母的责任显然要轻得多。区别对待上述两种责任的理由比较容易解释，即父母抚育子女不仅出于自身的利益，而且也符合公众利益；此外，父母从抚养子女中并不能获得经济上的实际利益，相反还必须负担大量的支出。

因为精神病患者的行为本身无法构成归责事由，而且监督精神病患者本身也符合大众利益，何况监督人本身并没有为了自身利益而利用精神病患者；所以针对精神病患者致人损害情况下的监护人责任，同样采纳上述归责原则，即只有当监护人自身具有过错时，方可令其承担侵权责任。 6/99

2. 被雇佣人自身责任

在下文即将详细讨论雇主就不同种类的辅助人承担替代责任之前，有必要首先分析所有辅助人都关心的问题，即如何处理其自身的侵权责任问题，即在雇主承担替代责任之外，能否在满足各种前提的情况下，要求被雇佣人就其自身不法行为承担侵权责任，以及是否发生雇主与被雇佣人承担连带责任的问题。各国就此存在不同的法律规定[1]，奥地利法和德国法并没有排除被雇佣人自身的侵权责任，此种规定模式原则上是正确的，理由在于：一个人本身应就其不法行为承担侵权责任的，并不因他人替其承担侵权责任而免责。即使从受害人的角度出发，也无法找到只是因为雇主对其承担了责任，所以其针对被雇佣人就无法主张损害赔偿责任的理由。虽然通常雇主的支付赔偿能力远远高于被雇佣人，但实践中情况却可能迥异，很难仅仅因为其他人负担了侵权责任，就要求受害人放弃对直接侵权人的损害赔偿请求权。令多人承担侵权责任，甚至负担连带责任，完全符合一般规则。当然，在实践中有人提出，应当防止被雇佣人遭受过重的负担，就此可以采取如下措施以防止该后果，如排除雇主针对被雇佣人享有内部追偿权，或者雇员对外承担侵权责任之后，针对 6/100

---

〔1〕 *Brüggemeier*, Haftungsrecht 119 ff；*van Dam*，Tort Law 151 ff；*Galand-Carval* in：Spier, Unification：Liability for Others 304 f；*Giliker*，Vicarious Liability in Tort（2010）30 ff；*Schelp*，Die Haftungsbelastung des Arbeitnehmers bei Schädigung Dritter（2003）8 ff.

雇主享有内部追偿权。《奥地利雇佣人责任法》(DHG)第3条[1]即规定了此种内部追偿权；此外，在被雇佣人所从事的活动具有较高特殊危险时，也可以通过《奥地利民法典》第1014条所规定的风险责任规则赋予被雇佣人在内部针对雇主享有追偿权[2]。如果雇主的经济状况无法满足内部追偿权，令雇员自己承担此种风险，较之于令受害人承担损害后果显然更为合理。但实践中可能并不存在上述问题，因为雇主可能已经为其本人以及雇员购买了能够覆盖所有损害的责任保险。

6/101　　但必须承认的是，如果雇主没有赔付能力，并且没有购买相关的责任保险，而如此重大的损害源于雇主方面的问题，则雇员可能面临很大的压力。尤其当雇员在雇主的某个——具有危险的——企业中从事工作时，雇员的一个微小不谨慎就可能会导致不成比例、灭顶之灾的赔偿责任。在此种具体情况下，规定一个减轻责任的条款应当是比较合适的，这样可以形成符合各方利益的妥善解决之道。当然，对规定减轻责任的条款，还存在其他更多的支持理由。

3. 合同中履行辅助人责任

6/102　　在详细分析侵权法领域辅助人或者雇员的责任之前，有必要先就合同法中的履行辅助人责任作简要分析，从中可以发现此种责任的主要价值裁量标准对于分析侵权责任法中的相关问题也有所裨益。

依据《奥地利民法典》第1313a条，在利用他人履行合同的情况下，因辅助人的过错而产生的违约行为被视为债务人自身的违约责任。该条规定与《德国民法典》第278条的规定保持一致。纵观比较法上相关规定，可以发现，几乎在所有国家的相关规定中都存在此种担保义务[3]。

6/103　　履行辅助人涉及如下情况，合同当事人一方负担合同履行义务，其通过利用辅助人以完成自己所负担的履行义务。此种义务既可以源于法律

---

[1] 德国司法判决得出同样的结果。参见 BAG in 8 AZR 300/85＝NJW 1989, 854. *Otte/Schwarz*, Die Haftung des Arbeitnehmers³ (1998) Rz 455 ff; *Sandmann*, Die Haftung von Arbeitnehmern, Geschäftsführern und leitenden Angestellten (2001) 10 ff und 51 ff jeweils mit weiteren Nachweisen.

[2] 详细分析参见 *B. A. Oberhofer*, Außenhaftung des Arbeitnehmers (1996) 123 ff.

[3] 参见 *Galand-Carval*, Comparative report, in: Spier, Unification: Liability for Others 290 f.

行为,也可以源于法律直接规定。[1] 依据奥地利的通说,《奥地利民法典》第1313a条的规定——依据其条文表述——不仅适用于履行义务,而且还包括其他法律上的特殊联系,如为订立合同而接触所产生的义务。[2]《德国民法典》第278条的规定在语言表述上更为宽泛,将履行辅助人的范围放宽至各类义务的履行。从这一点来看,上述两个规定在调整范围上几乎一致。

在判断履行辅助人责任时,债之关系的无偿性,也具有一定的意义。此种债之关系并不包括法定债之关系,如侵权损害赔偿以及不当得利等。这些无偿关系并非建立在自愿发生基础上,应当依据有偿法律关系加以处理。[3] 无偿法律关系主要是指赠与;此时须降低客观注意义务的程度,从而也相应减轻了赠与人的侵权责任。[4] 但需注意的是,此种限制主要指向履行义务,而不包括保护义务与照顾义务。[5] 所以,只要涉及履行义务,就应当相应减轻履行辅助人的责任。[6]   6/104

合同当事人之所以就履行辅助人负担较为严苛的担保义务,主要原因是[7]:法律允许债务人通过履行辅助人的履行行为完成自身负担的合同债务,但极其例外的情况除外,如履行行为涉及高度人身属性的特殊债务;如同 *F. Bydlinski*[8] 所强调的那样,此时令债务人承担履行辅助人瑕疵行为的责任,符合补偿正义(ausgleichende Gerechtigkeit)原则;因为债务人为了自身的经济利益,在通过雇佣履行辅助人提高自身经济机会的同时,也必须负担雇佣履行辅助人所可能带来的损害;益处与可以预见的弊端不可分离,相互关联,构成一体。   6/105

---

[1] *Karner* in KBB, ABGB² § 1313a Rz 2.
[2] 参见 *F. Bydlinski*, Zur Haftung des Erfüllungsgehilfen im Vorbereitungsstadium, JBl 1995, 477 ff; *Koziol*, Haftpflichtrecht II² 336 ff; *Welser*, Vertretung ohne Vollmacht (1970) 79 ff; *M. Wilburg*, Haftung für Gehilfen, ZBl 1930, 644 ff.
[3] 参见 *Koziol*, Haftpflichtrecht I³ Rz 9/5 und 6.
[4] 参见 *Koziol*, Haftpflichtrecht I³ Rz 4/41; ebenso *Bollenberger* in KBB, ABGB² § 945 Rz 1. 大部分学者并不认为这是对注意义务的限制,相反认为,赠与人仅对重大过失承担责任(*Stanzl* in Klang, ABGB IV/1² 618),上述两种观点在本质上得出同样的结果。
[5] *Welser*, Bürgerliches Recht II¹³ (2007) 193; OGH 4 Ob 140/77 in SZ 50/137.
[6] 参见 *Wilburg*, Elemente 224, 226; im selben Sinn *F. Bydlinski*, System und Prinzipien 208.
[7] 参见 *Iro*, Besitzerwerb durch Gehilfen (1982) 215 ff; *Koziol*, Haftpflichtrecht II² 336; *Spiro*, Erfüllungsgehilfen 57 ff; *M. Wilburg*, ZBl 1930, 648 f.
[8] System und Prinzipien 207 f. Vgl auch *Giliker*, Vicarious Liability 237 ff.

6/106　　　不仅如此，从债权人的角度看，如果在雇佣履行辅助人的情况下，债务人仅仅负担自己过错责任，即选任履行辅助人的过错责任，将严重恶化债权人的利益。即使是经过精挑细选的履行辅助人，其同样可能因疏忽大意而使债权人遭受损害。此种情况下，如果债权人只能针对履行辅助人主张损害赔偿责任，由于后者的赔付能力无法达到债务人的水平，显然债权人利益将遭受侵害。即使不考虑此种赔付能力的差别，由于债之关系仅仅存在于债权人和债务人之间，通常债权人无法直接要求作为第三人的履行辅助人承担责任，这同样导致债权人利益受损。在上述情况下，履行辅助人一般不会承担违约责任，只有当其违反了针对不特定第三人的义务时，方可认定其构成过错，债权人才能要求其承担侵权责任。如果是这样，为平衡各方利益，在债务人使用履行辅助人的情况下，为保护债权人的利益，就必须扩大债务人就其履行辅助人的责任。单方面减轻债务人的责任，将会破坏债权人和债务人之间对于合同履行的信赖。[1]

6/107　　　通说认为，债务人并非就履行辅助人所造成的一切损害都承担侵权责任；相反，只有在履行辅助人从事了债务人委托的事务并给债权人造成损害时，即辅助人从事了与履行活动相关联的活动，且该活动并非偶然发生在履行活动过程中时，方可要求债务人承担责任。[2] 当然，作出上述区分并非易事。这并非仅是一个逻辑上或者结构上可以明确界分的问题，相反是一个难以轻易解决的价值判断问题，即如何将履行辅助人的不当行为以一种公平的方式归责于债务人。即使是其他国家的法律，也没有将履行辅助人的所有行为都归责于债务人，就此同样必须作出区分界定；但只要存在此种问题，就无法找到一个清晰并且令人满意的法律规定。[3] 在此当然首先参考与奥地利法非常接近的德国法[4]、瑞士法[5]

---

[1] F. Bydlinski, System und Prinzipien 208 f. 强调了这一观点。

[2] 参见 M. Wilburg, ZBl 1930, 660 ff; Kletečka, Mitverschulden durch Gehilfenverhalten (1991) 38 ff; Koziol, Zurechnung ungetreuer Bank-Mitarbeiter (2004) 35 ff mwN.

[3] 相关国别报告参见 Spier, Unification: Liability for Others, insbesondere: W. V. H. Rogers, English Law 69; Galand-Carval, French Law 93 f; Haentjens/du Perron, Dutch Law 176; Widmer, Swiss Law 270.

[4] Grundmann in MünchKomm, BGB II^5 § 278 Rz 46 ff mwN.

[5] Spiro, Erfüllungsgehilfen 233 ff; Wiegand in BSK, OR I^4 Art 101 Rz 10.

以及荷兰法[1]。意大利法同样规定[2],认定履行辅助人责任的前提是,履行辅助人接受了债务人的委托从事相关活动导致损害发生(occasionalita necessaria),但就如何理解此种接受委托,却存在不同的观点。《法国民法典》第1384条第5款规定,只有当履行辅助人从事了雇主委托的事务或者活动并造成损害的情况下,作为雇主的债务人方负担侵权责任(dans les functions auxquelles ils les ont emplyes);但在履行辅助人的情况下,针对滥用此种委托机会(abus de foncitons)却采取了限缩方式。[3]英国法也同样认为,并非所有履行辅助人所造成的损害都可以归责于雇主,仅仅因为使用辅助人而提供了致人损害的机会,并不能构成要求雇主承担侵权责任的充分理由[4]。

此外,在界定雇主责任时所采取的区分做法也吸收了如下思想,即债务人使用履行辅助人进而承担责任是为了防止债权人利益受损;此种观点实际上也并非尽善尽美。如果履行辅助人所从事的活动恰恰是债权人与债务人之间的债之关系所成立的履行义务,如履行迟延,则上述论证完全是正确的;但换一个角度,如果被雇佣为履行辅助人的人所从事的行为,在空间、时间以及实际层面与履行义务毫无关联,显然,债务人不应当就此承担责任。但在一些过渡领域,即涉及合同相对人的固有利益,如违反了保护义务以及照顾义务,而履行辅助人也必须尽到此种义务,此时便存在区分的困难。例如,履行辅助人前往定制货物的债权人家中,毁损了其屋中的物品。在此情况下,显然无法轻而易举地将履行辅助人的所有行为都归责于债务人。[5]一方面,基于履行辅助人的不法行为将会引发其本人的侵权责任;另一方面,在此并非是保护债权人的履行利益,而是

---

[1] *Asser/Hartkamp*, Verbintenissenrecht III^{12} (2006) 149 ff.

[2] 国别报告参见 *Scarso*, Zurechnung ungetreuer Bankmitarbeiter nach italienischem Recht in: Koziol, Zurechnung 116 Rz 7 und 9.

[3] *Viney/Jourdain*, Les conditions de la responsabilité^3 (2006) Nr 824;vgl auch *Viney*, Introduction à la responsabilité^3 (2007) Nr 170-3. Gegen die Möglichkeit einer Berufung auf abus de fonctions *Le Tourneau/Cadiet*, Droit de la Responsabilité et des contrats^7 (2008) Nr 3481 f, 7533 und *Malaurie/Aynès*, Les Obligations II^{11} (2001) Nr 572, 618.

[4] 国别报告参见 *Elliot*, Institutional Responsibility for Employee Frauds in the Banking Sector: The Position in English Law, in: Koziol, Zurechnung 104 Rz 12;ferner *Dutzi*, Haftung für Hilfspersonen im englischen Vertrags-und Deliktsrechtrecht (2001) 98 ff.

[5] 重点参见 *E. Schmidt*, Zur Dogmatik des §278 BGB, AcP 170 (1970), 503 ff;*Esser/Schmidt*, Schuldrecht I/2⁰ §27 I 4.

其固有利益，即涉及因履行行为导致债权人向他人开启了其自身领域可能遭受损害的风险，从这一点来看，履行辅助人执行债之关系的义务与损害之间的关联已经非常松散了。

6/109 履行辅助人的归责问题的关键应当是危险提高（Gefahrenerhöhung），即债务人利用履行辅助人究竟在多大程度上额外增加了债权人遭受损害的危险。[1] 依据《荷兰民法典》第6：170条第1款的规定内容，认定履行辅助人责任的关键在于，债务人将履行事务交由履行辅助人完成在多大程度上增加了加害行为发生的可能性。[2] 就此可以参考通常的归责标准，换言之，认定债务人就履行辅助人的行为承担责任应当要求一个更高的相当性标准，即所发生的损害必须是履行辅助人行为的典型后果。[3] 但就此仍然存在一个困难，即损害后果可能性与相当性认定都是一个动态的波动过程，这导致仍须回答如下关键问题，即针对风险增加究竟采取何种标准。[4]

6/110 认定履行辅助人责任的困难首先体现在履行辅助人从事故意侵权行为时的归责问题，此种情况在实践中具有重要意义。针对此种情况的重要特点，*Larenz*[5] 指出，当损害完全归结于受害人或者第三人的独立决断时，将此种损害归责于雇主则难以令人信服，此时受害人或者第三人应当就此承担责任。从相当性角度来看，履行辅助人故意从事侵权行为显然不是利用履行辅助人可能发生的典型后果。但在上述情况下，恰恰是因为债务人委托履行辅助人从事该履行活动，才导致其获得了从事故意侵权行为的机会；这是一个非常重要的论证理由，履行辅助人从事故意不法行为恰恰属于债务人应承担的风险范围。[6]

---

[1] 参见 *Grundmann* in MünchKomm, BGB II⁵ § 278 Rz 46. Dagegen aber zB *Spiro*, Erfüllungsgehilfen 232.

[2] 参见 *Spier/Hartlief/van Maanen/Vriesendorp*, Verbintenissen uit de wet en Schadevergoeding⁵ (2009) Nr 90.

[3] 参见 *Wilburg*, Elemente 224 f; *Koziol*, Haftpflichtrecht II² 345 f.

[4] *E. Schmidt* (E. Schmidt, AcP 170, 503 ff; *Esser/Schmidt*, Schuldrecht I/2⁸ § 27 I 4) 并未采取该观点，因为他认为无法做出区分，并且辅助人违反保护义务时，也应当归责于雇主。

[5] *Larenz*, Lehrbuch des Schuldrechts I¹⁴ (1987) § 27 III b 4; *derselbe*, Zum heutigen Stand der Lehre von der objektiven Zurechnung im Schadensrecht, Honig-FS (1970) 79. 参见 *Koziol*, Haftpflichtrecht I³ Rz 8/77ff mwN.

[6] *Spiro*, Erfüllungsgehilfen 240 ff 强调了这一点。

在奥地利相关理论和判决中,通说与上述的基本思想保持一致,认为在债务人违反了债之关系中的典型主履行义务的情况下,根据《奥地利民法典》第1313a条,债务人必须就履行辅助人从事的此种不法行为承担责任。[1] 债务人不仅就履行辅助人过失违反主履行义务承担责任,而且甚至就其故意违反主履行义务也的行为也应承担责任。此外,债务人就履行辅助人违反独立的从履行义务也同样承担责任。[2] 其与违反主履行义务下的责任认定并无不同。

6/111

就说明义务、保护义务以及注意义务(Aufklärungs-、Schutz-und Sorgfaltspflichten)而言,依据奥地利最高院的观点[3],履行辅助人故意行为的,并不能排除将该行为视为债务人从事履行合同义务时的行为;此种观点与理论上的通说[4]保持一致,意大利法[5]和英国法[6]也采取了此种做法。但奥地利最高院就此种情况要求履行辅助人的加害行为与合同履行行为之间具有内在的事实关联。就此可以发现判决的趋势,即此种事实关联取决于是否违反"合同中特殊的保护义务"。[7] 奥地利最高法院非常正确地认识到,在违反合同中特殊保护义务的情况下,履行辅助人针对债权人并不承担侵权责任,因为其所违反的保护义务并非指向所有第三人。就此需要考量的要素体现在,较之于违反针对任何第三人的义务,违反合同中特殊的注意义务显然对于认定履行辅助人责任具有更为重要的意义。确定是否存在特殊的合同注意义务,主要取决于债权人是否遭受一种特殊的威胁,以及是否有必要认定存在与此相适应的注意义务。

6/112

总之,上述观点本质上与其他国家法律的规定保持一致。德国法[8]

6/113

---

[1] 参见 zB OGH 1 Ob 711/89 in SZ 63/201; *Koziol*, Haftpflichtrecht II² 344 ff mwN aus Rechtsprechung und Lehre.

[2] 参见 zB *Larenz*, Schuldrecht I¹⁴ § 20 VIII (301).

[3] OGH 1 Ob 643/84 in EvBl 1978/113; 1 Ob 643/84 in JBl 1986, 101 (*Koziol*); 3 Ob 296/98w in ZVR 2000/102.

[4] 参见 *Spiro*, Erfüllungsgehilfen 240 ff mwN.

[5] 参见 *Scarso*, Zurechnung ungetreuer Bankmitarbeiter nach italienischem Recht, in: Koziol, Zurechnung ungetreuer Bank-Mitarbeiter (2004) 116 Rz 7.

[6] 参见 *Elliott*, Institutional Responsibility for Employee Frauds in the Banking Sector: The Position in English Law, in: Koziol, Zurechnung 105 Rz 13 ff.

[7] 奥地利最高法院基于我本人(Haftpflichtrecht II² 345 f)此前主张的观点,进一步认为,只有在违反履行义务时,方可就雇佣人的故意行为进行归责。

[8] 请参见 *Grundmann* in MünchKomm, BGB II⁵ § 278 Rz 47 mwN.

和意大利法[1]基本上都沿着此种区分路径认定履行辅助人责任,英国法亦是如此[2]。法国法就此走得更远[3],例如,雇员在劳动场所、在其工作时间实施了谋杀,此时也要求雇主承担责任。无论如何,在如下情况,如保险公司雇佣的检查人员侵吞了为该企业收取的钱财,雇主应承担责任[4]。同样,公证机关雇员侵吞财产[5]以及银行员工侵吞客户财产[6]的侵权行为,都可以归责于其雇主。

《奥地利侵权责任法》尝试吸收上述思想,规定雇主的责任认定取决于因果关系相当性,就此不仅仅规定在履行辅助人违反履行义务的情况下,雇主需要承担责任,而且在履行辅助人从事了并非特殊的其他不法行为时,也要求雇主承担责任(《奥地利侵权责任法草案》第1305条第1款第2句)。

6/114 最后需要提醒的是,当依据《奥地利民法典》第1313a条无法将履行辅助人的行为归责于雇主时,雇主就其组织、选任或者监督被雇佣人存在自身过错的,仍应当承担相应的责任。

4. 侵权法领域中的雇佣人责任

6/115 就合同法之外的领域,即侵权法中雇佣人的侵权责任,较之于合同法领域中的履行辅助人制度,世界各国显然缺乏统一的规定模式。比较法上的分析可以反映出各国就此存在重大差异[7]。通过比较奥地利法和德国法,即可清晰地发现,两国就被雇佣人侵权责任制度的规定差异很大。但二者都承认,雇主侵权责任以被雇佣人从事了客观违法行为,即违反义务的行为[8],以及雇主领域具有一种严重的瑕疵为前提[9]。可见,

---

[1] 相关国别报告请参见 *Scarso* in: Koziol, Zurechnung 120 Rz 15 ff.

[2] 参见 *Elliott* in: Koziol, Zurechnung 105 Rz 15.

[3] 参见 *Galand-Carval*, French Law, in: Spier, Unification: Liability for Others 93 f.

[4] Cass ass plén 19.5.1988, D 513.1988 (*Larroumet*).

[5] *Flour/Aubert/Savaux*, Le fait juridique Nr 218; Cass civ 2e 4.3.1999, R C Ass 1999, no 124.

[6] *Flour/Aubert/Savaux*, Le fait juridique Nr 218; Cass com 14.12.1999, RTD civ 2000, 336 (*P. Jourdain*).

[7] 相关国别报告请参见 *Galand-Carval* in: Spier, Unification: Liability for Others 289 ff; ferner *Brüggemeier*, Haftungsrecht 119 ff; *van Dam*, Tort Law 437 f, 448 ff.

[8] 参见 *Galand-Carval*, Comparative Report on Liability for Damage Caused by Others, in: Spier, Unification: Liability for Others 300; *Giliker*, Vicarious Liability 27 ff.

[9] *Wilburg*, Elemente 43 und 225; *F. Bydlinski*, System und Prinzipien 214 ff.

假设被雇佣人所从事的行为没有违法性,则被雇佣人本人并不承担责任,如果要求雇主就被雇佣人从事的所有行为所导致的损害后果都承担责任,将会不当扩大雇主责任。因此,只有在满足上述条件的情况下,方可认定雇主责任。

依据《德国民法典》第831条的规定,雇佣他人从事活动的雇主,就被雇佣人在雇佣活动中致使第三人遭受的损害承担侵权责任。但如果雇主能够证明,在选任被雇佣人、提供行为活动工具以及指导工作中尽到了社会交往中应尽的义务,则雇主可以免责。由于上述规定中的责任认定过于狭窄,导致德国法院通过一系列判决,进一步扩张了雇主责任的范围[1],但雇主责任在本质上仍然属于过错推定责任。当然,借助于举证责任倒置的方式,使得此种过错责任日趋严格化。

6/116

在奥地利,除了依据一般规则,雇主因选任和监督方面的过错承担侵权责任,依据《奥地利民法典》第1315条的规定,如果雇主雇佣了一个不符合要求的雇员或者明知[2]雇员具有危险性但仍然雇佣,则雇主应当承担无过错责任。就雇佣缺乏相应能力的雇员承担无过错侵权责任的思想体现在,雇主在此情况下在其活动领域制造了一个重大的风险。[3]《奥地利民法典》认为,仅仅凭借如下思想,即通过雇佣他人获取利益的人同时必须负担从中可能发生的不利后果,并不能充分地论证雇主责任的正当性。

但大多数国家却沿着这个方向走得更远,针对侵权法领域中的雇佣人责任以及合同法领域中的履行辅助人责任,都规定了雇主必须就辅助人所造成的损害承担责任。在国际范围内,遵循了通行的"归责于上"(respondeat superior)[4]的原则。欧洲侵权法研究小组(EGTL)在《欧洲侵权法原则》第6:102条[5]、欧洲民法典研究小组(Study Group on a

6/117

---

[1] 参见 G. Wagner in MünchKomm, BGB V⁵ § 831 Rz 2.

[2] 在此种情况下并非涉及过错责任,因为仅仅要求行为人知晓危险性,但并不要求行为人就损害发生具有过错。参见 M. Wilburg, Haftung für Gehilfen, ZBl 1930, 724 f.

[3] Koziol, Haftpflichtrecht II² 355.

[4] 参见 Galand-Carval in: Spier, Unification: Liability for Others 306; Giliker, Vicarious Liability 6 ff; Harrer/Neumayr, Die Haftung des Unternehmers für Gehilfen, in: Reischauer/Spielbüchler/Welser (Hrsg), Reform des Schadenersatzrechts II (2006) 137 ff; Jaun, Haftung für Sorgfaltspflichtverletzung (2007) 378 ff; Renner, Die deliktische Haftung für Hilfspersonen in Europa (2002); G. Wagner, Reform des Schadenersatzrechts, JBl 2008, 11f.

[5] 参见 Moréteau, Introduction, in: EGTL, Principles 112 ff.

European Civil Code)在其"合同外责任"(PEL Liab Dam)一编中第3:201条中也采纳了此种无过错的雇主责任模式。同样,《奥地利侵权责任法修改草案》[1]在其第1315条中也采纳了此种模式。

但是,广泛被采纳的"归责于上"的原则却并非毫无问题。此种原则的出发点应当体现在如下显而易见、不证自明的论证中,即"并未参与他人从事的不法行为的人,原则上无须为他人行为承担责任",而这就是200年前《奥地利民法典》在第1313条中所做的明确规定。在一以贯之的整个体系中,必须为替代他人承担责任找到一个归责事由,该事由应当与自己行为责任或危险物责任保持同样的论证力度。

6/118　　如果要求雇佣人责任的归责事由必须与自己责任保持一致,则显然必须要求被雇佣人从事了一个客观违反注意义务的行为;而立法者也完全考虑到这一点。如上所述,法律所规定的就他人行为不承担责任的例外情况是,雇主承担责任必须以被雇佣人从事了违法行为为前提;反之,被雇佣人虽然导致他人遭受损害,只要其行为符合法律规定,则显然不会引发雇主责任。换言之,即使是雇主自身从事了此种合法行为,也无法符合责任构成该当性的要求,当然不应当承担责任。[2]

6/119　　雇主责任的归责理由体现在,雇主为了自己利益而雇佣他人在自己活动领域从事活动,那么其必须就雇员的瑕疵行为所造成的损害承担责任。但 F. Bydlinski[3]却着重指出,仅仅依据此种思想并不足以支撑此种责任成立,而且被雇佣人的任何不法行为并非都足以引起此种责任。[4]有些学者尝试通过其他途径论证,如雇主利用他人导致风险上升,这构成雇主无过错责任的归责理由。显然,此种论证完全错误,因为并非利用任何他人都会导致风险上升[5],相反,如果利用一个更适宜从

---

[1] *Reischauer/Spielbüchler/Welser* (Hrsg), Reform des Schadenersatzrechts III - Vorschläge eines Arbeitskreises (2008) 16 ff.

[2] 这适用于如下不受意志控制的行为,如被雇佣人心脏病发作的情况以及突然丧失意识所从事的活动。虽然此时我们可以认为,在雇主领域存在客观上的瑕疵,但这并不足以成立雇主责任。如果雇主在选任、照顾被雇佣人方面并无过错,并且被雇佣人自身也未从事违法行为,损害结果只能被视为是不幸事故,与被雇佣人无涉,此时并不能赋予受害人以损害赔偿请求权。

[3] System und Prinzipien 212.

[4] *Harrer/Neumayr* in: Reischauer/Spielbüchler/Welser, Reform II 142 ff, 提出了比较法上的问题,但并未作出学理上的论证分析。

[5] *Renner*, Die deliktische Haftung für Hilfspersonen in Europa (2002) 181 ff.

事此种活动的人，反而可以导致风险降低。

6/120 从如下案例中，我们可以深刻地发现，就雇主责任的归责是否具有充分的理由，始终存在重大疑虑：在日常生活中，某人委托其朋友传递信息，步行传话的这位朋友因疏忽引发了交通事故。显然，雇主此时并未因使用他的朋友而创造一种特殊的危险，因为传话人如同往常一样参与日常的交往活动。虽然在此情况下，其朋友是为了雇主的利益而从事活动，但不能仅仅凭借此种为了雇主利益而由被雇佣人从事的不法行为，就将损害后果归责于雇主或者使用人。较之于自己行为的过错责任或高度危险责任（如果承认此种侵权责任的话），此种归责事由的力度显然要弱得多。

6/121 从比较法来看，雇主必须就雇员为了其利益所从事的所有不法行为承担责任的思想，并非是放之四海而皆准的真理。针对雇主责任，不同国家采取了不同的标准，既可能宽泛，也可能严格，但普遍认为，雇主并非毫无例外地就雇员从事的所有行为都承担责任，对于雇员独立从事或者未受到雇主指示的行为，显然不能由雇主承担责任。[1] 此种责任限制完全正确，因为雇主缺乏对雇员行为的指导可能，难以施加任何影响，从而无法控制使用他人的危险。因此，只有当雇主对雇员发出指示，才可以将雇员的行为归入雇主的活动领域，此时雇主方可以通过发出指示对雇员的行为作出调控，从而具有控制其行为危险的可能。[2]

《奥地利侵权责任法草案》第1306条第3款考虑了上述论证，依据该条规定，雇员在独立从事活动中实施违法行为时，不适用雇主替代被雇佣人的侵权责任，而使用一般归责原则，即雇主本人在选任或者监督时未尽应尽的义务而具有过错时，承担自己责任。这样一来，就与侵权责任的一般原则保持一致，并且指明，雇主在选任或者监督独立活动的被雇佣人时应当尽到注意义务。

6/122 但《奥地利侵权责任法草案》第1306条第1款针对非独立从事活动的雇佣人，并未采用与一般侵权责任归责事由保持一致的雇主自己责任，尽管就此并无争议。该条并未采纳"归责于上"的原则，相反采取了一种区分的调和路径。换言之，该条尝试通过考量各个归责事由的整体构造，

---

[1] 参见 Galand-Carval, Comparative report on Liability for Damage Caused by Others, in: Spier, Unification: Liability for Others 306.

[2] 参见 F. Bydlinski, System und Prinzipien 212.

将雇佣人责任有机地融入到该整体框架中。

受《奥地利民法典》第1315条影响,《奥地利侵权责任法草案》除了规定雇主就其选任监督方面的过失承担自己责任之外,还规定在被雇佣人缺乏必要的智识情况下,雇主针对被雇佣人引发的损害承担一种无过错的严格责任。此种归责的思想体现在:因雇主雇佣此种缺乏必要能力的人为其从事特定的活动,从而制造了一种特殊的危险来源。[1] 此时雇主领域必须具有严重的瑕疵,即被雇佣人从事了客观上违反义务的行为,并且其缺乏此种活动必要的能力。由于雇主利用了一个缺乏必要能力的被雇佣人,在客观上不当利用他人,从而导致风险上升,进而发生损害,当然可以将此种损害归责于雇主。

6/123　　但《奥地利侵权责任法草案》并没有吸收《奥地利民法典》第1315条所规定的责任,即雇主知晓特定雇员具有危险性的情形下,就该特定危险雇员致人损害承担无过错责任。针对此种特定危险性质的雇员致人损害的雇主责任,不无疑问,因为在雇员自身存在危险的情况下,即使雇主不委托他从事相关活动,其自身的危险性仍然可以针对其他受害人造成损害。只有当雇主雇佣此种具有特殊危险性质的雇员,且的确为实现此种危险提供机会时,方可令雇主承担责任。但在此种情况下,由于具有特殊危险的雇员也属于缺乏必要智识的类型,因此,也可以将其纳入上述雇员缺乏必要智识情况下的雇主责任中。最后需要讨论的是,在雇主了解雇员具有危险性的情况下,采取严格的担保责任,必然会导致对刑事犯罪人难以实施再社会化的教育工作。因此,利用此种具有危险性雇员的雇主,不应当时刻面临承担严格责任的风险;相反,应当令其承担适当的注意义务以防止此种损害的发生。所以,此种情况下雇主应当仅在具有选任、监督过错的情况下才承担侵权责任。

6/124　　有关雇佣人侵权责任的一般规定,在企业责任(Unternehmershaftung)领域,采取举证责任倒置(《奥地利侵权责任法草案》第1款第2句),以使企业责任趋于严格化。考虑到企业自身具有复杂的组织结构,外人往往无从了解,从而产生严重的举证困难,因此,在雇主责任中区分企业与非企业以及强化企业对雇员的责任,此种做法应当是正确的;否

---

[1] 参见 *Ehrenzweig*, System II/1² 688; ebenso *Iro*, Besitzerwerb durch Gehilfen (1982) 206.

则,企业可以随意向顾客转移责任负担。行为人应当同时负担其行为所致的优点和缺点的基本原则在此得到了全面体现(参见边注6/105)。

此外,《奥地利侵权责任法草案》第1306条第2款规定了另外一个具有特定条件的严格化的雇佣人责任,即雇主针对雇佣他人从事具有高度危险的活动始终承担责任。这种责任借鉴了危险责任,通常被推定适用[1],并且不限于企业责任。此种特殊严格责任的理由体现在:被雇佣人致人损害的行为与雇主领域中抽象的危险来源具有密切关联,从而产生了更高的风险,因此被雇佣人行为所致的损害应当归责于雇主。[2] 由此可见,不仅仅被雇佣人的行为导致了损害,而且雇主自身活动领域也存在危险来源,从而共同导致了损害发生,或者较大程度提高了损害发生的概率。如果雇主领域并不涉及一个抽象的危险物或者设备,而是雇主领域的一个物品的瑕疵具有具体危险,从而导致被雇佣人的活动具有特殊危险,则同样适用此种严格的雇主责任。[3] 虽然此种具体瑕疵与危险性可能低于一般情况下的要求[4],但雇主领域中的此种瑕疵却可以额外地令其承担更多责任。

5. 法人机关责任

法人自身无法活动,其总是需要自然人的帮助,因此,针对法人无法适用自己责任。但是,如果将法人针对其他具体行为人的瑕疵行为的责任限定在一般的履行辅助人责任(《奥地利了民法典》第1315条、《德国民法典》第831条)的范围,则显然不妥当。依据《奥地利民法典》第26条的规定,针对法人中的辅助人的归责问题,采取自然人与法人一并对待的原则。[5] 显然,如果针对法人采取类似于自然人的辅助人制度,则实际上有利于法人,因为与自然人不同,法人原则上无法承担自己责任,因此仅

---

[1] 参见 *Karner* in KBB, ABGB² § 1315 Rz 6 mwN.

[2] 参见 *F. Bydlinski*, System und Prinzipien 213; *Ehrenzweig*, System II/1², 691; *Koziol*, Haftpflichtrecht II² 359 ff.

[3] 参见 *Wilburg*, Elemente 88; ebenso *Jabornegg*, Die Dachlawine als Haftungsproblem, ZVR 1974, 327 f.

[4] 参见 *B. C. Steininger*, Verschuldenshaftung 35 ff.

[5] 参见 diesem *F. Bydlinski*, Die Verantwortung juristischer Personen in der Gesellschaft, in: Götz/Seifert (Hrsg), Verantwortung in Wirtschaft und Gesellschaft 55 ff; *Kleindieck*, Deliktshaftung und Juristische Personen (1997) 231, 478.

在非常小的范围内其才承担责任。正是出于此种原因,《德国民法典》第 31 条规定,社团法人对自己机关(Organhaftung)所从事的行为承担责任。虽然《奥地利民法典》并未规定类似的内容,但从该法第 26 条有关一并对待法人和自然人的规定中可以推导出,法人就其机关的任何过错行为必须承担责任。[1]

但须注意的是,在奥地利,不能仅将法人机关理解为符合章程规定的法人代表[2],因为法人代表的规定主要针对法律行为领域。如果将不法行为人限于法人章程所规定的人员,则实际上赋予了法人可以随意控制其责任的空间。依据目前的通说以及《奥地利民法典》第 337 条,侵权法意义上的法人机关包括任何在法人组织机构中负担一定责任、担任领导或者监督职位的人员。[3] 在德国,判决和学说也同样将《德国民法典》第 31 条所规定的法人机关扩张至依据章程所任命的其他任何代理人。[4]

6/127 法人针对行使其权力的人员的过错行为承担责任的意义首先体现在可以将这些人员的不法行为归责于法人;其次,在其他被雇佣人致人损害,但依据《奥地利民法典》第 1313a 条、《奥地利民法典》第 1315 条无法归责于法人的情况下,亦可通过要求法人就其机关人员违反针对此类其他被雇佣人的必要组织义务、选任义务或者监督义务承担侵权责任,从而使受害人获得救济。[5]

6/128 《奥地利侵权责任法草案》第 1306 条第 5 款进一步扩张法人侵权责任,将其扩展到自然人领域,导致自然人领域中的雇主责任范围产生非常大的扩张。申言之,就像法人就其被雇佣人在广泛的范围内承担责任一样,如果自然人通过指示活动扩大了行为范围,则其应如同法人一样承担

---

[1] *F. Bydlinski* in: Götz/Seifert, Verantwortung 3 ff; *Koziol/Welser*, Bürgerliches Recht I¹³ (2006) 74 f; *B. A. Koch* in KBB, ABGB² § 26 Rz 16, jeweils mit weiteren Nachweisen.

[2] 瑞士法中的特殊规定参见 *Oftinger/Stark*, Haftpflichtrecht II/14 274 f. 英国法中的相关判决参见 *Elliot*, Institutional Responsibility for Employee Frauds in the Banking Sector: The Position in English Law, in: Koziol, Zurechnung ungetreuer Bankmitarbeiter (2004) 103 Rz 8.

[3] *B. A. Koch* in KBB, ABGB² § 26 Rz 16 mwN; ferner *Ostheim*, Organisation, Organschaft und Machthaberschaft im Deliktsrecht juristischer Personen, Gschnitzer-GedS (1969) 328 ff; aus der jüngeren Judikatur des OGH vgl 7 Ob 271/00d in JBl 2001, 525; 2 Ob 273/05v in RdW 2007, 725.

[4] 参见 *Reuter* in MünchKomm, BGB I/15 § 31 Rz 3 ff und 20 ff.

[5] 参见 *Aicher* in Rummel, ABGB I³ § 26 Rz 26; *Ostheim*, Gschnitzer-GedS 331 ff. Vgl dazu auch *Spiro*, Erfüllungsgehilfen 410 ff.

更大范围的雇主责任。就此 Ostheim[1] 已经作出令人信服的论证。草案就此规定,无论雇主是自然人还是法人,针对在其活动领域中具有独立判断和指示权力的人员的不法行为,其都必须承担侵权责任。

二、物的瑕疵责任

在损害归责中,具有瑕疵的物总是具有重要的意义。在奥地利法中,特别值得提及的规定包括:建筑物占有人责任(《奥地利民法典》第 1319 条)、道路保有人责任(第 1319a 条)、机动车保有人责任(《奥地利道路交通法》第 9 条第 1 款)以及产品责任(《奥地利产品责任法》第 1 条第 1 款)。但物的瑕疵之于责任成立的意义却千差万别。在德国法中,相关规定分别见于《德国民法典》第 836 条和第 837 条、《德国道路交通法》第 7 条第 1 款、《德国产品责任法》第 1 条。 6/129

依据《奥地利民法典》第 1319 条,仅仅因为建筑物瑕疵并不能导致其保有人承担因此种瑕疵所导致的损害赔偿责任。此时,必须要求保有人具有违反客观注意义务(ein objektiver Sorgfaltsverstoß)的要件[2],就此采取举证责任倒置的方式,即除非保有人能够证明其已经尽到必要的注意义务,否则推定其违反该注意义务。与《奥地利民法典》规定的一般过错责任相比,此处的建筑物侵权责任非常严格,因为该责任并不采取主观过错,而采取客观过失标准,并适用过失推定。此处严格责任的理由体现在建筑物的瑕疵引发了一种特殊抽象危险。[3] 6/130

与上述所分析的雇主活动领域中被雇佣人瑕疵行为所引发的责任相关联,就此提出如下问题,为什么在上述情况下,只要被雇佣人的行为具有瑕疵并导致特殊的危险即可成立责任,而在建筑物侵权责任中,却还需要保有人具有过失?需要指出的是,被雇佣人侵权所引发的雇主责任始终以被雇佣人所实施的行为具有违法性为前提。而在建筑物侵权中,显 6/131

---

[1] Ostheim, Weisungsdelegation als Haftungsgrund, JBl 1969, 535; derselbe, Gedanken zur deliktischen Haftung für Repräsentanten anlässlich der neueren Rechtsprechung des OGH, JBl 1978, 64 ff. Siehe ferner F. Bydlinski, Die deliktische Organhaftung juristischer Personen: Europäisches Rechtsgut oder überholte Theorie? Koppensteiner-FS (2001) 569 ff (580 f).

[2] Koziol, Haftpflichtrecht II² 400 f; B. C. Steininger, Verschuldenshaftung 92; Terlitza, Aktuelle Rechtsprechung zur Bauwerkehaftung (§ 1319 ABGB), immolex 2001, 186.

[3] 参见 B. C. Steininger, Verschuldenshaftung 94 ff.

然并不存在此种可非难的瑕疵行为,在保有人方面也不存在同样程度的瑕疵。因此,为了使建筑物保有人责任能够达到整个侵权法归责事由的相应程度,必须要有另外一个归责理由,即《奥地利民法典》第1319条所规定的保有人必须具有客观过失。[1] 这样一来,针对建筑物责任确立了与雇佣人责任同样的归责事由,并通过此种特殊的归责事由保持了归责体系的完整性。

6/132　　就保有人违反客观注意义务的举证责任分配而言,从一般规则中即可推导出,只要建筑物具有瑕疵,即表明此处存在法律不希望出现的瑕疵状态,保有人应当排除此种瑕疵状态;就此并未额外导致责任严格化。保有人怠于积极排除此种瑕疵状态,将满足事实构成的要求,此处实际上采取了"结果不法"理论,即此种瑕疵状态可证明保有人违反客观注意义务(参见上述边注6/9)。因此,依据一般规则,保有人必须负担证明其尽到了必要的注意义务。

6/133　　除此之外,道路保有人的侵权责任(《奥地利民法典》第1319a条)也被纳入到建筑物责任的整个体系中,但这显得有些不和谐。针对此种侵权责任,不仅要求道路存在瑕疵以及具有危险,还要求保有人自身存在不法行为[2],并且单凭保有人违反客观注意义务尚不能完全成立责任,就此还需要保有人具有重大过错。可见,道路的瑕疵状态非但没有导致过错责任的严格化,实际上还对适用过错责任采取了严格的要件要求。其中一个重要的理由体现在,道路通行者往往基于自身利益,而且无须额外付款[3]即可使用他人的道路。实际上,就像一些学者所主张的那样[4],成立此种责任要求保有人主观上具有重大过错的目的,应当在于限制客观注意义务的范围。[5] 支持此种主张的理由还体现在,此处通常并不取决于主观过错:当责任成立要求道路保有人具有过错时,此处实际上指的

---

　　[1]　《奥地利民法典》第1315条规定的被雇佣人违反客观过失所引发的侵权责任,可以替代上述规定。参见 Karner in KBB, ABGB² § 1319 Rz 5 mwN.

　　[2]　被雇佣人的违法行为可以替代此种要求,但《奥地利民法典》第1319a条不仅针对第1315条中的被雇佣人作出归责,而且扩张到所有保有人。

　　[3]　基于合同有偿使用他人道路通行而发生损害时,并不适用《奥地利民法典》第1319a条,相反适用违约责任。

　　[4]　参见 Bollenberger in KBB, ABGB² § 945 Rz 1; Koziol in KBB, ABGB² § 1419 Rz 5; Koziol, Haftpflichtrecht I³ Rz 4/41, 17/16.

　　[5]　参见 Darauf stellt auch § 1326 Abs 2 öE ab.

是对客观注意义务的违反,就此并不考虑道路保有人所雇佣的人员主观上所具有的个人知识和能力。[1]最后,当道路保有人为自然人时,实际上将其定位为专家,导致此种责任成立完全取决于客观过错,即本质上与客观注意义务的违反保持一致。[2]

在铁路以及机动车责任中,物的瑕疵也具有重要意义。依据《奥地利道路交通法》第9条第1款,如果交通事故完全是由意外事件引发的,机动车保有人并不承担责任;但如果意外事件可以归结于机动车性能瑕疵或者运行失灵,则保有人将承担责任。由于火车、机动车具有高度危险性,保有人已经承担了严格的无过错责任,在机动车或者火车具有瑕疵的情况下,免责事由将进一步受到严格限制。此种规定的目的体现在,机动车或者火车的瑕疵进一步提高了其本身具有的危险性,因此也应当使责任更趋于严格。[3] 6/134

产品责任建立在瑕疵产品致人损害的基础上(参见《奥地利产品责任法》第1条第1款)。透过产品瑕疵的要件可以看出,是产品具有瑕疵而导致损害后果发生,而不是产品具有一般危险性引发此种损害。依据该法第5条第1款,当产品不具备综合考虑各种情况下消费者可以期待的安全时,产品即具有瑕疵。并不能将产品所具有的此种瑕疵危险定位在很高的程度,因为即使很多产品具有瑕疵,其并不必然容易引发严重的损害后果,也并不必然大大提高损害发生的概率。以办公室常用的回形针或者霉变的食品为例,二者均具有瑕疵,但往往仅会导致并无真正损害的划痕或者暂时的恶心而已。与其他规则相比可以发现,仅仅凭借产品瑕疵并不能成立严格的产品责任。就此必然还存在其他论证理由,如社会共同体的利益考量(参见下文边注6/181)。当然,产品瑕疵应当是成立责任的关键点。 6/135

此外,值得注意的是,控制领域理论对产品责任也具有重要意义。在建筑物、道路以及机动车中,瑕疵物被归责于保有人的领域;正是因为这些保有人出于自身利益,能够施加影响和控制该瑕疵物,所以应承担侵权

---

[1] 参见 *Koziol*, Haftpflichtrecht II² 358; ausdrücklich für die Leutehaftung des § 1319a ABGB *Reischauer* in Rummel, ABGB II/1³ § 1319a Rz 16.

[2] 参见 *Karner* in KBB, ABGB² § 1299 Rz 1.

[3] 参见 *B. C. Steininger*, Verschuldenshaftung 130.

责任。[1] 而在产品责任领域,生产者将产品投放到市场之后,并不享有影响和控制瑕疵物的可能;相反,生产者只能够在此前的生产过程中尽最大可能防止出现瑕疵。

三、替代人力的辅助技术设备

近来,尤其在银行领域[2],经常讨论的一个问题是,当企业使用计算机或者机器人时,如果硬件或者软件发生错误,是否应当由使用人承担无过错责任?就此可以考虑类推适用《奥地利民法典》第1313a条、第1315条,或者《德国民法典》第278条、第831条。[3] 此种类推具有合理性,因为雇佣人责任的基本思想[4]亦可适用于技术设备。使用人使用此种技术设备,就如同利用辅助人,其目的在于自身的利益;如果机器设备发生故障,使用人所承担的侵权责任不同于雇佣辅助人的侵权责任,则显然雇主或者使用人的地位受到了不当的提高。

从另一个角度看,目前法律将雇主责任原则上系于人的行为,并要求针对此种不法行为具有可责难性,而只有在使用诸如机动车等高度危险物的情况下,方采纳严格的无过错责任,甚至不要求违反客观注意义务。显然,我们无法将电子数据处理设备归入此种无过错责任类型。但针对技术设备使用人,奥地利立法者最近就数据自动处理,如不动产登记、公司登记以及催告程序,采取严格责任。这些规定表明,奥地利法承认在以机器取代人员投入使用时,使用人须承担侵权责任。

但上述理由在论证使用技术设备的侵权责任时,面临如下困难,即较之于雇佣人责任的归责事由,此种技术设备使用者责任的归责事由显得不足,因为在雇佣人责任中,要求被雇佣人从事不法行为(而在适用技术

---

[1] 参见 Koziol, Haftpflichtrecht I³ Rz 6/11.

[2] 参见 H. Berger, Schadensverteilung bei Bankbetriebsstörungen (1980); Köhler, Die Problematik automatisierter Rechtsvorgänge, insbesondere von Willenserklärungen, AcP 182 (1982) 126; U. H. Schneider, Das Recht des elektronischen Zahlungsverkehrs (1982); Koziol, Die Haftung der Banken bei Versagen technischer Hilfsmittel, ÖBA 1987, 3 mwN.

[3] 参见 zB Canaris, Bankvertragsrecht I³ (1988) Rz 367; G. Graf, Rechtsfragen des Telebanking (1997) 67; Janisch, Online Banking (2001) 241; Möschel, Dogmatische Strukturen des bargeldlosen Zahlungsverkehrs, AcP 186 (1986) 197 ff; Spiro, Erfüllungsgehilfen 209ff; dagegen U. H. Schneider, Zahlungsverkehr 82 f.

[4] 参见 Koziol, Haftpflichtrecht II² 336; Spiro, Erfüllungsgehilfen 57 ff.

设备时并无此种要求——译者注)。F. Bydlinski[1]强调,此处涉及因技术发展导致特定设备取代目前人类所从事的智力活动,从而改变了责任状态,当然,此种改变在规范层面属于完全偶然。此外还涉及"功能转化",即为了保持目前法律评价及其后果,必须就新的事实状况重新解释或者改变法律,此处即体现为将雇佣人责任类推适用于具备人类智力活动功能的物品上。

通过类推上述思想,可以将雇主责任理解为如下论证方式,即其责任成立并非建立在被雇佣人从事了违反注意义务、具有过错的行为上,而是建立在如下假设基础上,即雇主从事此种行为是否具有可责难性。雇主责任的此种假设也可以适用于使用计算机以及其他技术辅助手段的情况中。就此可以认为,此种错误就如同雇主本人做出一样。在上述提及使用计算机或者其他技术辅助手段的情况下,关键在于雇主领域是否存在瑕疵,如同雇主利用他人活动一样,能否将被雇佣人从事的违法行为施加到雇主身上,由雇主承担。

《奥地利侵权责任法草案》也采纳了此种思想,一并规定使用机器设备的责任与雇主责任。该草案第1306条第4款规定,雇主必须就替代被雇佣人而投入使用的机器失灵承担侵权责任;与雇佣人侵权责任相一致,此时要求受害人必须能够证明[2]技术辅助设施存在瑕疵,并且使用人未尽到必要的选择注意义务,或者没有充分地监护该设施。

此外,还有一个需讨论的问题,其在奥地利法所规定的计算机使用人侵权责任中已经呈现出来。申言之,奥地利法的规定涉及自动数据处理技术设备中使用人无过错责任的免责事由,即如果损害发生完全由意外事件(unabwendbares Ereignis)引起——事故并非由设备性质瑕疵或者运转失灵所造成。此处涉及一个重要的免责事由,其通常存在于危险责任中。但须指出的是,在使用技术辅助设备时,并不涉及一个一般性的特殊危险来源,并且与此相类似的雇主责任中也并无此种免责事由,因此,在使用技术设备责任中不应当规定此种免责事由。

---

[1] System und Prinzipien 215 f.
[2] 如果雇主为企业,则采取举证责任倒置。

第四节 危险责任

一、导论

6/139　危险责任[1]的基本思想一方面体现在,获得法律许可的一种特定危险来源服务于保有人,因此其应当承担由此所产生的损害。这符合普遍认同,即从中获益的人,同时也必须负担不利(参见边注6/169)。还需要注意的是,此处涉及其他相对人的行为自由,即受害人享有不受外在侵害的一般性利益;而与之相对,危险来源保有人享有依法从事此种特殊活动的利益。

从另一方面看,能够对危险来源施加控制的人,应当承担相应的侵权责任。[2] 反之,如果客观上无法知晓此种危险来源,则显然不应当采纳严格的危险责任,因为就此种危险来源无法归责,也无法对其施加控制。[3] 但如果人们无法确定知晓某种活动是否含有特定危险来源,但对不确定性却具有确定认识,即始终存在一个风险范围[4],则采纳一个严格责任显然是合理的。

6/140　严格的危险责任具有重要的实践意义,较之于过错责任,依据危险责任所主张的损害赔偿请求权非常容易获得支持,因为此时受害人无须证

---

[1] *Müller-Erzbach*, Gefährdungshaftung und Gefahrtragung, AcP 106 (1910) 365 ff, 413 ff; *Esser*, Grundlagen und Entwicklung der Gefährdungshaftung (1941) 97 ff; *von Caemmerer*, Reform der Gefährdungshaftung (1971) 15 f; *Hübner*, Noch einmal: Gefährdungshaftung und Verantwortung, Müller-Freienfels-FS (1986) 335 ff; *Larenz/Canaris*, Schuldrecht II/2¹³ § 84 I 2 a; *Gimpel-Hinteregger*, Grundfragen der Umwelthaftung (1994) 31 ff; *Koziol*, Österreichisches Haftpflichtrecht I³ Rz 6/11; ferner die Comparative Conclusions von *B. A. Koch/Koziol*, in: B. A. Koch/Koziol, Unification: Strict Liability 412 mwN. Anderer Auffassung *Blaschczok*, Gefährdungshaftung und Risikozuweisung (1993) 53 ff, 63 ff, 356 ff.

[2] *Jaun*, Haftung für Sorgfaltspflichtverletzung (2007) 261 ff,该作者认为,危险责任从主观过错概念中发展而来,由于难以举证主观过错,方逐步成为独立的归责类型。将危险责任视为侵权责任法中二元归责体系,缺乏充分理由和支持。但上述观点值得商榷,实际上,危险责任建立在完全独立的基本思想上,在主观以及客观过错之外,具有其自身存在的合理性。

[3] *F. Bydlinski*, System und Prinzipien 215.

[4] 参见 *Koziol*, Erlaubte Risiken und Gefährdungshaftung, in: Nicklisch (Hrsg), Prävention im Umweltrecht (1988) 148 ff.

明加害人主观上具有过错,也无须证明行为人违反了客观注意义务。从法律经济分析的角度来看,危险责任还具有一项重要的功能,即作为一个重要的工具,其可以发挥一般预防的目的(参见边注3/6)。

目前,奥地利和德国针对危险责任采取了一种分散、以多个特别法调整的立法模式,以特殊危险为前提。此种特殊危险建立在如下两个基础上:危险实现的高度盖然性——即使行为人尽到注意义务仍然不能防止损害发生;损害后果的严重性[1]。当然,此外还有一个重要的因素,即能否控制危险来源,换言之,危险越是容易被控制,则危险性也越小[2]。 **6/141**

依据危险来源的严重程度,可以将危险责任划分为不同程度。责任越严格,则越难以找到免责事由。就此可以认为,"风险越高,则抗辩事由就更少"。这也反映了如下思想,即受害人应当有权就其所遭受的损害,要求由引致危险来源的人来承担。危险越是容易归责于引致人,就越需要通过严格限定其免责事由,更容易令其承担侵权责任。最为典型的例子就是,在众多国家,核设施的运营者不享有免责事由[3]。

在德国和奥地利法中,危险责任不同于过错责任的一个重要特点体现在,前者针对损害赔偿具有最高限额。但越来越多的学者就此提出了异议[4]。值得赞赏的是,奥地利立法者最近已经考虑接受此种批评。 **6/142**

需要澄清的是,虽然"危险责任"的概念通常被广泛使用于表述各种无过错责任(die verschuldensunabhängigen Haftungen)。但此种观点并不妥当,因为危险责任仅仅是无过错责任的一种,虽然是其中的重要类型,但不是全部。在英国法中,危险责任通常被表述为"严格责任"(strict liability),包括各种不以过错为前提的责任形态,此种表述方式无疑是合适的。目前,《欧洲侵权法原则》[5]以及《欧洲民法典》都采取了严格责任的概念。虽然无过错责任的大部分情形都涉及物或者行为的特殊危险 **6/143**

---

[1] 参见 all dem F. Bydlinski, System und Prinzipien 201ff; Canaris, Die Gefährdungshaftung im Lichte der neueren Rechtsentwicklung, JBl 1995, 2; Koziol, Haftpflichtrecht I³ Rz 6/1 mwN; B. C. Steininger, Verschuldenshaftung 25 ff.

[2] B. C. Steininger, Verschuldenshaftung 27 f.

[3] 参见 B. A. Koch/Koziol, Comparative Conclusions, in: B. A. Koch/Koziol, Unification: Strict Liability 424.

[4] 参见 Koziol, Haftpflichtrecht I³ Rz 6/24 ff mwN.

[5] 其第五章的题目是"严格责任"(Strict Liability)。

性，但也非全部如此。例如，在欧洲范围内已经统一的产品责任，其虽然是一种典型的无过错责任，但其并非是严格意义上的危险责任[1]，因为产品责任并非建立在一般意义的高度危险性之上，相反，其建立在具体情况中产品的瑕疵之上。例如，某个除虫剂[2]毫无实际效果，显然并不能仅仅因为该除虫剂没有达到其产品说明中防止某种特定害虫的目的，就认为其具有高度危险性。

下文将仅仅讨论抽象意义上的危险性要件以及其对于损害归责的意义。

二、欧洲范围内对此的启示[3]

6/144 简单环视即可发现，欧洲各国法律[4]危险责任中所存在的差异远远大于有关过错责任之间的差异。针对危险责任，目前具有不同的规定形式，包括法国法中调整范围非常宽泛的无过错的物的责任（Haftung des gardien），德国法中针对不同危险来源作出具体规定的立法模式，及英国法中较为保守的危险责任，如针对机动车保有人责任根本不采无过错责任。由此可见，欧洲各国有关危险责任的规定只有在相关国际公约以及欧盟相关指令的范围内具有统一性，除此之外，鲜有共同性。

6/145 但令人称奇的是，虽然欧洲各国有关危险责任的规定在理论层面存在不同的立足点，但实际层面的差异远远小于理论层面的差异。导致此种结果的主要原因是：在那些并未大范围承认危险责任的国家中，法院倾向于在各种危险活动中对注意义务施加非常严格的标准，导致行为人几

---

〔1〕 相关观点参见 *Fitz/Purtscheller/Reindl*, Produkthaftung (1988) §1 Rz 7; *Grau*, Produktfehler (2002) 50 ff; *Koziol*, Grundfragen der Produktehaftung (1980) 53 ff. 主张危险责任的观点参见 *Canaris*, JBl 1995, 6; *Welser*, Produkthaftungsgesetz¹(1988) 30 (nur referierend in der 2. Auflage, *Welser/Rabl*, Produkthaftungsgesetz²[2004] 11).

〔2〕 产品无效果时的产品责任问题可参见 *Grau*, Produktfehler 88 ff mwN.

〔3〕 参见 *Brüggemeier*, Haftungsrecht 103 ff; *van Dam*, Tort Law 255 ff; *B. A. Koch/Koziol*, Unification: Strict Liability; *Koziol*, Die Vereinheitlichung der Gefährdungshaftung in Europa, Michalek-FS (2005) 217 ff.

〔4〕 具体国别报告参见 *B. A. Koch/Koziol*, Unification: Strict Liability und die von den Herausgebern verfassten Comparative Conclusions 395 ff.

乎必须承担责任,而难以免责。[1] 此时虽然责任形态表面上仍然是过错责任[2],但由于注意义务的程度被调整到如此高度,普通行为人、乃至负担较高注意义务的人都无法尽到此种极高的注意义务[3],其本质上已经是无过错责任。从教义学的角度来看,上述做法令人遗憾,因为其并未彰显责任成立的真正事由,这就导致针对同样的行为产生相互矛盾的判断,由此而带来的不同处理方式也无法获得令人满意的解释。

对于那些在广泛范围内规定了危险责任的国家,针对危险责任也缺乏一个一般性的规定,相反,其更多地通过特别法的方式逐一对各种具体的危险活动作出单行规定。此种立法模式具有一些弊端。在奥地利,至少通过如下方式尝试避免上述弊端,即法庭谨慎尝试通过类推以填补明显漏洞,从而避免各种价值评价方面的冲突。[4] 由于德国[5]和瑞士[6]都禁止类推适用各种具体的单行法中有关危险责任的规定,使得各种明显的漏洞难以得到填补,导致单独分别立法模式的弊端尤其突出。此外,通过扩张注意义务[7],甚至完全采取结果不法[8]以消除各种价值评价上的矛盾,这种做法较之于以类推适用方式弥补漏洞,在教义学上显然存

---

[1] 德国法参见 G. *Wagner* in MünchKomm, BGB V⁵ Vor §823 Rz 25, der von einer versteckten Gefährdungshaftung spricht.

[2] 明确采取此种观点可参见 *Gilead*, Israel, in: B. A. Koch/Koziol, Unification: Strict Liability 184; ebenso *Martin-Casals/Ribot/Solé*, Spain 282; *du Perron/van Boom*, Netherlands 227 beide in B. A. Koch/Koziol, Unification: Strict Liability; *Galand-Carval*, France, in: Spier, Unification: Liability for Others 85 ff; ebenso *van Dam*, Tort Law 260 f.

[3] *Jansen*, Die Struktur des Haftungsrechts (2003) 545 ff; *derselbe*, Das Problem der Rechtswidrigkeit bei §823 Abs. 1 BGB, AcP 202 (2002) 517 ff, 看到了这一点,但其并不承认危险责任,相反,其尝试从结果违法的角度作出论证。显然,其忽视了建立在不法行为与危险性之上的两种不同责任。

[4] 最新判决参见 OGH 1 Ob 306/99b in JBl 2000, 790 = SZ 73/118; 10 Ob 7/05k in JBl 2005, 588 = SZ 2005/28. Vgl dazu *Koziol*, Umfassende Gefährdungshaftung durch Analogie? Wilburg-FS (1975) 173.

[5] 参见 G. *Wagner* in MünchKomm, BGB V⁵ Vor §823 Rz 24 mwN.

[6] *Honsell*, Schweizerisches Haftpflichtrecht⁴ (2005) §1 Rz 22.

[7] 解决德国司法判决中的矛盾的建议可参见 *Kolb*, Auf der Suche nach dem Verschuldensgrundsatz. Untersuchungen zur Faktizität der Culpa-Doktrin im deutschen außervertraglichen Haftungsrecht (2008) 57 ff.

[8] 参见 *Jansen*, AcP 202, 544 ff; *derselbe*, Struktur des Haftungsrechts 545 ff, 该作者并未就关键性问题作出回答,即其他哪些标准可以成立责任。显然,必须综合考虑各种可能对成立危险责任产生影响的因素,但将这些因素都置于《德国民法典》第823条第1款之下的违法性一个要件之下的观点,根本无法令人信服。

在更多令人生疑的地方。

6/147　　法国法就此采取了另外一条道路,即从《法国民法典》第1384条中推导出一个一般性的无过错的物的责任,同时在其他特别法中,如机动车侵权责任(loi Badinter)中,规定具体的危险责任。在欧洲,波兰采纳了法国法的模式(《波兰民法典》第435条)。[1]

三、危险性作为归责基础

6/148　　针对无过错责任的正当性具有多种论证理由,通常并非只是其中之一即可单独决定是否可以成立责任。但毫无疑问,危险性是无过错责任中最为重要的归责事由,这也是——如上所述——在德语国家法律中,将此种责任称为"危险责任"的原因。

6/149　　危险性并非总是源于一个物品,相反,也可以来自于人的行为。此外在有些情况下,虽然危险性来自物,但通常更多地取决于人的行为。F. Stone[2]非常正确地强调,通过人的作为或者不作为,即仅仅因为保有或者从事其他行为,物品可具有危险性。他从中得出结论,不能孤立地从物的危险性或者人的行为危险性出发来确定危险责任。

6/150　　如上所述,判断危险性主要有三个重要的因素:发生损害的盖然性、可能发生损害的程度以及风险可控制性。上述三个因素对于判断危险责任产生不同的影响,但只有在综合考虑该三个因素的基础上,方可判断是否成立危险责任。如果存在高度致害的可能,虽然发生的损害后果可能并不严重,但此时仍然可以成立危险责任;就此可以机动车道路交通事故责任为例。相对的,虽然发生损害的盖然性并不高,但一旦发生,其损害后果就极其严重,亦可成立危险责任;典型的例子就是核设施。

---

〔1〕 参见国别报告中的具体内容和分析;B. A. Koch/Koziol, Unification: Strict Liability; eine Zusammenfassung und Verweise auf die einzelnen Länder bieten in diesem Band die Comparative Conclusions 395 ff.

〔2〕 von Caemmerer/Schlechtriem (Hrsg), International Encyclopedia of Comparative Law IX/5, 5—299.

四、抗辩事由

法律针对危险责任规定的最为常见的抗辩事由,就是行为人之外的原因导致损害发生或者至少部分促成损害发生。在英国法中,最为重要的抗辩事由就是不可抗力(Act of God),其通常包括各种自然事件;而不可抗力的另外一个表述方式"force majeure"具有更宽泛的外延,包括其他一些实质上的外在影响原因。狭义上的不可抗力原则上适用于各种危险责任,但在很多国家,不可抗力不得适用于核事故。而广义上的不可抗力还包括战争、暴乱、恐怖活动以及其他意外事件。

6/151

值得注意的是,上述各种外在影响很难完全排斥物的危险性,尤其当损害的类型与范围恰恰就源于此种特殊危险性(如核设施事故)时。因此,在上述情况下,如果完全不考虑特定物所具有的特殊危险性,要求受害人独自承担整个损害,这显然存在极大的问题。

6/152

另一个可以作为免责事由的外在影响原因体现为第三人对于事件发生及其进展的影响。如果能够证明,损害事故的发生是由第三人的原因造成的,则各国法律都面临如下问题,即究竟如何处理危险责任与第三人的过错责任。

6/153

在奥地利和德国,在有些危险责任中存在如下抗辩事由,即如果行为人"尽到了具体情况所要求的注意义务"仍然无法防止损害的发生,则行为人可以免责。此种抗辩事由一方面内含自己不法行为的过错责任的因素,因为此时关键取决于被告的行为以及规范层面的具体要求。而另一方面,应当明确区分危险责任与过失责任的概念,即被告并非仅尽到一般意义上的注意义务即可免责;相反,被告必须证明,即使尽到了最大限度的注意义务仍然无法防止此种损害的发生。此种抗辩事由有时被称为"意外事件"(unabwendbares Ereignis)。

6/154

除此之外,被告针对原告还可能享有如下抗辩事由:首先,绝大多数国家(并非全部)规定了受害人的共同过错(Mitverantwortung),在此情况下至少可以减轻加害人的责任。其次,受害人自身同意、主动进入危险领域或者自动接受损害,也是重要的抗辩事由。

6/155

五、危险责任的规定

1. 导入性思考

6/156　　基于上述相关分析可以得出,一方面,我们可以依据归责事由的强度,尤其是危险性程度,来划分危险责任的程度;但另一方面,此种无过错的责任形态应当建立在统一的论证基础上,公平正义的观念也要求针对危险责任作出统一规定。就此可以通过一般条款(Generalklausel)的方式实现此种目的。[1] 目前的各种立法尝试已经证明,现行列举危险来源的立法模式始终是不完整的,并且随着科学技术的不断进步,此种不完整性将更加无法避免。

但是,在目前已经生效的欧洲范围内的相关立法中,却找不到针对危险责任采纳一般条款立法模式的适宜榜样。

2. 采纳一般性调整方式的建议

6/157　　从结果来看,法国法虽然针对物的保有人(garden)责任规定了一个一般条款,但绝对没有真正考虑到危险责任的内在论证,因为物的责任并没有建立在危险性及其分级基础上,其仅仅规定,保有某物即可引发严格的责任,从中难以发现令人信服的论证理由。

6/158　　瑞士在修订其侵权责任法时所作的一揽子修订草案,却给我们提供了一个非常适宜的榜样。该草案第50条针对危险责任规定了一条一般条款:"某种特殊危险活动的典型风险引发了损害,即使法律允许危险活动人从事此种特殊危险活动,其仍然应当就此承担侵权责任。"该条第2款详细规定了什么是特殊危险,第3款针对有关特定典型风险作出了特别责任规定。[2] 在瑞士之外的其他国家,此种一般条款的立法模式广受

---

[1] 相关观点参见 Kötz, Haftung für besondere Gefahr, AcP 170 (1970) 19 ff; Widmer, Die Vereinheitlichung des Schweizerischen Haftpflichtrechts-Brennpunkte eines Projekts, ZBJV 1994, 405 f; Will, Quellen erhöhter Gefahr (1980) 70 ff.

[2] Widmer 作为瑞士侵权责任法修改草案的起草人,很早就提出针对危险责任应当增加一般条款规定模式。参见氏著:Gefahren des Gefahrensatzes-Zur Problematik einer allgemeinen Gefährdungshaftung im italienischen und schweizerischen Recht, ZBJV 1970 289 ff.

赞誉，被认为是大胆并且是样板式的立法模式。[1] 当然，在其众多优点之外，也存在为数不少的批评意见。[2]

Von Bar 教授领导的欧洲民法典小组所起草的侵权责任法草案抛弃了此前草案中采取的模式，转而沿袭了目前通行的单独分散立法模式[3]。 6/159

欧洲侵权法研究小组内部就如何规定此种无过错的危险责任举行了多次讨论，争议非常大，与会学者兴趣浓厚，但显然难以就此领域在整个欧洲范围内找到一个统一的方向。但最终欧洲侵权法研究小组一致同意，针对各种高度危险规定一个"小的一般条款"（kleine Generalklausel），以此为基础，各个成员国内部可针对各种具体危险来源作出进一步的规定，这样就可以补充该"小的一般条款"规定的不足之处。

《奥地利侵权责任法草案》第 1304 条[4]规定了一个有关危险责任的一般条款，显然借鉴了其他立法榜样，尤其是瑞士的立法模式。但在起草过程中几经争论，只是在最终阶段达成了一些成果，从目前的规定来看，其与瑞士等国家的规定仍有一些重大差异。 6/160

□ 第五节　容忍侵害

一、容忍侵害（erlaubter Eingriff）责任

在一些情况下，法律不仅仅允许存在对他人构成致害的危险，当然法律要求危险引致人最大限度地避免此种损害的发生，甚至还许可对他人造成较为确定的损害后果或者允许受害人有意识地接受此种侵害。[5]最重要的例子就是获得政府许可的设施运营人的损害责任（《奥地利民法 6/161

---

[1] 参见 B. A. Koch/Koziol, Austria 37; Galand-Carval, France 142; Fedtke/Magnus, Germany 172, alle in: B. A. Koch/Koziol, Unification: Strict Liability.

[2] 参见 du Perron/van Boom, Netherlands 251 f; W. V. H. Rogers, England 123, beide in B. A. Koch/Koziol, Unification: Strict Liability.

[3] DCFR, PEL Liab Dam 301 ff.

[4] 就此参见 Griss, Gefährdungshaftung, Unternehmerhaftung, Eingriffshaftung, in: Griss, Kathrein/Koziol, Entwurf 57 ff; Apathy; Schadenersatzreform-Gefährdungshaftung und Unternehmerhaftung, JBl 2007, 205 ff mwN.

[5] 参见 F. Bydlinski, System und Prinzipien 204 f; Koziol, Haftpflichtrecht I³ Rz 6/13.

典》第364a条、《德国民法典》第906条第2款)。在此种责任形态下,企业有权在获得许可的范围内有意识地侵害相邻人的利益。例如,通过不可量物的排放,受损害的相邻人实际上放弃了自己原本享有的防御请求权,此种情况与征收具有很大的相似性。另一个例子就是紧急避险,依据《奥地利民法典》第1306a条、《德国民法典》第904条,受害人有权要求避险人损害赔偿。

法律允许加害人侵害他人的法益,但同时赋予受害人权利要求加害人赔偿其所遭受的损害。针对现实的侵害,此种法益的享有人不得主张防御权利,本质上减弱了此种法益受法律保护的程度。但法律仍然将此种法益归属于受害人,只是通过赔偿其损失体现对此种法益的保护。可见,其基本思想与征收同出一辙,即因他人的法益具有更高的位阶,导致所有权人必须容忍侵害,但与此同时,其享有就自己所遭受的损害要求侵害人予以填补的权利。这样就使得法益价值得以保留在受害人处。

二、危险责任与容忍侵害责任的区别

6/162　　在危险责任中,至多允许存在一个抽象的危险,而不是现实的加害;而在容忍侵害责任的情况下,却允许发生加害。[1] 如同 Rummel[2] 所强调的,上述两种不同责任形态的区别对于回答何时允许侵害、何时允许危险存在具有重要意义。由于在容忍侵害责任中,甚至允许加害人作出故意侵权致害行为,因此,在具体情况下,受害人所遭受的损害必须小于加害人所追求的利益。而在允许从事危险活动的情况下,并非仅仅考量受危险威胁的法益与危险活动所得利益之间的比例关系,更多需要考虑损害的盖然性。

6/163　　然而,立法并非总是可以泾渭分明地区分上述两种不同的责任形态。Jaborwegg[3] 令人信服地指出,《奥地利民法典》第364a条不仅仅规定了

---

[1] 参见 Esser, Grundlagen und Entwicklung der Gefährdungshaftung (1941) 91; Rummel, Ersatzansprüche bei summierten Immissionen (1969) 81 ff; OGH 8 Ob 501/92 in ÖZW 1994, 109 (Rummel).

[2] Ersatzansprüche 96 ff.

[3] Bürgerliches Recht und Umweltschutz, Gutachten zum 9. ÖJT (1985) 74 ff. Ihm folgend Gimpel-Hinteregger, Grundfragen der Umwelthaftung (1994) 320 ff.

容忍侵害责任,实际上也规定了危险责任。他认为,在许可设立具有致害性的设备时,不仅仅涉及与设备运行相关联的不可量物的侵害,还涉及由该设备所引致的危险。如果在上述第 364a 条中完全不考虑此种特殊的危险性,则显然不当。

第六节　经济承受能力

在现行的奥地利侵权责任法中,在如下两处例外情况下考虑了当事人之间的经济关系,即紧急避险(《奥地利民法典》第 1306a 条)与未成年人或者精神病患者致人损害(《奥地利民法典》第 1310 条)。就后者,《德国民法典》第 829 条也考虑了加害人与受害人之间经济状况的因素。在上述两种情况下,加害人主观上并无可责难的主观过错。但在紧急避险情况下,避险人侵害他人受法律保护的法益,符合事实构成该当性;而针对未成年人或者精神病患者,则可以认为未成年人或精神病人未尽到客观的注意义务,即从事了不法行为。在上述两种情况下,当事人之间的经济状况取代了其他归责事由,成为判断责任的依据[1],即依据加害人与受害人之间的财产状况认定责任。需要考虑的是,是否应当将当事人之间的财产状况推广到更广泛的适用领域。例如,在承认主观过错的情况下,主观过错要件的目的在于限制责任,是否可以通过考量财产状况而规避此种主观前提(参见上述边注 6/86),尤其是是否可以通过"减轻责任条款"来达到对财产状况的考量。[2]

6/164

此种问题在涉及较大企业的严格责任的情况下,显得尤为突出。此时很多人都会提出企业具有更多的经济承受力作为论证理由,即所谓的"深口袋理论"(deep-pocket-Argument)。但可惜的是,在绝大多数情况下,此种理论并无适用余地,甚至从经济的角度也难以令人信服,因为虽然透过"深口袋理论"可以直接要求企业承担更多的经济负担,但不可忽略的是,企业在此之后可以通过提高价格的方式,将其所负担的损害赔偿

6/165

---

[1] 参见 F. Bydlinski, System und Prinzipien 218 ff; Koziol, Haftpflichtrecht I³ Rz 7/1 ff.

[2] 参见 F. Bydlinski, System und Prinzipien 225.

转移给消费者。最终还是由那些本来应当获得保护的群体分担了损害。[1]

第七节 获取利益作为归责因素

一、获得利益的抽象可能

6/166 如上所述(边注 6/139),利用特定的危险物实现自己利益时,危险物保有人必须同时负担此种不利益。这是成立危险责任的一个重要论证理由。

6/167 奥地利法中的委托人负担无过错的风险责任,是获取利益在责任成立中一个重要的典型事例。[2]《奥地利民法典》第 1014 条不仅包含了一个不证自明的规定,即委托人应当赔偿过错致使受托人遭受的损害,还包含了另外一个更为重要的规则,即委托人必须赔偿受托人因执行委托事务所导致的各种损害。此种损害应当是受托人执行受托事务中的典型风险所导致的后果。[3]

Unger[4] 早就指出,《奥地利民法典》第 1014 条可以回溯到罗马法中既已存在的基本原则,即从中获得利益的人也必须同时负担其中的不利益(*ubi commodum, ibi et periculum esse debet*)。令一人同时负担其行为所带来的利益和不利益,才能维护补偿正义原则(Prinzip ausgleichender Gerechtigkeit)。[5]

---

[1] 参见 *Faure*, Economic Analysis, in: B. A. Koch/Koziol, Unification: Strict Liability 382.

[2] *Canaris*, Risikohaftung bei schadensgeneigter Tätigkeit in fremdem Interesse, RdA 1966, 42; *Fitz*, Risikozurechnung bei Tätigkeit in fremdem Interesse (1985); *F. Bydlinski*, Die Risikohaftung des Arbeitgebers (1986); *W. Faber*, Risikohaftung im Auftrags- und Arbeitsrecht (2001); *Apathy*, Risikohaftung des Arbeitgebers für Personenschäden? JBl 2004, 746; *Kissich*, Risikohaftung des Arbeitgebers analog §1014 ABGB auch für Personenschäden, ZVR 2005, 184.

[3] *Fitz*, Risikozurechnung 82ff; *F. Bydlinski*, Risikohaftung 63 ff.

[4] Handeln auf fremde Gefahr, Jherings Jahrbücher 33 (1894) 325 ff.

[5] 参见 *F. Bydlinski*, System und Prinzipien 202.

如上所述，受托人所遭受的损害必须限定在典型的危险活动中，就此 6/168
Stanzl[1]进一步强调，委托人的责任实际上体现为"企业经营危险"(*Betriebsgefahr*)责任。他的论证提醒了我们，委托人责任实际上是一种普通的危险责任，但就此我们只能部分赞同，因为危险责任的认定建立在从危险活动中获得利益的人应承担所导致的损害赔偿的基础上，其本质思想体现为，基于自身利益而从事危险活动的人致使他人遭受损害的，应当负担赔偿此种损害的责任。[2] 显然，《奥地利民法典》第1014条所规定的委托人的风险责任也蕴含了此种思想。而对于危险责任来说，其还具有另外一个要件，即行为人对危险来源具有控制的可能（上文边注6/139）。但明显委托人责任中并无此种要件[3]，因为危险已经处在委托人可以控制的范围之外。

依据 *Wilburg*[4]的观点，在《奥地利民法典》第1014条所规定的风 6/169
险责任中，取代危险责任中的危险控制要件的，是所谓的"企业经营活动观点"(Idee des Unternehmens)，即企业必须在享有盈利的同时负担其经营活动所产生的不利益。[5] 受托人引致了一个危险，则此种危险构成服务于企业经营活动的手段。从广义上来讲，承受此种风险意味着一种支出，在发生疑问时，应当由雇主即企业承担此种风险成本。

F. Bydlinski[6]也作出了与此相类似的分析，他认为，为了他人的利益从事活动而产生的风险责任建立在两个考量基础上，即行为人获益与引致特殊风险。委托他人从事特定活动的人，实际上引致了一种特定的风险，并从中获益，因而显然应由其承担此种风险责任。*F. Bydlinski*[7]也进一步非常明确地指出，在委托中采纳风险责任的关键理由体现在：委托人是基于受托人的活动或者努力而支付报酬，而不是针对特定的

---

[1] *Stanzl* in Klang, ABGB IV/1² 849.

[2] *Wilburg*, Elemente 30; *Reinhardt*, Verhandlungen des 41. Deutschen Juristentages (1955) 276 ff; *Canaris*, Die Gefährdungshaftung im Lichte der neueren Rechtsentwicklung, JBl 1995, 6.

[3] *Fitz*, Risikozurechnung 47 f.

[4] *Wilburg*, Elemente 32 und 136 f; vgl auch *denselben*, Der Unternehmer im Schadensrecht, Jahrbuch der Universität Graz (1940) 58 und 64; *denselben*, Zusammenspiel der Kräfte im Aufbau des Schuldrechts, AcP 163 (1964) 346.

[5] Risikohaftung 56 f, 80 f.

[6] Risikohaftung 83 ff.

[7] 参见 *Jansen*, Die Struktur des Haftungsrechts (2003) 626 f.

工作成果；不考虑报酬问题，受托事务所产生的利益与不利益都应当由委托人承担。整体上，受托人是基于委托人承受的"费用与风险"而从事各种活动。

6/170　　　　上述此种分析实际上也表明，损益应当由同一人承担的基本思想的适用范围并不限于《奥地利民法典》第1014条，可以将其扩展到成立一种较为严格的企业责任（Unternehmerhaftung）[1]。若要成立企业责任，还需要其他更多的归责事由。就此将在下文边注6/192中再作详细讨论。

二、具体获益范围

6/171　　　　到目前为止，究竟在多大范围内加害人所获得具体利益能够影响责任成立以及责任的范围，这一问题尚未获得充分的关注。[2] 值得注意的是，《奥地利民法典》就此设立了一个一般性的原则，即禁止任何人从他人损害中获得利益（第921条、第1447条）。显然，针对该条规定需要作出更为详细的具体说明。就像市场许可的自由竞争所体现的那样，正当竞争可以排挤竞争对手，从而获得利益，但其显然就其他竞争者所遭受的损害并不承担赔偿责任。因此，上述基本原则必须具有特定的适用方向，即只有在具有根本性的归责事由时，获益因素方可对责任成立或者损害赔偿的范围产生影响。

6/172　　　　除此之外，《奥地利民法典》第1306a条也建立在获得利益的思想基础上，即紧急避险人为了躲避险情，基于自身利益而造成他人遭受损害。上述此种思想对于认定紧急避险情况下避险人的损害赔偿义务具有重要意义，因为作为加害人的正当避险人虽没有违反注意义务，但是他避险时侵害他人法益的事实却具有可责难性。

　　　　需进一步讨论的是，是否应当将加害人获得利益作为责任成立以及确定责任范围的一般原则？由于通过返还不当得利的方式可以剥夺加害人的得利，并且请求权成立的前提要件也相对较为简单，此时赋予受害人

---

[1] 参见 aber *Wendehorst*, Anspruch und Ausgleich（1999）；*Koziol*, Die Bereicherung des Schädigers als schadenersatzrechtliches Zurechnungselement?, F. Bydlinski-FS（2002）175 ff.

[2] 参见 *Rummel*, Zur Verbesserung des schadenersatzrechtlichen Schutzes gegen unlauteren Wettbewerb, JBl 1971, 385.

损害赔偿请求权应当意义不大。但也存在一些返还不当得利请求权难以提供必要帮助的情况。例如，在行为人违反竞争法的要求时，受害人并非总是能够获得返还不当得利的救济[1]；此外，在致使他人物品毁损或者违反合同中的不作为义务的情况下，通常无不当得利返还请求权的适用余地；同样，在大众媒体中通过虚假报道提升被报道人的销售业绩的情况下，受害人似乎也无法主张返还不当得利请求权。

笔者认为，在加害人从其加害行为中获得利益的情况下，在没有其他更多前提时，并不能轻易地要求行为人赔偿其行为使他人遭受的损害。这在市场正当竞争的情况下表现得尤为明显。但仍需思考的是，在具体情况下获得特定利益的，即使行为人并无主观过错，其仍可因从事纯粹客观不法行为而承担损害赔偿义务（参见上述边注6/11）。

需要进一步讨论的是，如果加害人获得了一个特定的利益，在确定责任范围时是否应当考虑加害人的获利情形？如果可以，则受害人可以在加害人得利的同样范围内，要求加害人返还此种利益以赔偿其所丧失的利益。在加害人仅具有轻微过失时（《奥地利民法典》第1332条），受害人通常无法获得全部赔偿，此时上述规则显然具有重要意义。

最后需要检讨的是，在行为人获得利益的情况下，是否应当在较大程度上赋予受害人精神损害赔偿请求权。法律规定只有在重大过错的前提下，受害人方可要求精神损害赔偿，此时上述规则显得尤为重要。

第八节　可保险性与承保

一、保险的可期待性

很长时间以来，许多学者主张在确定责任时，立法者可以将保险的可期待性作为考量责任成立的一个重要因素。[2] 此种考量，与上述经济承

---

[1] *Wilburg*, Elemente 24 ff; *Ehrenzweig*, Versicherung als Haftungsgrund, JBl 1950, 253; *Rodopoulos*, Kritische Studie der Reflexwirkung der Haftpflichtversicherung auf die Haftung (1981) 32 ff.

[2] Zu all dem *M. Fuchs*, Versicherungsschutz und Versicherbarkeit als Argument bei der Schadensverteilung, AcP 191 (1991) 339.

受力影响责任成立的理论非常类似,但二者之间的区别体现在,考量可保险性因素,并不取决于当事人之间事实上的财产关系,相反,此时涉及一个一般性的考量,即可保险性对于认定谁将最终承受损害具有关键性意义。

需要强调的是,单纯凭借可保险性因素并不能确定究竟由谁承担责任,但通过结合其他因素,可对认定责任归属产生重要影响。例如,在危险责任成立中,可保险性显然扮演了重要角色;此外,在产品责任中亦是如此。总之,对于那些保有危险来源,如保有机动车或者将产品投入流通领域的企业,完全可能而且可以期待其针对可知的风险进行投保,从而将此种风险置于管控之下。但究竟强制性责任保险与自己商业保险之间孰优孰劣,对此并非能轻下结论,而应当考虑更多的参考因素。

6/175　须注意的是,不仅加害人方面具有更好的可保险性对于责任成立具有重要意义,而且受害人方面具有更好的可保险性同样具有此种功能。[1] 在此情况下,各种体系的选择所导致的不同管理成本对于最终结论可发挥重要的作用。[2]

二、存在投保事实

6/176　虽然可保险性在抽象层面为确定责任归属提供了重要的论证理由,但在具体个案中,却不能简单依据一方当事人具有保险的事实而轻而易举地认定损害赔偿义务。[3] 依据保险与责任成立的区分理论(Trennungstheorie),强制责任保险的目的仅在于填补责任成立后的损害,而认

---

[1] *Brüggemeier*, Haftungsrecht 639; *Calabresi*, The Costs of Accidents (1970) 28 f; *G. Wagner*, Comparative Report and Final Conclusions, in: G. Wagner, Tort Law 351 f; *Wantzen*, Unternehmenshaftung 124.

[2] Es ist allerdings zu vermuten, dass Gerichte-ohne dies offen zu legen-das Bestehen einer Haftpflichtversicherung bei der Zurechnung des Schadens berücksichtigen; vgl *G. Wagner*, Tort Law and Liability Insurance, in: Faure, Tort Law 402.

[3] 参见 *von Bar*, Das »Trennungsprinzip« und die Geschichte des Wandels der Haftpflichtversicherung, AcP 181 (1981) 289 ff; *Becker*, Der Einfluß der Haftpflichtversicherung auf die Haftung (1996) 76 ff; *M. Fuchs*, AcP 191, 318; *Kerschner*, Freiwillige Haftpflichtversicherung als »Vermögen« iS des § 1310 ABGB? ÖJZ 1979, 282; *Rodopoulos*, Reflexwirkungen 38 ff. Vgl jedoch die Gegenbeispiele von *Armbrüster*, Auswirkungen von Versicherungsschutz auf die Haftung, NJW 2009, 187 ff.

定责任依赖于其他事由，可见，强制责任保险的目的并不在于责任认定。[1]

但在《德国民法典》第 829 条、《奥地利民法典》第 1310 条规定的未成年人或者精神病患者致人损害[2]的公平责任中，就可保险性因素的影响而言，情况可能完全相反。[3] 虽然受到主张区分理论的学者的严厉批评，奥地利在未成年人是否应承担侵权责任的相关判决[4]中，仍然考虑了保险的因素。奥地利最高法院就此的论证理由体现在，谁最易于负担损害对于最终责任归属具有重要意义。[5] 这显然符合如下逻辑推演规则，即如果针对特定的风险可以投保并且行为人事实上也就此投了保险，则其应当承担责任。[6] 但奥地利最高法院的此种判决在学理上并未获得太多学者的支持。[7]

德国判决就此呈现出不同观点。有人认为，存在强制责任保险可以作为论证责任成立的重要理由；但也有人认为，自愿的责任保险仅仅对于确定责任范围具有意义。而德国最高法院的判决获得了学者们的支持。[8] 为了解决此种判决与德国法理论一直遵循的区分理论之间的矛盾，学者指出，《德国民法典》第 829 条即明确规定法官在认定未成年人侵权责任时，可以考虑双方当事人之间的财产状况，因此，该条的目的并非在于规定相关注意义务，而是将损害成本归属于最易承担风险的人。[9]

最近 Rubin[10] 就《奥地利民法典》第 1310 条、《德国民法典》第 829 条所规定的责任问题提出了一个有意思的尝试。他针对论证责任成立时

---

〔1〕 参见 dieser grundsätzlich F. Bydlinski, System und Prinzipien 218 ff.
〔2〕 比较法上的分析参见 Martin-Casals, Comparative Report, in: Martin-Casals, Children I 433 以及本文中引用的国别报告。
〔3〕 最近判决参见 OGH in 4 Ob 65/99h in JBl 1999, 604; 7 Ob 200/98g in ZVR 2000/25. Siehe ferner S. Hirsch, Children as Tortfeasors under Austrian Law, in: Martin-Casals, Children I 18 ff mwN.
〔4〕 5 Ob 76/74 in SZ 47/43.
〔5〕 6 Ob 631/79 in SZ 52/168.
〔6〕 Harrer in Schwimann, ABGB VI³ § 1310 Rz 22; Deutsch, Haftung und Versicherung, JBl 1980, 299 f.
〔7〕 参见 G. Wagner in MünchKomm, BGB V⁵ § 829 Rz 19 ff.
〔8〕 G. Wagner in MünchKomm, BGB V⁵ § 829 Rz 21.
〔9〕 Rubin, Billigkeitshaftung Deliktsunfähiger und Versicherungsschutz, in: Koban/Rubin/Vonkilch (Hrsg), Aktuelle Entwicklungen im Versicherungsrecht (2005) 102 ff.
〔10〕 重点参见 Gilead, Israel, in: B. A. Koch/Koziol, Unification: Strict Liability 196.

为何应考虑保险因素，提出了新的论证理由。其实就他提出的论点，在判决中已经出现相关论证，即在考虑损害后果承受能力时，可保险性以及事实上是否可以投保成为判断因素。但有学者认为，判决采取了一个循环论证，Rubin 针对此种批评强调，事实上只有被保险人的理赔请求权才取决于其已经现实存在的损害赔偿责任；相反，依据《奥地利民法典》第 1310 条、《德国民法典》第 829 条，保险赔付作为"现实享有保险"的状态起关键作用，保险赔付并非取决于责任，而是取决于保险合同。Rubin 就此进一步提出了令人信服的论证理由，他认为，保险合同包含那些不具有侵权责任能力的未成年人的"公平责任"。

第九节 风险共同体的思想

6/179　　上述有关"获取利益"（边注 6/166 以下）的论述建立在个人获取利益的基础上，而下文将讨论的风险共同体（Risikogemeinschaft）则建立在特定人群（Personengruppe）从风险来源中获得利益的考量上。此种思想首先在机动车侵权损害赔偿责任中具有重要意义，最近一段时间，其还扩张到产品责任的严格化中。

6/180　　早期的机动车责任，最初反映了人们对技术进步发展的恐惧，所以，判断机动车责任的关键因素是机动车的危险性。而在今天，情况发生了变化，考虑该问题的重心转移到使用机动车的驾驶活动所带来的风险。换言之，人们越是经常驾车参与社会共同交往，则越易于出现更多的瑕疵，也易于给社会带来更多的危险。但从另一方面看，所有交通参与者都从机动车运行中获得利益，因此确定严格乃至无过错的机动车责任的原因不仅仅只是机动车的危险性，而且还包括所有机动车保有人共同分担使用此种社会交通工具的风险。通过强制责任保险，此种共同分担风险的方式最终与机动车严格责任联系在一起。[1]

6/181　　在目前的法律制度中，有关风险共同体的思想主要在产品责任中获得了新的发展。欧盟 85/374 指令最早针对产品责任规定了无过错责任形式，此后欧洲各国法律都就瑕疵产品致人损害规定了无过错责任。而

---

[1] *Fedtke/Magnus*, Germany, in: B. A. Koch/Koziol, Unification: Strict Liability 157.

德国在一般产品责任之外,针对药品专门规定了特殊的药品责任。

就产品责任存在众多论证理由,其中包括损害的盖然性、损害的范围以及产品的危险性等,但这些实际上仅仅属于非主要论证理由。有学者非常正确地指出[1],在产品责任中,具体生产的单个产品的瑕疵危险性具有一定的责任认定作用,但责任成立并非建立在此类产品的一般性危险之上。[2] Widmer[3]进一步强调企业经营者的组织风险,显然,此种组织风险也是成立产品责任的一个原因。此外,还有些学者更多地强调风险共同体的思想,即企业经营生产者与购买产品者共同分担产品风险。换言之,从经济学的角度来看,生产产品时并未采纳最高的技术安全和质量标准,并不意味着此种行为构成违法生产行为。降低产品质量安全措施可使生产者的产品成本下降,但同时也导致致害风险上升。对于那些因生产者降低生产安全标准而遭受瑕疵产品侵害的消费者而言,其将承受此种不利后果;而其他消费者却从此种商品减价中获益。由于全体消费者都从低价商品中获益,因此遭受瑕疵产品侵害的消费者不应当独自承担此种损害后果。生产者应当对具体遭受损害的消费者作出补偿,因为其有能力通过价格机制令所有消费者分担此种损害,从而达到所有受益人共担风险的效果。[4] 就此可形成如下结果,即所有的消费者作为风险共同体共同承担瑕疵产品所可能导致的不利后果。但值得注意的是,此种论证方式无法解释为何生产者对于直接使用该产品的消费者之外的第三者所遭受的损害也必须承担责任。

第十节　协调各种归责事由

一、概述

成立任何一种损害赔偿义务都必须满足如下前提,即责任人的自身

---

[1] 参见 B. C. Steininger, Verschuldenshaftung 38 ff.
[2] Switzerland, in: B. A. Koch/Koziol, Unification: Strict Liability 333.
[3] 参见 Gilead, Israel 194 und 197, sowie B. A. Koch/Koziol, Austria 20, in: B. A. Koch/Koziol, Unification: Strict Liability.
[4] Gilead, Israel, in: B. A. Koch/Koziol, Unification: Strict Liability 192.

领域与所致损害之间必须具有因果关系（Kausalzusammenhang）——至少也应具有潜在的因果关系。其他责任成立的要件包括独立的责任成立事由，如在发生损害时，能够独立引发责任成立的事由，包括主观上可以非难的不法行为（过错）或者高度危险等。而其他原因，如经济上的承受力、获得利益以及可保险性等，只能与其他事由一并作用，方可决定责任是否成立。在行为人自身行为并不具有决定性因素（如没有主观可非难性或者仅具有客观不法性）或者危险性尚不达到特殊程度等情况下，亦是如此。

6/183 总体而言，单个具体要件越是具有重要意义，并且多个要件之间越是相互作用，则越易于产生侵权责任，并且责任后果越严重。用于确定注意义务程度的当事人之间的紧密关系以及此种义务的保护范围即体现了此种效果。例如，合同关系中的义务具有更为广泛的保护范围，所以违约责任范围通常包括纯粹经济损失的赔偿。有些国家的法律却采取其他规定模式，例如，在侵权法领域，故意致人损害的人也必须负担纯粹经济损失赔偿责任；而对于特殊法律关系之外所造成的损害，行为人并不承担任何责任。在主观恶意致人损害的情况下，即行为人从事了最为严重的不法行为，此时规范的相当性以及保护范围都得到了扩张，行为人必须就更多的损害后果承担赔偿责任。反之，如果各种归责事由程度减弱，也会导致责任受到限制，如《奥地利民法典》针对轻微过失致人损害，规定了责任减轻的内容（仅就积极损害负担赔偿责任）。

6/184 还须注意的是，几乎所有国家的法律在不同程度上都规定了一个领域，在该领域中，虽然过错仍然构成损害赔偿请求权的正当性基础，但就此规定了一个比传统过错责任更为严格的责任形态。最为典型的就是对过错采取举证责任倒置，从而针对一个推定的不法行为要求行为人承担侵权责任，或者通过提高超出一般程度的注意义务的标准以达到强化一般过错责任的目的。从这个角度，我们即可看到，在过错责任与无过错责任，尤其是与危险责任之间，并没有泾渭分明的界限，彼此之间更多存在一些过渡地带。

6/185 再举一个有关多个责任成立要件相互作用的例子：多数欧洲国家针对机动车都规定了相对较为严格的危险责任，同时还要求采取强制性的责任保险制度。就此存在如下两种考量：第一，高速行驶的机动车所导致的高度危险；第二，风险分配（Risikoverteilung）（上文边注6/180）。针对后者，Gilead 认为，将机动车责任规定为严格责任的目的在于由保险公司承担道路交通事故的风险，集中体现了风险分担的思想。[1] 所有从机动车运行中获取利益的人应共同分担风险的思想即成为理所当然的结果。

值得进一步强调的是[2]，如果受害人在举证对方具有过错时面临各种困难（Schwierigkeiten beim Verschuldensbeweis），立法者往往倾向于就此规定一个无过错责任。典型示例就是，当受害人面临一个复杂的组织机构，而该机构控制着所有举证的管道时。但需注意的是，仅仅因为举证责任方面的问题，并不能单方面决定采取无过错责任以解决此种困境。通常通过举证责任倒置的方式应当就可以达到消解受害人所处困境的目的，而不必完全排除过错要件。 6/186

下文我们将举出一些有关不同责任构成要件相互作用（Zusammenwirken der verschiedenen Haftungselemente）的例子。但就此必须首先注意到，在分析侵权责任时，必须环顾所有要件，并且每个不同的要件具有不同的作用和功能。此外，不仅责任成立要件具有分层式的作用，而且依据不同归责事由的不同作用，也可以就责任后果作出弹性调整。 6/187

二、违法行为与危险性的相互作用

长期以来存在如下值得关注的例子，在过错责任与危险责任的核心领域之间还存在一个逐步分层的过渡领域，其可以反映不法行为要件与危险性要件之间的相互关系。在所有国家的法律中都应当存在此种过渡地带，但从比较法研究的角度来看[3]，每个国家就此问题的出发点却完全迥异。例如，Neething 认为，南非严格区分过错责任和危险责任，在二 6/188

---

[1] 参见 Fedtke/Magnus, Germany, in：B. A. Koch/Koziol, Unification：Strict Liability 156.

[2] B. A. Koch/Koziol, Unification：Strict Liability.

[3] Neethling, South Africa, in：B. A. Koch/Koziol, Unification：Strict Liability 269. 捷克法也采取相同模式，参见 Tichý, 75 ff und 80；sowie der israelische Bericht von Gilead, 183.

者之间并无灰色过渡地带[1]。而 W.V.H. Rogers 却认为,在英国[2],虽然传统上过错责任与危险责任是两种相互替代的责任形态,但仔细分析却发现,过错责任与危险责任并非完全迥异,二者之间更多体现为一个持续发展的责任系列。显然,学者们就此存在不同的观点。[3]

有观点主张过错责任与危险责任属于两个完全不同的责任形态,其理由应当建立在过错责任与危险责任具有完全不同的责任基础理论上。[4] 过错责任建立在加害人行为具有可非难性的思想基础上;而危险责任并不包含可非难性的因素,相反,法律并不禁止危险行为,甚至诸如火车或者核设施[5]等危险活动,在很大程度上符合社会上多数人的利益。但法律就危险活动仍然规定了侵权责任,其关键原因在于谁从危险活动中获取利益,其同时必须承担由此所产生的不利后果。

此外,主张严格区分过错责任与危险责任的学者还进一步认为,二者并不构成一个统一、封闭的体系,相反,二者之间具有众多不同。例如,Neethling[6]针对过错责任领域强调,行为人使用的物品越具有危险性,则其应尽的注意义务程度也就越高;但他坚持认为,在行为人使用危险物品时,关键仍然取决于其是否在从事不法行为时具有过错。不可否认的是,在上述情况下,恰恰是因为加害人所使用的物品具有危险性,从而使得其注意义务程度大为提高,导致责任趋于严格化。

Gilead[7]也进一步提醒大家,当针对过错采取客观化判断标准时,

---

[1] W.V.H. Rogers, England, in: B.A. Koch/Koziol, Unification: Strict Liability 101.

[2] 德国法、法国法、意大利法、荷兰法、奥地利法以及西班牙法的比较分析参见 Comparative Conclusions in: B.A. Koch/Koziol, Unification: Strict Liability 432. Ferner Gilead, The "Continuum" of Tort Liability and Israeli Law, Koziol-FS (2010) 623 ff; Jansen, Die Struktur des Haftungsrechts (2003) 14 ff, 551 ff.

[3] 参见 Canaris, Die Gefährdungshaftung im Lichte der neueren Rechtsentwicklung, JBl 1995, 15 ff.

[4] 奥地利法中存在一个例外,即禁止设立和运行核电站。

[5] Neethling, South Africa, in: B.A. Koch/Koziol, Unification: Strict Liability 269; ebenso du Perron/van Boom, Netherlands, 227 und 244; B.A. Koch/Koziol, Austria, 9 und G.T. Schwartz, United States, 351, ebendort.

[6] Gilead, Israel, 184; ebenso Galand-Carval, France 128; Martin-Casals/Ribot/Solé, Spain 282; du Perron/van Boom, Netherlands 227; alle in: B.A. Koch/Koziol, Unification: Strict Liability.

[7] 就此亦可参见 Englard, The Philosophy of Tort Law (1993) 21; Koziol, Bewegliches System und Gefährdungshaftung, in: F. Bydlinski/Krejci/Schilcher/V. Steininger (Hrsg), Das bewegliche System im geltenden und künftigen Recht (1986) 51.

过错责任将日益脱离其原有的基础思想,而趋向于一个"严格"的责任。对于具体行为人而言,客观过错导致无个人责难性的过错责任,实际上走向了一个危险责任。Gilead 进一步强调,如果没有人或者仅有一小部分的人能够尽到此种客观注意义务,则此种责任远远超出过错责任的边界。上述观点无疑具有合理性,其表明,在过错责任与危险责任之间没有泾渭分明的界限。

需要补充的是,保护性法律(Schutzgesetz)明确禁止抽象危险活动,此时过错不再建立在一个物品的特定危险性之上(参见上文边注 6/78),导致过错责任严格化。同样,社会交往安全保障义务(Verkehrssicherungspflichten)也导致过错责任的严格化。此外,过错的举证责任(Beweislast)倒置也同样导致责任严格,即如果加害人不能举证证明其不具有过错,则推定其具有过错。 6/190

如同上述过错责任一样,危险责任同样具有不同的严格程度(verschieden streng),但其原则上并不建立在对行为的判断基础上。对众多抗辩事由的不同设计体现了这一点。最为严格的危险责任体现在,只要保有特定的危险,即可成立责任,危险引致人不享有任何抗辩事由。但针对有些危险责任,如果存在诸如战争或者不可抗力等抗辩事由,则可以减免责任。当然,抗辩事由可以非常宽泛,如其尽到了非常高的注意义务,则也可以免责,此种情况下的危险责任已经逐步接近过错责任。可见,此种减弱的危险责任已经完全无缝对接到过错责任的领域。[1] 6/191

三、企业责任

1. 国际上的发展趋势

《欧洲侵权法原则》第 4:202 条[2]规定了一种特殊的企业责任(Unternehmerhaftung)。此种责任形态建立在企业经营活动具有瑕疵以及违反客观注意义务的基础上。针对后者,该《原则》采取举证责任倒置的 6/192

---

[1] Principles of European Law on Non-Contractual Liability Arising out of Damage Caused to Another der Study Group on a European Civil Code 并未规定企业责任。

[2] 参见 *B. A. Koch*, Enterprise Liability, in: EGTL, Principles 93 ff.

方式。[1] 欧洲侵权法研究小组并未采纳欧盟 85/374 号指令所规定的生产者责任形态(参见下文边注 6/201 以下),而是建构了一个相对较为缓和的企业责任。

欧洲侵权法小组的上述做法,受到了瑞士有关侵权责任法修订草案的启发。依据该瑞士法的规定,企业责任指向各种企业组织风险,针对企业组织活动应当避免各种瑕疵,在出现组织瑕疵时,采取举证责任倒置,从而使得此种企业责任趋于严格化。可见,瑞士法中的企业责任仅仅包括企业组织风险,而不包括其他企业经营活动中的瑕疵,如技术设备失灵等。将企业责任限于企业经营活动领域中的部分瑕疵的做法,难以令人信服。[2] 所以,欧洲侵权法小组转而将企业责任扩张至企业经营活动的所有领域,包括生产和服务范围的瑕疵。《欧洲侵权法原则》的规定模式对《奥地利侵权责任法草案》也产生了影响。[3]

上述有关企业责任的尝试,建立在欧洲[4]以及美国[5]的相关努力基础上,即不同于一般的过错责任,针对企业采取特殊的、严格化的损害赔偿责任。但就此种责任仍然存有如下争议,即究竟是应当采取无须瑕疵行为要件的严格责任,还是应当采取违反注意义务的过错责任。

---

[1] *B. A. Koch* in: EGTL, Principles 95 f.

[2] 相关深入探讨请参见 *G. Wagner*, Grundstrukturen des Europäischen Deliktsrechts, in: Zimmermann, Grundstrukturen: Deliktsrecht 302f; *Koziol*, Der Schweizer Vorentwurf für einen Allgemeinen Teil des Haftpflichtrechts aus der Nachbarschaft betrachtet, Svz 65 (1997) 151 f.

[3] 进一步分析参见 *Griss*, Der Entwurf eines neuen österreichischen Schadenersatzrechts, JBl 2005, 278 f; *Griss*, Gefährdungshaftung, Unternehmerhaftung, Eingriffshaftung, in: Griss/Kathrein/Koziol, Entwurf 62 ff; *Koziol*, Die außervertragliche Unternehmerhaftung im Diskussionsentwurf eines neuen österreichischen Schadenersatzrechts, JBl 2006, 18; *Apathy*, Schadenersatzreform-Gefährdungshaftung und Unternehmerhaftung, JBl 2007, 215 ff.

[4] 参见 *Brüggemeier*, Haftungsrecht 119ff mwN; *derselbe*, Unternehmenshaftung-Enterprise Liability. Eine europäische Perspektive? HAVE 2004, 162 ff; *Faure*, Towards an Expanding Enterprise Liability in Europe? MJ 1996, 235 ff; *G. Wagner* in: Zimmermann, Grundstrukturen: Deliktsrecht 303 ff.

[5] 将企业责任建构为"严格责任"(strict liability)还是"过失责任"(negligence),可参见 *Priest*, The invention of Enterprise Liability: A Critical History of the Intellectual Foundations of Modern Tort Law, J Legal Stud 14 (1985) 461 ff; *G. T. Schwartz*, The Beginning and the Possible End of the Rise of Modern American Tort Law, GaL Rev 26 (1992) 601 ff; *Keating*, The Theory of Enterprise Liability and Common Law Strict Liability, Vand L Rev 54 (2001) 1285 ff; *Henderson*, Why Negligence Dominates Tort, UCLA L Rev 50 (2002) 377 ff; *Wantzen*, Unternehmenshaftung und Enterprise Liability (2007) 136 ff.

2. 针对企业责任采取责任严格化的重要原因

针对企业责任采取责任严格化的重要原因,首先体现在补偿正义。[1]依据该原则,收益与不利必须同时归属于一人(参见边注6/105),即应当由企业同时享有利益和承担不利。 6/193

此外,风险的可保险性(Versicherbarkeit)以及可以通过保险将此种风险转由整个社会分担的考量,也发挥了一定的意义。[2]在企业责任中,须注意的是,较之于顾客,虽然企业通常处在订立强制责任保险的有利地位,使得保险可以覆盖顾客的损失,但是,在如下二者之间,即由企业购买责任保险,还是由顾客自身购买商业保险,尤其是覆盖人身伤害的社会保险之间,孰优孰劣,通常难以轻易做出判断。所以,对上述有关可保险性对于认定企业责任的意义的观点,也不能过于乐观高估。 6/194

当企业责任涉及较大企业的严格责任时,有关经济承受力(wirtschaftliche Tragkraft),即"深口袋理论"(deep-pocket)的论证理由往往会发挥重要作用。[3]上文我们已经分析了此种理论通常可能存在的不足,例如,承担损害赔偿责任的企业,往往可以通过提高价格的方式,转而将各种成本交由广大顾客承担,结果导致本来寻求保护的特定人群,最后又成了损害的最终承担者。 6/195

需要反思的还有如下观点,即受到企业经营活动侵害而遭受损害的人,面对企业的复杂组织结构,如果令其承担举证证明企业经营活动中具有违反注意义务的瑕疵的责任,显然面临严重困难。[4]实际上,受害人根本无法详尽了解企业的组织经营活动,如企业如何利用各种雇佣人员, 6/196

---

[1] 参见 F. Bydlinski, System und Prinzipien 202.

[2] 参见 insbesondere Wilburg, Der Unternehmer im Schadensrecht, Jb der Universität Graz (1940) 58 und 64; derselbe, Elemente 32; derselbe, Zusammenspiel der Kräfte im Aufbau des Schuldrechts, AcP 163 (1964) 346; Ehrenzweig, Negligence without Fault. Trends towards an Enterprise Liability for Insurable Loss (1951); Canaris, Die Gefährdungshaftung im Lichte der neueren Rechtsentwicklung, JBl 1995, 6 f; Wantzen, Unternehmenshaftung 72 ff, 152 ff. Für rechtsvergleichende Angaben siehe B. A. Koch/Koziol, Comparative Conclusions, in: B. A. Koch/Koziol, Unification: Strict Liability 412.

[3] B. A. Koch/Koziol in: B. A. Koch/Koziol, Unification: Strict Liability 411.

[4] B. A. Koch/Koziol in: B. A. Koch/Koziol, Unification: Strict Liability 411; B. A. Koch, Enterprise Liability, in: EGTL, Principles 94 f; G. Wagner in MünchKomm, BGB V[5] § 823 Rz 385.

如何调配各种技术设备、保持机器运行并做好控制工作。这些都要求针对责任采取举证责任倒置,以使得此种责任严格化。

6/197 《欧洲侵权法原则》与《奥地利侵权责任法草案》第 1302 条进一步规定,危险责任以企业生产经营领域具有瑕疵为前提[1],即此种瑕疵引发了损害。此种规定的思想基础与目前的《德国民法典》第 836 条、《奥地利民法典》第 1319 条,即建筑物具有某种具体瑕疵(konkrete Mangelhaftigkeit),导致该建筑物危险性上升,使得侵权责任严格化具有正当性,如出一辙。就此我们可以推导出一般性的规则,如同其他领域一样,存在具体瑕疵可以提高危险性程度,从而使得责任严格化。[2] 不同于物或者设备的抽象的一般危险,此种具体瑕疵的危险性尚不足以引发独立于不法行为之外的无过错责任,即真正的危险责任。就如同最近 B. C. Steininger[3] 所强调的那样,其关键理由体现在,诸如高速机动车所导致的一般性的危险服务于保有人的利益,危险性与受益性之间相互关联、不可分割[4],而具体情况下因特定瑕疵方出现的具体危险性,通常并不能给企业带来太多的益处;相反,此种具体瑕疵也同样威胁到企业的利益。

6/198 需要强调的是,《奥地利侵权责任法》就企业经营活动领域还规定了另一个前提,即如果企业尽到了防止此种损害发生的必要的注意义务,则企业可以免于承担损害赔偿责任。此种前提具体体现为,企业针对因具体瑕疵所引发的危险性负担社会交往安全保障义务,依据此种义务,企业应当积极作为,以防止在其自身控制的领域出现此种现实的危险。[5]

如上所述,虽然企业责任建立在企业具有违反注意义务的不法行为的基础上,但其并非一般过错责任。相反,企业责任是一种严格化的过错

---

[1] 就此种归责事由重点参见 *Wilburg*, Elemente 1 ff. *G. Wagner* in MünchKomm, BGB V⁵ § 823 Rz 388 ff; *derselbe*, in: Zimmermann, Grundstrukturen: Deliktsrecht 290 ff,该作者认为,企业责任仅仅建立在雇佣人的瑕疵行为基础上,其并未提及其他瑕疵;其观点有些偏颇。

[2] 参见 *Koziol*, Haftpflichtrecht I³ Rz 1/5 mwN; *B. C. Steininger*, Verschuldenshaftung 91 ff.

[3] *B. C. Steininger*, Verschuldenshaftung 35 ff.

[4] 参见 *Müller-Erzbach*, Gefährdungshaftung und Gefahrtragung, AcP 106 (1910) 365 ff; *Esser*, Grundlagen und Entwicklung der Gefährdungshaftung (1941) 97 ff; *Koziol*, Haftpflichtrecht I³ Rz 6/11.

[5] 参见 vor allem *von Bar*, Verkehrspflichten. Richterliche Gefahrsteuerungsgebote im deutschen Deliktsrecht (1980) 160 ff.

责任,即企业必须举证证明其已经尽到了防止损害发生的必要注意义务,方可免责。如果企业仅仅能够证明其主观上尽到了必要的注意义务,尚不足以免责;相反,其必须证明其尽到了符合客观判断标准的注意义务。[1] 因此,即使因为主观因素(如人员缺席或者患有疾病)等事由,导致无法防止损害的发生[2],企业仍然承担此种损害赔偿责任。可见,至少依据通说,此种企业责任与当前建筑物保有人责任(《奥地利民法典》第1319条、《德国民法典》第836条)[3]或者动物饲养人责任(《奥地利民法典》第1320条、《德国民法典》第833条第2款)[4]保持一致。

不仅如此,《奥地利侵权责任法草案》针对企业应尽的注意义务,并未采纳具体企业的标准;相反,其采取了整个企业经营活动领域都应当采取的防止损害发生的必要措施标准。可见,该草案针对企业责任实际上采取了比一般雇佣人责任(参见上文边注6/115以下)更为严格的责任形态,因为在侵权法领域,企业必须就雇员的瑕疵行为承担更为广泛的担保义务。 **6/199**

最后需要强调的是,依据《奥地利侵权责任法》第1302条,采取举证责任倒置的严格化的企业责任的损害赔偿范围并不包括纯粹经济损失(reine Vermögensschaden)[5];就此适用侵权法上的一般规则。限制此种损害赔偿的范围,其目的在于防止企业所承担的合同外担保义务[6]过度扩张而引发责任泛滥。 **6/200**

---

[1] 为了弥补《德国民法典》第831条所遗留下的空白,学理上采取了组织义务,但该组织义务过于狭窄,上述规则的目的就在于避免此种狭窄的组织义务。G. Wagner in MünchKomm, BGB V⁵ § 823 Rz 388 ff, § 831 Rz 11 und 32 ff.

[2] 通常企业是专家,无论依据现行的《奥地利民法典》第1299条还是目前《奥地利侵权责任法草案》第1300条第4款,都应当依据客观标准判断其是否具有过错。但这只适用于所从事的活动需要特殊能力和知识的情况;在判断专家过错时,必须考虑到其是否在场以及疾病等因素。

[3] 参见 in der Sache auch OGH 1 Ob 129/02 f in ZVR 2003/37; siehe ferner *Koziol*, Haftpflichtrecht II² 400 f; *Terlitza*, Die Bauwerkehaftung (§ 1319 ABGB) (2000) 279 ff. Noch weitergehend *Reischauer* in Rummel, ABGB II/1³ § 1319 Rz 15.

[4] 参见 *Danzl* in KBB, ABGB² § 1320 Rz 4; *G. Wagner* in MünchKomm, BGB V⁵ § 833 Rz 47 f (in der Überschrift vor Rz 36 spricht er allerdings von Verschuldenshaftung).

[5] 相关分析参见上文边注6/47的详细分析。

[6] 不同于侵权责任,在一般违约责任中,原则上可发生纯粹经济损失责任。

四、以产品责任为例

6/201   特殊产品责任（Produkthaftung）[1]，即超出上述所论证的企业责任之外的产品责任，可以作为上述多种归责事由相互作用的典型事例。欧盟85/373号指令对此采取了极其严格的责任形态，即产品责任的认定完全脱离生产者是否具有过错，除了开发风险和法定免责事由之外，一般不具有其他免责事由，甚至不可抗力也不可以作为免责事由。

针对生产者采取如此严苛的无过错责任的正当性并不明显，从该责任形态发展的历史中也难以找到此种正当性理由。可见，该指令既没有从深思熟虑、广为接受的生产者责任的整体方案基础出发，也缺乏在学理上对该责任形态作出严格的论证分析——虽然该指令在导论中分析道，"产品责任应当仅仅适用于工业化生产的动产"。如同上述学理上的分析，该指令所规定的产品生产者就瑕疵产品所承担的无过错产品责任，旨在使购买该产品的消费者免于遭受工业化大规模生产所带来的"劣质产品"的特殊风险。此种规定的正当性应当体现为，尽管生产者尽到了所有可期待的措施，但在工业化生产过程中，仍然无法达到所有产品都没有瑕疵的程度，同时也无法通过对产品的控制达到完全避免瑕疵产品进入流通市场的程度。虽然该指令将产品责任限定在工业化的产品，但其同样可以适用于农业、手工业以及艺术等特定的单个生产产品。此外，工业化大规模组装过程中无法控制的瑕疵产品具有特定风险，并不包括因瑕疵制造或者正确指示所导致的损害。针对上述领域无法找到适用此种严厉的无过错的产品责任的论证理由。实际中也显然也找不到此种论证理由。

6/202   因此，无过错的产品责任的正当性应当无法或者至少不能单纯体现在工业化生产的危险性（Gefahrlichkeit）中。与特殊物或者设备中所含有的那些一般性、抽象的危险性不同，产品责任所调整的是具体的瑕疵危险性，其尚不足以支撑起不必考虑不法行为的无过错责任，即一个无法通

---

[1] 在1990年，奥地利立法委员会曾经提出了一个有关服务责任的指令草案，但遭到很大批评，最终没有提交。就此可参见 F. Bydlinski, Zur Haftung der Dienstleistungsberufe in Österreich und nach dem EG-Richtlinienvorschlag, JBl 1992, 341 ff.

过抗辩事由免责的危险责任。如同上文边注 6/197 所分析论证的那样，一般风险与行为人受益相互关联。而在特定情况下因瑕疵原因而存在的特定危险显然对行为人并无益处，相反，会损害其利益。

如同上文所分析的，有关企业责任的正当性理由也无法支撑起无过错的严格产品责任。所以，针对此种瑕疵产品所采取的完全严格责任，应当最终只能适用于一部分领域，即同时包含企业责任的责任成立要件与风险共同体（Risikogemeischaft）的思想。申言之，其假设生产者扮演了如下角色，即统一计算瑕疵产品所导致的整个损害，进而将所有损害费用分配到从该产品中获益的整个消费者群体身上。尤其从无过错的产品责任强制责任保险的角度看，从功能性的角度分析，生产者的地位非常接近于保险人。因为生产者可以就产品责任领域所具有的责任风险，通过相应的价格考量，从经济角度出发，最终将各种风险转由消费者承担。[1]此种思想只能适用于侵害产品使用者的情况，而不能适用于其他第三人。鉴于如下事实，即企业经营活动的瑕疵所具有的危险性，并不具有其他严格责任中的强度，所以，应当严格控制企业责任所保护的范围，不应保护纯粹经济利益；此外，也应当赋予企业享有更多的抗辩事由（如不可抗力）。

6/203

第十一节　受害人共同过错[2]

一、导论

《奥地利民法典》第 1304 条与《德国民法典》第 254 条明确规定了如下基本规则，即当受害人就损害发生也具有过错时，虽然受害人针对加害人并不完全丧失损害赔偿请求权，但应当在当事人之间划分损害比例，受害人仅能从加害人处获得部分损害赔偿。该项规则由来已久，在不同国

6/204

---

[1] *Wantzen*, Unternehmenshaftung und Enterprise Liability (2007) 84 ff.

[2] 下文参见我本人已经发表的论文：Die Mitverantwortlichkeit des Geschädigten: Spiegelbild- oder Differenzierungsthese? Deutsch-FS (2009) 781 ff.

家法律中都有类似规定。[1] 目前,受害人共同过错制度已经成为几乎所有国家都规定的制度。[2]

相关分析认为[3],受害人共同过错情况下的损害分担建立在如下思想基础上,即假设受害人的行为发生在侵害第三人的情况下,必然引发侵权责任,因而在引发自身遭受损害时,必须将此种自身行为归责于本人。此种规则同样体现了责任归属的基本原则(Verantwortlichkeitsprinzip),即受害人应当如同加害人一样,就其行为承担责任。综合考虑上述两个方面,显然,受害人的共同过错与加害人的侵权责任都具有预防功能(Prävention)。具体而言,因自身行为导致其必须承担由此引发的损害风险,对任何人而言都是一种激励机制,其使行为人尽可能地防止出现损害或者扩大损害。[4]

但必须强调的是,责任认定时考虑受害人共同过错的内在正当性也体现了平等原则(Gleichheitssatz)的要求。

二、平等对待原则

针对受害人过错存在如下论证,即当加害人基于特定的归责事由应承担损害赔偿责任时,如果受害人方面也存在同样的事由,如果此时不考虑受害人方面的过错,显然对加害人有失公平。学者们进一步强调,"只

---

[1] *Brüggemeier*, Haftungsrecht 594 ff; *Hausmaninger*, Das Mitverschulden des Verletzten und die Haftung aus der lex Aquilia, in: Gedächtnisschrift für H. Hofmeister (1996) 237ff; *Koziol*, Die Mitverantwortung des Geschädigten im Wandel der Zeiten. Gedanken zur Bedeutung der Selbstverantwortung, Hausmaninger-FS (2006) 139 ff; *Looschelders*, Die Mitverantwortlichkeit des Geschädigten im Privatrecht (1999) 6 ff.

[2] 参见 *Looschelders*, Mitverantwortlichkeit des Geschädigten 65 ff; *Magnus/Martin-Casals*, Comparative Conclusions, in: Magnus/Martin-Casals, Unification: Contributory Negligence 259 f. 但令人费解的是,欧盟相关负责部门却并非始终意识到这一点,其在没有充分理由的前提下,就规定完全免除加害人的责任;在一个涉及保护乘客的规定中也有此种内容,具体参见: Art 6 Z4 lit b des Vorschlages für eine Verordnung des Europäischen Parlaments und des Rates über die Fahrgastrechte im Kraftomnibusverkehr und zur Änderung der Verordnung (EG) Nr 2006/2004 über die Zusammenarbeit zwischen den für die Durchsetzung der Verbraucherschutzgesetze zuständigen nationalen Behörden, KOM(2008) 817.

[3] 更多论证分析参见 *Looschelders*, Mitverantwortlichkeit des Geschädigten 116 ff.

[4] 详细分析参见 *Faure*, Economic Analysis of Contributory Negligence, in: Magnus/Martin-Casals, Unification: Contributory Negligence 233 ff; vgl auch *Fellmann*, Selbstverantwortung und Verantwortlichkeit im Schadenersatzrecht, Schweizer JZ 91 (1995) 45.

有当受害人方面同样存在加害人方面的归责事由时"[1],才能发生损害分担的问题。人们将之称为平等对待原则或者镜像原则(Gleichbehandlungs-oder Spiegelbildthese)。

针对受害人与加害人采取统一的平等对待原则,要求在受害人违反保护性法律的情况下(《德国民法典》第823条第2款、《奥地利民法典》第1311条),同样应当以不利于受害人的方式,减轻过错的辐射范围;或者就此采取公平责任(Billigkeitshaftung)(《德国民法典》第829条、《奥地利民法典》第1310条)。[2] 此外,平等对待原则还要求,不仅考虑受害人的共同过错,而且就受害人方面可能存在的其他归责事由,同样可以类推适用此种规则。[3] 例如,受害人使用某种具有特殊危险的物品,如果假设其行为针对第三人可适用危险责任,则此种危险归责事由同样可以适用于受害人共同过错。[4]

可以把当前基于平等对待原则对共同过错所作的权威论证总结为:如果应承担责任的加害人与受害人都构成发生损害的原因,并且假设受害人方面的原因针对第三人也能引发由此所导致的损害归责的问题,则在权衡加害人与受害人双方归责事由的前提下,该部分原因所引发的损害应当由受害人自身承担。

6/206

依据平等对待原则或者镜像原则,如果加害人方面能够引发损害的归责事由,在受害人方面也同样出现,则至少应当引发损害分担的后果。如果双方都出现归责事由,但仅由加害人一方承担,在确定损害赔偿具体数额时不考虑受害方的归责事由,则显然不公平地对待了加害人。

6/207

但该平等对待原则也并非总是那么令人信服,其遭到了一些强烈反对。批评意见首先强调"所有人自吞苦果"(*casum sentit dominus*)原则(《奥地利民法典》第1311条第1句)[5],并认为针对受害人与加害人不

---

[1] *F. Bydlinski*, System und Prinzipien 229; siehe *denselben*, Gehilfenmitverschulden beim Arbeitgeber und betriebliche Hierarchie, Tomandl-FS (1998) 54 ff.

[2] 参见 *Deutsch*, Haftungsrecht[2] Rz 564 f, 575.

[3] *Deutsch*, Haftungsrecht[2] Rz 566, 579 f; *Koziol*, Haftpflichtrecht I[3] Rz 12/77; *Looschelders*, Die Mitverantwortlichkeit des Geschädigten im Privatrecht (1999) 388 ff; *Magnus/Martin-Casals* in: Magnus/Martin-Casals, Unification: Contributory Negligence 271 f; *Lange/Schiemann*, Schadensersatz[3] § 10 VII.

[4] *Oetker* in MünchKomm, BGB II[5] § 254 Rz 5 und 14 mwN.

[5] 参见 *Dullinger*, DRdA 1992, 415; *Koziol*, Haftpflichtrecht I[3] Rz 12/67; *Schiemann* in Staudinger, BGB[2005] § 254 Rz 43.

应当采取平等对待原则[1],因为加害人与受害人所处的出发点完全不同,申言之,受害人必须就偶然出现的后果承担责任,而加害人仅在具有特殊归责事由的情况下,方承担赔偿其给受害人造成的损失的责任。在当前奥地利法[2]中,依据加害人的过错程度确定损害赔偿责任范围的规定过于僵硬(《奥地利民法典》第1323条、第1324条),奥地利法甚至还进一步坚持认为,在加害人仅仅具有轻微过失的情况下,受害人无权要求可得利益的赔偿;相反,其应自己分担此种损失。

三、区分原则

6/208　　上述反对意见立足于针对受害人和加害人应采取不平等的归责事由,导致一少部分学者转而主张区分原则(Differenzierungsthese),针对加害人和受害人采取不同的处理方式,以确定受害人承担损害的范围。[3]

虽然人们都认识到平等对待原则具有瑕疵,但就如何纠正此种理论瑕疵却存在不同的解决方案。一方面,受害人不仅应当就其过错承担责任,还应当就纯粹因果关系上所导致的损害进行部分分担[4],或者至少针对受害人责任分担采取严格的危险原则[5];另一方面,也有少部分学者主张,只要以客观违法行为取代主观违法行为,即可充分地将损害归责于受害人自身。[6]但后一种观点存在难以令人信服的地方,因为其出发点体现为任何偶然发生的损害都必须由受害人自身承担,此种归责显然过宽。这恰好不是那种能够对平等对待原则作出妥协(den halben Weg)进而限制受害人责任的方式。

6/209　　无论如何,区分原则值得关注。依据此种理论,受害人承担损害后果

---

[1] Das betont auch *Looschelders*, Mitverantwortlichkeit des Geschädigten 117.

[2] 《奥地利侵权责任法草案》不再采取此种依据过错程度区分赔偿范围的做法。

[3] 参见 vor allem *Gernhuber*, Die Haftung für Hilfspersonen innerhalb des mitwirkenden Verschuldens, AcP 152 (1952/53) 76f; vgl ferner etwa *Lange/Schiemann*, Schadensersatz³ §10 V 2.

[4] 参见 *Wieling*, Venire contra factum prorpium und Verschulden gegen sich selbst, AcP 176 (1976) 349 f.

[5] *Gernhuber*, AcP 152, 77.

[6] 参见 *Lange/Schiemann*, Schadensersatz³ §10 V 2; *Medicus*, Bürgerliches Recht²¹ (2007) Rz 869; *Weidner*, Die Mitverursachung als Entlastung des Haftpflichtigen (1970) 27 f.

是一个适用广泛、理所当然的原则。但是,在受害人负担损害的归责与令其他人承担此种损害的归责之间存在重大差别,二者建立在完全不同的价值裁量基础上。不可否认,一些学者过于僵化地适用该原则,导致僵化适用"所有人自吞苦果"原则,使得在因第三人致使受害人遭受损害的情况下,一方面,损害可归责于加害人,但另一方面,受害人始终必须分担一部分损害。僵化适用此种原则之所以会导致受害人"始终"分担损害,是因为在任何损害情况下,如果没有受害人及其遭受法益侵害,都不可能发生损害事实($sine\ qua\ non$)。因此,受害人所控制的领域毫无例外地会与损害发生具有一定的因果关系。显然,上述理论导致受害人始终无法获得全部赔偿,这必然遭到学者们的一致反对[1],因为在加害人因过错违法致使受害人遭受损害时,如果受害人处没有其他可以归责的特殊事由,则即使受害人自身领域与损害之间存在外在条件关系,也显然不能影响到最终的责任认定。

四、一种折中方案

上述两种学说都存在难以令人满意的地方,二者都过度沉迷于片面理论(Monokultur),以偏概全。适用这些理论只能导致僵化的后果,同时完全将不同的价值评价观点置于一旁。 6/210

区分理论的合理性体现在,每个行为人必须承担自身领域的各种风险,只有在满足法律明确规定的相对严格的要件下,方可要求将此种损害转由其他人承担。但这并不意味着,基于"所有人自吞苦果"的原则,任何情况下都要求受害人承担其自身领域的风险并分担一部分损失。不可忽视的是,不同的归责事由具有不同的作用。如果一方当事人领域出现的归责事由远远重于另外一方当事人领域的归责事由,则不能简单地要求当事人分担损害后果;如果一方领域中的归责事由极其严重,甚至可以忽视另外一方领域中较弱的归责事由,则应由前者承担全部损害赔偿责任。目前理论上完全认同上述观点。通过比较归责事由的轻重进而确定责任范围的做法(Überwiegensregel),适用于所有受害人共同过错案件。例如,受害人与加害人中一方存在故意,而另外一方仅仅具有轻微过失,则 6/211

---

[1] 参见 *Unberath* in Bamberger/Roth, BGB I² § 254 Rz 12.

原则上不采取责任分担的做法[1],而应由故意行为人承担整个损害后果。

适用区分原则也不能采取绝对僵化的做法,相反,在加害人具有过错,并且具有严重可非难性的情况下,如果受害人领域仅仅是引发损害的外在条件,依据"所有人自吞苦果"原则,受害人方面的原因不构成归责事由。上述观点显然符合法律规定,因为被损害的物品或者人身损害总是出现在受害人领域,如果就此可以发生责任分担,则法律所规定的损害赔偿基本模型,即由加害人承担全部赔偿责任的后果,实际上几乎不会发生。显然,如果受害人及其控制的领域仅仅是发生损害的外在条件,而加害人的违法过错行为在归责中扮演重要的角色,则应当由加害人承担全部损害。

6/212 此外,依据平等对待原则,只有当受害人处所出现的归责事由完全达到加害人致人损害情况下的归责事由的强度,方可主张责任分担;但此种观点显得过于僵化。首先,"所有人自吞苦果"原则要求,针对受害人和加害人不能采取一种逻辑精准、程式化的镜像一致处理方式。如上文所述,在受害人自身行为构成损害发生的外在条件时,究竟采取何种责任后果,是全部还是部分由加害人承担,甚至可能加害人完全不承担此种损害,即由受害人自吞苦果,这更多地涉及价值裁判的问题。

其次,平等对待理论在涉及其基本原则时,认为只有当受害人与加害人处具有同样的归责事由时,方承认责任分担,这有些过于僵化。实际上,责任分担的规定并非要求受害人与加害人必须同时具有同样的归责事由;相反,即使在双方当事人中一方仅具有轻微的归责事由,而另外一方具有严重的归责事由时,也允许作出责任分担的处理,当然,这并非是等额分担。例如,加害人具有重大过失,而受害人仅仅具有轻微过失,同样应采取责任分担,但并非等额处理,而应采取加重加害人份额的比例责任模式;反之亦然。

6/213 目前学界也已经认识到,损害分担并非是一个机械化地适用镜像一致规则的问题,而是一个较为棘手的价值裁量问题。换言之,需要在镜像规则与严格的区分原则之间找到一条折中的解决路径(Lösungen, die

---

[1] *Oetker* in MünchKomm, BGB II⁵ § 254 Rz 11 mwN; *Karner* in KBB, ABGB² § 1304 Rz 4 mwN; *Koziol*, Haftpflichtrecht I³ Rz 12/17.

zwischen der Spiegelbildthese und strikter Differenzierungsthese vermitteln)。如上所述,很多学者认识到,如果加害人具有过错,而受害人并未违反对己义务,则根本就不能适用"受害人自吞苦果"的风险承担原则,而应当从加重加害人责任的角度出发,不能令受害人承担一般性的风险。

当然,就此也不能一概认为,只要受害人不具有可责难性,就必须令加害人承担全部损害赔偿责任;相反,应当区别对待,即使在受害人没有过错的情况下,也可能存在不同强度的其他归责事由。鉴于受害人自担其自身领域风险的一般原则,如果加害人处的归责事由强度较弱,或者受害人处存在"所有人自吞苦果"之外的其他可引起责任成立的充分归责事由,则可以要求受害人分担一部分损害。

F. Bydlinsiki[1]非常详细地论证了如下观点:如果加害人处具有较弱的归责事由,并且当事人之间的财产状态要求减轻加害人的责任,则应当考虑受害人自身领域与损害后果之间的因果关系。考虑到当事人之间的财产状态、加害人处仅具有较弱的归责事由,可以在具体案件中减轻加害人的损害赔偿义务。换言之,综合考察各种情况之后,如果受害人处引致损害发生的原因具有更为重要的意义,则可以将其视为独立的责任分担考量因素。同样,在上述情况下,也应考虑"外在原因"的影响。

F. Bydlinski[2]针对替代因果关系也主张责任分担。所谓替代因果就是指加害人处所具有的归责事由,与受害人处可能引致损害发生的事由或一个偶然事件,共同构成可能引发损害的原因,但实际上只有其中之一真正造成了损害。正因为 F. Bydlinski 的分析具有说服力,使得其学说在奥地利获得了很多人的认同[3],其中包括奥地利最高法院[4]。在替代因果关系中,受害人处发生的事件可以导致责任分担,即受害人也必须负担一定的损害后果,其原因在于:此处的因果关系具有不确定性,因果关系较弱,因此归责事由也较弱,所以此处贯彻了"受害人自吞苦果"

---

[1] System und Prinzipien 229 f.

[2] *F. Bydlinski*, Aktuelle Streitfragen um die alternative Kausalität, Beitzke-FS (1979) 30 ff; *derselbe*, Haftungsgrund und Zufall als alternativ mögliche Schadensursachen, Frotz-FS (1993) 3.

[3] 参见 die Angaben bei *Koziol*, Schaden, Verursachung und Verschulden im Entwurf eines neuen österreichischen Schadenersatzrechts, JBl 2006, 773.

[4] OGH 7 Ob 648/89 in JBl 1990, 524; 4 Ob 554/95 in JBl 1996, 181; anders jedoch OGH 6 Ob 604/91 in JBl 1992, 522; 2 Ob 590/92 in JBl 1994, 540 (*Bollenberger*).

原则,由受害人承担在其领域中出现的风险。

6/215　此外,当法律明确规定无争议的责任分担时,本质上也自觉考虑到了"受害人自吞苦果"原则;就此可以认为,受害人处的归责事由的强度完全弱于加害人处时,即可要求责任分担。在责任分担时,加害人必须从事了违法可归责的行为,而受害人须违反对己义务,但并不必然达到违法行为的程度[1],因为法律并不禁止权利人减损自己的法益,权利人在法律上针对自身并不负担防止遭受自己侵害的义务;相反,其所负担的是对己义务(Obliegenheit),违反此种义务可导致损害分担。

6/216　就本书此处所讨论的问题,当行为违反法律规定,即满足所谓的违法性要件时,其在归责事由中便具有重要的意义,其重要性远远高于受害人违反对己义务,因为后者实际上属于法定义务的减轻形态[2]。可见,区分两种不同的义务形态对于认定责任分担具有重要意义。判断行为是否具有违法性,需要从加害人处出发,探求其行为是否具有特定的严重瑕疵。[3]而在行为人针对自身法益未尽到保护义务,即存在所谓的共同过错时,则无须采取加害人违法行为所需要达到的程度。就受害人针对自身的法益应当尽到何种对己义务,法律应将该问题留由作为行为人的受害人自己决定,尽管权利人自身具有行为瑕疵,但显然无须具有真正的违法性。

在受害人的行为之外,如果第三人从事的行为可归责于受害人,构成引发损害的条件,则同样适用上述有关受害人违反对己义务所引发的责任分担。显然,此种第三人的行为也同样无须达到法律所非难的侵害受害人的违法程度;相反,仅需要达到令受害人适当承担自己合法行为所造成的风险程度,这样可防止将受害人因自己的自由处分行为所造成的后果转移给第三人。由于此种行为原则上缺乏违法性,所以并不能对其作出严重的非难。[4]

6/217　就受害人的共同过错而言,其本质并不涉及对其行为的严重非难,也不涉及就特别原因的损害进行归责的问题,相反,其涉及受害人负担自身

---

[1] 参见 Deutsch/Ahrens, Deliktsrecht⁵ Rz 162; Koziol, Haftpflichtrecht I³ Rz 12/3 ff.
[2] Deutsch, Haftungsrecht² Rz 567.
[3] F. Bydlinski, System und Prinzipien 214,在论证雇佣人责任正当性时,该作者尤其强调这一点。
[4] 参见 F. Bydlinski, System und Prinzipien 190.

领域所出现的风险的问题。因此,镜像原则没有充分地关注到,在第三人侵害他人致其损害的情况下,这种归责与受害人承担自身领域的风险二者之间,存在本质区别(fundamentaler Unterschied)。为他人损害承担侵权责任需要特殊论证事由,其属于相对较为严重的归责事由;而承担自身领域所出现的损害风险却无须此种特定严重的归责事由,即不需要特别的前提。镜像原则不当地混淆了如下二者的区别,即在侵害他人时的损害归责要求特殊的事由,而受害人承担自身领域所出现的损害风险无须特殊要求。加害人的过错(Verschulden)与受害人的共同过错(Mitverschulden)显然不是同等类型上的过错,后者缺乏违法性,其意义显然弱于前种真正的过错。[1]

目前通说认为,受害人的归责事由原则上显然弱于加害人的归责事由;但在加害人具有轻微过错、受害人也具有轻微共同过错的情况下,仍然可以采取比例等额的责任分担,因为从受害人的角度出发,受害人应当承担其自身领域所出现的风险。在判断责任分担时,此种风险分担的思想具有重要意义,从此种意义出发,可以说加害人的过错和受害人的过错在归责时具有同样的影响力。这也证明,受害人处除了应当承担的自身风险之外,在具有其他归责事由时,即使其强度弱于一般侵权(侵害不特定的第三人)的归责事由,也足以导致此种事由与加害人的归责事由具有同样的归责地位。

基于上文所作的分析,应当在总体上认识这一点。如果受害人自身行为也具有违法性,即违反了法律为了保护其自身法益所设立的规范,如违反了道路交通规范,则在损害分担时应当采取不利于受害人的方式。

如果受害人的自身行为并未违反对己义务,但具有其他瑕疵或者保有特定的危险来源,则需要考察,除了受害人自身需要承担的风险之外,是否具有其他较弱的归责事由,即此种归责事由虽无须达到加害人所具有的归责事由的强度,但仍可充分引发责任分担的后果。

上述分析尤其适用于因高度危险致人损害的情况。依据平等对待原则,只有当受害人所保有的危险来源,已经达到直接侵害他人法益的危险

---

[1] *Dullinger*, Zum Mitverschulden von Gehilfen ex delicto, JBl 1992, 407,作者提醒大家注意这一点。

程度时,方可在共同过错中具有与加害人同样的归责效力。[1] 由于受害人处的危险必须达到较高的程度,导致此种危险的范围比较有限。当前,无论是德国还是奥地利[2],针对危险责任都并未采取一般条款的立法模式,而仅仅就此作出了列举式的单行规定。基于前面所作的分析,在危险归责时,受害人处所具有危险的程度应当远远低于一般危险责任所具有的危险程度。[3] 还需要强调的是,受害人处的一般原则是自身领域的风险归责,而不仅仅是单个、特别规定的危险来源,就像 Gernhuber[4]、Deutsch[5] 所主张的那样,所有受害人处导致危险上升的来源都可以引发共同过错。如同上述针对过错所作的分析那样,加害人处必须具有真正违法性的过错行为,而受害人处仅仅具有违反对己义务的行为即可导致责任分担;在危险引致损害的情况下判断责任分担时,受害人处的风险不必达到针对他人造成损害的危险责任的危险程度,此种危险来源也不必限于法定的类型。

6/220 在侵害他人并致其死亡,且导致被抚养人丧失抚养来源时,也同样需要考虑死者生前就其自身领域的风险应承担共同过错责任的问题。此时,被抚养人在要求加害人赔偿其所丧失的抚养来源时,必须承受作为抚养人的死者生前具有共同过错[6],从而相应减损其损害赔偿请求权的后果[7]。

---

[1] *Oetker* in MünchKomm, BGB II⁵ § 254 Rz 14.

[2] 《奥地利侵权责任法草案》规定了一个一般条款。具体参见 *Apathy*, Schadenersatzreform-Gefährdungshaftung und Unternehmerhaftung, JBl 2007, 205 ff.

[3] 部分学理仍然支持此种观点,参见 *Deutsch*, Haftungsrecht² Rz 581; *Weidner*, Die Mitverursachung als Entlastung des Haftpflichtigen (1970) 43 ff; vgl auch die Diskussion des Problems bei *Looschelders*, Die Mitverantwortung des Geschädigten im Privatrecht (1999) 395 ff.

[4] Die Haftung für Hilfspersonen innerhalb des mitwirkenden Verschuldens, AcP 152 (1952/53) 81 ff.

[5] *Deutsch*, Haftungsrecht² Rz 581; siehe auch *Esser/Schmidt*, Schuldrecht I/2⁸ § 35 I 4.

[6] 比较法上的论证分析参见 *B. A. Koch/Koziol*, Vergleichende Analyse, in: B. A. Koch/Koziol, Personal Injury 380.

[7] 惊吓损害与悲痛损害中的相关论证参见 *Karner*, Anmerkung zu OGH 2 Ob 79/00g, ZVR 2001, 288 f; OGH 2 Ob 178/04x in ZVR 2004/105 (*Danzl*).

五、被雇佣人行为归责的特殊问题

上述有关共同过错下的责任分担思想，对于在第三人侵害雇主的情况下，如何对被雇佣人的行为归责也有所帮助。在德国和奥地利，由于针对被雇佣人采取了较为严格的责任方式，导致在采用平等对待原则时，只有在极少数情况下才可以在共同过错的范围内将被雇佣人的行为归责于雇主。例如，《德国民法典》第831条规定了雇主就被雇佣人的违法加害行为承担责任的情形，即雇主在选任、领导和监督时具有过错；当然，该条就此采取了举证责任倒置的方式以加重雇主的责任。《奥地利民法典》第1315条除了规定雇主就其自身违法行为承担侵权责任，并不采取举证责任倒置方式之外，只有当雇主没有认识到被雇佣人不具有相应工作能力或者雇主应当认识到被雇佣人具有一定的危险性时，雇主方承担责任；此时考虑到了被雇佣人的活动提高了雇主领域的风险。值得注意的是，除此之外，奥地利法针对火车和机动车还规定了较为宽松的雇主责任（《铁路和机动车责任法》(EKHG)第19条第2款）。

6/221

目前在德国和奥地利，第三人以侵权方式致使雇主遭受损害时，如何就雇员的行为加以归责，存在极大的争议。奥地利学者就该问题持有完全不同的观点。部分学者认为，受害人原则上就自身领域的风险承担责任，包括就债之关系之外的被雇佣人的过错，也必须承担责任[1]；而反对上述观点的学者则认为，应当平等对待受害人与加害人[2]。奥地利最高法院过去倾向于采取第一种观点[3]，针对一些危险责任的规定（《EKHG》第7条第2款、《帝国责任义务法》(RHPflG)第1a条、《奥地利航空法》(LuftVG)第20条），同样可以适用雇佣人责任；目前，其已经

6/222

---

[1] 参见 Dullinger, Zum Mitverschulden von Gehilfen ex delicto, JBl 1990, 20 und 91; Iro, Besitzerwerb durch Gehilfen (1982) 221 f; Koziol, Die Zurechnung des Gehilfenverhaltens im Rahmen des §1304 ABGB, JBl 1997, 201; Reischauer in Rummel, ABGB II/1³ §1304 Rz 7 und 7d.

[2] F. Bydlinski, Gehilfenmitverschulden beim Arbeitgeber und betriebliche Hierarchie, Tomandl-FS (1998) 54 ff; Karollus, Gleichbehandlung von Schädiger und Geschädigtem bei der Zurechnung von Gehilfenverhalten, ÖJZ 1994, 257; Kletečka, Mitverschulden durch Gehilfenverhalten (1991); M. Wilburg, Haftung für Gehilfen, ZBl 1930, 734 f.

[3] OGH 7 Ob 27/91 in SZ 64/140.

转而采纳第二种观点[1]。德国法就此也面临理论上的分歧[2]，但与奥地利不同的是，其司法界早已采用平等对待原则。[3] 依据德国法中一些危险责任的具体规定（《德国道路交通法》(StVG)第9条、《德国航空法》(HPflG)第34条、《德国原子能法》(AtomHG)第27条），针对保管危险物的人，雇主广泛承担其被雇佣人保有此种危险所带来的责任，但其范围并不包括人身损害以及过错责任。[4]

6/223　　在处理是否将被雇佣人行为纳入到作为受害人的雇主的共同过错时，可以将被雇佣人活动是否可归入雇主自身的活动领域[5]作为思考的出发点，即被雇佣人加害第三人时，其造成的损害是否属于雇主自身活动领域的风险。虽然基于特定的前提条件，雇主可以通过内部追偿规则将此种负担转移给被雇佣人，但此种责任转移的空间非常有限。雇主最终承担责任的原因主要体现在：由于被雇佣人行为归属于其活动领域，并且是基于雇佣活动才使得他人利益遭受侵害成为可能，所以雇主就被雇佣人无过错侵害他人法益的风险承担全部责任。在被雇佣人过错侵害他人时，由于雇员享有广泛的责任免除保护[6]，雇主最终仍然承担损害赔偿风险。当被雇佣人应承担责任但无赔付能力时，雇主自身最终仍须承担此种损害赔偿的风险。

6/224　　就此提出如下问题，即若被雇佣人之外还存在一个第三人的行为引发了损害，此时为什么必须降低雇主承担全部责任的风险？实际上，只有当被雇佣人既没有主观上的可责难性，客观上也未实施违反注意义务的行为时，方可以衡量不同的归责事由并确定最终责任。如果第三人从事的违法、过错行为如此严重，而被雇佣人谨慎行为，且没有导致遭受损害的雇主所控制领域的风险出现任何瑕疵，此时作为加害人的第三人应承

---

[1] OGH in 4 Ob 204/08s in ecolex 2009, 315 (Kletečka).

[2] 参见 Deutsch, Haftungsrecht² Rz 577; Looschelders, Die Mitverantwortlichkeit des Geschädigten im Privatrecht (1999) 505 ff; Oetker in MünchKomm, BGB II⁵ § 254 Rz 128 und 137 f mwN.

[3] BGH in BGHZ 1, 248; BGHZ 103, 338.

[4] Oetker in MünchKomm, BGB II⁵ § 254 Rz 138.

[5] 独立承揽人，其并非在雇主范围内从事各种活动，不能被视为被雇佣人。因此，被雇佣人是指接受指示的辅助人员（Karner in KBB, ABGB² § 1304 Rz 2; G. Wagner in MünchKomm, BGB V⁵ § 831 Rz 14）。

[6] 奥地利主要通过雇员责任保险实现这一点；而德国则通过重要判决和权威理论达到同样的目的。参见 Deutsch, Haftungsrecht² Rz 433.

担全部赔偿责任。

被雇佣人客观上违反了注意义务并从事不法行为时,上述行为提升了雇主所控制的领域的瑕疵风险,此时雇主应分担其所遭受的损害。尤其当被雇佣人具有主观过错,以及被雇佣人被免除责任时,雇主更应当分担损害后果。值得注意的是,主张平等对待原则的学者,在涉及被雇佣人免责的关键典型情况时,除了适用《奥地利民法典》第1315条、《德国民法典》第831条所规定的内容,还全面要求雇主承担因被雇佣人的行为所导致的损害赔偿责任,但这显然违反了平等对待原则。[1] **6/225**

在被雇佣人为雇主承担其造成的全部损害的案件中,此种归责问题的解决方案通常并没有过多的实际意义,因为如果被雇佣人的行为不可归责于雇主,则被雇佣人与第三人承担连带责任,被雇佣人和第三人的行为都构成损害后果的原因。如果第三人作出全额赔偿,则其针对被雇佣人享有追偿权,实际上最终只承担部分赔偿。因此,与将被雇佣人的行为全部归责于遭受损害的雇主的结果完全一样,此时雇主同样仅享有部分损害赔偿请求权。但在被雇佣人无赔偿能力的情况下,归责问题就显得比较重要。主张将被雇佣人的行为原则上归责于雇主的理论,要求雇主承担被雇佣人无支付能力的风险;而主张平等对待理论的学者,则要求第三人最终承担此种支付不能的风险。 **6/226**

在被雇佣人活动属于雇主控制领域的情况下,将被雇佣人支付不能的风险完全由第三人承担的做法,似乎并不符合价值裁量的要求。就此可以举出一例加以说明:雇主G委托A驾驶货车,当A未尽到谨慎义务撞倒大树致其毁损时,G应当承担A支付不能的全部风险。反之,如果A并非撞倒了一棵大树,而是撞到了违反交通法规、以妨碍交通的方式停下的D所有的车辆,则为什么G就完全不承担此种风险呢?为什么此时G针对D可以要求全部赔偿,而D必须承担由G选任的A支付不能的风险呢?最后,还需要思考的是:如果雇主自己选任了被雇佣人并就后者的支付能力做过调查,则雇主可以控制被雇佣人致害的风险。反之,如果雇主选任一个疏忽且没有支付能力的被雇佣人,则此种风险完全归责于雇主自身的选择,显然,雇主自身造成其所控制的领域的风险上升,使得第三人引发了损害。 **6/227**

---

〔1〕 *Oetker* in MünchKomm, BGB II⁵ § 254 Rz 6; *Kletečka*, Solidarhaftung und Haftungsprivileg, ÖJZ 1993, 787 ff; siehe dazu näher *Koziol*, JBl 1997, 203 und 209.

这就意味着,当被雇佣人从事不法活动,与第三人可归责的行为共同引发了损害时,雇主必须就被雇佣人的不法行为承担责任,从而必须接受责任分担的后果。虽然其在内部针对被雇佣人具有追偿权,但在被雇佣人丧失支付能力的情况下,其必须承受追偿落空的风险。

第七章
归责限制

□ 第一节　过度宽泛归责的基本问题

依据因果关系的条件理论（conditio sine qua non），因过错或者其他归责事由引发损害后果的人必须承担侵权责任。换言之，因此种加害后果所引起的不利后果都可归责于该行为人。依据所谓的等值理论（Äquivalenztheorie），所有引发损害后果的条件都具有同等重要的价值；因此，加害人不仅需要就"就近"引发的损害承担责任，而且还需要就其引发的整个损害后果承担责任，即负担受害人所遭受的各种不利后果。上述等值理论将极其特殊的例外情况所引发的损害后果也纳入因果关系范围，并且不考虑违反一般社会生活经验所出现的例外情况，甚至也不考虑所产生的损害是否完全不同于加害人所违反的法律规范所要防止的损害。如果行为人所引发的事件构成此种损害的条件，并且满足归责的要求，则依据目前所广泛采取的因果关系引致理论（Verursachungslehre），对责任并不设定限制。

7/1

但不可忽视的是，几乎所有国家的法律制度都认为[1]，宽泛且不受限制的损害赔偿义务有悖于公平，并且也难以期待行为人对此承担全部责任。因此，几乎所有民法学者都普遍认为，虽然条件理论平等对待所有

7/2

---

[1] 参见 Spier, Conditio sine qua non, in: EGTL, Principles 43; derselbe, Scope of Liability, in: EGTL, Principles 59 f; Wright, The Grounds and Extent of legal Responsibility, 40 San Diego L Rev 2003, 1425 ff.

不同的条件,但应将非因行为人所导致的损害排除在责任范围之外[1];理由在于:如果加害人在非常抽象的意义上也无法防止此种损害的发生,则不应将此种损害归责于加害人。同时,如果行为仅仅构成损害后果的外在条件(Bedingung),即令行为人对整个损害承担责任,则归责范围将会太宽。为了公平地限制责任人的责任范围,除了需要检讨因果关系,还需要从可期待性(Zumutbarkeit)的角度出发,审视其他的考量因素(zusätzliche Wertungen)。

7/3　　不同于刑法,民法中之所以有必要对责任作出限制,是因为过错要件在刑法中可以发挥一个充分的归责限制功能,即过错可以作用于包括责任后果在内的所有其他构成要件。据此可以得出,在刑法中,只那些行为人可预见的损害后果方可纳入到责任考量范围内。而民法却完全不同,因为过错仅仅指向义务违反或者第一顺位的"直接"损害,而并不涵盖其他后果(参见上文边注6/78),因此,过错对于责任成立(Haftungsbegründung)具有重要决定作用,而对于责任承担(Haftungsausfüllung)却鲜有意义。此外,民法中还存在无过错责任(Haftung ohne Verschuuld)。可见,过错要件在民法中并不能充分地限制归责范围。[2]

违法性要件同样无法就责任限定发挥作用,因为其同样仅仅指向第一次损害;加害人的行为并不必然在任何损害后果中都具有独立的违法性[3]。

7/4　　在各种尝试限定责任的标准中[4],德语国家[5]中的相当性理论与规范保护目的理论取得了较好的效果。《欧洲侵权法原则》第3:201条以及《奥地利侵权责任法草案》(第1310条第1款)都采纳了上述理论。除此之外,因果关系中的中断理论也获得很多学者的大力支持。

---

[1] 但在替代因果关系、累积因果关系以及假设因果关系中,此种原则被弱化,换言之,潜在因果关系即可满足此种要求。参见上文边注5/79的详细分析。

[2] 参见 F. Bydlinski, Zum gegenwärtigen Stand der Kausalitätstheorie im Schadensrecht, JBl 1958, 2; Larenz, Lehrbuch des Schuldrechts I¹⁴ (1987) §27 III b; Lindenmaier, Adäquate Ursache und nächste Ursache, ZHR 113 (1950) 214 ff; Mihurko, Verursachung, Begünstigung, Rechtswidrigkeit (1915) 7.

[3] 参见 Sourlas, Adäquanztheorie und Normzwecklehre (1974) 152.

[4] 就此并不能采用"直接性"(Direktheit)标准,参见 Koziol, Natural and Legal Causation, in: Tichý, Causation 63 ff.

[5] 其他国家的相关解决方案可参见 Koziol in: Tichý, Causation 59 ff.

而在其他国家的法律中,在"自然因果关系"[1],即条件理论或者若无法则(But-for-Test)之外,还要进一步检讨较为严格的"法律上"的因果关系(legal causation)。[2] 法律上的因果关系的合理性体现在,当检讨损害在多大范围内可以归责时,通常涉及法律上的裁量问题。因此,此时所要检讨的是法律上相关的或者可以归责的各种原因。

但就"法律上的因果关系"的表述而言,却无法严格区分"自然意义上的因果关系"和"法律上的因果关系"。国际上就此问题产生的各种讨论表明,"法律上的因果关系"总是引发严重的混淆后果。不仅如此,此种表述也容易导致忽视"条件理论"意义上的因果关系,转而仅仅检讨法律上的因果关系,这显然不当。[3] 因此,应当仅在"条件理论"或者"若无法则"的意义上使用因果关系的概念,而在涉及从价值裁量的角度对行为人所引发的损害进行责任限定时,应当采用"归责限定"(Zurechnungsbegrenzung)或者"责任限定"(Haftungsgrenzen)的概念。[4]

□ 第二节 因果关系中断

在一些国家中[5],尤其是德语国家[6],当行为人对某些损害并不承担责任时,往往采用因果关系中断(Unterbrechung des Kausalzusammenhanges)制度。例如,当第三人的行为(Handlung eines Dritten)进入

---

[1] 参见 *Koziol* in: Tichý, Causation 56.
[2] 参见 *Winiger*, Damage Caused by Psychological Influence - Comparative Report, in: Winiger/Koziol/Koch/Zimmermann, Digest I 4/29 Rz 48.
[3] 参见 *Zimmermann*, Conditio sine qua non in General - Comparative Report, in: Winiger/Koziol/Koch/Zimmermann, Digest I 1/29 Rz 2; *Koziol* in: Tichý, Causation 66 f.
[4] 参见 Art 3:201 PETL.
[5] 参见 *Deutsch*, Haftungsrecht² Rz 155 ff; *Oftinger/Stark*, Haftpflichtrecht I⁵ 154 f; OGH 1 Ob 82/72 in JBl 1973, 151.
[6] 参见 *von Bar*, Deliktsrecht II Rz 462 ff; *Brüggemeier*, Haftungsrecht 30 f, 其强调,大多数国家的私法都承认该制度。*Wurmnest*, Grundzüge eines europäischen Haftungsrechts (2003) 159 ff, 分析了德国法、英国法和法国法。英国法可以详细参见 *Rogers*, Keeping the Floodgates Shut: »Mitigation« and »Limitation« of Tort Liability in the English Common Law, in: Spier (Hrsg), The Limits of Liability (1996) 91 f; *Rogers*, Causation under English Law, in: Spier, Unification: Causation 40. 对该理论的批评意见请参见 *Hart/Honoré*, Causation in the Law² (1985) 495 ff.

到因果关系锁链中时,则往往认定存在因果关系中断的情况。但这显然难以令人信服。例如,当被要求承担损害赔偿责任的行为人的行为为第三人的介入提供了可能,则前者行为构成第三人加害行为的条件,毫无疑问,此时应当认定成立因果关系。

Ofting/Stark[1] 的主张较为中肯,他们认为因果关系的中断并不涉及"自然因果关系",而仅仅涉及外在条件在法律上是否具有意义。换言之,涉及相当性的问题。总之,因果关系中断理论并不能为如何排除外在条件提供一个令人信服的论证理由;相反,其仅仅能够确定一个结果。所以,因果关系中断理论仅提供表面意义的论证,并不能达到归责限制的目的;相反,应当检讨究竟是否存在相当性因果。[2]

第三节 相当性

7/7　就损害赔偿责任的限定而言,相当性理论获得了最大范围的认同。相当性理论最初被认为是一种因果关系理论。但实际上,如上所述,其本质上是一种建立在价值裁量基础上的归责理论[3]。基于此种理论可以确定哪些因素可以决定将损害后果归入加害人的责任范围,换言之,哪些损害可以归责于责任人。加害人自身主观上的能力,虽然对于判断是否具有过错存在意义,但对于此种客观的责任限定却无法发挥作用[4]。

相当性理论具有各种各样的表现形式,但其具有一个共性,即将那些由偶然、客观上无法预见的各种情事相互作用所引发的非典型损害

---

[1] Haftpflichtrecht I^5 154.

[2] 参见 OGH 1 Ob 65/01t in JBl 2001, 656; 2 Ob 314/02v in ZVR 2004/37.

[3] *Bienenfeld*, Die Haftung ohne Verschulden (1933) 170; *F. Bydlinski*, Schadensverursachung 59 f; *Cantzler*, Die Vorteilsausgleichung beim Schadensersatzanspruch, AcP 156 (1957) 43 ff; *Larenz*, Schuldrecht I^{14} § 27 III b; *Lindenmaier*, Adäquate Ursache und nächste Ursache, ZHR 89 (1950) 239; *Spickhoff*, Folgenzurechnung im Schadensersatzrecht: Gründe und Grenzen, in: E. Lorenz (Hrsg), Karlsruher Forum 2007 (2008) 36. OGH 2 Ob 27/91 in JBl 1992, 255; 2 Ob 46/93 in ZVR 1995/73; 2 Ob 314/02v in ZVR 2004/37.

[4] 明确采取此种观点的判决参见 OGH 3 Ob 57/74 in JBl 1974, 372; 2 Ob 259/74 in ZVR 1975/158; 2 Ob 20/76 in ZVR 1977/58; vgl ferner 4 Ob 216/99i in EvBl 2000/41.

(untypische Schäden)排除在责任后果之外。依据 *Larenz* 的观点[1],在归责范围内排除上述非典型损害的深层次原因体现在,理性的行为人无法控制此种特殊的损害,因此无法通过行为人的自我决定(*Selbstbestimmung*)将该损害归责于行为人。F. *Bydlinski*[2] 进一步强调相当性理论与损害预防之间的关系,他指出,当行为人从事某种行为,客观上无法预见某种损害后果的发生时,即使强行将此种损害归责于行为人,也无法对潜在的行为人产生心理上的影响[3]。

如果将相当性理论限定于以过错为基础的责任范围,则上述论证是充分的。但对于无过错责任,此种论证却显得难以为继,因为无过错的危险责任并非建立在损害可以控制的基础上。虽然预防性思想在危险责任中具有一定的意义(上文边注 3/6),但其在危险责任中的作用显然小于其在过错责任中的作用,因此仅仅凭借预防性思想尚无法论证责任限制的正当性。所以,有些学者主张[4],只要损害赔偿义务并非建立在违反法律秩序的行为基础之上,则相当性理论就无法针对责任限制提供充分的内在正当性。

但不可忽视的是,无论是学说[5]还是判决[6]都明确主张,相当性理

---

[1] *Larenz*, Schuldrecht I¹⁴ § 27 III b; *derselbe*, Hegels Zurechnungslehre und der Begriff der objektiven Zurechnung (1927). Ebenso *Bienenfeld*, Haftung 170 f; F. *Bydlinski*, Schadensverursachung 60; *Cantzler*, AcP 156, 45 f; H. *Lange*, Begrenzung der Haftung für schuldhaft verursachte Schäden? Gutachten 43. Deutscher Juristentag I/1 (1960) 11.

[2] Schadensverursachung 60; siehe auch *Spickhoff* in: E. Lorenz (Hrsg), Karlsruher Forum 2007, 40 mwN.

[3] *Kramer*, Das Kausalitätsproblem im österreichischen und schweizerischen Unfallversicherungsrecht, Floretta-FS (1983) 695, 该作者认为上述分析难以令人信服,实际上这更多涉及风险领域的防范。*Kramer* 认为关键问题并非是加害人处缺乏可归责性,相反,其认为,不能将受害人的一般生活风险归责于相当性的后果(同样参见 *Mädrich*, Das allgemeine Lebensrisiko [1980]),这只是从不同角度分析同样的问题,没有解决如何划定界限的重要标准)。

[4] BGH in BGHZ 79, 259; NJW 1982, 1046 und 2669; H. *Lange*, Gutachten 43. DJT 11; vgl auch *Deutsch*, Haftungsrecht² Rz 797; *Larenz*, Verhandlungen des 43. Deutschen Juristentages II/C (1960) 50; *Michaelis*, Beiträge zur Gliederung und Weiterbildung des Schadensrechts (1943) 89 f, 100; J. G. *Wolf*, Der Normzweck im Deliktsrecht (1962) 2.

[5] *Apathy*, EKHG - Kommentar zum Eisenbahn und Kraftfahrzeughaftpflichtgesetz (1992) § 1 Rz 10; *Bienenfeld*, Haftung 261; *Lindenmaier*, ZHR 113, 216; *Spickhoff* in: E. Lorenz (Hrsg), Karlsruher Forum 2007, 43 ff; *Stoll*, Adäquanz und normative Zurechnung bei der Gefährdungshaftung, 25 Jahre Karlsruher Forum, Beiheft zu VersR 1983, 184. *Danzl*, EKHG⁸(2007) § 1 Anm 11.

[6] OGH 6 Ob 14/60 in ÖRZ 1960, 101; RG in RGZ 158, 34.

论可以在危险责任领域发挥限制责任范围的功能。从结果上看,上述观点具有合理性,毕竟危险责任也面临如何限制责任的问题。例如,在具体情况下,如果某种损害并非源自特定危险源,仍将此种损害归责于危险来源保有人则显然有失公平,因为可能只有在一个极其例外的由多个事件导致的因果锁链中方可发生此种特定的损害后果。危险责任系于特定的危险来源,但在上述情况下,损害后果如此特殊,以至于损害与特定危险之间的关系已经非常遥远,而正常情况下能够成立危险责任的特定危险完全不同于此种特殊情况,显然,危险责任在此情况下已经无法提供必要的正当性。

7/9　　当然,并非只有相当性理论才具有限定责任的功能,例如,针对非典型的损害后果可以通过一些具体的规范类型确定相应的侵权责任。[1]依据《奥地利民法典》第460条、第965条、第979条以及第1311条,针对无法满足相当性的损害也可以要求行为人承担侵权责任。[2] 但从规范表述来看,缺乏支持上述观点的论据。第1311条的规定体现了条件理论的适用前提,即如果没有行为人的特定行为,则不会出现此种损害。针对上述规定虽然可以作出如下解释,即行为人就因其过错所导致的偶然结果也需要承担责任,但正确理解应当是,过错并不必然辐射到加害原因所引发的全部后果(上文边注7/3)。

　　F. Bydlinski[3]认为,依据《奥地利民法典》第460条、第965条、第979条以及第1311条,没有相当性也可以要求行为人承担责任,因为侵害权利所直接保护的对象即可以引发损害。但情况并非如此,当适用《奥地利民法典》第1311条时,在该条第2句所规定的前两种情况下,并非总是涉及有关直接保护对象的损害,相反涉及结果损害。此时仍然存在相当性问题。

7/10　　因此,我个人认为,应当采取另外一种表述方法,即如果法律为了保护特定的法益而禁止某些特定的行为,则违反上述规定的行为即可引发

---

[1] 参见 H. Lange, Adäquanztheorie, Rechtswidrigkeitszusammenhang, Schutzzwecklehre und selbständige Zurechnungsmomente, JZ 1976, 200; Lange/Schiemann, Schadensersatz³ § 3 VII 3; Larenz, Lehrbuch des Schuldrechts I¹⁴(1987) § 27 III b 2; Stoll, 25 Jahre Karlsruher Forum 187.

[2] F. Bydlinski, Schadensverursachung 64 FN 149; Gschnitzer in Klang, ABGB IV/1², 687; OGH 8 Ob 187/80 in ZVR 1981/221; 2 Ob 49/89 in ZVR 1990/88.

[3] Schadensverursachung 64 FN 149.

责任。换言之,即使加害行为与侵害规范保护的法益所产生的损害之间的关系并不满足相当性要求,但只要行为规范的目的在于防止出现此种侵害的任何例外可能,则无论此种加害行为多么遥远,仍然可以满足责任承担的要求。即使一个客观的观察者无法预见到此种损害的发生,但在例外情况下仍然不能免责,因为立法者设定了一个特殊界限。保护对象并非必然是一种特定的法益,相反,保护性法律的目的可以体现为防止特定行为对广义财产的侵害。因此,如果一个规范旨在防止抽象的危险(abstrakte Gefährdung),则建立在具体危险之上的相当性将无适用余地。[1]《奥地利民法典》第 460 条、第 965 条、第 979 条以及第 1311 条第 2 句第二种情况所规定的保护性法律以及该条所规定的第三种情况,都属于行为规范,即规定了特定的行为方式,目的在于防止直接保护目的遭受意外的风险侵害,即使行为人无法预见此中风险,也在所不问。

《奥地利民法典》第 460 条、第 965 条、第 979 条以及第 1311 条第 2 句第二种情况与第三种情况所规定的超出相当性要求之外的侵权责任,应当建立在行为人故意侵权的基础上。在故意侵权情况下,通常在实际层面扩大了相当性关系的认定(参见下文边注 8/9)。鉴于过错程度与相当性认定之间的关系,我们应当作出如下区分,即如果过失引发事实构成该当性,在上述情况下,加害人应当仅就符合相当性要求的损害承担侵权责任。 7/11

虽然相当性理论处在权威地位,但其仍具有一些缺点。Wilburg[2] 首先针对相当性理论提出批评意见,他指出:"相当性理论的缺点体现在该原则的僵硬性,其仅仅徘徊于区分成立和拒绝损害赔偿义务两种情况。"他论证到,实际上相当性仅仅是一个相对确定的概念,就其可以进一步作出不同层次(Abstufung)的划分。基于不同的责任基础,Wilburg 将责任扩大到具有不同程度相当性的损害后果中,借以取代非此即彼的僵 7/12

---

[1] 参见 *Deutsch*, Begrenzung der Haftung aus abstrakter Gefährdung wegen fehlender adäquater Kausalität? JZ 1966, 556; *derselbe*, Haftungsrecht² Rz 315; *Brunner*, Die Zurechnung der Schadenersatzpflicht bei Verletzung eines » Schutzgesetzes « gem § 1311 ABGB, ÖJZ 1972, 116 f.

[2] Elemente 242 ff; ebenso *F. Bydlinski*, Zum gegenwärtigen Stand der Kausalitätstheorie im Schadensrecht, JBl 1958, 5 ff; *derselbe*, Schadensverursachung 62; *Karollus*, Schutzgesetzverletzung 380 ff. Vgl auch *H. Lange*, Begrenzung der Haftung für schuldhaft verursachter Schäden? Gutachten 43. Deutscher Juristentag I/1 (1960) 13.

硬责任认定模式,并主张一种与侵权法的结构相互关联的裁量方法[1]。《奥地利侵权责任法草案》第1310条第1款采纳了此种思想,认为在划定责任范围时,应当考虑归责基础的严重程度以及赔偿义务人所获得的利益。

上述尝试旨在保持相当性理论具有较好的动态性(beweglicher),其在德国法中[2]也具有明确的表现。但德国法并不认为在可归责于行为人的损害后果与归责事由之间具有特定的关联性;其论证更多采用公平原则以及诚信原则(《德国民法典》第242条)[3],但德国法并未较为准确地指出就上述此种判断究竟存在哪些可资参考的重要标准。

7/13　依据Wilburg的理论,应当通过规范的保护目的[4]、违法性的强度以及过错程度,相应地扩张相当性因果关系的边界。例如,如果加害人从事故意侵权行为,则较之于过失侵权,应当在更大范围内认定存在相当性因果关系[5]。就此需要考虑的是,在故意侵权情况下,行为人就因果关系锁链的遥远之处所发生的损害是否应承担责任?如果所有其他的责任认定要件具有同等重要的地位,则通过违法性的相互关联可达到限定责任的目的。毫无疑问,如果行为人有意地追求引发非常例外的损害结果,则上述观点无疑是正确的[6]。

7/14　依据F. Bydlinski[7]的观点,在因果关系认定呈现减弱的情况下,责任成立需要提高相当性的认定标准,以弥补纯粹的"潜在"因果关系的不足(参见上文边注5/79)。此时行为或者事件必须具有较强的危险性,

---

[1] 同样的观点参见 *Schilcher/Kleewein*, Österreich, in: von Bar (Hrsg), Deliktsrecht in Europa (1994) 67.

[2] 参见 aber auch *van Dam*, Tort Law 277;其他国家的更多分析可参见 *Koziol*, Natural and Legal Causation, in: Tichý, Causation 65 f.

[3] BGH in BGHZ 3, 261; NJW 1952, 1010; *von Caemmerer*, Kausalzusammenhang 19; *Lindenmaier*, Adäquate Ursache und nächste Ursache, ZHR 113 (1950) 242. 亦可参见 F. *Bydlinski*, JBl 1958, 5 f.

[4] 参见 *Stoll*, Adäquanz und normative Zurechnung bei der Gefährdungshaftung, 25 Jahre Karlsruher Forum, Beiheft zu VersR 1983, 186 ff; *Karollus*, Schutzgesetzverletzung 381.

[5] 在成文法中,《奥地利民法典》第338条即为典型代表。该条规定:"因发生争议导致占有人无法将标的物返还给所有权人,则占有人必须就此期间的意外毁损承担责任。"可见,占有人必须就非典型违反返还义务的后果承担责任。

[6] 参见 H. *Lange*, Adäquanztheorie, Rechtswidrigkeitszusammenhang, Schutzzwecklehre und selbständige Zurechnungsmomente, JZ 1976, 200.

[7] Schadensverursachung 75 f.

从而得以在替代因果关系、累积因果关系以及超越因果关系下成立责任。依据上述理论,在潜在因果关系下,只有当加害人的行为在一定强度范围内之于侵害具有具体的危险性时,其才承担责任,当然,就此还须讨论如下问题,即是否与确定因果关系的情况一样,加害人就遥远的结果损害应当仅在一定范围内承担责任。我个人不赞同此种主张,因为针对降低因果关系认定标准的情况,已经降低了责任成立构成要件的要求,即在责任成立时,行为人针对替代因果关系中"就近的"损害实施了较高危险性的行为。

第四节 规范的保护目的

一、规范保护目的理论导论

为了替代或在"相当性"理论之外发展其他限定责任范围的理论,奥地利法发展出了保护目的理论[1],该理论以成立责任的规范目的为出发点[2]。*Ehrenzweig*[3]最先意识到违法性具有相对性,他希望以此确定规范的保护范围。由于有关违法性的判断系于人的行为(上文边注6/3),所有行为要么违法要么合法,所以无法主张违法性具有相对性。相反,更为妥当的表述应当体现为,基于一个违法行为,行为人仅对违反禁止性规范的保护目的所造成的损害承担侵权责任,因为此种损害恰恰是该规范所欲禁止的。长期以来,奥地利的相关判决一直承认此种规范的保护目的[4],但其常常隐藏在区分直接损害与间接损害的背后。[5]

---

[1] *Rabel*, Das Recht des Warenkaufs I (1936) 495 ff; *Wilburg*, Elemente 244 ff; F. *Bydlinski*, Schadensverursachung 63; *Koziol*, Haftpflichtrecht I³ Rz 8/17 ff mwN.
[2] 《奥地利侵权责任法草案》第1310条明确规定了规范的保护目的。
[3] System II/1² 48; vgl auch *Esser*, Schuldrecht I²(1960) § 61 III.
[4] 具体参见如下判决:4 Ob 631/88 in SZ 61/269; 1 Ob 7/89 in SZ 62/73 = JBl 1991, 172 (*Rebhahn*); 1 Ob 44/89 in SZ 63/166; 1 Ob 173/03b in JBl 2004, 793.
[5] ZB OGH 1 Ob 665/34 in SZ 16/202; 2 Ob 330/61 in SZ 34/112; 2 Ob 37/93 in RdW 1994, 103; 2 Ob 22/97t in ZVR 2000/40; 3 Ob 278/02g in JBl 2003, 582 = ÖBA 2004, 628 (*Karollus*).

德国司法实践与理论都相应继受了规范保护目的理论。[1] 此外，即使有关直接原因必要性的表述掩盖了该理论，其他一些国家的法律[2]也认为规范保护目的理论具有积极意义。《欧洲侵权法原则》第3：201条也规定将规范目的作为确认责任范围的标准。

7/16　　有些学者尝试将相当性理论纳入规范保护目的理论中。[3] 此种努力令人感到惊讶，因为二者建立在完全不同的基础上。相当性理论从一个客观观察者的角度出发，检讨行为人的具体行为是否对某个特定的损害后果具有危险性；与之相反，规范保护目的理论的出发点体现为，究竟立法者基于公平的方式，通过特定的行为规范旨在禁止哪些损害。显然，相当性理论是以具体的方式判断哪些行为具有危险性，而规范目的保护理论是以一般抽象的方式判断行为的危险性。

　　当然，也有人提出如下论证理由[4]，即规范保护目的理论是唯一具有重要意义的理论，因为规范的设立目的并非在于防范那些盖然性之外的损害后果。但此种观点并非源于具体的责任规范，其反映了一个一般性规则的要求，所以采取上述观点也只能得出同样的结论，即一般只能通过侵权责任法的意义和目的，要求行为人就具有相当性的损害承担责任。

7/17　　更多学者认为，规范保护目的理论应当仅对于过错责任具有意义，因此，其也被称为违法性关联（Rechtswidrigkeitszusammenhang）。但由于规范保护目的理论仅仅体现为规范的目的性解释（teleologische Interpretation）的一般原则，所以其不仅在过错责任中具有限定责任范围的作

---

[1] *von Caemmerer*, Kausalzusammenhang 12 ff; *H. Lange*, Gutachten 43. DJT 42 f; *Lange/Schiemann*, Schadensersatz³ § 3 IX.

[2] *von Bar*, Deliktsrecht II Rz 475 ff; *Cousy/Vanderspikken*, Causation under Belgian Law, in: Spier, Unification: Causation 25 f; *van Dam*, Tort Law 277 ff; *Deakin/Johnston/Markesinis*, Markesinis &. Deakin's Tort Law⁶ (2007) besonders 389 ff; *Rogers*, Causation under English Law, in: Spier, Unification: Causation 40 f. Kritisch hingegen *Galand-Carval*, Causation under French Law, in: Spier, Unification: Causation 55.

[3] 就此种努力可参见 *Koziol*, Haftpflichtrecht I³ Rz 8/76; *Spickhoff*, Folgenzurechnung im Schadensersatzrecht: Gründe und Grenzen, in: E. Lorenz (Hrsg), Karlsruher Forum 2007 (2008) 21 f.

[4] 参见 *Lange*, Begrenzung der Haftung für schuldhaft verursachte Schäden Gutachten 43. Deutscher Juristentag I/1 (1960) 59.

用,而且在整个侵权责任法中,尤其是对危险责任(Gefährdungshaftung)[1],都具有意义。

规范目的在不同保护范围的层面发挥作用[2]:第一,规范必须正好旨在保护特定的受害人(人的保护范围)[3];规范的保护目的所涵盖的受害人必须为直接受害人[4]。第二,损害的类型也必须为规范目的所涵盖(物的保护范围)[5]。第三,涉及损害形成的方式,则必须是规范所调整的危险引发了损害(方式的保护范围)[6]。 7/18

通过规范目的,即确定责任的规范的原因及其意义,可以对损害归责作出一般性的限定。如上所述,此种限定一般源自规范的目的性解释[7]。此时应调查侵权责任法的保护目的[8];同时,侵权责任法的一般目的也应纳入考虑范围[9]。就哪些损害后果可以归责于责任人而言,必须时刻检讨设立义务的规范究竟建立在何种基础之上、规范的保护目的究竟指向哪些损害[10]。 7/19

需要强调的是,规范的目的并非泾渭分明;相反,只有损害中较小的 7/20

---

[1] 主张此种观点的还有 *Esser/Schmidt*, Schuldrecht I/2⁸ § 33 III 1 b; *Lange*, Gutachten 43. DJT, 54; *Hauss*, Referat, Verhandlungen des 43. DJ II/C (1960) 30; OGH 2 Ob 17/94 in ZVR 1995/135.

[2] 参见 *Rümelin*, Die Verwendung der Causalbegriffe im Straf-und Civilrecht, AcP 90 (1900) 304 ff; vgl nun etwa R. *Lang*, Normzweck und Duty of Care (1983) 33 f, 47 f, 82 ff; *Karollus*, Schutzgesetzverletzung 339 f; *Spickhoff* in: E. Lorenz (Hrsg), Karlsruher Forum 2007, 24 ff; OGH 7 Ob 53/82 in SZ 56/80.

[3] 参见 OGH 1 Ob 679/86 in SZ 60/2 = JBl 1987, 308. Zum Amtshaftungsrecht *Rebhahn*, Amtshaftung und Normzweck, JBl 1981, 512 mwN.

[4] 参见 *Koziol*, JBl 1971, 106; OGH 1 Ob 34/82 in SZ 55/190.

[5] 参见 der OGH 2 Ob 361/66 in JBl 1968, 35; 7 Ob 53/82 in SZ 56/80.

[6] *Rümelin*, AcP 90, 306. Ebenso OGH in 1 Ob 54/87 in SZ 61/43; 1 Ob 22/92 in SZ 66/77.

[7] *Larenz/Canaris*, Methodenlehre der Rechtswissenschaft³ (1995) 153 ff; F. *Bydlinski*, Methodenlehre² 436 ff. OGH etwa 2 Ob 75/94 in SZ 67/198 = JBl 1995, 260. 就如何探求规范目的可参见 F. *Bydlinski*, Schadensverursachung 63 f; *Karollus*, Schutzgesetzverletzung 347 ff, insbesondere 354 ff,该作者重点探讨了主观历史解释与客观目的性解释的关系。

[8] *Schmiedel*, Deliktsobligationen nach deutschem Kartellrecht (1974) 140 ff, und R. *Lang*, Normzweck 49 f,该作者强调,这涉及探求规范的保护目的,重点依据规范的目的解释该规范。

[9] 参见 R. *Lang*, Normzweck 113 ff.

[10] 就探求规范保护目的的具体方法可详细参见 *Schmiedel*, Deliktsobligationen 138 ff; vgl ferner *Burgstaller*, Das Fahrlässigkeitsdelikt im Strafrecht (1974) 98 f; *Welser*, Der OGH und der Rechtswidrigkeitszusammenhang, OJZ 1975, 43 ff.

核心部分能够明确为规范目的所涵盖,而就广泛的边界领域而言,该理论就显得力不从心,所以需要进一步分析。就此,需要依据其他归责要件的强度,尤其是过错的程度,在不同范围内将损害归责于行为人[1]。

7/21　　一般来说,在确定规范的保护目的时,需要考虑如下因素:行为是否因违反特定的保护性法律,如违反侵权法或者合同法上的注意义务而违法,将结果损害归责于加害人是否更具有可期待性,而对于那些孤立引发的损害似乎不应当要求行为人承担责任。在侵权法领域,侵害他人所有权可以引发由较远后果所形成的纯粹财产上的损害,如可得利润的丧失(上文边注 6/57)。在结果损害领域,虽然广义财产本身不能受到保护,但如果行为人的行为侵害了他人的法益造成结果损害,具有违法性,并且无须通过严格限定行为人行为自由的额外行为义务即可实现上述保护[2],则应当保护此种广义财产。

二、假设性合法替代行为的特殊问题

7/22　　所谓假设性合法替代行为[3]是指,针对从事违法行为的行为人,假设其从事了合法的行为,但损害后果仍然发生[4];此时提出如下问题,即行为人在此情况下是否应当就其引发的损害承担侵权责任。典型案例为[5]:机动车驾驶员驾车时过于靠近路边的一位骑自行车的人,撞倒了

---

[1] Siehe *Wilburg*, Elemente 245. Vgl auch OGH 2 Ob 575/91 in SZ 65/8.

[2] 就此种论证可参见 *Taupitz*, Haftung für Energieleiterstörungen durch Dritte (1981) 136, 140 ff; *Karollus*, Neues zur Konkursverschleppungshaftung und zur Geschäftsführerhaftung aus culpa in contrahendo, ÖBA 1995, 12 FN 48.

[3] *P. Bydlinski*, Schadensersatzrechtliche Überlegungen anlässlich eines Verkehrsunfalls, ZVR 1984, 194 f; *von Caemmerer*, Überholende Kausalität 30 ff; *Gotzler*, Rechtmäßiges Alternativverhalten im haftungsbegründenden Zurechnungszusammenhang (1977); *Hanau*, Die Kausalität der Pflichtwidrigkeit (1971); *Karollus*, Schutzgesetzverletzung 391 ff; *Keuk*, Vermögensschaden und Interesse (1972) 59 ff; *Kleewein*, Hypothetische Kausalität und Schadensberechnung (1993) 177 ff; *Koziol*, Rechtmäßiges Alternativverhalten-Auflockerung starrer Lösungsansätze, Deutsch-FS (1999) 179; *Lange/Schiemann*, Schadensersatz[3] § 4 XII 1 ff; *Münzberg*, Verhalten und Erfolg 128 ff; *Ulsenheimer*, Das Verhältnis zwischen Pflichtwidrigkeit und Erfolg bei den Fahrlässigkeitsdelikten (1965); *Welser*, ÖJZ 1975, 43 ff.

[4] 仅仅存在损害由合法行为引发的抽象可能,并不能免责;如要免责,必须证明此种损害事实上的确可能由合法行为造成。参见 BGH in NJW 1993, 520; *Oetker* in MünchKomm, BGB II[5] § 249 Rz 215.

[5] BGH in BGHSt 11, 1 = JZ 1958, 280.

他并且碾压过去,但问题是,即使保持合法的距离,仍然会发生此种损害,因为骑车人完全醉酒了。经常讨论的问题还涉及如下情况:一位医生并未向患者详细说明手术风险即实施了手术,事后发生了损害;针对患者提出的损害赔偿请求,医生抗辩,即使自己提前解释说明并且获得患者同意,此种损害仍然会发生[1]。此外,还有一个非常有名的案件:法律规定雇员罢工应当事前与雇主磋商并遵循五天期限,只有在此前提下方可合法罢工,但工会实际上漠视上述规定即宣布罢工。针对雇主的赔偿请求,工会提出如下抗辩,即使磋商五天也不会有结果,罢工仍然会发生[2]。此外,如下案例也引起热烈讨论:在没有获得逮捕令的情况下,宪法执行机构的官员即逮捕了犯罪嫌疑人,在有关国家损害赔偿的诉讼中,该组织提出抗辩,认为相关负责法官反正会同意发出逮捕令[3]。

上文(边注 5/122 以下)已经指出,假设性合法替代行为的情况乍看起来属于累积因果关系或者超越因果关系[4],但二者之间存在区别[5]。在超越因果关系中涉及如下情况,即两个事实上都具有危险性的事件都已现实发生,并且都构成损害后果的潜在原因。而在假设性合法替代行为情况下,仅仅涉及一个行为,并且该实际发生的行为导致了损害发生;其中假设的合法行为实际上并未发生,只是纯粹理论上的假设,当然也就不存在具体危险的问题。 7/23

与此相关的是,在发生假设性合法替代行为的情况下,原则上只有当其行为属于积极行为时(上文边注 5/122),行为人方就其行为所引发的损害承担赔偿责任。而在不作为情况下,若即使作出符合法律要求的积极作为,此种损害仍然可能发生,即缺乏因果关系,行为人不承担责任[6];反之,只有当从事特定的积极作为能够防止此种损害的发生,并且 7/24

---

[1] 具体参见 Giesen, Arzthaftungsrecht⁴ (1995) 199 ff, 411 ff.
[2] 具体参见德国联邦劳动法庭的判决 BAGE 6, 321.
[3] OGH in 1 Ob 35/80 in SZ 54/108 = JBl 1982, 259; 1 Ob 30/86 in SZ 59/141.
[4] 就此具体参见 Oetker in MünchKomm, BGB II⁵ § 249 Rz 211f.
[5] 参见 Deutsch, Haftungsrecht² Rz 186; Kleewein, Hypothetische Kausalität 177 f; Mayrhofer, Schuldrecht I³ 281.
[6] Burgstaller, Das Fahrlässigkeitsdelikt im Strafrecht (1974) 131 f; Karollus, Schutzgesetzverletzung 392 f; Mayrhofer, Schuldrecht I³ 281; Welser, Der OGH und der Rechtswidrigkeitszusammenhang, ÖJZ 1975, 44; OGH zB 1 Ob 785/83 in SZ 56/181 = JBl 1984, 554; 1 Ob 520/93 in JBl 1994, 338 = ZVR 1994/38; 7 Ob 238/04d in JBl 2009, 247.

实际上可以作出此种行为时，方可认定不作为构成发生损害的原因。[1] 只有将假设性合法替代行为视为潜在因果关系下的子类型，并且能够相应地适用超越因果关系的规则，不作为行为人才承担全部或者至少部分责任(参见上文边注 5/110 以下)。

在假设性合法替代行为中，虽然事实上所发生的积极作为是构成损害的条件，但就此可能并不存在因果关系，相反，存在另外一种归责问题类型(anders geartete Zurechnungsproblematik)[2]。依据通说，这涉及违法性与实际发生的损害之间的关联性。[3] 就此提出如下问题，即是否应依据行为规范的目的，在假设行为人从事合法的替代行为仍无法避免此种损害后果的情况下，要求行为人承担侵权责任。

7/25　　值得注意的是，假设性合法替代行为的抗辩事由可以导致行为人完全免责。例如，当法律或者合同禁止某种特定的行为时，如果合法性替代行为仍然可以引发此种损害，则此种行为规范的基础就会落空，因为此时无法实现预防损害的目的，丧失了行为违法性的意义[4]。但是，即使从该角度出发，如果行为的违法性扩大了损害的范围，则不能简单以合法的替代性行为为理由免除加害人的责任。

7/26　　依据目前通说[5]，如果行为规范的目的并非主要在于防止损害的发

---

[1] 参见 *Koziol*, Wegdenken und Hinzudenken bei der Kausalitätsprüfung, RdW 2007, 12.

[2] 具体参见 *Burgstaller*, Fahrlässigkeitsdelikt 132. Das Problem verkennend *Gotzler*, Alternativverhalten 104 ff.

[3] 同样观点可参见 *Deutsch*, Haftungsrecht² Rz 188; *Gotzler*, Rechtmäßiges Alternativverhalten im haftungsbegründenden Zurechnungszusammenhang (1977) 139 ff; *Welser*, ÖJZ 1975, 44. *Burgstaller*, Fahrlässigkeitsdelikt 78f, 132 nimmt hingegen ein eigenständiges Zurechnungsproblem an.

[4] 参见 *von Caemmerer*, Überholende Kausalität 31 f; *Esser/Schmidt*, Schuldrecht I/2⁸ § 33 III 2 a; *Gotzler*, Alternativverhalten 89 ff; *Münzberg*, Verhalten und Erfolg 137; OGH 2 Ob 52/56 in ZVR 1956/132; 8 Ob 38/78 in ZVR 1978/314; 1 Ob 8/78 in SZ 51/126 = JBl 1979, 487; 1 Ob 22/91 in JBl 1992, 316; 2 Ob 21/92 in ZVR 1993/122.

[5] *W. Berger*, Die zivilrechtlichen Folgen von Grundrechtsverletzungen in Österreich, EuGRZ 1983, 241; *von Caemmerer*, Überholende Kausalität 31 f; *Deutsch*, Haftungsrecht² Rz 193; *Kleewein*, Hypothetische Kausalität und Schadensberechnung (1993) 181 ff; *Lange/Schiemann*, Schadensersatz³ § 4 XII 4 ff; *Mayrhofer*, Schuldrecht I³ 281; *Mertens* in Soergel, BGB III¹² Vor § 249 Rz 164 f; *Schiemann* in Staudinger BGB²⁰⁰⁵ § 249 Rz 104 ff; OGH 1 Ob 35/80 in SZ 54/108; 1 Ob 30/86 in SZ 59/141 = JBl 1987, 244. Dagegen *P. Bydlinski*, Schadensersatzrechtliche Überlegungen anlässlich eines Verkehrsunfalls, ZVR 1984, 196; *Gotzler*, Alternativverhalten 94 f, 121 ff; *Grunsky*, AcP 178 (1978) 333 f; *Harrer* in Schwimann, ABGB VI³ §§ 1301, 1302 f Rz 54; *Keuk*, Vermögensschaden und Interesse (1972) 68 f.

生，而在于排除特定的行为方式（Verhaltensweise），则行为人并不能有效援引合法性替代行为作为抗辩事由，其仍然必须承担全部责任。因此，保护性规范并非总是将侵害他人法益系于一种特定的程序。如果在此需要考虑合法的替代行为抗辩事由，则需有效论证如下问题，即为什么可以规避法律针对所有人提供的具有确定保障的法律救济的机会，该程序通常需要经过几个审级，或者为什么可以规避当事人的自我决定——这在医疗责任中尤为典型。依据上述理论，损害赔偿请求权也具有重要的预防功能。

Karollus[1] 对当前有关假设性合法替代行为的通说以及司法判决提出了异议，通过借鉴刑法中的"风险提高理论"（Risikoerhöhungstheorie）[2]，他在一定程度上得出了不同的结论。他指出，对于损害结果的客观归责，应满足如下充要条件，即较之于假设性的合法替代行为，具体违法行为提高了发生损害的风险。

但是，Hanau[3] 在此之前已经对继受上述理论提出了批评意见；他指出，侵权法的目的在于损害赔偿，而刑法的目的在于惩戒提高风险的行为。虽然 Karollus 对此种批评进行了反驳，但显然，Hanau 的批评意见更能令人信服。的确，刑法的主导思想体现为惩罚性，因此，在出现危险行为时即可实施刑事惩罚，不必等到发生一定的损害后果。而在侵权责任法中，只有当事实上已经发生的损害可以归责于行为人时，方可令其承担损害赔偿义务。如果仅仅存在提高发生损害风险的行为而没有现实的损害发生，显然无法针对行为人施加损害赔偿义务。就侵权责任法而言，仅仅凭借惩罚与预防性考量，通常尚不足以成立侵权责任，这一点 Karollus[4] 也表示赞同。

Korollus 观点中最关键、也是其本人极力主张的一点，集中体现在实体法层面对于结果的确认功能。具体而言，从事具体危险行为的人，提高

---

[1] Schutzgesetzverletzung 399 ff. Ihm folgend OGH 2 Ob 594/95 in RdW 1996，114.

[2] 参见 vor allem Roxin, Pflichtwidrigkeit und Erfolg bei fahrlässigen Delikten, ZStW 74 (1962) 430 ff; Burgstaller, Fahrlässigkeitsdelikt 135 ff.

[3] Die Kausalität der Pflichtwidrigkeit (1971) 130; vgl auch Deutsch, Begrenzung der Haftung aus abstrakter Gefährdung wegen fehlender adäquater Kausalität? JZ 1966, 557 f.

[4] Schutzgesetzverletzung 400. 仅仅提供了发生损害的可能，并不足以成立损害赔偿责任。依据 Karollus 自己的观点，在发生损害时，如果能够证明即使不发生增加损害风险的行为，仍然会出现此种损害，同样不成立责任。这也可以充分证明上述观点。

了致害风险并实施了违法行为,其必须承担整个解释风险的任务,即承担举证责任。换言之,行为人必须证明,在所涉案件中,其行为并未真正增加致害的风险。从惩戒与预防功能的角度出发,令从事违法行为的人承担举证责任完全具有正当性,因为必须禁止行为人从事具有危险性的行为,并且行为人自身也无法解释其为何有权作出此种危险行为。显然,应当由从事违法行为的人,而不是受害人负担此种证明义务。

7/29　　但是,即使必须采纳当前通说的原则性观点,就此仍然应作出重大修正和进一步的明确说明。

依据通说,如果行为人能够证明如下抗辩理由,即假设行为人作出合法性替代行为,仍然不能避免损害后果发生,则其可以免责。从结果来看,其与认定超越因果关系情况下的责任方式一致,即一个加害行为与一个偶然事件两者之一导致损害结果发生(参见上文边注 5/115)。虽然合法性替代行为抗辩理由与超越因果关系事实上并非完全一致,但在价值裁量方面却具有可比性,即二者都涉及一个违法过错行为真正引发了现实损害,而另外一个行为在理论上同样可以引发此种损害。二者的区别体现在:超越因果关系涉及两个都已经发生的行为或者事件,而假设性合法替代行为中却只有一个现实发生的加害行为。上述两种情况都涉及如下价值裁量的问题,即针对现实行为引发的损害,是否因另外一个并没有真正引发损害的行为或事件,而使得行为人可以免责。依据行为规范的目的,从事违法行为的加害人是否应当就其所引发的损害以及潜在可能引发的损害承担责任的问题的特殊性体现在,另外一个事件或者行为在理论上也可以引发上述损害,这一点体现在假设因果关系与假设性合法替代行为抗辩中。由于二者缺乏本质区别,就此应当同等对待[1]。

7/30　　依据目前通说,在主张假设性合法替代行为抗辩理由的情况下,应当进一步依据不同情况作出不同处理;就此须考察,究竟采取主观计算还是采取源于权利继续思想的客观计算。在后者情况下,损害取决于加害行为发生之时的市场价值,而不考虑加害行为发生之后通常是理论上假设的后果所可能引发的损害。但如果第三人享有合法排除、消灭或者变更该物的权利,则该物的价值将会减少,就此不可不察。

---

[1] 参见 *Koziol*, Rechtmäßiges Alternativverhalten - Auflockerung starrer Lösungsansätze, Deutsch-FS (1999) 180 ff.

如果采纳 F. Bydlinski 的观点,在超越因果关系下采纳主观计算方式,则在加害原因与其他偶然事件共同竞合导致损害后果发生时,应当类推适用《奥地利民法典》第 1304 条或者《德国民法典》第 254 条,采取责任分担的处理方式(参见上文边注 5/87),即加害人并不能完全免责。针对假设性合法行为抗辩也必须采纳此种责任分担模式。具体而言,合法性替代行为在影响责任认定的效果上,显然不应当超过假设因果关系中现实发生的可能引发损害的潜在原因行为对责任范围的影响。采取责任分担模式要求加害人就不法行为所引发的损害承担责任,而将不可归责的合法性替代行为归结于受害人应当承担的风险领域。值得注意的是,如果在合法性替代行为仍然可以导致损害的情况下,认定受害人自身具有过错,则责任分担将会出现不利于受害人的结果。例如,在上述机动车碾压骑自行车人的案件中,由于骑车人自身酩酊大醉,具有过错,以至于驾驶人即使尽到了遵守交通规则的义务,仍然会撞到他,因而骑车人必须承担其自身领域出现意外情况的风险,而且还因其自身醉酒的违反注意义务行为负担更重的责任(上文边注 5/88)。因此,骑车人与机动车驾驶人应当分别承担 3∶1 的责任份额。反之,如果因为一阵大风将醉酒骑车的人吹倒在正常驾驶通过的机动车下,则二人等额承担损害后果应是公平的处理方式。

不无争议的是,在主张假设性合法替代行为抗辩事由的情况下,如果行为人仅未遵守法律规定的相关程序性规定(Verfahrensvorschriften),合法性替代行为的抗辩事由是否可以令行为人完全免责?笔者认为,应当采取缓和措施,因为行为人至少应当承担部分责任,此时,判断责任分担的比例取决于行为人违反程序性规定的严重程度。法律规范可分为防止发生损害的规范与仅要求遵守特定程序的规范,就此有人提出了批评意见[1]。而我提出的上述解决方案,应当能够积极应对此种批评意见。针对上述防止损害后果发生的规范与遵守特定行为方式的规范的类型区分,的确存在很好的质疑理由。原因在于:一方面,任何一个规范都旨在禁止特定的行为;而另一方面,任何一个行为规范的目的都在于防止损害发生。严格区分上述引起不同法律后果的两种类型的规范显然是难以做

---

[1] 重点参见 P. Bydlinski, Schadensersatzrechtliche Überlegungen anlässlich eines Verkehrsunfalls, ZVR 1984, 196; Karollus, Schutzgesetzverletzung 405 f.

到的。因此，上述区分直接导致责任要么全有要么全无的结果，显然是难以令人信服的。正确的做法应当是，赋予要求行为人遵守特定行为模式的法律规范以不同的责任影响程度。申言之，如果一个严格设定的程序性规定明确旨在特别保护高位阶的法益，则其可以在责任认定时构成最为重要的判断要素。

7/32　　Karollus[1]也认为，只有在极少数情况下可以完全免除加害人的责任。具体而言，若行为人没有遵守法定的程序规定，而如果法律的目的在于极力避免损害后果的发生，尤其是为了保护特定位阶的法益，如无司法授权不得剥夺他人行为自由，此时仅仅凭借假设性合法替代行为并不能免责。从结果来看，其观点与上述分析保持一致。所以，当旨在保护受害人的特定程序，如法庭拘捕程序，未获得遵守，或者违反了原则性的程序原则，从而导致严重侵害权利的后果时，可以完全排除假设性合法行为的抗辩事由。

但是，如果仅仅违反了管辖性的规定或者出现形式方面的瑕疵，则通常不能排除适用假设性合法替代行为的抗辩。[2]例如，在上述罢工案件中，工会并未遵守必要的法定五天等待期限即采取罢工，该期限的目的在于要求工会极力寻求通过商谈的方式避免罢工发生。在此情况下，不应排除适用假设性合法替代行为的抗辩事由。[3]

7/33　　针对医生未详细向患者做充分解释说明即采取手术的案件中所产生的问题，有必要作进一步的分析。由于患者并未就其手术的风险获得充分的解释说明，因而无法有效地作出同意表示，其在理论上遭受了侵害；但从权威理论观点来看[4]，只要医生就此可以举证证明，在其尽到详尽的解释说明义务时，患者必然会同意手术，而损害在此种情况下仍然会发

---

[1]　Schutzgesetzverletzung 405 ff.

[2]　亦可参见 W. *Berger*, Die zivilrechtlichen Folgen von Grundrechtsverletzungen in Österreich, EuGRZ 1983, 241; OGH 1 Ob 42/90 in SZ 64/23 = JBl 1991, 647.

[3]　参见 *Karollus*, Schutzgesetzverletzung 407. 德国联邦劳动法庭的判决采取不同观点，参见 BAGE 6, 321. 参见 *Bötticher*, Zur Ausrichtung der Sanktion nach dem Schutzzweck der verletzten Privatrechtsnorm, AcP 158（1959/60），387 ff; *von Caemmerer*, Überholende Kausalität 33 f; *Larenz*, Präventionsprinzip und Ausgleichsprinzip im Schadensersatzrecht, NJW 1959, 865; *Niederländer*, Hypothetische Schadensereignisse, JZ 1959, 617.

[4]　*Schramm*, Der Schutzbereich der Norm im Arzthaftungsrecht (1992) 246 ff mwN; OGH 1 Ob 42/90 in SZ 55/114 = JBl 1983, 373 (*Holzer*); 1 Ob 651/90 in SZ 63/152 = JBl 1991, 455; 5 Ob 1573/91 in JBl 1992, 391; 1 Ob 532/94 in SZ 67/9 = JBl 1995, 245 = RdM 1994, 121 (*Kopetzki*); 4 Ob 509/95 in JBl 1995, 453 (*J. W. Steiner*) = RdM 1995, 91 (*Kopetzki*); 1 Ob 254/99f in SZ 72/183 = JBl 2000, 657 (*Jabornegg*).

生，医生即可免责。

但仍有很多学者主张[1]，应当排除假设性合法替代行为的抗辩事由。例如，要求医生通过解释说明方可获得患者同意的立法目的在于保护患者的决定自由，使其能够获得与医生详尽的对话机会，并且在特定情况下获得选择医生的权利。而在医生可以获得、但并未遵守上述规定真正获得患者同意的情况下，医生应当就手术给患者带来的损害承担责任，即使其本来可以不实施该项手术。支持此种观点的理由体现在，医疗手术涉及保护患者就其身体所享有的自我决定权，而这具有极其重要的价值。但是，并非所有"违反程序"都如此严重，以至于基于预防性目的，都可要求毫无限制地认定存在全部医疗侵权责任。例如，医生并未向患者就诊疗风险作出详尽的说明，原因可能是医生自身没有认识到此种风险，或者医生之于患者自身的利益没有作出此种详尽说明，当然此种做法有违法之嫌，此时同样缺乏有效的患者同意。因此，在并非严重违反此种说明义务时，应当采纳本书所主张的观点，即责任分担，就此需要考量违反说明义务的程度。在医生严重违反说明义务的情况下，如实施手术之前，并没有尽力去获得患者的同意，或者对各种风险完全没有作出必要的说明时[2]，不应对医生的侵权责任做出任何限制。

如同假设性合法替代行为抗辩事由在其他情况中所出现的那样，在医疗侵权中也可能出现行为人承担全部责任的情形。例如，行为人虽然享有采取其他合法有效的手段的自由，但仍然有意识地决定实施法律所禁止的行为，此时其不应享有假设性合法替代行为的抗辩事由。在有意识地选择采取违法行为时，预防性思想具有重要的作用，所以，即使行为人仅仅轻微违反相应的重要行为规范，但已经足以成立全部侵权责任。不仅在故意违反程序性要求的情况下，而且在违反其他行为规范故意实施侵害行为的情况下，行为人都应当承担全部责任。例如，市场中的竞争参与者，有意识地通过不正当竞争行为给同业竞争者造成损害，其必须承担赔偿责

---

[1] *von Caemmerer*, Überholende Kausalität 34 ff; vgl auch *Deutsch*, Schutzbereich und Tatbestand des unerlaubten Heileingriffs im Zivilrecht, NJW 1965, 1985; *Giesen*, Arzthaftungsrecht[4] (1995) 199 ff, 411 ff.

[2] 参见德国联邦法院的判决：BGHZ 106，391；NJW 1991，2346；sowie *Medicus* in Staudinger, BGB[1980] § 249 Rz 114，认为只有在"严重违反医生应尽的义务"情况下，方可排除此种抗辩。*Mertens* in Soergel, BGB III[12] Vor § 249 Rz 166，认为只有在完全缺乏患者同意的情况下方可成立责任。

任,不得通过提出假设性抗辩,如正当竞争同样可以造成此种损害而免责。

□ 第五节　他人意思活动的介入

7/35　　主要是 Larenz 教授[1]强调如下观点,即基于其他事由,可导致损害后果的归责无法满足相当性的要求,或者缺乏违法性的相互关联而无法成立侵权责任。他强调,在非因责任成立事由所诱发,而是由受害人或者第三人自身独立决定(selbständigen, durch den haftungsbegründenden Vorgang nicht herausgeforderten Entschluss)造成损害的情况下,无法成立侵权责任。受害人以及第三人必须独立承担其自身独立行为所引发的损害后果。从价值裁量的角度出发,不得将此种扩大的损害归责于此前的加害人[2],原因在于:一方面,加害人的行为并未引发受害人或者第三人的后续行为,并且二者之间也缺乏"内在关联"(innerer Zusammenhang);另一方面,受害人或者第三人的自愿行为是造成损害的最重要的原因[3]。

7/36　　仅凭借加害人引发受害人或者第三人作出行为的理论,尚不足以就个案中归责问题作出充分论证。同样,在引发其他人作出侵害行为的意

---

[1] *Larenz*, Lehrbuch des Schuldrechts I¹⁴ (1987) § 27 III b 4; *derselbe*, Zum heutigen Stand der Lehre von der objektiven Zurechnung im Schadensersatzrecht, Honig-FS (1970) 79. In der Sache entsprechend *Deutsch*, Regreßverbot und Unterbrechung des Haftungszusammenhanges, JZ 1972, 551, 其例外采用了"因果关系中断"的表述方式。vgl auch *Friese*, Haftungsbegrenzung für Folgeschäden aus unerlaubter Handlung (1968); *Oetker* in MünchKomm, BGB II⁵ § 249 Rz 151 ff; *Schiemann* in Staudinger, BGB²⁰⁰⁵ § 249 Rz 58 ff. Kritisch *Niebaum*, Die deliktische Haftung für fremde Willensbetätigungen (1977) 57 ff; *Zimmermann*, Herausforderungsformel und Haftung für fremde Willensbetätigung nach § 823 I BGB, JZ 1980, 10. 就刑法中相关的归责问题参见 *Burgstaller*, Erfolgszurechnung bei nachträglichem Fehlverhalten eines Dritten oder des Verletzten selbst, Jeschek-FS (1985) 357.

[2] 此外还有一个附带的问题,即此处所讨论的排除归责的问题是否可交由规范保护目的解决。至少这些应当建立在一个统一的思想基础上,之后可以分别处理。亦可参见 *Deutsch*, JZ 1972, 553. 奥地利最高法院在其 2 Ob 227/21 in SZ 44/188 案件中,即通过规范的保护目的处理此种案件。

[3] 参见 *Friese*, Haftungsbegrenzung 247 f. So in den sogenannten »Grünstreifenfällen« BGH in BGHZ 58; 162, 167 = NJW 1972; 904; dazu *Oetker* in MünchKomm, BGB II⁵ § 249 Rz 153 f mwN.

思活动,如精神上的因果关系[1]情况下,也难以作出是否具有违法性的判断,就此必须采取广泛的价值裁量。基于此种价值判断,如果在应当由受害人本人或者第三人,而不是第一顺位的加害人承担此种损害后果的情况下,令加害人承担整个损害,这显然是不公平的。

但是,如果第三人有意识地,即故意引发特定的损害,此种故意行为在过错中通常具有更大的作用[2],而其他要件也可能导致完全迥异的责任后果。例如,保管人不善保管寄存之物,给第三人过失损害、甚至故意毁坏该寄存物提供机会,则显然不能免除保管人的损害赔偿责任[3]。同样,如果监护人未尽到对未成年人的监护义务,导致第三人故意侵害该未成年人,则监护人应当承担侵权责任。上述两个案例表明,被违反的义务的目的就在于防止此种特定损害的发生,而所发生的损害恰恰属于行为人所违反的规范保护目的的核心领域。

现假设第一加害人侵害受害人,在此后的医生诊疗过程中,因错误治疗导致损害扩大,在此情况下,由于加害人扩大了受害人遭受进一步损害的风险,在医生承担侵权责任之外,其也应当继续承担此种扩大损害的赔偿责任[4]。相反,如果医生故意实施错误治疗,则第一加害人显然不应当承担此种扩大的损害的赔偿责任[5]。原因在于:一方面,从归责事由的角度出发,医生的故意侵权行为构成最为重要的归责事由;而另一方面,加害人处的归责事由仅具有降低强度,加害人的过错仅涉及第一次损害,而与此后的扩大损害之间几乎没有什么相当性关系。

Friese[6] 提出了一个因第三人的独立介入行为而导致第一加害人完全免责的很好的例子:第一加害人过错导致受害人遭受身体伤害,无法自由活动,此后,第二加害人将受害人推倒在地并实施抢劫。而针对如下案例则存在争议:第一加害人过失侵害他人导致其丧失意识,第二加害人

---

[1] 参见 *Koziol*, Haftpflichtrecht I³ Rz 4/52 ff.

[2] 在共同过错中早已承认了这一点,即如果加害人故意从事侵权行为,则不再考虑受害人的轻微过失,受害人可以要求全额赔偿。参见上文边注 6/211 的详细分析。

[3] 参见 *Deutsch*, JZ 1972, 553.

[4] 保守观点可参见 *Zimmermann*, JZ 1980, 15. *Burgstaller*, Das Fahrlässigkeitsdelikt im Strafrecht (1974) 119, 该作者认为, 在医生具有重大过失的情况下, 不能要求第一个加害人承担损害后果。

[5] 参见 *Burgstaller*, Fahrlässigkeitsdelikt 117.

[6] Haftungsbegrenzung für Folgeschäden aus unerlaubter Handlung (1968) 245 f.

趁机盗窃其财产[1]。我个人认为，第一加害人不应当就盗窃所产生的损害承担责任，因为第二加害人的主观故意盗窃行为的严重程度显然大大超过了第一加害人的过错行为，后者仅仅涉及人身伤害，而且其加害行为与盗窃所致的财产损害之间缺乏必要的相当性。

7/39　　在因受害人自身行为导致损害发生时，如果受害人有意识地违反防止损害扩大的义务，或者有意识地不当扩大损害[2]，则应采纳上述有关免除加害人责任的分析论证。据此，受害人自身未尽到防止损害扩大的义务所致的扩大损害以及额外的损害，不可归责于加害人。例如，受害人躺在医院中，无论其本人还是其家属都不需要租赁汽车，此时显然不能令加害人承担租赁汽车的费用。此外，被损害的汽车仅仅是一辆普通的小型汽车，但受害人租赁了一辆豪华车作为替代车辆，则加害人显然不应赔偿此种费用。但是，受害人遭受人身损害之后，高位截瘫，因不愿意再接受进一步的治疗而决定自杀的，此种死亡损害应当可归责于加害人。[3]

7/40　　司法判决与学理上都普遍承认[4]，在追捕过程中，追捕人遭受的损害应当由引发追捕的行为人承担，但不能将整个损害都归责于引发追捕的行为人。只有在为了整个公共利益或者受害人的利益而实施追捕的情况，才能将追捕人所受损害归责于引发追捕的行为人。反之，如果通过利益裁量，能够确定追捕所威胁的利益位阶高于追捕所保护的利益，则不能将追捕人的损害归责于引发追捕的人。如果追捕威胁到更为重要的利益，导致追捕本身缺乏正当性，则追捕行为具有可非难性。如果追捕人自身已经意识到其行为对自身利益构成不当威胁，但其仍然继续实施追捕行为，则此种风险的提高显然归结于追捕人的自愿行为。所以，明知不应采取但实际采取了威胁自身安全的行为，由此所引发的后果应当完全归责于追捕者本人，而不应由引发追捕的行为人承担[5]。如果追捕的确具

---

[1] 参见 *Friese*, Haftungsbegrenzung 245 f mwN；ähnlich auch BGH in NJW 1997, 865（该案涉及因交通事故导致保险箱被毁从而发生盗窃事件），就此参见 *Schiemann* in Staudinger, BGB²⁰⁰⁵ § 249 Rz 60 ff.

[2] *Koziol*, Die Schadensminderungspflicht, JBl 1972, 225.

[3] OGH 2 Ob 314/02v in ZVR 2004/37.

[4] *Larenz*, Lehrbuch des Schuldrechts I¹⁴ (1987) § 29 I b；*Koziol*, Haftpflichtrecht I³ Rz 4/55 und Rz 8/42；*Oetker* in MünchKomm, BGB II⁵ § 249 Rz 164 ff, jeweils nwN.

[5] So im Ergebnis wohl auch *Deutsch*, Haftungsrecht² Rz 173；*derselbe*, Regreßverbot und Unterbrechung des Haftungszusammenhanges, JZ 1967, 643；*Larenz*, Schuldrecht I¹⁴ § 27 III b 5. BGH in BGHZ 57, 25；BGHZ 63, 189.

有正当性,则应当依据《奥地利民法典》第 1304 条、《德国民法典》第 254 条,相应减轻追捕人的责任。如果追捕人应当知晓,被追捕行为威胁的被追捕人的利益高于追捕所保护的利益,则应当认定在追捕过程中受损害的追捕人具有共同过错。

在实施救助行为时,也应当采取上述利益裁量,不应当将所有损害后果都归责于第一个行为人。[1]

7/41

此外,在加害人致使受害人遭受伤残的情况下,如果受害人自身实施的不当行为导致其再次受伤,虽然加害人应当承担责任,但受害人具有共同过错,应相应减轻加害人的责任。[2]

第六节 责任最高限额

瑞士法以及其他一些国家的法律[3]原则上针对危险责任不设定最高赔偿限额[4],而德国法和奥地利法却通常在危险责任中设定最高限额[5]。

7/42

从有关《火车与机动车责任法》(EKHG)的详细注解[6]中可以发现,最高限额的目的在于平衡、弥补无过错的经营者或者风险保有人责任的严苛性。其中最为重要的论证理由体现在:如果期待危险物的保有人在经济上可以承担特定风险所致的损害,那么就必须通过最高限额的方式,

---

[1] 参见 *Larenz*, Schuldrecht I^{14} § 27 III b 5; *Lüer*, Die Begrenzung der Haftung bei fahrlässig begangenen unerlaubten Handlungen (1969) 148; *Niebaum*, Die deliktische Haftung für Willensbetätigungen (1977) 112 f; *Welser*, Der OGH und der Rechtswidrigkeitszusammenhang, ÖJZ 1975, 6; OGH 2 Ob 15/05b in SZ 2005/40.

[2] OGH 2 Ob 139/88 in ZVR 1989/130.

[3] *B. A. Koch/Koziol*, Comparative Conclusions, in: B. A. Koch/Koziol, Unification: Strict Liability 428 f.

[4] 参见 *Oftinger/Stark*, Haftpflichtrecht I^5 414 f.

[5] 参见 *Will*, Quellen erhöhter Gefahr (1980) 306 f; *Taschner*, Begrenzung der Gefährdungshaftung durch Haftungshöchstsummen, in: Schlechtriem/Leser (Hrsg), Zum Deutschen und Internationalen Schuldrecht (1983) 77 f; *Koziol*, Haftpflichtrecht I^3 Rz 6/24.

[6] 470 BlgNR 8. GP zu den §§ 12 und 13.

将强制责任保险的费用限定在可以承受的范围内。[1]

7/43　　通过最高限额的方式限定责任范围的做法,实际上缺乏正当性。特殊风险构成独立的归责事由,并且在较为激进的立法模式中,其与过错责任具有同等重要的地位(参见上文边注 6/148 以下)。既然针对过错责任并未设定最高限额,则针对危险责任亦应如此。[2] 令受害人而不是加害人承担过高的损害后果,显然缺乏令人信服的理由,毕竟危险来源是由加害人出于自身利益而引起的。[3] 由于危险责任往往导致具有最高权利位阶的身体健康法益遭受损害,如果设定最高限额,则受害人将无法获得全部人身损害赔偿,此种制度显然无法令人接受。[4] 当然,包括危险责任在内的侵权损害赔偿中的确存在避免责任人遭受不可期待的赔偿负担的要求,但明确规定最高限额的僵硬方式并非是解决该问题的办法;相反,应通过其他较为公平的方式[5],尤其可以考虑通过经济上的承受力因素以达到减轻责任的目的(边注 8/23 以下)。

7/44　　最后,可保险性(Versicherbarkeit)的论证也无法提供设定最高限额的充分理由。*Von Caemmerer*[6] 指出,在诸如瑞典、瑞士以及一些罗马法系国家中,并无有关责任最高限额的规定,但危险仍然具有可保险性。此外,在奥地利法中,无过错的危险责任同样不具有最高限额,如《森林法》(ForstG)、《山法》(BergG)以及《产品责任法》(PHG),甚至《火车与机动车责任法》针对不动产所造成的损害赔偿责任也没有设定最高限额。这些法律并未遵循危险责任应具有最高限额的基本路径,但在保险方面

---

[1] *Esser*, Grundlagen und Entwicklung der Gefährdungshaftung (1941) 107; *Rodopoulos*, Kritische Studie der Reflexwirkungen der Haftpflichtversicherung auf die Haftung (1981) 28, 33 f.

[2] 参见 *Will*, Quellen 309 f.

[3] 就经济分析角度的论证可参见 *Faure*, Economic Analysis, in: B. A. Koch/Koziol, Unification: Strict Liability 387 f.

[4] *Will*, Quellen 317; *B. A. Koch*, Die Sachhaftung (1992) 159 f.

[5] 参见 *von Caemmerer*, Das Verschuldensprinzip in rechtsvergleichendem Licht, RabelsZ 42 (1978) 14 f; *Will*, Quellen 322 ff; *Kötz*, Gefährdungshaftung, in Gutachten und Vorschläge zur Überarbeitung des Schuldrechts II (1981) 1830 mwN; *F. Bydlinski*, System und Prinzipien 204.

[6] Reform der Gefährdungshaftung (1971) 23 f. Vgl auch *Larenz/Canaris*, Schuldrecht II/2^13 § II § 84 I 1 c.

也未遭遇不可逾越的困难。此外,*Will*[1]指出,保险涵盖本身没有责任限制的过错责任。从保险精算或者其他理由[2]出发,也无法找到反对废除责任最高限额的充分证据,如同责任范围不受限制的过错责任那样,可以依据经验尽可能全额赔付所有损害,以此计算保险的承保范围。从瑞士的经验来看,无最高承保范围的做法也是可行的。[3] 随着极端损害的风险不断降低,保费也可能只会相对轻微上升。[4]

---

[1] Quellen 310 ff; ebenso *Kötz*, Gutachten 1828; *Leser*, Zu den Instrumenten des Rechtsgüterschutzes im Delikts-und Gefährdungshaftungsrecht, AcP 183 (1983) 599; *Taschner*, in: Schlechtriem/Leser (Hrsg), Zum Deutschen und Internationalen Schuldrecht 84.

[2] *Bruck/Möller/Johannsen*, Kommentar zum Versicherungsvertragsgesetz[8] IV (1970) 305; *Späte*, Haftpflichtversicherung (1993) Vor Rz 50.

[3] *Maurer*, Schweizerisches Privatversicherungsrecht[3] (1995) 370.

[4] 参见 *Will*, Quellen erhöhter Gefahr (1980) 311 ff.

第八章
损害赔偿

□ 第一节 赔偿的范围

一、完全赔偿作为基本原则？

8/1 　　各国法律规定都明确承认完全赔偿原则（Grundsatz eines umfassenden Schadensausgleichs）。例如,《德国民法典》第249条第1款规定,承担赔偿义务的加害人负担"恢复到假设损害没有发生的状态的义务"。同样,该条规定的差额赔偿方法（Differenzmethode）也支持全部赔偿。依据该理论,通过比较现有侵害发生之时的状态与假设没有发生侵害的状态所得出的差额为加害人赔偿责任的范围[1]。就精神损害赔偿而言,亦强调损害赔偿必须达到全部精神抚慰（Wiedergutmachung）的目的。[2]

8/2 　　与上述德国法中的规定非常相似,《奥地利民法典》第1323条第1句规定:赔偿义务人负担将受害人利益恢复到损害未发生之前的状态的义务,如果无法恢复,则必须赔偿受害人遭受的损害的价值。但《奥地利民法典》紧接着在第1324条针对全额赔偿原则作出了如下限制:只有在重大过错的情况下,加害人方负担全额赔偿义务;在轻微过失时,受害人只享有积极损害赔偿请求权,依据本法第1332条,依据市场价值（第305条）计算该物的损害范围。

　　奥地利法中的此种规定并非表明惩罚性思想重于补偿性原则。《奥

---

[1] 参见 nur *Deutsch/Ahrens*, Deliktsrecht[5] Rz 625.
[2] *Deutsch*, Haftungsrecht[2] Rz 778.

地利民法典》并未规定,在重大过错时,加害人应当承担超出实际损害范围的惩罚性赔偿;相反,在轻微过失时赋予加害人减轻责任的机会,即其仅仅负担赔偿其行为所引起的整个损害中的一部分的责任。[1] 由此,在归责事由的严重程度与法律后果之间,奥地利法以一种公平的方式设法取得平衡。[2] 但仍然有人就此提出批评,认为《奥地利民法典》仅仅考虑了过错的程度,但没有充分考虑各种归责事由的整体作用,目前对过错归责事由的考量过于僵化[3]。此外,还有人指出,对受害人而言,可得利益的赔偿有可能远重于积极损害的赔偿,因此,依据过错程度区分不同赔偿范围的做法难以令人信服。基于上述考量,《奥地利侵权责任法草案》不再采取目前法律中的模式。

除了上述讨论的奥地利法中有关损害赔偿的特殊限制规则外,在奥地利法、德国法以及其他国家相关法律中还有一些其他限制损害赔偿范围的做法。例如,并非所有加害人所造成的损害都能获得赔偿,相反,只有在满足相当性(*Adäquität*)或者规范保护目的(*Schutzzweck*)的前提下,加害人方承担责任。此外,应当依据归责事由的严重程度,弹性确定责任赔偿范围(上文边注 7/7 以下以及边注 7/15 以下)。德国法和奥地利法的另外一个特点还体现在,针对危险责任的赔偿范围设定了最高限额;而瑞士法以及其他国家却未采纳最高限额的做法(参见上文边注 7/43 以下)。奥地利还在《产品责任法》中规定了消费者自身必须承担的份额。[4] 最后,在精神损害赔偿中,要求精神损害必须达到一定的严重程度,如果仅为轻微损害,则不予赔偿(上文边注 6/28)。

8/3

还需要指出的是,受害人共同过错制度对责任范围也构成限制,此时

8/4

---

[1] *G. Wagner*, Neue Perspektiven im Schadensersatzrecht - Kommerzialisierung, Strafschadensersatz, Kollektivschaden, Gutachten A zum 66. Deutschen Juristentag (2006) 6,该作者认为,依据过错程度承担不同范围的赔偿责任属于一种特殊的惩罚性赔偿,从这一点来看,该作者并没有充分考虑到本书观点。

[2] 参见 *von Jhering*, Das Schuldmoment im römischen Privatrecht (1867),详细分析参见 *von Jhering*, Vermischte Schriften juristischen Inhalts (1879) 155 ff; *Pfaff*, Zur Lehre von Schadenersatz und Genugthuung nach österreichischem Recht, in: Pfaff/Randa/Strohal, Drei Gutachten (1880) 89 ff; *Wilburg*, Elemente 249 f.

[3] *Wilburg*, Elemente 249 f; *Koziol*, Haftpflichtrecht I³ Rz 1/16; *Karner* in KBB, ABGB² § 1293 Rz 3.

[4] 参见该指令(85/374/EWG)第 9b 条:"第 1 条中的'损害'是指毁损瑕疵产品之外的物,该物的属性通常用于私人使用和消费,并且受害人也是主要基于私人使用和消费目的而使用该物。其中,消费者自身负担 500 欧元的份额。"

受害人自身也具有归责事由,所以只能要求加害人承担部分责任(上文边注 6/204 以下)。通过这些制度,侵权责任法不再适用全有全无的赔偿制度。在奥地利法中,用以替代全有全无赔偿方式的比例责任还体现在替代因果关系中,即当在多个引起损害后果的潜在原因中,至少存在一个可以归责于受害人自身风险范围的潜在原因(边注 5/86 以下)时,采比例责任。

8/5　　此外,如果行为人因年龄或者精神状态等原因导致无侵权责任能力,则在其侵害他人致损时,也可以发生仅承担部分损害赔偿责任的后果。《德国民法典》第 829 条、《奥地利民法典》第 1310 条都规定,当行为人缺乏侵权责任能力时,可以考虑各种情况,尤其是双方当事人之间的经济状况,决定行为人是承担全部赔偿责任还是仅承担部分赔偿责任。《奥地利侵权责任法草案》第 1301 条第 1 款将该规则扩展到加害人因缺乏必要的能力和知识而导致主观上无法被归责的情况(上文边注 6/86)。

8/6　　依据《奥地利雇员强制责任保险法》第 2 条,法官可以全部或者部分免除作为侵权人的雇员的侵权责任。在此情况下,法官首先考虑过错的程度;其次,还要考虑行为人所从事的活动的责任范围、从事活动的各种风险与受益、雇员的培训程度、雇员从事活动的具体工作条件、雇员从事活动中依据经验难以避免的损害的可能性。如果可以完全免除雇员的不当活动所造成的损害,则不能令其承担责任。德国法中同样采取了衡量双方当事人的利益,限缩雇主责任范围的做法。[1]

8/7　　值得注意的还有下文将要详细讨论的损害赔偿责任范围的减轻制度,《瑞士债法典》第 43 条明确规定了该制度。下文边注 8/23 将对此作出详细的分析。

8/8　　产品责任法中要求消费者自身承担特定份额的制度,主要体现了微小损害不予赔偿的思想(上文边注 6/20),当然此种思想不无疑问。如果不考虑产品责任法的特殊制度,从有关责任限定的其他情况出发虽然不能推导出完整统一的体系,但从中还是可以发现一些共性化的可以推广实施的思想,即加害人处的归责事由越强,其承担的损害赔偿责任范围就

---

[1] BGH in NJW 1994, 852; NJW 1996, 1532; *Otte/Schwarze*, Die Haftung des Arbeitnehmers³ (1998) Rz 25 ff und Rz 190; *Sandmann*, Die Haftung von Arbeitnehmern, Geschäftsführern und leitenden Angestellten (2001) 51 ff.

越广;同理,针对受害人也须作出同样的考量。归责事由的强度低导致限定责任范围的思想,最初体现在危险责任的最高限额制度中,当时的侵权责任法理论认为,危险责任仅为一种较轻的归责事由,由此产生的侵权责任范围应当受到限制。

从 *Jehring* 开始,*Wilburg* 以及 F. *Bydlinski*[1] 都明确强调,在归责事由与损害赔偿范围之间应存在相应的比例关系,但是立法者并未自始至终完全采纳此种思想。将来侵权法理论应当对此给予更多的关注。

比较法上的研究,以及就奥地利法与其侵权责任法的改革方案所提出的批评,与当下的观点一致。申言之,即使加害人仅具有轻微过失,受害人仍然应当享有全部损害赔偿请求权,而不应仅享有积极损害的赔偿请求权。我们可以将如下规则认定为*基本价值判断规则*(Basiswertung),即各种归责事由具有同等地位,无论加害人的过错程度如何以及以何种归责事由认定责任,加害人都应当赔偿受害人所遭受的全部损害,当然,此种损害赔偿应限定在相当性以及明确的规范保护目的范围之内。如果加害人具有重大过错,则应当扩大相当性与规范保护目的的认定范围;而在加害人故意侵权时,将不再考虑相当性和规范保护目的的限制,应当赋予受害人最广泛的救济;反之,如果加害人处的归责事由较弱,则就相当性与规范保护目的应当采取较为严格的标准,限制其责任范围。此外还可以考察双方当事人之间的财产关系以及受害人自身应承担风险的情况,相应地限缩加害人的责任范围,此时采取比例责任应当是公平的。

二、最低赔偿范围的客观价值

上文(边注 3/8 以下)已经分析到,权利继续思想反映了预防性功能,这表明,受害人有权要求获得客观抽象计算的损害范围的赔偿。奥地利法广泛承认该规则。[2] 在德国,有越来越多的学者支持此种观点。[3]

---

[1] System und Prinzipien 225 ff mwN.

[2] 参见 *Koziol*, Haftpflichtrecht I³ Rz 2/76 mwN.

[3] 参见 *Larenz*, Lehrbuch des Schuldrechts I¹⁴ (1987) § 29 I b; *Hagen*, Zur Naturalrestitution, in: Lange/Hagen, Wandlungen des Schadensersatzrechts (1987) 80; *Stoll*, Haftungsfolgen im bürgerlichen Recht (1993) 194 ff.

然而，德国法中的权威观点却明确反对客观抽象的计算方式[1]；但实际上，该权威理论也主张加害人应赔偿被侵害的物在市场中的最低交易价值，因此，其本质上也承认此种计算方式。[2]

第二节 赔偿的方式

一、恢复原状的赔偿方式（Naturalersatz）

8/11　依据《奥地利民法典》第1323条，首先应当采取恢复到损害未发生之前的状态来赔偿损害。只有当无法恢复原状或者难以做到时，才可以通过评估其价值的方式作出金钱赔偿。因此，《奥地利民法典》就损害赔偿首先采取了恢复原状方式，其次采取了金钱赔偿。德国法亦是如此（参见《德国民法典》第253条）[3]。

8/12　恢复原状的损害赔偿方式建立在如下思想基础上，即该赔偿方式可以提供最优和最完整的赔偿，并且还可以充分保护受害人的"固有利益"（Integritätsinteresse），最易于实现补偿思想[4]。金钱赔偿仅能够通过金钱所涵盖的"价值利益"（Wertinteresse）对受害人作出赔偿，而恢复原状通过将受害人恢复到损害发生之前的状态，可以使其各种事实上的损害都获得赔偿。采取恢复原状的赔偿方式，还节约了受害人重新购置新物所须付出的努力，通常也可以对非财产损害作出最大限度的赔偿。

由于恢复原状的赔偿方式能够提供最全面的赔偿，并且能够最大限度地满足受害人的利益，因此，即使该赔偿方式成本高于金钱赔偿，也应当采取此种赔偿方式。只有当采取恢复原状的赔偿方式将导致加害人的成本、努力与赔偿结果不成比例时，方可不采恢复原状的赔偿方式。

8/13　恢复原状的赔偿方式应享有优先地位。如果采取此种方式并不能全

---

[1] *Lange/Schiemann*, Schadensersatz³ § 6 I mwN.

[2] 参见 *Koziol*, Haftpflichtrecht I³ Rz 10/21 und 60 ff.

[3] 有关恢复原状的历史起源请参见 *Jansen* in HKK zum BGB II §§ 249—253, 255 Rz 19 ff.

[4] *Larenz*, Schuldrecht I¹⁴ § 28 I; *Apathy*, Aufwendungen zur Schadensbeseitigung (1979) 46 f; *Brinker*, Die Dogmatik zum Vermögensschadensersatz (1982) 323; *Ch. Huber*, Fragen der Schadensberechnung² (1995) 141 ff; *Lange/Schiemann*, Schadensersatz³ § 5 I 2.

部赔偿受害人遭受的损害,仍然可以优先采取此种赔偿方式,尽可能恢复到损害发生之前的状态,就剩余部分可以采取金钱赔偿。因此,恢复原状和金钱赔偿方式可以并用。这尤其适用于受害人除了遭受实际损害,还具有纯粹经济损失或者金钱损害的情况[1],例如,侵害他人物品并致其毁损,受害人还丧失了通过该物获得盈利的机会,或者虽然可以通过修理恢复物的损坏,但仍需考虑该物在"市场中的价值贬损"。

《奥地利民法典》第1323条针对"所造成的损害"规定了恢复原状的赔偿方式,但并未区分不同的损害种类。由于该法第1293条将非物质性损害(immaterieller Schaden)纳入到统一的损害概念范围中[2],而第1323条就恢复原状的赔偿方式并未作出区分,就此可以认为,在可能并且适当的范围内,通过恢复原状的赔偿方式同样可以填补非物质损害。例如,在撤销不实言论时,恢复原状即可达到赔偿精神损害的目的。德国法也同样采取此种做法(《德国民法典》第249条、第253条)[3],其他国家的侵权法[4]以及《奥地利侵权责任法草案》(第1316条第1款)[5]都作了类似的规定。

金钱赔偿适用于非物质损害的赔偿时会产生一些不当之处,而这恰恰反衬了恢复原状所具有的优点:针对非物质损害难以作出金钱价值的评估,并且存在反对以金钱计算非物质损害的观点,而上述这些困难在恢复原状的赔偿方式中都不存在。例如,《德国民法典》第253条限制金钱赔偿在非物质损害中的适用,而恢复原状的赔偿方式却无任何限制。[6]

但不可忽视的是,恢复原状的实际适用范围并不多见。当然,其在实践中也存在一些典型可适用的范围,如不实言论侵害了他人的信用、经营

---

[1] *Larenz*, Schuldrecht I¹⁴ § 28 II.

[2] 重点参见 *Strasser*, Der immaterielle Schaden im österreichischen Recht (1964) 33 ff.

[3] *F. Bydlinski*, Der Ersatz ideellen Schadens als sachliches und methodisches Problem, JBl 1965, 181; *Koziol* Haftpflichtrecht I³ Rz 9/14 f; *Karner*, Ersatz ideeller Schäden 73; *Reischauer* in Rummel, ABGB³ § 1324 Rz 13. AA *Strasser*, Immaterieller Schaden 15 f.

[4] *Lange/Schiemann*, Schadensersatz³ § 5 II 2; *Magnus/Fedtke*, Germany, in: W. V. H. Rogers, Non-Pecuniary Loss 109 Rz 1; *Oetker* in MünchKomm, BGB II⁵ § 249 Rz 309, 338, § 253 Rz 1; *Hans Stoll*, Empfiehlt sich eine Neuregelung der Verpflichtung zum Geldersatz für immateriellen Schaden? Gutachten 45. DJT I/1 (1964) 11, 138, 140 ff.

[5] *von Bar*, Deliktsrecht II Rz 128 ff; vgl (für Deutschland) *Stoll*, Gutachten 45. DJT I/1, 11, 138, 140 ff; Magnus/Fedtke in: Rogers, Non-Pecuniary Loss 109 Rz 1.

[6] Zum deutschen Recht vgl *Lange/Schiemann*, Schadensersatz³ § 7 II 1; *Wiese*, Der Ersatz immateriellen Schadens (1964) 5 ff.

活动以及进一步发展,则可以撤销该不实言论[1]。此外,依据《奥地利媒体法》(MedG)第8a条第6款的要求公布判决,依据上述法律第9条公布不同主张,依据该法第10条要求事后通知刑事司法程序的进展等,都有恢复原状赔偿方式的适用余地。此外,恢复原状也可以适用于侵害他人隐私权[2]、要求销毁录音带或者影像的情况。[3]

二、金钱赔偿

8/15　　如果无法通过恢复原状的方式填补损害,则加害人必须以金钱赔偿的方式填补损害。可以依据客观抽象的方式或者主观具体的方式计算财产损害的具体范围(边注3/8以下以及5/34以下)。

如同上文(边注5/11以下)所提及的那样,针对非物质损害采取金钱赔偿时,往往会遇到一些较大的困难,原因在于:非物质损害的本质就不允许采取金钱方式计算其具体损害范围;相反,只能通过金钱衡量非物质损害,或者一定程度上可以起到抚慰的功能。另外一个困难体现在:往往难以明确受害人是否以及在多大程度上遭受了非物质损害。

8/16　　侵权责任法的内在目的体现为损害填补(边注3/1以下)。不同于当前的通说,我坚持认为,此种功能同样适用于非物质损害赔偿。无论是奥地利法还是德国法,都认为金钱的精神抚慰功能也属于赔偿功能,即通过将受害人恢复到遭受非物质损害之前的状态来填补受害人的精神损害。换言之,受害人通过其他方式获得必要的愉悦和放松,以弥补此前遭受的痛苦和所丧失的生活乐趣。

通过获得新的愉悦以弥补痛苦(愉悦与痛苦公式)实际上就是一种简单的图表,不能就此望文生义,误以为这是法官在具体个案中的任务,即法官应详细确定受害人究竟应当获得多少的"愉悦补偿",并据此决定损

---

[1] 《奥地利民法典》第1330条第2款明确使用了"撤销"(Widerruf)概念;德国法可参见 Oetker in MünchKomm, BGB II⁵ § 249 Rz 309 f.

[2] 在一定情况下,可以成立排除妨碍和停止侵害请求权,二者无须以过错为前提。

[3] 参见 schon RG in RGZ 45, 170(判决要求销毁违法所得的俾斯麦遗容照片)(Vernichtung widerrechtlich erlangter Fotoaufnahmen des verstorbenen Otto von Bismarck); RGZ 94, 1(返还违反所得的信件)(Herausgabe eines rechtswidrig erlangten Briefes); BGH in BGHZ 27, 284(删除秘密录音带)(Löschung heimlicher Tonbandaufnahmen). Siehe auch *Zeytin*, Zur Problematik des Schmerzengeldes (2001) 13 f mwN.

害赔偿的数额;相反,应当摆脱仅仅从受害人的个人能力以及愉悦的角度出发的做法,而必须从更为抽象的角度确定在多大程度上可以金钱赔偿的方式填补或者至少减少其精神损害。判断非物质损害,即精神损害范围的关键标准取决于,金钱赔偿的数额究竟在多大程度上可以非常典型地恢复受害人的精神愉悦。[1] 当然,受害人是否事实上真正使用了该笔精神损害赔偿以及其是否在主观上真正获得了此种精神愉悦,并非需考虑的因素。

第三节 分期支付或者一次性赔偿

在确定损害范围时,许多损害,如受害人财产所遭受的消极影响、未来可得利益的丧失以及未来可能存在的各种花费,都暂时无法准确界定。如果每次出现新的损害,都赋予受害人新的损害赔偿请求权,必然导致过几年甚至数年之后再起诉争。而届时究竟是否可以找到加害人以及其是否具有赔偿能力等问题都具有不确定性。

8/17

正是因为存在上述各种困难,所以法律在预见到受害人在将来可能遭受可得利益的损害时,如果能够找到估算未来损害具体范围的充分论据,可通过确定一个最终金钱赔偿数额,赋予受害人一个终局的损害赔偿请求权(entgehende Gewinnen den abschliessenden Zuspruch)。《奥地利民法典》第 1293 条明确规定,只要"依据通常情事受害人能够期待",则必须赔偿受害人所遭受的可得利益的损害。《德国民法典》第 252 条则作出了更为精准的规定:"应赔偿的范围包括可得利益。可得利益是指依据事物的正常发展或者依据特别情事,尤其是依据已采取的准备或者措施,可以期待盖然性获得的利益。"该条规定明确表明,应当将受害人的特别情况作为考虑该问题的出发点。值得注意的是,立法者为了尽快最终结束损害赔偿程序,通常降低了受害人主张可得利益损害请求权的要求。[2]具体而言,虽然通常无法确定未来可得利益的范围,但在计算该利益范围

8/18

---

[1] 参见 *Karner*, Ersatz ideeller Schäden 135 f.
[2] 参见 *Rummel*, Zur Verbesserung des schadenersatzrechtlichen Schutzes gegen unlauteren Wettbewerb, JBl 1971, 393 f; *Koziol*, Zu schadenersatzrechtlichen Problemen des §87 UrhG, in: Dittrich (Hrsg), Beiträge zum Urheberrecht IV (1996) 57 ff.

时,却采取了盖然性的标准。

8/19　　尽快最终确定损害范围的努力并不仅仅体现在有关可得利益的赔偿中[1]。在人身损害赔偿案件中,依据德国法和奥地利法,在受害人丧失劳动能力或者因增加额外的需求而遭受损害时,原则上可采取分期支付赔偿金的方式填补其损害[2];但法律却一再规定,只要在经济上可以期待责任人作出此种一次性赔付[3],并且可以预先计算出未来相关治疗的费用[4],则受害人有权基于重大事由要求加害人一次赔付[5]。由于只有通过统计知识以及一般性的经验,即依据所谓事物的通常发展,方可查知一次性补偿金的数额,这将不可避免地导致事前计算未来损害产生偏差。虽然具有上述此种风险,法律仍然赋予受害人要求一次性金钱赔偿的机会。这不仅仅从程序法的角度来看是非常经济的,而且避免了受害人在遭受人身损害赔偿的情况下不断重复计算损害的困扰。

8/20　　上述规定反映了立法者在涉及可得利益的损害赔偿与未来经营所得丧失或者因增加额外需求导致费用支出的情况下所作的不同价值考量。在可得利益丧失情况下,天平向终局赔偿与程序经济等因素倾斜,受害人并不享有请求支付一次性估算赔偿金或者在不同时间段依据具体出现的损害依次提起诉讼的选择权。但在涉及受害人生存利益时,如因人身伤害导致个人所得丧失或者因需求增多而额外支出费用等情况,为了避免一次性赔偿金可能带来的风险和弊端,如计算不当等,法律原则上允许分期支付赔偿金,这样可以更好地符合受害人事实上的发展需要。但是,如果加害人具有令人信服的重大事由,并且可以期待加害人能作出一次性给付,则受害人可以主张一次性赔偿。从比较法的角度看,世界各国针对

---

〔1〕参见《奥地利民法典》第980条,即:"借用人过错导致借用物遗失的,即使借用人有可能重新占有该借用物,出借人仍然有权要求借用人负担损害赔偿责任。"

〔2〕参见《德国民法典》第843条第1款。在奥地利,只有《火车和机动车责任法》第14条第1款针对因火车和机动车导致的损害明确规定了此种分期支付的赔偿方式;《奥地利民法典》第1325条也规定了类似的赔偿方式。

〔3〕奥地利《火车和机动车责任法》第14条第3款考虑了加害人的利益。就此参见 Schauer in Schwimann, ABGB VII³ § 14 EKHG Rz 18. 通过类推该规定,《奥地利民法典》第1325条也规定了类似的赔偿制度。参见 Reischauer in Rummel, ABGB II/1³ § 1325 Rz 26.

〔4〕 Danzl in KBB, ABGB2 § 1325 Rz 3; Harrer in Schwimann, ABGB VI³ § 1325 Rz 13 und OGH 2 Ob 82/97s in SZ 70/220.

〔5〕 § 843 Abs 3 BGB.

一次性赔偿与分期赔偿褒贬不一，所采纳的模式也完全迥异。[1]

对于因人身损害所导致的非物质性损害，奥地利法的通说倾向于采取一次性的终局赔偿方案，即针对精神抚慰金（Schmerzgeld）采取一次性固定金额的赔偿方式。依据奥地利的相关重要判决，只有当一审法庭口头辩论结束之后，法官仍然无法就受害人所遭受的精神损害作出全部范围的衡量时，出于例外考虑，如果受害人能够证明其具有特殊重大事由，则可以主张分期支付精神抚慰金。[2] 上述做法主要适用于如下情况，即在受害人主张精神损害赔偿之时，尚无法充分确定精神利益遭受侵害的后果及其范围，并且也无法最终查知该精神损害在将来究竟如何发展。[3]

8/21

可见，奥地利司法实践只是在例外情况下赋予受害人主张分期支付精神抚慰金的权利，以代替通常的一次性赔付模式。例如，受害人遭受重大人身伤害，以至于整个生命存活期间都要忍受强烈的持续性严重精神痛苦，此时受害人可以享有要求加害人分期赔付精神抚慰金的权利。[4] 当然，现实中有关分期支付精神抚慰金的案例少之又少。[5] 目前还没有找到推翻分期支付精神抚慰金的强有力的论证[6]，即使实践中就此存在一些疑虑，但这些论证都无法令人信服。德国法在这一点上与奥地利法非常相似，法院应受害人的请求可以要求加害人分期支付精神损害赔偿金；此外，如果受害人本人并不明确反对采取分期支付的方式，法庭在确认受害人遭受了不可逆转的精神痛苦时，也可以依据职权赋予受害人要

---

[1] 参见 B. A. *Koch/Koziol*, Vergleichende Analyse, in: B. A. Koch/Koziol, Personal Injury 389 f.

[2] 参见 OGH 2 Ob 75/89 in ZVR 1990/158；1 Ob 56/97 in ZVR 1997/67；9 Ob 38/07i in ZVR 2008/154 (*Ch. Huber*); *Reischauer* in Rummel, ABGB II/1³ § 1325 Rz 49 mwN. 相反论证理由参见 *Ertl*, Teileinklagung von Schmerzengeldansprüchen, VR 1970, 108 ff; *derselbe*, 要求分期支付精神损害赔偿的诉讼方式已经逐步衰落，参见 RZ 1997, 146 ff; *Klicka*, Keine Teilklage bei Schmerzengeld? ÖJZ 1991, 435 ff. 详细论述也可参见 *Danzl/Gutiérrez-Lobos/Müller*, Das Schmerzengeld in medizinischer und juristischer Sicht⁹ (2008) 236 ff, 244 ff.

[3] 参见 *Danzl/Gutiérrez-Lobos/Müller*, Schmerzengeld⁹ 236 ff mwN.

[4] OGH 2 Ob 330/68 in SZ 41/159；2 Ob 37/85 in ZVR 1986/50；8 Ob 1/87 in ZVR 1988/66；2 Ob 292/03k. *Danzl/Gutiérrez-Lobos/Müller*, Schmerzengeld⁹ 266 f; *Reischauer* in Rummel, ABGB II/1³ § 1325 Rz 49a mwN.

[5] *Danzl/Gutiérrez-Lobos/Müller*, Schmerzengeld⁹ 267.

[6] 详细分析参见 *Danzl*, Schmerzengeldzusprüche ab S 1 Million in Österreich, ZVR 1992, 9 ff; *Danzl/Gutiérrez-Lobos/Müller*, Schmerzengeld⁹ 267 ff.

求分期支付精神损害赔偿金的权利。[1]

8/22　在奥地利[2],以 *Danzl*[3] 为代表,主张受害人在遭受持续性损害的情况下,应当赋予受害人要求分期支付精神损害赔偿金的多次权利(Schmerzengeld in Rentenform)。在现实损害给受害人带来终身痛苦情况下,分期支付精神抚慰金的优点体现在:充分考虑受害人持续遭受的精神痛苦范围,并且回避了预测受害人存活时间的风险。[4]

从最为公平的角度看,针对受害人所遭受的初次精神损害应当给予一次性的抚慰金,而对于此后的后续损害可以考虑适用分期支付的方式。[5] 一次性赔付与分期支付并行不悖[6]。

第四节　损害赔偿义务的减轻

8/23　目前,一些国家的法律明确规定了损害赔偿义务的减轻(ausdrückliche Anordnungen)规则。其中以瑞士法为代表(参见《瑞士债法典》第43条第1款),该条作出了一般性规定,即法官基于受害人的具体情况以及加害人的过错严重程度有权确定损害赔偿的范围。但在实践中,适用该条的情况却非常罕见。[7] 荷兰法(《荷兰民法典》第6:109条)[8]仅在例外情况下规定了责任减轻的规则,即在特定情况下,令加害人承担全部损害赔偿责任将会导致确定无法接受的后果,此时法官可以减轻加害人法定的损害赔偿义务。依据该法规定,所谓"特定情况"包括责任的类型、当事人之间的法律关系以及双方当事人的经济承载能力。

---

[1] *Oetker* in MünchKomm,BGB II[5] § 253 Rz 56 ff.

[2] 瑞士法相关规定参见 *Brehm* in Berner Kommentar,OR VI/1/3/1[3] Art 43 Rz 7 ff.

[3] ZVR 1992,9ff;*Danzl/Gutiérrez-Lobos/Müller*,Schmerzengeld[9] 267 ff.

[4] *Danzl/Gutiérrez-Lobos/Müller*,Schmerzengeld[9] 271 f mwN;*Ch. Huber*,Antithesen zum Schmerzengeld ohne Schmerzen - Bemerkungen zur objektiv - abstrakten und subjektiv - konkreten Schadensberechnung,ZVR 2000,231 f.

[5] *Reischauer* in Rummel,ABGB II/1[3] § 1325 Rz 49.

[6] OGH 2 Ob 291/75 in ZVR 1976/370;2 Ob 230/76 in ZVR 1977/169;2 Ob 9/79 in ZVR 1980/159;2 Ob 28/83 in ZVR 1984/95;*Danzl/Gutiérrez-Lobos/Müller*,Schmerzengeld[9] 269 mwN. Für Deutschland siehe *Oetker* in MünchKomm,BGB II[5] § 253 Rz 58.

[7] 参见 *Roberto*,Schweizerisches Haftpflichtrecht (2002) Rz 864 ff.

[8] 参见 *Abas*,Rechterlijke matiging van schulden[2] (1992);ferner *Spier/Hartlief/van Maanen/Vriesendorp*,Verbintenissen uit de wet en Schadevergoeding[5] (2009) Nr 258 ff.

在其他并未明确规定责任减轻规则的国家中，也有些学者主张可以在例外情况下减轻损害赔偿义务。[1]

欧洲侵权法小组（EGTL）在其起草的《欧洲侵权法原则》（PETL）中，针对例外情况规定了责任减轻的规则（第 10:401 条）。《奥地利侵权责任法草案》也作了类似规定（第 1318 条）。这些都表明，受害人原则上有权要求获得全部赔偿，只有在例外情况下，在权衡不同要素后方可允许减轻加害人的赔偿义务。

例外情况下允许减轻损害赔偿义务的正当性体现为合宪性的禁止过度原则（verfassungsrechtliche Übermassverbot）。Canaris[2]强调，当赔偿全部损害将导致加害人遭受毁灭性的打击时，必然存在减轻其责任的可能。他指出，过度的损害赔偿义务不仅严重影响了加害人的行为自由，而且其受宪法保护的人格权也会遭受不当影响。结合宪法上的禁止过度原则，宪法中的基本权利必须同样在侵权责任法中针对加害人提供必要的救济。依据其观点，在现行法中，基于一般条款，并借助于禁止权利滥用抗辩，能够实现禁止过度原则。正如 Canaris[3]令人信服的论证分析所指出的那样，如果受害人依赖于获得全额赔偿，则主张全额赔偿完全具有正当性；反之，如果即使没有获得损害赔偿，受害人仍然可以满足其自身需求，而履行全额赔偿义务将导致加害人终身陷入毁灭性的窘境，则可以减轻加害人的损害赔偿义务。

Canaris 所提出的解决路径对于奥地利法同样具有意义[4]。奥地利同样承认宪法中的禁止过度原则[5]，并且通过一般条款的具体化工作，尤其是通过适用禁止滥用权利原则，使禁止过度原则得到适用。[6] 即使

---

[1] *Canaris*, Verstöße gegen das verfassungsrechtliche Übermaßverbot im Recht der Geschäftsfähigkeit und im Schadensersatzrecht, JZ 1987, 995, 1001 f; *F. Bydlinski*, System und Prinzipien 226 und 233; *Koziol*, Haftpflichtrecht I³ Rz 7/7 ff.

[2] JZ 1987, 995, 1001f; *derselbe*, Die Verfassungswidrigkeit von § 828 II BGB als Ausschnitt aus einem größeren Problemkreis, JZ 1990, 679. Kritisch hiezu *Medicus*, Der Grundsatz der Verhältnismäßigkeit im Privatrecht, AcP 192 (1992) 53 ff; *Deutsch*, Haftungsrecht² Rz 633.

[3] JZ 1987, 1002.

[4] 参见 *F. Bydlinski*, System und Prinzipien 226, 233.

[5] *Korinek*, Das Grundrecht der Freiheit der Erwerbsbetätigung als Schranke für die Wirtschaftslenkung, Wenger-FS (1983) 249 ff; *Stelzer*, Das Wesensgehaltsargument und der Grundsatz der Verhältnismäßigkeit (1991) 169 ff.

[6] *F. Bydlinski*, Möglichkeiten und Grenzen der Präzisierung aktueller Generalklauseln, Wieacker-FS (1990) 204 f.

不诉诸于宪法中的原则,从《奥地利民法典》第 1295 条第 2 款以及第 1305 条中也可以推导出,法律并不支持滥用主观权利。[1] 权利滥用不仅存在于主观恶意的情况下,而且当权利享有者的获益与给相对人造成的负担之间存在不成比例的关系时,也同样存在权利滥用。[2] 在综合考量加害人与受害人之间的利益前提下,尤其需要考虑到当事人之间的财产状态。这在奥地利法与德国法中非常典型,如《奥地利民法典》第 1310 条、《德国民法典》第 829 条在涉及无侵权责任能力人致人损害时,都规定认定责任时应当考虑当事人之间的财产状况;因为此时,无侵权责任能力人只具有较弱的归责事由。当然从价值裁量的角度出发,即使在归责事由非常强烈的情况下,只要损害赔偿义务会导致加害人承受极具毁灭性的负担,也可以减轻责任;而且从加害人和受害人之间的财产状态出发,如果令加害人负担损害赔偿,将导致完全不成比例的后果。

8/25　　F. Bydlinski[3] 就此也明确指出,有关减轻责任的规则建立在比例原则(Proportionalität)基础之上,比例原则可以或多或少排斥侵权责任法中具体反映行为人自己责任原则(Selbstverantwortungsprinzip)的归责事由。在计算责任范围时,基于正义原则的考量应当遵守比例原则的要求,否则将导致忽视一些重大差别。他还进一步指出,不仅损害可以在经济生存上给人以毁灭性的打击,负担过度的损害赔偿义务亦可如此;虽然后者出现的情况非常偶然。在责任成立事件中事实上是否以及多大程度上存在损害,应当由各种偶然发生的情况共同决定。依据 F. Bydlinski 的观点,实现社会正义的"区分原则"(Differenzprinzip)旨在实现各种制度性的预防措施,其目的在于防止出现如下情况,即无产者面临因侵害他人的财产而陷于巨大责任中的风险,其本人却无法遭受重大财产损害,充其量仅面临人身损害的风险。我们必须在该原则与主张全面责任的论证之间作出权衡;简而言之,具体情况下的各种归责事由的功能越弱,则上述有关社会正义的原则越能够发挥作用。

8/26　　通说认为,就全体债务人的利益而言,由于存在限制执行(Exekutionsbeschränkungen)规则以及破产法提供的保护,应当无须设立限定责

---

[1] 重点参见 Mader, Rechtsmißbrauch und unzulässige Rechtsausübung (1994).
[2] Mader, Rechtsmißbrauch 224 ff mwN.
[3] System und Prinzipien 226 ff.

任条款。[1]但就此不无疑问,因为从结果来看,强制执行法上的规定旨在保障加害人的基本生存条件,而实体法规则的目的在于降低加害人的赔偿义务,二者之间存在很大差别。首先,从利益裁量角度出发,降低责任范围的规定可以在一定程度上使得加害人获得超出最低生存保障的救济,从而获得进一步发展的可能。其次,实体法上减轻责任的规则还可针对第三人产生效力,因为没有实体法上有关责任减轻的规则,将会导致在受害人破产时,必须全面考察受害人所享有的全部债权;而在降低赔偿义务范围的情况下,(由于作为破产债务人的受害人自身债权减少,因此——译者注)只有在被相应降低的范围内,方可主张此种债权。

仅仅从损害赔偿义务的角度主张责任减轻规则常被认为缺乏充分的论据,因为在其他情况下显然也同样存在可能导致毁灭性后果的其他义务类型,但就此却并不存在相应的减轻赔偿义务的规定。但我个人认为,应当注意到上述两种情况之间的一个本质区别,具体而言,合同上的义务建立在债务人的自由意志基础上,在出现意思瑕疵或者难以期待的发展的情况下[如情势变更(Wegfall der Geschäftsgrundlage)、不可期待性(Unzumutbarkeit)等],总是存在一些救济途径。而在作为法定债之关系的侵权损害赔偿中,却不存在上述各种救济的可能。 8/27

不仅如此,在侵权责任与不当得利返还之间还存在如下区别,即不当得利法的目的在于剥夺一方无正当基础所获得的利益,在善意使用的情况下,得利人针对失利人仅负担较轻的返还义务;显然,无须担心不当得利的返还会造成毁灭性的结果。反之,侵权责任法要求加害人从自身所有的财产中赔偿其给他人造成的损害,就像 F. Bydlinski 所指出的那样,损害赔偿往往基于偶发事件导致一个极大的赔偿义务。可见,侵权责任法中的确存在向赔偿义务人提供特殊救济的需求。

最后还需要强调的是[2],现行法建立在损害填补与损害预防思想基础上,在充分满足归责构成要件的情况下,原则上须采取完全赔偿原则,只有在极其例外的情况下,方可极为谨慎地适用减轻加害人损害赔偿义务的责任减轻制度。 8/28

---

[1] *Schauer*, Die Reduktionsklausel im Entwurf des österreichischen Schadenersatzrechts, NZ 2007, 131 f.

[2] 参见 *F. Bydlinski*, System und Prinzipien 228.

第九章
损害赔偿请求权的时效制度

□ 第一节 时效法的基本思想

一、时效制度的基本问题

9/1　　时效制度的首要目的在于保护债务人免受不当追索，同时也使得已成立的请求权无法获得强制执行。[1] 如同 F. Bydlinski[2] 所分析的那样，仅仅因为经过一定的时间即导致现有权利丧失，或者至少无法强制执行，这严重违背了保护正当获取的权利、自愿原则以及正义理念的要求，他指出："未获得权利人的同意，即非自愿地丧失其权利以及该权利所关联的财产价值，仅从债务人或者其他义务人的角度，无法孤立地论证出时效制度的正当性，因为债务人并未作出对待履行，在未获得现有权利人同意的情况下，债务人从权利人的损失中获益。"因此，有学者将时效制度称为征收制度（Enteignung）的特殊类型[3]；但亦有学者尖锐地指出，征收必须基于"公共利益"，而时效却仅仅针对特定的债务人，对公共利益鲜有

---

［1］　*Spiro*, Begrenzung privater Rechte I 10 ff.
［2］　System und Prinzipien 167 f.
［3］　*von Bar*, Deliktsrecht II Rz 554；*Mansel*, Die Reform des Verjährungsrechts, in：Ernst/Zimmermann (Hrsg), Zivilrechtswissenschaft und Schuldrechtsreform (2001) 348；*Zimmermann*, »… ut sit finis litium «, JZ 2000, 854；*Zimmermann/Kleinschmidt*, Prescription：General Framework and Special Problems Concerning Damages Claims, in：Koziol/B. C. Steininger, Yearbook 2007, 31（eine deutsche Fassung erschien unter dem Titel » Verjährung：Grundgedanken und Besonderheiten bei Ansprüchen auf Schadensersatz « in：Bucher-FS [2009] 861）.

第九章 损害赔偿请求权的时效制度

裨益。[1]

如 F. Bydlinski 所指出的那样,从上述基本原则出发,时效制度似乎违背了法律伦理(Verstoss gegen die Rechtsethik)[2]。但实际上,可以确定的是,无论是法史研究还是比较法分析,整个法学的规范性分析告诉我们,时效制度比任何其他制度都更加不可或缺,该制度的必要性也是最不言而喻的。[3] 从其他法律基本原则的角度同样可以论证得出上述观点,申言之,对一般意义上的法律安全价值(Rechtssicherheit)[4]、实践性价值(Praktikabilität)以及经济上的效率性(wirtschaftliche Effektivität)[5]的要求都足以说明时效制度的必要性。

9/2

诚如 B. A. Koch[6] 所强调的那样,只有当其他利益重于已经存在的请求权时,后者方可受制于时效制度,这是时效制度适用的基本前提。就何时可以适用时效制度,Zimmermann[7] 指出,必须就对立的利益进行必要的裁量。除了当事人之间的各种利益,尤其是防止过重的举证负担所导致的困难、不可期待的权利主张以及债务人的处分自由等利益形态之外,还存在一般大众快捷主张权利、维护法律和平、保障法律安全以及减少法庭累讼负担等利益;但更为重要的是,权利人享有充分实现其权利的机会利益,以上各种因素共同构成判断是否适用时效制度的关键因素。[8]

9/3

---

[1] Zimmermann, JZ 2000, 857.

[2] 针对绝对权也受制于时效的观点所提出的强烈批评意见可参见 Peters/Zimmermann, Verjährungsfristen, in: Bundesminister der Justiz (Hrsg), Gutachten und Vorschläge zur Überarbeitung des Schuldrechts I (1981) 186. 依据这两位作者的观点,只有从属性的请求权方受制于时效。

[3] Zimmermann, JZ 2000, 854, 也同样强调,目前所有发达国家的法律都规定,可执行的请求权都受制于时间限制。

[4] Grothe in MünchKomm, BGB I/1⁵ Vor §§ 194 ff Rz 7; Piekenbrock, Befristung, Verjährung, Verschweigung und Verwirkung (2006) 317 f.

[5] 参见 Peters/Zimmermann in: Bundesminister der Justiz, Gutachten, Schuldrecht I 187 ff. von Bar 将时效称为"道德意义上最虚弱的抗辩事由"(Deliktsrecht II Rz 545). Keller, Haftpflicht im Privatrecht II²(1998) 249,从中推导出,法律的最终目的并非真实权利的执行,而是法律和平。

[6] Verjährung im österreichischen Schadenersatzrecht de lege lata und de lege ferenda, Liber amicorum for Pierre Widmer (2003) 174.

[7] Zimmermann, JZ 2000, 857; derselbe, Comparative Foundations of a European Law of Set-Off and Prescription (2002) 76 ff.

[8] 参见 in jüngster Zeit Vollmaier, Verjährung und Verfall (2009) 50 ff mwN.

上述各种因素的强度以及彼此之间的相互影响,共同决定损害赔偿请求权的时效适用前提。其中,受害人应当知晓其针对损害赔偿义务人享有请求权并可以主张权利,构成适用时效期间起算的关键。

二、防止不当主张请求权

9/4 相关事实经过的时间越久,越是难以对其作出认定,当然也就难以调查其真实的法律状况。正是针对此种证明方面的困难(Beweisschwierigkeiten),F. Bydlinksi[1]得出如下结论:"几乎所有发达国家的法律都认为,基于时间方面的考虑,必须针对当事人所主张的、往往也是'真实的法律状况',给出'最终处理决定'。"因此,保护当事人免受不当请求权的追索被广泛认为是具有特别重要意义的一种论证理由[2]。但我个人认为,此种救济应当仅具有从属性目的,否则该制度既可能向非真正债务人提供必要的救济,也可能导致针对真正的债务人提供不当的保护。[3]

但就此存在不同意见。例如,有学者提出如下反对意见,认为应由债权人承担举证困难[4]的不利影响,因为债权人负担证明其所主张的请求权的各种前提的义务。但实际上,举证困难对债务人的影响也不容忽视,原因在于:经过较长时间之后,针对债权人的主张,债务人在提出各种抗辩权以及抗辩事由时通常也面临举证困难,或者无法充分证实(substantieren)。Spiro[5]就此作出如下总结:"时效制度的首要任务并非撤销已经成立的请求权,相反,其目的在于针对实践中并不存在或者无法继续存在的各种请求权提供对抗的权利;其目的并不在于免除真正债务人的履行义务,而是保护被善意误认、实际上也的确被误认的非真正债务人。"

---

[1] System und Prinzipien 168. Siehe auch *Mader* in Schwimann, ABGB VI³ § 1451 Rz 2.

[2] *Mansel*, Die Reform des Verjährungsrechts, in: Ernst/Zimmermann (Hrsg), Zivilrechtswissenschaft und Schuldrechtsreform (2001) 348.

[3] B. A. *Koch*, Liber amicorum for Pierre Widmer 175.

[4] 就此参见 *Piekenbrock*, Befristung 327 ff, 360,该作者认为,只有在债务人不知晓其负担债务的情况下,方具有保护债务人的需要。

[5] Begrenzung privater Rechte I 10; ihm folgend *Peters/Zimmermann*, Verjährungsfristen, in: Bundesminister der Justiz (Hrsg), Gutachten und Vorschläge zur Überarbeitung des Schuldrechts I (1981) 104, 189, 288; Vgl auch *Grothe* in MünchKomm, BGB I/1⁵ Vor §§ 194 Rz 6.

三、防止债务人遭受突然追索

完全有可能发生如下情况,即经过很长时间之后权利人仍然可以明确证明其针对债务人享有请求权。针对此种正当请求权,债务人显然享有免受此种债权追索的救济,尤其当债务人不知晓、也不可能知晓债权人针对其享有此种请求权时[1],此种救济显得尤为重要,这也是适用时效制度的一个原因。[2]

9/5

不仅如此,针对应当知晓或者已经知晓他人对其享有请求权的债务人,法律也有必要提供时效方面的救济。此种救济并不局限于善意债务人,原因在于,如果缺乏此种保护,债务人必须举证证明其针对债权人不履行债务并非出于恶意,这将再次令债务人面临因时间久远所带来的举证困难。

支持时效制度的另外一个原因体现在,在债务人无法真正预见到(nicht mehr ernsthaft damit rechnen)债权人可以向其主张一个业已成立并可被执行的请求权时,其也应当获得保护,因为经过一定的时间之后,债务人无法预见到债权人将会对其主张请求权,对此也无法作出非难。依据 Spiro[3]的论证分析,"从事理性经济活动的人,必须全面了解情况,能够观察其负担的各项义务,其不可能为那些无法期待的请求权随时准备可以清偿的资金。如果经过很长时间,债权人仍然可以随时向债务人主张其权利,则债务人所面临的困难,丝毫不弱于其不知晓其负担债务的情况"。

9/6

不仅应当向遭受突然追索的债务人提供救济,信赖债权人已经不再主张其权利的债务人同样具有此种保护救济的需求,否则,债务人必须随时准备用于履行债务的资金,这丝毫不亚于债权人真正主张其债权的情况。显然,在债权人可以主张其权利但实际上却未主张的情况下,无法期

9/7

---

[1] *Spiro*, Begrenzung privater Rechte I 11 f.

[2] *Piekenbrock*, Befristung 333.

[3] Begrenzung privater Rechte I 14; ihm folgend *Peters/Zimmermann* in: Bundesminister der Justiz, Gut-achten, Schuldrecht I 104, 189, 288. Vgl auch *von Bar*, Deliktsrecht II Rz 545.

待债务人可以不受时间限制地随时保持履行的状态。[1] 此外,无法期待债务人就不确定的债权展开调查,或者即使债权确定,但如果债权人已经流露出其无兴趣主张其权利,则同样无法期待债权人针对此种虽然确定的请求权作出履行行为。[2]

四、保护第三人免于承受各种负担

9/8　　　与上述免于被突然追索紧密相关的另一个考量因素是,经过数十年之后,如果债权人依旧可以行使其请求权,则针对既不负担合同上的履行义务,也不负担返还不当得利以及并未引起成立损害赔偿义务的事实原因的第三人,可能因债务人清偿义务导致与此债权债务无关的该第三人(unbeteiligte Personen)遭受负担的概率大为上升。乍看起来,这似乎仅涉及债务人为自然人的情况。例如,继承人开始概括继承时,必须积极清偿债务,因为其不仅享有继承的利益,而且还负担清偿债务的义务。但是,一方面,如果继承人根本不知晓他人对其享有请求权,多年以后债权人方向其主张债权,则其合理的信赖显然落空;而另一方面,即使继承人承担无限责任,继承财产也并非始终可以清偿所有债务。

另外,如果无时效制度,债权债务关系以外的第三人可能遭受各种负担,这同样适用于法人。例如,各种债务虽然仅指向同一个债务人,即法人,但此种突发的高额债务也同样影响到有限公司和股份公司的股东。上述经济上的影响最终完全波及其他自然人。这尤其体现在如下情况,即起初股份公司的全部股权为一人享有(如国家),或者多个大股东享有,但其间发生股东变动,或者该公司改制为公众公司;尤其在后者情况下,如果债权人主张数十年前的请求权,往往仅波及现在的小股东,但实际上不应将此种债务归责于小股东,从道德义务的角度出发,也无法要求这些小股东履行不当得利返还或者负担损害赔偿义务。

---

[1] *Peters/Zimmermann* in: Bundesminister der Justiz, Gutachten, Schuldrecht I 189; *Piekenbrock*, Befristung, Verjährung, Verschweigung und Verwirkung (2006) 319,该作者就此认为,随着时间流转,不断对整个经济做出清算,显然有利于整个宏观经济的发展。只有在债务人认为其已经尽到了履行义务的前提下,方可保护债务人(*derselbe*, Befristung 501)。

[2] *Spiro*, Begrenzung privater Rechte I 16.

五、债权人怠于行使权利

最后需要讨论的是,时效与债权人保持沉默,即怠于主张自己权利,以及权利抛弃之间的关系问题[1]。虽然债权人可以主张其权利,但是其怠于主张,就此可以引起债务人产生债权人将不再行使其权利的信赖[2]。即使在不以法律行为的方式放弃权利的情况下,债权人怠于行使其权利同样可以引发债务人的合理信赖,否则,将导致债务人陷入是否继续履行的窘境中。在上述情况下,权利失效具有正当性,如同 Sprio[3] 令人信服地指出的那样,"债权人一再怠于主张其权利的后果,应当由债权人主动承担,而且在其无须过多支出即可避免怠于主张权利时,也应由其承担此种不利后果;此时,如果债权人仍然主张权利,则其默示怠于主张权利的行为将导致其权利具有瑕疵"。

9/9

就此我们可以发现正确适用时效制度的一个关键要素,这也是 F. Bydlinski[4] 所强调的,即在典型情况下,权利人无须承担过错风险,也无须付出个人努力,即可基于个人利益行使权利,这是时效制度与期限的适用前提。换言之,通过可以期待的方式,债权人可以相应降低因时间流转给债务人造成的合理期待落空以及各种负担。如果其长期怠于作出上述行为,则(从自己责任原则的意义出发——译者注)令其承担较为严厉的不利后果,也是完全正当的[5]。

9/10

---

[1] *Spiro*, Begrenzung privater Rechte I 25 ff; *Piekenbrock*, Befristung 362 ff.

[2] 此种观点不仅建立在请求权成立之后的时间流转上,而且取决于债权人的行为,即从客观判断的角度出发,可以认定债务人具有合理信赖,依据德国法,此时债权人的权利失效(*verwirkt*)。参见 Grothe in MünchKomm, BGB I/1⁵ Vor §§ 194 Rz 13.

[3] Begrenzung privater Rechte I 26. Vgl auch *Klang* in Klang, ABGB VI² 563.

[4] System und Prinzipien 168.

[5] *Piekenbrock*, Befristung, Verjährung, Verschweigung und Verwirkung (2006) 364,该作者认为,在理论层面无法充分论证怠于主张自己的权利是否可构成丧失权利的充分前提,相反,应当由立法者通过考量各种因素作出决定。

第二节　当前法律状态与两个问题所在

一、时效期间

1. 奥地利法

9/11　《奥地利民法典》第 1478 条第 2 句规定："权利人应主张,但经过 30 年仍然未主张享有该项权利的,权利失效。"该法第 1479 条进一步明确规定:"针对其他第三人的任何权利,无论其是否明确登记,经过 30 年仍未行使,或者长期未主张的,该权利原则上消灭。"

可见,某项权利最迟经过 30 年即因超过时效期间而消灭;奥地利法针对自然人的权利并未规定更长的诉讼时效期间[1]。只有在如下相反情况下,即针对有些请求权适用短期时效期间,或者在长期时效期间之外一并适用短期时效期间,方可打破 30 年诉讼时效期间的一般规则。

例如,《奥地利民法典》第 1489 条规定,从受害人知道其遭受损害以及具体加害人起算,原则上经过 3 年,损害赔偿请求权时效届满。

只有当受害人不知道其遭受损害以及不知道具体加害人时,或者加害人遭受刑事责任处罚的故意行为造成受害人遭受损害时,或者行为人可能遭受一年以上的自由刑处罚时,诉讼时效期间方为 30 年。[2]

9/12　不同于其他请求权,针对损害赔偿请求权,采取债权人主观上知晓其权利遭受侵害的短期诉讼时效的立法模式,此种规定值得商榷。与损害赔偿请求权一样,其他请求权,如不当得利返还请求权以及违约请求权,其权利人针对主观知晓要件以及就是否享有请求权等方面都面临同样的困难。德国法目前采取了一种正确的做法,即针对全部请求权适用统一

---

[1] 针对特殊人群,如国家、教会、社区或者其他法人,《奥地利民法典》第 1485 条第 1 款规定了 40 年的诉讼时效期间。此种针对自然人和法人的差异性规定应当有违《奥地利民法典》第 26 条所确立的平等原则,显然应与废除。

[2] 依据学理以及判决通说,刑事判决并非是适用该规则的前提,参见 OGH 5 Ob 560/87 in RdW 1988, 128; 1 Ob 532/93 in RdW 1994, 244; In jüngerer Zeit 4 Ob 234/06z; *M. Bydlinski* in Rummel, ABGB II/1³ § 1489 Rz 5; *Mader/Janisch* in Schwimann, ABGB VI³ § 1489 Rz 24, *Dehn* in KBB, ABGB² § 1489 Rz 8.

的时效期间(《德国民法典》第 199 条第 1 款)。就此无须再作更为详细的分析。毋庸置疑的是,此种统一的时效期间至少对损害赔偿请求权是公平的[1],因为在受害人明确知晓其遭受损害以及具体加害人,但其在合理期间内却未主张其权利的情况下,就其怠于行使权利之事实,显然可以作出责难,从而导致此种请求权的保护需求大大降低[2]。

学者们针对三十年的诉讼时效期间提出了很多批评意见。在奥地利,针对律师责任中因咨询以及代理诉讼所产生的请求权的 30 年诉讼时效期间,批评尤为激烈。[3] 批评意见明确指出,因为咨询关系尤为复杂,过程难以调研并且客户也负担共同参与的义务,所以债务人在举证方面面临诸多困难,因此,有人呼吁,针对律师专家责任,应当通过特别法规定短期时效期间。但此种建议难以令人信服,并且也违反了平等保护原则,因为针对其他领域的请求权也存在类似的理由。例如其他咨询职业,如公证员、银行就投资事宜提供咨询活动,乃至医生所提供的咨询,都具有同样的风险。

9/13

2. 德国法

德国法以一个 3 年的一般诉讼时效期间为原则,该期间具有一定的相对性(relative Verjährungsfrist)(《德国民法典》第 195 条),该期间从产生请求权的年度结束时开始计算(Ultimo-Verjährung[4]),并且以债权人知晓成立请求权的具体情况以及具体债务人为起算前提;或者在债务人应当知晓上述情况,但其因重大过失未能知晓时,该期间仍可开始起算(《德国民法典》第 199 条第 1 款)[5]。

9/14

此外,德国法还规定了一个绝对的最长保护期间,该期间届满之后,

---

[1] 参见 *Büning*, Die Verjährung der Ansprüche aus unerlaubten Handlungen (1964) 9; *Peters/Zimmermann*, Verjährung 223; *Piekenbrock*, Befristung 338f; *von Bar*, Deliktsrecht I Rz 395.

[2] *Peters/Zimmermann*, Verjährungsfristen, in: Bundesminister der Justiz (Hrsg), Gutachten und Vorschläge zur Überarbeitung des Schuldrechts I (1981) 297.

[3] 参见 vor allem *Benn-Ibler*, Anwaltshaftung, Verjährung, Welser-FS (2004) 55.

[4] *Grothe* in MünchKomm, BGB I/1⁵ § 199 Rz 41; *Heinrichs* in Palandt, BGB⁶⁸ (2009) § 199 Rz 38.

[5] 参见 hiezu *Grothe* in MünchKomm, BGB I/1⁵ § 199 Rz 25 ff; *Heinrichs* in Palandt, BGB⁶⁸ § 199 Rz 2; *Piekenbrock*, Befristung 338 ff.

无论债务人主观上是否知晓其权利遭受侵害,该请求权时效期间都届满。[1] 依据被侵害的法益的位阶,不同损害赔偿请求权具有长短不同的最长保护期间。具体而言:依据《德国民法典》第199条第2款的规定,侵害生命、身体、健康以及自由所产生的请求权,从加害人实施侵权、违反义务或者其他引发损害的行为开始,经过30年之后诉讼时效届满。[2] 上述规则适用于所有损害赔偿请求权(该法第199条第3款2项),但诉讼时效期间也可能提前届满。例如,依据该法第199条第3款1项,非因侵害生命、身体、健康以及自由所产生的请求权,从产生请求权之日起10年之后诉讼时效届满,并且适用最先届满的诉讼时效期间。[3]

3. 瑞士法

依据《瑞士债务法》第60条,损害赔偿请求权从债权人知晓其遭受损害以及具体加害人之时起算,一年之后诉讼时效届满;而瑞士侵权责任法改革草案规定了3年的普通诉讼时效期间。[4] 仅仅满足债权人"应当知晓"(Kennenmüssen)并不足以令时效期间届满,在瑞士法中,受害人还必须"真正知晓"上述信息。[5] 请求权最长时效期间为10年[6],但基于可刑事处罚的行为所产生的损害赔偿请求权除外;瑞士刑法针对此种特殊的请求权规定了较长的诉讼时效期间(《瑞士债法典》第60条第2款)。

---

[1] 首先值得注意的是,这涉及特殊时效的规定,因此不采用以天准确计算的最终期间规则;其次,虽然可以突破时间的最高框架,但仍然可以适用时效的起算、中止和中断(参见《德国民法典》第203条以下)。Vgl Grothe in MünchKomm, BGB I/1⁵ § 199 Rz 43; Heinrichs in Palandt, BGB⁶⁸ § 199 Rz 39.

[2] Grothe in MünchKomm, BGB I/1⁵ § 199 Rz 46; Heinrichs in Palandt, BGB⁶⁸ § 199 Rz 42.

[3] Grothe in MünchKomm, BGB I/1⁵ § 199 Rz 47; Heinrichs in Palandt, BGB⁶⁸ § 199 Rz 44.

[4] Loser-Krogh, Kritische Überlegungen zur Reform des privaten Haftpflichtrechts-Haftung aus Treu und Glauben, Verursachung und Verjährung, ZSR NF 122 II (2003) 200.

[5] Keller, Haftpflicht im Privatrecht II² (1998) 260; Däppen in BSK, OR I⁴ Art 60 Rz 6ff.

[6] 《瑞士债法典》第60条与第127条所规定的一般时效规则保持一致。

二、时效期间的起算

1. 奥地利法

依据《奥地利民法典》第 1478 条的规定,原则上时效从债权人能够主张其权利之时(hätte ausgeübt werden können)开始起算。此种规定的立法思想体现为,只有当债权人可以通过可期待的措施有效主张其请求权时,时效期间方可开始计算。[1]

9/16

《奥地利民法典》第 1478 条关于时效从债权人能够主张其权利之时开始起算的规定,必然导致只有当受害人遭受损害之后,其损害赔偿请求权的时效方可开始起算。在损害发生之前,尚未产生损害赔偿请求权,受害人当然也就无法主张和行使损害赔偿请求权。此外,依据奥地利法,对于短期时效期间的起算,还要求债权人知晓损害发生以及具体受害人,此种起算方法获得了广泛承认[2],并且也推广到长期时效的起算方法中。[3] 当然,有些学者以及部分司法判决仍然坚持认为,长期诉讼时效的起算应当始于加害行为发生之时(Begehung der Handlung)。[4]

9/17

通说认为,长期诉讼时效的起算应当采取客观标准,即权利人客观上

---

〔1〕 比较法上的分析参见 *Zimmermann/Kleinschmidt*, Presciption: General Framework and Special Problems Concerning Damages Claims, in: Koziol/B. C. Steininger, Yearbook 2007, 31 und 34 ff.

〔2〕 参见 *Dehn* in KBB, ABGB² § 1489 Rz 4 mwN.

〔3〕 参见 OGH 2 Ob 58/91 in JBl 1993, 726 (*Ch. Huber*); *F. Bydlinski*, Schadensentstehung und Verjährungsbeginn im österreichischen Recht, Steffen-FS (1995) 74; *M. Bydlinski* in Rummel, ABGB II/1³ § 1489 Rz 6; *Ertl*, Die Verjährung künftiger Schadensersatzansprüche, ZVR 1993, 33; *B. A. Koch*, Verjährung im österreichischen Schadensersatzrecht de lege lata und de lege ferenda, Liber amicorum for Pierre Widmer (2003) 191; *Koziol*, Haftpflichtrecht I³ Rz 15/19.

〔4〕 奥地利法重点参见 *Klang* in Klang, ABGB VI² 637 f; *I. Welser*, Die lange Verjährungsfrist als zeitliche Haftungsschranke, ecolex 1993, 657; *R. Welser*, Schadenersatz statt Gewährleistung (1994) 87 f; OGH 4 Ob 57/78 in DRdA 1980, 27 (*Koziol*); 4 Ob 76/81in DRdA 1983, 186 (*P. Bydlinski*); *Mader/Janisch* in Schwimann, ABGB VI³ § 1489 Rz 25. 德国法参见 *Moraht*, Verjährungsrechtliche Probleme bei der Geltendmachung von Spätschäden im Deliktsrecht (1996) 118.

可以行使其权利,换言之,客观上不存在行使权利的法律障碍。[1] 原则上,各种主观意义上的障碍,包括权利人自身所具有的障碍,如不知晓其享有请求权或者存在误解,都不影响长期时效期间的起算。[2]

2. 德国法

9/18　　依据德国法的规定,时效期间的起算始于权利人知晓[3]或者在重大过失[4]时应当知晓[5]其享有请求权以及知晓具体债务人,并且请求权已经成立之时[6]。此种起算方式同样适用于《德国民法典》第199条第3款1项所规定的10年时效期间。[7]

依据《德国民法典》第199条第2款和第3款2项的明确规定,30年的最长保护期间从发生加害行为、违反义务或者其他引发损害的事件之时起算,而无须考虑请求权是否已经成立。换言之,发生损害之前即可开始起算此种最长保护期间。[8]

3. 瑞士法

9/19　　依据《瑞士债法典》第60条的规定,损害赔偿请求权的诉讼时效从权利人知晓其遭受损害以及具体债务人之时开始起算,1年之后届满。时

---

[1] 参见 OGH 1 Ob 563/85 in SZ 58/122 = JBl 1986, 317 (*Ch. Huber*); zuletzt 2 Ob 31/07h in ÖBA 2008, 1513; *M. Bydlinski* in Rummel, ABGB II/1³ § 1478 Rz 2; *Dehn* in KBB, ABGB² § 1478 Rz 2; *Mader/Janisch* in Schwimann, ABGB VI³ § 1478 Rz 3.

[2] *M. Bydlinski* in Rummel, ABGB II/1³ § 1478 Rz 4; *Dehn* in KBB, ABGB2 § 1478 Rz 2; *Mader* in Schwimann, ABGB VI³ § 1478 Rz 6.

[3] *Grothe* in MünchKomm, BGB I/1⁵ § 199 Rz 25 ff; *Heinrichs* in Palandt, BGB68 (2009) § 199 Rz 23 ff.

[4] *Grothe* in MünchKomm, BGB I/1⁵ § 199 Rz 28 ff; *Heinrichs* in Palandt, BGB68 § 199 Rz 36 f.

[5] 只要可以有效主张该请求权并且在紧急情况下可以通过诉讼而强制执行该请求权,即可认定该请求权业已成立(参见最新判决:BGH in NJW-RR 2000, 647)。Vgl auch *Grothe* in MünchKomm, BGB I/1⁵ § 199 Rz 4; *Heinrichs* in Palandt, BGB68 § 199 Rz 2 ff.

[6] *von Bar*, Deliktsrecht II Rz 550; *Grothe* in MünchKomm, BGB I/15 § 199 Rz 9; *Heinrichs* in Palandt, BGB68 § 199 Rz 15 f.

[7] *Grothe* in MünchKomm, BGB I/1⁵ § 199 Rz 47; *Heinrichs* in Palandt, BGB68 § 199 Rz 40.

[8] *Grothe* in MünchKomm, BGB I/1⁵ § 199 Rz 46; *derselbe* äußert in MünchKomm, BGB I/1⁵ Vor §§ 194 ff Rz 9. 参见有关宪法上对此的反对意见:*Heinrichs* in Palandt, BGB68 § 199 Rz 42.

效起算同样要求请求权已经成立,否则知晓损害发生的要求将无从谈起。[1] 10 年的最长保护期间从实施加害行为之时起算,而不是从发生损害之时起算。[2]

第三节 建构体系与价值裁量保持一致的时效法

短期诉讼时效的立法模式原则上获得了广泛认同。[3] 但是,长期诉讼时效中的起算以及具体期间长短却引发了较大的争议,就此下文将作详细分析。

一、长期时效期间的起算

如上所述,依据通说,30 年的最长保护期间从发生加害行为之时(Begehung der Handlung)开始起算,而非始于损害发生之时。Klang[4] 就此提出的论证分析前后矛盾,完全不可信。他认为,奥地利并未明确规定长期诉讼时效的起算问题,应当从《奥地利民法典》第 1478 条所确立的一般规则寻找解决方案。他指出,"可能从产生损害之时,就存在损害赔偿请求权"。实际上,第 1478 条的规定与 Klang 所主张的观点完全不同,因为该条就时效的起算规定了如下前提,即权利人应当可以主张其请求权。当然,就像 Klang 所正确指出的那样,损害发生方可成立损害赔偿请求权。Ehrenzweig[5] 正确地指出,诉讼时效期间于发生损害之前即开始起算,构成了《奥地利民法典》第 1478 条所确立的一般规则的例外情况。但 Ehrenzweig 并没有给出此种例外规定的论证理由,其仅简单援引了《德国民法典》原第 852 条的规定。

但是,此种援引缺乏充分的论证力,因为在奥地利法中找不到与《德

---

[1] 就此参见瑞士联邦法院的判决:BGE 126 III 163 f;*Däppen* in BSK, OR I⁴ Art 60 Rz 7.
[2] *Keller*, Haftpflicht im Privatrecht II² (1998) 261;*Däppen* in BSK, OR I⁴ Art 60 Rz 9.
[3] 参见 *Zimmermann*, »… ut sit finis litium«, JZ 2000, 861.
[4] *Klang* in Klang, ABGB VI² 637 f.
[5] *Ehrenzweig*, System II/1² 79 FN 98a.

国民法典》原第852条相对应的规定,而从《奥地利民法典》第1478条的一般规定却可以得出相反结论。由于时效制度建立在怠于主张权利的人经过一段时间之后无法有效行使其请求权的基础之上,目的是保持法律关系的明晰,所以,时效建立在权利人知晓其享有请求权以及义务人应当能够考虑到权利人会主张其权利的基础上。在损害尚未发生之时,上述两个前提都不存在,当然请求权也未成立。因此,诉讼时效的起算必须始于损害发生之时(Entstehung des Schadens)。

9/22　　如同Rebhahn[1]所指出的那样,在上述时效起算方案中,各种概念,尤其是损害发生,不应当具有太多的意义以及自身独立的价值;此处更多涉及基于价值裁量所引发的判断。在能够满足侵权法上的各项前提时,受害人原则上就享有损害赔偿请求权。此种起算方法完全具有正当性,也符合基本价值判断;在满足侵权归责事由时,令加害人承担此种损害更为合理,此时受害人更值得保护。如果受害人处并无各种不利因素,尤其是从未怠于主张其债权,则没有理由仅仅因为时间的流转就剥夺其权利、免除加害人的责任。Rebhahn[2]通过一些概念上的生造无法推翻上述分析论证。例如,他将时间理解为归责的前提,并进而认为,只有在责任限制的时间届满之前该请求权方可继续存在。其论证的目的在于,在请求权形成之前以及权利人可以有效行使损害赔偿请求权之前,为剥夺受害人权利的不当论证提供理由;实际上,依据上述观点,请求权始终未成立。上述论证生搬硬套,实际上根本无法令人信服地解决价值裁量的问题。

9/23　　因此,我们无法找到明确的理由去支持如下做法,即在长期作用的化学物质或者放射性物质侵害他人时,可能从加害人实施加害行为之后超过30年的时间损害才显现,在此情况下,受害人缺乏必要的保护,甚至不赋予受害人损害赔偿请求权。[3]为什么上述情况下的受害人就其收入丧失、治疗费用以及精神损害不能获得救济呢?即使我们能够充分理解

---

　　[1] Zur neuen Regelung der Verjährung im BGB und zur langen Verjährung von Schadenersatzansprüchen, Welser-FS (2004) 867.
　　[2] Welser-FS 867.
　　[3] 就加害事由发生之后很久才出现损害的其他情况可参见 Zimmermann/Kleinschmidt, Prescription: General Framework and Special Problems Concerning Damage Claims, in: Koziol/B. C. Steininger, Yearbook 2007, 49 ff.

加害人的利益、认定过去发生的事实已经终结[1]，但必须明确看到法律所采纳的基本价值判断，即在符合所有归责事由的前提下，较之于加害人，受害人应当获得更多的保护。

仅仅单方面考虑应承担责任的加害人的利益的做法过于片面，也缺乏正当性。就引发侵权责任事件并产生加害后果的人而言，难道仅仅因为其应当预见到过了一段时间损害就将不存在，所以此后就不令其承担损害赔偿的责任？自然规律告诉我们，我们并不能准确知晓何时发生损害。为什么需要针对承担责任的加害人提供无须负担损害赔偿的救济，而受害人却无法获得相应的救济？为什么从事违法过错行为的加害人的安全利益优于受害人的安全利益？何况受害人本人并未引发此种不幸的损害后果。

可见，时效制度的设计并非仅仅涉及对个案正义的过度追求[2]，还涉及如何转化侵权责任法的基本价值，即在出现确定的归责事由时，受害人不应成为最终承担损害的人，而应当由其他人，如实施过错违法行为造成损害的人，承担损害赔偿责任。因此，德国法与瑞士法所采取的模式，即长期诉讼时效从行为人实施侵权行为之时开始计算，同样无法令人信服。法国法以及意大利法的规定模式应当更为合理，其放弃了长期客观的最长保护期间，并以诉讼时效期间必须从权利人知晓之时开始起算取而代之。[3]

二、时效最长保护期间

《奥地利民法典》中有关 30 年最长保护期限的规定，显然接近各国有关诉讼时效期间规定的上限。[4] 虽然《德国民法典》也规定了类似的 30 年长期诉讼时效，但是不同于奥地利法从损害发生时开始起算的模式，其起算点为发生加害事由时。此外，德国法还依据被侵害的法益的位阶差别规定了不同的最长保护期间。例如，侵害生命、身体、健康以及自由之外的法益所产生的请求权，最长保护期间为 10 年，从损害

---

[1] 参见 Rebhahn, Welser-FS 869; Zimmermann, Comparative Foundations of a European Law of Set-Off and Prescription (2002) 99.

[2] 参见 Rebhahn, Welser-FS 869.

[3] Zimmermann/Kleinschmid in: Koziol/B. C. Steininger, Yearbook 2007, 55 f.

[4] 参见 Zimmermann, European Law of Set-Off and Prescription 99 ff.

发生,即产生请求权时开始计算。而瑞士法仅仅规定了一个 10 年的时效期间,并从引起损害发生的事件发生时开始起算,而不是从现实损害发生之时起算。

9/26　　德国法中基于法益类型化差别所作的差异化时效期间(Differenzierung nach dem Rang des verletzten Gutes)的做法令人信服[1],因为其考虑了法律在此所体现的本质价值考量因素。英国法也发现了此种做法的重大意义,如英国法律委员会(English Law Commission)于 2001 年所作的建议中,虽然针对人身损害赔偿请求权不采取特殊长期诉讼时效期间,而采用普通短期诉讼时效,但此种时效从当事人主观知晓之时开始起算。[2] 荷兰法中也存在类似的发展趋势。[3] 在奥地利侵权责任法改革的讨论中,学者们也接受了此种思想。《奥地利侵权责任法草案》第 1489 条规定,30 年长期诉讼时效不适用于纯粹的财产损害;相反,其适用 10 年诉讼时效期间。

9/27　　德国法的 30 年最长保护期间从引发损害的事件发生时起算,此外,其还规定了 10 年诉讼时效期间,从发生损害之时开始起算。就此可以看到,诉讼时效期间的长短与计算起算点的时间密切相关。如果从损害发生时起算时效,则对于受害人至少存在有效主张其请求权的抽象可能;反之,如果从引发损害的事件发生之时开始起算时效,则始终存在如下风险,即在请求权成立之前时效已经开始计算,并且存在剥夺受害人主张其损害赔偿请求权的抽象可能。显然,诉讼时效越短,受害人越可能遭受更为严重的侵害。在受害人所遭受的损害较晚出现的情况下,至少应赋予其享有主张损害赔偿请求权的机会,即使该机会停留在抽象层面。

相反,时间流转给赔偿义务人在遭受不当追索方面带来的风险越小,则越有可能选择较长的时效期限。就像《奥地利民法典》第 933a 条第 3

---

[1] 就此种差异性规定可参见 *Loser-Krogh*, Kritische Überlegungen zur Reform des privaten Haftpflichtrechts-Haftung aus Treu und Glauben, Verursachung und Verjährung, ZSR NF 122 II (2003) 204; *Mansel*, Die Reform des Verjährungsrechts, in: Ernst/Zimmermann (Hrsg), Zivilrechtswissenschaft und Schuldrechtsreform (2001) 384; *Zimmermann/Kleinschmidt* in: Koziol/ B. C. Steininger, Yearbook 2007, 51 ff.

[2] *Zimmermann/Kleinschmidt* in: Koziol/B. C. Steininger, Yearbook 2007, 53 f; vgl auch *B. A. Koch*, Verjährung im österreichischen Schadenersatzrecht de lege lata und de lege ferenda, Liber amicorum for Pierre Widmer (2003) 197 ff.

[3] *Zimmermann/Kleinschmidt* in: Koziol/B. C. Steininger, Yearbook 2007, 54 f.

款针对交付具有瑕疵的标的物以及针对瑕疵后果损害所产生的损害赔偿请求权,以及《奥地利侵权责任法草案》第 1489 条第 2 款所规定的那样,通过不利于受害人的举证责任倒置,可以降低上述此种风险。

三、立法建议

学理上没有异议并且被广泛认为是公平的做法是:规定一个相对的短期诉讼时效(eine relative, kurze Verjährungsfrist),其自权利人知晓或者应当知晓损害以及赔偿义务人之时(具有公示性)开始起算。如果损害已经发生,受害人知晓其遭受损害以及具体加害人,即存在主张请求权的重要前提,则受害人至少在客观上具有怠于(Säumigkeit)行使权利的可非难性。受害人怠于主张其权利的程度越重,其所受的保护就越少;此时,更应当考虑加害人的利益。就此采取一个短期时效也是完全公平的。 9/28

应当依据目前欧洲各国的相关法律中所承载的基本价值判断,重新梳理客观的长期诉讼时效期间。依据时效法的基本思想,我个人不同意目前的通说,我认为,在出现损害之前(nicht vor Eintritt des Schadens)不应当开始起算长期诉讼时效期间,即最长保护期间。因为如果请求权尚未成立,即使从最为抽象的意义出发,针对受害人也不存在因怠于行使权利而引起的可非难性。此时如果令受害人承担未积极主张赔偿的惩罚,免除引发真正损害并且需要承担责任的加害人的赔偿义务,将缺乏任何正当性(jegliche Rechtfertigung)。非常明显,此时的价值裁量应倾向于保护受害人,而不是须承担责任的加害人。 9/29

如果时效自损害发生之时起算,则一些学者主张采取短于 30 年的诉讼时效期间。从价值裁量的角度出发,我们应当支持如下做法,即依据被侵害的法益需要获得保护的程度决定时效期间的长短。例如,在侵害具有最高位阶的法益时,时效期间可以长达 30 年;而在侵害位阶较低的法益时,尤其是造成纯粹经济损失时,可以规定 10 年的诉讼时效期间。 9/30

最后,潜在的赔偿义务人享有免于陷入因时间流转所造成的难以解决的举证困境的权利,他同样享有免于永久不当地被要求履行义务等利益的权利。从时效期间过半开始,针对原告采取举证责任倒置,加重作为原告的权利人的负担,即可保护上述利益。这就可以构建法律所期待的刺激权利人尽快行使其权利的激励机制。 9/31

附件一
《奥地利侵权责任法草案》

奥地利侵权责任法草案[*]

第一章 总 则

第一节 责任的基本原则

基本规则

第1292条

（1）侵权责任法的任务为损害填补并同时创造避免损害发生的激励机制。

（2）基于法律的规定，损害可以归责于某人时，其应当赔偿此种损害。

（3）人身或者财产纯粹遭受意外事件的，由受该事件影响的人负担后果。

损害、保护的利益

第1293条

（1）损害为某人就其人身、财产或者其他受到保护的利益而遭受的任何不利益。损害为具有金钱价值的不利益的，称为财产损害，否则为精神损害。

---

[*] 依据Diskussionsentwurf der beim Bundesministerium für Justiz eingerichteten Arbeitsgruppe für ein neue österreichisches Schadensersatzrecht, Vorläufige Enfassung（Ende Juni 2007）版本翻译。

（2）利益的保护尤其取决于该利益的顺位、价值、是否可以界定及其公示性，但也同样取决于自由展开、权利享有的利益以及公共利益。

（3）明确界定并且具有公示性的人格权，如生命、身体不可侵性、各种物权以及知识产权等，受到最高程度的保护。债之关系之外的纯粹经济损失只有在例外情况下才受到保护。

因 果 联 系

第 1294 条

（1）如果作为、不作为或者其他事件不发生就不会出现损害，则该作为、不作为与事件为损害的原因。

（2）当其引发了损害或者损害发生的原因处在某人控制的领域中时，损害可以归责于该人。事件较易于造成损害发生的，损害亦可归责于该人。对于其他事件亦采取如此归责（累计因果关系与叠合因果联系）。如果两个事件之一为意外事故或者之一为受害人引发的，或者两个事件中只有其中之一可以造成损害发生的（替代的因果联系），则依据归责原因的程度与因果联系的盖然性分别承担损害。

（3）如果同样的损害后果可以归责于数人，并且无法适用本条第2款，则数人就此损害承担连带责任。数人共同违法行为的，推定数人中的任何一人都造成了整个损害。

（4）存在多个可能造成损害发生的原因，其中任何一个都不可能造成整个损害或者既定部分损害发生的，推定该数个事件造成均等的损害。

（5）数人承担连带责任的，依据归责事由的程度，尤其是过错的轻重与危险的程度确定内部追偿时的份额。

第二节　过错或者其他不法行为责任

过错责任的前提

第 1295 条

（1）不法即违反客观注意义务并且过错侵害所保护的法益或者违反确定的行为准则（保护法律）或者违反善良风俗的人，基于该过错承担责任。

（2）违反法律制度的基本价值或者依据一般价值理念而错误行为的人，或者其目的仅仅在于损害他人或者其追求的利益与受害人的利益处在严重不对等关系中的人违反善良风俗。

注意义务的标准

第 1296 条

（1）应当从普通人的角度适用注意，即在既定情势下可以期待一个理性的、注意他人利益的人所应有的注意。在此关键参考被威胁的利益和所追求的利益的顺位与价值、情况的危险性、当事人之间的密切关系、避免危险的可能性以及与此相关的费用与精神耗费。

（2）准许通行或者制造危险源或者维持此种危险源的人应当尽到防止损害发生的必要的可期待的特殊注意。

作 为 义 务

第 1297 条

对于与受害人具有密切关系的人，准许通行或者制造危险源或者维持此种危险源的人，若可能发生的损害与其防范发生此种损害的负担严重不成比例，其负担针对他人防止已经察觉可能发生的损害的义务。

纯粹经济损失的保护

第 1298 条

（1）尤其在债之关系、在法律行为接触、在可以查明相对人依赖于其解释说明或者此种解释说明的目的在于引起相对人的信赖的情况下，以及在保护财产的行为准则中，存在保护纯粹经济利益的注意义务。加害人意识到可能发生损害的并且所威胁的利益与所追求的利益严重不成比例的，通常存在保护纯粹经济利益的注意义务。

（2）知晓他人享有债权的，不得有意识地诱发债务人的违约行为，除非其为了维护自己所享有的成立在先的权利或者不知晓他人针对债务人享有债权。仅仅从债务人决定违约中获得利益的人，只有在其已经事先知晓债务人的义务或者此种义务具有公示性并且其无法证明即使在其他情况下仍然会发生此种损害时，其须承担责任。

抗辩事由与经济状态

第 1299 条

（1）本人或者他人的生命、身体完整性、自由或者财产正在遭受或者直接遭受不法侵害的威胁（正当防卫与紧急避险），有权采取适当的防卫或者立即毫不迟延地实施其所享有的权利（许可的自我救济）的人，或者基于有效的受害人事先同意或者其他法定事由而行为的人，不承担责任。

(2) 在紧急状态下因防止本人或者第三人遭受直接威胁而给他人造成损害的人,可以减轻或者甚至免除其责任。就此需要考察损害后果与不采取防止威胁行为所带来的危险的比例关系以及双方的财产状态。加害人因过错引发紧急状态的,应承担全部责任。

过　　错

第 1300 条

(1) 应当为其他行为或者基于其能力与智识应当能够为其他行为,并且应当能够预见到将发生损害的人,具有过错行为。

(2) 过错违反具体的行为要求(保护他人的法律)的人,虽然无法预见到将发生损害,但仍应当承担侵权责任。有意识地不法行为并且至少容忍其行为所造成的损害后果的人具有故意,在其他情况下具有过失。

(3) 年满 14 周岁被推定为享有通常的能力与智识;而对年满 7 周岁、未满 14 周岁的未成年人作相反的推定。未满 7 周岁的未成年人不具有过错能力。

(4) 依据合同负担履行义务的人,应当就缺乏合同履行所必要的能力与智识承担责任。某人在非紧迫情况下从事了需要特殊的能力与智识的活动的,亦是如此。

未成年人与精神障碍者的瑕疵行为

第 1301 条

(1) 未成年人或者其他不具有从事理性行为能力的人,违反客观注意义务而行为的,依据例外情况下存在的过错、因损害发生而产生的利益,考虑怠于防范损害发生的行为以及双方当事人之间的财产状态,来确定责任的事由与范围。在具体情况下缺乏必要的能力与智识而无过错行为的人,亦适用上述规定。

(2) 主动使自己进入意识混乱状态的人必须承担由此所造成的损害赔偿责任。

企业的瑕疵行为

第 1302 条

(1) 基于经济或者职业上的利益经营企业的人,就其企业中的瑕疵、其产品与服务瑕疵所造成的损害承担责任。经营者能够证明其已经尽到了预防损害发生所必要的注意义务的,经营者不承担责任。

(2) 所谓瑕疵就是指违反可以期待的明确规定的标准、科学技术研究水平、经营活动中的交易习惯、企业产品和服务的标准。受害人负担此种瑕疵的证明责任。

(3) 依据本条无法主张纯粹经济损失。

特殊危险下的瑕疵行为

第 1303 条

(1) 引致或者保有特殊危险的,承担由此所造成的损害赔偿责任,除非其能够证明,其已经尽到了防范此种损害的必要注意义务。

(2) 动物、建筑物、机动车或者具有较高速度的驾驶自行车以及滑雪活动尤其可以造成特殊危险。

第三节 危 险 责 任

高危险源责任

第 1304 条

(1) 高危险源造成损害的,其保有人承担责任。

(2) 判断谁是保有人,依据针对危险来源享有利益、承担费用以及事实上具有控制权力的标准。

(3) 虽尽到必要的注意,但在正常使用或者活动中仍然带来经常性或者较严重损害后果的风险的物为高危险源。高危险源主要是核反应堆、大坝、油气线路与高压线路、弹药厂与弹药库、飞机、铁路与缆车铁路、机动车、机动轮船、采矿以及爆破。

(4) 因不可抗力或者尽管物品没有瑕疵并且尽到了最大可能的注意(不可避免的事件)而造成损害发生的,排除责任;尤其当受害人自身行为、非雇佣的第三人行为或者动物引发此种高度危险的,不承担责任。在诸如核反应堆、大坝、飞机、弹药厂等高度危险情况下,可以依据危险的程度减免责任。同样,具体情况下意外事件本质上增加了物品的危险性的(极其例外的经营风险),可以减轻责任。

(5) 受害人知晓并主动承担此种危险的,可以排除或者减轻他人的责任。

第四节　第三者责任与技术辅助手段责任

履行辅助人责任

第 1305 条

(1) 履行债之关系适用履行辅助人或者基于法律的规定而有其他辅助人为其行为的人,就辅助人的错误行为向合同当事人承担责任。在违反履行义务,而且针对履行辅助人的活动具有非特殊错误行为的情况下,本人亦应当承担责任。

(2) 承担独立执行活动的人也可以是履行辅助人。

(3) 雇主就其雇佣履行辅助人时投入使用的技术辅助工具同样承担侵权责任。

代理辅助人

第 1306 条

(1) 即使没有债之关系,如果受害人能够证明辅助人(代理辅助人)不具有相应的能力,本人没有谨慎选任或者没有充分监督,本人应就其辅助人的错误行为造成的损害承担责任。如果本人是经营者,经营者负担举证责任。

(2) 特殊危险(第 1303 条)或者高度危险源(第 1304 条)的保有人就其代理辅助人的错误行为同样承担责任。

(3) 以独立执行的方式承担了某项活动的人不是代理辅助人。只有在本人没有谨慎选任或者没有充分监督的情况下才承担责任。

(4) 就本人将技术辅助人员作为代理辅助人而投入使用的情况,针对技术辅助人员的错误,如果受害人能够证明技术辅助人员不适宜该事项或者本人没有谨慎选任或者没有充分监督,则本人亦承担责任。如果本人是经营者(第 1304 条第 1 款),经营者负担举证责任。

(5) 除上述规定之外,本人还就在活动范围内具有领导职务并具有独立的判断和指导权利的人承担责任。法人必须在任何情况下都就其章程所规定的机构承担责任。

辅助人责任

第 1307 条

依据其他规定辅助人承担责任的,不受本人责任(第 1305 条和第

1306条)的影响。本人和辅助人都承担责任的,二人负担连带损害赔偿责任。

监护人责任

第1308条

监护人过错没有尽到其义务的,就其所监护的人的错误行为承担责任。监护人就未成年人或者无法理性行为的人的无过错的错误行为必须并且能够承担履行损害赔偿的,受害人针对上述未成年或者缺乏理性的人不享有任何请求权。

第五节 干预侵权

第1309条

基于政府或者法律的授权侵害他人权利的,如果没有其他规定,就此造成的损害承担责任。对于仅仅基于此种授权而发生的损害,亦是如此。

第六节 责任的限定

归责的限定

第1310条

(1) 基于相当因果关系,行为人违反规范的目的或者其他成立责任的规范的保护目的致他人受到损害的,就此种损害必须作出赔偿;在此应当考虑归责事由的轻重与赔偿义务人所得利益的范围。

(2) 虽然加害人从事了不法行为,但在即使其为合法行为仍会发生此种损害的情况下,依据归责事由的轻重程度划分损害赔偿责任。

第1311条

就因不法行为可能获得的经济利益无须承担赔偿责任,除非禁止性规范的目的与此并不矛盾。

第1312条

损害将扩展到第三人的情况下,受害人就此也可以要求损害赔偿,除非在此情况下应当减轻加害人的责任。如果第三人已经向受害人作出履行,第三人享有损害赔偿请求权。

共 同 过 错

第 1313 条

（1）受害人共同造成损害或者怠于防止损害扩大的，双方分担损害后果。在此尤其依据双方过错严重性、危险程度以及多种归责事由来划分受害人与加害人的责任范围。在致人死亡的情况下，被害人的共同过错具有重要意义。

（2）即使在法律上没有特别关系，受害人受到损害的法益已经委托给其他人的，该第三人的错误行为也将归责于受害人。但该上述规定不适用于法律代理人以及被指定独立完成事项的其他人。

（3）如果一方的归责事由具有根本性的作用，不能由双方分担损害。在此也需要考虑加害人是否恰恰负担防止已经出现的损害发生的义务。

第七节 赔偿的方式和范围

恢复原状的赔偿

第 1314 条

恢复原状的赔偿方式是可能的并且此种赔偿方式不会严重超出以金钱赔偿方式作出赔偿的利益的，受害人可以要求重新恢复到原有的或者与原有同样形态或者同样价值的状态。恢复原状的赔偿方式对于加害人具有重大利益的，可以坚持恢复原状的赔偿方式。

财产损害的金钱赔偿

第 1315 条

（1）无法以恢复原状进行损害赔偿的，加害人以金钱的方式赔偿全部损害。计算损害时，应当考虑所有的损害后果，包括可得利益的丧失（具体计算）。受害人因造成损害的事件获得利益的，就此应当减少损害赔偿请求权，但不包括纯粹的损害转移（第 1312 条）或者服务于受害人利益的加利在内。

（2）赔偿义务人对于恢复原状的赔偿方式并没有重大利益的，受害人可以要求替代恢复原状的金钱损害赔偿或者要求预先支付金钱损害赔偿。受害人应当在一个合理的期限内提出金钱损害赔偿的范围。

（3）如果无法进行恢复原状的损害赔偿，并且受害人在遭受损害之后已经取得一个新物替代被损害的物，受害人可以要求加害人支付重新取得该新物的价值以及因预支该价款所花费的费用。无法确定取得新物的成本的,依据购买该新物的费用或者制造一个新物的费用确定损害赔偿的数额,但要相应扣除较长时间的使用可能。

(4) 被损害的物具有市场价值的,受害人可以要求加害人依据遭受侵害时该物的市场价值赔偿其所遭受的损害(抽象的计算)。

精神损害赔偿

第1316条

(1) 恢复原状是可能并且可行的时,应当赔偿精神损害(第1314条)。

(2) 是否提供金钱赔偿,取决于被侵害的法益的重要程度、客观上是否可以查明遭受损害、侵害的范围与持续时间以及归责原因的程度。严重侵害并且客观上可以查明侵害人格权的,必须负担金钱损害赔偿的义务。微小损害不予赔偿。

(3) 在下列情况中尤其要负担一个适宜的损害赔偿义务(精神抚慰金):

a) 侵害身体、健康和自由;

b) 致他人死亡或者严重受伤时,对受害人的亲近的人;配偶、亲子关系被推定具有此种亲近关系,其他人必须能够证明其与受害人之间具有此种亲近关系;

c) 在以恐吓、威胁、利用依附关系或者权威关系等方式滥用性关系或者侵害性自主权时;

d) 故意或者严重歧视性别、身体残疾、种族出生、宗教信仰或者其他类似的原因时;

e) 故意或者严重侵害隐私的;

f) 存在严重的归责事由,因具体的危险产生恐惧从而致他人死亡或者遭受严重损害的。

(4) 在故意侵害有体财物时,应当赔偿该物对于所有人所具有的特殊偏爱价值。在违反合同约定时,如果合同的目的在于满足精神上的利益,而违约严重侵害了此种精神利益并且通过解除合同并不能够给予适当的补偿,则应当赔偿由此遭受的损害。

(5) 在计算金钱损害赔偿时,应当在整体上考虑本条第2款所规定的情势,并且应当考虑加害人通过成立责任的行为所获得的利益。在赔偿违约而造成的精神损害时,应当考虑双方当事人所约定的价金。

(6) 精神损害赔偿请求权可以转让并可以继承。

第 1317 条

遭受持续性损害的,对于已经发生的损害采取一次性赔偿,对于将来的损害采取分期支付的方式加以赔偿。出于重大事由,受害人可以要求以一次性的方式获得赔偿,如果在经济上可以期待赔偿义务人作出此种赔偿。此时,应依据分期赔偿可以预见的持续时间计算资本数额并扣除利息。

赔偿义务的减轻

第 1318 条

赔偿义务对于加害人严重不当并造成其重大压力,而受害人只能够期待获得部分赔偿的,在例外情况下可以减轻加害人的损害赔偿义务。在此应当考虑归责事由的轻重程度、受害人和加害人经济上的状态以及加害人因侵权所获得的利益。

第八节 证 明 责 任

第 1319 条

如果没有其他规定,受害人必须负担证明所有请求权的前提。受害人与加害人处在一个法律上的特殊关系中,并且受害人可以证明加害人所控制的领域具有瑕疵的,加害人必须证明其已经尽到了必要的注意。受害人主张因不履行法律行为或者法定的义务而遭受损害赔偿的,加害人必须证明其已经尽到了必要的注意或者其不存在过错。

第二章 特 殊 规 定

第一节 特殊损害方式

侵 害 身 体

第 1320 条

(1) 侵害他人身体或者健康的,尤其要赔偿受害人治疗费、护理费、额外增加的生活需求费用、所得利益的丧失和未来丧失的收入、对进一步更好的收入所造成的妨碍(第 1315 条)以及精神损害赔偿金(第 1316

条)。事实上的收入并没有减少,但降低收入能力的,也必须赔偿此种损害。

(2) 侵害他人致死的,加害人应当赔偿承担殡葬死者费用的人就此所花费的费用。依据法律有权从死者处获得抚养费用,或者死者应当向其支付抚养费用的第三人有权要求加害人赔偿其现在和将来从死者处可以获得的抚养费用的损害。

非意愿的生育

第1321条

(1) 因违反合同约定,使得父母不生育子女的合法决定落空的人,应适当赔偿侵害父母决定自由而造成的精神损害。

(2) 只有在抚养子女费用给父母造成极其严重的负担并且本质上降低了他们的生活水准时,违约人才承担该子女的抚养费用。

侵 害 自 由

第1322条

(1) 侵害他人自由的,必须重新恢复他人的自由(第1314条)并且赔偿财产损害(第1315条)以及精神损害(第1316条)。

(2) 因一个非公开、非真实的信息导致侵害他人自由的,如果行为人信赖该信息具有合法正当的利益并且能够证明其不知晓该信息的不真实性,加害人无须承担责任。

(3) 受害人没有获得自由,并且无法主张其请求权的,加害人应当赔偿依据法律有权从受害人处获得抚养费用,或者受害人应当向其支付必要抚养费用的第三人现在丧失和将来从受害人处可以获得的抚养费用的损害。

毁损名誉与传播侵害他人的事实言论

第1323条

(1) 名誉受到侵害,或者就其信用、收入、进一步的发展因所散布的事实陈述而遭受损害的人,有权要求撤销此种言论(第1314条)并赔偿财产损失(第1315条),在其名誉遭受重大损害时,有权要求赔偿精神损害(第1316条)。

(2) 非公开散布非真实的事实陈述的,如果加害人信赖该信息具有合法正当的利益并且能够证明其不知晓该信息的不真实性,加害人无须承担责任。

(3) 散布真实事实,但该真实事实非为一般人所了解,并且其对于该事实宣传并不具有合法正当的利益,并且该事实属于个人隐私范围或者传播该事实显然容易导致他人遭受重大损害,则加害人在此情况下应当承担损害赔偿责任。

物的损害与侵害动物

第1324条

(1) 加害人毁坏有体物的,其至少需要赔偿该物的市场价值(第1315条);在故意毁坏他物的情况下,应当赔偿该物对于所有人所特有的偏爱价值。

(2) 在侵害他物时,如果一个理性的受害人将会支出用于恢复原状的费用(第1315条第2款),尤其是基于对该物的精神利益而支出此种费用,受害人也可以要求超出价值损害的费用。

(3) 上述内容同样适用于侵害动物致死或者其他侵害动物的情况。

不实咨询和错误信息

第1325条

(1) 基于债之关系或者法律行为上的接触向对方当事人过错提供不实咨询或者错误信息的,承担由此引发的纯粹经济损失责任。同样,在引发相对人信赖信息并且可以知晓相对人依赖此种信息的情况下,告知人亦承担纯粹经济损失责任;此外,告知人明知咨询不实或者信息错误而仍然告知的,承担纯粹经济损失责任。

(2) 因不实咨询或者错误信息导致侵害人格权、物权或者知识产权的,如果行为人知晓相对人信赖此种信息并且此种信息将给相对人带来危险,即无论当事人之间是否具有债之关系或者法律行为上的接触,加害人都应承担损害赔偿责任。

第二节 道路责任

道路持有人责任

第1326条

(1) 道路持有人因过错,就道路瑕疵给许可使用其道路的他人所造成的损害应当承担赔偿责任。许可包括任何不违反命令或者禁止以及道路形式的使用方式。道路是否具有瑕疵取决于针对使用不同形式的道路所享有的合理的安全期待。

（2）道路主要服务于使用人的利益的,降低道路持有人的注意义务。基于特殊约定而产生的合同责任不受上述规定的影响。公法人在承担道路持有人责任时等同于一个经营者（第1302条）。

（3）所谓道路就是指任何为了交通而特定的陆地表面以及属于该表面的各种设施。

第三节　交通工具责任

持有人责任

第 1327 条

（1）交通工具如火车、有轨电车或者其他机动车在运营过程中发生事故而造成他人死亡或者受伤（第1319条）或者损害物的,持有人依据第1302条承担责任。

（2）缆线电梯的持有人,在只是因电缆而造成他人损害的情况下,仅就其过错承担损害赔偿责任。

第 1328 条

（1）受害人或者被害致死人未经持有人的同意,在发生事故时使用交通工具（第1326条）或者乘坐该交通工具的,持有人不承担危险责任。

（2）就运输货物的损害,只有当乘客在事故发生时,以手提行李的方式或者随身携带该物品,持有人才承担危险责任。

非法驾车责任

第 1329 条

（1）明知没有获得保有人的同意,仍将交通工具投入使用或者参与交通工具的使用,在此情况下由保有人承担责任。持有人或者参与交通工具运营的辅助人具有过错,使得非法驾车成为可能的,保有人与非法驾车人承担连带责任。

（2）保有人因运营交通工具而雇佣使用人或者将交通工具移交他人使用的,如果违反许可使用交通工具的程度微小或者基于一种特殊的事由可以正当地违反交通工具事先的许可,使用人并不代替保有人承担责任。

责任减轻与免除

第 1330 条

依据本法第 1304 条第 4 款可以免除责任或者减轻责任(不可避免的事件)。

免 责 条 款

第 1331 条

禁止事先限制在有偿运输中侵害乘客致死或者其他人身伤害的责任。

第四节 产 品 责 任

瑕疵产品的责任

第 1332 条

(1) 因一个动产(产品)导致他人死亡或伤害(第 1320 条)或者导致该产品之外的物受到损害的,生产者承担损害赔偿责任。产品为其他动产的一部分或者与一个不动产构成一体的,同样适用上述规定。

(2) 依据本节规定,侵害其他物造成损害需要赔偿时,此种损害必须超过 500 欧元并且该物在遭受损害之前主要由受害人个人使用。

(3) 本节规定不适用于欧洲经济区成员国所签订的公约中所包含的因核事件导致的损害。

生 产 者

第 1333 条

所谓生产者就是指生产物品的经营者。下列经营者等同于生产者:

a) 生产原材料或者半成品的人;

b) 在其产品上标明其姓名、商标或者其他标志,以生产者名义出现的人;

c) 将产品进口到欧洲经济区并且将产品投入市场的人(进口商);

d) 提供产品但无法确定产品的生产者或进口商,并且不能在一个合理的期限内向受害人指出具体的生产者或进口商或其供应商的人。

瑕 疵

第 1334 条

(1) 无法提供在考虑到各种情势下仍能够合理期待的安全的产品具

有瑕疵。在此尤其要考虑以下因素：

　　a) 产品的说明；

　　b) 能够公平合理期待的使用；

　　c) 产品投入市场的时间。

　　(2) 因事后投入更新产品的,原产品并不因此而具有瑕疵。

责 任 免 除

第 1335 条

　　(1) 生产者并不依据本节承担责任,当其能够证明：

　　a) 因该产品符合法律规定或者政府规章而产生瑕疵的；

　　b) 其并没有将产品投入市场或者在此过程中其并非以经营者身份出现的；

　　c) 将产品投入市场时并不存在瑕疵,或者事后出现该瑕疵的；

　　e) 依据产品投入市场时的科学技术水平无法知晓产品存在瑕疵的；

　　f) 其仅是生产原材料或者半成品的人,瑕疵是将该原材料或者半成品投入到该产品生产中而造成的,或者是通过生产者的组织活动而导致的。

　　(2) 生产者将该产品投入市场 10 年内,受害人没有在法庭上主张本节所规定的损害赔偿请求权,在此期限之后该请求权虽尚未时效届满,该损害赔偿请求权仍消灭的。

免 责 条 款

第 1336 条

　　禁止事先限制本节所规定的责任。

第五节　环 境 责 任

环境损害的责任

第 1337 条

　　运营某个设备或者从事某项活动而造成经常性或者严重环境污染的风险的人,就此种高危险来源(第 1304 条)承担责任。无法明确测算运营某个设备或者从事某项活动给环境造成的风险的人以同样的方式就严重环境损害承担责任。

因果关系推定

第 1338 条

依据具体情况,尤其是考虑到损害的类型、损害发生的时间和地点、运营的时间长短、投入使用的设备、投入原材料的种类与密集程度以及气候上的既有条件,有害于环境的设备或者活动易于造成损害的,推定此种设备或者活动造成损害。保有人能够证明,其设备或者活动具有高度盖然性,不可能造成此种损害的,不适用此种推定。在此种情况下,依据本法第 1294 条第 2 款按份分担损害。

环 境 损 害

第 1339 条

物的损害同时造成环境侵害的,在决定采用恢复原状请求权(第 1314 条)或者赔偿就此所花费的金钱数额(第 1315 条第 2 款)的赔偿方式时,应当适当考虑被损害或者毁坏的物之于环境的意义。

时 效

第 1489 条

(1) 损害赔偿请求权在受害人知晓损害和具体加害人或者损害和具体加害人已经公开之后 3 年时效届满。受害人不知晓损害和具体加害人的,时效期间为 30 年。纯粹经济损失请求权的时效期间为 10 年。基于一个或者数个可施加刑罚的行为中产生此种损害的,如果行为人只能够故意从事此种行为,并且该行为将遭受超过 1 年的自由刑处罚的,在损害发生之后 30 年,损害赔偿请求权的时效期间方届满。

(2) 损害赔偿发生 10 年之后,受害人承担整个损害赔偿请求权各项前提的证明责任,但人身损害赔偿请求权除外。

附件二
《欧洲侵权法原则》

欧洲侵权法小组
欧洲侵权法基本原则[*]

第一篇 基本规范

第一章 基本规范

第 1:101 条：基本规范

(1) 任何在法律上可归责地给第三方造成损害的行为人应承担此种损害的赔偿责任。

(2) 损害尤其可归责于：
a) 其行为构成过错并造成损失的一方；
b) 从事异常危险的活动且造成损失的一方；
c) 其辅助人在其职责范围内造成损失的一方。

第二篇 责任的一般条件

第二章 损 害

第 2:101 条：可赔偿的损害

可赔偿的损害要求受法律合法保护的利益遭受物质上或非物质上的

---

[*] 依据 2004 年版本翻译。

损失。

第 2:102 条:受保护的法益

(1)某一法益受保护的范围取决于该法益的性质;其价值越高,定义越精确,法益越明显,对该利益的保护范围越广。

(2)生命、人身或精神上的完整性、人格尊严和人身自由享有最广泛的保护。

(3)包括无形财产权在内的各种财产权享有广泛的保护。

(4)对纯经济损失和合同利益的保护范围相对有限。在此情况下,应适当考虑行为人与受害方的相对程度,或考虑在加害人的利益价值确定低于受害方的利益时,行为人明知其行为将造成损失的事实。

(5)法益保护范围也受责任性质的影响,因此故意造成的损害较之其他情况享有更广泛的保护。

(6)决定法益保护范围时,应考虑行为人的利益,尤其是该行为人行动与行使权利的自由,以及公共利益。

第 2:103 条:损害的合法性

因从事不法活动或者不法危险源相关的损失无法获得赔偿。

第 2:104 条:预防费用

为避免紧急威胁造成的费用在合理的范围内可以得到赔偿。

第 2:105 条:举证责任

必须依据通常的程序标准举证证明损害。在无法举证证明损害的确切数额或举证费用过高时,法院有权评估损害数额。

第三章 因 果 联 系

第一节 必要条件与原因识别

第 3:101 条:必要条件

若无某一活动或行为(以下统称行为),损失就不会发生,则此行为被认为是造成受害方损失的原因。

第 3:102 条:竞合原因

在多方行为的情况下,若任一方的单独行为足以造成损失,则每一方的行为都被认定为造成受害方损失的原因。

第 3:103 条:替代原因

(1) 在多方行为的情况下,若任一方的单独行为都可能足以造成损失,但事实上无法查明是哪一方的行为造成此损失,则每一方的行为依据其造成受害方损失的可能性大小来判定其作为造成受害方损失原因的程度。

(2) 在多方受害人的情况下,若不能确认某一受害方的损失由某一行为造成,而此行为很可能并未造成所有受害方的损失,则依据该行为造成某一受害方损失可能性的大小依比例认定其作为所有受害方损失原因的程度。

第 3:104 条:潜在原因

(1) 若某一行为绝对且不可避免地导致受害方遭受损害,则可单独造成同样损失的后续行为不被采纳为导致损害的原因。

(2) 但若后续行为导致额外损失或加重损失,则仍应考虑此行为。

(3) 若第一个行为造成持续的损失,后续的相继行为本来也可能造成此损失,则这两个行为都被视为持续损失的原因。

第 3:105 条:不明确的部分因果联系

在多方行为的情况下,若能确定无一行为造成全部损失或决定性部分损失,则所有(至少)可能造成该损失的行为被推定为造成同等份额的损失。

第 3:106 条:受害方范围内的不明确原因

若损害可能由受害方范围内的活动、行为或其他情况造成,受害方应承担与该活动、行为或其他情况造成损害的盖然性相对应的损失。

第二节 责 任 范 围

第 3:201 条:责任范围

若某一行为构成本章第一节规定的原因,行为人是否及承担何种程度的责任取决于下列因素:

a) 在善意行为人行为时损失的可预见性,尤其考虑到致损行为与其后果在时间或空间上的接近性,或该行为造成的通常后果与该损失程度之间的关系;

b) 受保护利益的性质和价值(第 2:102 条);

c) 责任基础(第 1:101 条);

d) 生活中通常风险的程度；

e) 被违反的本原则的保护目的。

第三篇 归责基础

第四章 过错责任制

第一节 过错责任的条件

第4:101条:过错

行为人在过错的基础上对因其故意或过失而违反必要行为准则的行为承担责任。

第4:102条:必要行为准则

（1）必要行为准则是指理性行为人理性行为时的行为准则，尤其取决于受保护利益的性质和价值、行为的危险性、可期待的行为人的专业知识、损失的可预见性、所涉及各方之间的接近或特殊依赖关系以及预防措施及其他替代办法的现实可能及其费用。

（2）因行为人年龄、有精神病或身体残疾或极其特殊的情况无法期待行为执行该准则时，可适当调整上述准则。

（3）当确立必要行为准则时，应考虑规定或禁止某些行为的法律规则。

第4:103条:保护其他方免受损失的责任

行为人积极行为保护其他方免受损失的责任存在于下列几种情况：有法律规定；行为人引致或控制危险情况；当事方之间存在特殊关系；比较一方当事人面临危害的严重性与另一方避免此损失的容易性而共同确定此种责任。

第二节 举证责任倒置

第4:201条:一般举证责任倒置

（1）行为危险严重时可成立举证责任倒置。

（2）危险的严重性取决于该情况下可能造成损失的严重性以及该损失实际发生的可能性。

第 4:202 条:企业责任

(1) 使用辅助人或技术设备,长期从事经济或专业性企业经营的行为人,对该企业经营活动或其产品的缺陷造成的损害承担责任,除非该行为人能证明他采取了所有必要的防护措施。

(2) "缺陷"是指偏离对该企业、其产品或其服务合理期待的标准。

第五章 严格责任

第 5:101 条:异常危险的活动

(1) 从事异常危险活动的行为人对活动本身特有的风险所造成的损害及该活动造成的损害负严格责任。

(2) 同时满足下列条件的活动被视为异常危险的活动:

a) 即使在从事活动过程中采取所有防护措施,该活动仍造成可预见的和极高的风险;

b) 该活动不属于通常使用。

(3) 基于损失的严重性和可能性,可以使得损失的风险明显。

(4) 本原则其他条款、内国法或国际条约明确规定适用严格责任的活动,本条不具有适用余地。

第 5:102 条:其他适用严格责任的活动

(1) 内国法有权规定其他适用严格责任制的危险活动,即使该活动并非异常危险。

(2) 其他适用严格责任制的活动可依据造成损失的同类风险类推适用,但内国法具有相反规定的除外。

第六章 替代第三方的责任

第 6:101 条:对未成年人及精神病人的责任

监护人对其监护的未成年人或精神病人造成的损害负责,除非该监护人能证明他已尽到监护责任要求的必要行为准则。

第 6:102 条:对辅助人的责任

(1) 辅助人违反了必要行为准则的,雇佣人对其辅助人在职务范围内造成的损失承担侵权责任。

(2) 独立承揽人不被视为本条款所规定的辅助人。

第四篇 抗辩事由

第七章 一般抗辩事由

第 7:101 条:正当性抗辩

(1) 行为人在下列情况下并在合法限度内行为可免责:
a) 为保护自身利益防止非法侵犯(正当防卫);
b) 紧急避险;
c) 救济机关不能及时提供救济(自力救济);
d) 取得受害方同意,或受害方同意承担受损害的风险;
e) 合法授权,比如许可证。

(2) 行为人可否免责一方面取决于上述理由的正当性,另一方面取决于责任条件。

(3) 在特殊情况下,可减轻责任。

第 7:102 条:严格责任的抗辩

(1) 如果损害由不可预见且不可避免的下列因素造成,严格责任可被免除或减轻:
a) 自然力(不可抗力);
b) 第三方的行为。

(2) 严格责任是否以及在何种程度上可被免除或减轻,取决于外在影响的程度和责任的范围(第 3:201 条)。

(3) 根据本条第 1 款 b 项减轻责任时,根据第 9:101 条第 1 款 b 项,严格责任与第三方的其他责任为连带责任。

第八章 共同过错行为或者活动

第 8:101 条:受害方共同过错行为或者活动

(1) 考虑受害方的共同过错行为,或者受害方为侵权行为人时其他影响认定和降低受害方责任的相关因素,可免除或适当减轻行为人的责任。

(2) 提起侵害致使他人死亡的损害赔偿请求权的,依据本条第1款的规定,死者生前的行为或者活动可导致免除或减轻行为人的侵权责任。

(3) 受害方辅助人的与有过错行为或者活动造成损害的,可依据本条第1款的规定免除或减少受害方本应得到的赔偿。

第五篇　多方共同侵权人

第九章　多方共同侵权人

第9:101条:连带责任与多方责任:受害方与共同侵权人之间的关系

(1) 受害方所遭受的全部或确定部分的损害由两个或两个以上行为人造成时,行为人应共同承担连带责任。行为人应共同承担连带责任,当:

a) 行为人主动参加或教唆或煽动其他方从事不法行为,造成受害方的损失时;

b) 某一行为人的独立行为或活动造成受害方的损失,而另一方的行为也同样造成相同损害时;

c) 行为人对可归责于其辅助人的损害承担侵权责任时。

(2) 行为人承担连带责任时,受害方可向其中任何一个或多个行为人请求全部赔偿,但赔偿总额不应超过受害方所遭受的全部损害范围。

(3) 在无合理依据将某一部分损害归责于共同责任人中的任何人时,损害即为上述第1款b项中所规定的同样损害。主张该损害与上述条款不同的人,承担举证责任。具有合理依据存在多个责任的,行为人应各自承担可归责于其个人部分的侵权责任。

第9:102条:连带责任人之间的关系

(1) 连带责任人承担损害赔偿责任后,有权要求其他连带责任人偿付他应当负担的份额。此追偿权不影响当事人之间基于合同约定、法律规定、代位求偿(法定让与)或不当得利基础的损失分担。

(2) 根据本条第3款,确定责任份额应与责任人对损害的相关责任性一致,应考虑各自过错程度和其他与成立或减少其责任有关的事项。内部责任份额可达全额赔偿。无法确定责任人的责任份额时,全部连带责任人内部承担等额赔偿责任。

（3）若行为人依据第 9:101 条对其辅助人造成的损害承担责任,在决定其辅助人与其他侵权责任人的责任分配时,该行为人被视为承担其辅助人的全部责任份额。

（4）责任人应各自承担其赔偿责任的份额,即责任人承担的责任仅限于本条规定的其应承担的损害赔偿责任的份额;当某一责任人无法履行其赔偿责任时,他所应承担的赔偿份额应在其他责任方之间依据各方所承担的责任份额比例进行分摊。

第六篇　救济方式

第十章　损害赔偿

第一节　损害赔偿一般规定

第 10:101 条:损害赔偿的性质和目的

损害赔偿是以金钱的方式赔偿受害方,即在金钱可能的范围内,使受害方恢复到损害未发生的状态。损害赔偿亦可达到预防损害的目的。

第 10:102 条:一次性赔偿或分期赔偿

尤其考虑到受害方的利益,损害赔偿可一次性支付或分期赔偿。

第 10:103 条:损益相抵

在决定损害赔偿金额时,应考虑到受害方从受损事件中所获得的收益,但此受损事件与收益的目的相对立的除外。

第 10:104 条:物理性恢复原状

物理性恢复原状可能并且对加害方不构成重大负担的,受害方有权要求采取物理性恢复原状的赔偿方式以取代损害赔偿。

第二节　财产赔偿

第 10:201 条:财产赔偿的性质和数额

可赔偿的财产性损害是由侵害事件造成的对受害方既得利益的减少。通常应尽可能地确定该损害的数额,但适当时亦可抽象确定,如依据市场价格。

第 10:202 条:人身侵害

（1）人身侵害包括身体健康侵害以及达到可辨认的疾病程度的精神

健康侵害;财产损失包括误工损失、丧失劳动能力的赔偿(即使不产生误工损失)及诸如医疗费用等合理支出。

(2) 在死亡的情况下,死者生前照顾或本应照顾的人员如家庭成员可受到的财产损害等同于丧失死者照顾的损失。

第 10:203 条:物品的遗失、毁损与损害

(1) 物品遗失、毁损或者遭受损害的情况下,损害赔偿的基本数额相当于该物品的价值或该价值的贬值部分,因此,计算损害赔偿的数额不考虑受害方是否更换或修理该物品。但受害方已经(或即将)更换或修理该物品的,在合理范围内,他有权获得更高数额的赔偿。

(2) 针对丧失对该物品的使用,包括如丧失交易的结果损失在内的损失,也有权获得损害赔偿。

第三节 非财产性损害赔偿

第 10:301 条:非财产损害赔偿

(1) 依据保护范围(第 2:102 条)、侵害法益确定是否应给予非财产损害赔偿。在受害方遭受人身伤害,或人格尊严、人身自由或其他人身权利遭受侵犯的情况下,受害方应获得非财产损害赔偿。当事人近亲中有人被侵害致死或遭受极其严重的伤害的,该当事人也有权获得非财产损害赔偿。

(2) 确定非财产损害一般应考虑个案的所有情况,包括该伤害的严重性、持续时间和伤害后果。侵权人的过错程度明显造成受害方的伤害时,应考虑侵权人的过错程度。

(3) 人身侵害的情况下,非经济赔偿应与受害方所受痛苦及其身体或精神健康受损程度相一致。确定损害时(包括近亲关系中被侵害致死或严重遭受侵害),针对客观上类似的损失应予以近似数额的赔偿。

第四节 减少损害赔偿

第 10:401 条:减少损害赔偿

在极其特殊的情况下,考虑到双方当事人的经济状况,全额赔偿将给被告造成沉重负担的,可降低损害赔偿的数额。判断是否降低损害赔偿的数额,尤其应考虑责任基础(第 1:101 条)、法益的保护范围(第 2:102 条)以及损害的大小。

附件三
参考文献及其简要索引

Apathy/Riedler, Bürgerliches Recht. Band III[3]: Schuldrecht, Besonderer Teil (2008); wird zitiert: *Apathy/Riedler*, Bürgerliches Recht III[3].

Bamberger/Roth (Hrsg), Kommentar zum Bürgerlichen Gesetzbuch. Band I[2] (2007); Band II[2] (2008); wird zitiert: *Bearbeiter* in Bamberger/Roth, BGB (Bd[2] § Rz).

von Bar, Gemeineuropäisches Deliktsrecht. Band I: Die Kernbereiche des Deliktsrechts, seine Angleichung in Europa und seine Einbettung in die Gesamtrechtsordnung (1996); Band II: Schaden und Schadenersatz, Haftung für und ohne eigenes Fehlverhalten, Kausalität und Verteidigungsgründe (1999); wird zitiert: *von Bar*, Deliktsrecht (Bd).

Basler Kommentar zum schweizerischen Privatrecht: Zivilgesetzbuch. Band I[3] (2006); Band II[3] (2007), herausgegeben von Honsell/Vogt/Geiser; wird zitiert: *Bearbeiter* in BSK, ZGB (Bd[3] Art Rz).

Basler Kommentar zum schweizerischen Privatrecht: Obligationenrecht. BandI[4] (2007), Band II[3] (2008), herausgegeben von Honsell/Vogt/Geiser; wird zitiert: *Bearbeiter* in BSK, OR (Bd[Auflage] Art Rz).

Berner Kommentar zum schweizerischen Privatrecht: Obligationenrecht. Band VI, 1. Abteilung, 3. Teilband, 1. Unterteilband[3] (2006), herausgegeben von Hausheer, wird zitiert: *Bearbeiter* in Berner Kommentar, OR VI/1/3/1[3] (Art Rz).

van Boom/Koziol/Witting (Hrsg), Pure Economic Loss (2004); wird zitiert: *Autor*, Titel, in: van Boom/Koziol/Witting, Pure Economic Loss.

Brüggemeier, Haftungsrecht: Struktur, Prinzipien, Schutzbereich. Ein Beitrag zur Europäisierung des Privatrechts (2006); wird zitiert: *Brüggemeier*, Haftungsrecht.

Bydlinski, F., System und Prinzipien des Privatrechts (1996); wird zitiert: *F. Bydlinski*, System und Prinzipien.

Bydlinski, F., Probleme der Schadensverursachung nach deutschem und österreichischem Recht (1964); wird zitiert: *F. Bydlinski*, Schadensverursachung.

von Caemmerer, Das Problem des Kausalzusammenhanges im Privatrecht (1956); wird zitiert: *von Caemmerer*, Kausalzusammenhang.

von Caemmerer, Das Problem der Überholenden Kausalität im Schadensersatzrecht (1962); wird zitiert: *von Caemmerer*, Überholende Kausalität.

van Dam, European Tort Law (2006); wird zitiert: *van Dam*, Tort Law.

Deutsch, Allgemeines Haftungsrecht[2] (1996); wird zitiert: *Deutsch*, Haftungsrecht[2].

Deutsch, Fahrlässigkeit und erforderliche Sorgfalt. Eine privatrechtliche Untersuchung[2] (1995); wird zitiert: *Deutsch*, Fahrlässigkeit[2].

Deutsch/Ahrens, Deliktsrecht. Unerlaubte Handlungen, Schadenersatz, Schmerzensgeld[5] (2009); wird zitiert: *Deutsch/Ahrens*, Deliktsrecht[5].

Dreier, Kompensation und Prävention. Rechtsfolgen unerlaubter Handlung im Bürgerlichen, Immaterialgüter-und Wettbewerbsrecht (2002); wird zitiert: *Dreier*, Kompensation.

Ehrenzweig, System des österreichischen allgemeinen Privatrechts. Band II/1[2]: Das Recht der Schuldverhältnisse (1928); wird zitiert: *Ehrenzweig*, System II/1[2].

Esser/Schmidt, Schuldrecht. Band I/1[8]: Allgemeiner Teil, Entstehung, Inhalt und Beendigung von Schuldverhältnissen (1995); Band I/2[8]: Allgemeiner Teil, Durchführungshindernisse und Vertragshaftung, Schadensausgleich und Mehrseitigkeit beim Schuldverhältnis (2000); wird zitiert: *Esser/Schmidt*, Schuldrecht (Bd/Teilband[8]).

Esser/Weyers, Schuldrecht. Band II/2[8]: Besonderer Teil, Gesetzliche Schuldverhältnisse (2000); wird zitiert: Esser/Weyers, Schuldrecht II/2[8].

European Group on Tort Law, Principles of European Tort Law (2005); wird zitiert: *Autor*, Titel, in: EGTL, Principles.

Faure (Hrsg), Tort Law and Economics (2009); wird zitiert: *Autor*, Titel, in: Faure, Tort Law.

Faure/Koziol (Hrsg), Cases on Medical Malpractice in a Comparative Perspective (2001); wird zitiert: *Autor*, Titel, in: Faure/Koziol, Medical Malpractice.

Griss/Kathrein/Koziol (Hrsg), Entwurf eines neuen österreichischen Schadenersatzrechts (2006); wird zitiert: *Autor*, Titel, in: Griss/Kathrein/Koziol, Entwurf.

Karner, Ersatz ideeller Schäden bei Körperverletzung (1999); wird zitiert: *Karner*, Ersatz ideeller Schäden.

Karner/Koziol, Der Ersatz ideellen Schadens im österreichischen Recht und seine Reform, Gutachten zum 15. Österreichischen Juristentag (2003); wird zitiert: *Karner/Koziol*, Ersatz ideellen Schadens.

Karollus, Funktion und Dogmatik der Haftung aus Schutzgesetzverletzung (1992); wird zitiert: *Karollus*, Schutzgesetzverletzung.

Klang/Gschnitzer (Hrsg), Kommentar zum Allgemeinen bürgerlichen Gesetzbuch. Band IV 1. Halbband[2] (1968); Band IV 2. Teilband[2] (1978); Band VI[2] (1951); wird zitiert: *Bearbeiter* in Klang, ABGB (Bd/Teilband[2] Rz).

B. A. Koch/Koziol (Hrsg), Unification of Tort Law: Strict Liability (2002); wird zitiert: *Autor*, Titel, in: B. A. Koch/Koziol, Unification: Strict Liability.

B. A. Koch/Koziol (Hrsg), Compensation for Personal Injury in a Comparative Perspective (2003); wird zitiert: *Autor*, Titel, in: B. A. Koch/Koziol, Personal Injury.

Koziol, Österreichisches Haftpflichtrecht. Band I[3]: Allgemeiner Teil (1997); Band II[2]: Besonderer Teil (1984); wird zitiert: *Koziol*, Haftpflichtrecht (Bd[Auflage]).

Koziol (Hrsg), Unification of Tort Law: Wrongfulness (1998); wird zitiert: *Autor*, Titel, in: Koziol, Unification: Wrongfulness.

Koziol/P. Bydlinski/Bollenberger (Hrsg), Kurzkommentar zum ABGB[2] (2007); wird zitiert: *Bearbeiter* in KBB, ABGB[2] (§ Rz).

Koziol/Schulze (Hrsg), Tort Law of the European Community (2008); wird zitiert: *Autor*, Titel, in: Koziol/Schulze, EC Tort Law.

Koziol/B. C. Steininger (Hrsg), European Tort Law in 2001—2008 (2002—2009); wird zitiert: *Autor*, Titel, in: Koziol/B. C. Steininger, Yearbook (Jahr).

Koziol/Warzilek (Hrsg), Persönlichkeitsschutz gegenüber Massenmedien. The Protection of Personality Rights against Invasions by Mass Media (2005); wird zitiert: *Autor*, Titel, in: Koziol/Warzilek, Persönlichkeitsschutz.

Koziol/Wilcox (Hrsg), Punitive Damages: Common Law and Civil Law Perspectives (2009); wird zitiert: *Autor*, Titel, in: Koziol/Wilcox, Punitive Damages.

Lange/Schiemann, Schadensersatz[3] (2003); wird zitiert: *Lange/Schiemann*, Schadensersatz[3].

Larenz/Canaris, Lehrbuch des Schuldrechts. Band II/2[13]: Besonderer Teil (1994); wird zitiert: *Larenz/Canaris*, Schuldrecht II/2[13].

Larenz/Wolf, Allgemeiner Teil des Bürgerlichen Rechts[9] (2004); wird zitiert: *Larenz/Wolf*, Allgemeiner Teil[9].

Magnus (Hrsg), Unification of Tort Law: Damages (2001); wird zitiert: *Autor, Titel, in: Magnus, Unification: Damages.

Magnus/Martin-Casals (Hrsg), Unification of Tort Law: Contributory Negligence (2004); wird zitiert: *Autor*, Titel, in: Magnus/Martin-Casals, Unification: Contributory Negligence.

Martin-Casals (Hrsg), Children in Tort Law Part I: Children as Tortfeasors (2006); wird zitiert: *Autor*, Titel, in: Martin-Casals, Children I.

Martin-Casals (Hrsg), Children in Tort Law Part II: Children as Victims (2007); wird zitiert: *Autor*, Titel, in: Martin-Casals, Children II.

Mayrhofer, Schuldrecht. Band I: Allgemeiner Teil (1986) (3. Auflage des Systems des österreichischen allgemeinen Privatrechts von Ehrenzweig); wird zitiert: *Mayrhofer*, Schuldrecht I^3.

Münchener Kommentar zum Bürgerlichen Gesetzbuch. Band I 1. Halbband^5 (2006); Band II^5 (2007); Band IV^5 (2009); Band V^5 (2009); Band VI^5 (2009); Band X^4 (2006), herausgegeben von Rebmann/Säcker; wird zitiert: *Bearbeiter* in MünchKomm, BGB (Bd^{Auflage} § Rz).

Münzberg, Verhalten und Erfolg als Grundlagen der Rechtswidrigkeit und Haftung (1966); wird zitiert: *Münzberg*, Verhalten und Erfolg.

Oftinger/Stark, Schweizerisches Haftpflichtrecht. Band I^5: Allgemeiner Teil (1995); Band II/1^4: Besonderer Teil, Verschuldenshaftung, gewöhnliche Kausalhaftungen, Haftungen aus Gewässerverschmutzung (1987); Band II/2^4: Gefährdungshaftungen: Motorfahrzeughaftpflicht und Motorfahrzeughaftpflichtversicherung (1989); Band II/3^4: Übrige Gefährdungshaftungen (1991); wird zitiert: *Oftinger/Stark*, Haftpflichtrecht (Bd^{Auflage}).

Oliphant (Hrsg), Aggregation and Divisibility of Damage (2009); wird zitiert: *Autor*, Titel, in: Oliphant, Aggregation.

Planck's Kommentar zum Bürgerlichen Gesetzbuch mit Einführungsgesetzen und Nebengesetzen. Band II 1. Hälfte^4 (1914); herausgegeben von Strohal; wird zitiert: *Bearbeiter* in Planck, BGB II/1^4 (§ Rz).

W. V. H. Rogers, Damages for Non-Pecuniary Loss in a Comparative Perspective (2001); wird zitiert: *Autor*, Titel, in: W. V. H. Rogers, Non-Pecuniary Loss.

Rummel (Hrsg), Kommentar zum Allgemeinen bürgerlichen Gesetzbuch. Band I^3 (2000); Band II 1. Teilband^3 (2002); wird zitiert: *Bearbeiter* in Rummel, ABGB (Bd/Teilband § Rz).

Schilcher, Theorie der sozialen Schadensverteilung (1977); wird zitiert: *Schilcher*, Schadensverteilung.

Schmoeckel/Rückert/Zimmermann (Hrsg), Historisch-kritischer Kommentar zum BGB. Band II 1. und 2. Teilband (2007); wird zitiert: *Bearbeiter* in HKK zum BGB (Bd/Teilband § Rz).

Schobel, Der Ersatz frustrierter Aufwendungen. Vermögens-und Nichtvermögensschaden im österreichischen und deutschen Recht (2003); wird zitiert: *Schobel*, Frustrierte Aufwendungen.

Schwimann (Hrsg), Praxiskommentar zum Allgemein Bürgerlichen Gesetzbuch. Band I³ (2005); Band II³ (2005); Band IV³ (2006); Band VI³ (2006); wird zitiert: *Bearbeiter* in Schwimann, ABGB (Bd³ § Rz).

Soergel (Hrsg), Bürgerliches Gesetzbuch mit Einführungsgesetz und Nebengesetzen. Band III¹³ (2002); Band XIII¹³ (2000); Band XV 1. Teilband¹³ (2007); wird zitiert: *Bearbeiter* in Soergel, BGB (Bd/Teilband¹³ § Rz).

Spier (Hrsg), Unification of Tort Law: Causation (2000); wird zitiert: *Autor*, Titel, in: Spier, Unification: Causation.

Spier (Hrsg), Unification of Tort Law: Liability for Damage Caused by Others (2003); wird zitiert: *Autor*, Titel, in: Spier, Unification: Liability for Others.

Spiro, Die Begrenzung privater Rechte durch Verjährungs-, Verwirkungs-und Fatalfristen I (1975); wird zitiert: *Spiro*, Begrenzung privater Rechte I.

Spiro, Die Haftung für Erfüllungsgehilfen (1984); wird zitiert: *Spiro*, Erfüllungsgehilfen.

Staudinger (Hrsg), Kommentar zum Bürgerlichen Gesetzbuch mit Einführungsgesetzen und Nebengesetzen. §§ 249—254 Neubearbeitung 2005; §§ 823—825 Bearbeitung 1999; §§ 985—1011 Neubearbeitung 2006; wird zitiert: *Bearbeiter* in Staudinger, BGB^Jahr (§ Rz).

B. C. Steininger, Verschärfung der Verschuldenshaftung. Übergangsbereiche zwischen Verschuldens-und Gefährdungshaftung (2007); wird zitiert: *B. C. Steininger*, Verschuldenshaftung.

Tich (Hrsg), Causation in Law (2007); wird zitiert: *Autor*, Titel, in: Tich, Causation.

G. Wagner (Hrsg), Tort Law and Liability Insurance (2005); wird zitiert: *Autor*, Titel, in: Wagner, Tort Law.

Widmer (Hrsg), Unification of Tort Law: Fault (2005); wird zitiert: *Autor*, Titel, in: Widmer, Unification: Fault.

Wilburg, Die Lehre von der ungerechtfertigten Bereicherung (1934); wird zitiert: *Wilburg*, Ungerechtfertige Bereicherung.

Wilburg, Die Elemente des Schadensrechts (1941); wird zitiert: *Wilburg*, Elemente.

Wilburg, Die Entwicklung eines beweglichen Systems im bürgerlichen Recht (1950); wird zitiert: *Wilburg*, Bewegliches System.

Wilhelmi, Risikoschutz durch Privatrecht (2009); wird zitiert: *Wilhelmi*, Risikoschutz.

Winiger/Koziol/B. A. Koch/Zimmermann (Hrsg), Digest of European Tort Law I: Essential Cases on Natural Causation (2007); wird zitert: *Autor*, Titel, in: Winiger/Koziol/Koch/Zimmermann, Digest I.

von Zeiller, Commentar über das allgemeine bürgerliche Gesetzbuch für die gesamten deutschen Erbländer der österreichischen Monarchie. Band III 2. Teilband (1813); wird zitiert: *von Zeiller*, Commentar III/2.

Zimmermann, The Law of Obligations. Roman Foundations of the Civilian Tradition (1996); wird zitiert: *Zimmermann*, Obligations.

Zimmermann (Hrsg), Grundstrukturen des Europäischen Deliktsrechts (2003); wird zitiert: *Autor*, Titel, in: Zimmermann, Grundstrukturen: Deliktsrecht.

附件四
欧洲侵权责任法的改革

欧洲侵权责任法的改革[*]

海尔姆特·库齐奥

(上篇)立法模式与不法行为的归责要件

一、法典化的新时代

欧洲过去数十年以来,损害赔偿法(在本文中即侵权责任法——译者注)建立在特别法,尤其是判例的基础上而获得发展。但在最近的几年中,不断涌现出有关侵权责任法的全面改革,其中有些根植于整个民法的法典化工作,而有些则在侵权责任法自身的框架内展开。葡萄牙民法典[1]与荷兰民法典在欧洲拉开了新民法典的序幕。经过较长时间停滞

---

 * 原文标题为"损害赔偿法的改革",其核心内容实际上就是侵权责任法的改革,所以译者将其翻译为"欧洲侵权责任法的改革"。

 [1] 就此参见 A. Pereira, Portuguese Tort Law: A Comparison with the Principles of European Tort Law, in: Koziol/B. C. Steiniger (Hrsg) , European Tort Law 2004 (2005) 623 ff.

之后,法典化的努力在中欧和东欧又展现了生机勃勃的局面[1]。尤其是匈牙利于 2009 年 11 月决定重新起草民法典[2],该民法典草案本应当于 2010 年 5 月 1 日生效,但因政府更迭,根据 2010 年初出台的法律决定,该草案暂不生效,取而代之的是对该草案再做修订。

不仅如此,在欧洲之外也不乏法典化思想的追随者:巴西在 2002 年完成了一部新的民法典[3]。以色列提出了一部民法典草案[4]。日本和韩国同样致力于对其民法典的修订工作。而中国正在充满激情地致力于一部全新民法典的起草工作,其中有些部分已经完成,例如《侵权责任法》已经于 2009 年 12 月通过[5]。

此外,还有一些限于侵权责任法或者债法的草案,借助于这些草案,立法者希望能够终结特别法支离破碎的局面并希望达到侵权责任法或者债法现代化的目的。[6] 就此瑞士扮演了先行者的角色[7];而土耳其继

---

[1] 例如,有关爱沙尼亚可参见 *Kull*, Estonia Rz 1 ff, in: Koziol/B. C. Steiniger, European Tort Law 2004, 248 f und *Lahe/Kull*, Estonia Rz 1 ff, in: Koziol/B. C. Steiniger (Hrsg), European Tort Law 2009 (2010) 169 ff;有关拉脱维亚参见 *Bitāns*, Latvia Rz 1 ff in: Koziol/B. C. Steiniger, European Tort Law 2009, 360 ff;有关立陶宛参见 *Garbatas/Laucienè*, Lithuania Rz 1, in: Koziol/B. C. Steiniger, European Tort Law 2004, 405;有关波兰参见 *Baginska*, Poland Rz 1 ff, in: Koziol/B. C. Steiniger (Hrsg), European Tort Law 2003 (2004) 316 f;有关斯洛伐克参见 *Dulak*, Slovakia Rz 1 ff in: Koziol/B. C. Steiniger, European Tort Law 2009, 559 f und *derselbe*, Slovakia Rz 1 ff in: Koziol/B. C. Steiniger (Hrsg), European Tort Law 2008 (2009) 571 f;有关斯洛文尼亚参见 *Strnad/Lampe*, Republic of Slovenia Rz 1 ff, in: Koziol/B. C. Steiniger (Hrsg), European Tort Law 2002 (2003) 364 ff;有关罗马尼亚参见 *Raduletu*, Romania Rz 5, in: Koziol/B. C. Steiniger (Hrsg), European Tort Law 2006 (2008) 516 f und *Alunaro/Bojin*, Romania Rz 1ff, in: Koziol/B. C. Steiniger, European Tort Law 2009, 525 ff;有关捷克参见 *L. Tichý*, Czech Republic Rz 48 ff, in: Koziol/B. C. Steiniger (Hrsg), European Tort Law 2001 (2002) 118 ff.

[2] 参见 *Menyhárd*, Hungary Rz 1 ff, in: Koziol/B. C. Steiniger (Hrsg), European Tort Law 2009, 292 f. 有关草案的具体内容可参见 *Menyhárd*, Hungary Rz 1 ff, in: Koziol/B. C. Steiniger (Hrsg), European Tort Law 2008, 342 ff.

[3] 有关《巴西民法典》参见 *A. Pereira*, Brazil, in: Koziol/B. C. Steiniger (Hrsg), European Tort Law 2003, 453 ff;*J. P. Schmidt*, Zivilrechtskodifikation in Brasilien (2009).

[4] 就此参见 *Siehr/R. Zimmermann* (Hrsg), The Draft Civil Code for Israel in Comparative Perspective (2008).

[5] 参见 *H. Koziol/Yan Zhu*, Background and Key Contents of the new Chinese Tort Liability Law, Journal of European Tort Law (JETL) 2010, Vol III.

[6] 下文将要讨论的各个草案以及相关讨论请参见 *Winiger* (Hrsg), La responsabilité civile européenne de demain/Europäisches Haftungsrecht morgen (2008).

[7] Vorentwurf für ein Bundesgesetz über die Revision und Vereinheitlichung des Haftpflichtrechts vom 9.10. 2000.

续以瑞士为师[1]。在奥地利,有关侵权责任法的修订工作也已经展开[2]。在法国,一个私人起草小组提交了一部《法国民法典》债法修订草案,其中有些内容颇具开创性。[3]

在欧洲层面,私法统一化的努力已经促成了经由独立起草工作完成的两部草案[4]:欧洲侵权法研究小组于2005年提交了《欧洲侵权法原则》(PETL)[5];而欧洲民法典研究小组和欧洲共同私法小组提交了《共同参考框架》(Draft Common Frame of Reference/DCFR),其中包括"致他人损害的非合同责任"(Non-Contractual Liability Arising out of Damage Caused to Another, PEL Liab. Dam.)的内容[6]。

二、立法模式

1. 当下所采纳的立法模式

起草一部新的民法典或者重新起草侵权责任法,首先面临的问题即为究竟应当采纳何种规定模式。笔者个人认为,回顾以往相关经验对于

---

[1] Entwurf des türkischen Obligationenrechts, Fassung November 2006.

[2] 就此参见 *Griss/Kathrein/Koziol* (Hrsg), Entwurf eines neuen österreichischen Schadenersatzrechts (2006). Eine überarbeitete Fassung des Diskussionsentwurfes ist in Juristische Blätter (JBl) 2008, 365 ff, abgedruckt. Von einem Arbeitskreis wurde ein Gegenentwurf vorgelegt: Reischauer/Spielbüchler/Welser (Hrsg), Reform des Schadenersatzrechts III—Vorschläge eines Arbeitskreises (2008); 相关批评意见参见 *Koziol*, Schadenersatzreform: Der Gegenentwurf eines Arbeitskreises, JBl 2008, 348 ff. 该草案与其他欧洲层面的侵权责任法的比较可以参见 *B. A. Koch*, Die österreichische Schadenersatzreform im europäischen Kontext, Koziol-FS (2010) 721 ff.

[3] Avant-projet de reforme du droit des obligations (Entwurf *Catala*); zu diesem Entwurf auch *Moréteau*, France Rz 1 ff, in: Koziol/B. C. Steiniger (Hrsg), European Tort Law 2005 (2006) 270 ff.

[4] 参见 *Jansen*, Principles of European Tort Law? Grundwertungen und Systembildung im europäischen Haftungsrecht, RabelsZ 2006, 732; *Schmidt-Kessel/S. B. Müller*, Reform des Schadenersatzrechts I: Europäische Vorgaben und Vorbilder (2006) 74 ff.

[5] *European Group on Tort Law* (edn.), Principles of European Tort Law. Text and Commentary (2005); 相关分析参见 *Koziol*, Die »Principles of European Tort Law« der »European Group on Tort Law«, ZEuP 2004, 234 ff.

[6] *Study Group on a European Civil Code* and *Research Group on EC Private Law* (Acquis Group), Principles, Definitions and Model Rules of European Private Law (2008) 301 ff; *von Bar* (Hrsg), Non-contractual liability arising out of damage caused to another (2009). 相关批评参见 *G. Wagner*, Deliktsrecht, in: Schulze/von Bar/Schulte-Nölke (Hrsg), Der akademische Entwurf für einen Gemeinsamen Referenzrahmen (2008) 161 ff.

解决上述问题应大有裨益。欧洲各国的立法者就此通常采用两种立法模式，即立法者规定详尽却又僵化的规范（列举式——译者注），或者规定抽象原则但有待于内容填补的规范（一般条款式——译者注）。

从侵权责任法中的基础规范，可以非常清晰地反映出上述两种立法模式的差别。《德国民法典》（BGB）显然倾向于上述所谓详尽却又僵化的立法规定模式。

《德国民法典》第 823 条第 1 款规定："故意或者过失不法侵害他人的生命、身体、健康、自由、所有权或者其他权利的人，负有向他人赔偿由此所产生的损害的义务。"（Wer vorsätzlich oder fahrlässig das Leben, den Körper, die Gesundheit, die Freiheit, das Eigentum oder ein sonstiges Recht eines anderen widerrechtlich verletzt, ist dem anderen zum Ersatz des daraus entstehenden Schadens verpflichtet. ）

《法国民法典》（Code civil）与《奥地利民法典》（ABGB）早于《德国民法典》一个多世纪诞生，与《德国民法典》不同，二者采取了抽象概括但富有弹性的立法模式。

《法国民法典》第 1382 条规定："人的任何行为给他人造成损害时，因其过错致该行为发生之人应承担损害赔偿责任。"（Tout fait quelconque de l'homme qui cause à autrui un dommage, oblige celui par la faute duquel il est arrivé, à le réparer. ）

《奥地利民法典》第 1295 条的规定与上述《法国民法典》第 1384 条的规定极为相似："任何因他人过错而遭受损害的人，有权要求加害人赔偿损害。……"（Jedermann ist berechtigt, von dem Beschädiger den Ersatz des Schadens, welchen dieser ihm aus Verschulden zugefügt hat, zu fordern; ... ）

《德国民法典》第 823 条第 1 款中有关保护法益范围的详细列举，较之于《法国民法典》第 1382 条以及《奥地利民法典》第 1295 条第 1 款，具有较为明显的表述优势。但是，《德国民法典》的立法者以此种列举方式规定如此细致的内容，导致此种规定较为僵硬，并且也可以较为清晰地发现司法实践中存在一些不当的判决，而且随着社会的、技术的、经济的变迁，此种列举式的相关规定也呈现瑕疵；而《法国民法典》和《奥地利民法典》所采纳的不确定性的抽象模式，赋予了法庭自由裁量权，从而推动了该领域的发展。

就此,纯粹经济损失作为一个典型事例,能够说明上述论证。依据权威观点,《德国民法典》第823条第1款仅保护该款所列举的各项绝对权以及其他权利,但无论如何不保护纯粹经济利益。只有在违反相关的保护性法律(《德国民法典》第823条第2款)或者故意违反善良风俗(《德国民法典》第826条)的情形下,才能够产生针对纯粹经济损失的损害赔偿请求权。上述将纯粹经济利益的保护限于故意违反善良风俗与违反保护性法律的加害行为的做法被视为是在结果上产生了严重的错误[1],从而导致通过纷繁复杂、方法论上最难以立足的方式去规避上述立法者的此种规定。比如德国早在帝国法院时期,就已经承认一种非常模糊的"营业权"(Recht am eingerichteten und ausgeübten Gewerbebetrieb),此种权利的主要目的即在保护经营者的纯粹经济利益;虽然在过去、甚至今天仍然面临很多激烈的批评[2],德国联邦法院(BGH)仍延续了此种判决[3]。不仅如此,涉及保护纯粹经济损失的合同责任也在急剧扩张,从而导致对侵权责任产生了很多不利。比如,缔约过失责任(culpa in contrahendo)、积极侵害债权责任(positive Forderungsverletzung)以及合同附保护第三人效力(Vertrag mit Schutzwirkungen zugunsten Dritter)[4]。此外,德国法在过去还发明了附保护他人财产的社会交往义务(Verkehrspflichten),此种义务普遍被理解为《德国民法典》第823条第2款所规定的保护性法律[5]。虽然《德国民法典》第826条明文规定,只有在主观故意违反善良风俗原则的情况下方可保护纯粹经济利益,但在学说的支持下,德国判例大大拓宽了该条的适用范围,将其从故意侵权扩张到本质上为过失违反善良风俗致他人损害的情形。法庭尝试以此种方法达到应当保护纯

---

[1] MünchKomm/*Wagner*, BGB V⁵(2009) § 823 Rz 186.
[2] 就该判决请参见 *Sack*, Das Recht am Gewerbebetrieb (2007) 3 ff; MünchKomm/*Wagner*, BGB V⁵ § 823 Rz 187 ff.
[3] 就此可重点参见 *Larenz/Canaris*, Lehrbuch des Schuldrechts II/213 (1994) 560 ff; *Sack*, Recht am Gewerbebetrieb 139 ff.
[4] 参见 MünchKomm/*Wagner*, BGB V⁵ § 823 Rz 229 ff.
[5] *Mertens*, Deliktsrecht und Sonderprivatrecht-Zur Fortbildung des deliktischen Schutzes von Vermögensinteressen, AcP 178 (1978) 227; *von Bar*, Verkehrspflichten (1980) 49 ff; *Hopt*, Nichtvertragliche Haftung außerhalb von Schadens-und Bereicherungsausgleich-Zur Theorie und Dogmatik des Berufsrechts und der Berufshaftung, AcP 183 (1983) 608 ff. Kritisch zu diesen Lehren etwa *Canaris*, Schutzgesetz-Verkehrspflichten-Schutzpflichten, Larenz-FS (1983) 30 ff; *Stoll*, Richterliche Fortbildung und gesetzliche Überarbeitung des Deliktsrechts (1984) 42 ff; MünchKomm/*Wagner*, BGB V⁵ § 823 Rz 225 ff.

粹经济利益的目的,而实质上《德国民法典》就此并未作出此种规定[1]。

与之相反,奥地利法却呈现如下情形:《奥地利民法典》第 1295 条第 1 款的规定内容,并没有就保护特定的权利或者法益作出限定;其仅仅提出了一个法律并未作出明确规定,但需要法庭解决的关键问题,即何时不法侵害经济利益以及是否存在过错。

上述两部法典有关纯粹经济利益保护的规定表述方式,看起来似乎真的并不存在多大问题:在德国法中,人们必须尽力扩大此种过于狭窄的规范,而在《奥地利民法典》中则必须通过限缩性的具体化工作明确一般条款的相关规定。上述两种具有完全不同任务的对立立法模式产生了两种具有本质差异的后果。显然,德国法官为了达到其所预想的结果,必须采取违反方法论上各项原则的方式,完全不顾法律中明确、固定的表述,将立法者的明确意图置之不顾。而奥地利法官却可在法律的规定范围内,借助于立法者授予他们的各种解释可能以及类推方法(《奥地利民法典》第 7 条、第 6 条),以一种方法论上并无不当的方式确定保护纯粹经济利益的范围。这样将有利于奥地利法官积极尊重法律规定,并乐于尊重从法律中推导出的各种价值判断。

德国私法学者时常遁入"方法论上的违法状态",居然对德国法学家的学术良知未产生太多影响,这显然令人惊奇;但就此仍然发现一些有关法治国家方面的忧虑不断增加[2]。例如,通常受到学术理论的诱导,德国法官普遍相信必须规避《德国民法典》中过于狭窄的相关内容,较之于奥地利法官,就遵守法律规定与法律价值而言,德国法官显然较为轻松。由此一来导致了一个非常严重的后果,德国法官对待法律及其价值判断,较之于奥地利法官,更加大方,而后者在富有弹性的《奥地利民法典》中即可找到充分的裁量空间。就此我们可以得出如下具有积极价值的有关法律政策方面的认识:立法者越是尝试规定细致的僵硬的内容,以限制法庭的自由裁量,最终结果将适得其反;换言之,如果设置了过于狭窄的空间,则法庭将尝试寻找新的突破口,比如通过创造与法律的表述及其价值明显相悖的营业权,或者明确背离法律确定的表述,扩张违反善良风俗的构

---

[1] 就此参见 MünchKomm/*Wagner*, BGB V⁵ § 823 Rz 3 und 29 ff.
[2] 就此可详细参见 *Koziol*, Rezeption der Rechtsprechung des Bundesgerichtshofs in Österreich, in: 50 Jahre Bundesgerichtshof, Festgabe aus der Wissenschaft II (2000) 959 ff.

成要件(《德国民法典》第 826 条)。严格限定的立法模式最终却导致严重不遵守法律的后果。[1] 由于在具体个案中根本无法预见法庭何时依据具体事实构成要件、何时依据一般条款加以裁判,最终将因各种判例导致无法预见的发展,并在基于不同解决方案所做的判决中滋生各种矛盾,同时也导致法律状态不明。显然,立法者无法达到其所追求的法的安全价值,结果将适得其反。

当然,《奥地利民法典》也有其不利的一面。例如,就何时赔偿纯粹经济损害的利益而言,由于其规定,任何人都可以就过错所致的损害主张赔偿,使得就此存在宽松的裁量空间。但是关键的问题,即纯粹经济损失获得何种保护以及造成纯粹经济损失何时具有违法性,却找不到任何答案。就自由裁量空间而言,虽然法国与比利时就此的相关规定非常一致,但却呈现了不同的发展趋势,不仅如此,虽然法国与奥地利有关侵权责任法的规定一致,但法国侵权责任法却采取了原则上不同于奥地利侵权责任法的解决方案。[2]

此种较为相似的原则性与不确定表述的规范却难以适用于欧洲法律统一的立法模式,因为此种一般条款式的立法模式在各个不同的成员国中,由于受到其不同传统的影响,必然面临完全迥异的解释。笔者个人认为,《欧洲合同法原则》(PECL)所规定的一般条款存在重大瑕疵,因为其总是援引诚实信用(good faith)、公平交易(fair dealing)、不公平好处(unfair advantage)或者具体情况下的不合理(unreasonable in the circumstances)等基本原则,却没有针对这些抽象的不确定概念给出任何可资解释的标准。

这样就会导致一个认识方面的两难境地:一方面,私法的多面性特征与其所调整的事实纷繁复杂性,使得无法采取一种固定、详尽的规范模式,即在所有具体案件中都能够凭借此种具体规定获得正当的判决。而且,我们无法完全预见未来的社会、技术以及经济的发展,此种发展也要求我们避免采取僵硬的规定,因为其将阻碍——至少无法通过合法的方法论的方式——法律适应上述各种发展,亦无法达到法的再造(Fortentwicklung)。

---

[1] 就此参见 F. Bydlinski, Juristische Methodenlehre und Rechtsbegriff² (1991) 533 f.

[2] 就此可详细参见 Koziol, Begrenzte Gestaltungskraft von Kodifikationen? Am Beispiel des Schadenersatzrechts von ABGB, Code civil und BGB, in: Festschrift 200 Jahre ABGB (in Druck).

另一方面，不可忽视的是，针对不确定性概念，立法者必须给出关键的参照因素，尽到相应的立法义务。针对奥地利与法国的立法者所采纳的模式引发的混乱局面，人们提出了上述的批评：如果针对大量的基础问题，没有或者仅仅以一种不确定的方式作出规定，从而根本没有给出基本指导方向，并且导致法的解释完全滑向相反的方向，则法典化根本无法真正完成其任务。正是基于此种意义，需要强调[1]，当下的侵权责任法，就其本质而言，体现为判例法，从而导致必须就此作出改革。

一些看起来确定无疑的规定，实际上也无法提供有效的帮助——就像我们在目前现行法中所观察到的那样——此种规定采纳了很多不确定的法的概念，如将不法性规定为责任成立的前提，而并未详尽规定究竟就此采纳行为不法还是结果不法，以及如何查知立法究竟采纳何种不法理论。针对内容不确定的弊端，虽然可以采纳相对确定的法的概念，但这只能在表面上产生规范内容确定的效果，实际上无法达到真正目的。[2]

2. 通过"动态系统"(das bewegliche System)推动立法模式的再发展

因此，从提出改革现行法草案初始之际，就应当寻求如下方法，即较之于现行各民法典的立法模式，其更能够符合法典化所提出的要求。显然，就此可以推断出，在目前既有的两种模式中，我们必须寻求一种中庸模式；当然这也并不奇怪，笔者在下文将采纳主要由 *Wilburg*[3]、*F. Bydlinski*[4]以及 *Schilcher*[5]所发展的思想。虽然这并非是包治百病的灵丹妙药，但是，此种思想却能够为立法规范表述提供一个具有价值的帮助。

当然，对动态系统论也存在一些随意的批评，其中大部分缺乏对该理论的充分认识，因此，其出发点就是错误的。依据此种批评，动态系统论

---

[1] *Hopf*, Das Reformvorhaben, in: Griss/Kathrein/Koziol (Hrsg), Entwurf eines neuen österreichischen Schadenersatzrechts (2006) 18.

[2] 就此亦可参见 *F. Bydlinski*, Methodenlehre 627 f.

[3] *Wilburg*, Die Entwicklung eines beweglichen Systems im bürgerlichen Recht (1950); *derselbe*, Zusammenspiel der Kräfte im Aufbau des Schuldrechts AcP 163 (1964) 346 ff.

[4] *F. Bydlinski*, Methodenlehre 529 ff.

[5] *Schilcher*, Theorie der sozialen Schadensverteilung (1977); *derselbe*, Neuordnung des österreichischen Schadenersatzrechts, in: Magnus/Spier (Hrsg), European Tort Law (2000) 293 ff.

的追随者的目的无非就是提出尽可能动态的、不确定的、模糊的、任意的以及混淆(verschwommene)的事实构成要件。就此,笔者想首先重复动态系统论的主要代表人物——F. Bydlinski 所提出的有关动态系统论的基本立场:"只要涉及典型的,并且规范调整的结果体现为清晰的事实构成,法的安全以及符合目的性价值以及简单易行的法的适用,当然还包括正义的平等性,都要求在立法技术体系中采纳确定的事实构成要件。在那些将法的安全性作为特殊目的的调整领域,不存在(或者至少很少存在)动态的(Enklaven)空间。我们就此可以确定排除动态设计的票据法、不动产登记法、程序法或者甚至是刑法。"

但是,如果问题本身具有多样性,所要调整的事实又纷繁复杂——如同上述已经强调的那样——则将不存在完全采纳一种固定规定的可能。

Wilburg 的动态系统论[1]建立在如下两个基于比较法所获得的认知基础上:首先,他承认存在彼此相互对立的基本价值和目的的多样性,这些不同的价值与目的作用于不同法的领域。显然,我们无法从一个中心思想出发,去理解、适用和解释此种多元的价值目标以及各种目的。但是,这并不意味着可以允许走向糅合各种无法预见的"马后炮"(ad-hoc-Gesichtspunkte)的自由法学派——依据该学派,可以随意使用或者忽视各种观点。恰恰相反,在整体上必须考量,在一个特定的法的领域,在具体相互协调关系中存在何种关键性基础价值。Wilburg 将各个法的领域中的此种基础价值称为"要素"(Elemente);在今天,我们更习惯于将其称之为"原则"(Prinzipien)[2]。

Wilburg 的理论主张原则的多样性以及每个原则都具有各自的比重,从而使得它区别于其他的理论,即将一些较大的法的领域仅仅归结为单一的(ein einziges)法的原则。因此,Wilburg 的理论拒绝将侵权责任法以偏概全地解释为过错原则或者危险责任原则或者其他原则。

---

[1] 有关 Wilburg 动态系统论思想的言简意赅的总结可参见 F. Bydlinski, Eine Skizze über bewegliches Systemdenken im Vertragsrecht, Mélanges en l'honneur du Professeur Bruno Schmidlin (1998) 190 ff.

[2] 有关 Wilburg 动态系统论思想与《欧洲侵权法原则》思想之间的关系可参见 F. Bydlinski, Die Suche nach der Mitte als Daueraufgabe der Privatrechtswissenschaft, AcP 204 (2004) 329 ff sowie derselbe, Die »Elemente des beweglichern Systems«: Beschaffenheit, Verwendung und Ermittlung, in Schilcher/Koller/Funk (Hrsg), Prinzipien und Elemente im System des Rechts (2000) 9 ff.

其次，上述所分析的各种"要素"具有分层性，在一个具体个案中，只有在彼此相互协调的关系中，通过比较各个要素的比重方可确定法律后果。因此，各个要素呈现了一个清晰界分的不同层次的结构（Mehr-oder-weniger-Struktur）。在对立的原则之间发生冲突时，通过确定"优先顺位"（Vorrangrelationen）可以达到彼此妥协。Wilburg[1]将此种理论路径的优点描述为："此种体系就其自身属性可以包含所有可以想象到的情况。当有关具体要素的力度的价值判断随着时间的流转而发生变化时，如企业经营活动的危险性，较之于目前的基本原则，其具有弹性，并且不会如同玻璃制品那样易于破碎，甚至为新观点留下了空间。"

显然，动态系统论不仅仅对于构造一个民族国家的各种法律体现出其优势，而且对于法的统一同样具有不可比拟的优点：该体系适宜于在尽可能广泛的范围内满足两个对立的要求，即一方面，并非仅仅制定一个有待于高度确定化的一般条款；另一方面，避免僵化的规定，因为其无法考虑具体情况的复杂性，并且也无法胜任适应变化中的各种情况的任务。[2]通过规定法官裁判需要考量的各种关键要素，可以达到高度的具体化程度，从而对法官的自由裁量权作出关键性的限制，由此可以预见法官的判决；同时，亦可就考量生活事实的多样性提供可控的因素。不仅如此，动态系统论很大程度上为发展各种规定提供了便利，不同国家的法律中被视为重要的诸多要素都可以被吸纳到这些规定中，从而有利于尽可能考量各种不同的价值裁量。[3]

动态系统确定了关键性的诸要素，从而有助于限制法官的自由裁量权，较之于采纳需要具体化填补的一般抽象概念而言，法官受到更多的法律约束；然而另一方面，应当看到，动态系统事实上也赋予法官较大的自由裁量空间：由于采纳了一个相互区分、分层式的规范，以取代本质上导致非此即彼的后果的僵硬的规则，使得动态系统下的各种规范具有较大的动态性和不确定性。《欧洲侵权法原则》第10:401条以及《奥地利侵权

---

[1] Bewegliches System 13 f.
[2] 就此参见 *Koziol*, ZEuP 1996, 587.
[3] 相关详细论述请参见 *Koziol*, Rechtswidrigkeit, bewegliches System und Rechtsangleichung, JBl 1998, 619; *derselbe*, Diskussionsbeitrag: Rechtsvereinheitlichung und Bewegliches System, in: Schilcher/Koller/Funk（Hrsg）, Regeln, Prinzipien und Elemente im System des Rechts（2000）311 ff.

责任法草案》第 1318 条可以作为此种动态系统规范的代表,就此下文还将详述。依据该《草案》第 1318 条的规定:"赔偿义务对于加害人严重不当并且造成其重大压力,并且受害人只能够期待获得部分赔偿的,在例外情况下可以减轻加害人的损害赔偿义务。在此应当考虑归责事由的轻重程度、受害人和加害人的经济上的状态以及加害人因侵权所获得的利益。"下文还将讨论更多的其他例子,尤其涉及替代因果,就此涉及可归责的事由与受害人自身原因或者其他偶然事件的竞合问题。

上述此种分层式的解决方案,并非完全是一种根本性的全新创造,例如,有关共同过错的制度历经考验,几乎为各国所承认,形成了一种弹性的责任分担机制,被视为一种正确的处理方案,因此远远优先于早期的过错相抵(Culpa-Kompensation)以及非此即彼的原则。仅仅因为一点微小的区别,就导致完全赔偿或者完全不赔偿,显然会引发是否正义的问题;除此之外,还需要注意的是,如果法庭在面对非此即彼的判决结果时不存在其他选择方案,其可能开始——有意识或者无意识地——操纵责任成立的前提,以避免出现一个极端不公平的判决后果。由于此种操纵并没有详尽说明其背后的裁判考量,就法的安全性以及判决的可预见性而言,较之于选择一条中庸之道,即以明确要素为前提、法官同时受该要素拘束的动态系统而言,具有更多的危害。

欧洲侵权法小组基于各种考虑,最终决定将动态系统作为起草《欧洲侵权法原则》的方法论上的指导。[1] 同样,奥地利司法部成立的工作小组在起草侵权责任法草案时,亦决定采纳动态系统论的思想。[2] 上述两个小组都尝试提炼出相关的诸要素,并基于一个基础性的价值判断,设计了一个基础条款,并针对不适用基础条款规定了关键性的要素以及在法

---

[1] *Widmer*, Revue Hellénique de Droit International 52 (1999) 99; *Koziol*, Rechtvereinheitlichung und Bewegliches System, in: Schilcher/Koller/Funk, Regeln, Prinzipien und Elemente im System des Rechts 313; *Spier*, The European Group on Tort Law, in: Koziol/B. C. Steininger (Hrsg), European Tort Law 2002 (2003) 541 ff; *B. A. Koch*, Die österreichische Schadenersatzreform im europäischen Kontext, Koziol-FS (2010) 724 f.

[2] 就此参见 *Koziol*, Schaden, Verursachung und Verschulden im Entwurf eines neuen österreichischen Schadenersatzrechts. Zugleich ein neuerlicher Versuch der Klarstellung der Idee des beweglichen Systems, JBl 2006, 768.

律后果上作出相应的调整。上述两个草案就此也遭受了激烈的批评。[1]而欧洲的其他改革或者改革努力却仍然墨守成规。

恰恰在准备起草一部新的民法典的国家中,笔者认为,比较欧洲各种不同的立法努力并得出各种立法模式的利弊,这是一项有意义的工作。笔者认为,在侵权责任法中,原则性的归责事由,以及对于损害归责具有重要意义的前提,如加害人的不法行为,或者——以一种更为通俗的表述方式——违法性与过失,都可以作为比较法上分析的素材。

但笔者必须承认,当然读者也可能已经明确知晓,即笔者本人就是动态系统论的诚实信徒。这应当归结于笔者曾经有机会聆听 *Wilburg* 充满睿智的授课,并有幸拜 *F. Bydlinski* 为师。此外,笔者还是欧洲侵权法小组以及奥地利司法部修订侵权责任法小组的成员,上述两个小组都尝试采纳动态系统。

三、欧洲各个改革草案中的各种归责事由及其相互关系

《欧洲侵权法原则》第 1:101 条[2]以《瑞士债法修订草案》为师,采纳了该法第 41 条的规定模式,即设定一个覆盖整个侵权责任法的一般条款。该 1:101 条第 1 款明确规定,只有在具有可归责事由时,加害人方承担由此给他人造成的损害的赔偿责任。第 2 款进而具体规定,当基于过错行为(schuldhaftes Verhalten)或者基于特殊危险行为(außergewöhnlich gefährliche Tätigkeit)或者其雇佣人(Hilfspersonen)在职务活动范围内给他人带来损害时,方可将此种损害归责该行为人。这样就明确列举了主

---

[1] 有关《欧洲侵权法原则》的批评可以参见 Jansen, The State of Art of the European Law of Torts, in: Bussani (Hrsg), East & West in European Tort Law Perspective (2005) 18 ff; derselbe, Principles of European Tort Law? Grundwertungen und Systembildung im europäischen Haftungsrecht, RabelsZ 2006, 732; zum österreichischen Diskussionsentwurf siehe etwa Reischauer, Reform des Schadenersatzrechts? ÖJZ 2006, 391.

[2] Art 1:101. Basic norm: (1) A person to whom damage to another is legally attributed is liable to compensate that damage. (2) Damage may be attributed in particular to the person a) whose conduct constituting fault has caused it; or b) whose abnormally dangerous activity has caused it; or c) whose auxiliary has caused it within the scope of his functions. (第 1:101 条:基本规范 (1) 任何在法律上可归责地给第三方造成损害的行为人应承担此种损害的赔偿责任。(2) 损害尤其可归责于:a) 其行为构成过错并造成损失的一方;或 b) 从事异常危险的活动且造成损失的一方;或 c) 其辅助人在其职责范围内造成损失的一方。)

要归责事由。《奥地利侵权责任法草案》(第 1292 条)并没有规定此种基础规范,相反,其仅仅规定,致他人遭受损害的人,如果此种损害依据法律可以归责于该行为人,则其承担损害赔偿责任;但该条强调,纯粹的意外事件所致的损害由财产所有权人或者受害人本人自己承担。但值得注意的是,草案在基础条款之后的具体篇章中,分别设定了"过错或者其他不法行为责任"(Haftung für schuldhaftes oder sonst fehlerhaftes Verhalten)、"危险责任"(Gefährdungshaftung)、"第三者责任与技术辅助手段责任"(Haftung für Dritte und für technische Hilfsmittel)以及"干预侵权"(Eingriffshaftung),由此一来,各项本质性的归责事由显而易见。《法国民法典债法修订草案》亦是如此:虽然其规定了覆盖整个法律的一般条款,但其同时强调最重要的归责事由,即自己过错责任(第 1352 条)、物件保有人责任(第 1354 条以下)以及为他人承担责任,尤其是父母对儿童以及雇主对雇员的替代责任(第 1355 条以下)。

仍需强调的是,《欧洲侵权法原则》与《奥地利侵权责任法草案》一直认为,过错责任与危险责任并非泾渭分明,更多体现为一种动态的过渡。[1] 就此种意义而言,首先,危险性的程度对于确定保护义务具有重要意义(《欧洲侵权法原则》第 4:102 条、《奥地利侵权责任法草案》第 1296 条第 1 款)。申言之,一方面,在仅存在较轻危险性时,尚不足以成立不论是否具有过错的危险责任(《欧洲侵权法原则》第 4:201 条、《奥地利侵权责任法草案》第 1303 条);而另一方面,针对企业(《欧洲侵权法原则》第 4:202 条、《奥地利侵权责任法草案》第 1302 条),就过错认定采取举证责任倒置。这意味着我们从受害人自己举证证明的一般过错责任迈向过错推定责任的关键性一步,从而在纯粹的过错责任以及危险责任之间建立了一个过渡地带。只有在特殊危险(《欧洲侵权法原则》第 5:101 条)或者高度危险(《奥地利侵权责任法草案》第 1304 条)的情况下,方就此规定了一个无过错的严格责任,换言之,就此主要考量如下两个要素:不法行为与危险性。

而《共同参考框架草案》第 1:101 条却采取了另外一种模式:"(1) 遭

---

[1] 有关思想可参见 Koziol, Delikt, Verletzung von Schuldverhältnissen und Zwischenbereich, JBl 1994, 209.

受法律上相关损害的一方有权从故意或过失致损害的另一方或因其他致害原因依法应当承担责任的另一方处获得赔偿。(2) 就故意引发法律上相关损害情形具有特别规定的,依照该特殊规定。(3) 只有依据第三章规定的情况,一方才须对非因故意或过失所引起的法律上的相关损害承担侵权责任。"该《草案》第三章除了规定故意责任和过失责任之外,主要规定了未成年人侵权责任、雇佣人侵权责任以及动物侵权责任、产品责任、环境损害赔偿责任、交通事故责任以及危险活动责任。

《欧洲侵权法原则》与《共同参考框架草案》之间的典型区别体现在:《瑞士责任义务法草案》与《欧洲侵权法原则》在其基础规范中明确将过错责任、危险责任与为他人承担责任规定为并列的归责事由[1],从而确定了责任事由的整个架构,《法国民法典债法修订草案》以及《奥地利侵权责任法草案》亦如此;相反,《共同参考框架草案》将过错责任规定为最原则的责任类型,此外虽列举了其他例外情况,但并未就归责事由的整个架构作出明确规定。

在其他修订草案中,普遍缺乏一个一般条款,并且不强调各个不同归责事由之间的相互关系,而仅仅将不法行为责任(过错责任)作为一般侵权责任形态,而将其他责任形态规定为特殊责任形态,如《奥地利侵权责任法草案》(第 1295 条),《捷克民法典草案》(第 2625 条)以及《匈牙利民法典草案》(第 5:497 条以及第 5:515 条),中国《侵权责任法》亦是如此(第 6 条)。

四、欧洲侵权责任法改革中不法行为作为归责要素

1. 不法行为的意义及其分层——违法性(Rechtswidrigkeit)与过错(Verschulden)

通过比较法上的纵览,我们可以发现,"不法行为"以及——虽然就此存在不同理解——"违法性"两个要素在所有国家的法律中对于责任成立

---

[1] 就此可参见 *Widmer*, Reform und Vereinheitlichung des Haftpflichtrechts auf schweizerischer und europäischer Ebene, in: R. Zimmermann (Hrsg), Grundstrukturen des Europäischen Deliktsrechts (2003) 167 ff.

都具有重要的意义[1]：在过错责任中，只有当行为人的行为具有瑕疵时，行为人方就其行为所导致的损害承担赔偿责任。例如，德国学者 *Canaris* 强调[2]，就过错不法责任而言，即针对不法行为所生责任而言，"原则上这涉及法的伦理性不言自明的道理，因为其以法律上的否定性价值评价为基础"。此外，*Zimmermann* 在其有关民法的罗马法基础的著述中[3]也鞭辟入里地指出，侵权法以不法行为为主要议题，不法性和过错具有根本性意义。然而，"不法性"究竟意味着什么？虽然笔者在此无法作出详尽的探讨[4]，但下文仍有必要作出简要的分析，以便于理解欧洲目前相关的讨论。

只需稍加考察即可发现，在各个国家的法律制度中——就解释该概念而言[5]——针对"不法性"的确存在不同的理解。[6] 在多数国家中，不法性仅仅对于过错责任具有意义；然而，主要在瑞士法中，不法性在危险责任中也具有意义[7]，并且《瑞士责任义务法草案》中，将不法性规定为所有责任形态的前提。[8] 从结果来看，与瑞士法相类似的是新匈牙利法，其将任何造成损害的行为都视为具有不法性（第 5:496 条）。

然而，即使在过错责任范围内，就不法性的理解也完全迥异。下面以两个具有较为密切的亲缘关系的法律为例。依据奥地利目前的通说，即

---

[1] 就此可参见 *Koziol*, Conclusions, in: Koziol (Hrsg), Unification of Tort Law: Wrongfulness (1998) 129 ff.

[2] Die Gefährdungshaftung im Lichte der neueren Rechtsentwicklung, Juristische Blätter (JBl) 1995, 16. 参见 *F. Bydlinski*, System und Prinzipien des Privatrechts (1996) 189 ff.

[3] The Law of Obligations. Roman Foundations of the Civilian Tradition (Ausgabe 1996) 902, 907.

[4] 详细参见 *Koziol*, Rechtswidrigkeit, bewegliches System und Rechtsangleichung, JBl 1998, 619 ff.

[5] 而目前《奥地利侵权责任法》的其他修订草案并非如此。

[6] 相关比较法上的介绍可参见 *Koziol*, Conclusions in Koziol, Wrongfulness 129 f. Siehe ferner *G. Wagner*, Grundstrukturen des Europäischen Deliktsrechts, in: R. Zimmermann (Hrsg), Grundstrukturen des Europäischen Deliktsrechts (2003) 213 ff.

[7] 参见 *Oftinger/Stark*, Schweizerisches Haftpflichtrecht I^5 (1995) 172.

[8] 在新的第 41 条中仅仅规定违法所致损害具有可归责性，在有关侵权责任的共同要件的相关章节中，第 46 条就违法性作出了规定。就此参见 *Widmer* in R. Zimmermann, Grundstrukturen 158 f.

"行为不法理论"(Verhaltensunrechtslehre)[1],判断是否具有不法性,应当始终从人的行为出发,而不应从损害后果出发,所谓"行为不法"是指违反了法律的命令和禁令,不法性体现为法律主体从事了违反规范的行为。与之相反,德国法中主要采纳了"结果不法理论"(Erfolgsunrechtslehre)。在原有的理论体系中,德国法中的结果不法仅仅从损害后果出发;目前受到法律只能够将人的行为而不能将损害后果规定为不法的观点的影响,德国法已经转而认为损害结果并不是不法性的对象,而仅仅是判断是否具有不法性的基础。[2] 由此一来,将从一个消极的损害后果倒推行为是否具有不法性,换言之,侵害了受法律绝对保护的法益或者绝对权,如所有权,则行为具有不法性,除非就此存在一个合法的抗辩事由。当前,德国法仅仅针对所谓的直接侵害绝对权和法益采纳结果不法理论;此种侵害应当总是具有违法性的。

此外,就如何区分不法性和过错也存在较大的理论分歧,尤其在法国法中,甚至根本没有此种区分。[3] 在某些国家中,有关不法性与过错的区分较为明确;但在另外一些国家中,此种界限又变得模糊。例如,在德国法中[4],就具有侵权责任能力的行为人而言,针对过错采取客观化标准,而针对间接侵权亦采取相应的客观行为不法标准,导致在客观不法性与通过客观标准加以判断的过失之间几乎没有区别。而奥地利法[5]与荷兰法[6]却采取其他理论,其中原则上从主观标准判断行为人是否具有过错,同样,目前瑞士法中的非主流观点以及上述《瑞士责任义务法草案》都主张针对过错采取一个主观标准。[7]

虽然表面上看来,无法初步将上述千差万别的不同观点整合起来。

---

[1] 参见 *Koziol*, Österreichisches Haftpflichtrecht I^5 (1997) Rz 4/2 mit weiteren Nachweisen. Das neue ungarische Gesetz dürfte ebenfalls ein Verhaltensunrecht für die Schadenszurechnung voraussetzen, siehe Art 5:497. Nicht eindeutig ist hingegen der tschechische Entwurf (Art 2630 und 2640).

[2] 参见 *Larenz/Canaris*, Schuldrecht II/213 (1994) § 75 II 3 b.

[3] 亦可参见《法国民法典债法修订草案》第 1352 条。

[4] 就此可重点参见 *Deutsch*, Fahrlässigkeit und erforderliche Sorgfalt^2 (1995) 229 f, 282.

[5] *Koziol*, Haftpflichtrecht I^3 Rz 5/35 ff.

[6] 参见 *Spier*, The Netherlands. Wrongfulness in the Dutch Context, in: Koziol (Hrsg), Wrongfulness 88 f.

[7] *Widmer*, Die Vereinheitlichung des Schweizerischen Haftpflichtrechts - Brennpunkte eines Projekts, Zeitschrift des Bernerischen Juristenvereins 1994, 410 mit weiteren Nachweisen.

但仔细观察却可发现,欧洲不同国家的法律中采取彼此不同的立场都具有各自令人信服的理由,并且也不应当独尊某种违法性概念。不仅如此,可以确定的是,不同观点着眼于不法性要件的不同的任务,其相互之间并非相互排斥,相反应彼此互补。[1] 在把握此种不同的任务时,动态系统再次可以提供有力的帮助。不同的责任构成要件,即受害人行为瑕疵的各个要件,可能具有分层式的程度差异,其法律后果也系于各种不同的强度以及各个不同要件之间的相互关系。如果我们进一步发展此种动态系统的思想,则可以就不当行为的要素提炼出一个和谐的整体方案,就此应作出如下三个层次的区分[2]:

就第一层次而言,结果不法理论正确地强调,法律保护特定的法益,如生命、健康、自由或者所有权,并极力防止侵害上述各种法益(受保护的利益)。因此,在高度抽象的层面上首先确定,哪些行为违反了法律——为了避免误解,应当最好将其称为侵害行为的事实构成该当性(Tatbestandsmäßigkeit)。由于就此并不要求行为人违反了注意义务,事实构成该当性非常抽象,从而就其只能够作出轻微的责难。不仅如此,需要注意的是,其至针对诸如生命、健康、自由或者所有权,也并非毫无例外地提供保护。为了保护具有更高位阶的利益,有时甚至也必须容忍健康遭受微小的损害。

某人侵害了他人的法益或者利益,而法律原则上致力于保护此种利益,如果满足事实构成该当性,则加害人在非常抽象的意义上从事了一个法律极力防止出现的行为。即使此种从高度抽象的层面确定的事实构成该当性并不具有严重的可责难性,并且也并不能够充分引发损害赔偿责任,但其至少仍然可以引发一些轻微的法律后果,即可以认定存在可以行使各种权利抗辩事由的充分基础,如正当防卫权利以及不作为请求权。不仅如此,此种抽象的消极的侵害还可以引发排除妨碍请求权,甚至不当得利请求权。最后,在侵害受保护的法益,即绝对权的情况下,此种事实构成该当性也征引行为人的行为违反注意义务。

---

[1] 就此详见 *Koziol*, Rechtswidrigkeit, bewegliches System und Rechtsangleichung, JBl 1998, 619 ff.

[2] 亦可参见 *G. Wagner* in R. Zimmermann, Grundstrukturen 217 ff,其尝试区分不法性的功能与不法性要件成立的前提,其中前者在于定义防止遭受侵害的法益的保护范围,而后者在于论证其究竟是否具有违法性。

在第二层次上应当更为具体地检讨加害人是否从事了某种行为,依据既定情况下的客观标准,该行为违反了注意义务。在第二层次上,虽然依据客观标准检讨该行为是否具有瑕疵,即违法性,但此种检讨已经建立在本质上非常具体的层面上。该检讨步骤与英国法上的违反注意义务的理论(doctrine of breach of standard of care)相契合,也体现为欧洲大陆很多国家法律中所主张的行为不法理论。

在该违反客观注意义务的层面中,行为人行为的瑕疵产生了如下效果,即经与其他具有较轻程度的要件相互作用,其已经足以引发该行为所成立的损害赔偿责任。例如,客观违反注意义务的行为与较高程度的危险性相结合,导致举证责任倒置,从而产生了一个完全过错推定的责任形态。不仅如此,就未成年人或者精神病患者而言,如果其客观上实施了违反客观注意义务的行为,通过与其他要素相权衡,亦可导致完全责任、或者至少部分责任(《奥地利民法典》第1310条、《德国民法典》第830条)。

第三个层次涉及如下问题,即就此种客观违反注意义务的行为,是否可以从其主观上的能力以及状态责难该具体行为人。此处即体现为**过错**(Verschulden)。过错是一个更为重要的归责要件,其自身即可足以成立针对因不法行为所引发的损害所生的侵权责任。

总之,可以确定的是:有关行为瑕疵的上述三种不同形态的要件具有不同的功能,申言之,要件越是抽象,则其行为的不法性程度亦越低;反之,所要检讨的内容越是具体,则不法性程度越重。如果在具体情况下,某个具体行为人因其主观上的能力,应当能够认识到并可以避免侵害他人的利益,或者其甚至主动追求此种侵害后果,则其具有人的意志瑕疵,从而可以就其作出严重的责难。就此而言,法律后果具有不同程度的区分:如果只能够在最为抽象的层次确认成立事实构成该当性,从而该行为具有一般意义上的消极性,则此种瑕疵仅仅能够成立防御权,如正当防卫权利、不作为请求权以及排除妨碍请求权,乃至不当得利请求权。在下一层次中,客观的违反注意义务行为所具有的瑕疵性导致如下后果,即与其他较轻程度的责任构成要件相互结合,如增加的危险性或者经济上的承受能力,即足以引发其所导致的损害后果的侵权责任。主观判断的过错构成更为重要的归责要素,可以充分地成立不法所引起损害的归责。

《欧洲侵权法原则》尝试将上述三阶段的理论加以转化[1]:第一个关键步骤,即确定行为人是否侵害了法律所保护的各种权利或者利益,规定在该《原则》第2:101条中:"可赔偿的损害要求受法律合法保护的利益遭受物质上或非物质上的损失。"(Recoverable damage requires material or immaterial harm to a legally protected interest.)如果行为人并未侵害受保护的法益,在行为并不符合事实构成该当性时,不成立过错责任,亦不成立危险责任。通过最近讨论较多的下述问题可以很好地说明这一点,该问题与侵害受保护的法益的前提相互关联,即"不当出生"(wrongful life)的问题[2]。该问题涉及残疾儿童是否有权提出如下诉讼:如果医生认真负责地检查其母亲即可发现其出生前就具有瑕疵,则其将不会出生,亦不会继续存活,因为此时其母亲可以选择堕胎。依据通说,该未成年人就其痛苦的生命所遭受的损害并无权获得损害赔偿救济。[3] 通过《欧洲侵权法原则》即可达到上述结果:法律并不保护一个人丧失生命的利益;没有人可以享有在出生之前或者之后被杀死的请求权。

而从另外一面来看,侵害他人受法律保护的利益并不足以成立侵权责任。责任成立还需要有其他更多的前提,如违反注意义务的行为以及过错,或者保有特殊危险物。

上述第二个步骤规定在《欧洲侵权法原则》第4:101条,该条以违反纯粹客观"所要求的行为标准"(required standard of conduct)为基础。该步骤实际上仅对于过错责任具有关键意义,而对于危险责任并无意义。就此涉及如何具体确定行为人是否违反了行为义务,须在考量各种因素的前提下方可作出判断。

在第三个步骤中,涉及针对具体行为人是否可以进行责难的问题,即是否具有主观上的过错。由于针对过错采取客观标准——笔者个人就此感到非常遗憾——该第三步在《欧洲侵权法原则》中表现得较为不明显,

---

[1] 参见 Koziol in: European Group on Tort Law (Hrsg), Principles of European Tort Law. Text and Commentary (2005) 24 f.

[2] 参见 die Kommentare in den Länderberichten zu Fall 1 in: Magnus (Hrsg), Unification of Tort Law: Damages (2001), ferner Magnus in seinem vergleichenden Bericht Rz 98 ebenda.

[3] 参见 Magnus in Magnus (Hrsg), Damages Rz 98; ferner O. Massot, France, in: Koziol/B. C. Steininger (Hrsg), European Tort Law 2001 (2002) Rz 22 ff; Brune, France, in: Koziol/B. C. Steininger (Hrsg), European Tort Law 2002 (2003) Rz 17 ff.

但仍然可以找到相关规定：依据《欧洲侵权法原则》第 4：102 条第 2 款[1]，未成年人以及精神或者身体方面具有瑕疵的人未尽到客观行为标准时，不负担损害赔偿的义务。理由在于，针对上述人员并不能作出责难，换言之，其并不具有过错。

《奥地利侵权责任法草案》本质上也采取了此种立法模式。但其与《欧洲侵权法原则》的一个重要区别体现在，针对过错采取主观标准——这符合奥地利的传统——从而过错关键取决于人的认知和各项能力。就此下文再做详细分析。

综上所述，可以认为，《欧洲侵权法原则》与《奥地利侵权责任法草案》采取了一个弹性比较规则：瑕疵行为越是具有可责难性，则其越易于被视为具有归责基础；依此同理，所引发的法律后果也越加严重，将给行为人带来更重的负担。

然而，在其他改革方案以及改革建议中，并无法找到上述此种动态系统；只是偶尔在规定侵害法律所保护的法益内容中将此种系统作为出发点，方有所体现，而实际上此时是将事实构成该当性作为责任前提。就此可以参见《法国民法典债法修订草案》第 1343 条以及中国《侵权责任法》第 6 条和第 7 条。

2. 瑕疵行为三步骤的具体分析

(1) 法律所保护的利益——事实构成该当性

如何规定法律是否保护以及在多大范围内保护哪些利益——诚如上述——是一个非常棘手的问题。在目前已有的民法典中，《德国民法典》第 823 条第 1 款采取了一种列举式的规定模式，但其规定过于狭窄；而《奥地利民法典》第 1295 条第 1 款就该问题并未作出明确的规定，只是间接通过规定过错以及不法性的前提兼顾了保护范围的问题。针对侵权责任法的保护对象作出规定的确并非易事，因为事实上难以在绝对保护的权利以及法益与不保护的利益之间作出区分；甚至针对法律所承认的绝对权，保护的界限也最不清晰，因为事实上不存在针对任何侵害都提供保

---

[1] "The above standard may be adjusted when due to age, mental or physical disability or due to extraordinary circumstances the person cannot be expected to conform to it."（因行为人年龄、精神病或身体残疾或极其特殊的情况无法期待其行为符合该标准时，可适当调整上述标准。）

护的绝对权。[1] 在划定保护范围时，不应当忽视所涉及的一些相互独立的利益。如果法律保护一个人的权利或者利益，则法律同时亦要求所有其他人都尊重该权利人的领域。这在结果上导致，任何承认法律保护的领域都意味着对所有其他人的行为自由的限制。因此，确定法益保护的范围，需要相互对立的利益裁量：一方面，某种利益享有最为广泛的充分保护；而另一方面，其他人也应尽可能享有自由行使对立的权利的利益。

这在所谓的各种人格权中体现得尤为典型，因为一个人的人格权往往对立于其他人的人格权或者公众的利益；在彼此享有各自权利之时，将会导致权利的相互冲突。例如，名誉权与其他人所享有的表达自由权或者信息自由权发生对立；个人隐私权对立于他人或者公众的信息利益。因此，任何区分都需要全面考量各方所涉利益，以达到一个最大限度实现彼此相互冲突的利益的方案。[2] 甚至在作为绝对保护的法益的典型代表——不受侵犯的身体利益中，也面临区分问题：例如，公共交通工具中，一位乘客感冒可能传染给其他乘客，但后者并不享有法律的保护；然而如果某人被传染而患有麻疹或者艾滋病，则应当获得法律的救济。就所有权的保护而言，立法者至少就不动产划定了一个微小损害的界限：所有权人应容忍本地通常的、非严重性的不可量物的侵害（《德国民法典》第906条、《奥地利民法典》第364条）。不仅如此，甚至那些受法律绝对保护的法益，针对正当防卫、正当性的紧急避险或者法律所许可的私力救济都不受法律的保护。

在很多案件中，都需要采取复杂的利益裁量，未来的法律适用者不可能回避这个任务。如果就此能够规定一些重要的参照标准，则在解决一些严重任务时，将可能变得较为轻松。比较法上的研究能够为此提供清晰的基础，即在利益裁量时首先应当考量哪些要素。由于就此为法官规定了一些相关的要素，要求其裁判时必须考量这些要素，使得其自由裁量空间受到限制。这一方面有助于判决的可预见性，并同时有助于法的安全性；而另一方面，如果为立法者准备好了本应当费事耗力方可收集的各种要素，则此种要素亦能够为立法者提供"客服信息"。

---

[1] 参见 *Koziol*, Grundfragen des Schadenersatzrechts (2010) Rz 1/23.
[2] 有关最优化原则可参见 *Alexy*, Rechtsregeln und Rechtsprinzipien, ARSP Beiheft 25 (1985) 13 ff; *derselbe*, Zur Struktur der Rechtsprinzipien, in Schilcher/Koller/Funk (Hrsg), Regeln, Prinzipien und Elemente im System des Rechts (2000) 31 ff.

《欧洲侵权法原则》第 2:102 条以及《奥地利侵权责任法草案》第 1293 条第 2 款都尝试规定此种参考要素,依据上述两个条文,确定法律所保护的利益的范围需要考虑法益的位阶、价值、可区分性以及公示性,同时也需要考量他人自由发展的利益以及行使其权利的利益,并兼顾公共利益。需要强调的是,法律所保护的法益范围还取决于在具体情况下存在哪些要素以及各个要素究竟扮演何种角色;此外,各个要素之间的相互关系亦具有重要意义。由于保护范围系于所有要素的综合效果,因此,如果某种对立的利益优于其他利益,甚至有些高位阶的权利在遭受轻微侵害时亦可能无法获得保护。例如,侵害健康法益仅造成非常微小的损害的,如感冒传染,则不承担责任。而当行为人应当完全注意到他人的身体健康时,即使对行为人行为自由构成严重的限制,只要致他人遭受其他财产性损害,如丧失工作位置,就构成严重损害。

《奥地利侵权责任法草案》第 1293 条第 2 款尝试作出"基础价值裁判":"利益的保护尤其取决于该利益的顺位、价值、是否可以界定及其公示性,但也同样取决于自由展开、权利享有的利益以及公共利益。"而欧洲民法典研究小组所起草的《共同参考框架草案》在第 2:101 条[1]中规定了"法律上的损害"(legally relevant damage),并且在解释中将此系于"违反值得法律保护的利益所生的结果"(results from a violation of an interest worthy of legal protection)。《法国民法典债法修订草案》也仅仅原则性地规定了"法律上相关的利益"(第 1343 条)。上述两个草案采纳了一般的立法模式;二者都没有明确规定哪些利益值得法律保护,亦没有考虑到保护的多层次性。而最新的《匈牙利民法典》更为典型,其甚至将所有损害都视为具有不法性(第 5:496 条),显然根本就没有提及所侵害的法

---

[1] Dessen beiden ersten Absätze lauten: "(1) Loss, whether economic or non-economic, or injury is legally relevant damage if (a) one of the following rules of this Chapter so provides; (b) the loss or injury results from a violation of a right otherwise conferred by the law; or (c) the loss or injury results from a violation of an interest worthy of legal protection. (2) In any case covered only by sub-paragraphs (b) or (c) of paragraph (1) loss or injury constitutes legally relevant damage only if it would be fair and reasonable for there to be a right to reparation or prevention, as the case may be, under articles 1:101 or 1:102."(第 1 款:无论是财产损失、非财产损失或人身伤害,有下列情形之一的,为法律上的相关损害:(a)本章其他规则规定;(b)损失或伤害源于侵害法律以其他方式授予的权利;(c)损失或伤害源于侵害法律上值得保护的利益。第 2 款:只有在如下情况中方可适用本条第 1 款中的 b 项或 c 项,即只有当依据本法第 1:101 条或者 1:102 条,赋予受害人享有恢复原状或者预防损害的权利应是公平并合理的时。)

益的合法性前提。与此不同,《捷克民法典草案》采纳了德国侵权法立法模式,列举了所要保护的各种法益;值得注意的是,《捷克民法典草案》中仅列举了生命、健康以及所有权,其列举的范围甚至比《德国民法典》第823条第1款所列举的范围更为狭窄。

(2) 违反注意义务

目前各国民法典并未规定如何确定注意义务的判断标准,但《欧洲侵权法原则》(第4:102条)以及《奥地利侵权责任法草案》(第1296条)却做了尽可能详尽的规定。出发点仍然体现为一个人尽可能充分享有法律保护的利益与其他人尽可能享有行为自由与发展自由的利益冲突,就此涉及尽可能针对上述两种独立的利益冲突做出公平的裁量。

《奥地利侵权责任法草案》第1296条第1款[1]首先较为笼统地将"理性人"(vernünftige Person)规定为判断的标准。就此明确表明,行为人自身并不是判断是否尽到注意义务的标准,而且标准也不是一个普通人。不仅如此,作为判断标准的人,不仅仅只是追求一己之利;此外,就此还需要考量"既定的环境",即具体的各种关系也须纳入判断标准中。下文将探讨判断是否违反注意义务的各项要素,亦使得此种判断变得可预见并值得推敲;比较法上的分析再次扮演了重要的角色。一方面,受到侵害的法益的位阶和价值越高,则对此注意义务亦越高;针对传统的人格法益,如生命、健康以及自由,较之于针对物以及各项财产利益,行为人显然负担了更高的注意义务。在此强调法益的价值,明确反映出,在同样的位阶中,亦同样可涉及不同程度的利益,如之于笔记本或者大型飞机的利益。此外,情势的危险性,如侵害的盖然性程度以及危害程度也具有重要意义。另一方面,通过从事危险获得所追求的利益的价值也是重要标准。其所追求的利益价值越高,如果要求其对他人的行为自由负担更高的注意义务标准,则这就越发难以令人信服了。另外一个值得注意的标准是

---

[1] » Im Allgemeinen ist die Sorgfalt aufzuwenden, die von einer vernünftigen, die Interessen anderer achtenden Person unter den gegebenen Umständen zu erwarten ist. Dabei sind Rang und Wert der gefährdeten und der verfolgten Interessen, die Gefährlichkeit der Situation, das Naheverhältnis zwischen den Beteiligten, die Möglichkeit einer Gefahrenvermeidung sowie *die damit verbundenen Kosten und Mühen* maßgebend. «(应当从普通人的角度适用注意,即在既定情势下可以期待一个理性的、注意他人利益的人所应有的注意。在此关键参考被威胁的利益和所追求的利益的顺位与价值、情况的危险性、当事人之间的密切关系、避免危险的可能性以及与此相关的费用与精神耗费。)

遵守注意义务对行为自由的限制。甚至当事人之间的亲密关系也是需要考量的要素。最后，防止损害发生的成本以及努力，就判断行为人的特定行为是否具有可期待性，亦具有重要意义。

由于动态系统的模式需要考量很多要素以及各个要素所扮演的不同角色，容易导致利益裁量较为困难，并难以预料到最终结果，导致此种模式遭受一些批评。[1] 毫无疑问，我们无法以一种数学上的精准程度去推导此种结果，但同样不可忽视的是，不采取此种动态系统的替代方案更加令人不满意：由于没有规定各种"指示标"（Wegweiser），其根本无法轻松地到达目的地；因为在确定是否违反注意义务时，根本就无法回避利益裁量的问题。所有侵权责任法上的行为规则都要求立法者就各种相互冲突的利益作出裁量，即一方当事人尽力享有行为自由和发展自由，并可毫无限制地享有自己的法益；而另一方当事人就自己的空间则享有获得尽可能多的法律保护的权利。在所有立法者需要作出决断的地方，都要求法的适用者必须就此种空白通过价值裁量而作出填补工作，因为立法者就此无法也不想作出明确的规定。时常有人提出如下观点，即通过规定各种要素而对法庭的自由裁量作出额外的限制，容易导致更高的不确定性；此种观点有些夸大其词，恰恰相反，不规定法庭自由裁量的各项标准才会使得法律规定更加更不确定。

作为动态系统的替代方案——"确定"规则，即仅仅将不法性规定为侵权责任的前提，而就如何理解不法性以及如何考量不法性并不做任何详细规定；此种确定立法模式也只是看起来确定而已。就哪些行为将导致损害赔偿的义务，《共同参考框架草案》在第 3:102 条中作出如下回答："一方当事人未尽到正常谨慎的人在案件具体情况下应尽的注意义务而致使他人遭受损害的，构成过失引起法律上的相关损害。"虽然此种规定符合一般性的表述方式，但是就所有本质问题并未作出回答：究竟以何种标准为判断基础？期待何种行为？法官如何确定？什么是"理性的"？就"谨慎的人"采取何种标准？究竟个案中的哪些情势具有意义？就上述所有问题找不到任何较为具体的答案。此种需要具体化的立法文本并不能

---

[1] 参见 *Reischauer*, Reform des Schadenersatzrechts? ÖJZ 2006, 391.

符合欧盟内部各个成员国法律统一所要完成的任务[1];如果此种关键性的基本价值取向都无法查知,各个国家的最高法院在适用该条规定时,必然转而采纳具有不同法律价值取向的各国国内不同的法律体系,从而不可避免地将会导致千差万别的发展,而统一法律的目标当然就会落空,或者只能转而寄希望于通过将来的欧洲法院实际上所作的蹒跚迂回的具体化工作以达到统一法律的目的。

《瑞士责任义务法草案》(第48a条)、《法国民法典债法修订草案》第1352条、《奥地利侵权责任法草案》(第2630条)以及最新的中国《侵权责任法》都没有就如何确定注意义务作出较为详尽的规定。

(3)过错

延续奥地利侵权法的传统[2],《奥地利侵权责任法草案》明确区分过错与违反客观注意义务,其中针对过错采纳主观标准。该《草案》第1300条第1款规定:"应当为其他行为或者基于其能力与智识应当能够为其他行为,并且应当能够预见到将发生损害的人,具有过错行为。"依据该条第4款,只有当依据合同负担履行的义务时,方可就过错采纳客观标准;换言之,行为人必须就此时应具备的能力和智识承担相应的责任。同样,如果某人可以毫无困难地从事具有特殊能力以及智识要求的活动,则就过错亦采纳客观标准。《瑞士责任义务法草案》第48a条[3]以及《捷克民法典草案》(第2642条)都就过错采纳了主观标准。

然而,在欧洲绝大多数国家中,针对过错都采取了客观判断标准的表述方式[4],无论是《欧洲侵权法原则》还是《共同参考框架草案》抑或是其他侵权责任法修订草案,同样采取了客观过错要件。

---

[1] 就此可参见拙文»Das niederländische BW und der Schweizer Entwurf als Vorbilder für ein künftiges europäisches Schadensersatzrecht«, ZEuP 1996, 587.

[2] 就此可详细参见相关论述:*Koziol*, Objektivierung des Fahrlässigkeitsmaßstabes im Schadenersatzrecht? AcP 196 (1996) 593.

[3] *P. Widmer*, Le projet suisse (mort-né) de réforme et d'unification du droit de la responsabilité civile, in: Winiger (Hrsg), La responsabilité civile européenne de demain (2008) 71.

[4] 相关论述可参见:*Koziol*, Liability Based on Fault: Subjective or Objective Yardstick? Maastricht Journal of European and Comparative Law 1998, 111 ff; *P. Widmer*, Comparative Report on Fault as a Basis of Liability and Criterion of Imputation (Attribution), in: P. Widmer (Hrsg), Unification of Tort Law: Fault (2005) 347 ff und die dortigen Verweise auf die Länderberichte.

《欧洲侵权法原则》第 4：101 条首先明确将过错定义为客观的：判断的关键标准就是达到必要的行为标准。然而，主张"客观过错论者"却仅仅是一个表面上的多数派，实际上他们至少就主观过错论的如下观点总是表示赞同，即在例外情况下需要考察个人的主观能力。依据《欧洲侵权法原则》第 4：102 条第 2 款，因行为人年龄、有精神病或身体残疾或极其特殊的情况无法期待行为符合该客观标准时，可适当调整上述标准。这样就可以避免如下窘境：一个人仅仅因其个人精神上以及身体上无法达到普通人的标准，而必须承担侵权责任。

然而，就欧洲民法典小组所起草的草案而言，其完全立足于客观过错。该草案第 5：101 条第 1 款[1]甚至规定，将未满 14 周岁的未成年人作为所有未成年人谨慎注意义务的标准，从而不考虑具体加害人的个人能力。更为严厉的是针对精神上不具有归责能力的人的相关规定，即第 6：101 条[2]：如果受害人无法通过其他途经获得损害赔偿的救济，则加害人无权提出自己因精神问题而不具有归责能力的抗辩。

笔者认为，就过错，国际范围内广泛采纳客观标准，令人遗憾之极。确定一个行为人从事过错行为，本意是指其具有意志瑕疵从而具有主观可责难性。[3] 只有当行为人具有此种意志能力，应当能够认识到其行为具有危险性并具有不法性，从而可作出其他行为时，方可就其行为作出道德责难。只有当个人能力能够避免损害发生时，方可就其意志瑕疵作出

---

[1] "Children under [fourteen] years of age are only liable for legally relevant damage for which they are accountable in so far as they were able to appreciate the unlawfulness of their act and did not behave in the manner that could have been expected of a careful child of the same age."（未满14周岁的未成年人能够辨识其行为的不法性并且未从事其相同年龄的未成年人可期待的行为的，应当承担所造成的法律上相关损害的赔偿责任。）

[2] "Save where the person suffering damage is otherwise able to obtain full compensation, mental incompetence does not constitute a defence." Abs 2 umschreibt die geistige Unzurechnungsfähigkeit: "A person is mentally incompetent if he or she lacks sufficient insight into the nature of his or her behaviour, unless that situation is the result of his or her own misbehaviour."（除非遭受损害的人可以从他处获得全部赔偿，否则具有精神智障并不构成抗辩事由。"该条第2款规定了精神方面的不可归责能力："不能充分认识其行为的性质的人，在精神上不具有归责能力，但因其自身不法原因导致的情况除外。"）

[3] *Wilburg*, Elemente 43 ff. Zu den Wandlungen des Verschuldensbegriffs eindrucksvoll *Meder*, Schuld, Zufall, Risiko (1993); vgl ferner *van Dam*, European Tort Law (2006) 219; *Jaun*, Haftung für Sorgfaltspflichtverletzung (2007) 7 ff; *Schermaier*, Zivilrechtliche Verantwortlichkeit, in Schmoeckel/Rückert/R. Zimmermann (Hrsg), Historisch-kritischer Kommentar zum BGB II/1 (2007) vor § 276 Rz 5 ff, §§ 276—278 Rz 7 ff.

个人主观上的责难;唯此,方可在真正意义上认定过错。

就过错采纳客观判断标准,建立在特定人群所具有的平均能力和智识基础上,从而脱离了对人的意志瑕疵进行责难的基础[1],导致侵权责任完全系于客观判断的行为瑕疵或者其他能力方面的瑕疵;以普通人的能力为判断标准去衡量一个现实的人,构成一种——在客观瑕疵行为基础上的——严苛责任[2],其反映了一个具有薄弱能力的人所面临的较高危险性。[3] 就为了人的尊严生存而需要参与共同交往生活而言,由此将会导致因行为人的生存而承担责任的后果,这对于已经是弱者的人构成严重打击。正因为如此,德国法也遭受了该方面强烈的批评。[4]

只有在采纳一种具有较弱的担保思想的违约责任中,以及以承担某种特殊能力为前提或者因使用危险物品的原因而成立的侵权责任中,方可就过错采取客观标准。不仅如此,仅凭一个客观瑕疵行为并不能成立侵权责任。《奥地利侵权责任法草案》第 1301 条[5]将当前法律中(《奥地利民法典》第 1310 条以及《德国民法典》第 829 条)所蕴含的思想加以提炼,认为未满 14 周岁以及未满 18 周岁的未成年人或者其他精神智障的

---

[1] 同样观点参见 *Larenz*, Schuldrecht I¹⁴ (1987) § 20 III; *Köndgen*, Haftpflichtfunktionen und Immaterialschaden am Beispiel von Schmerzensgeld und Gefährdungshaftung (1976) 43; *Oftinger/Stark*, Haftpflichtrecht I⁵ 205 ff.

[2] 例如 *Reimer Schmidt* in Soergel, BGB 2/1b10 § 276 Rz 17. *Jansen*, Struktur des Haftungsrechts 445 ff, 主张担保责任,即每个人都应当保证尽对社会交往中必要的注意义务。

[3] 参见 *von Bar*, Verkehrspflichten 138.

[4] *Brodmann*, Über die Haftung für Fahrlässigkeit, AcP 99 (1906) 346 ff; *Leonhard*, Fahrlässigkeit und Unfähigkeit, Enneccerus-FS (1913) 19 ff; *von Tuhr*, Der Allgemeine Teil des Deutschen Bürgerlichen Rechts II/2 (1918) 489; *Dölle*, Gutachten zum 34. Deutschen Juristentag I (1926) 113 ff; *Enneccerus/Nipperdey*, Allgemeiner Teil des Bürgerlichen Rechts II¹⁵ (1960) 1322; *Nipperdey*, Rechtswidrigkeit, Sozialadäquanz, Fahrlässigkeit, Schuld im Zivilrecht, NJW 1957, 1780 ff; *Wilhelmi*, Risikoschutz durch Privatrecht (2009) 317 ff.

[5] § 1301 (1) Handeln Unmündige oder Personen, die den Gebrauch der Vernunft nicht haben, objektiv sorgfaltswidrig, so richten sich Grund und Umfang der Haftung nach einem ausnahmsweise doch vorhandenen Verschulden, einem ihnen durch die Schädigung erwachsenen Vorteil, einer aus Rücksicht auf sie unterlassenen Abwehr sowie ihren Vermögensverhältnissen und jenen des Geschädigten. Gleiches gilt, wenn sonst jemand nicht schuldhaft handelt, weil ihm die erforderlichen Fähigkeiten und Kenntnisse im Einzelfall fehlen. (第 1310 条第 1 款:未成年人或者其他不具有从事理性行为能力的人,违反客观注意义务而行为的,依据例外情况下存在的过错、因损害发生而产生的利益,考虑忌于防范损害发生的防止行为以及双方当事人之间的财产状态,来确定责任的事由与范围。在具体情况下缺乏必要的能力与智识而无过错行为的人,亦适用上述规定。)

人,违反客观注意义务而行为的,并不具有过错;但在考虑到双方当事人之间的财产状态的情况下,亦可认定侵权责任。从而,主观责难性的要件被经济上的承受能力所取代。

笔者希望,上文至少能够为动态系统在侵权责任法规定那些棘手的基础问题方面,即究竟提供哪些体系上的意义以及其他裨益,给出一个直观印象。

(下篇)具体问题

一、侵权责任法的功能

《欧洲侵权法原则》第1:101条明确规定了"赔偿损害"(compensate that damage)[1],从而将侵权责任法的功能定位于损害填补(Ausgleichsfunktion)[2]。与此相一致,《共同参考框架草案》第1:101条、《瑞士责任义务法草案》第41条、《捷克民法典草案》第2624条、《匈牙利侵权责任法新草案》(尚未生效)第5:502条以及最新的《立陶宛民法典》第6.245条都将损害填补规定为侵权责任法的基本功能。[3] 不仅如此,《欧洲侵权法原则》还明确主张,履行损害赔偿的目的即在于损害填补。《奥地利侵权责任法草案》第1292条效法《欧洲侵权法原则》,明确规定:"侵权责任法的任务为损害填补(Schaden auszugleichen)。"

强调侵权责任法的目的为损害填补,意味着明确拒绝承认以惩罚(Sanktion)作为侵权责任法的功能。惩罚功能的目的完全旨在预防或者惩戒,就如同在美国以及在英国也有所体现的"惩罚性赔偿"(punitive

---

[1] European Group on Tort Law (edn.), *Principles of European Tort Law*, Text and Commentary (2005).

[2] 有关损害填补功能参见 Stoll, Haftungsfolgen im bürgerlichen Recht (1993) 147 ff; F. Bydlinski, System und Prinzipien des Privatrechts (1996) 187 f; *Koziol*, Grundfragen des Schadenersatzrechts (2010) Rz 3/1 ff,上述文献对此有多处详细论述。

[3] 有关《共同参考框架草案》请参见 Study Group on a European Civil Code, Draft Common Frame of Reference, Outline Edition (2009). 有关《瑞士责任义务法草案》参见 ZEuP 2001, 758. 有关《匈牙利侵权责任法新草案》参见 *Menyhárd*, Hungary, in: Koziol/B. C. Steiniger (Hrsg), European Tort Law 2009 (2010) 292 ff Rz 1 ff;有关该草案的前期准备工作参见 *Menyhárd*, Hungary, in: Koziol/B. C. Steiniger (Hrsg), European Tort Law 2008 (2009), 342 ff Rz 1 ff.

damage)[1]所表现的那样:私法的任务并非在于实施惩罚,给某人加以超出其物质上以及精神上所遭受的实际损害范围的赔偿,此种给付的目的已经不再是赔偿损失,相反,更多体现为如同欣喜地中奖一般给付于受领人[2],因此,惩罚性赔偿显然不是侵权责任法的任务。但是,由于欧盟有关规定[3]以及《法国民法典债法修订草案》[4]倾向于承认"惩罚性赔偿",因此,在此特别强调各个立法中侵权责任法的功能体现为损害填补,具有特别意义。

《欧洲侵权法原则》第10:101条还进一步明确规定,损害填补的目的还有助于——即在损害填补的范围内——实现预防功能。[5] 同样,《奥地利侵权责任法草案》第1292条效法《欧洲侵权法原则》,明确规定:"侵权责任法的目的体现为填补损害并同时创造避免损害发生的激励机制。"[6]反之,在捷克目前生效的现行法中明确将预防功能规定为侵权责任法的各个主要功能之一,而《捷克民法典草案》(第415条)却并未提及侵权责任法的预防功能,此种做法令人惊讶。

由于预防功能可以为"权利继续理论"(Rechtsfortsetzungsgedanke)

---

[1] 有关惩罚性赔偿制度的国别报道以及相关结论参见 *Koziol/Wilcox* (Hrsg), Punitive Damages: Common Law and Civil Law Perspectives (2009).

[2] 有关拒绝采纳惩罚性赔偿制度的详细论述参见 Punitive Damages - A European Perspective, Louisiana Law Review 68 (2008) 741; *derselbe*, Admission into the Seventh Legal Heaven or Eternal Damnation? Comparative Report and Conclusion, in: Koziol/Wilcox, Punitive Damages 275 ff.

[3] 参见 *Koziol/Schulze*, Conclusio, in: Koziol/Schulze (Hrsg), Tort Law of the European Community (2008) 596 f Rz 23/23 ff.

[4] 就此参见 *Viney*, Le droit de la responsabilité dans l'avant-projet Catala, in: Winiger (Hrsg), La responsabilité civile européenne de demain/Europäisches Haftungsrecht morgen (2008) 149 ff.

[5] *Weyers*, Unfallschäden (1971) 446 ff; *Schiemann*, Argumente und Prinzipien bei der Fortbildung des Schadensrechts (1981) 193 ff; *Bydlinski*, System und Prinzipien 190; *Koziol*, Grundfragen des Schadenersatzrechts Rz 3/4 ff. "法律的经济分析方法"尤其强调预防功能,就此参见 *Adams*, Ökonomische Analyse der Gefährdungs-und Verschuldenshaftung (1985) 85, 285 f; dazu *Koziol*, Grundfragen des Schadenersatzrechts Rz 3/14 ff.

[6] 参见 *Koziol*, Grundgedanken, Grundnormen, Schaden und geschützte Interessen, in: Griss/Kathrein/Koziol (Hrsg), Entwurf eines neuen österreichischen Schadenersatzrechts (2006) 32 f.

进而承认损害赔偿的"客观计算方法"提供基础[1]，因此，有关预防功能的思想颇具有意义。损害赔偿的客观计算，即采取市场中等额价值的计算方法，规定在《欧洲侵权法原则》第10:201条、《奥地利侵权责任法草案》（后来再次修改——译者注）第1315条第5款、《捷克民法典草案》第2699条；现行《奥地利民法典》第1332条早已规定了预防功能。通过客观的计算方法——就预防思想而言——可以实现如下目标，即独立于受害人的个人主观状态，并且不考虑各种损害的进一步扩散，仅仅将法益的客观价值作为最低损害加以赔偿。

二、违约责任与侵权责任

欧洲侵权法研究小组将研究范围专注于侵权法，因此《欧洲侵权法原则》仅仅涉及有关侵权法的内容。但研究小组（Study Group）曾经计划要详细研究违约责任与侵权责任的关系，并且探讨二者之间如何协调的问题。而欧洲民法典研究小组的研究范围包含整个债法，即涵盖了违约责任与侵权责任。但欧洲民法典研究小组采取了分别调整违约责任与侵权责任的立法模式，导致其未能成功协调二者之间的关系，例如，就共同过错而言，几乎没有提出令人信服的、需分别加以规制的理由。

在欧洲各国法律制度中，分别调整违约责任与侵权责任的立法模式占据上风，在一些最新的法律修订以及业已提交的草案中，如匈牙利以及瑞士的相关草案，也分别调整违约责任与侵权责任。反之，与其自身传统相适应，奥地利和捷克有关侵权责任法的草案都一并调整了合同责任以及合同外责任。值得注意的是，有别于现行的民法典模式，《法国民法典债法修订草案》将合同责任与合同外责任规定在同一章节中，使得共同的责任领域彼此接近，但对此并未作出统一规定[2]；新的《立陶宛民法典》亦采取了此种模式。

---

[1] 参见 *Neuner*, Interesse und Vermögensschaden, AcP 133 (1931) 277；*Wilburg*, Zur Lehre von der Vorteilsausgleichung, Jherings Jahrbücher 82 (1932) 51；*F. Bydlinski*, Probleme der Schadensverursachung nach deutschem und österreichischem Recht (1964) 29 f；*Schiemann*, Argumente und Prinzipien 205 ff；*Koziol*, Österreichisches Haftpflichtrecht I³, (1997) Rz 1/18.

[2] 参见 *Brieskorn*, Das europäische Haftungsrecht von Morgen im Spannungsfeld zwischen Vertrag und Delikt, in: Winiger, Europäisches Haftungsrecht morgen 282 ff.

笔者个人认为,此种立法模式具有诸多优点[1]:有关理解损害(如物质性损害与精神性损害的区分)、何时存在因果联系以及如何处理因果联系中的特殊问题,此外,还包括相当性、规范保护目的、损益相抵、第三人损害等各种问题,都以同样的方式存在于合同责任以及非合同责任中,对此应当作出统一调整。在少数情况下,需要作出不同的规定,如针对有关履行辅助人责任的问题,可以设置不同的规范。

还需要注意的是,在违反债之关系与侵权之间并不存在泾渭分明的清晰界限[2]。例如,在违反前合同保护义务和说明义务,以及合同订立之后——当事人主观认为生效——违反保护义务情况下,由于上述义务并非基于当事人之间明确的意思表示而产生,因而与合同履行义务存在差别。但同时,此种义务又与合同关系紧密关联[3],似乎符合典型当事人的意思;判断这些义务,还进一步依据有关违约责任的规则。所以,此种义务构成一个过渡地带,这体现在一些国家将其纳入侵权责任的调整范围,而有些国家则将其纳入违约的调整范围[4]。

三、因果关系诸问题

1. 导言

几乎所有国家都规定了条件理论或者"若无"法则(conditio-sine-qua-non)[5]。《欧洲侵权法原则》在其第3:101条中也作出了此种规定;

---

[1] 参见 Koziol, Die Vereinheitlichung der Delikts-und Vertragshaftung im Schweizer Vorentwurf für einen Allgemeinen Teil des Haftpflichtrechts, Zeitschrift des Bernischen Juristenvereins (ZBJV) 1998, 517 ff.

[2] 就此详细参见 Canaris, Schutzgesetz-Verkehrspflichten-Schutzpflichten, Larenz-FS (1983) 84 ff; Koziol, Delikt, Verletzung von Schuldverhältnissen und Zwischenbereich, JBl 1994, 209; von Bar, Gemeineuropäisches Deliktsrecht I (1996) 409 ff; österreichischer Oberster Gerichtshof (OGH) in JBl 1995, 522.

[3] Oechsler, Gerechtigkeit im modernen Austauschvertrag (1997),其中将此称为"必然要素"(naturalia negotii)。

[4] 就此参见 Krebs, Sonderverbindung und außerdeliktische Schutzpflichten (2000) 28 ff, 47 ff.

[5] von Bar, Gemeineuropäisches Deliktsrecht II (1999) Rz 411 and 413; Brüggemeier, Haftungsrecht 27 ff; van Dam, European Tort Law (2006) 268 f; Deakin/Johnston/Markesinis, Markesinis & Deakin's Tort Law⁵ (2003) 185; Zimmermann, Conditio sine qua non in General-Comparative Report, in Winiger/Koziol/Koch/Zimmermann (Hrsg), Digest of European Tort Law I: Essential Cases on Natural Causation (2007) 1/29 Rz 1 ff.

而另外一个涉及欧洲侵权法的草案——《共同参考框架草案》第4:101条却显然尝试将因果关系原则上视为价值判断问题。[1]

有别于上述条件理论,一些国家的侵权法开始承认潜在因果关系的情况。《欧洲侵权法原则》(第3:104条)以及《奥地利侵权责任法草案》(第1294条)都就此作出了较为详细的规定,《共同参考框架草案》在其第六编"合同外责任"中也就替代因果关系作出了相应的规定(第4:103条)。但是,《捷克民法典草案》(第2644条第1款)仅仅考虑到了替代因果关系的一种情况;最新的匈牙利和立陶宛的相关法律对此却并未涉及。

限于篇幅,笔者就此在下文仅针对最重要以及争议最大的因果关系问题,即替代因果关系的各种不同情况作出分析。

2. 替代因果关系情况

(1) 问题

替代因果关系涉及如下情况:事件1或事件2导致受害人遭受了损害,但无法确定何者是造成该损害的真正原因。下面以一个案例作简要说明,虽然该案例并没有太大的实践意义,但却便于说明各种情况:一名登山者V被掉落的石头击中而受伤,与此同时另外一块石头也掉落下来,但从其头前滑过。其中一块落石归结于登山者A1的过失行为,而另外一块落石归结于登山者A2的过失,现无法确定,究竟是哪位登山者踢落的石头导致V遭受损害。

下面的案件则广为人知[2]:B1与B2都是猎人,站在一起,二人都想射杀一只小羚羊,并同时举枪射击。但二人忽视了射程之内还有一条人行道。有个行人恰好从该道路通过,被霰弹击中,现无法确定究竟是B1还是B2的子弹击中了行人。

毫无疑问,如下有关医疗领域的案件具有更大的实践意义:受害人在医院接受治疗并服用了一种特殊药物,但在一段时间之后,药物产生了副作用。医院在同一时间内同时使用过B1厂和B2厂生产的药物,该两厂

---

[1] 就此参见 G. Wagner, Deliktsrecht, in: Schulze/von Bar/Schulte-Nölke (Hrsg), Der akademische Entwurf für einen Gemeinsamen Referenzrahmen (2008) 194 f.

[2] Sammlung von Zivilrechtlichen Entscheidungen des k. k. Obersten Gerichtshofs, Neue Folge (GlUNF) 4329 = Juristische Blätter (JBl) 1909, 81. A short English description of this and one more such case is given by B. A. Koch, Austria, in: Winiger/Koziol/Koch/Zimmermann (eds), Digest I 6a/3 No. 1 ff.

生产的此种药物都含有致患者遭受人身损害的成分。但现在无法查明，在治疗过程中，医院所使用的药物究竟是哪家制药厂生产的。

（2）现行法中的各种解决方案

就上述替代因果关系的问题，各国现行法规定了完全不同的解决方案。[1]例如，在上述第二个案件中，奥地利法[2]和德国法（《德国民法典》第 830 条第 1 款第 2 句）都要求 B1 和 B2 两个行为人承担连带责任。针对替代因果关系，F. Bydlinski[3]认为，受害人享有损害赔偿权利的正当性已经存在，只是无法查明究竟是谁的行为导致其享有该损害赔偿请求权。一个违法、有责的行为，事实上具有危险性并构成损害的潜在原因，足以构成认定责任的充分理由。Canaris[4]就从事违法及有责行为的人承担侵权责任同样强调，"即使相关当事人的行为可能是引发损害的原因，并且事实上可能引发损害，如仅仅因为他人也可能引发损害就免除其责任，则对该方当事人而言，这构成不正当的好运"。另外一个值得注意的层面是，两个当事人的违法、可归责行为共同促成了一个无法阐明具体因果关系的情况。[5]

在替代因果关系中，如果仅存在潜在因果关系即要求两名行为人承担侵权责任，则较之于必须证明被告引发了损害其才承担侵权责任的一般原则，此种责任认定构成一种例外。当然，Wilburg 的动态系统论[6]可以论证此种脱离一般原则而认定责任成立的正当性：在替代因果情况下，因果关系并非以全面完整的形式而存在，相反，其仅仅以一种较为薄

---

[1] 就此参见 Kruse, Alternative Kausalität im Deliktsrecht—Eine historische und vergleichende Untersuchung (2005); Spier/Haazen, Comparative Conclusions on Causation, in: Spier (Hrsg), Unification of Tort Law: Causation (2000) 150 ff.

[2] 详细参见 F. Bydlinski, Haftung bei alternativer Kausalität, JBl 1959, 1; Koziol, Haftpflichtrecht I³ Rz 3/26 ff.

[3] F. Bydlinski, Aktuelle Streitfragen um die alternative Kausalität, Beitzke-Festschrift (1979) 3.

[4] Larenz/Canaris, Lehrbuch des Schuldrechts II/2¹³: Besonderer Teil (1994) § 82 II 3b.

[5] Larenz/Canaris, Schuldrecht II/2¹³ § 82 II 1b; Wilhelmi, Risikoschutz durch Privatrecht (2009) 306, 309 mwN.

[6] 以上参见 Wilburg, Die Elemente des Schadensrechts (1941); idem, Die Entwicklung eines beweglichen Systems im bürgerlichen Recht (1950).

弱的方式,即替代因果的方式出现。[1] 因此,论证责任是否成立,不仅取决于责任成立的各种因素,而且还取决于各种因素在责任成立中的程度以及责任成立所必需的因素的整体权重。在此意义上,F. Bydlinski 强调,只有在每个潜在侵权行为人的行为在既定情况下导致了紧迫的、具体的危险时,每个潜在侵权行为人才承担责任。换言之,相当性不仅可以通常的、微弱的方式存在,而且也可以具有最大可能性的方式存在。此外,如下论证理由也具有积极意义,即因果关系不明导致的后果应当由潜在的行为人承担,而不应由无辜的受害人承担,因为恰恰是上述两个行为人的不法、过错以及具体的危险行为导致无法查明此种因果关系。

当然还必须强调的是,承担了全部损害赔偿义务的行为人,针对其他连带责任人享有追偿权,假设两个连带责任人都具有赔偿能力,则每个责任人最终各自承担一半的赔偿义务。如果一个责任人无赔偿能力,由于二人对受害人承担连带责任,则具有清偿能力的行为人应承担另外一行为人无赔偿能力的风险,而受害人则免于承担此种风险。

在瑞士法中,主流观点针对替代因果关系拒绝承认数个行为人承担连带责任。只有在数个行为人共同行为的情况下,才例外承认其对外共同承担连带责任。[2]

(3)《欧洲侵权法原则》中的按份责任

各个行为人究竟承担连带责任还是按份责任,通常并不具有很大的意义,因为承担了全部赔偿义务的行为人针对其他连带责任人享有内部追偿权,在最终效果上仍仅承担了部分责任。因此,仅存但并非不重要的问题体现在,究竟由谁来承担行为人无赔付能力的风险:是受害人还是潜在的加害人?

欧洲侵权法研究小组在其制定的《欧洲侵权法原则》第 3:103 条第 1

---

[1] Das wird von *F. Bydlinski*, Causation as a Legal Phenomenon, in: Tichy (Hrsg), Causation in Law (2007) 19 betont.

[2] 参见 *von Tuhr*, Allgemeiner Teil des Schweizerischen Obligationenrechts I³ (1979) 94; *Quendoz*, Modell einer Haftung bei alternativer Kausalität (1991) 9 ff, 39; *Wyss*, Kausalitätsfragen unter besonderer Berücksichtigung der hypothetischen Kausalität, Schweizerische Juristen-Zeitung (SJZ) 93 (1997) 315, 317; *Brehm* in Berner Kommentar VI/1/3³ (2006) OR Art 41 No. 8 and 145. 其他观点参见 *Loser*, Schadenersatz für wahrscheinliche Kausalität, Aktuelle Juristische Praxis (AJP) 1994, 964; *Oftinger/Stark*, Schweizerisches Haftpflichtrecht I⁵ (1995) 151.

款中规定,各个行为人依据其行为引发损害的可能性承担按份责任,从而在具有履行能力的侵权人与受害人之间分担此种无法履行赔偿的风险。[1] 支持按份责任的另外一个重要论证就是,在可能证明损害最终是由无赔偿能力的加害人造成的情况下,受害人应当承担该侵权人无赔偿能力的风险,即 B1 与 B2 都是潜在的侵权人,而 B1 无赔偿能力,如果 B1 最终被确定为真正加害人,则受害人无法实现其享有的损害赔偿请求权。在无法确定究竟是 B1 还是 B2 导致损害的情况下,即侵权人因潜在因果关系承担责任时,受害人不应当完全被免除潜在的无法获得赔偿的风险。《奥地利侵权责任法草案》也采取了此种按份责任的规定模式,即"存在多个可能造成损害发生的原因,依据归责事由的程度、因果关系的盖然性,由可能引发该损害的数人按比例承担损害赔偿责任"(参见第 1294 条)。

(4) 可能引发责任的事件与"事故"竞合的情况

就上述登山者案件(登山者 V 被一个落下的石头击中,同时另外一个落石飞过他的头顶)略作改动后还可以用于说明一个特殊问题。现改动如下:登山者 A 疏忽导致落石飞下,而另外一个落石是由小羚羊蹬落的;但最终无法查明,击中 V 的落石究竟是登山者 A 还是小羚羊蹬落的。

另外一些例子可能更加具有现实意义,尤其是涉及医疗事故的案件:V 出院之后,患上了疾病,现证明,其所患的疾病可能是医疗事故造成的,也可能是其自身易患病体质所致,但无法查明究竟是哪个具体原因造成的。英国法上的 Hotson v. East Berkshire Area Health Authority[2] 案件,也能够很好地说明该问题:Hotson 是一位 13 岁的未成年人,他从树上摔下来,遭受了严重的人身伤害,即使他接受了及时、正确的治疗,完全康复的概率也只有 25%。而现实中,医院怠于向 Hotson 提供及时正确的诊治,导致该男孩终身残疾。

F. Bydlinski[3] 将解决替代因果关系的一般方法建立在《奥地利民

---

[1] 在此之前已经作出相关论述,参见 Oftinger/Stark, Haftpflichtrecht I^5 148.
[2] In 3 Weekly Law Reports (WLR) 1987, 232.
[3] F. Bydlinski, Aktuelle Streitfragen um die alternative Kausalität, Beitzke-Festschrift 30 ff; idem, Haftungsgrund und Zufall als alternativ mögliche Schadensursachen, Frotz-Festschrift (1993) 3; following this line Koziol, Haftpflichtrecht I^3 No. 3/36 ff; Karner in Koziol/Bydlinski/Bollenberger, Kurzkommentar zum ABGB^2 (2007) § 1302 No. 5 with further references. Taupitz, Proportionalhaftung zur Lösung von Kausalitätsproblemen - insbesondere in der Arzthaftung, Canaris-Festschrift I (2007) 1233 ff, 1238 ff, 也同意将该方案适用于确定责任范围领域,而不能用于责任成立。

法典》第1304条(《德国民法典》第254条)背后的基本观念基础之上。他认为,依据上述规定,在一个案件中,如果引发责任的事件与一个纯粹的偶然事故共同构成竞合的原因,则受害人只能够获得一部分的损害赔偿。

依据一个广为人知的观点[1],当引发责任的事件与一个纯粹的偶然事故发生竞合时,受害人不应当享有损害赔偿请求权。依据上述观点,关键要点在于,受害人是否能够证明具有过错的行为引发了损害后果。如果能够证明,则其可以获得全部赔偿;反之,如果不能,则其无法获得任何赔偿。然而,如 *Stoll*[2] 所指出的那样,全有全无原则(Alles-oder-nichts-Prinzip)将会导致无法令人满意的结果[3],即在因果关系盖然性方面仅仅具有轻微的细小差别,但此种轻微差别却决定了是否成立因果关系,从而产生截然相反的结果:行为人要么不承担任何责任、要么承担全部责任的对立状态。

《欧洲侵权法原则》第3:103条和《奥地利侵权责任法草案》针对潜在行为人构成替代因果的情况,规定了按份责任。当然,也有很多国家就此种特殊的因果关系并未做出规定。

(5) 机会丧失理论作为解决问题的方案

目前常常从另一个角度讨论上述引发责任的事件与一个纯粹的偶然事故发生竞合的情况,尤其是在此种案件中——无法确定采取正确的治疗方法是否可以预防病人的疾病或防止其死亡,但事后看来,确实存在避免发生这样损害的机会。于是,越来越多的人提出,如果医生确实导致了病人治疗机会的丧失(Verlust einer Heilungschance),则其无论如何应承担相应的责任。

---

[1] 就此参见 *Faure*, Medical Malpractice in a Comparative Perspective, in: Faure/Koziol (Hrsg), Cases on Medical Malpractice in a Comparative Perspective (2001) 276 ff; *Spier/Haazen* in: Spier, Unification: Causation 153 f.

[2] *Stoll*, Schadensersatz für verlorene Heilungschancen vor englischen Gerichten in rechtsvergleichender Sicht, Steffen-Festschrift (1995) 466. Against the all-or-nothing principle more recently also, for example, *Faure/Bruggeman*, Causal Uncertainty and Proportional Liability, in: Tichy (ed), Causation in Law (2007) 105 ff; *Stremitzer*, Haftung bei Unsicherheit des hypothetischen Kausalitätsverlaufs, AcP 208 (2008) 676 ff.

[3] 有关最新的观点参见 *Taupitz*, Canaris-FS I 1231 ff.

以机会丧失作为基础的理论起源于法国。[1] 现已为《国际商事合同通则》[2]所采纳（第7.4.3条第2款）："赔偿可基于机会的丧失,且应与其发生几率相称。"《法国民法典债法修订草案》（第1346条）明确将机会丧失规定为可以赔偿的损害类型。

上文所提及的机会丧失的解决路径与替代因果关系的解决路径的出发点是完全迥异的：与替代因果关系理论相反,机会丧失理论重新定义了损害[3],从而扫清了适用条件理论的各种障碍。[4] 例如,在人身损害案件中,需要考虑的已不再是是否构成对受害人健康的损害,而是因不当治疗所造成的治愈机会的丧失。因此,这已不再是替代因果关系的问题,而是损害的问题了。

机会丧失理论无法提供一个教义学上适宜并与体系保持一致的解决路径。[5] 就此笔者无法展开详细的探讨。但仍须简要指出：如 Stau[6] 所强调的那样,将痊愈机会作为一种可获赔偿的利益,并在此基础上主张赔偿将会产生其他更多的问题[7],而这些问题又反而拒绝采纳机会丧失理论。尤其是,在加害来源与一个纯粹的偶然事故发生竞合共同导致损害的情况下,替代因果关系理论本身已经可以提供一个与体系一致、符合教义学的解决办法时,就更有足够的理由不采用机会丧失理论（而根据替

---

[1] 参见 Viney/Jourdain, Traité de Droit Civil. Les obligations：Les conditions de la Responsabilité3 (2006) 316 ff, 421 ff；Galand-Carval, France, in：Faure/Koziol, Medical Malpractice 114 ff；德语文献请参见 Kasche, Verlust von Heilungschancen (1999) 3ff, 119ff；Mäsch, Chance und Schaden (2004) 143 ff.

[2] 就此请参见 Koziol, Europäische Vertragsrechtsvereinheitlichung und deutsches Schadensrecht, in：Basedow (ed), Europäische Vertragsrechtsvereinheitlichung und deutsches Recht (2000) 199 f；Mäsch, Chance und Schaden 224 f.

[3] 参见 Winiger/Koziol/Koch/Zimmermann (eds), Digest I the country reports：Austria (10/3 no. 6)；Belgium (10/7 no. 5)；Ireland (10/14 no. 5)；Scotland (10/13 no. 4)；Slovenia (10/26 no. 3)；Italy (10/9 no. 4).

[4] 一些国家采用机会丧失理论克服确定因果关系的困难,参见 England (10/12 no. 2) and Ireland (10/14 no. 5). 参见 Winiger/Koziol/Koch/Zimmermann (eds), Digest I.

[5] 参见瑞士联邦法院2007年的相关判决：BGE 133 III 462. Die Entscheidung wurde umfassend in ERPL 2008, 1043 ff besprochen, so auch von B. A. Koch, Der Verlust einer Heilungschance in Österreich, 1051 ff und Oliphant, Loss of Chance in English Law, 1061 ff.

[6] Steffen-Festschrift 475 f.

[7] 参见 Koziol, Schadensersatz für verlorene Chancen? ZBJV 2001, 902 ff；derselbe, Grundfragen des Schadensersatzrechts Rz 5/93 ff；Taupitz, Canaris-FS I 1234.

代因果关系的一般责任规则解决相关问题——译者注)。[1]

四、纯粹经济损失责任[2]

1. 限制保护纯粹经济利益的理由

所谓纯粹经济损失是指,未侵害所谓的绝对权——尤其是人格权、物权和知识产权——的情况下造成他人财产方面的不利变化。[3] 在几乎所有国家的相关法律规定[4]中,纯粹经济利益都仅仅获得相对比较弱的保护。采纳上述模式的一个论证理由是:如果侵权者承担纯粹经济损失责任,将会产生大量无法预见的受害人[5],从而可能发生漫无边际的损害。上述此种漫无边际的损害并非是指具体受害人遭受的极度损害(实际上,侵害绝对权也可以产生此种损害),相反,此种损害的"漫无边际"是指任何一个侵害行为都可能威胁到大量不特定人的纯粹经济利益,从而产生的众多请求权将会直接导致无法预见的责任风险。[6] 就纯粹经济损害要求行为人承担广泛的责任将会对个人行为自由构成无法预见的限制。

环顾各个国家的相关法律规定,可以发现,在裁量哪些特定的利益能够获得保护时,利益的性质具有关键性的意义。其中,受到保护的法益的

---

[1] 亦可参见 *Kadner Graziano*, in: Tichy, Causation 143 ff; *Heinrich*, Alternative Kausalität 111 ff.

[2] 就此尤其可以参见 *Banakas* (Hrsg), Civil Liability for Pure Economic Loss (1996); *van Boom/Koziol/Witting* (Hrsg), Pure Economic Loss (2004); *Bussani/Palmer* (Hrsg), Pure Economic Loss in Europe (2003); *Koziol*, Schadenersatz für reine Vermögensschäden, JBl 2004, 273; *derselbe*, Recovery for Economic Loss in the European Union, Arizona Law Review 48 (2006) 871.

[3] *Koziol*, JBl 2004, 273 mwN.

[4] 详细可以参见脚注[2] *Banakas*, *van Boom/Koziol/Witting* und *Bussani/Palmer* 编著的比较法研究。

[5] 参见 *Koziol*, Generalnorm und Einzeltatbestände als Systeme der Verschuldenshaftung: Unterschiede und Angleichungsmöglichkeiten, Zeitschrift für Europäisches Privatrecht, ZEuP 1995, 363 mwN.

[6] 参见"歌剧演员"(Opersänger)案件,载 von *Reinhardt*, Der Ersatz des Drittschadens (1933) 96 ff.

公示性(Offenkundigkeit)及其外延的明确性(klare Umgrenzung)最为关键。[1] 对外延不明又缺乏公示性的财产利益提供保护，将会给社会交往带来严重不利负担，从而对行为自由产生明显的不当限制。

如果我们把目光投向所谓的受绝对保护的法益(生命、健康、自由与所有权)，将会更加清晰地发现，法益的位阶(Rang eines Gutes)对于法律保护的程度具有至关重要的意义。[2] 人权公约所承认的核心基本权利中包含的各种人格权享有最为广泛的保护；各种物权和知识产权紧随其后；诸如获得利润的纯粹经济利益处在权利位阶序列中的最外围，此种位置导致就纯粹经济损失不能提供广泛的保护。当然，还需要考虑的是，一个人的纯粹经济利益不仅可以和其他人的最为广泛的行为自由发生冲突，而且也常常与其他人的经济利益发生冲突，就此双方的经济利益应当具有同等的地位。

(2) 有关承认保护纯粹经济利益的注意义务的各种例子

上述各种论证的理由并非用于表明纯粹经济利益完全不受任何保护，相反，上述理由仅仅反对就此提供一个与绝对权享有的范围相同的广泛保护。就如下问题，何时以及在多大范围内为纯粹经济利益提供保护是适当的，可以从各个不同国家的法律规定中发现一些关键的价值裁量要素。

首先完全确定的是，所有国家的法律就一方合同当事人给另外一方造成的纯粹经济利益的损害都提供全面的责任保护。笔者个人认为，合同责任与侵权责任之间具有价值的区分，关键取决于如下考量[3]：第一，发生违约时，最先涉及合同当事人的财产利益，而且并不存在无法预见的大量损害赔偿请求权人的危险。第二，合同关系仅是双方当事人彼此间权利义务的体现，因此，合同责任仅仅涉及对合同当事人双方行为自由的

---

[1] 例如可以参见 *Fabricius*, Zur Dogmatik des » sonstigen Rechts « gemäß § 823 Abs. I BGB, AcP 160 (1961) 273；*Karollus*, Funktion und Dogmatik der Haftung aus Schutzgesetzverletzung (1992) 48 f；*Picker*, Positive Forderungsverletzung und culpa in contrahendo-Zur Problematik der Haftung » zwischen « Vertrag und Delikt, AcP 183 (1983) 480 ff；OGH 1 Ob 516/88 in SZ 61/64. Rechtsvergleichende Hinweise bei *Koziol*, Conclusions, in：Koziol (Hrsg)，Unification of Tort Law (1998)：Wrongfulness 132.

[2] 有关比较法的分析参见 *Koziol* in：Koziol, Unification：Wrongfulness 132；此外亦可参见 *Koziol*, Haftpflichtrecht I³ Rz 4/29.

[3] *Koziol*, JBl 1994, 209 ff；*derselbe*, ZEuP 1995, 359 ff. Siehe ferner *Picker*, AcP 183, 476 ff；*derselbe*, Vertragliche und deliktische Schadenshaftung, JZ 1987, 1052 ff.

限制,而不会出现对所有他人的行为自由进行限制的情形。第三,合同当事人因违约而可能受到侵害的纯粹经济利益,通常情况下都易于为相对人所察知,而且内容明确。第四,在合同关系上,双方当事人彼此开放自己的领域,都有相当多的机会去影响对方,从而合同当事人在纯粹经济利益上需要更为严格的保护。第五,值得注意的是,合同双方当事人通常都在追求各自的经济利益;如果某人为了个人的利益而在很大程度上对他人具有更高位阶的利益构成威胁,则令其承担更大程度上的注意义务是合理的。

此外,普遍承认的是,在其他具有法律上特殊关系的情况下,也应当对纯粹经济利益提供保护。例如,因从事法律行为而开始接触他人的行为人,就他人的纯粹经济利益也应当负担特殊的保护义务;如果当事人一方因不实陈述而导致对方当事人遭受纯粹经济损失,则其要承担缔约过失责任(*culpa in contrahendo*)。[1] 此种保护义务同样存在于有效订立合同或者合同无效的情况[2],即所谓的积极侵害债权情况(positiven Forderungverletzungen)。

此外,若在当事人之间存在一种密切关系(Naheverhältnis)或者一种特殊关系,也要求对纯粹经济利益提供保护。就此首先涉及的是:虽无合同基础却向他人事实上发布信息的案件。[3] 这同样适用于说明人的责任,尤其是专家责任,即当专家意识到其他第三人信赖其言论并且在作决定时受其言论影响,并且有目的地向第三人发布此种信息时。[4] 就此,发布证券发行说明书[5]可以作为典型事例。

不仅如此,就侵害他人绝对权而造成后果损害(Folgeschäden)的应当提供纯粹经济利益救济,学理上也达成共识。[6]

---

[1] 参见 *van Boom*, Pure Economic Loss: A Comparative Perspective, in: van Boom/Koziol/Witting, Pure Economic Loss 22 f.

[2] 基础文献可参见 *Canaris*, Ansprüche wegen » positiver Vertragsverletzung « und » Schutzwirkungen für Dritte « bei nichtigen Verträgen, JZ 1965, 475 ff; *Schopper*, Nachvertragliche Pflichten (2009).

[3] 有关银行的信息责任参见 *Koziol*, Bankauskunft, Raterteilung und Aufklärung, in: Apathy/Iro/Koziol (Hrsg), Österreichisches Bankvertragsrecht I² (2007) Rz 3/10.

[4] 参见 *Canaris*, Larenz-FS 91 ff.

[5] 详细论述参见 *Koziol*, Das Emissionsgeschäft, in: Apathy/Iro/Koziol (Hrsg), Österreichisches Bankvertragsrecht VI² (2007) Rz 1/91 ff mwN.

[6] *Koziol*, Haftpflichtrecht I³ Rz 8/35.

一般认为,就故意造成纯粹经济损害而言,较之于过失情况,其更易于获得损害赔偿救济(《德国民法典》第 874 条与《奥地利民法典》第 1300 条)。但情况并非如此:市场竞争中的每一个参与人都理所当然地想扩大自己的业务范围并排挤自己业务的竞争对手,即给对手造成损害,但是,只有当其采取不正当竞争时,方承担责任(参见德国《反不正当竞争法》第 1 条)。此外,故意造成他人遭受纯粹经济利益损害的责任还以加害人所追求的利益与受害人所遭受的损害之间严重不成比例为前提[1],这在检讨是否构成违反善良风俗原则致使他人遭受损害时具有关键作用。[2]

债权虽然并不属于绝对权的范围,但普遍承认或通说认为:针对故意诱导债务人违约(bewusste Verleitung des Schuldners zum Vertragsbruch)[3]以及故意利用违约(die bewusste Ausnutzung eines Vertragsbruches)[4],债权人应当享有特定保护,就此并不要求存在不正当手段或者严重不成比例。但需要讨论的是,在侵害他人债权的情况下,究竟是否还涉及侵害纯粹经济利益,因为债权本身已经受到一定范围的保护。此种纯粹概念性问题的解决思路其实并无实质意义,相反,具有关键意义的是:应当认识到,作为一种经济利益的债权的保护范围应当广于纯粹经济利益的保护范围,因为债权毕竟已经固化为一种权利。

在损害转移的情况下,也承认纯粹经济损失的赔偿责任:因直接受害人与第三人之间存在损害分担的具体规定,导致损害转而由第三人承担,从而给第三人造成纯粹经济损失的,目前通说认为,此种损害应当由加害人承担。[5]侵害被雇佣人可以作为该方面的典型案例,由于被雇佣人无法继续提供劳务,而雇主必须继续支付报酬,从而遭受纯粹经济损害,其有权最终要求加害人赔偿此种损害。

如同多数国家法律一样,《奥地利民法典》第 1327 条和《德国民法典》第 844 条第 2 款都规定,在侵害抚养义务人致其死亡的情况下,丧失抚养来源的人享有独立的请求权,要求责任人赔偿其所遭受的损害。由于被

---

[1] *Koziol*, Österreichisches Haftpflichtrecht II² (1984) 20 f.
[2] 参见评注:*Bollenberger* in KBB, ABGB³ § 879 Rz 5.
[3] *Koziol*, Die Beeinträchtigung fremder Forderungsrechte (1967) 159 ff; ständige Rechtsprechung.
[4] 参见 OGH in ÖBA 2001, 910 (*Karollus*) = JBl 2002, 182 (*Dullinger/Riedler*); *Harrer* in Schwimann (Hrsg), Kommentar zum ABGB VI³ (2006) § 1295 Rz 156 mwN.
[5] 详细论述参见 *Koziol*, Haftpflichtrecht I³ Rz 13/3 ff.

抚养人所享有的绝对权并未遭受侵害,其所遭受的是纯粹经济损失,且此种损失威胁到其生存。

(4) 各个草案中有关纯粹经济损失的规定

透过如上相关的简要论述,针对纯粹经济利益的保护似乎可以抽取出一些基本规则。[1] 但面对急需对于这个颇有争议的领域作出规定的呼声,各个侵权法的改革草案却望而却步。与《共同参考框架草案》(第2:102条第4款)不同,《欧洲侵权法原则》以及《奥地利侵权责任法草案》第1298条却对此作出了相关规定。在上述两个草案中,都至少明确列举了保护纯粹经济损失所应当考量的关键要素,例如,当事人之间具有债之关系或者具有类似于法律行为的接触,对于是否保护纯粹经济损失具有重要意义;在向他人发布信息时,应当考察表述人是否旨在获得信息接收人的信赖并且意识到接收人依赖该信息。此外,同样具有考量意义的还有:加害人意识到其给受害人带来潜在的损害并且在他人所遭受的损害与加害人所获利益之间存在严重不成比例的关系。

五、不作为侵权责任

如果存在以积极行为避免他人遭受损害的义务,则不作为行为将具有违法性。学理上普遍认为,并不存在一般的、全面的以积极作为防止他人遭受损害的义务。在规定积极预防发生损害的义务时,保持谨慎态度的理由是:得以令人接受的规定应当体现为,令某人不从事某种特定的行为以避免损害发生,而不是令其负担从事一个完全特定的行为;因为在禁止从事某种特定的行为时,规范的调整主体仍然享有其他大量的行为方式,而在负担必须从事某种特定的积极作为时,其完全丧失了行为自由。[2] 因此,目前欧洲各国法律中均没有规定以积极作为防止他人遭受损害的一般性义务。[3] 但在现行法中仍然存在一些有别于该基本规则

---

[1] 详细论述参见 *Koziol*, Compensation for Pure Economic Loss from a Continental Lawyer's Perspective, in: van Boom/Koziol/Witting, Pure Economic Loss 149 f.

[2] 参见 *van Dam*, Tort Law 206; *Deutsch*, Allgemeines Haftungsrecht² (1996) Rz 108; *Koziol*, Haftpflichtrecht I³ Rz 4/60.

[3] 有关各国报告参见 *Koziol* (Hrsg), Unification: Wrongfulness; ferner *van Dam*, Tort Law 205 ff; *Magnus*, Causation by Omission, in: Tichy, Causation 102 ff.

的特殊规定,且其相互之间千差万别;其中最为严苛的当属英国法。[1]

人们或许一般认为,就如下案件的正确解决方案应当不存在实质意义上的争议:A 看到一位盲人径直走向一个未设置安全防护设施的深沟,A 知晓,如果该盲人坠入该深沟中,其将遭受极其严重的人身伤害乃至死亡的损害后果。鉴于此种情况,一方面盲人自身无法预防此种危险,而另一方面,A 只要"吼一嗓子",即以极小的成本就应当可以挽救盲人的健康乃至生命,就此应当毫无疑问地认定 A 负担从事积极救助行为的义务。但实际上,就上述案件而言存在着完全迥异的解决方案。[2]

《欧洲侵权法原则》第 4:103 条[3]、《奥地利侵权责任法草案》第 1297 条[4]以及《捷克民法典草案》第 2631 条都规定了较之于目前的义务范围更为广泛的积极作为义务。[5]依据上述三个草案,认定是否存在积极作为的义务,关键在于当事人之间是否具有紧密关系,是否允许相互交往、创造或者保有一个危险来源(Ingerenzprinzip),或者在可能引发的损害与预防该损害所需花费的成本之间是否具有严重的不成比例关系等。上述所谓的"紧密关系"并不限于合同或者其他法律上的特殊联系,相反,此种"紧密关系"可以仅仅具有社会交往的性质。例如,在共同登山的朋友之间,通常并不存在法律行为意义上的关系;但是,在从事相互依赖、彼此信赖对方提供必要的帮助的共同活动中,可以产生较高的义务,即通过积极作为避免其他朋友遭受损害。[6]此外,与当前主流观点一致,在开启社会交往以及保有危险来源的互动中,学者普遍认为存在积极作为的义务。基于利益裁量,应当在上述"盲人案件"中,认定行人 A 负担积极警示盲人的作为义务。

---

[1] 参见 W. V. H. Rogers, Wrongfulness under English Tort Law, in: Koziol, Unification: Wrongfulness 52 ff.

[2] 有关国别报告中的不同结论参见 Koziol, Unification: Wrongfulness. Vgl auch den generell kritischen Standpunkt von Spielbüchler, Dankt der Gesetzgeber ab? JBl 2006, 348 ff.

[3] 就此参见相关评述:Widmer, Duty to Protect Others from Damage, in: European Group on Tort Law, Principles 86 ff.

[4] 参见 Fenyves, Haftung für schuldhaftes oder sonst fehlerhaftes Verhalten, in: Griss/Kathrein/Koziol, Entwurf 50 f; Koziol, Schaden, Verursachung und Verschulden im Entwurf eines neuen österreichischen Schadenersatzrechts, JBl 2006, 776.

[5] 有关比较法上的分析参见 van Dam, Tort Law 205 ff.

[6] 相关正确分析参见 A. Michalek, Die Haftung des Bergsteigers bei alpinen Unfällen (1990) 48 ff.

Widmer[1]就扩张此种救助义务,提出如下观点:"《草案》第1297条规定,某人在遭受损害威胁时,要求他人负担积极的救助义务,此种义务的来源可以被称为'乐善好施人(撒马利亚人)的原则'(Samariter-Prinzip),此种原则完全应当获得毫无保留的认同。该原则属于纯粹的过错责任,即违反了基础的忠诚以及连带命令的责任,这清晰表明,就此不仅仅涉及人权,而且也同样涉及具体一般人的义务。[2] 规定此种积极的救助义务,也可以对侵权责任法做出潜在的贡献。"

六、雇佣人责任与技术辅助工具责任

1. 人的瑕疵行为

雇佣人责任同样建立在如下思想基础上,即任何人都应当就其自身领域的瑕疵负担责任[3];但在雇佣人责任情况下,涉及就他人的瑕疵行为进行归责的问题。从各国范围来看,普遍一致的意见是,雇佣人责任取决于被雇佣人是否从事了一个客观上具有瑕疵、违反注意义务的行为。[4] 不可放弃的另一个归责要件为雇主领域具有瑕疵,但认定此种瑕疵具有很大的难度(*schwer wiegender Mangel*)。[5] 就此提出了一个原则性的方案:为他人行为承担责任必须具有一些归责事由,其强度应当如同自己过错责任中的其他归责事由一样,方可将其纳入到保持整体一致的体系中。

雇佣人责任以被雇佣人从事了一个客观违法行为作为前提,其还与如下条件具有密切关联:被雇佣人毫无瑕疵、符合法律秩序的行为不可能引发雇主的侵权责任,因为受害人针对此种行为所引发的损害原则上不应享有此种保护,因此即使雇主自身从事了此种行为,其亦不应承担责

---

[1] *Widmer*, Der österreichische Entwurf aus Sicht des Auslandes, in: Griss/Kathrein/Koziol, Entwurf 132.

[2] *Saladin*, Menschenrechte und Menschenpflichten, in: *Böckenförde/Spaemann* (Hrsg), Menschenrechte und Menschenwürde (1987) 267 ff.

[3] *Wilburg*, Elemente 43 und 225; *F. Bydlinski*, System und Prinzipien 214 ff.

[4] 显然,各国法律都普遍承认该前提要件,参见 *Galand-Carval*, Comparative Report on Liability for Damage Caused by Others, in: Spier (Hrsg), Unification of Tort Law: Liability for Damage Caused by Others (2003) 300 Rz 43.

[5] *Wilburg*, Elemente 43 und 225; *F. Bydlinski*, System und Prinzipien 214 ff.

任。仅仅凭借为他人利益而从事行为的事实,当然不能成立独立的归责事由。

就雇佣人责任而言,如下思想亦具有至关重要的意义,即由于雇主雇佣他人的目的在于实现自身的利益,此外,雇主将雇佣的活动纳入到自身的活动领域;因此,雇主应当就雇佣人的瑕疵行为承担责任。[1]

就基于债之关系而由履行辅助人履行各种义务(Erfüllung von Verpflichtungen aus Schuldverhältnissen),国际范围内存在如下共识,即雇主就履行辅助人的瑕疵行为承担全部担保责任。[2] 而这符合分配正义原则(ausgleichende Gerechtigkeit)[3]:为了自身的经济利益可以雇佣履行辅助人,但同时还必须负担因雇佣他人而产生的各种不利后果。否则,债权人的地位将会严重遭受威胁,因为履行辅助人通常对债权人并不承担责任,需履行的债之关系所生的义务仅仅指向债务人,而不是具体负担该义务的履行辅助人;其行为并不具有违约性质。因此,债务人为了自身利益而使用他人履行债之义务,当然会带来将其责任范围扩张至履行辅助人的后果。

而在侵权法中,从比较法的角度来看,有关雇佣人以及承揽人责任在各国法律中表现得千差万别。[4] 但就如下一点却彼此取得共识,即成立雇主责任需以被雇佣人从事了客观上具有瑕疵,即违反义务的行为为前提[5],并且在雇主方面也必须存在瑕疵[6]。此外,雇主亦可能委托他人从事相关的事务,但此人独立并且不接受雇主的具体指令而完成相关任务,此种情况下,雇主就该独立承揽人并不承担替代的侵权责任。[7] 上述此种限制是正当的,因为雇主对独立承揽人并无指示命令的可能,从而

---

[1] F. Bydlinski, System und Prinzipien 206 f.

[2] 参见 Galand-Carval, Comperative report, in: Spier, Unification: Liability for Others 290 f.

[3] F. Bydlinski, System und Prinzipien 207 f.

[4] 有关比较法上的报告,参见 Galand-Carval in: Spier, Unification: Liability for Others 289 ff; 亦可参见 Brüggemeier, Haftungsrecht: Struktur, Prinzipien, Schutzbereich (2006) 119 ff; van Dam, Tort Law 437 f, 448 ff.

[5] 显然,各国法律都普遍承认该前提要求,参见 Galand-Carval, Comperative report, in: Spier, Unification: Liability for Others 300.

[6] Wilburg, Elemente 43 und 225; F. Bydlinski, System und Prinzipien 214 ff.

[7] 就此参见 Galand-Carval, Comperative report, in: Spier, Unification: Liability for Others 306.

无法影响到承揽人的工作,进而无法控制此种危险。在德国法中,雇主责任以雇主在选任、监督等方面具有瑕疵为前提,而奥地利法在雇主责任认定中仅要求被雇佣人缺乏必要的工作能力为前提。[1]而绝大部分国家与上述两种规定不同,有关雇主责任的规定更为宽松,即在侵权法领域,只要雇员违反义务致使第三人遭受损害,则可成立雇主责任。[2]《欧洲侵权法原则》第6:102条[3]、《共同参考框架草案》第3:201条、《匈牙利民法典》第5:553条、《立陶宛民法典》第6:264条以及《法国民法典债法修订草案》第1355条都规定雇主负担一个无过错的担保义务。而《捷克民法典草案》甚至更为激进:依据该《草案》第2643a条,雇主就雇员所导致的任何损害都承担侵权责任,无论雇员是否从事了不法行为以及雇主是否存在过错。此处规定不要求雇员从事了违法行为,有可能是因为法典起草工作的瑕疵所致。

《瑞士责任义务法草案》(第49条)则要求雇主从事了违法行为。《奥地利侵权责任法草案》(第1306条),较之于瑞士法有所进步,但与目前的通行做法仍然有些差距;依据该规定,如果受害人能够证明雇员缺乏相应的能力或者雇主未尽到选任、监督的注意义务,则雇主就雇员的不法行为所引发的损害承担侵权责任。在上述两个草案中,针对雇主,即企业经营者,采取了举证责任倒置的方式,从而使得雇主责任趋于严格化。对雇主责任采取谨慎态度,的确具有重要的论证理由:虽然雇佣人责任的思想体现为雇主为了自身的利益而雇佣他人以完成自身的事务,并且将被雇佣人纳入自己的领域,所以雇主应就被雇佣人的不法行为承担替代责任;但F. Bydlinski[4]却正确地强调:目前找不到令人信服的理由,足以证明仅凭上述此种论证思想即可独立证明雇主责任成立,并难以充分论证被雇佣人的任何不法行为都可归责于雇主。同样,仅凭该种论证——只要

---

[1] 针对缺乏必要能力的被雇佣人引发的损害采取严格责任的论证理由体现在如下思想,即在雇主控制领域产生了一个瑕疵,该瑕疵引发了严重的风险。

[2] 就此参见 *Galand-Carval*, Comperative report, in: Spier, Unification: Liability for Others 306; *Harrer/Neumayr*, Die Haftung des Unternehmers für Gehilfen, in: Reischauer/Spielbüchler/Welser (Hrsg), Reform des Schadenersatzrechts II (2006) 137 ff; *Jaun*, Haftung für Sorgfaltspflichtverletzung (2007) 378 ff; *Renner*, Die deliktische Haftung für Hilfspersonen in Europa (2002); *G. Wagner*, Reform des Schadenersatzrechts, JBl 2008, 11 f.

[3] 参见 *Moréteau*, Introduction, in: European Group on Tort Law, Principles 112 ff.

[4] System und Prinzipien 212.

雇佣雇员,即提高了风险并从而足以达到责任成立的程度,也难以充分论证雇主责任的成立[1];且此种"只要雇佣雇员就提高了风险"的观点显然不正当,例如,通常委托一位具有专业知识的人往往可以降低风险(而不是增加风险——译者注)。

如果我们观察一下每天日常发生的情况,即某人请求朋友传递信息,该朋友步行过程中不慎引发了交通事故,此时显然并不存在将此种损害归责于该人的充分理由。显然,雇主在上述类似情形下并未增加额外的危险;除非基于雇主的意思、为其利益而从事相关活动的情形下方能成立雇主责任,但此时雇主责任的成立不能仅以雇员的瑕疵行为为前提,还应当需要增加其他归责前提要件。但较之于自己过错责任或者高度危险责任中其他各种归责事由的强度,雇主责任中的此种归责要件的强度显然要低得多。

2. 替代人的技术辅助手段

最近一段时间人们讨论如下问题,即企业使用计算机或者机器人,就硬件或者软件瑕疵所引发的损害,经营者应当承担无过错责任。[2] 就此针对各种技术辅助手段所产生的损害,采取类似于雇佣人的责任。[3] 的确,有关雇佣人责任的基础思想亦可应用于使用技术辅助手段情况下的责任成立:雇主基于其自身利益扩张了其活动领域,而且如果就机器瑕疵,采取不同于自身不法行为以及被雇佣人不法行为所引起的责任,则显然不当提高了雇主的地位。但从另一个角度来看,雇主责任原则上取决于对其违法行为的责难程度。正如 F. Bydlinski[4]所强调的那样,由于在技术发展过程中,机器取代了目前用于任务执行的各种人的智能功能,并且仅凭此状态的改变责任就应当有所改变,所以就此应当采取严格责

---

[1] *Renner*, Haftung für Hilfspersonen 181 ff.

[2] 参见 *H. Berger*, Schadensverteilung bei Bankbetriebsstörungen (1980); *Köhler*, Die Problematik automatisierter Rechtsvorgänge, insbesondere von Willenserklärungen, AcP 182 (1982) 126; *U. H. Schneider*, Das Recht des elektronischen Zahlungsverkehrs (1982); *Koziol*, Die Haftung der Banken bei Versagen technischer Hilfsmittel, ÖBA 1987, 3 mit weiteren Angaben.

[3] 例如,就此可参见 *Canaris*, Bankvertragsrecht I³ (1988) Rz 367; *G. Graf*, Rechtsfragen des Telebanking (1997) 67; *Janisch*, Online Banking (2001) 241; *Möschel*, Dogmatische Strukturen des bargeldlosen Zahlungsverkehrs, AcP 186 (1986) 197 ff; *Spiro*, Die Haftung für Erfüllungsgehilfen (1984) 209 ff; dagegen *U. H. Schneider*, Zahlungsverkehr 82 f.

[4] System und Prinzipien 215 f.

任。就此涉及一个"功能变迁"的情况,即在事实情况发生变迁时,为了维护目前的法律上的价值裁量,作出新的解释或者法的变迁亦是必要的;就此将雇佣人责任的规则适用于物取代人的智能功能的情况。《奥地利侵权责任法草案》采纳了此种思想,针对技术辅助手段规定了如同雇佣人责任同样的制度(第1306条第4款)。

七、企业责任

企业责任中的一个重要领域就是产品责任,早在欧盟第85/374指令中已经作出规定。就此针对企业责任作出了完全是非常严格的规定,因为无论是否存在违反注意义务的情况(除了开发风险和法定的免责事由之外),企业不存在任何免责事由,甚至在不可抗力(die höhere Gewalt)的情况下亦不可免责。

欧洲侵权法研究小组认为上述严格的企业责任的妥当性值得怀疑,在构造企业责任中并未效法欧盟的产品责任指令,[1]而更多地受到《瑞士责任义务法草案》的启发。《欧洲侵权法原则》中所建议的一般企业责任取决于在企业的活动范围内存在瑕疵(如企业经营活动的瑕疵、制造或者服务的瑕疵等),并且以违反客观注意义务为前提,且就此采取举证责任倒置。《奥地利侵权责任法草案》(第1302条)即采取了此种建议。

上述此种解决方案符合当前欧洲明确的趋势,[2]亦与美国的发展趋势相吻合,[3]二者都就企业的违法行为采取严格的责任形态。之所以就此采取严格责任理由是:首先,存在一个具体的瑕疵本身就导致危险的增

---

[1] 就此参见 B. A. *Koch*, Enterprise Liability, in: European Group on Tort Law, Principles 93 ff.

[2] 就此可参见 *Brüggemeier*, Haftungsrecht 119 ff mwN; *Faure*, Towards an Expanding Enterprise Liability in Europe? Maastricht Journal of European and Comparative Law 1996, 235 ff; G. *Wagner*, Grundstrukturen des Europäischen Deliktsrechts, in: R. Zimmermann (Hrsg), Grundstrukturen des Europäischen Deliktsrechts (2003) 303 ff.

[3] 就美国法中的相关讨论可参见 G. *Priest*, The invention of Enterprise Liability: A Critical History of the Intellectual Foundations of Modern Tort Law, Journal of Legal Studies 14 (1985) 461 ff; *Keating*, The Theory of Enterprise Liability and Common Law Strict Liability, Vanderbilt Law Review 54 (2001) 1285 ff; *Wantzen*, Unternehmenshaftung und Enterprise Liability (2007) 136 ff.

加[1];其次,危险的保有人通常负担保险义务,就此应当扫清存在于物件上的威胁其他人或者其他物的状态,因此,在此种情况下,要求瑕疵物件的保有人就其不法行为承担侵权责任是正当的。为了论证企业责任的正当性,亦可借鉴"分配正义"原则[2]:一方面,收益与风险应当归于同一方,从而二者都应当由企业承担;另一方面,企业通常可以借助于价格机制将责任的成本或者责任风险的保险费用转移至消费者,从而企业经营者通过价格机制实现了责任的社会化(die Preisgestaltung sozialisieren)。[3] 此外,下述理由亦支持严格的企业责任:受害人面对一个需要负责的组织机构,其通常在举证证明企业经营活动中存在违反注意义务的行为时面临巨大的困难。[4]

八、危险责任

危险在过错责任中亦具有重要的意义:具体情况越是具有危险性,则注意义务的标准亦越高。此外,在很多国家的法律规定中,就额外提高的危险系于保有人的不法行为,除非保有人能够证明其无过错,否则推定其就此种过错承担责任。[5] 只有在高度危险的情况下,才成立一个无过错的严格责任,即无论行为人是否从事了不法行为(均应承担责任)。因此,在过错责任与危险责任之间并不是泾渭分明,而更多体现为一种动态的

---

[1] 参见 B.C. *Steininger*, Verschärfung der Verschuldenshaftung (2007) 91 ff.

[2] F. *Bydlinski*, System und Prinzipien 202.

[3] 就此主要参见 *Wilburg*, AcP 163, 346; *Albert. A. Ehrenzweig*, Negligence without Fault. Trends towards an Enterprise Liability for Insurable Loss (1951); *Canaris*, Die Gefährdungshaftung im Lichte der neueren Rechtsentwicklung, JBl 1995, 6 f; *Wantzen*, Unternehmenshaftung 72 ff, 152 ff. Für rechtsvergleichende Angaben siehe *B. A. Koch/Koziol*, Comparative Conclusions, in: Koch/Koziol (Hrsg), Unification of Tort Law: Strict Liability (2002) 412.

[4] *B. A. Koch/Koziol* in: Koch/Koziol, Unification: Strict Liability 411; *B.A. Koch*, Enterprise Liability, in: European Group on Tort Law, Principles 94 f; *G. Wagner* in MünchKomm, BGB V⁵ (2009) § 823 Rz 385.

[5] Einen Überblick bieten *B. A. Koch/Koziol* in: B. A. Koch/Koziol, Unification: Strict Liability 432 ff mit Hinweisen auf die Länderberichte.

过渡。[1]

　　危险责任的基础思想体现在[2]：从危险来源中获益并且就此种危险具有影响可能（危险控制）的人，必须就此种危险产生的损害承担责任。

　　在欧洲各国侵权法中[3]，危险责任领域的差异远远大于过错责任领域。危险责任的规定模式各异——从法国法中的宽泛、无过错的物的责任（Haftung des gardien）模式，到德国法中列举规定各种具体危险责任的模式，直至英国法中极其保守的危险责任模式。此外，大多数国家的法律针对危险责任并未采取一般条款的立法模式，而是相反通过各种单行法调整危险责任。[4] 这无法避免漏洞的产生以及价值裁量上的冲突，因为就一种危险物或者危险设备虽然规定了危险责任，但此种危险责任并不能适用于其他同种类的危险物或者危险设备。实际上，危险责任建立在一种统一的思想基础上，这就要求以一般条款（Generalklausel）的方式调整危险责任，这样方可符合公平正义的要求。[5]《瑞士责任义务法草

---

　　[1] *Deutsch*, Gefährdungshaftung und Verschuldenshaftung, JBl 1981, 450; *von Bar*, Verkehrspflichten (1980) 144; *Koziol*, Bewegliches System und Gefährdungshaftung, in: F. Bydlinski/Krejci/Schilcher/Steininger (Hrsg), Das Bewegliche System im geltenden und künftigen Recht (1986) 51 ff.

　　[2] *Müller-Erzbach*, Gefährdungshaftung und Gefahrtragung, AcP 106 (1910) 365 ff, 413 ff; *Esser*, Grundlagen und Entwicklung der Gefährdungshaftung (1941) 97 ff; *von Caemmerer*, Reform der Gefährdungshaftung (1971) 15 f; *Larenz/Canaris*, Schuldrecht II/213 § 84 I 2 a; *Koziol*, Haftpflichtrecht I³ Rz 6/11. Anderer Auffassung *Blaschczok*, Gefährdungshaftung und Risikozuweisung (1993) 53 ff, 63 ff, 356 ff.

　　[3] 就此参见 *Brüggemeier*, Haftungsrecht 103 ff; *van Dam*, Tort Law 255 ff; *Koziol*, Die Vereinheitlichung der Gefährdungshaftung in Europa, Michalek-FS (2005) 217 ff; siehe im Einzelnen die Länderberichte in: *B. A. Koch/Koziol*, Unification: Strict Liability und die Comparative Conclusions 395 ff; *Oertel*, Objektive Haftung in Europa (2010) 49 ff.

　　[4] 有关详细分析和论证请参见国别报告，载 *B. A. Koch/Koziol*, Unification: Strict Liability; eine Zusammenfassung und Verweise auf die einzelnen Länder bieten in diesem Band die Comparative Conclusions 395 ff.

　　[5] 就此主要参见 *Kötz*, Haftung für besondere Gefahr, AcP 170 (1970) 19 ff; *Widmer*, Die Vereinheitlichung des Schweizerischen Haftpflichtrechts - Brennpunkte eines Projekts, Zeitschrift des Bernerischen Juristenvereins (ZBJV) 1994, 405 f; *Will*, Quellen erhöhter Gefahr (1980) 70 ff.

案》针对危险责任采纳了一般条款的立法模式,《奥地利侵权责任法草案》[1]、《匈牙利民法典草案》(第 5:515 条)、《立陶宛民法典》(第 6.270 条)亦采纳了此种立法模式;而《捷克民法典草案》一如既往规定了一个非常宽泛的一般条款(第 2654 条、第 2666 条)。虽然一般条款越来越被认为是具有开创性、迈出了具有示范意义的一步的立法模式[2],但就此也不乏反对者[3]。由此导致《共同参考框架草案》又重新回到了目前常用

---

〔1〕 第 1304 条:(1)高危险源造成损害的,其保有人承担责任。(2)就危险源具有特殊利益、承担费用并且在事实上行使处分权力的人,为危险源的保有人。(3)虽尽到必要的注意,但在正常使用或者活动中仍然带来经常性或者较严重损害后果的风险的物,构成高度危险源。高危险源主要体现为核反应堆、大坝、油气线路与高压线路、弹药厂与弹药库、飞机、铁路与缆车铁路、机动车、机动轮船以及采矿以及爆破。(4)因不可抗力或者尽管物品没有瑕疵并且尽到了最大可能的注意(不可避免的事件)而造成损害发生的,尤其因受害人自身行为、危险活动之外的第三人或者动物引发此种损害的,排除责任。在特殊高度危险情况下,如高危险源主要是核反应堆、大坝、飞机及弹药厂,亦可依据该危险的程度相应地减轻责任。在意外事件增加了物的危险性的情况下(特殊异常经营风险),亦可减轻保有人的责任。(5)受害人事先意识到此种特殊危险并且仍然主动承受此种危险的,亦可减轻乃至排除责任。(§1304:(1) Der Halter einer Quelle hoher Gefahr haftet, soweit sich diese in einem Schaden verwirklicht. (2) Wer Halter ist, richtet sich danach, wer ein besonderes Interesse an der Gefahrenquelle hat, die Kosten trägt und die tatsächliche Verfügungsgewalt ausübt. (3) Eine Quelle hoher Gefahr liegt vor, wenn eine Sache als solche, ihr gewöhnlicher Gebrauch oder eine Tätigkeit trotz Aufwendung der erforderlichen Sorgfalt das Risiko häufiger oder schwerer Schäden mit sich bringt. Quellen hoher Gefahr sind insbesondere Kernanlagen, Staudämme, Öl-, Gas-und Starkstromleitungen, Munitionsfabriken und -lager, ferner Luftfahr-zeuge, Eisen-und Seilbahnen, Kraftfahrzeuge und Motorboote sowie Bergbau und Sprengungen. (4) Die Haftung ist ausgeschlossen, wenn der Schaden durch höhere Gewalt oder trotz Fehlerfreiheit der Sache und höchstmöglicher Sorgfalt verursacht wird (unabwendbares Ereignis); insbesondere wenn es auf das Verhalten des Geschädigten, eines nicht beim Betrieb tätigen Dritten oder eines Tieres zurückzuführen ist. In Fällen besonders hoher Gefährlichkeit, wie bei Kernanlagen, Staudämmen, Flugzeugen oder Munitionsfabriken, kann die Haftung entsprechend dem Grad der Gefährlichkeit auch bloß gemindert werden. Gleiches gilt, wenn das unabwendbare Ereignis die Gefährlichkeit einer Sache in der konkreten Situation wesentlich erhöht (außergewöhnliche Betriebsgefahr). (5) Die Haftung kann auch dann ausgeschlossen oder gemindert werden, wenn der Geschädigte die Gefahr besonderer Art bewusst auf sich nimmt.)

〔2〕 可参见 *B. A. Koch/Koziol*, Austria 37 Rz 130; *Galand-Carval*, France 142 Rz 38; *Fedtke/Magnus*, Germany 172 Rz 77, alle in: B. A. Koch/Koziol, Unification: Strict Liability.

〔3〕 可参见 *du Perron/van Boom*, Netherlands 251 f Rz 141; *Rogers*, England 123 Rz 63, beide in: B. A. Koch/Koziol, Unification: Strict Liability.

的单行法列举的调整模式。[1] 遗憾的是,欧洲侵权法研究小组只能就高度异常危险(außergewöhnlich hohe Gefahren)的范围采取小的一般条款达成共识,并加之以各个成员国国内有关危险责任的具体规定来弥补此种立法模式的不足。《法国民法典债法修订草案》(第1362条)同样就异常高度危险规定了一个一般条款。

九、精神损害赔偿

精神损害赔偿之所以具有非常重要的意义,不仅是因为其涉及受侵害人人格的核心价值领域的严重损害,而且是因为如果不为精神损害提供救济,即导致精神损害不引发财产损害赔偿的后果,则侵害人格权的严重行为(Persönlichkeitsrechtsverletzungen)将完全在私法上缺乏惩罚。[2] 针对精神损害赔偿不提供赔偿救济,既不符合侵权责任法的损害填补目的,当然也与其预防功能相背离。[3]

然而,大多数国家的法律针对就精神损害赋予金钱赔偿都采取了严格的规定,但恢复原状的赔偿除外。[4] 较之于财产损害赔偿,精神损害采取较为保守的立场,其原因显然并非体现为精神利益的位阶低于财产利益的位阶。[5] 采取此种谨慎的立法政策,更多的原因在于以金钱计算精神损害存在困难,甚至在确定是否具有精神损害时就已经存在困难。

就精神损害赔偿的计算而言,首先需要注意的是,无法直接以金钱衡

---

[1] DCFR, Book VI, Non-contractual liability arising out of damage caused to another in: von Bar/Clive/Schulte-Nölke (Hrsg), Principles, Definitions and Model Rules of European Private Law (2008) 301 ff. 参见 Koziol, Außervertragliche Schuldverhältnisse im CFR, in: Schmidt-Kessel (Hrsg), Der Gemeinsame Referenzrahmen (2009) 97 f.

[2] Canaris, Grundprobleme des privatrechtlichen Persönlichkeitsschutzes, JBl 1991, 220; F. Bydlinski, Der immaterieller Schaden in der österreichischen Rechtsentwicklung, von Caemmerer-FS (1978) 785.

[3] F. Bydlinski, System und Prinzipien 223.

[4] 参见 W. V. H. Rogers, Comparative Report of a Project Carried Out by the European Centre for Tort and Insurance Law, in: W. V. H. Rogers (Hrsg), Damages for Non-Pecuniary Loss in a Comparative Perspective (2001) Rz 5 ff.

[5] F. Bydlinski, System und Prinzipien 222 同样强调此种观点。

量精神损害,相反,只是将精神损害转化成金钱赔偿,以起到抚慰功能。[1] 以金钱赔偿精神损害当然不可避免地需要面对自由裁量的问题。[2] 虽然就非物质损害的"初次评价"可以完全自由地作出,但就此必须在不同精神损害的赔偿数额之间努力建构一个正当的比例关系。而"初次评价"之后,在就结果损害(Folgefällen)赋予损害赔偿数额之时,不再存在一个与此相当的自由裁量空间。所具体赋予的损害赔偿数额应当参照此前业已判决的类似案件,由此方可具有正当性。

与精神损害密切相关的还有另一个更为前置性的问题,且较之于精神损害的可计算性其更加重要。该问题为:就一个人是否以及在多大程度上遭受精神损害,通常难以确定。[3] 因此就精神损害的金钱赔偿,客观标准就具有特别重要的意义,即从这些客观标准中可以推导出,是否以及在多大程度上发生了精神损害。[4] 精神损害在不同程度上具有的客观性(Objektivierbarkeit)取决于被侵害的法益类型,在确定精神损害时,应当考虑到这些被侵害的法益的可赔偿性。

《奥地利民法典》以及《德国民法典》就侵害身体(Körperverletzung)所产生精神损害赔偿采取了较为特殊的规定,个中缘由并不难理解:在侵害身体导致疼痛时,要求给予赔偿,从历史发展的角度来看,属于精神损害赔偿的最早模式,在比较法上其构成现代所有侵权责任法的基础构成要件。在 2002 年德国侵权责任法改革之前,《德国民法典》原第 847 条仅就侵害身体、健康以及自由赋予精神抚慰金赔偿请求权。在奥地利,精神损害赔偿的特殊地位体现在:依据《奥地利民法典》第 1325 条,在轻微过失情况下,针对侵害身体完整性即赋予受害人以精神抚慰金的方式要求

---

[1] 尤其可以参见 F. Bydlinski, Die »Umrechnung« immaterieller Schäden in Geld, Liber amicorum for Pierre Widmer (2003) 27 ff; Schobel, Der Ersatz frustrierter Aufwendungen (2003) 187 f.

[2] 参见 F. Bydlinski, System und Prinzipien 222 f, 224 FN 230.

[3] 参见 F. Bydlinski, Der Ersatz ideellen Schadens als sachliches und methodisches Problem, JBl 1965, 242 f; Schobel, Frustrierte Aufwendungen 188 ff; Stoll, Empfiehlt sich eine Neuregelung der Verpflichtung zum Geldersatz für immateriellen Schaden? Gutachten für den 45. DJT I/1 (1964) 143 f.

[4] 参见 F. Bydlinski, System und Prinzipien 222 ff; Karner, Ersatz ideeller Schäden bei Körperverletzung (1999) 81 ff, 84 ff; Koziol, Haftpflichtrecht I³ Rz 11/7 ff. OGH 4 Ob 281/98x in MR 1998, 345 (M. Walter). Vgl auch Funkel, Schutz der Persönlichkeit durch Ersatz immaterieller Schäden in Geld (2001) 196 f, 247.

精神损害赔偿的权利,并且在所有无过错的危险责任中,都赋予精神抚慰金请求权;而就其他精神损害,要求只有在重大过失行为时方可令加害人负担损害赔偿请求权(《奥地利民法典》第1324条)。之所以就侵害身体所导致的精神损害采取金钱赔偿的特殊规定,并非是因为被侵害的法益具有特殊的位阶,而是因为从侵害身体的方式以及严重程度中,可以相对较为容易地确定受害人所导致的疼痛及其持续时间,从而对于就精神损害的金钱赔偿具有重要意义的客观性而言,其存在很高的确定性。[1] 这同样适用于精神上的痛苦,就此同样应当考虑到,就此受害人在选择生活方式方面所遭受的不利乃至完全丧失选择,都可以作为判断精神损害的客观依据。[2]

此外,客观性的要求也足以说明为什么《德国民法典》第253条、《奥地利民法典》第1330条就纯粹名誉侵害所导致的精神损害拒绝赋予金钱赔偿,因为此种精神损害具有非常薄弱的客观性。[3] 当然,《奥地利民法典》第1330条就精神损害拒绝承认金钱赔偿的规定的确有些矫枉过正。[4] 而在德国,其联邦法院(BGH)通过援引《德国基本法》摆脱了《德国民法典》中有关精神损害赔偿的保守僵化的规定,赋予了受害人在重大过错或者严重侵害一般人格权的情况下对其受到的精神损害请求金钱赔偿的权利[5];在意大利法中亦可以确认与此相类似的发展趋势。[6]

最后,仍然需要强调的是,如果被侵害的法益是相对具有清晰边界的人格权,则应当更多地考虑赋予精神损害赔偿。纯粹的感情损害,如模糊的不愉悦、厌恶感受[7],其并非基于侵害人格权而生,原则上不具有可赔

---

[1] 参见 *F. Bydlinski*, JBl 1965, 243; *Karner*, Ersatz ideeller Schäden 81 ff.

[2] *Karner*, Ersatz ideeller Schäden 85 ff, 93 f mwN.

[3] *Koziol*, Haftpflichtrecht I³ Rz 11/8.

[4] *F. Bydlinski*, JBl 1965, 252 ff; *derselbe*, von Caemmerer-FS (1978) 798. Kritisch auch *Hinteregger*, Der Schutz der Privatsphäre durch das österreichische Schadenersatzrecht-de lege lata et de lege ferenda, Liber amicorum for Pierre Widmer (2003) 159 ff.

[5] 参见 *Larenz/Canaris*, Schuldrecht II/2¹³ § 80 I; *Kötz/G. Wagner*, Deliktsrecht¹⁰ (2006) Rz 363 ff.

[6] 参见 *Christandl*, Eine kurze Darstellung der neuesten Entwicklungen im italienischen Nichtvermögensschadensrecht unter besonderer Berücksichtigung des danno esistenziale, in: Patti/Stein/Bariatti/Becker/Slazar/Nehm (Hrsg), Jahrbuch für Italienisches Recht 18 (2005) 277 mwN.

[7] 就此参见 *Kegel*, Haftung für seelische Schmerzen (1983) 16 ff.

偿性。[1] 在德国法中，从《德国民法典》第 253 条第 2 款也可以得出该种限制，该款规定仅仅在较为严格的条件下方可要求赔偿精神抚慰金，如就侵害身体、健康、自由和性自主权，以及侵害一般人格权等情形规定了精神抚慰金。

反对就精神损害要求赔偿的另一个理由体现在，将精神价值与金钱混为一谈显然违反了道德伦理。[2] 此种思想在侵害性生活自主权以及侵害名誉案件中是否赔偿精神损害的问题上表现得尤其明显(《奥地利民法典》第 1328 条、第 1330 条)。但是，在上述领域中，就此仍然可以明确看到相关观点已经发生变化。

绍波尔(Schobel)[3] 以一种令人印象深刻的方式指出：应当从法律所导源出的各种价值裁量出发，以此为基础，建构一个由不同规范组成的、价值裁量体系保持一致的系统，在这一系统中，不仅上述反对就精神损害赋予金钱赔偿的理由扮演了重要角色，同时还需要考虑到被侵害的法益的价值以及其需要保护的程度和归责事由的强度等，上述这些支持精神损害赔偿的理由在该系统中亦同样具有重要的意义。

在已经起草完毕或者正在起草过程中的各个法律修订工作以及草案中，上述此种思想并未获得全部的体现。

《欧洲侵权法原则》在其第 10:301 条中，始终考虑到被侵害利益的位阶及其保护范围、侵害的严重程度、持续时间以及后果等因素；该原则还强调：针对同样的侵害应当赋予同样的赔偿数额。而《奥地利侵权责任法草案》第 1316 条第 2 款的规定则更为具体："是否提供金钱赔偿，取决于被侵害的法益的重要程度、客观上是否可以查明遭受损害、侵害的范围与持续时间以及归责原因的程度。严重侵害并且客观上可以查明侵害人格权的，必须负担金钱损害赔偿的义务。微小损害不予赔偿。"该条除了包含上述的一般性规定，还就该一般规定的主要适用情况进行了列举，使得该抽象规定更为具体。不仅如此，该条还规定，在故意侵害财产性法益时，应当赔偿权利人特殊感情偏好的价值。在未正确全面履行合同时，如果合同的目的主要就在于满足精神利益，而此种精神利益遭受重大侵害，

---

[1] 参见 F. Bydlinski JBl 1965, 243 f; derselbe, System und Prinzipien 223; Karner, Ersatz ideeller Schäden 79f; Koziol, Haftpflichtrecht I³ Rz 11/10.

[2] 就此参见 Schobel, Frustrierte Aufwendungen 190 f.

[3] Schobel, Frustrierte Aufwendungen 171 ff.

仅仅通过解除合同（*Rückabwicklung des Vertrags*）并不能达到适当的赔偿，则还应当赔偿因违约给当事人造成的精神损害。

在《瑞士责任义务法草案》（第45e条）中，判断精神损害是否具有可赔偿性的唯一标准就是人格遭受侵害的程度。而《捷克民法典草案》（第2710条）则强调被违反的行为规范的重要性以及过错的程度。

《共同参考框架草案》第2:101条虽然就物质性损害与非物质性损害作出了区分规定，但就二者的可赔偿性却未作任何区分。其规定显然与大多数国家的法律规定不相吻合（如上文已经指出的），在精神损害赔偿中，由于确定是否具有精神损害及其程度存在困难，因此各国就精神损害赔偿都采取极其谨慎的态度。《共同参考框架草案》所采取的此种规定模式，扩大了侵权责任，应当需要根本性的思考，因为其忽略了本质的价值判断标准。[1]《法国民法典债法修订草案》（第1343条）顺应了其传统，规定就任何侵害受法律保护的物质性或者非物质利益都可以要求赔偿。

与此相反，《立陶宛民法典》第6:250条非常严格地规定，只有在法律明确规定的情况下，如因犯罪、侵害健康或者致人死亡，方可要求精神损害赔偿。而匈牙利法律则看起来极其极端：尚未生效的《匈牙利民法典》第5:502条虽然首先规定加害人应当赔偿受害人所有的损害，但该法第5:503条却仅仅列举财产损害（如财产的减少、利益和费用丧失等），因此，该法就精神损害赔偿并未作出一般性的规定。

十、不当出生的侵权责任

1. 不同的解决路径[2]

时常有人提出如下观点，即婴儿不当出生能否被视为一种损害。但

---

[1] 相关批评意见参见 *Eidenmüller/Faust/Grigoleit/Jansen/Wagner/Zimmermann*, Der Gemeinsame Referenzrahmen für das Europäische Privatrecht, JZ 2008, 539.

[2] 比较法上的分析参见 *Baginska*, Wrongful Birth and Non-Pecuniary Loss: Theories of Compensation, Journal of European Tort Law (JETL) 2010, 171 ff；*Brüggemeier*, Haftungsrecht: Struktur, Prinzipien, Schutzbereich (2006) 225 ff；*van Dam*, Tort Law 156 ff；*Hogg*, Damages for Pecuniary Loss in Cases of Wrongful Birth, JETL 2010, 156 ff；*Koziol/B. C. Steininger*, Schadenersatz bei ungeplanter Geburt eines Kindes, RZ 2008, 140 ff；*B. C. Steininger*, Wrongful Birth and Wrongful Life: Basic Questions, JETL 2010, 125 ff.

这并不是争论的焦点,因为所有严肃的观点[1]都认为,婴儿自身并不能作为任何损害。奥地利联邦最高法院[2]正确地强调,如果令他人负担一种义务,即付出额外的花费或者产生额外的负担,则可以将此理解为损害。因此,关键的问题就体现为,父母是否可以就抚养所产生的费用要求对方赔偿。F. Bydlinski[3]在回答该问题的基本立场以及基本价值裁量时明确指出,就此涉及要么一以贯之地坚持家庭法上的立场,要么贯彻侵权责任法的立场。

家庭法的解决方案体现为,因胎儿出生所产生的人身以及财产方面的法律后果应当完全由家庭法调整,从而从根本上消除了是否引起侵权责任法上的后果的问题。而侵权责任法的解决方案,借助于责任法上的归责标准,检讨胎儿出生在财产方面的影响;依据此种解决方案,如果采取损害的差额理论(Differenztheorie),则父母因对该胎儿负担抚养义务方面的负担,显然在财产方面遭受不利。

德国法[4]上权威观点就此认为,因不当出生所导致的抚养费用的支出原则上具有可赔偿性;而奥地利联邦最高法院(OGH)[5]则综合不同观点采取了折中说[6],《奥地利侵权责任法草案》(第1321条第2款)就此也采纳了此种理论。依据该折中说,一方面采纳家庭法上的方案,就抚养请求权所导致的损害主张不具有可赔偿性。其理由首先体现在,加害人不仅导致父母承担抚养义务,同时也创造了一个全面的家庭关系,该关系包括物质上以及非物质上的内容。由于两种内容相互渗透、难以区分,

---

[1] Picker, Schadensersatz für das unerwünschte Kind (》Wrongful birth《), AcP 195 (1995) 501 ff, 其认为,就此存在一个毋庸置疑的规则,即无论如何不能将人评价为"损害"或者"不利益"(spricht von einer ehernen, außer Streit stehenden Regel, dass ein Mensch niemals auch nur mittelbar als » Schaden « oder » Nachteil « bewertet werden dürfe).

[2] 参见以下判决: JBl 2008, 490 (*Pletzer*).

[3] *F. Bydlinski*, Das Kind als Schadensursache im Österreichischen Recht, Liber amicorum for Helmut Koziol (2000) 34 ff; *Ch. Hirsch*, Arzthaftung bei fehlgeschlagener Familienplanung (2002) 23 ff; *Koziol/B. C. Steininger*, RZ 2008, 138.

[4] BGH in BGHZ 76, 249; BGHZ 124, 128; *Oetker* in MünchKomm, BGB II⁵ § 249 Rz 33 ff; *G. Wagner* in MünchKomm, BGB V⁵ § 823 Rz 86 ff.

[5] 就此参见 *Koziol/B. C. Steininger*, RZ 2008, 138 ff; 其中有大量相关比较法上的分析。

[6] *Koziol*, Haftpflichtrecht I³ Rz 2/28 f; 赞同该观点并作出详细论证的,参见 *Ch. Hirsch*, Familienplanung 50 ff. 相关批评意见参见 *Griss*, Unerwünschte Geburt—Ein Fall für die Gerichte? Koziol-FS (2010) 644 ff.

导致不应当以偏概全地承认单方面义务,而应当承认整体关系,此种整体关系显然不能被视为是一种损害。另一方面,此种折中说在抚养义务对于父母构成极其沉重的负担的情况下,认为上述整体关系不再被视为具有弥补此种损害的价值,从而赋予父母享有损害赔偿请求权。

显然,在如何区分一般与特殊的负担的问题上,折中说面临困难。[1]

2. 方法论上的正当性

如同 F. Bydlinski[2] 所强调的那样,问题主要产生于两个相互对立的基本价值判断:一方面,人的尊严与家庭照顾的基本价值要求就损害的概念作出有关人的自身价值(此处是结合了下文的用法和说明所作的补充)的解释,而另一方面,侵权责任法的责任功能与归责事由却将损害限于财产法的范围。因此,此处涉及如何在相互冲突的原则中间作出裁量,同时也涉及如何优化的任务:由于相互对立的原则彼此存在冲突,不可能完全实现该冲突中的所有原则,导致就其二者只能作出相应的价值裁量,从而产生了彼此之间优先考量的问题。在此需要确定,在何种范围以及在存在哪些具体案件事实特征的情况下,在上述原则相互冲突的范围内优先考量其中一个原则,或者反之优先考量另外一个原则。

依据 F. Bydlinski 的观点,其所主张的在原则之间进行裁量的折中建议体现了其在方法论上的正当性基础[3]:侵权责任法自身并不承担填补应由家庭法调整的各种损害的功能,此种损害一方面体现为生存所遭受的损害,另一方面也体现为未成年人的人身自我价值所遭受的损害。因此,在考量过程中,人的尊严与家庭的相互照顾优先于损害赔偿功能与责任事由。但是,当抚养儿童对其父母构成极其沉重的负担时,此种利益裁量即发生逆转,申言之,上述考量的优先原则将必须受到限制,而侵权责任法的各项原则转而得以被优先考虑。

上述此种中庸解决路径的教义学上的正当性不仅体现在涉及法的一般原则的高级位阶,而且,就我个人意见而言,同样适用于较低的方法论位阶,即同样可以适用于侵权责任法的内部。

折中的解决路径认为,在发生不当出生的情况下,产生了一个综合的

---

[1] 详细参见 Ch. Hirsch, Familienplanung 82 ff.

[2] F. Bydlinski, Liber amicorum for Helmut Koziol 39 ff.

[3] F. Bydlinski, Liber amicorum for Helmut Koziol 45 f, 65.

家庭法上的关系，不应当孤立地看待父母所承担的抚养义务的负担，还应当同时考虑不同的物质与精神方面的要素，因此，父母不应当享有损害赔偿请求权。[1] 当成立一个涉及方方面面综合的父母子女关系时，绝对不应当将其整体上视为一个财产法上的损害。在此情况下，物质性与非物质性的权利以及各项义务相互纠缠在一起，构成一个不可区分的整体，从中不允许孤立地抽取出一项义务，并将其定性为损害。

因此，我个人建议采取如下处理方式，即在财产损害赔偿范围内完全承认损益相抵（Vorteilsanrechnung）。至少借助于所谓的"差额理论"（Differenztheorie），从损害计算的方法中就可以在一定程度上得出上述的损益相抵；通过比较假设未发生损害事件的情况下父母所应拥有的财产状态与发生该不当出生之后父母实际上的财产状态，从该二者之间的差额即可计算出损害。[2] 由于在计算损害时，将父母的整个财产纳入考量范围，因此将父母因不当出生的子女而获得的好处亦计入在内——这也是理所当然的。当然，就此种损益相抵不能采取机械的计算方法，相反，应采取一种价值裁量的路径。[3]

需要指出的是，损益相抵通常仅仅在财产法领域得到承认。相反，在计算精神损害赔偿请求权时，不应当扣减受害人所获得的物质利益；同理，亦不可以精神方面所获利益折抵物质损害。[4] 但我个人认为，上述就损益相抵不得跨界而同时用于物质损害与精神损害的观点至少不应当适用于此处所讨论的情况[5]，因为此种情况具有其自身特殊性：加害人并非仅仅给父母造成对其子女的抚养义务，相反，亦带来了一个全面的家庭法上的关系，其中物质与非物质的要素纠缠在一起，无法区分。对于该受害人所引发的家庭法上的关系，并不能将其简单地并入到物质性领域或者非物质性领域。如果仅仅以偏概全，而置其他要素于不顾，则此种方法完全可以说是过于随意的。其至少与全面确定损害的基本原则相违背。

---

[1] 参见 *Koziol*, Haftpflichtrecht I³ Rz 2/28 mwN; *Ch. Hirsch*, Familienplanung 53 f.
[2] 参见 *Karner* in KBB, ABGB³ § 1293 Rz 9 mwN.
[3] *Karner* in KBB, ABGB³ § 1295 Rz 16 mwN.
[4] 就此参见 *Pletzer*, Vorteilsausgleich beim Schmerzengeld? JBl 2007, 428 ff.
[5] 就此参见 *Koziol*, Grundfragen des Schadenersatzrechts Rz 5/47 f.

3. 因家庭计划落空而导致精神损害赔偿?

F. Bydlinski 曾经强调[1],在过错"破坏他人家庭计划"的情况下,现行法并不应当赋予受害人精神损害赔偿请求权。"换言之,如果将儿童的生存自身定性为其父母精神方面的损害,则其与该儿童个人的自身价值肯定是无法真正吻合的。"

然而,上述观点没有全面考虑到,不当出生所产生的并非是精神方面的损害与获益,而是导致父母自主处分决定落空。[2] 就此承认因决定自由落空而导致相关的精神不愉悦,父母有权就此要求损害赔偿,此种判断应当是完全正确的。

4. 相关改革

与上述折中观点相一致,《奥地利侵权责任法草案》明确规定,父母有权要求加害人赔偿因不当出生所造成的抚养负担方面的损害,此外,亦有权要求因父母自由决定权落空所导致的精神损害。[3] 而其他国家的相关改革草案中,并无相关规定的尝试。

十一、损害减轻条款

《瑞士债法典》第 43 条第 1 款已经就损害赔偿义务的减轻作出了一般性的规定,即法官在考量过错的范围及其程度的前提下,可以确定损害赔偿的具体范围。《瑞士责任义务法草案》保留了该规则(第 48b 条)。《立陶宛新民法典》第 6.251 条也有类似的规定。《荷兰民法典》第 6:109 条仅针对例外情况作出相应的调整规定,即在具体案件情况下,全面履行损害赔偿将显然会给赔偿义务人带来极其不利的后果,则法官可以斟酌适当减轻赔偿义务人的义务。虽然其他国家就此并未作出明文规定,但

---

[1] Liber amicorum for Helmut Koziol 63. Siehe auch Ch. Hirsch, Familienplanung 210 ff.

[2] 参见 Baginska, Wrongful Birth and Non-Pecuniary Loss: Theories of Compensation, JETL 2010, 186 ff.

[3] 第 1321 条第 1 款规定:"因违反合同约定,使得父母不生育子女的合法决定落空的人,应适当赔偿侵害父母决定自由而造成的精神损害。"(Wer durch nicht gehörige Erfüllung eines Vertrags die Entscheidung von Eltern, die Geburt eines Kindes in zulässiger Weise zu vermeiden, vereitelt, hat angemessene Entschädigung für den durch die Verletzung der Entscheidungsfreiheit verursachten ideellen Schaden zu leisten.) 就此参见 Griss, Unerwünschte Geburt—Ein Fall für die Gerichte? Koziol-FS (2010) 646 f.

在极其例外的情况下,都主张可以相应地减轻赔偿义务。[1]

《欧洲侵权法原则》和《共同参考框架草案》第 6.202 条都针对例外的特殊情况规定了损害赔偿减轻条款,《奥地利侵权责任法草案》第 1318 条规定:"赔偿义务对于加害人严重不当并造成其重大压力,而受害人只能够期待获得部分赔偿的,在例外情况下可以减轻加害人的损害赔偿义务。在此应当考虑归责事由的轻重程度、受害人和加害人经济上的状态以及加害人因侵权所获得的利益。"就此,该《草案》明确表明,原则上加害人应当负担全面赔偿义务,只有在例外情况下方可减轻其义务范围。

此种例外情况下的损害赔偿义务的减轻与宪法上的"禁止过度原则"(Übermaßverbot)相吻合。Canaris[2]强调,在特定前提下,如果赔偿义务对加害人构成毁灭性的后果,则应当允许就此作出调整的可能。他主张,过度的赔偿义务不仅涉及对加害人行为的影响,而且也涉及宪法所保护的人格权。结合宪法上的禁止过度原则,基本权利也应当在侵权责任法范围内,原则上提供防止不当侵害加害人的救济。如同 Canaris[3]正确论述的那样,当受害人依赖于加害人履行损害赔偿,则全面主张其所享有的损害赔偿请求权具有正当性。反之,若受害人无须相关损害赔偿仍然可以满足其需求,而加害人全面履行损害赔偿将会导致其生活完全毁灭,应当就损害赔偿请求权作出必要的调整。

F. Bydlinski[4]就此也指出,侵权责任法中具体体现自己责任原则的责任事由应当或多或少更加具有重要性,在计算责任范围时,从正义的基础出发,归责事由应当获得遵守。他就此提醒大家,人的经济方面的生存基础不仅可以因其所遭受的损害而遭受灭顶之灾,而且亦可因全面履行赔偿义务而偶发性地遭受此种极端后果。因此,责任成立的原因是否导致损害以及事实上导致哪些损害,都属于偶然并存的情况。所有这些

---

[1] 德国法上的相关论述参见 Canaris, Verstöße gegen das verfassungsrechtliche Übermaßverbot im Recht der Geschäftsfähigkeit und im Schadensersatzrecht, JZ 1987, 995, 1001 f; zu Österreich F. Bydlinski, System und Prinzipien 226 und 233; Koziol, Haftpflichtrecht I³ Rz 7/7 ff.

[2] Canaris, JZ 1987, 995, 1001 f; derselbe, Die Verfassungswidrigkeit von § 828 II BGB als Ausschnitt aus einem größeren Problemkreis, JZ 1990, 679. Kritisch Medicus, Der Grundsatz der Verhältnismäßigkeit im Privatrecht, AcP 192 (1992) 53 ff.

[3] JZ 1987, 1002.

[4] System und Prinzipien 226 ff.

要求减轻赔偿义务的原则应当与要求承担全面责任的归责事由进行裁量;在具体个案中,当归责事由具有较弱的特征时,上述减轻赔偿义务的各项原则就具有更大的裁量比重。

但笔者最后仍然需要再次强调[1],在存在充分的归责事由的前提下,赔偿原则与预防原则要求加害人负担履行全部赔偿义务,只有在极其例外的情况下,方可以极大地谨慎减轻损害赔偿义务。

---

[1] 亦可参见 F. *Bydlinski*, System und Prinzipien 228.